普通高等教育“十一五”国家级规划教材

桥隧结构与施工

主　编　于忠涛
副主编　朱芳芳
主　审　王学颖

内 容 提 要

本书是针对高等职业技术院校道路桥梁工程技术专业的人才培养目标，以公路工程现行技术标准、规范为依据，紧紧围绕职业岗位的技能要求而编写的。本书是集桥梁隧道结构及施工于一体的综合性教材，按桥梁结构设计理论的程序，先介绍上部结构，后介绍下部结构。施工部分按照桥梁实际的施工顺序编排，即先介绍基础、墩台身等下部结构，后介绍上部结构，并简要介绍了隧道的构造与施工的内容。

本书既可作为高等职业技术院校道路桥梁工程技术相关专业的教材，也可供相关专业技术人员参考。

图书在版编目（CIP）数据

桥隧结构与施工 / 于忠涛主编. -- 北京 : 中国水利水电出版社, 2010.5
普通高等教育“十一五”国家级规划教材
ISBN 978-7-5084-7474-8

Ⅰ. ①桥… Ⅱ. ①于… Ⅲ. ①桥梁结构－高等学校：技术学校－教材②隧道工程－工程结构－高等学校：技术学校－教材③桥梁工程－工程施工－高等学校：技术学校－教材④隧道工程－工程施工－高等学校：技术学校－教材 Ⅳ. ①U4

中国版本图书馆CIP数据核字(2010)第080392号

书　　名	普通高等教育“十一五”国家级规划教材 **桥隧结构与施工**
作　　者	主编　于忠涛　副主编　朱芳芳　主审　王学颖
出版发行	中国水利水电出版社 （北京市海淀区玉渊潭南路 1 号 D 座　100038） 网址：www.waterpub.com.cn E-mail：sales@waterpub.com.cn 电话：（010）68367658（营销中心）
经　　售	北京科水图书销售中心（零售） 电话：（010）88383994、63202643 全国各地新华书店和相关出版物销售网点
排　　版	中国水利水电出版社微机排版中心
印　　刷	北京市兴怀印刷厂
规　　格	184mm×260mm　16 开本　21 印张　498 千字
版　　次	2010 年 5 月第 1 版　2010 年 5 月第 1 次印刷
印　　数	0001—3000 册
定　　价	**37.00** 元

前　言

“桥隧结构与施工”是高等职业技术院校道路桥梁工程技术专业的重要专业技术课。本书是以公路工程最新技术标准、设计及施工规范为依据，以职业岗位工作目标为切入点，紧紧围绕职业岗位的技能要求而编写的。按桥梁结构设计理论的程序，先介绍上部结构，后介绍下部结构。施工部分按照桥梁实际的施工顺序编排，即先介绍基础，墩台身等下部结构，后介绍上部结构，并简要介绍了隧道的构造与施工的内容。在编写过程中，注重理论联系实际，强化实用性和可操作性，重点突出行业岗位对从业人员知识结构和职业能力的要求，充分体现高等职业教育的特点。

本书共分七篇，是集桥梁隧道结构及施工于一体的综合性教材。第一篇介绍了桥梁发展概况及整体设计内容，第二篇是简支梁桥结构的构造与设计，第三篇是拱桥结构的构造与设计，第四篇是桥梁墩台的构造，第五篇是桥梁基础的构造与设计，第六篇是桥梁施工，第七篇是隧道的构造与施工。

本书第一篇、第四篇、第五篇、第七篇由辽宁省交通高等专科学校于忠涛副教授编写，第二篇、第三篇、第六篇由辽宁省交通高等专科学校朱芳芳副教授编写。

全书由于忠涛副教授任主编，朱芳芳副教授任副主编，于忠涛担任全书统稿工作。全书由北京市道路工程质量监督站王学颖高级工程师任主审。

在编写过程中，参考和引用了大量有关文献资料，在此谨向原作者致以谢意。

由于时间仓促，水平有限，书中内容难免存在缺点和错误，敬请读者批评指正。

编　者

2009 年 12 月

目　录

第三篇 拱 桥

第四篇 桥梁墩、台构造

第五篇 桥 梁 基 础

第六篇　桥　梁　施　工

第七篇 隧道结构与施工

第一篇 总 论

第一章 绪 论

第一节 桥梁发展概况

桥梁是人类最杰出的建筑，它不仅是一种结构物，而且被人们作为一种空间艺术品，横跨在江河、湖泊、海峡之上，存在于人类社会之中，成为一个国家、一个民族、一个城市的文明和骄傲。

一、桥梁建筑的历史成就

（一）我国古代桥梁的辉煌成就

我国历史悠久，河流纵横交错，有著名的长江、黄河和珠江等，这里孕育了中华民族，创造了灿烂的华夏文化。在历史的长河中，中华民族曾建造了数以千万计的桥梁，几乎包含了近代桥梁中的最主要型式。中国古代桥梁的辉煌成就举世瞩目，曾在东西方桥梁发展史上占有崇高的地位，为世人所公认。

中国古代桥梁有梁桥、拱桥、悬索桥、浮桥等类型。

1. 梁桥

在秦汉时期我国已广泛修建石梁桥。世界上现在尚存的最大的、工程最艰巨的石梁桥就是我国于1053～1059年在福建泉州建造的万安桥，也称洛阳桥（图1-1-1），它是宋代泉州太守蔡襄主持的建桥工程。该桥长达800多米，共47孔，每孔用7根跨度11.8m的石梁组成，宽约4.9m。此桥基础采用蛎（蚝）种在潮水涨前的抛石基底和石砌墩身上，使其胶结成整体，这是近代筏形基础的开端。

图1-1-1 福建泉州万安桥

2. 拱桥

举世闻名的河北省赵县的赵州桥（又称安济桥），是由隋朝石匠李春于公元605年建造的，是世界上最早、保存良好的石拱桥。该桥净跨37.02m，桥面净宽9m，拱矢高7.23m，像这样的敞肩石拱桥，欧洲到19世纪才出现，比我国晚1200多年。

1991年赵州桥被美国土木工程学会（ASCE）选为世界第12个土木工程里程碑（图1-1-2）。

图 1-1-2 河北赵县赵州桥

3. 悬索桥

悬索桥也称吊桥。几乎大部分的桥梁历史书上，都承认我国是最早有吊桥的国家，据记载，在唐代中期，我国就由藤索、竹索发展利用铁索建造吊桥，而西方在 16 世纪才开始建造铁索吊桥，比我国晚近千年。1475 年建成的跨径 100m 的云南永平县霁虹桥，跨澜沧江，桥位于通往印度和缅甸的千年古道上，是现存最古、最宽、铁索最多的铁索桥。(图 1-1-3)。

图 1-1-3 云南永平霁虹桥

图 1-1-4 四川大渡河铁索桥

现存的古代吊桥还有 1706 年建造的四川泸定县的大渡河铁索桥（图 1-1-4），以及 1803 年建造的灌县的安澜竹索桥等。

4. 浮桥

古代在大江大河中不可能修建桥墩，为过河需要，用舟船组合建造浮桥。最早的浮桥记录是《诗经》中记周文王亲自迎娶，在渭河上架过浮桥，时间是公元前 12 世纪。浮桥在军事作战中起主要作用。

1170～1192 年建成的广东潮州湘子桥（又称广济桥），全长 517.95m，东西浅滩部分各建一段石桥，中间浅水部分以浮桥衔接。浮桥可开可合，是世界上活动桥的先导。

我国古桥建设成就丰富，可供我们吸取营养、推陈出新。

（二）国外对桥梁发展的推动作用

钢材、钢筋混凝土、预应力钢筋混凝土的出现，在现代桥梁史上起到巨大的推动作用。19世纪中期，钢材的出现是土木工程的第一次飞跃。随后产生了高强钢材、钢丝、钢索。于是，钢结构得到了蓬勃发展。结构跨度从砖、石、木结构的几米、几十米发展到百米，直至千米以上，并开创了在大江、海峡上修建大桥的奇迹。

20世纪初，钢筋混凝土以及预应力钢筋混凝土的诞生，实现了土木工程的第二次飞跃。钢筋混凝土的崛起，要追溯到1873年法国的约瑟夫莫尼尔首创建成的一座拱式人行桥。而预应力钢筋混凝土，是法国著名工程师弗莱西奈于1928年研究出来并付诸实践的。20世纪50年代，联邦德国悬臂施工技术的发明，使大跨径刚构桥的建造成为可能。

现代悬索桥从1883年美国建成主跨为486m的纽约布鲁克林悬索桥开始，至今已有120多年的历史。到20世纪30年代，悬索桥的跨径记录就突破千米以上，1931年建成的美国乔治·华盛顿大桥，跨度为1067m；1937年美国建成主跨1280m的旧金山金门大桥（图1-1-5），其世界记录保持28年之久，为近代大跨径桥梁的建设开创了道路。

图1-1-5 美国旧金山金门大桥

20世纪50年代，瑞典和德国相继修建了斜拉桥，从此揭开了修建现代斜拉桥的序幕。

二、国内外桥梁发展现状

桥梁是随着经济发展带来的交通需要和经济与科学技术的可能而发展的。它从一个侧面反映一个国家生产、经济与科学技术的发展程度。茅以升曾这样讲过：“桥梁是一个国家发展的表征。”纵观世界各国的大城市，常以工程雄伟的大桥作为城市的标志与骄傲。下面按结构体系，分别讲述国内外各类桥梁的发展史及现状。

（一）梁桥

1. 简支梁桥

跨径小于60m的桥梁常套用标准跨径的简支梁桥。国内最大跨度的预应力混凝土简支梁桥是跨径62m的浙江瑞安飞云江桥，世界上最大跨径的简支梁桥是1977年建成的奥地利的阿尔姆（ALM）桥，跨径76m。

2. 悬臂梁桥

国内最大跨度的预应力混凝土悬臂梁桥是65m的成昆铁路孙水河五号桥，世界上这类桥型的最大跨度达150m。

3. 连续梁桥

预应力混凝土连续梁桥国内的最大跨度为2001年3月26日通车的南京长江二桥北汊桥，主跨为165m。国外，葡萄牙已建成跨度为250m的连续梁桥，1974年建成的巴西

COSTAE SILVA（尼泰罗伊河桥）主跨 300m，是目前世界上跨径最大的钢箱连续梁桥，1980 年建成的挪威萨本约恩桥，主跨 212m。20 世纪 50 年代，由于前联邦德国平衡悬臂法的出现，使这种桥型的建造迅速发展起来。

4. 钢桁架桥

钢桁架桥自重较轻，施工简便，杆件直接受拉与受压，能充分发挥材料性能，常用于大跨径桥梁。

1957 年，我国第一座长江大桥——武汉长江大桥（图 1－1－6）建成，主跨为 128m 的钢连续桁架，这座桥的建成既结束了我国万里长江无桥的状况，又标志着我国修建大跨度钢桥技术的新突破。毛泽东曾这样赞道："一桥飞架南北，天堑变通途"。1969 年，我国自行设计、制造、施工，并使用国产高强钢材建成了南京长江大桥（图 1－1－7），主跨为 160m 的连续钢桁梁。这两座桥的建成是我国桥梁史的两个重要标志。

图 1－1－6 武汉长江大桥

图 1－1－7 南京长江大桥

世界最大跨度的悬臂桁架桥是加拿大魁北克（Quebec）桥，主跨 549m，早在 1917 年就建成，竣工时是当时世界上（包括所有类型桥梁）最大跨度的桥梁。该桥曾在 1907 年和 1916 年建桥过程中发生两次垮桥事故，由于钢的强度远小于高强钢丝，受压杆件因屈曲稳定，强度折减，故钢桁架桥不能用于超大跨径桥梁。

（二）刚构桥

刚构桥分为 T 形刚构桥和连续刚构桥。

1. T 形刚构桥

T 形刚构桥又分为跨中带剪力铰的 T 形刚构桥和跨中带挂梁的 T 形刚构桥。跨中铰和挂梁的存在，在营运上对高速行车不利，且剪力铰和牛腿易损坏。这种桥从 20 世纪 60 年代到 80 年代初修建较多，80 年代以后基本不再修建了。

我国跨度最大的 T 形刚构桥是 1980 年建成的主跨 174m 的重庆长江大桥（图 1－1－8）。该桥型世界跨度最大的为 270m 的巴拉主 Paragual 桥。

2. 连续刚构桥

连续刚构桥消除了 T 形刚构桥的缺点，行车平顺，又保持了 T 形刚构桥不设支座、不需转换体系的优点，方便施工，且有很大的纵桥向抗弯刚度和横向抗扭刚度，满足大跨径桥的受力要求，连续刚构桥的建造从 20 世纪 80 年代至今方兴未艾。

澳大利亚修建了 2 座跨径 200m 以上的连续刚构桥，其中最著名的是 1985 年建成的

门道（Gateway）桥，跨径 260m，该记录保持世界第一达 12 年之久。我国 1997 年建成的广东珠江虎门大桥辅航道桥（图 1-1-9），跨径 270m，当时是世界最大跨度的连续刚构桥。

图 1-1-8 重庆长江大桥

图 1-1-9 广东珠江虎门大桥辅航道桥

1998 年挪威相继建成两座大跨度连续刚构桥，分别是主跨为 301m 的 Stolma 桥和主跨为 298m 的 Raft Sundet 桥。

（三）拱桥

我国是拱桥的发源地，既有悠久的历史，又有辉煌的现代。

1. 石拱桥

国际上石拱桥的跨度记录在我国 1961 年建成云南长虹桥之前一直为德国于 1903～1904 年建成的 Syratal Plauen 桥所保持，其跨度为 90m。1961 年在云南省南盘江上修建的长虹桥，跨径 112m，第一次突破了石拱桥跨径 100m 大关，从此石拱桥跨径的世界纪录一直由中国所保持。近些年来，我国在石拱桥和钢筋混凝土拱桥方面创造了一个又一个的世界纪录。1990 年又建成了跨径 120m 的湖南乌巢河桥，该桥已载入 1996 年《世界吉尼斯纪录大全》。目前我国已建成跨径 100m 以上的石拱桥共有十几座。2001 年建成的晋焦高速公路丹河大桥（图 1-1-10），其跨径 146m，是目前世界上最大跨径的石拱桥。

图 1-1-10 丹河大桥

2. 钢筋混凝土拱桥

1997 年我国建成了世界上最大跨度的钢筋混凝土拱桥——重庆万州长江大桥（图 1-1-11），跨度为 420m。2005 年 1 月建成的重庆巫山长江大桥（图 1-1-12），为中承式钢管混凝土拱桥，主跨 460m，再一次创造了世界纪录。

世界长跨钢筋混凝土拱桥见表 1-1-1。

图 1-1-11 重庆万州长江大桥

图 1-1-12 重庆巫山长江大桥

表 1-1-1　　世界长跨钢筋混凝土拱桥表

序号	桥 名	主跨（m）	国 名	竣工年份
1	重庆巫山长江大桥	460	中 国	2005
2	重庆万州长江大桥	420	中 国	1997
3	克尔克（KRK）桥	390	南斯拉夫	1980
4	广州丫髻沙大桥	360	中 国	2001
5	贵州江界河桥	330	中 国	1995
6	广西邕宁邕江桥	312	中 国	1996
7	格莱兹维尔桥	305	澳大利亚	1964
8	波那桥	287	巴 西	1965
9	波托桥	270	葡萄牙	1963
10	广西三岸邕江桥	270	中 国	1998

3. 钢拱桥

钢拱桥自重轻，钢材有较高的抗压强度，适用大跨径桥梁。美国 1977 年建成的新河峡谷桥，跨径为 518m，是当时世界上跨径最大的钢拱桥。36 年后，这一世界纪录被我国打破，2003 年 6 月建成的上海卢浦大桥（图 1-1-13），跨度为 550m，是世界上已建成的最大跨度的钢拱桥。澳大利亚悉尼港桥（图 1-1-14），主跨 503m，该桥和悉尼歌剧院是 27 届奥运会上代表悉尼的两个文明标志，成为澳大利亚人民的骄傲。

（四）悬索桥

悬索桥是特大跨径桥梁的主要型式之一，其造型优美，规模宏伟，常被人们称为“桥梁皇后”。目前，已建成的世界最大跨度的桥梁是日本明石海峡大桥（图 1-1-15），主跨为 1991m；我国 2005 年 4 月建成的江苏润扬长江大桥（图 1-1-16），主跨为 1490m，位居世界第三位。当跨径大于 800m 时，悬索桥方案具有很大的竞争力。

世界大跨度的悬索桥见表 1-1-2。

（五）斜拉桥

现代斜拉桥的复兴是第二次世界大战后桥梁发展史上最伟大的成就之一。斜拉桥是继悬索桥之后的第二大跨度桥型。我国 2008 年 5 月建成的江苏苏通长江公路大桥（图 1-1-17），主跨 1088m，是世界上最大跨度的斜拉桥。我国斜拉桥的数量居世界首位。

图 1-1-13　上海卢浦大桥

图 1-1-14　澳大利亚悉尼港桥

图 1-1-15　日本明石海峡大桥

图 1-1-16　江苏润扬长江大桥

目前，我国正在修建的香港昂船洲大桥将于 2008 年底建成，其主跨 1018m。1999 年建成的日本多多罗大桥（图 1-1-18），主跨 890m，该桥保持世界纪录长达 9 年。该桥型的世界纪录于 2008 年被中国所打破。世界大跨度斜拉桥见表 1-1-3。

表 1-1-2　　世界大跨度的悬索桥

序号	桥名	主跨（m）	国家或地区	竣工年份
1	明石海峡大桥	1991	日　本	1998
2	大贝尔特（Great Belt）桥	1624	丹　麦	1998
3	润扬长江大桥	1490	中　国	2005
4	恒伯尔（Humber）桥	1410	英　国	1981
5	江阴长江公路大桥	1385	中　国	1999
6	青马大桥	1377	中国香港	1997
7	维拉扎诺（Verrazano）海峡桥	1298	美　国	1964
8	金门大桥（Golden Gate）	1280	美　国	1937
9	海依靠斯特桥	1210	瑞　典	1997
10	麦基诺海峡桥	1158	美　国	1957

图 1-1-17 江苏苏通长江公路大桥

图 1-1-18 日本多多罗大桥

表 1-1-3 世界大跨度斜拉桥一览表

序号	桥 名	主跨（m）	国家或地区	竣工年份
1	苏通长江公路大桥	1088	中 国	2008
2	香港昂船洲大桥	1018	中国香港	2008
3	多多罗大桥（Tatara）	890	日 本	1999
4	诺曼底大桥（Normandie）	856	法 国	1995
5	南京长江二桥南汊桥	628	中 国	2001
6	武汉白沙洲长江公路大桥	618	中 国	2000
7	福建青州闽江大桥	605	中 国	1999
8	上海杨浦大桥	602	中 国	1993
9	名港中央大桥	590	日 本	1998
10	上海徐浦大桥	590	中 国	1997

三、桥梁发展前景展望

当今桥梁建设突飞猛进，日新月异，特别是长大跨度桥梁建设数量之多，跨度之大是令人振奋的。它从一个侧面反映一个国家生产、经济和科学技术的发展程度。我国桥梁建设已接近世界先进水平，长大跨度的斜拉桥和悬索桥建设成就喜人，在某些方面已走在世界桥梁的前列（如石拱桥、钢筋混凝土拱桥、连续刚构桥和斜拉桥等）。清华大学张维院士曾这样评价："我们正走向世界桥梁强国，可以排在世界十强里面。"我国已实践成功的斜拉—悬索协作体系桥，将为大跨径桥梁奠定基础。斜拉—悬索协作体系桥是斜拉和悬索两种结构相互协作，优势互补，可使锚碇变小，塔高变矮，梁的悬臂长度变短等，适合于大跨径和特大跨径桥的新桥型。历史上最早出现这种桥型是 1883 年建成的美国纽约跨越伊斯特河的布鲁克林（Brooklyn）桥，主跨 486m，是当时世界上最大跨径的桥梁，后来这种桥型发展缓慢。经过多年的论证和努力，我国于 1997 年建成了世界上第一座现代化的斜拉悬索协作桥——贵州乌江大桥。1991 年美国林同炎公司就提出用这种体系在西班牙与摩洛哥之间的直布罗陀海峡修建跨度为 5000m 大桥的构思方案，日本准备在 2010 年实施 2000m 跨度的这种体系，新的世纪，我们将共同迎来一个建桥更加辉煌的前景。

第二节 桥梁组成和分类

桥梁是道路路线遇到江河湖泊、山谷深沟以及其他障碍（如公路或铁路）时，为了保持道路的连续性，充分发挥其正常的运输能力，就需要建造专门的人工构造物——桥梁来跨越障碍。

桥梁一方面要保证桥上的交通运行，通常也要保证桥下水流的宣泄、船只的通航或车辆的通行。因此桥涵是路线的重要组成部分。一般地段每公里路线有2～3座桥涵，桥涵的造价一般平均占公路总造价的10%～20%甚至更多。

一、桥梁的组成

（一）桥梁的基本组成

桥梁由上部结构、下部结构、附属结构和支座系统四个部分组成。图1-1-19为一座梁式桥的概貌，图1-1-20为一座拱式桥的概貌。

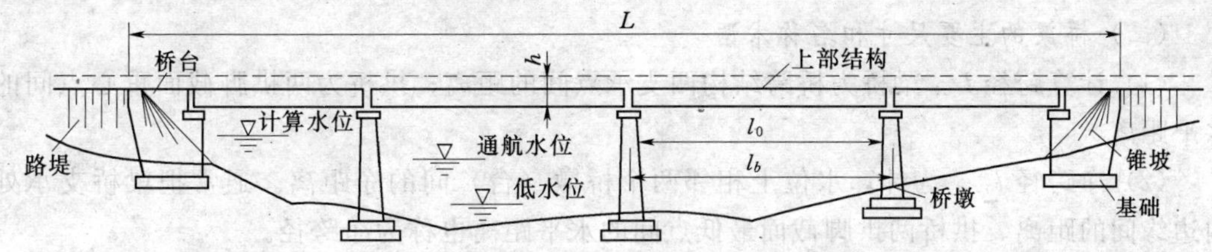

图1-1-19 梁式桥概貌

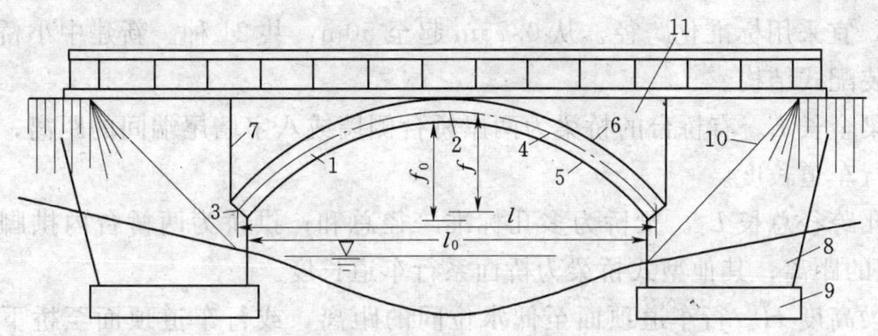

图1-1-20 拱式桥概貌

1—主拱圈；2—拱顶；3—拱脚；4—拱轴线；5—拱腹；6—拱背；7—伸缩缝；8—桥台；9—基础；10—锥坡；11—拱上建筑；l_0—净跨径；l—计算跨径；f_0—净矢高；f—计算矢高；f/l—矢跨比

1. 上部结构

上部结构也称桥跨结构，包括承重结构和桥面系，是在线路遇到障碍（如河流、山谷或其他线路等）而中断时，跨越这类障碍的主要承载结构。它的作用是承受车辆（行人）荷载，并通过支座传给墩台。

2. 下部结构

下部结构包括桥墩、桥台和基础，是支承桥跨结构并将恒载和车辆活载传至地基的建筑物。桥台设在桥梁两端，桥墩则在两桥台之间。桥墩的作用是支承桥跨结构；而

桥台除了起支承桥跨结构的作用外，还要与路堤衔接，并防止路堤滑塌，抵御路堤的土压力。墩台基础承受由上部结构及墩、台所传递的全部荷载，并将荷载传递至地基的结构部分。

3. 附属结构

附属结构包括桥头路堤锥形护坡、护岸以及导流结构物等。其作用是防止路堤填土向河中坍塌，保护桥头路堤填土并抵御水流的冲刷。

4. 支座系统

梁式桥（斜拉桥等）在桥跨结构与墩台之间，还需设置支座。支座支承上部结构并传递荷载于桥梁墩台上，它应保证上部结构在荷载、温度变化或其他因素作用下所预计的变位功能。

河流中的水位是变动的。在枯水季节的最低水位称为低水位。

洪峰季节河流中的最高水位称为高水位。

桥梁设计中按规定的设计洪水频率计算所得的高水位，称为设计洪水位。

在各级航道中，能保证船舶正常航行时的水位，称为通航水位。

（二）桥梁的主要尺寸和名称术语

（1）计算跨径 l 。梁桥为桥跨结构两支承点间的距离；拱桥为两拱脚截面重心点间的水平距离。

（2）净跨径 l_0 。为计算水位上相邻两个桥墩（台）间的净距离。通常把梁桥支承处内边缘间的距离、拱桥两拱脚截面最低点间的水平距离也称为净跨径。

（3）标准跨径 l_b 。梁桥为桥墩中线间或桥墩中线与台背前缘间的距离；拱桥为净跨径。《公路桥涵设计通用规范》（JTG D60—2004）规定：当标准设计或新建桥涵的跨径在50m以下时，宜采用标准化跨径。从0.75m起至50m，共21种。新建中小桥涵应尽量采用标准化的装配式结构。

（4）桥梁全长 L。有桥台的桥梁为两岸桥台侧墙或八字墙尾端间的距离；无桥台的桥梁为桥面系行车道长度。

（5）多孔跨径总长 L_1。梁桥为多孔标准跨径总和；拱桥为两桥台内拱脚截面最低点（起拱线）间的距离；其他型式桥梁为桥面系行车道长度。

（6）桥梁高度 H。行车道顶面至低水位间的距离，或行车道顶面至桥下路线的路面间的距离。

（7）桥梁建筑高度 h。行车道顶面至上部结构最低边缘间的距离。

（8）桥梁容许建筑高度 $h_{容}$。桥面标高与桥下通航或排洪必需的净空高度之差。

（9）桥下净空 H_0。上部结构最低边缘至计算水位（计算水位＝设计水位＋壅水＋浪高）或通航水位间的距离。对于跨越其他路线的桥梁，是指上部结构最低边缘至所跨越路线的路面间的距离。

（10）拱桥矢高。从拱顶截面下缘至过起拱线的水平线间的垂直距离，称为净矢高（f_0）；从拱顶截面重心至过拱脚截面重心的水平线间的垂直距离，称为计算矢高（f）。

（11）拱桥矢跨比。计算矢高与计算跨径之比（f/L），称为拱圈的矢跨比（或称拱矢度）。

（12）涵洞。用来宣泄路堤下水流的构造物。涵洞是单孔跨径小于5m的泄水结构物，管涵及箱涵不论管径或跨径大小、孔数多少，均称为涵洞。

二、桥梁的分类

桥梁有不同的分类方式，每一种分类方式均反映出桥梁在某一方面的特征。但是，桥梁按结构体系的分类是基本的分类方法，不同的体系对应于不同的力学形式，表现出不同的受力特点。

（一）桥梁按基本体系分类

按照受力体系分类，桥梁有梁式桥、拱式桥、刚架桥、吊桥四种基本体系，其中梁式桥以受弯为主，拱式桥以受压为主，吊桥以受拉为主。另外，由上述四大基本体系的相互组合，派生出在受力上也具组合特征的组合体系桥型，如斜拉桥等。下面分别阐述各种桥梁体系的主要特点。

1. 梁式桥

梁式桥在竖向荷载作用下，支座只产生竖向反力，桥跨承载结构由梁（板）组成，承受弯矩和剪力，以受弯为主。梁式桥又分为简支梁桥、悬臂梁桥和连续梁桥。图1-1-21所示为各种体系的基本图式。简支梁桥受力简单，施工方便，在小跨度桥梁中得到广泛应用。将简支梁梁体加长至支点外就成为悬臂梁桥，悬臂梁桥的跨中弯矩比简支梁桥小，但构造较复杂，行车不够平顺，目前已较少采用。连续梁桥受力较合理，行车平顺，是大跨度桥梁常采用的桥式。

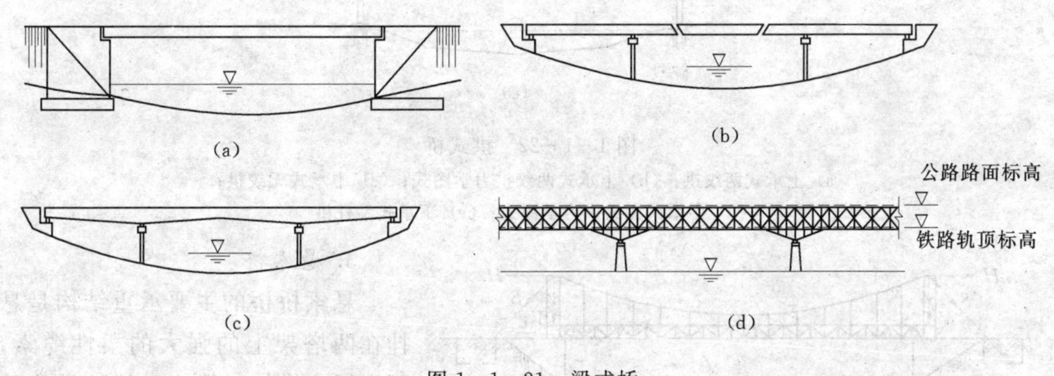

图1-1-21 梁式桥

（a）简支梁桥；（b）悬臂梁桥；（c）连续梁桥1；（d）连续梁桥2

2. 拱式桥

拱桥外形美观，是一种在竖向荷载作用下，拱脚处产生水平推力的结构（图1-1-22），正是由于这个水平推力的作用，使拱内弯矩大大减小，提高了跨越能力。若拱轴线设计合理，可使拱圈主要承受压力，而弯矩和剪力很小，因此圬工材料在拱桥中得到广泛应用。

拱式桥是推力结构，其墩台、基础必须承受强大的拱脚推力。因此拱式桥对地基要求很高，适宜建在地质和地基条件良好的桥址。

拱桥的主要承重结构是拱圈或拱肋，主要承受压力，与梁桥相比，受力合理，跨度大；但是因为细长杆件的受压失稳，拱桥的跨度在受力上受到了限制，于是人们用逆向思

维探讨出更大跨度的桥型——悬索桥。在竖向荷载作用下，拱的水平反力是向内的推力，而悬索的水平反力是向外的拉力；拱是向上突起的形状，而悬索是下垂的形状，拱结构受压力而悬索受拉力。悬索桥的受力构件钢索是柔性的，其抗弯刚度可以忽略，索内弯矩和剪力为零，只受轴向拉力作用，钢索的受拉性能较强，悬索桥在受力和材料两方面都满足要求，是目前特大跨度桥梁的唯一结构形式。

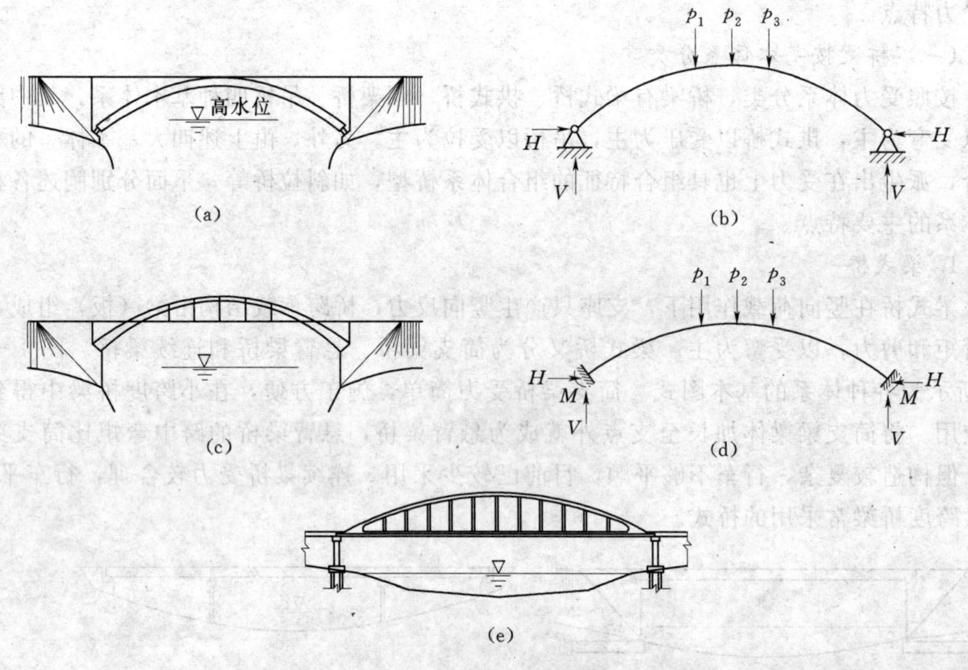

图 1-1-22 拱式桥

(a) 上承式两绞拱；(b) 上承式两绞拱力学图式；(c) 中承式无绞拱；(d) 中承式无绞拱力学图式；(e) 下承式系杆拱

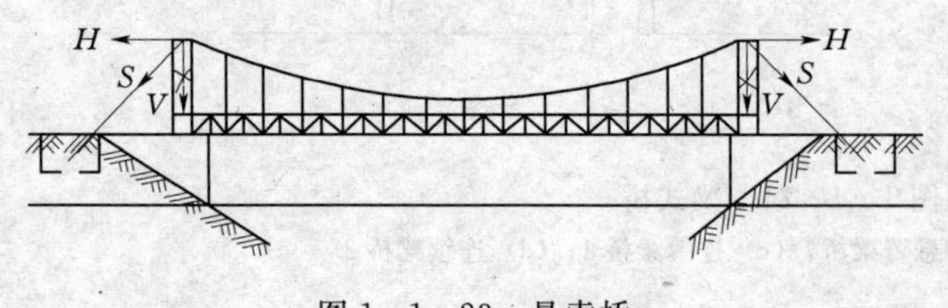

图 1-1-23 悬索桥

3. 悬索桥

悬索桥桥的主要承重结构是悬挂在两塔架上的强大的柔性缆索。悬索桥由塔架、缆索、锚锭结构及吊杆、加劲梁组成（图 1-1-23）。桥跨上的荷载由加劲梁承受，并通过吊索将其传至缆索。主缆索是主要承重结构，但其仅受拉力。主缆索的拉力通过对桥塔的压力和锚锭结构的拉力传至基础和地基。这种桥型充分发挥了高强缆索的抗拉性能，使其结构自重较轻，能以较小的建筑高度跨越其他任何桥型无法比拟的特大跨度。但在车辆动荷载和风荷载作用下，桥有较大的变形和振动。

4. 刚构桥

刚构桥的上部结构和墩台（支柱）彼此连成一个整体。刚构桥的主要承重结构是梁与立柱（墩柱、竖墙）刚性连接的结构体系（图 1-1-24）。刚构桥的特点是在竖向荷载作用下，柱脚处不仅产生竖向反力，同时产生水平反力，使其基础承受较大推力。刚构桥中

梁和柱的截面均有弯矩、剪力和轴力作用，因而其受力状态介于梁桥和拱桥之间。由于梁和柱接点结点为刚结，梁端部承受负弯矩，使梁跨中弯矩减小；与一般墩台不同，刚构桥的立柱（墩台）不仅承受压力，还承受较大弯矩。由于刚构桥的上述特点，在城市中当遇到线路立体交叉或需要跨越通航江河时，常采用这种桥型以降低线路标高，减少路堤土方量。当桥面标高已确定时，能增加桥下净空。

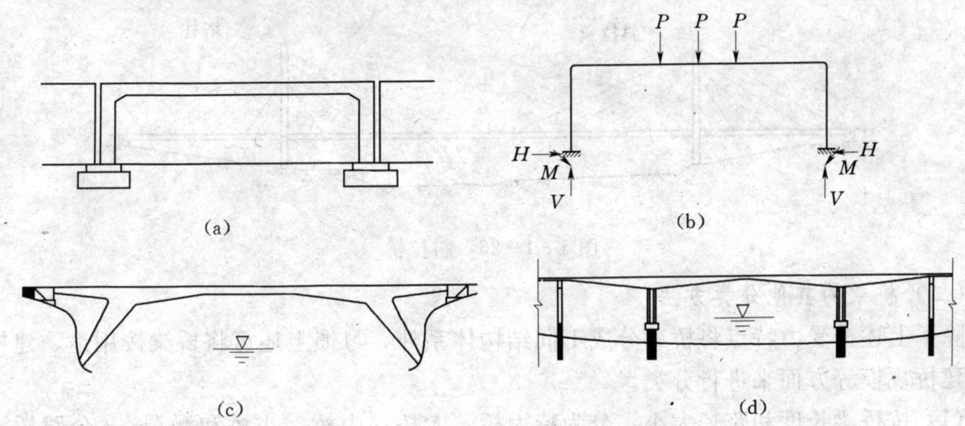

图 1-1-24　刚构桥

(a) 门式刚构桥；(b) 门式刚构桥力学图式；(c) 斜腿刚构桥；(d) 连续刚构桥

5. 组合体系桥

由拉、压、弯等几个不同受力体系的结构组合而成的桥梁称为组合体系桥梁。各种受力体系互相联系，共同受力。

梁、拱组合体系（图 1-1-25）中有系杆拱、桁架拱等。它们利用梁的受弯与拱的承压、吊杆或拉杆受拉的特点组成联合结构。在预应力混凝土结构中，因梁体内可以储备巨大的压力来承受拱的水平推力，使这类结构既具有拱的特点，又没有水平推力，故对地基要求不高，但这种结构施工复杂。

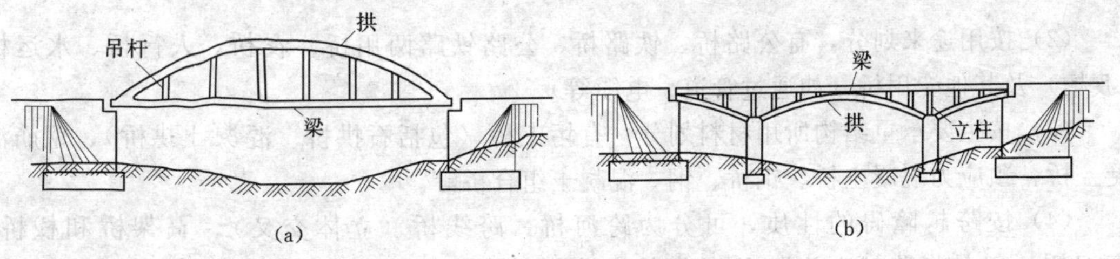

图 1-1-25　梁、拱组合体系桥

斜拉桥是典型的悬索结构和梁式结构的组合体系（图 1-1-26）。这一结构体系由主梁、缆索和塔架组成，充分利用了悬索结构和梁结构的优点，其组合相当合理。在结构体系中，梁结构直接承受桥面外荷载引起的弯矩和剪力，桥塔两侧的斜拉索张紧后为梁结构提供弹性支承，同时承受由荷载引起的拉力，其拉力的竖向分量通过桥塔传至基础和地基；斜拉索中荷载引起拉力的水平分量，使桥结构承受轴向压力，相当于对梁结构施加预应力。此外，通过调整斜拉索间距可改变弹性支承的间距，使梁内力分布更加均匀合理，因而减小了主梁的建筑高度，提高了跨越能力。与悬索桥相比，斜拉桥的斜拉索直接作用于主梁结构，使结构体系的抗弯、抗扭的刚度大大增强，抗风稳定性也明显改善。由于斜拉索的拉力水平分量由梁结构承担，因而也不再需要巨大的锚碇结构。

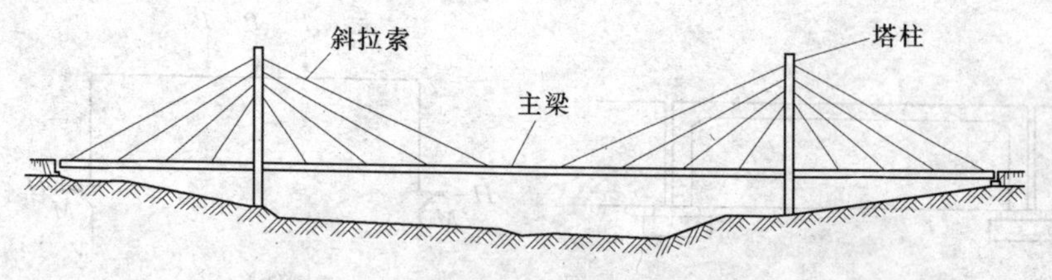

图 1-1-26 斜拉桥

(二) 桥梁的其他分类方法

除了上述按受力特点将桥梁分成不同结构体系外，习惯上还可将桥梁按用途、建桥材料、建桥规模等方面来进行分类。

(1) 按桥梁长度和跨径大小，分为特大桥、大桥、中桥、小桥和涵洞，《公路桥涵设计通用规范》(JTG D60—2004) 给出了划分标准（表 1-1-4）。

表 1-1-4　　特大、大、中、小桥和涵洞划分标准

桥梁分类	多孔跨径总长 L_1 (m)	单孔标准跨径 l_b (m)
特大桥	$L_1>1000$	$l_b>150$
大　桥	$100\leqslant L_1\leqslant 1000$	$40\leqslant l_b\leqslant 150$
中　桥	$30<L_1<100$	$20\leqslant l_b<40$
小　桥	$8\leqslant L_1\leqslant 30$	$5\leqslant l_b<20$
涵　洞	—	$l_b<5$

(2) 按用途来划分，有公路桥、铁路桥、公路铁路两用桥、农桥、人行桥、水运桥（渡槽）及其他专用桥（如通过管道、电缆等）。

(3) 按主要承重结构所用材料划分，有圬工桥（包括石拱桥、混凝土拱桥）、钢筋混凝土桥、预应力混凝土桥、钢桥、钢—混凝土组合桥等。

(4) 按跨越障碍的性质，可分为跨河桥、跨线桥（立体交叉）、高架桥和栈桥。高架桥一般是指跨越深沟峡谷以代替高路堤的桥梁。为将车道升高至周围地面以上并使下面的空间可以通行车辆或作其他用途（如堆栈、店铺等）而修建的桥梁，称为栈桥。

(5) 按上部结构的行车位置，分为上承式桥、下承式桥和中承式桥。桥面布置在主要承重结构之上者称为上承式桥 [图 1-1-22 (a)]，桥面布置在桥跨结构高度中间的称为中承式桥 [图 1-1-22 (c)]，桥面布置在承重结构之下的称为中承式桥 [图 1-1-22 (e)]。

在上承式桥上行车时视野开阔。不足之处是桥梁的建筑高度较大。在建筑高度受严格限制的情况下，就应采用下承式桥或中承式桥。由于桥跨结构在桥面之上，故横向结构宽度相对较大，墩台尺寸也相应有所增加。

(6) 按桥跨结构的平面布置，可分为正交桥、斜交桥和弯桥。

除上述外，还有按桥梁使用时间长短划分的永久性桥梁和临时性桥梁；按使用条件分为高水位桥、低水位桥、开启桥、漫水桥；按施工方法分为整体现浇式桥和预制装配式桥。

第二章　桥梁总体规划设计

第一节　桥梁设计原则与资料收集

一、桥梁设计的基本原则

公路桥涵应根据所在公路的使用任务、性质和将来发展的需要，按照“安全、适用、经济、美观和有利环保”的原则进行设计。

安全是设计的目的，适用是设计的功能需求，必须首先满足；在满足安全和适用的前提下，应根据具体情况考虑经济和美观的要求。公路工程设计应符合环保要求，保持公路的可持续发展，故提出了“有利环保”的原则。

1. 安全

（1）所设计的桥梁结构在强度、稳定和耐久性方面应有足够的安全储备。

（2）防撞栏杆应具有必要的高度和强度，人与车流之间应做好防护栏，防止车辆驶入人行道或撞坏栏杆而落到桥下。

（3）对于交通繁忙的桥梁，应设计好照明设施，并有明确的交通标志，两端引桥坡度不宜太陡，以避免发生车辆碰撞等引起的车祸。

（4）对于修建在地震区的桥梁，应按抗震要求采取防震措施；对于河床易变迁的河道，应设计好导流设施，防止桥梁基础底部被过度冲刷；对于通行大吨位船舶的河道，除按规定加大桥孔跨径外，必要时设置防撞构筑物等。

2. 适用

（1）桥面宽度能满足当前以及今后规划年限内的交通流量（包括行人通行）。

（2）桥梁结构在通过设计荷载时不出现过大的变形和过宽的裂缝。

（3）桥跨结构的下面有利于泄洪、通航（跨河桥）或车辆和行人的通行（旱桥）。

（4）桥梁的两端方便车辆的进入和疏散，不致产生交通堵塞现象等。

（5）考虑综合利用，方便各种管线（水、电、通信等）的搭载。

3. 经济

（1）桥梁设计应遵循因地制宜、就地取材和方便施工的原则。

（2）经济的桥型应该是造价和使用年限内养护费用综合最省的桥型，设计中应充分考虑维修的方便和维修费用少，维修时尽可能不中断交通，或中断交通的时间最短。

（3）所选择的桥位应是地质、水文条件好，桥梁长度也较短。

（4）桥位应考虑建在能缩短河道两岸的运距，促进该地区的经济发展，产生最大的效益的位置；对于过桥收费的桥梁应能吸引更多的车辆通过，达到尽可能快地回收投资的目的。

4. 美观

一座桥梁应具有优美的外形，而且这种外形从任何角度看都应该是优美的，结构布置必须精练，并在空间上有和谐的比例。桥型应与周围环境相协调，城市桥梁和旅游区的桥梁，可较多地考虑建筑艺术上的要求。合理的结构布局和轮廓是美观的主要因素，结构细部的美学处理也十分重要，另外，施工质量对桥梁美观也有重大影响。

5. 有利环保

桥梁设计必须考虑环境保护和可持续发展的要求，包括生态、水、空气、噪声等几方面。设计时应从桥位选择、桥跨布置、基础方案、墩身外形、上部结构施工方法、施工组织设计等多方面全面考虑环境要求，采取必要的工程控制措施，并建立环境监测保护体系，将不利影响减至最小。

二、桥位勘测与设计资料的调查

桥梁规划设计必须收集、掌握充足的资料，合理设计。桥位勘测与设计资料的调查是桥梁规划设计前必不可少的工作。

1. 调查桥梁的使用要求

调查桥上的交通种类、车辆荷载等级、交通量及其增长率和行人情况，据此确定荷载设计标准、车道数目、行车道宽度及人行道宽度。调查桥上是否需要通过各种管线（如水管、煤气管，电力、通信线路等），为此可能需要在桥上预留专门的位置。

2. 选择桥位

桥梁设计首先要确定桥位，按照《公路工程技术标准》（JTG B01—2003）的规定，小桥和涵洞的位置与线形，一般应符合路线的走向，为满足水文、线路弯道等要求，根据实际情况可设计斜桥和弯桥。对于公路上的特大桥、大桥、中桥桥位，原则上应服从路线走向，一般应桥、路综合考虑，尽量选择在河道顺直、水流稳定、地质良好的河段上。

大、中桥一般应选择 2～5 个桥位，进行综合比较，选择出最合理的桥位。

3. 测量桥位附近的地形图

测量桥位处的地形、地物，并绘成平面地形图，供设计和施工使用。

4. 调查地质资料

根据桥梁分孔情况确定钻孔数量和位置。桥位处的地质情况必须仔细探明，包括土的分层高度、物理力学性能、地下水位以及有无不良地质现象（如岩石破碎带、裂隙、溶洞等）等，并将钻探所得资料绘制成地质剖面图和柱状图，作为基础设计的依据。

5. 调查和收集水文资料

水文资料用以确定桥面标高、跨径和基础埋深提供依据。内容包括：

（1）河道性质。河床及两岸的冲刷和淤积，河道的自然变迁及人工规划，是否为季节性河流。

（2）测量桥位处河床断面、河床比降，调查河槽各部分的形态标高和粗糙率，计算流速、流量等，通过计算确定设计水位处的平均流速和流量，结合河道性质可以确定桥梁的最小总跨径，选择通航孔的位置和墩台基础形式及埋置深度。

（3）调查了解洪水位的多年历史资料，通过分析推算设计洪水位。

（4）向航运管理部门了解和协商确定设计通航水位和净空等，根据通航要求与设计洪水位，确定桥梁的分孔跨径与桥跨底缘设计标高。

6. 调查有关气象资料和地震情况

包括气温、雨量、风速（或台风影响），有记载的地震资料。

7. 其他资料

建材供应情况，电力供应情况，当地运输条件，新建桥位上下游有无老桥等。

第二节 桥梁设计要点

一、桥梁设计程序

我国的基本建设程序分为前期工作和正式设计工作两大阶段。前期工作分为预工程可行性研究（简称“预可”）阶段和工程可行性研究（简称“工可”）阶段。设计工作分为初步设计、技术设计和施工图设计三个阶段。

（一）前期工作

前期工作主要是预可行性研究报告与可行性研究报告的编制。

1.“预可”阶段

“预可”阶段着重研究建桥的必要性以及宏观经济上的合理性。

在“预可”研究形成的“预工程可行性研究报告书”（简称“预可报告”）中，应从经济、政治、国防等方面，详细阐明建桥理由和工程建设的必要性和重要性，同时初步探讨技术上的可行性。对于区域性线路上的桥梁，应以建桥地点（渡口等）的车流量调查（及国民经济逐年增长）为立论依据。

“预可”阶段的主要工作目标是解决建设项目的上报立项问题，因而，在“预可报告”中，应编制几个可能的桥型方案，并对工程造价、资金来源、投资回报等问题也应有初步估算和设想。

设计方将“预可报告”交业主后，由业主据此编制“项目建议书”报上级主管部门审批。

2.“工可”阶段

在“项目建议书”被审批确认后，就可着手“工可”阶段的工作。在这一阶段，着重研究和制定桥梁的技术标准，与河道、航运、规划等部门共同研究，以协商确定相关的技术标准。

在“工可”阶段，应提出多个桥型方案，并按交通部《公路基本建设工程投资估算编制办法》估算造价，资金来源和投资回报等问题应基本落实。

（二）初步设计

初步设计应根据批复的可行性研究报告、测设合同和初测、初勘或定测、详勘资料编制。

初步设计的目的是确定设计方案，应通过多个桥型方案的比选，推荐最优方案，报上级审批。在编制各个桥型方案时，应提供平、纵、横布置图，标明主要尺寸，并估算工程数量和主要材料数量，提出施工方案的意见，编制设计概算，提供文字说明和图表资料。初步设计经批复后，则成为施工准备、编制施工图设计文件和控制建设项目投资等的依据。

（三）技术设计

技术设计的主要内容是对选定的桥型方案中重大、复杂的技术问题通过科学试验、专题研究、加深勘探调查及分析比较，进一步完善批复的桥型方案的总体和细部的各种技术问题，提出详尽的设计图纸，包括结构断面、配筋、细节处理、材料清单及工程量等，并修正工程概算。

（四）施工图设计

施工图设计是在批复的技术设计（三阶段设计时）或初步设计（二阶段设计时）所有技术文件的基础上，进一步进行具体设计。此阶段工作包括详细的结构分析计算、配筋计算，验算并确保各构件强度、刚度、稳定和裂缝等各种技术指标满足规范要求，绘制施工详图，编制施工组织设计和施工图预算。

目前，国内一般的（常规的）桥梁采用二阶段设计，即初步设计和施工图设计；对于技术上复杂的特大桥、互通式立交桥或新型桥梁结构，需要增加技术设计，即采用三阶段设计；对于技术简单、方案明确的小桥，也可以采用一阶段设计，即施工图设计。

二、桥梁纵、横断面设计和平面布置

桥梁的总体设计包括桥梁纵断面设计、横断面设计和平面布置，图1-2-1是一座桥梁的总体布置图。

（一）桥梁的纵断面设计

包括确定桥梁的总跨径、桥梁的分孔、桥梁的高度、基础埋置深度、桥面标高和桥头引道的纵坡等内容。

对于跨河桥梁，立面总体设计首先应考虑抗洪的要求，如果因建桥造成河道泄洪受阻，洪水可能将桥梁冲坏甚至冲毁，使两岸堤坝受到的冲刷加剧。桥位处壅水还会影响到堤坝抗洪的安全可靠性，有时不得不为此加高堤坝以防壅水漫堤。

1. 桥梁总跨径的确定

对于一般跨河桥梁，总跨径可参照水文计算来确定。因此桥梁总跨径必须保证桥下有足够的排洪面积，使河床不产生过大的冲刷。

2. 桥梁的分孔

桥梁总跨径确定以后，还需进一步进行分孔布置。要根据通航要求，地形、地质情况以及技术经济和美观等方面综合确定。

对于一座较长的桥梁，应当分成几孔，各孔的跨径应当多大，这不仅影响到使用效果、施工难易等，并且在很大程度上关系到桥梁的总造价。跨径愈大、孔数愈少，上部结构的造价就愈高，墩台的造价就减少；反之，则上部结构的造价降低，而墩台造价将提高。这与桥墩的高度以及基础工程的难易程度有密切关系。最经济的分孔方式就是使上、下部结构的总造价趋于最低。

对于通航河流，在分孔时首先应考虑桥下通航的要求。桥梁的通航孔应布置在航行最方便的河域。对于变迁性河流，鉴于航道位置可能发生变化，就需要多设几个通航孔。

在山区的深谷上，在水深流急的江河上或需在水库上建桥时，为了减少中间桥墩，应加大跨径。条件允许可采用特大跨径单孔跨越。在布置桥孔时，有时为了避开不利的地质段（如岩石破碎带、裂隙、溶洞等），也要将桥基位置移开，或适当加大跨径。

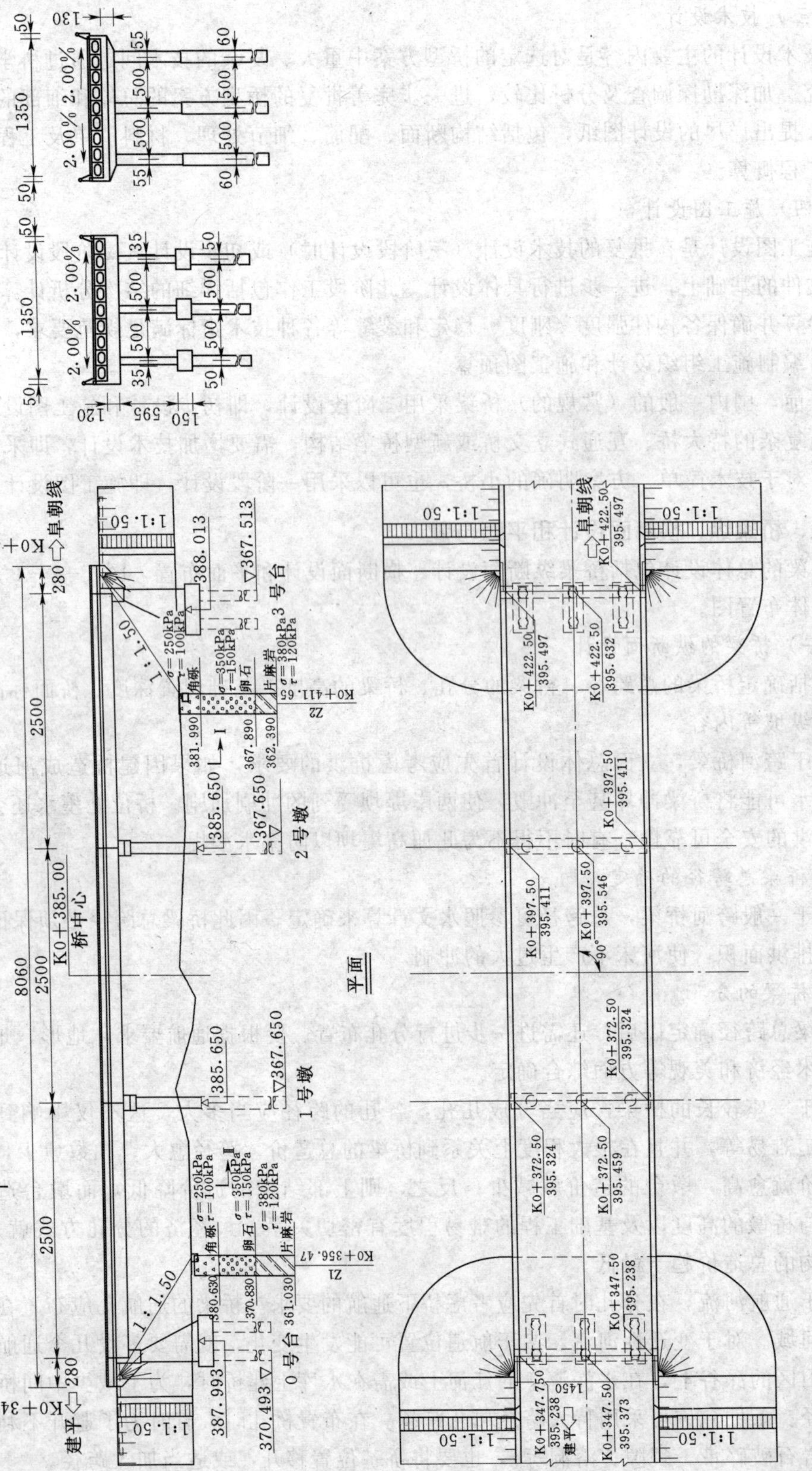

图 1-2-1 桥梁总体布置图

（注：本图除桩号和标高单位为 m 外，其余尺寸单位为 cm）

在有些结构体系中，为了结构受力合理和用材经济，分跨布置时要考虑合理的跨径比例。

跨径的选择还与施工能力有关，有时选用较大跨径虽然在经济上是合理的，但限于当时的施工技术能力和设备条件，也不得不将跨径减小。对于大桥施工，基础工程往往对工期起控制作用，在此情况下，从缩短工期出发，就应减少基础数量而修建较大跨径的桥梁。

总之，对于大、中桥梁的分孔是一个相当复杂的问题，必须根据使用任务、桥位处的地形和环境、河床地质、水文等具体情况，通过技术经济等方面的分析比较，才能作出比较完美的设计方案。

3. 桥面标高的确定

对于跨河桥梁，桥道的标高应保证桥下排洪和通航的需要；对于跨线桥，则应确保桥下安全行车。在平原区建桥时，桥道标高的抬高往往伴随着桥头引道路堤土方量的显著增加。在修建城市桥梁时，桥高了使两端引道延伸会影响市容，或者需要设置立体交叉或高架栈桥，这导致造价提高。因此必须根据设计洪水位、桥下通航（或通车）净空等需要，结合桥型、跨径等一起考虑，以确定合理的桥道标高。桥下净空应满足规范要求。

《公路桥涵设计通用规范》(JTG D60—2004) 规定：桥下净空应根据计算水位（设计水位计入壅水、浪高等）或最高流冰水位加安全高度确定。

当河流有形成流冰阻塞的危险或有漂浮物通过时，应按实际调查的数据，在计算水位的基础上，结合当地具体情况酌留一定富余量，作为确定桥下净空的依据。对于有淤积的河流，桥下净空应适当增加。

在不通航或无流放木筏河流上及通航河流的不通航桥孔内，桥下净空不应小于表 1-2-1 的规定（图 1-2-2）。

表 1-2-1　非通航河流桥下净空

桥梁部位		高出计算水位 (m)	高出最高流冰面 (m)
梁底	洪水期无大漂流物	0.50	0.75
	洪水期有大漂流物	1.50	—
	有泥石流	1.00	—
支座垫石顶面		0.25	0.50
拱脚		0.25	0.25

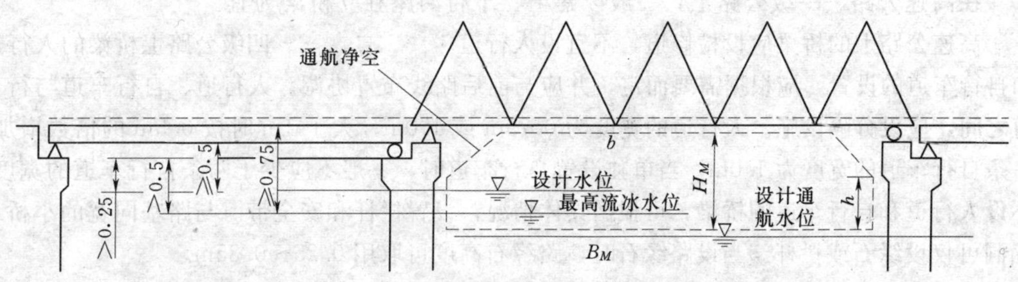

图 1-2-2　梁桥纵断面（尺寸单位：m）

无铰拱的拱脚允许被洪水淹没，但淹没深度不宜超过拱圈高度的2/3，且拱顶底面应高出计算水位1.0m，拱脚的起拱线应高出最高流冰面不小于0.25m。

在不通航和无流筏的水库区域内，梁底面或拱顶底面离开水面的高度不应小于计算浪高的0.75倍加上0.25m。

在通航河流上，必须设置一孔或几孔能保证桥下有足够通航净空的通航孔。通航孔的最小净空尺寸按《内河通航标准》(GBJ 139—90) 确定。

对于跨越铁路或公路的桥梁，应满足相应的铁路或公路的建筑界限规定。

4. 桥头引道的纵坡

桥道标高确定后，就可根据两端桥头的地形和线路要求来设计桥梁的纵断面线形。一般小桥，通常做成平坡桥。对于大、中桥梁，为了利于桥面排水和降低引道路堤高度，往往设置从中间向两端倾斜的双向纵坡。桥上纵坡不大于4%；桥头引道纵坡不宜大于5%。对位于市镇混合交通繁忙处的桥梁，桥上纵坡和桥头引道纵坡均不得大于3%。桥上或引道处纵坡发生变化的地方均应按规定设置竖曲线。

桥头锥体及桥台台后5～10m长度内引道，可用砂性土等材料填筑。在非严寒地区当无透水性土时，可就地取土经处理后填筑。桥台侧墙后端深入锥坡顶点以内的长度，均不应小于0.75m。

二级以上公路的桥头宜设置搭板。搭板厚度不宜小于0.25m，长度不宜小于5m。

(二) 桥梁横断面设计

桥梁横断面设计，主要是确定桥面净空和桥跨结构横断面的布置。桥面宽度决定于行车和行人的交通需要。

为了保证车辆和行人的安全通过，应在桥面以上垂直于行车方向保留一定限界的空间，这个空间称为桥面净空。它包括净宽和净高，其尺寸应符合《公路桥涵设计通用规范》(JTG D60—2004) 第3.3.1条公路建筑限界的规定，铁路桥梁、城市桥梁也有相应的规定。在规定的限界内，不得有任何结构部件等侵入。横截面形式主要与上部结构的桥型方案及跨径有关。对于桥面上有结构物的桥梁，如中（下）承式拱桥、斜拉桥、吊桥等，结构物将占去部分桥面宽度，因而桥面总宽为桥面净宽加结构物所需宽度之和。

设计行车速度大于等于80km/h时，单个行车道宽度应为3.75m；设计行车速度大于等于40km/h时，单个行车道宽度为3.5m。高速公路和一级公路行车道两侧一般设防撞护栏，宽度为0.5m，防撞护栏与行车道之间应设0.5m左右宽的左侧路缘带，以策安全；对于高速公路和一级公路，还需在行车方向的右侧设应急停车带。

在高速公路、一级公路上，一般以建上、下行两座独立桥梁为宜。

高速公路上的桥梁应设检修道，不宜设人行道。一、二、三、四级公路上桥梁的人行道和自行车道的设置，应根据需要而定，并应与前后路线布置协调。人行道、自行车道与行车道之间，应设分隔设施。人行道的宽度为0.75m或1.0m，大于1m时按0.5m的倍数增加。一条自行车道的宽度为1.0m，当单独设置自行车道时，一般不应少于两条自行车道的宽度。不设人行道和自行车道的桥梁，可根据具体情况，设置栏杆和安全带。与路基同宽的小桥和涵洞可仅设缘石或栏杆。当设路缘石时，路缘石高度可取用0.25～0.35m。

为了桥面上排水的需要，桥面应根据不同类型的桥面铺装，设置从桥面中央倾向两侧

的1.5%～3.0%的横坡；人行道设置向行车道倾斜1%的横坡。

（三）平面布置

桥梁的线型及桥头引道线形应与路线布设相互协调，各项技术指标应符合路线布设的规定。

桥梁应尽可能避免桥梁与河流或与桥下路线斜交。但对于一般小桥，为了改善路线线形，有时修建斜交桥，斜度通常不宜大于45°。通航河流上不宜大于5°，当交角大于5°时，宜增加通航孔净宽。

三、桥梁设计方案比选

为了获得经济、适用、美观和有利环保的桥梁设计方案，设计者必须根据各种自然、技术上的条件，因地制宜，在综合应用专业知识，了解掌握国内外新技术、新材料、新工艺的基础上，进行深入细致的研究分析和对比工作，才能科学地得出完美的设计方案。

1. 桥梁设计方案比选的内容和步骤

(1) 明确各种高程的要求。在桥位纵断面图上，先按比例绘出设计洪水位、通航水位、堤顶高程、桥面高程、通航净空、堤顶行车净空位置图。

(2) 桥梁分孔和初拟桥型方案草图。在上述确定了各种高程的纵断面图上，根据泄洪总跨径的要求，做桥梁分孔和桥型方案草图，做草图时思路要宽广，只要基本可行，尽可能多绘一些草图，以免遗漏可能的桥型方案。

(3) 方案初筛。对草图方案作技术和经济上的初步分析和判断，筛去弱势方案，从中选出2～4个构思好、各具特点的方案，作进一步详细研究和比较。

(4) 详绘桥型方案图。根据不同桥型，不同跨度、宽度和施工方法，拟定主要尺寸并尽可能细致地绘制各个桥型方案的尺寸详图。对于新结构，应作初步的力学分析，以准确拟定各方案的主要尺寸。

(5) 编制估算或概算。依据编制方案的详图，可以计算出上、下部结构的主要工程数量，然后依据各省、市或行业的“估算定额”或“概算定额”，编制出各方案的主要材料(钢、木、混凝土等)用量、劳动力数量、全桥总造价。

(6) 方案选定和文件汇总。全面考虑建设造价、养护费用、建设工期、营运适用性、美观等因素，综合分析，阐述每个方案的优缺点，最后选定一个最佳的推荐方案。在深入比较过程中，应当及时发现并调整方案中的不尽合理之处，确保最后选定的方案是优中选优的方案。

上述工作全部完成之后，着手编写方案说明。说明书中应阐明方案编制的依据和标准，各方案的主要特色、施工方法、设计概算以及方案比较的综合性评述。对于推荐方案应作较详细的说明。各种测量资料、地质勘察和地震烈度复核资料、水文调查与计算资料等应按附件列入。

2. 桥型选择的影响因素

按影响桥型选择因素的特点、作用和地位，可以将其分为独立因素、主要因素和限制因素：

(1) 桥梁的长度、宽度和通航孔大小等是桥型选择的独立因素。

(2) 所选桥型是否经济是桥型选择时必须考虑的主要因素。

(3) 地质、地形、水文、航运、气候等条件是桥型选择的限制因素。

第三节 公路桥梁上的作用

作用是施加在结构上的一组集中力或分布力，或引起结构外加变形或约束变形的原因。前者称直接作用，亦称荷载，后者称间接作用。

公路桥涵设计采用的作用分为永久作用、可变作用和偶然作用三类，列于表1-2-2。

表1-2-2 公路桥梁上的作用分类

编号	作用分类	作用名称	编号	作用分类	作用名称
1	永久作用	结构重力（包括结构附加重力）	12	可变作用	人群荷载
2		预应力	13		汽车制动力
3		土的重力	14		风荷载
4		土侧压力	15		流水压力
5		混凝土收缩及徐变作用	16		冰压力
6		水的浮力	17		温度作用
7		基础变位作用	18		支座磨阻力
8	可变作用	汽车荷载	19	偶然作用	地震作用
9		汽车冲击力	20		船舶或漂流物的撞击作用
10		汽车离心力	21		汽车撞击作用
11		汽车引起的土侧压力			

桥梁设计作用（荷载）相关术语描述如下：

(1) 作用代表值。结构或结构构件设计时，针对不同设计目的所采用的各种作用规定值，它包括作用标准值、准永久值和频遇值等。

(2) 作用标准值。作用标准值是结构设计的主要参数。结构或结构构件设计时，采用的各种作用的基本代表值，其值可根据作用在设计基准期内最大值概率分布的某一分位值确定。

(3) 作用频遇值。结构或构件按正常使用极限状态短期效应组合设计时，采用的一种可变作用代表值，其值可根据在足够长观测期内作用任意时点概率分布的0.95分位值确定。

(4) 作用准永久值。结构或构件按正常使用极限状态长期效应组合设计时，采用的另一种可变作用代表值，其值可根据在足够长观测期内作用任意时点概率分布的0.5（或略高于0.5）分位值确定。公路桥涵设计时，对不同的作用采用不同的代表值。

(5) 作用效应。结构对所受作用的反应，如由作用产生的结构或构件的轴向力、弯矩、扭矩、位移、应力、裂缝等。

一、永久作用

永久作用是指在结构使用期间，其量值不随时间而变化，或其变化值与平均值比较可

忽略不计的作用。

结构重力（包括结构附加重力）可按结构构件的设计尺寸与材料的重力密度计算确定，表 1-2-3 列出了常用材料的重力密度。其他永久作用的计算参考《公路桥涵设计通用规范》（JTG D60—2004）和《公路钢筋混凝土及预应力混凝土桥涵设计规范》（JTG D62—2004）的规定计算。

表 1-2-3　　常用材料的重力密度

材料种类	重力密度（kN/m³）	材料种类	重力密度（kN/m³）
钢、铸钢	78.5	浆砌片石	23.0
铸铁	72.5	干砌块石或片石	21.0
锌	70.5	沥青混凝土	23.0～24.0
铅	114.0	沥青碎石	22.0
黄铜	81.1	碎（砾）石	21.0
青铜	87.4	填土	17.0～18.0
钢筋混凝土或预应力混凝土	25.0～26.0	填石	19.0～20.0
混凝土或片石混凝土	24.0	石灰三合土、石灰土	17.5
浆砌块石或填料	24.0～25.0		

二、可变作用

可变作用是指在结构使用期间，其量值随时间变化，且其变化值与平均值比较不可忽略的作用。

（一）汽车荷载

公路桥涵设计时，汽车荷载的计算图式、荷载等级及其标准值、加载方法和纵横向折减应符合下列规定：

（1）汽车荷载分为公路—Ⅰ级和公路—Ⅱ级两个等级。

（2）汽车荷载由车道荷载和车辆荷载组成。车道荷载由均布荷载和集中荷载组成。桥梁结构的整体计算采用车道荷载；桥梁结构的局部加载、涵洞、桥台和挡土墙土压力等的计算采用车辆荷载。车辆荷载与车道荷载的作用不得叠加。

（3）各级公路桥涵设计的汽车荷载等级应符合表 1-2-4 的规定。

表 1-2-4　　各级公路桥涵的汽车荷载等级

公路等级	高速公路	一级公路	二级公路	三级公路	四级公路
汽车荷载等级	公路—Ⅰ级	公路—Ⅰ级	公路—Ⅱ级	公路—Ⅱ级	公路—Ⅱ级

二级公路为干线公路且重型车辆多时，其桥涵的设计可采用公路—Ⅰ级汽车荷载。

四级公路上重型车辆少时，其桥涵设计所采用的公路—Ⅱ级车道荷载的效应可乘以 0.8 的折减系数，车辆荷载的效应应可乘以 0.7 的折减系数。

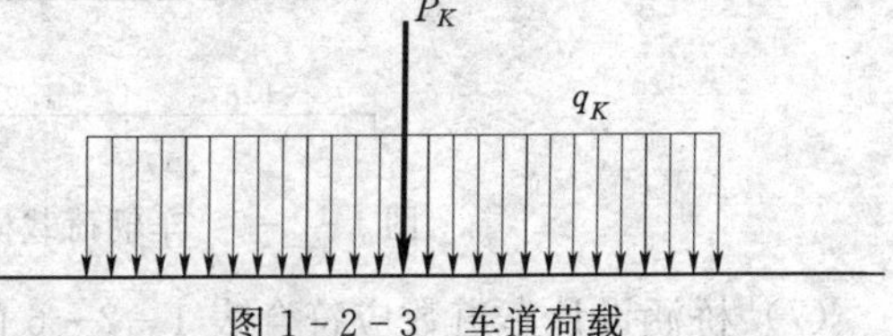

图 1-2-3　车道荷载

（4）车道荷载的计算图式如图 1-2-3

所示。

1）公路—Ⅰ级车道荷载的均布荷载标准值为 q_K =10.5kN/m；集中荷载标准值按以下规定选取：桥梁计算跨径小于或等于 5m 时，P_K =180kN；桥梁计算跨径等于或大于 50m 时，P_K =360kN；桥梁计算跨径为 5～50m 时，P_K 值采用直线内插求得。计算剪力效应时，上述集中荷载和均布荷载的标准值应乘以 1.2 的系数。

2）公路—Ⅱ级车道荷载的均布荷载标准值 q_K 和集中荷载标准值 P_K 按公路—Ⅰ级车道荷载的 0.75 倍采用。

3）车道荷载的均布荷载标准值应满布于使结构产生最不利效应的同号影响线上；集中荷载标准值只作用于相应影响线中一个最大影响线峰值处。

（5）车辆荷载的立面、平面尺寸如图 1－2－4 所示，主要技术指标列于表 1－2－5。公路—Ⅰ级和公路—Ⅱ级汽车荷载采用相同的车辆荷载标准值。

表 1－2－5　　车辆荷载的主要技术指标

项　目	技术指标	项　目	技术指标
车辆重力标准值（kN）	550	轮　距（m）	1.8
前轴重力标准值（kN）	30	前轮着地宽度及长度（m）	0.3×0.2
中轴重力标准值（kN）	2×120	中、后轮着地宽度及长度（m）	0.6×0.2
后轴重力标准值（kN）	2×140	车辆外形尺寸（长×宽）（m）	15×2.5
轴　距（m）	3＋1.4＋7＋1.4		

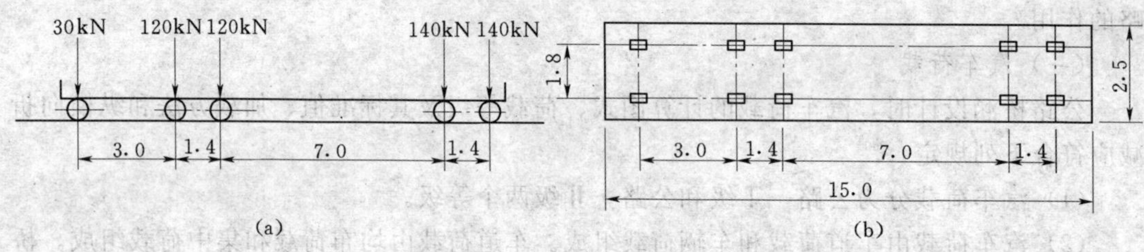

图 1－2－4　车辆荷载的立面、平面尺寸（尺寸单位：m）

(a) 立面布置；(b) 平面尺寸

（6）车道荷载横向分布系数按设计车道数如图 1－2－5 布置车辆荷载进行计算。

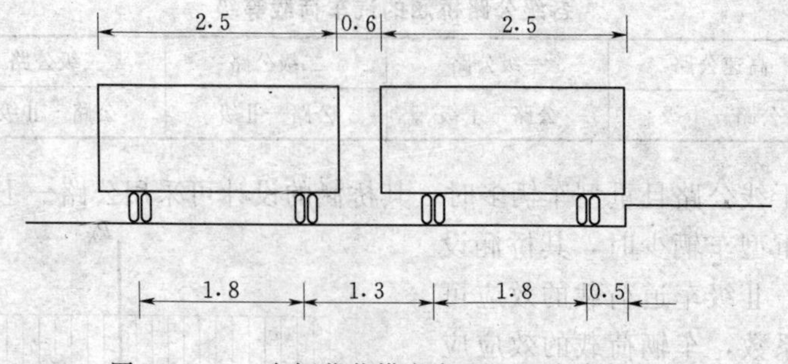

图 1－2－5　车辆荷载横向布置（尺寸单位：m）

（7）桥涵设计车道数应符合表 1－2－6 的规定。多车道桥梁的汽车荷载应考虑多车道

折减。

表 1-2-6　　桥涵设计车道数

桥面宽度 W（m）		桥涵设计车道数
车辆单向行驶时	车辆双向行驶时	
W＜7.0		1
7.0≤W＜10.5	6.0≤W＜14.0	2
10.5≤W＜14.0		3
14.0≤W＜17.5	14.0≤W＜21.0	4
17.5≤W＜21.0		5
21.0≤W＜24.5	21.0≤W＜28.0	6
24.5≤W＜28.0		7
28.0≤W＜31.5	28.0≤W＜35.0	8

（8）随着桥梁横向布置车队数的增加，各车道内同时出现最大荷载的概率减小，由汽车荷载产生的效应应当进行折减。当桥涵设计车道数等于或大于 2 时，由汽车荷载产生的效应应按表 1-2-7 规定的多车道折减系数进行折减，但折减后的效应不得小于两设计车道的荷载效应。

表 1-2-7　　横向折减系数

横向布置车道数	2	3	4	5	6	7	8
横向折减系数	1.00	0.78	0.67	0.60	0.55	0.52	0.50

（9）同样，随着桥梁跨度的增加，实际桥梁上通行的车辆达到高密度和重载的概率减小，因此，当桥梁设计跨度大于 150m 时，汽车荷载应考虑纵向折减。当为多跨连续结构时，整个结构应按最大的计算跨径考虑汽车荷载效应的纵向折减。纵向折减系数规定见表 1-2-8。

表 1-2-8　　纵向折减系数

计算跨径 l（m）	$150<l<400$	$400\leqslant l<600$	$600\leqslant l<800$	$800\leqslant l<1000$	$l\geqslant 1000$
纵向折减系数	0.97	0.96	0.95	0.94	0.93

（二）汽车荷载冲击力

车辆以一定速度过桥时，由于桥面的不平整、车轮不圆以及发动机抖动等原因，会引起桥梁结构振动，桥梁结构应力和变形比静荷载状态引起的大，通常把这种动力效应称为车辆荷载对桥梁结构的冲击力。现行规范用汽车荷载标准值乘以冲击系数 μ 来考虑汽车荷载的冲击力。冲击系数 μ 与桥梁结构的基频有关，按式（1-2-1）计算：

（1）钢桥、钢筋混凝土及预应力混凝土桥、圬工拱桥等上部构造和钢支座、板式橡胶支座、盆式橡胶支座及钢筋混凝土柱式墩台，应计算汽车的冲击作用。

（2）填料厚度（包括路面厚度）等于或大于 0.5m 的拱桥、涵洞以及重力式墩台不计冲击力。

（3）支座的冲击力，按相应的桥梁取用。

(4) 汽车荷载的冲击力标准值为汽车荷载标准值乘以冲击系数 μ。

(5) 冲击系数 μ 可按下式计算:

$$
\begin{aligned}
&\text{当 } f < 1.5\text{Hz 时} && \mu = 0.05 \\
&\text{当 } 1.5\text{Hz} \leqslant f \leqslant 14\text{Hz 时} && \mu = 0.1767\ln f - 0.0157 \\
&\text{当 } f > 14\text{Hz 时} && \mu = 0.45
\end{aligned}
\tag{1-2-1}
$$

桥梁自振频率 f 的计算按《公路桥涵设计通用规范》(JTG D60—2004)的相应规定来确定。

(6) 汽车荷载的局部加载及在T梁、箱梁悬臂板上的冲击系数采用1.3。

(三) 汽车荷载离心力

(1) 当弯道桥的曲线半径等于或小于250m时,应计算汽车荷载引起的离心力。汽车荷载离心力标准值为按车辆荷载(不计冲击力)标准值乘以离心力系数 C 计算。离心力系数按下式计算:

$$C = \frac{V^2}{127R} \tag{1-2-2}$$

式中 V——设计速度,应按桥梁所在路线设计速度采用,km/h;

R——曲线半径,m。

(2) 计算多车道桥梁的汽车荷载离心力时,车辆荷载标准值应乘以表1-2-7规定的横向折减系数。

(3) 离心力的着力点在桥面以上1.2m处(为计算简便也可移至桥面上,不计由此引起的作用效应)。

(四) 汽车荷载引起的土侧压力

车辆荷载在桥台或挡土墙后填土的破坏棱体上引起的土侧压力,可按下式换算成等代均布土层厚度来计算:

$$h = \frac{\sum G}{Bl_0 r} \tag{1-2-3}$$

式中 r——土的容重,kN/m³;

B——桥台的计算宽度或挡土墙的计算宽度,m;

l_0——桥台或挡土墙后填土的破坏棱体长度,m;

$\sum G$——布置在 Bl_0 面积上的车辆车轮重力,kN。

有关桥台的计算宽度或挡土墙的计算长度可按《公路桥涵设计通用规范》(JTG D60—2004)的相应规定来确定。

(五) 人群荷载

(1) 当桥梁计算跨径小于或等于50m时,人群荷载标准值为3.0kN/m²;当桥梁计算跨径等于或大于150m时,人群荷载标准值为2.5kN/m²;当桥梁计算跨径为50~150m时,可由线性内插得到人群荷载标准值。对跨径不等的连续结构,以最大计算跨径为准。

城镇郊区行人密集地区的桥梁,人群荷载标准值取上述规定值的1.15倍。

专用人行桥梁,人群荷载标准值为3.5kN/m²。

(2) 人群荷载在横向应布置在人行道的净宽度内，在纵向施加于使结构产生最不利荷载效应的区段内。

(3) 人行道板（局部构件）可以一块板为单元，按标准值 4.0kN/m² 的均布荷载计算。

(4) 计算人行道栏杆时，作用在栏杆立柱顶上的水平推力标准值取 0.75kN/m²；作用在栏杆扶手上的竖向力标准值取 1.0kN/m²。

汽车荷载制动力、风荷载、流水压力、冰压力、支座磨阻力及温度影响力等其他可变作用的计算按《公路桥涵设计通用规范》（JTG D60—2004）的相应规定来确定。

三、偶然作用

偶然作用是指在结构使用期间出现的概率很小，一旦出现，其值很大且持续时间很短的作用。偶然作用包括地震力、船只或漂流物的撞击力和汽车撞击力。

偶然作用取其标准值作为代表值。偶然作用标准值应根据调查、试验资料，结合工程经验来确定。

1. 地震作用

地震力主要指地震时强烈的地面运动引起的结构惯性力，它是随机变化的动力作用，其值的大小取决于地震强烈程度和结构的动力特性以及结构或杆件的质量。

《公路桥涵设计通用规范》（JTG D60—2004）规定：地震动峰值加速度等于 0.10g，0.15g，0.20g，0.30g 地区的公路桥涵，应进行抗震设计。地震动峰值加速度大于或等于 0.40g 地区的公路桥涵，应进行专门的抗震研究和设计。地震动峰值加速度小于或等于 0.05g 地区的公路桥涵，除有特殊要求者外，可采用简易设防。

2. 船舶或漂流物的撞击作用

位于通航河流或有漂流物的河流中的桥梁墩台，设计时应考虑船舶或漂流物的撞击作用，其撞击作用标准值可根据实测资料或模拟撞击试验进行确定。无实测资料时，可按《公路桥涵设计通用规范》（JTG D60—2004）推荐的标准值作为设计取用值。

3. 汽车撞击作用

桥梁结构必要时可考虑汽车的撞击作用。汽车撞击力标准值在车辆行驶方向取 1000kN，在车辆行驶垂直方向取 500kN，两个方向的撞击力不同时考虑，撞击力作用于行车道以上 1.2m 处，直接分布于撞击涉及的构件上。

对于设有防撞设施的结构构件，可视防撞设施的防撞能力，对汽车撞击力标准值予以折减，但折减后的汽车撞击力标准值不应低于上述规定值的 1/6。

四、极限状态设计法

公路桥涵结构的设计基准期为 100 年。

极限状态是指整体结构或结构的一部分超过某一特定状态就不能够满足设计规定的某一功能要求时，此特定状态为该功能的极限状态。

国际化组织（ISO）和我国各专业颁布的统一标准将极限状态分为承载能力极限状态和正常使用极限状态两类。这两类极限状态作为设计要求时，应视结构所处状况灵活地对待。一般地说，当结构处于持久状况（使用阶段），由于持续时间很长，结构要承受可能同时出现的多种作用（或荷载），对结构需要进行承载能力极限状态和正常使用极限状态设计；当结构处于短暂状况（施工阶段），持续时间相对于持久状况是短暂的，作用于结构的荷载也较简单，除有特别要求外，一般只作承载能力极限状态设计；当结构处于偶然状况（罕遇地震、撞击等），由于出现的概率较小，且持续的时间极短，结构只需要作承载能力极限状态设计。

1. 承载能力极限状态

承载能力极限状态对应于桥涵结构或其构件达到最大承载能力或出现不适于继续承载的变形或变位的状态。当结构或构件出现下列状态之一时，即认为超过了承载能力极限状态：

（1）结构或结构的一部分作为刚体失去平衡（如倾覆、滑移等）。

（2）结构构件或其连接因超过材料极限强度而破坏（包括疲劳破坏）。

（3）结构转变成机动体系。

（4）结构或构件丧失稳定性（如柱的压屈失稳等）。

（5）由于材料的塑性或徐变变形过大，或由于截面开裂而引起过大的几何变形等，致使结构或构件不再能继续承载和使用（例如拱顶严重下挠，引起拱轴线偏离过大等）。

在承载能力极限状态设计时，按照《公路工程结构可靠度设计统一标准》（GB/T 50283）的规定，应根据结构破坏可能产生的后果的严重程度，划分为以下三个安全等级：

1）特大桥、重要大桥的安全等级为一级，其破坏后果很严重，设计可靠度最高。

2）大桥、中桥、重要小桥的安全等级为二级，其破坏后果严重，设计可靠度中等。

3）小桥、涵洞的安全等级为三级，其破坏后果不严重，设计可靠度较低。

2. 正常使用极限状态

正常使用极限状态对应于桥涵结构或其构件达到正常使用或耐久性某项限值的状态结构或构件出现下列状态之一时，即认为超过了正常使用极限状态：

（1）影响正常使用的外观变形。

（2）影响正常使用或耐久性能的局部损坏（如出现过大的裂缝）。

（3）影响正常使用的振动。

（4）影响正常使用的其他特征状态。

3. 三种设计状况

公路桥涵应根据不同种类的作用（或荷载）及其对桥涵的影响、桥涵所处的环境条件，考虑以下三种设计状况，并对其进行相应的极限状态设计。

（1）持久状况。桥涵建成后承受自重、汽车荷载等持续时间很长的状况。该状况下的桥涵应进行承载能力极限状态和正常使用极限状态设计。

（2）短暂状况。桥涵施工过程中承受临时性作用的状况。该状况下的桥涵仅作承载能力极限状态设计，必要时才作正常使用极限状态设计。

（3）偶然状况。在桥涵使用过程中可能偶然出现的状况。该状况下的桥涵仅作承载能力极限状态设计。

五、作用效应组合

公路桥涵结构设计应考虑结构上可能同时出现的作用，按承载能力极限状态和正常使用极限状态进行作用效应组合，取其最不利效应组合进行设计。作用效应组合原则如下：

(1) 只有在结构上可能同时出现的作用，才进行其效应的组合；当结构或结构构件需做不同受力方向的验算时，则应以不同方向的最不利的作用效应进行组合。

(2) 当可变作用的出现对结构或结构构件产生有利影响时，该作用不应参与组合。实际不可能同时出现的作用或同时参与组合概率很小的作用，按表 1-2-9 规定不考虑其作用效应的组合。

表 1-2-9　　可变作用不同时组合表

编　号	作　用　名　称	不与该作用同时参与组合的作用编号
13	汽车制动力	15，16，18
15	流水压力	13，16
16	冰压力	13，15
18	支座摩阻力	13

(3) 施工阶段作用效应的组合，应按计算需要及结构所处条件而定，结构上的施工人员和施工机具设备均应作为临时荷载加以考虑。组合式桥梁，当把底梁作为施工支撑时，作用效应宜分两个阶段组合，底梁受荷为第一个阶段，组合梁受荷为第二个阶段。

(4) 多个偶然作用不同时参与组合。

(一) 承载能力极限状态

公路桥梁结构按承载能力极限状态设计时，应采用以下两种作用效应组合：

1. 基本组合

$$\gamma_0 S_{ud} = \gamma_0 \left(\sum_{i=1}^{m} \gamma_{Gi} S_{Gik} + \gamma_{Q1} S_{Q1k} + \Psi_c \sum_{j=2}^{n} \gamma_{Qj} S_{Qjk} \right) \tag{1-2-4}$$

或

$$\gamma_0 S_{ud} = \gamma_0 \left(\sum_{i=1}^{m} S_{Gid} + S_{Q1d} + \Psi_c \sum_{j=2}^{n} S_{Qjd} \right) \tag{1-2-5}$$

式中　S_{ud}——承载能力极限状态下作用基本组合的效应组合设计值；

γ_0——结构重要性系数，按结构设计安全等级采用，特大桥、重要大桥取 1.1，大桥、中桥、重要小桥取 1.0，小桥、涵洞取 0.9；

γ_{Gi}——第 i 个永久作用效应的分项系数，应按表 1-2-10 的规定采用；

S_{Gik}、S_{Gid}——第 i 个永久作用效应的标准值和设计值；

γ_{Q1}——汽车荷载效应（含汽车冲击力、离心力）的分项系数，取 $\gamma_{Q1}=1.4$，当某个可变作用在效应组合中其值超过汽车荷载效应时，则该作用取代汽车荷载，其分项系数应采用汽车荷载的分项系数，对专为承受某作用而设置的结构或装置，设计时该作用的分项系数取与汽车荷载同值，计算人行道板和人行道栏杆的局部荷载，其分项系数也与汽车荷载取同值；

S_{Q1k}、S_{Q1d}——汽车荷载效应（含汽车冲击力、离心力）的标准值和设计值；

γ_{Qj}——在作用效应组合中除汽车荷载效应（含汽车冲击力、离心力）、风荷载外的其他第 j 个可变作用效应的分项系数，取 $\gamma_{Qj}=1.4$，但风荷载的分项系数取 $\gamma_{Qj}=1.1$；

S_{Qjk}、S_{Qjd}——在作用效应组合中除汽车荷载效应（含汽车冲击力、离心力）外的其他第 j 个可变作用效应的标准值和设计值；

Ψ_c——在作用效应组合中除汽车荷载效应（含汽车冲击力、离心力）外的其他可变作用效应的组合系数，当永久作用与汽车荷载和人群荷载（或其他一种可变作用）组合时，人群荷载（或其他一种可变作用）的组合系数取 $\Psi_c=0.80$；当除汽车荷载（含汽车冲击力、离心力）外尚有两种其他可变作用参与组合时，其组合系数取 $\Psi_c=0.70$；尚有三种可变作用参与组合时，其组合系数取 $\Psi_c=0.60$；尚有四种及多于四种的可变作用参与组合时，取 $\Psi_c=0.50$。

设计弯桥时，当离心力与制动力同时参与组合时，制动力标准值或设计值按 70% 取用。

表 1-2-10　永久作用效应的分项系数

编号	作用类别		永久作用效应分项系数	
			对结构的承载能力不利时	对结构的承载能力有利时
1	混凝土和圬工结构重力（包括结构附加重力）		1.2	1.0
	钢结构重力（包括结构附加力）		1.1 或 1.2	
2	预加力		1.2	1.0
3	土的重力		1.2	1.0
4	混凝土的收缩及徐变作用		1.0	1.0
5	土侧压力		1.4	1.0
6	水的浮力		1.0	1.0
7	基础变位作用	混凝土和圬工结构	0.5	0.5
		钢结构	1.0	1.0

2. 偶然组合

永久作用标准值效应与可变作用某种代表值效应、一种偶然作用标准值效应相组合。偶然作用的效应分项系数取 1.0；与偶然作用同时出现的可变作用，可根据观测资料和工程经验取用适当的代表值。地震作用标准值及其表达式按现行《公路工程抗震设计规范》(JTJ 044—89) 规定采用。

（二）正常使用极限状态

公路桥涵结构按正常使用极限状态设计时，应根据不同的设计要求，采用以下两种效应组合。

1. 作用短期效应组合

永久作用标准值效应与可变作用频遇值效应相组合，其效应组合表达式为：

$$S_{sd} = \sum_{i=1}^{m} S_{Gik} + \sum_{j=1}^{n} \psi_{1j} S_{Qjk} \tag{1-2-6}$$

式中 S_{sd} ——作用短期效应组合设计值；

ψ_{1j} ——第 j 个可变作用效应的频遇值系数，汽车荷载（不计冲击力）$\psi_1=0.7$，人群荷载 $\psi_1=1.0$，风荷载 $\psi_1=0.75$，温度梯度作用 $\psi_1=0.8$，其他作用 $\psi_1=1.0$；

$\psi_{1j}S_{Qjk}$ ——第 j 个可变作用效应的频遇值。

2. 作用长期效应组合

永久作用标准值效应与可变作用准永久值效应相组合，其效应组合表达式为：

$$S_{ld} = \sum_{i=1}^{m} S_{Gik} + \sum_{j=1}^{n} \psi_{2j} S_{Qjk} \tag{1-2-7}$$

式中 S_{ld} ——作用长期效应组合设计值；

ψ_{2j} ——第 j 个可变作用效应的准永久值系数，汽车荷载（不计冲击力）$\psi_2=0.4$，人群荷载 $\psi_2=0.4$，风荷载 $\psi_2=0.75$，温度梯度作用 $\psi_2=0.8$，其他作用 $\psi_2=1.0$；

$\psi_{2j}S_{Qjk}$ ——第 j 个可变作用效应的准永久值。

注：①结构构件当需进行弹性阶段截面应力计算时，除特别指明外，各作用效应的分项系数及组合系数均取为1.0，各项应力限值按各设计规范规定采用；②构件在吊装、运输时，构件重力应乘以1.2或0.85，并可视构件具体情况作适当增减。

思考题

1-1 我国古代桥梁的代表作是哪几座？

1-2 目前世界上各种桥型的最大跨度分别是哪座桥？跨度是多少？

1-3 我国在长江上架起的第一座桥是哪一座？我国在长江上自行设计、制造、施工的第一座桥是哪一座桥？

1-4 什么叫桥梁？桥梁通常由哪几部分组成？

1-5 名词解释以下桥梁术语：计算跨径、净跨径、标准跨径、桥梁全长、多孔跨径总长、桥梁高度、桥梁建筑高度、桥下净空、拱桥净矢高、拱桥计算矢高、拱桥矢跨比。

1-6 桥梁按结构基本体系分哪几种型式？简述各种桥型的受力特点。

1-7 桥梁按多孔跨径总长及单孔跨径是如何分类的？

1-8 桥梁设计的基本原则是什么？

1-9 桥位勘测中需要调查的设计资料有哪些方面的内容？

1-10 桥梁设计程序有哪些？根据不同情况应采用哪些不同的设计程序？

1-11 桥梁纵断面设计包括哪些内容？

1-12 桥梁的分孔主要与哪些因素有关？

1-13 人行道、自行车道宽度有什么规定？

1-14 桥面横坡、人行道横坡分别是怎样规定的？说明它们排水的方向。

1-15 简述桥梁方案比较的内容和步骤。

1-16 公路桥梁荷载有哪几种类型？解释其每一类型的定义和所包括的荷载。

1-17 什么是冲击作用？如何计算冲击系数？

1-18 半径为多少的曲线桥应考虑汽车离心力？如何计算？着力点位置如何考虑？

1-19 荷载组合时，哪些荷载不能同时相组合？

第二篇　简　支　梁　桥

第一章　简支梁桥构造与设计

第一节　概　　述

简支体系梁式桥属静定结构，受力明确，在竖向荷载作用下，支座只产生垂直反力而无水平推力，梁体以受弯为主，同时承受剪力。钢筋混凝土和预应力混凝土梁式桥都是采用抗压性能好的混凝土和抗拉性能好的钢筋结合在一起组合而成的，由于钢筋和混凝土的线膨胀系数大致相等，故可以在一起很好的工作。

桥梁建设中，中小跨径的桥梁占了大多数，简支体系梁式桥是最常用的桥型。本章将介绍目前常用的钢筋混凝土和预应力混凝土梁式桥的构造与设计。

一、钢筋混凝土和预应力混凝土梁桥的特点

（一）钢筋混凝土梁桥的一般特点

钢筋混凝土是一种具有很多优点的建筑材料。用这种建筑材料建造的梁桥具有能就地取材、工业化施工、耐久性好、适应性强、整体性好以及美观等各种优点。

钢筋混凝土梁桥也有其不足之处，主要是结构本身的自重大，占全部作用设计值的30％～60％，跨度愈大则自重所占的比值愈显著。鉴于材料强度大部分为结构本身的重力所消耗，而且，钢筋混凝土梁在正常使用状态是带裂缝工作，因此它的工作性能、耐久性受到影响，这就大大限制了钢筋混凝土梁式桥的跨越能力。此外，就地浇筑的钢筋混凝土桥，施工工期长，支架和模板耗损的钢材和木材较多。在寒冷地区以及在雨季建造整体式钢筋混凝土桥梁时，施工比较困难，如采用蒸汽养生以及防雨措施等，则会显著增加造价。

显然，上述的优缺点都是与钢桥、圬工桥等其他材料种类桥梁比较而言的。目前，公路钢桥一般在大跨径桥梁中比较经济，而建造圬工拱桥费工费时，还要受到桥位处地形地质的限制。因此，在公路建设中，特别对于公路上最常遇到的跨越中小河流等障碍的情况，常常优先考虑建造中小跨径的钢筋混凝土梁桥。对装配式钢筋混凝土简支梁桥而言，在技术经济上合理的最大跨径约为20m。悬臂梁桥与连续梁桥适宜的最大跨径为60～70m。

（二）预应力混凝土梁桥的特点

预应力混凝土可以看作是一种预先储存了压应力的新型混凝土材料。在钢筋混凝土梁桥的受拉区域虽然布置有受力钢筋，但仍不可避免地将出现一些裂缝，因此采用预加应力来改善结构的使用性能。通过张拉预应力筋，使受拉区预先储备一定数值的压应力；当外

荷作用时，混凝土可不出现拉应力或不出现超过某个限值的拉应力。对混凝土施加预压力的高强钢筋（或称力筋），既是加力工具又是抵抗构件内力的受力钢筋。考虑到混凝土与时间相关的收缩和徐变作用会导致相当可观的预应力损失，故非得应用高强材料才能使预应力混凝土获得良好的使用效果。预应力混凝土梁桥有下述重要特点：

（1）能最有效地利用现代化的高强材料（高强混凝土、高强钢材），减小构件截面，显著降低自重所占全部设计荷载的比重，增大跨越能力，并扩大混凝土结构的适用范围。

（2）它与钢筋混凝土梁桥相比，一般可以节省30%～40%的钢材，跨径愈大，节省愈多。

（3）预应力混凝土梁可显著减小建筑高度，使大跨径桥梁做得轻柔美观。由于能消除裂缝，这就扩大了对多种桥型的适应性，并提高了结构的耐久性。

（4）预应力技术的采用，为现代装配式结构提供了最有效的接头和拼装手段。根据需要，可在纵向、横向和竖向等施加预应力，使装配式结构集整成理想的整体，这就扩大了装配式桥梁的使用范围。

显然，要建造好一座预应力混凝土桥梁，首先要有作为预应力筋的优质高强钢材和高强混凝土的制备质量，同时需要有一整套专门的预应力张拉设备和材质好、制作精度高的锚具，并且要掌握较复杂的施工工艺。预应力混凝土简支梁的跨径已达50～60m。

二、梁式桥的主要类型

下面从几个主要方面简述钢筋混凝土和预应力混凝土梁式桥上部结构的构造类型及其适用情况。

（一）按承重结构的截面型式划分

梁式桥按承重结构的截面型式可划分为板桥、肋板式梁桥和箱形梁桥。

1. 板桥

板桥是小跨径桥梁最常用的桥型之一。由于它在建成之后承重结构外形像一块矩形截面的薄板，故称为板桥。如图2-1-1（a）、（b）所示。

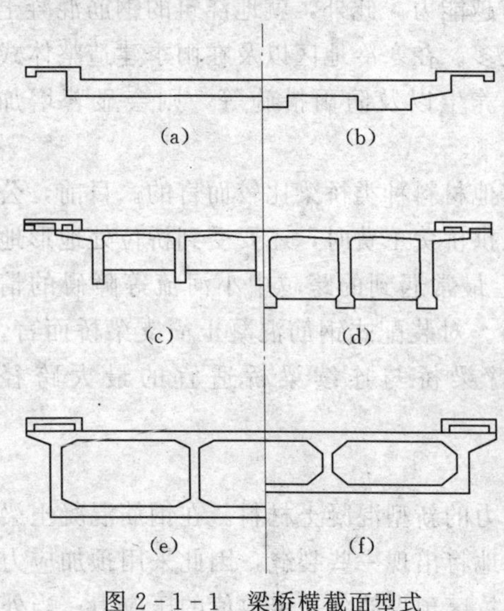

图2-1-1 梁桥横截面型式

板桥主要特点是构造简单，施工方便；建筑高度较小；预制构件时，重量不大，架设方便；跨径不大。

《公路桥涵设计通用规范》（JTG D60—2004）规定：钢筋混凝土简支板桥的跨径不宜超过13m，预应力混凝土简支板桥的跨径不宜超过25m。

2. 肋板式梁桥

在横截面内形成明显肋形结构的梁桥称为肋板式梁桥，常用的横截面形式有工形、Ⅱ形、T形，如图2-1-1（c）、（d）所示。

肋板式梁桥的主要特点是肋和翼缘板均是承重构件；省受拉区混凝土，减轻自重；构造与受力配合好，既充分发挥了混凝土桥面板的抗压能力，又有效地发挥了集中布置在梁肋下部的受力

钢筋的抗拉作用。

钢筋混凝土简支肋梁桥的常用跨径为 8～20m，预应力简支肋梁桥的常用跨径为25～50m。

3. 箱形梁桥

横截面呈一个或几个封闭箱形的梁桥称为箱形梁桥。它分为单室和多室的横断面，如图 2-2-1 (e)、(f) 所示。

这种结构除了梁肋的上部翼缘板外，在底部尚有扩展的底板，因此它提供了承受正、负弯矩的足够的混凝土受压区。箱形梁桥的另一个重要特点，是在一定的截面面积下能获得较大的抗弯惯矩，而且抗扭刚度也特别大，在偏心的活载作用下各梁肋的受力比较均匀。因此箱形截面能适用于较大跨径的悬臂梁桥和连续梁桥，也可用来修建全截面均参与受力的预应力混凝土简支梁桥。显然，对于普通钢筋混凝土的简支梁桥来说，底板除徒然增加自重外并无其他益处，故不宜采用。

箱形梁桥适用于弯桥、跨径大于 50m 的桥梁。

（二）按承重结构的静力体系划分

梁式桥按承重结构的静力体系可划分为简支梁桥、悬臂梁桥、连续梁桥。

1. 简支梁桥

简支梁桥是梁式桥中应用最早、使用最广泛的一种桥型。它构造简单，最易设计为各种标准跨径的装配式结构；施工工序少，架设方便；在多孔简支梁桥中，由于各跨构造和尺寸划一，简化施工管理工作，降低施工费用；因相邻桥孔各自单独受力，桥墩上需设置相邻简支梁的两个支座；简支梁桥的构造较易处理而常被选用，如图 2-1-2 (a) 所示。

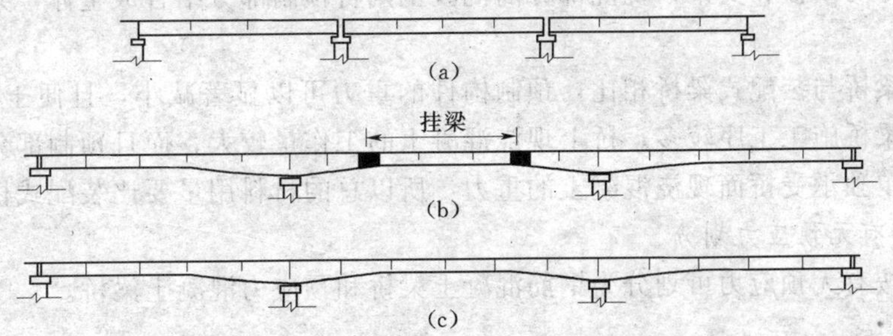

图 2-1-2 梁桥的基本体系

2. 悬臂梁桥

这种桥梁的主体是长度超出跨径的悬臂结构。仅一端悬出者称为单悬臂梁，两端均悬出者称为双悬臂梁。对于较长的桥，还可以借助简支的挂梁与悬臂梁一起组合成多孔桥，如图 2-1-2 (b) 所示。在力学性能上，悬臂根部产生的负弯矩减小了跨中正弯矩，可以节省材料用量。悬臂梁桥属于静定结构，墩台的不均匀沉陷不会在梁内引起附加内力。

3. 连续梁桥

这种体系的主要特点是：承重结构（板、T 形梁或箱梁）不间断地连续跨越几个桥孔而形成一超静定的结构，如图 2-1-2 (c) 所示。连续孔数一般不宜过多。当桥梁跨径较多时，需要沿桥长分建成几组（或称几联）连续梁。连续梁由于荷载作用下支点截面产生

负弯矩，从而显著减小了跨中的正弯矩，这样不但可减小跨中的建筑高度，而且能节省钢筋混凝土数量。跨径增大时，这种节省就愈益显著。连续梁通常适用于桥基十分良好的场合，否则，任一墩台基础发生不均匀沉陷时，桥跨结构内均产生附加内力。

（三）按施工方法划分

梁式桥按施工方法划分为整体式梁桥、装配式梁桥和组合式梁桥。

1. 整体式梁桥

建桥的全部工作都在施工现场进行，由于全桥在纵向和横向都是现场整体浇筑，所以整体性好，可以按需要做成各种外形。但施工进度慢，又要耗费较多的支架和模板材料。

2. 装配式梁桥

上部构造在工地预制场分块预制，再运到现场吊装就位，然后在接头处把构件连接成整体。装配式桥的预制构件质量易于保证，而且还能与下部工程同时施工，加快了施工进度，并能节约支架和模板材料。目前工程上多数采用预制装配而成的装配式梁桥。装配式梁桥有：

（1）多采用标准跨径，有利于大规模工厂化制造。

（2）主梁在预制场内进行生产。

（3）构件的制造不受季节限制，上、下部构造可同时施工，工期短。

（4）节省大量的支架和模板。

（5）构件的运输和安装需要一定的运输和起吊设备。

3. 组合式梁桥

承重结构的板或梁，一部分采用预制安装，另一部分采用就地浇筑。预制安装部分就作为现浇部分的模板和支架，现浇部分的混凝土则将预制部分结合成整体，共同承受结构重力和活载。

组合式梁桥与装配式梁桥相比，预制构件的重力可以显著减小，且便于运输和安装。但是组合式梁桥施工工序较多，桥上现浇混凝土的工作量较大，而且预制部分的结构在施工过程中要单独承受桥面现浇混凝土的重力，所以总的材料用量要比装配式桥多一些。

（四）按有无预应力划分

梁式桥按有无预应力可划分为钢筋混凝土梁桥和预应力混凝土梁桥。

第二节 桥 面 系 构 造

桥面构造通常包括桥面铺装、防水和排水系统、伸缩缝、人行道（或安全带）、缘石、栏杆（或防撞墙）、灯柱等，如图 2-1-3 所示。

一、桥面铺装

桥面铺装即行车道铺装，亦称桥面保护层，它是车轮直接作用的部分。桥面铺装的功用是保护属于主梁整体部分的行车道板不受车辆轮胎或履带的直接磨耗，防止主梁遭受雨水的侵蚀，并能使车辆轮重的集中荷载起一定的分布作用。因此，行车道铺装要求有一定强度，防止开裂，并保证耐磨。

如果桥面铺装采用水泥混凝土，其标号不低于桥面板混凝土的标号，并在施工中能确

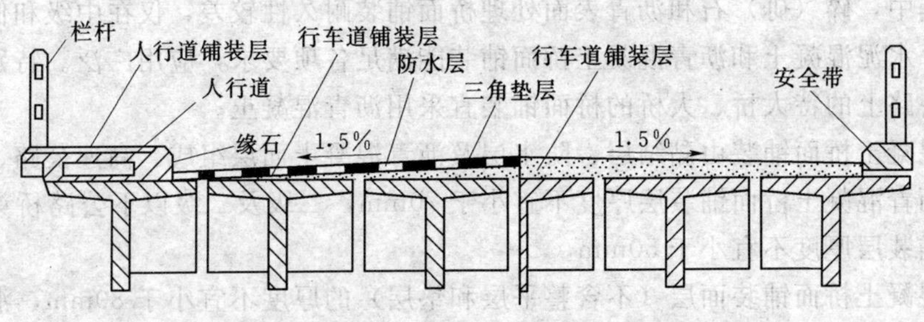

图 2-1-3　桥面构造横截面

保铺装层与桥面板紧密结合成整体。

(一) 桥面纵横坡的设置

1. 设置目的

桥面设置纵横坡，以利于雨水迅速排除，防止或减少雨水对桥面铺装层的渗透，从而保证行车道板，延长桥梁使用寿命。

2. 设置方法

桥面上设置纵坡，一般做成双向纵坡，在桥中心设置竖曲线，纵坡一般以不超过 3% 为宜，与路线的纵断面设计相吻合。

桥面上设置的横坡一般采用 1.5%～2.0%。常用的设置型式有以下几种：

(1) 将横坡直接设在墩台顶部，而使桥梁上部构造做成双向倾斜，铺装层在整个桥宽上做成等厚的，如图 2-1-4 (a) 所示。

(2) 横坡不设在墩台顶部，而直接设在行车道板上。先铺设一层厚度变化的混凝土三角形垫层，形成双向倾斜，再铺设等厚的混凝土铺装层，如图 2-1-4 (b) 所示。

(3) 在装配式肋板式梁桥中，也有通过支座垫石高度变化来形成横坡，而免去做三角垫层的工序，使得施工简便。横坡大小易控制，如图 2-1-4 (c) 所示。

(4) 在比较宽的桥梁（或城市桥梁）中，可将行车道板做成倾斜面而形成横坡，如图 2-1-4 (d)所示。它的缺点是主梁构造复杂，制作麻烦。

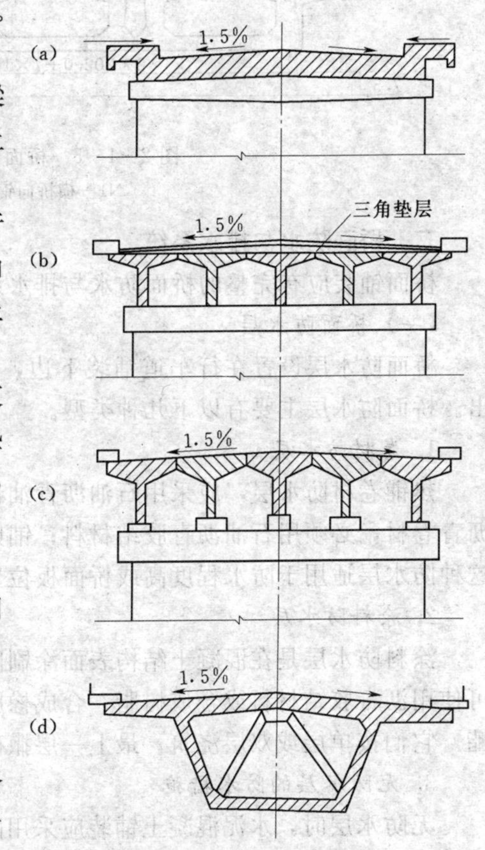

图 2-1-4　桥面横坡的设置

(二) 桥面铺装的类型

桥面铺装的结构型式宜与所在位置的公路路面相协调。目前，常采用碎（砾）石、沥青表面处理、水泥混凝土和沥青混凝土铺装等各种类型。其中，碎（砾）石和沥青表面处理桥面铺装耐久性较差，仅在中级和低级公路桥梁上使用。水泥混凝土和沥青混凝土桥面铺装能满足各项要求，应用广泛。特别是高速公路和一级公路上的特大桥、大桥的桥面铺装宜采用沥青混凝土。

沥青混凝土桥面铺装由黏结层、防水层及沥青混凝土面层组成。高速公路、一级公路上桥梁的沥青混凝土桥面铺装层厚度不宜小于70mm，二级及二级以下公路桥梁的沥青混凝土桥面铺装层厚度不宜小于50mm。

水泥混凝土桥面铺装面层（不含整平层和垫层）的厚度不宜小于80mm，混凝土强度等级不应小于C40。水泥混凝土桥面铺装层内应配置钢筋网，钢筋的直径不应小于8mm，间距不宜大于100mm。

高等级公路上的桥梁，一般采用设防水层的钢筋混凝土加上沥青混凝土铺装，如图2-1-5所示。

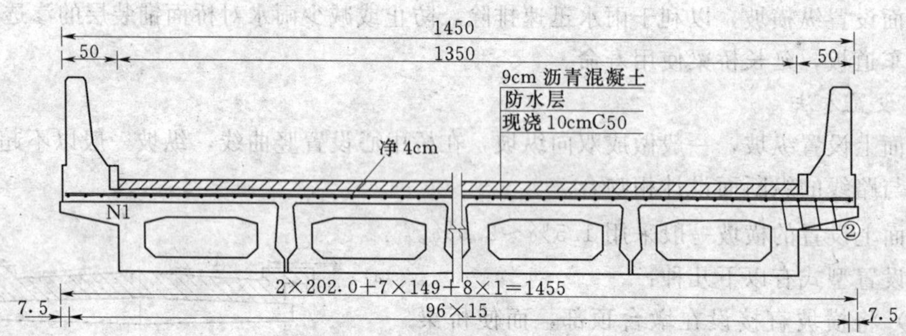

图 2-1-5　桥面铺装图（尺寸单位：cm）
N1—横桥向钢筋；②—顺桥向钢筋

二、桥面防水与排水系统

桥面铺装应有完整的桥面防水与排水系统。

（一）桥面防水层

桥面防水层设置在行车道铺装下边，它将透过铺装层渗下的雨水汇集到排水设施排出。桥面防水层主要有以下几种类型。

1. 卷材防水层

热铺卷材防水层，应采用石油沥青油毡、沥青玻璃布油毡、再生胶油毡等。铺贴石油沥青卷材，必须用石油沥青胶结材料；铺贴焦油沥青卷材，必须使用焦油沥青胶结材料。这种防水层适用于防水程度高或桥面板位于结构受拉区而可能出现裂缝的桥梁上。

2. 涂料防水层

涂料防水层是在混凝土结构表面涂刷防水涂料以形成防水层或附加防水层。防水涂料可使用沥青胶结材料或合成树脂、合成橡胶的乳液或溶液，或者更常用的环氧沥青或聚氨酯。它们按单层或双层浇筑，最上一层撒砂，以增进其与面层的机械粘附。

3. 无防水层的防水措施

无防水层时，水泥混凝土铺装应采用防水混凝土。对于沥青混凝土铺装则应加强防水和养护。梁式桥的桥面防水，以往一般采用1～3层沥青防水卷材和2～3层防水涂料。这

种体系的主体为石油沥青，其适应性和耐久性差，故逐渐不被采用而改用防水混凝土。

圬工桥台背后及拱桥拱圈与填料间应设置防水层，并设盲沟排水。

桥面铺设防水层前，应将桥面灰尘、泥土和杂物清除干净，使防水层与桥面有较好的结合。

（二）桥面排水系统

1. 设置目的

为防止雨水滞积于桥面并渗入梁体而影响桥梁的耐久性，除在桥面铺装内设置防水层外，应使桥上的雨水迅速引导排出桥外。

2. 设置情况

(1) 通常当桥面纵坡大于2%而桥长小于50m时，雨水可流至桥头从引道上排除，桥上就不必设置专门的泄水孔道。为防止雨水冲刷引道路基，应在桥头引道的两侧设置流水槽。

(2) 当纵坡大于2%，但桥长超过50m时，宜在桥上每隔12～15m设置一个泄水管。如桥面纵坡小于2%则宜每隔6～8m设置一个泄水管。泄水管可以沿行车道两侧左右对称排列，也可交错排列，其离缘石的距离为20～50cm。

(3) 对于跨线桥和城市桥梁最好像建筑物那样设置完善的落水管道，将雨水排至地面阴沟或下水道内。

(4) 泄水管也可布置在人行道下面（图2-1-6），为此需要在人行道块件（或缘石部分）上留出横向进入孔，并在泄水孔的三个周边设置相应的聚水槽，起到聚水、导流和拦截作用。

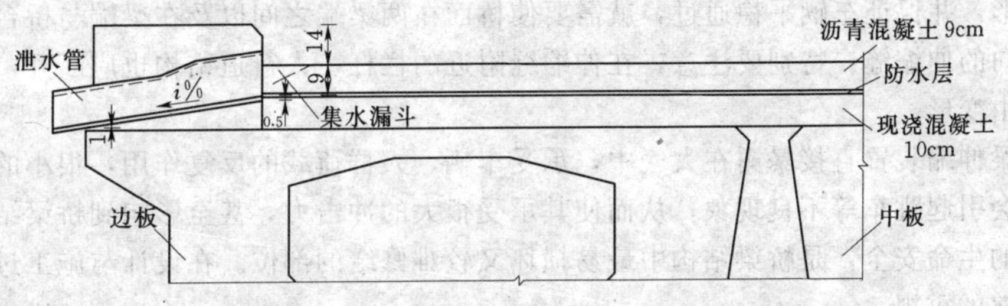

图2-1-6　横向泄水管（尺寸单位：cm）

(5) 跨越公路、铁路、通航河流的桥梁，桥面排水宜通过设在桥梁墩台处的竖向排水管排入地面排水设施中。

为防止大块垃圾进入堵塞泄水管，在进水的入口处设置金属栅门。

泄水管常采用金属铸铁管和钢筋混凝土管（图2-1-7和图2-1-8）、塑料管，最小内径为80mm，泄水管周围的桥面板应配置补强钢筋网。排水管材料有铸铁管、塑料管（聚氯乙烯PVC或聚乙烯PE）或钢管，其内径应等于或大于泄水管的内径。排水槽宜采用铝质或钢质材料，也可采用水泥混凝土预制件，其横截面为矩形或U形，宽度和深度均宜为200mm左右；纵向排水管或排水槽的坡度不得小于0.5%。桥梁伸缩缝处的纵向排水管或排水槽应设置可供伸缩的柔性套筒；寒冷地区的竖向排水管，其末端宜距地面500mm以上。

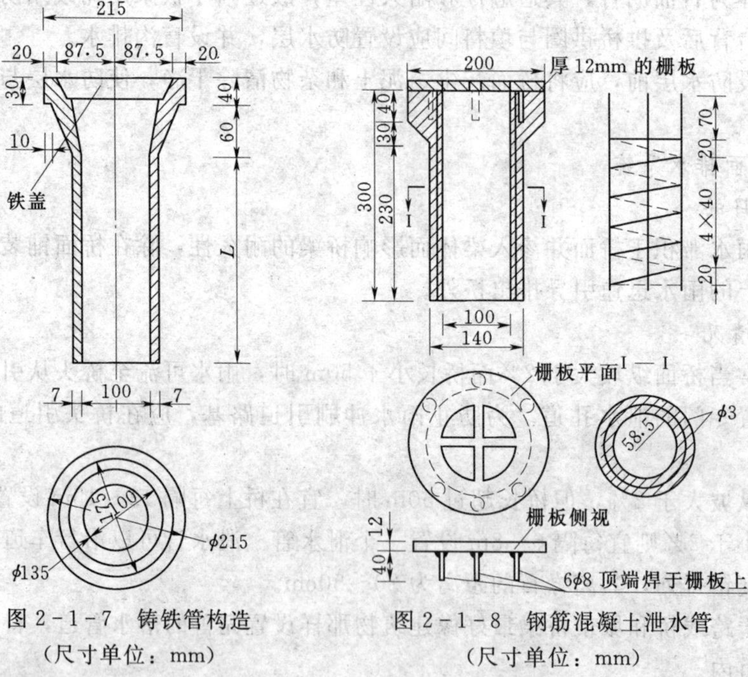

图 2-1-7 铸铁管构造（尺寸单位：mm）

图 2-1-8 钢筋混凝土泄水管（尺寸单位：mm）

三、桥面伸缩缝

（一）设置目的

为了保证桥跨结构在气温变化、活载作用、混凝土收缩与徐变等影响下按静力图式自由地变形，并保证车辆平稳通过，就需要使桥面在两梁端之间以及在梁端与桥台背墙之间设置横向的伸缩缝。特别要注意，在伸缩缝附近的栏杆、人行道结构也应断开，以满足梁体的自由变形。

桥梁伸缩装置直接暴露在大气中，承受车辆、人群荷载的反复作用，很小的缺陷和不足，都会引起跳车等不良现象，从而使其承受很大的冲击力，甚至影响到桥梁结构本身和通行者的生命安全，是桥梁结构中最易损坏又较难修缮的部位。在设计与施工过程中，应给予足够的重视。

（二）伸缩缝的构造要求

（1）能够满足桥梁自由伸缩的要求，保证有足够的伸缩量。

（2）伸缩装置牢固可靠，与桥梁结构连为整体，抗冲击，经久耐用。

（3）桥面平坦，行驶性良好，车辆驶过时应平顺，无突跳和噪声。

（4）具有能够安全防水和排水的构造，有效防止雨水渗入。

（5）能有效防止垃圾渗入阻塞。便于检查和清除缝下沟槽的污物。

（6）构造简单，施工、安装方便，且养护、修理与更换方便。

伸缩缝类型的选择，主要依据伸缩缝所需要的变形量 Δl 的大小来选择。计算变形量时，主要考虑以安装伸缩缝时的温度为基准，将温度变化引起的伸长量 Δl_t^+ 和缩短量 Δl_t^-，以及混凝土徐变和干燥收缩引起的收缩量 $\Delta l_c + \Delta l_s$ 作为基本的伸缩量。对于其他因素，如制造与安装误差等，一般作为安全富裕量 Δl_E 考虑，Δl_E 通常可按计算变形量的

30%估算。因而总的变形量为

$$\Delta l = \Delta l_t^+ + \Delta l_t^- + \Delta l_e + \Delta l_s + \Delta l_E$$

（三）伸缩缝的类型

图 2-1-9 所示为梳齿板伸缩缝，一般适用于伸缩量不大于 300mm 的公路桥梁。图 2-1-10 是工程中常用的 60 型伸缩缝。常用的伸缩缝还有模数式伸缩缝（适用于伸缩量为 160～2000mm 的公路桥梁）、橡胶式伸缩缝（分板式橡胶伸缩缝、组合式橡胶伸缩缝，伸缩量分别适用于不大于 60mm 和 120mm 的公路桥梁）、异型钢单缝式伸缩缝（一般适用于伸缩量不大于 80mm 公路桥梁），构造如图 2-1-11 所示。

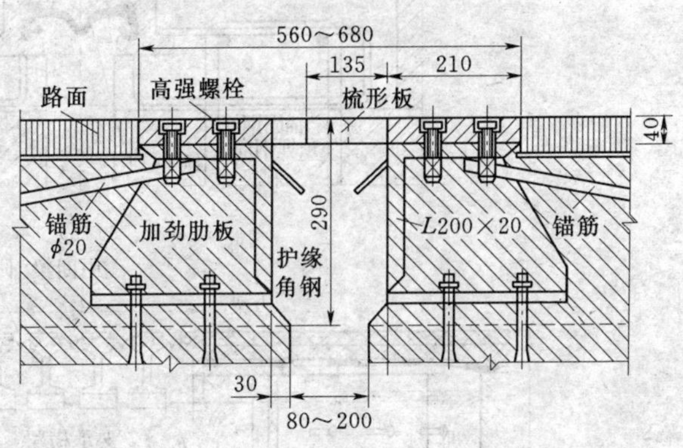

图 2-1-9 梳齿板伸缩缝（尺寸单位：mm）

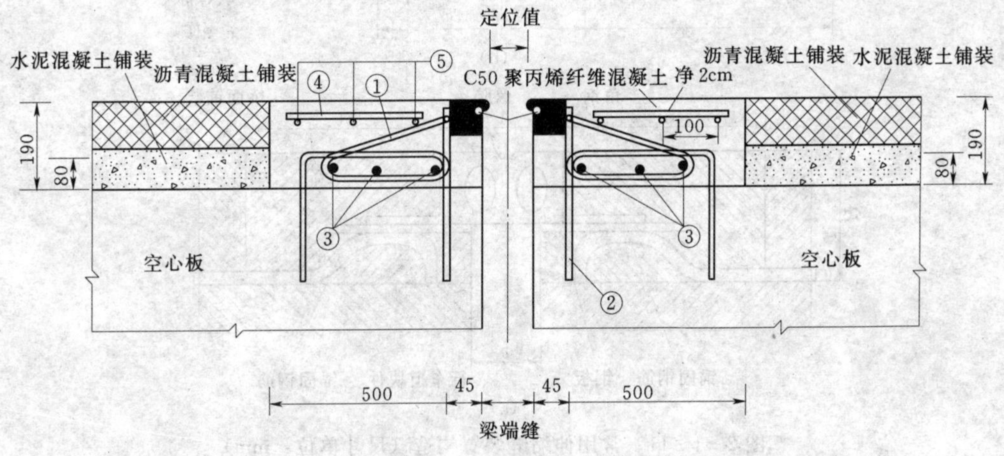

图 2-1-10 60 型伸缩缝（尺寸单位：mm）

①—厂家设计的钢筋；②—预埋钢筋；③、④、⑤—现场加工钢筋

（四）桥面简易连续

对于多跨简支梁桥，桥面应尽量做到连续，使得多孔简支梁桥在竖直荷载作用下的变形状态基本为简支体系，而在纵向水平力作用下则属于连续体系。图 2-1-12 为简支梁桥桥面连续示意图。钢筋 N2 和钢板 N6 需预先焊好，埋设在主梁内。预制梁时，梁端接缝处从翼板根部向上在全梁宽度按 10∶1 做成斜面，在进行桥面连续前先涂黄油再填 C30 混凝土。

工程实践表明，采用桥面板连续构造，连续部分桥面易开裂，因此近年来发展了简支—连续结构，使多跨简支梁桥在一期永久荷载作用下处于简支体系受力，在二期永久荷载和可变荷载作用下处于连续体系的受力。这种简支—连续结构具有施工方便、减少桥面伸缩缝、行车平顺等优点，因此得到了越来越广泛的使用。

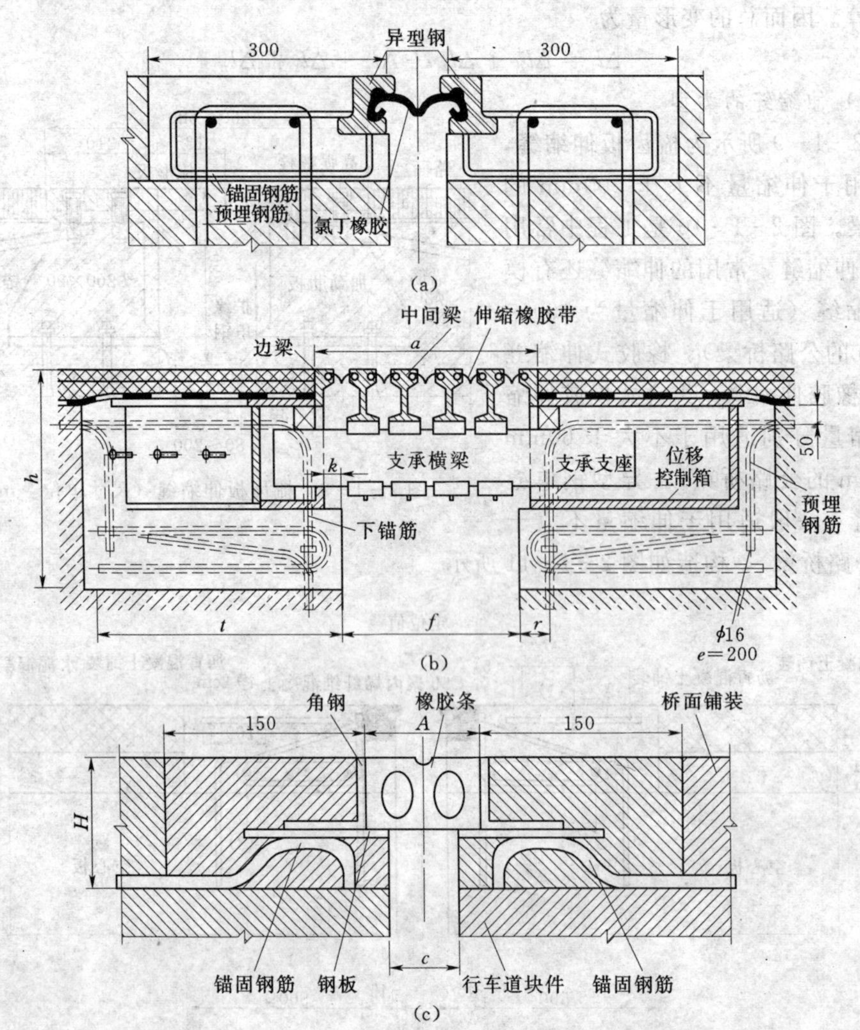

图 2-1-11 常用伸缩缝装置构造（尺寸单位：mm）

(a) 异型钢单缝式伸缩缝；(b) 模数式伸缩缝；(c) 橡胶伸缩缝

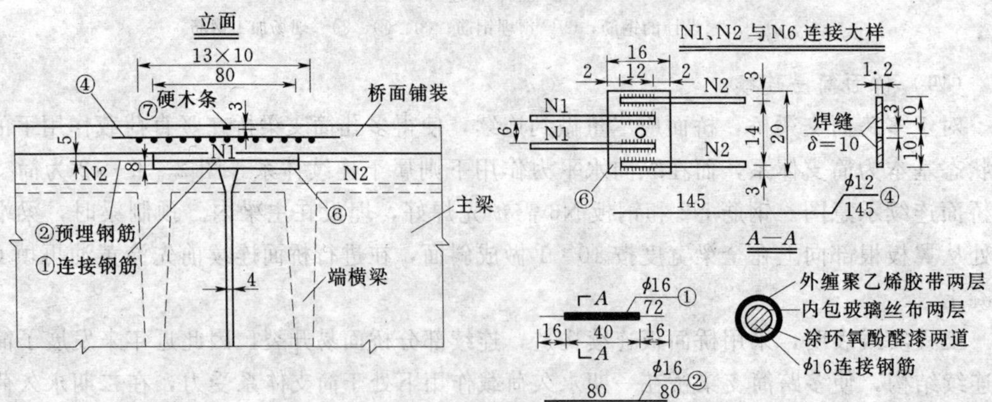

图 2-1-12 简支梁桥桥面连续示意图

（注：除钢筋直径单位为 mm 外，其余单位均为 cm）

四、人行道、栏杆与灯柱

(一) 安全带和人行道

当桥梁修建在偏远地区或行人比较稀少的地区时，就没必要在桥梁上设置人行道，而考虑到车辆和行人的安全，也只在桥梁两侧设置安全带或护轮带，如图 2-1-13 所示。不设人行道的桥上，两边应设宽度不少于 0.25m，高为 0.25～0.35m 的护轮安全带。安全带可以做成预制块件或与桥面铺装层一起现浇。现浇的安全带宜每隔 2.5～3m 做一断缝，以免参与主梁受力而被损坏。

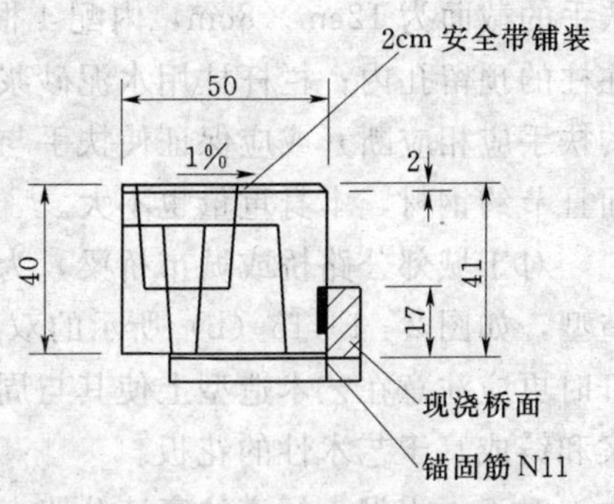

图 2-1-13　安全带（尺寸单位：cm）

当桥梁修建在城市郊区或行人比较密集的地区时，就需要在桥梁两侧设置人行道，专供行人使用，使人车分离以保证人身安全。人行道的宽度根据当地调查情况决定，安装在桥上的形式一般有非悬臂式和悬臂式两种（图 2-1-14），其中悬臂式是借助于锚栓获得稳定的。

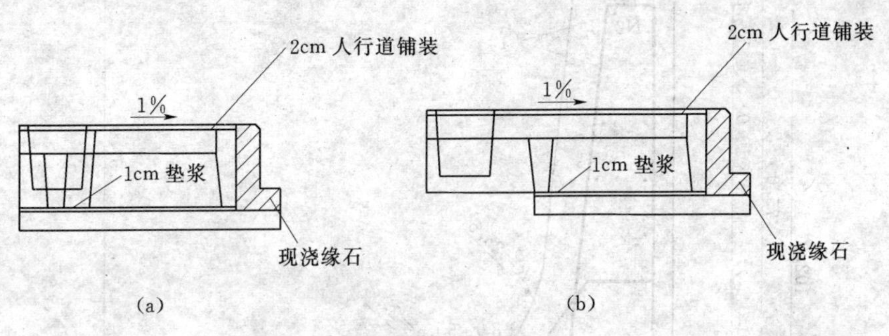

图 2-1-14　人行道
(a) 非悬臂式；(b) 悬臂式

人行道或安全带顶面一般均铺设 2cm 厚的水泥砂浆或沥青砂作为面层，并做成倾向桥面 1%～1.5%的排水横坡。此外，人行道或安全带在桥面断缝处也必须做伸缩缝，一般以锌铁皮伸缩缝为最常用。

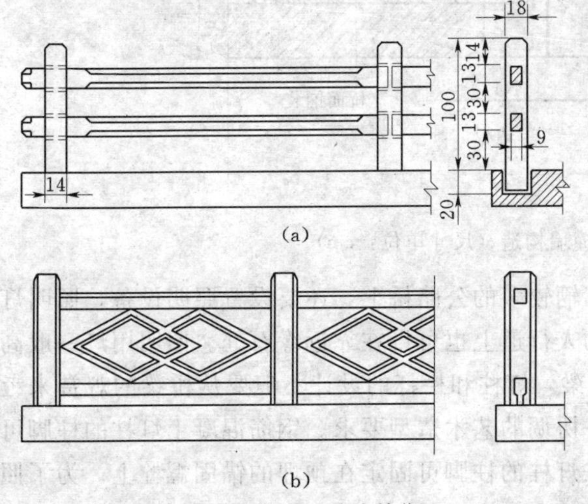

图 2-1-15　栏杆（尺寸单位：cm）

(二) 栏杆、防撞墙和灯柱

公路桥梁栏杆作为一种安全防护设备，应考虑简单实用、朴素大方。栏杆高度通常为 80～120cm，栏杆柱的间距一般为 1.6～2.7m。

对于一般公路上的桥梁可采用图 2-1-15 (a)所示的结构简单的扶手栏杆。这种栏杆每隔 1.6～2.7m 设置一根栏杆柱。柱的截面为 18cm×14cm，内配 4 根直径为 10mm 的 R235 级钢筋；

扶手的截面为 12cm×8cm，内配 4 根直径为 8mm 的 R235 级钢筋。扶手用水泥砂浆固定在柱的预留孔内；栏杆柱用水泥砂浆固定在人行道梁上。应该注意，在靠近桥面伸缩缝处的扶手应相应断开或应保证使扶手与柱之间能自由变形。这种栏杆制造、安装都较方便，而且节约钢材，本身重量也不大。

对于城郊公路桥或城市桥梁，为了美观要求，往往使栏杆结构设计得带有一定的艺术造型，如图 2-1-15（b）所示的双菱形预制花板栏杆。对于重要的城市桥梁，在设计栏杆时更应注意在艺术造型上使其与周围环境和桥型本身相协调。金属栏杆易于制成各种图案和铸成富于艺术性的花板。

对于不需设人行道的高速公路上的桥梁可设如图 2-1-16 所示的防撞墙。高等级公路上的大中桥设防撞墙，防撞墙应顺直、光洁、密实。管道和预埋件位置正确且无遗漏。

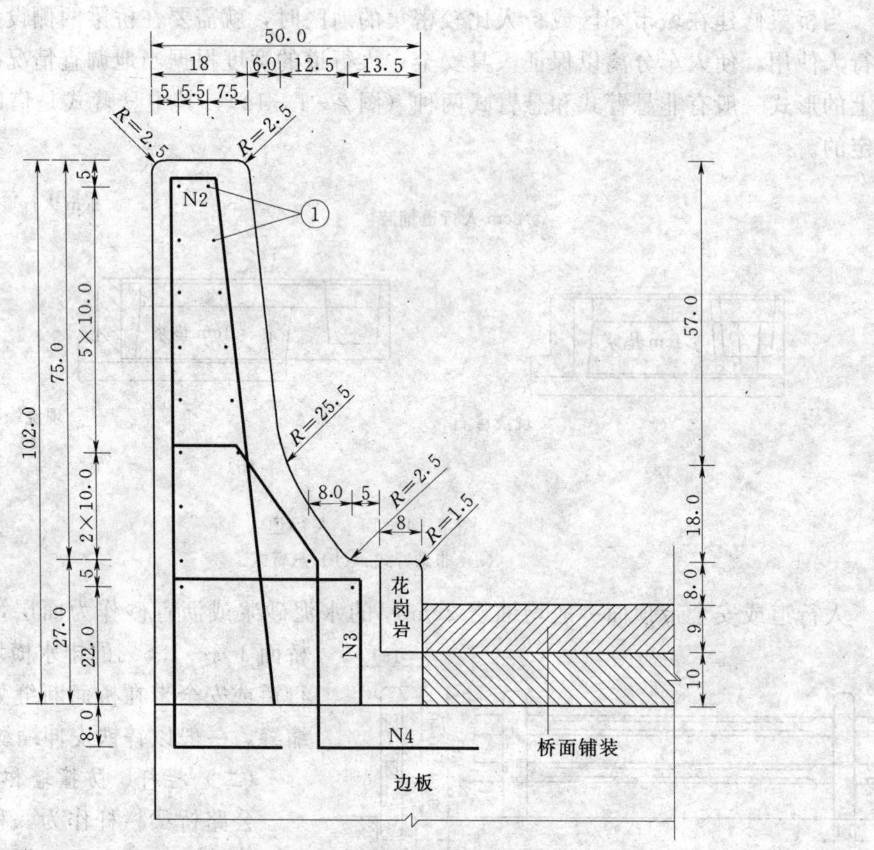

图 2-1-16　防撞墙构造（尺寸单位：cm）

在城市桥梁上，以及在城郊行人和车辆较多的公路桥上，还要设置照明设备，照明灯柱可以设在栏杆扶手的位置上，在较宽的人行道上也可设在靠近缘石处。照明用灯一般高出车道 5m 左右。对于美观要求较高的桥梁，灯柱和栏杆的设计不但要从桥梁的观赏来考虑，而且也要符合全桥在立面上具有统一协调的艺术造型要求。钢筋混凝土灯柱的柱脚可以就地浇筑并将钢筋锚固于桥面中。铸铁灯柱的柱脚可固定在预埋的锚固螺栓上。为了照明以及其他用途所需的电信线路等通常都从人行道下的预留孔道内通过。

第三节　板桥的构造与设计

一、整体式板桥构造与设计

整体式板桥的跨径通常与板宽相差不大，故在车辆荷载作用下实际上处于双向受力状态。因此，除了配置纵向受力钢筋以外，还要在板内设置垂直于主钢筋的横向分布钢筋，一般在单位长度上不得少于单位板宽上主钢筋面积的15%，其间距应不大于25cm。考虑到当车辆荷载在偏近板边行驶时，参与受力的板宽要比中间的小，除在板中间的2/3范围内按计算需要量进行配筋外，在两侧各1/6的范围内应比中间的增加15%。整体式板的主拉应力较小，按计算可以不设弯起的斜钢筋，但习惯上仍然将一部分主筋按30°或45°的角度，在跨径1/4～1/6处弯起。

整体式简支板桥一般使用跨径在8m以下，桥面净宽依路线标准而定，人行道可向外悬出。

二、装配式板桥构造与设计

常用的装配式板桥，按其截面型式主要有实心板和空心板两种。

（一）空心矩形板桥

钢筋混凝土空心板桥目前使用跨径范围为6～13m，板厚为0.4～0.8m；预应力混凝土空心板桥常用跨径为8～25m，其板厚为0.4～1.25m。空心板较同跨径的实体板质量轻，运输安装方便，而建筑高度又较同跨径的T梁小，因而目前使用较多。空心板的开孔形式很多，图2-1-17为几种常用的开孔形式。图2-1-17（a）、（b）开成单孔，挖空面积最多，但顶板需配置横向受力钢筋以承担车轮荷载；图2-1-17（c）挖成两个圆孔，当用无缝钢管作心模时施工较方便，但其挖空面积小；图2-1-17（d）的心模由两个半圆或两块侧模板组成，当板的厚度改变时，只需更换两块侧模板。空心板横断面最薄处不得小于7cm。

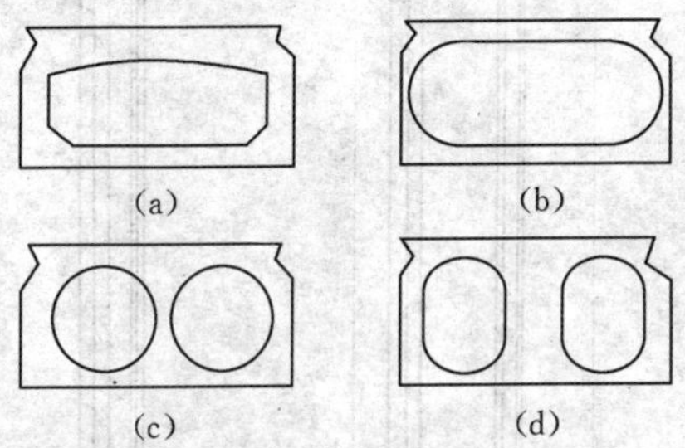

图2-1-17　空心板的截面型式

图2-1-18是标准跨径20m的装配式预应力混凝土空心板一般构造图，图2-1-19是标准跨径20mm的预应力混凝土空心板钢筋构造图，荷载等级为公路—Ⅰ级。

（二）矩形实心板桥

这种板桥是目前广泛采用的型式，其通常跨径不超过8m，板宽为99cm，板厚为16～36cm。实心矩形板具有形状简单、施工方便、建筑高度小等优点，因而容易推广使用。

图2-1-20是一座装配式钢筋混凝土矩形板标准图中的一个设计示例。标准跨径6m，桥面净宽为7.0m（无人行道），荷载等级为公路—Ⅱ级，人群荷载3kN/m^{2}设计的装配式行车道板块件构造。块件安装后在企口缝内填筑30号小石子混凝土，并浇筑厚6cm的30号防水混凝土铺装层使之连成整体。为了加强预制板与铺装层的结合以及相邻预制板的连接，将板中的箍筋伸出预制板顶面，待板安装就位后将这段钢筋放平，并与相邻预制板中的箍筋相互搭接，以铁丝绑扎，然后浇筑于混凝土铺装层中。

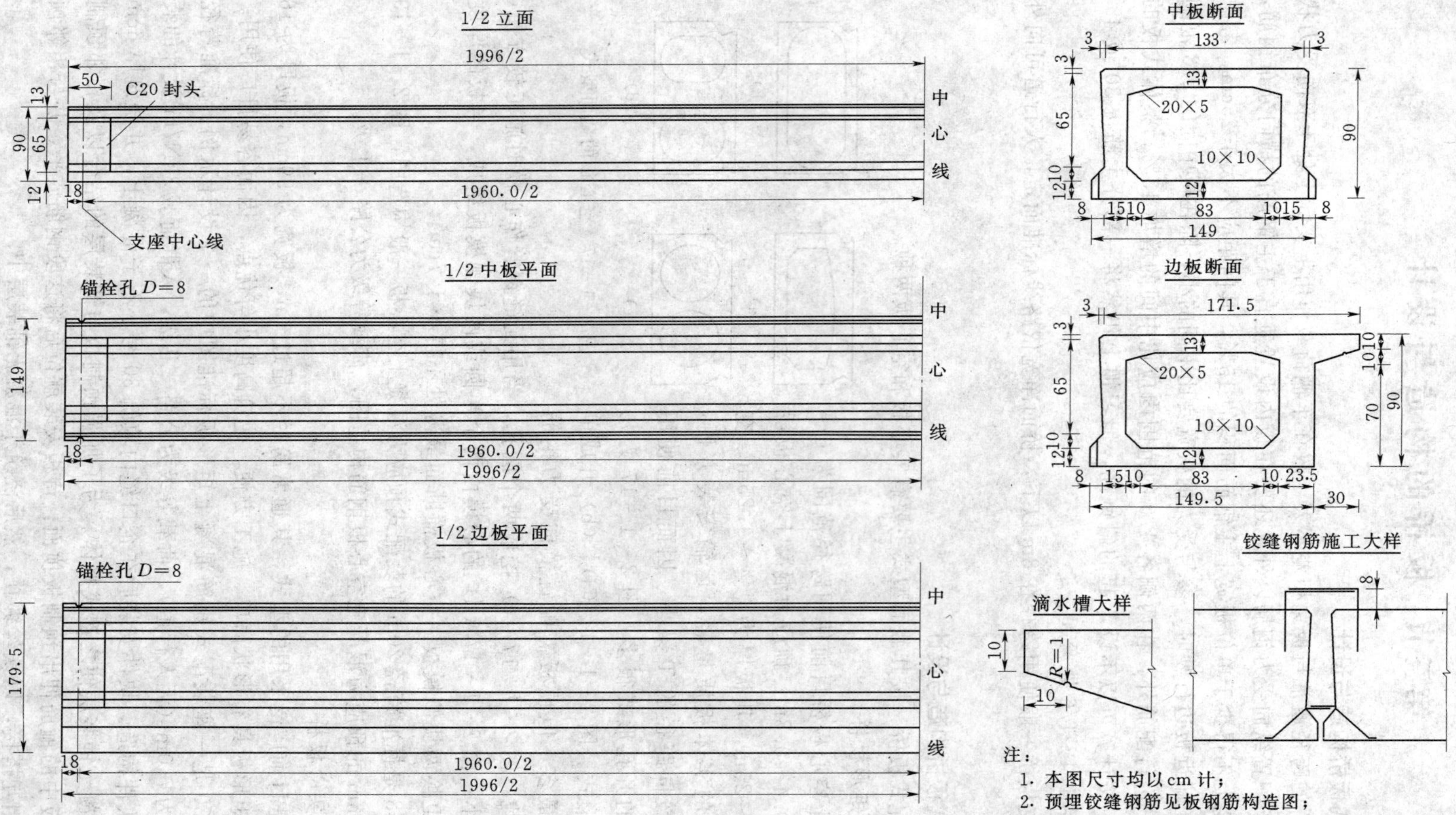

1/2 立面

C20 封头

支座中心线

1/2 中板平面

锚栓孔 $D=8$

1/2 边板平面

锚栓孔 $D=8$

中板断面

边板断面

铰缝钢筋施工大样

滴水槽大样

注：

1. 本图尺寸均以 cm 计；
2. 预埋铰缝钢筋见板钢筋构造图；
3. 根据桥梁总体布局情况，不设锚栓时相应取消预留锚栓孔；
4. 边板翼缘下缘(距翼缘末端 10cm)设置半径 1cm 凹形滴水槽；
5. 空心板两端封头底部左右侧预留 $D=5$cm 的圆形泄水孔。

图 2-1-18　标准跨径为 20m 的实心板一般构造图

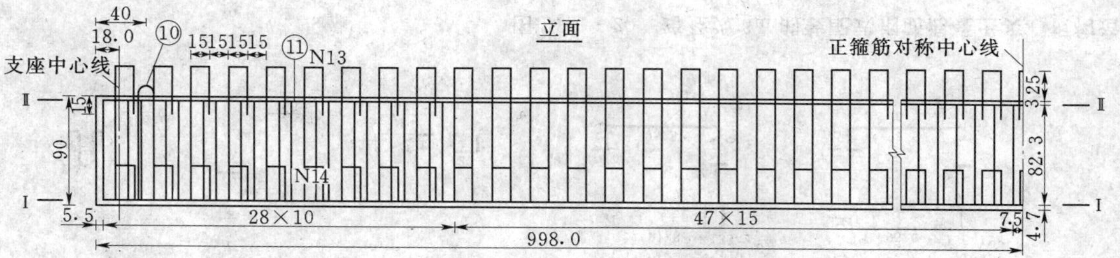

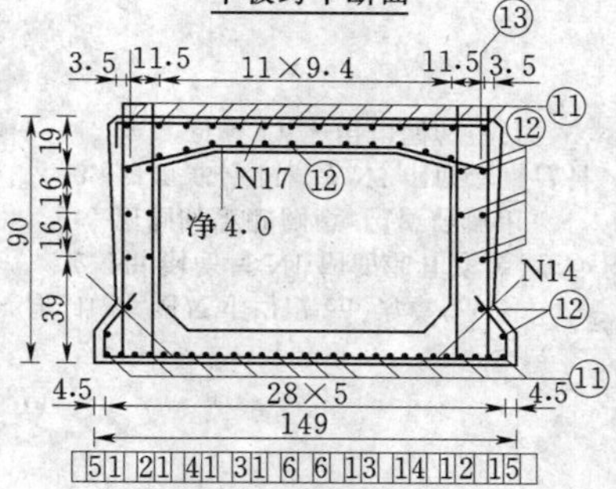

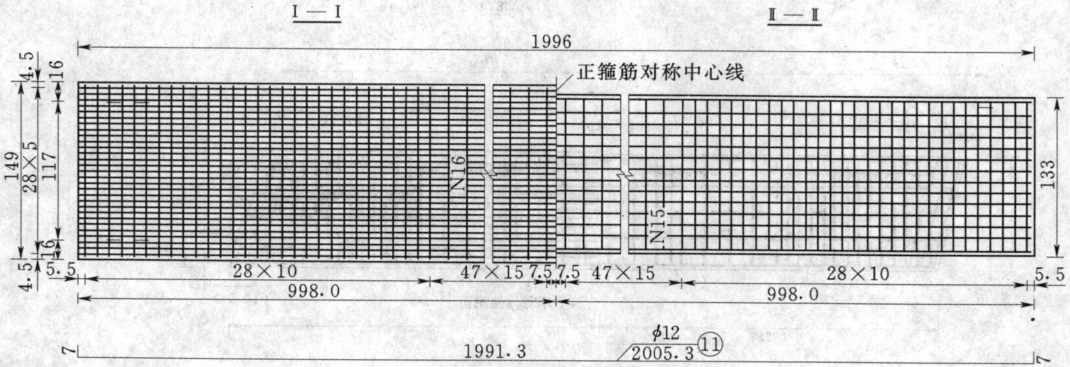

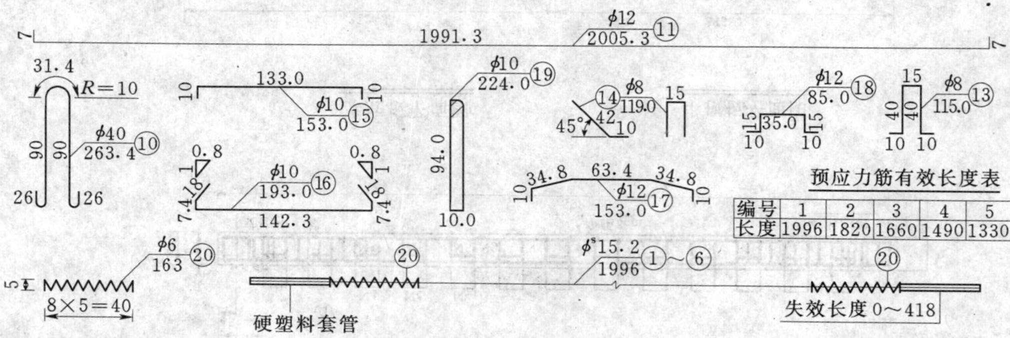

立面

中板跨中断面

Ⅰ—Ⅰ

Ⅱ—Ⅱ

一块中板工程数量表

编号	直径(mm)	长度(cm)	根数	共重(kg)	C40 (m^3)
1～6	ϕ^s15.2	1996	18	395.9	11.88
10	ϕ40	263.4	4	104.0	
11	ϕ12	2005.3	25	445.2	
12	ϕ8	1992.0	28	342.3	
13		115.0	132		
14		119.0	132		
15	ϕ10	153.0	152	324.5	
16		193.0	152		
17	ϕ12	153.0	152	257.1	
18		85.0	67		
19	ϕ10	224.0	304	420.2	
20	ϕ6	163.4	36	13.1	

预应力筋有效长度表

编号	1	2	3	4	5	6
长度	1996	1820	1660	1490	1330	1160

注：1. 本图尺寸除钢筋直径以mm计外，其余均以cm计；
2. 图中无钢筋大样图的钢筋均为直线筋；
3. C20封头工程量每块板0.650m³；
4. 14号筋伸出部分套上塑料膜，预制时紧贴侧模，脱模时立即扳出；
5. 预应力钢绞线标准强度为1860MPa，张拉控制应力采用1395MPa；
6. 预应力空心板必须在混凝土龄期10天以上且达到设计强度100%时方可分批放松钢绞线；
7. 施工时预应力筋有效长度范围以外部分(图中虚线)应采用塑料管套住，进行失效处理；
8. 浇筑底板前16号与19号筋对应并焊接，浇筑顶板前15号、17号筋也与19号筋焊接；
9. 18号筋为加强桥面铺装和板联系的剪力键，外露板顶8cm，浇于桥面混凝土铺装层内，纵向间距30cm，且与板顶横向筋采用绑扎连接。

硬塑料套管

失效长度0～418

图2-1-19　中板钢筋构造图

立面图

半底板平面图

半顶板平面图

边板跨中断面图

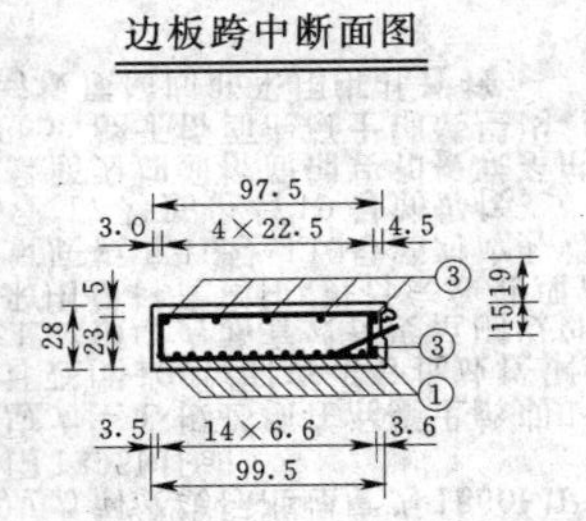

一块边板工程数量表

编号	直径(mm)	长度(cm)	根数	共重(kg)	25号混凝土(m^3)
1	ϕ16	613.3	15	145.3	1.64
2	ϕ16	88.8	4	5.6	
3	ϕ8	594.0	8	30.7	
4		108.0	14		
5		108.0	14		
6	ϕ10	133.2	42	82.2	
7		143.6	42		
8		136.4	6		
9		147.0	6		

注:1. 本图尺寸均以 cm 为单位;
2. N5 钢筋与 N1 钢筋绑扎连接,在块件预制时紧贴侧模,脱模后扳出;
3. 斜角部分 N4 与 N5 钢筋数量已计入;
4. 净 7 和净 11 采用相同的设计。

图 2-1-20 跨径为 6m 的装配式钢筋混凝土实心板构造

（三）装配式板的横向联结

为了使装配式板块组成整体，共同承受车辆荷载，在块件之间必须具有横向联结的构造。常用的联结方法有企口混凝土铰联结和钢板焊接联结。

1. 企口混凝土铰联结

企口式混凝土铰的型式有圆形、菱形、漏斗形等三种（图 2-1-21）。铰缝内用 30～40 号以上的细骨料混凝土填实。

使各块板共同受力。如果要使桥面铺装层也参与受力，也可以将预制板中的钢筋伸出与相邻板的同样钢筋互相绑扎，再浇筑在铺装层内。

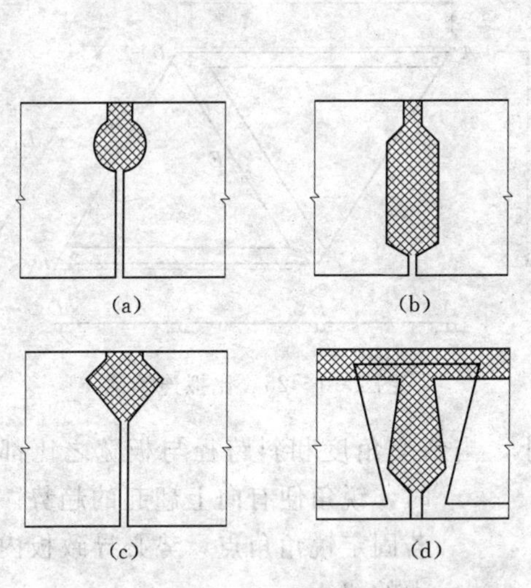

图 2-1-21　企口式混凝土铰

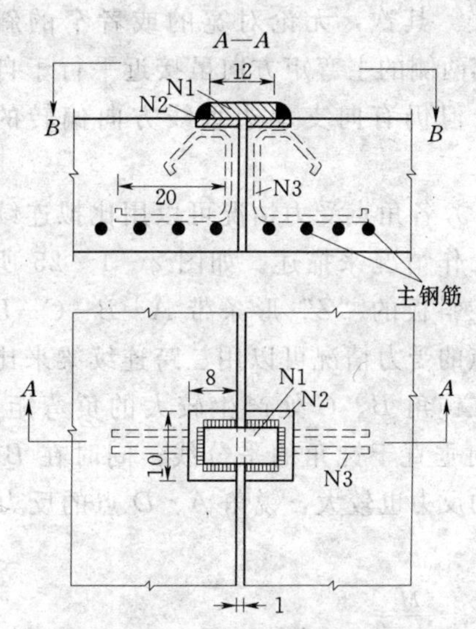

图 2-1-22　钢板联结构造

2. 钢板联结

由于企口混凝土铰需要现场浇筑混凝土，并需待混凝土达到设计强度后才能通车。为了加快工程进度，亦可采用钢板联结（图 2-1-22）。它的构造是：用一块钢盖板 Nl 焊在相邻两构件的预埋钢板 N2 上。联结构造的纵向中距通常为 80～150cm，根据受力特点，在跨中部分布置较密，向两端支点处逐渐减疏。

三、斜交板桥的构造特点

在桥梁建设中，常常由于桥位处的地形限制，或者由于高级公路对线型的要求而将桥梁做成斜交。我们将桥梁轴线与水流方向的交角不是按 90°布置的桥梁称为斜桥。桥梁轴线与支承线的垂线之间的夹角称为斜交角（图 2-1-23）。从桥梁本身的经济性和施工方便来说，斜交角不宜大于 45°。

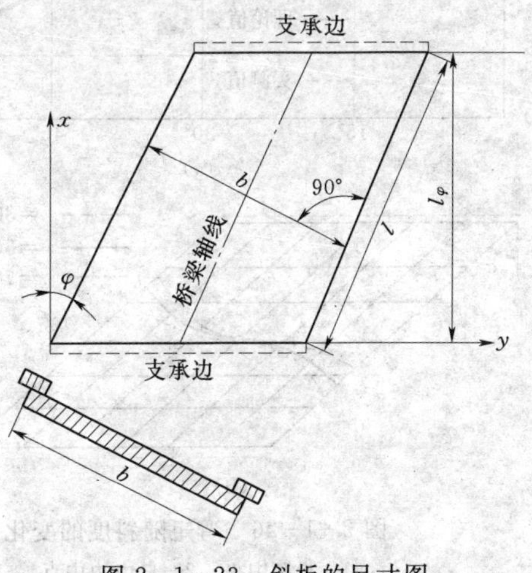

图 2-1-23　斜板的尺寸图

斜交板桥虽然有改善线形的优点，但它的

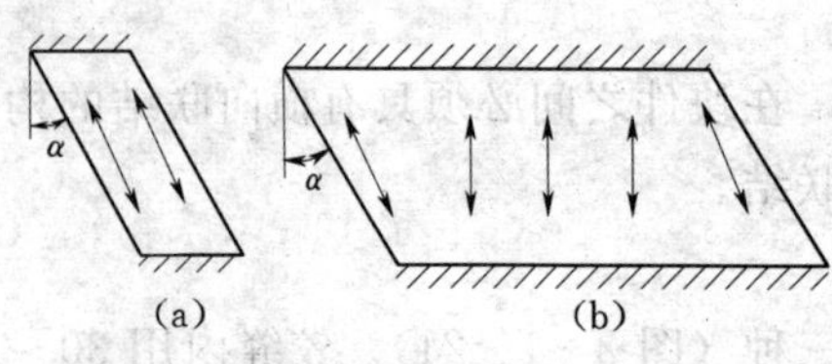

图 2-1-24　斜板的最大主弯矩方向

受力状态比正交板桥要复杂得多。为了对斜交板桥的受力性能有定性的了解，以便从构造上予以保证，这里只作一些简单的阐述。

(一) 斜交板桥的受力性能

理论和试验表明，简支的斜板在垂直荷载作用下一般具有下列特性：

(1) 荷载有向两支承边之间最短距离方向传递的趋势。如图 2-1-24 所示，在较宽的斜板中部，其最大主弯矩方向（即在垂直于该方向的截面上没有扭矩）几乎接近与支承边正交。其次，无论对宽的或者窄的斜板，其两侧的主弯矩方向虽接近平行于自由边，但仍有向支承边垂线方向偏转的趋势。

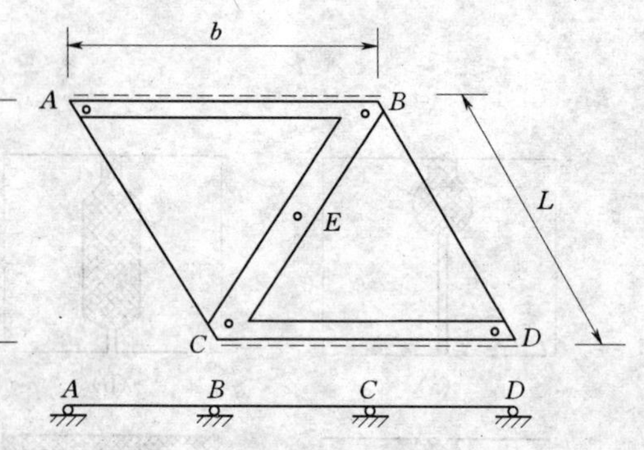

图 2-1-25　比拟连续梁

(2) 各角点受力情况可以用比拟连续梁的工作情况来描述。如图 2-1-25 所示，在斜板的“Z”形条带 A—B—C—D 上各点的受力情况可以用三跨连续梁来比拟，在钝角 B、C 处产生较大的负弯矩，其方向垂直于钝角的平分线；同时在 B、C 点的反力也较大，锐角 A、D 点的反力较小，当斜交角度和斜跨径与板宽之比都较大时，锐角便有向上翘起的趋势。此时若固定锐角角点，势必导致板内有较大的扭矩。

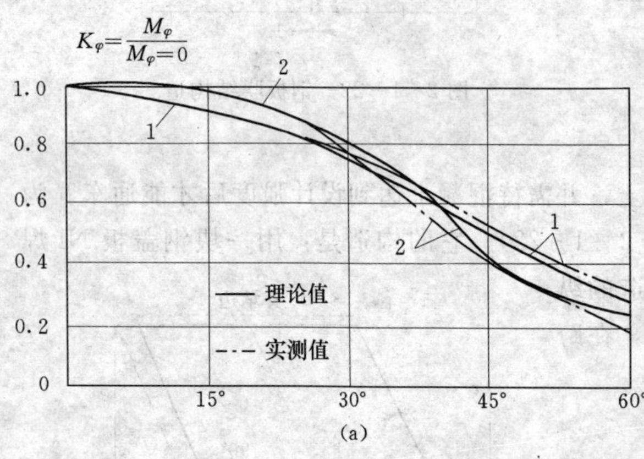

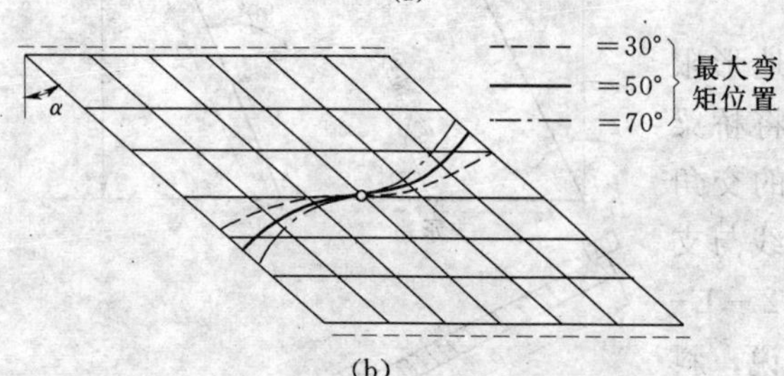

图 2-1-26　弯矩随斜度的变化

1—板跨中央；2—自由边中点

(3) 在均布荷载作用下，当桥轴线方向的跨长相同时，斜板桥的最大跨内弯矩比正交板桥要小，跨内纵向最大弯矩或最大应力的位置随着斜度的变大而自中央向钝角方向移动。

图 2-1-26 (a) 表示斜板桥最大跨内弯矩 M_φ 与正板桥跨中弯矩 $M_\varphi=0$ 的比值随斜度改变的变化曲线；图 2-1-26 (b) 表示在满布均匀荷载时，跨内最大弯矩位置沿板宽的变化曲线。由图可知，当斜交角度在 15°以内时，可以近似地按正交板桥计算；当斜交角度大于 15°时，则应按斜交板桥进行计算，因此桥涵设计规范对此做了详细的规定。

(4) 在上述同样情况下，斜交板

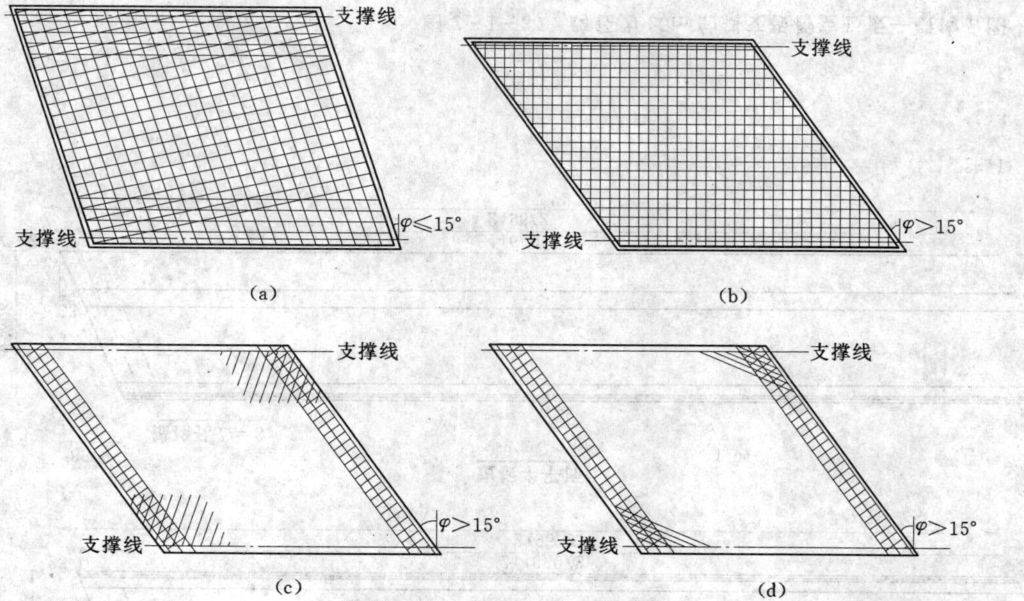

图 2-1-27　整体式斜板的钢筋构造

(a) $\varphi \leqslant 15°$时钢筋的配置方向；(b) $\varphi > 15°$时钢筋的配置方向；(c) 下层加强钢筋；(d) 上层加强钢筋

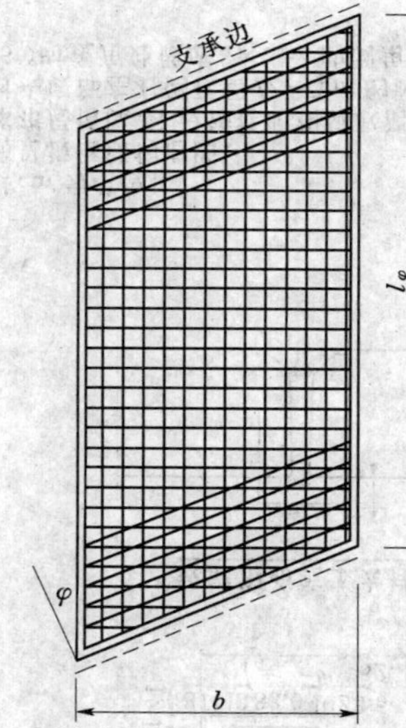

图 2-1-28　装配式斜板钢筋构造

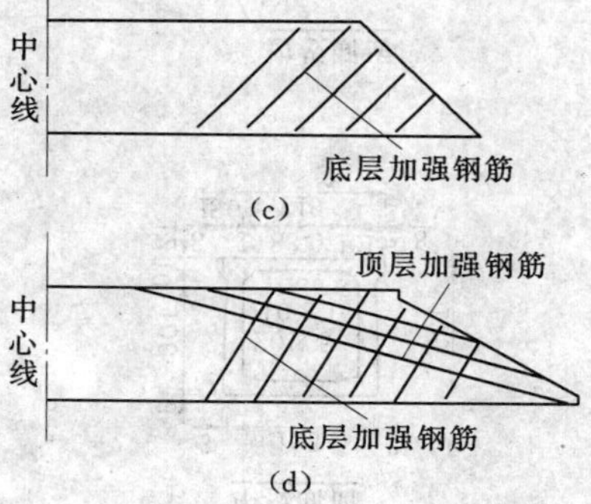

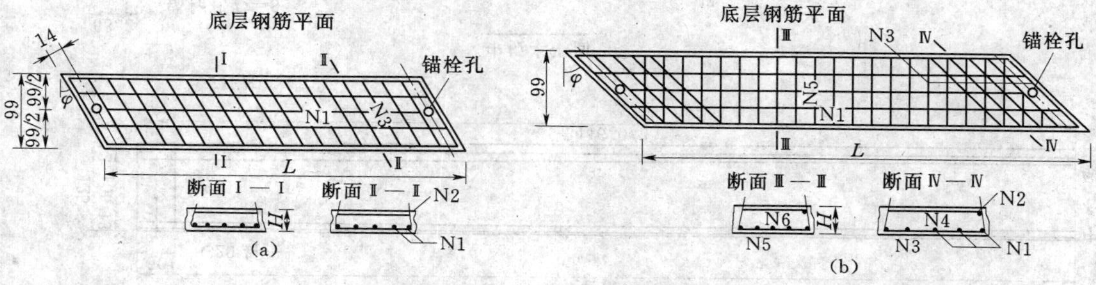

图 2-1-29　装配式斜板钢筋构造示例（尺寸单位：cm）

(a) $\varphi=25°, 30°, 35°$；(b) $\varphi=40°, 60°$；(c) $\varphi=40°, 45°, 50°$；(d) $\varphi=55°, 60°$

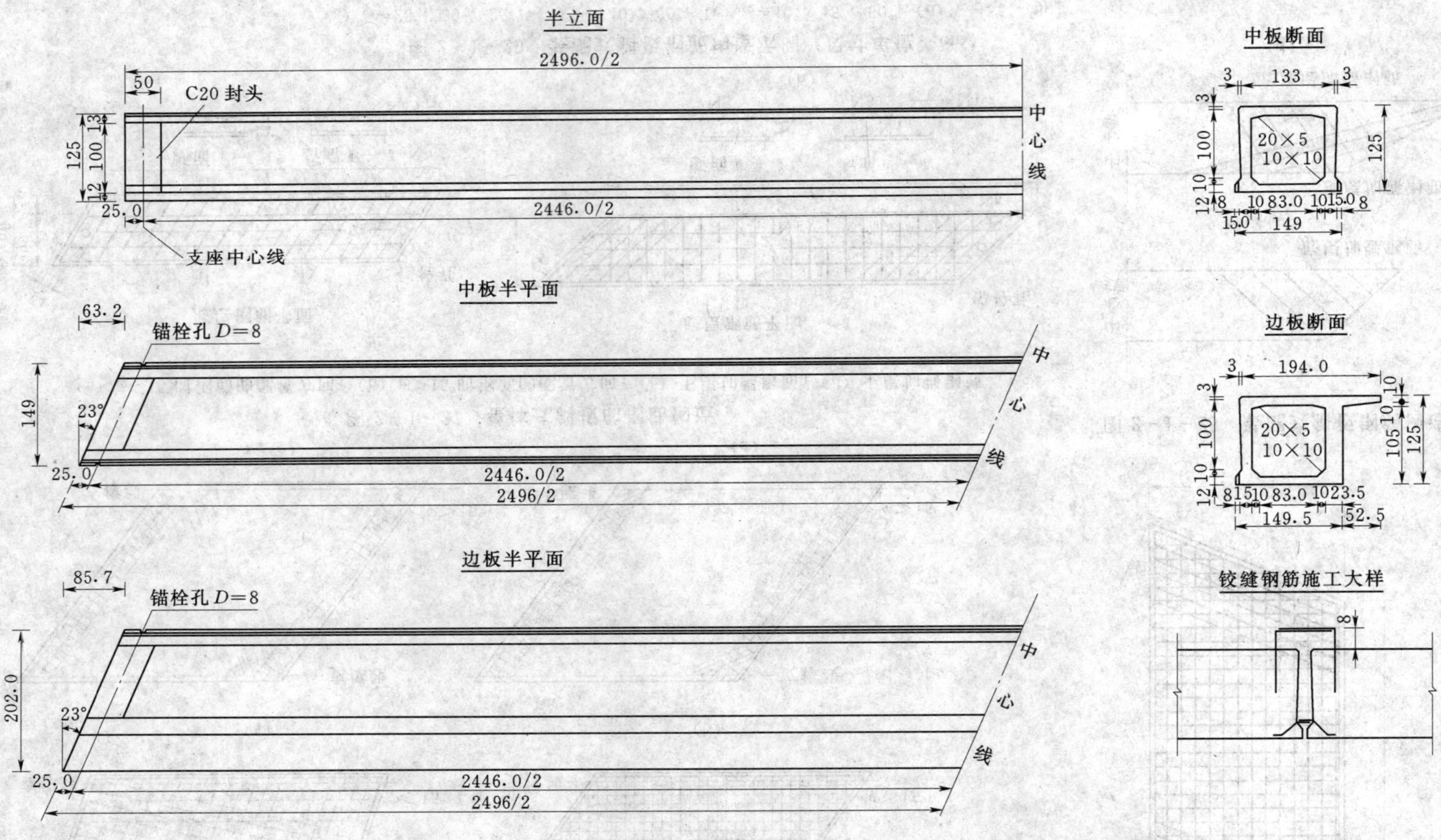

半立面

2496.0/2
50
C20 封头
中心线
125 13 100 12
25.0
2446.0/2
支座中心线

中板半平面

63.2
锚栓孔 $D=8$
149
23°
25.0
2446.0/2
2496/2
中心线

边板半平面

85.7
锚栓孔 $D=8$
202.0
23°
25.0
2446.0/2
2496/2
中心线

中板断面

3 133 3
3
20×5
10×10
100 10 12
125
8 10 83.0 10 15.0 8
15.0 149

边板断面

3 194.0
3
10 10
20×5
10×10
100 10 12
105 125
8 15 10 83.0 10 23.5
149.5 52.5

铰缝钢筋施工大样

8

注：1. 本图尺寸均以cm 为单位；
2. 预埋铰缝钢筋见板钢筋构造图；
3. 根据桥梁总体布局情况，不设锚栓时相应取消预留锚栓孔；
4. 空心板两端封头底部左右侧预留 $D=5$cm 的圆形泄水孔；
5. 预制板($\varphi \geqslant 25°$)时锐角处做成 3×3cm 的倒角。

图 2-1-30　跨径为 25m 的斜交板桥空心板一般构造图

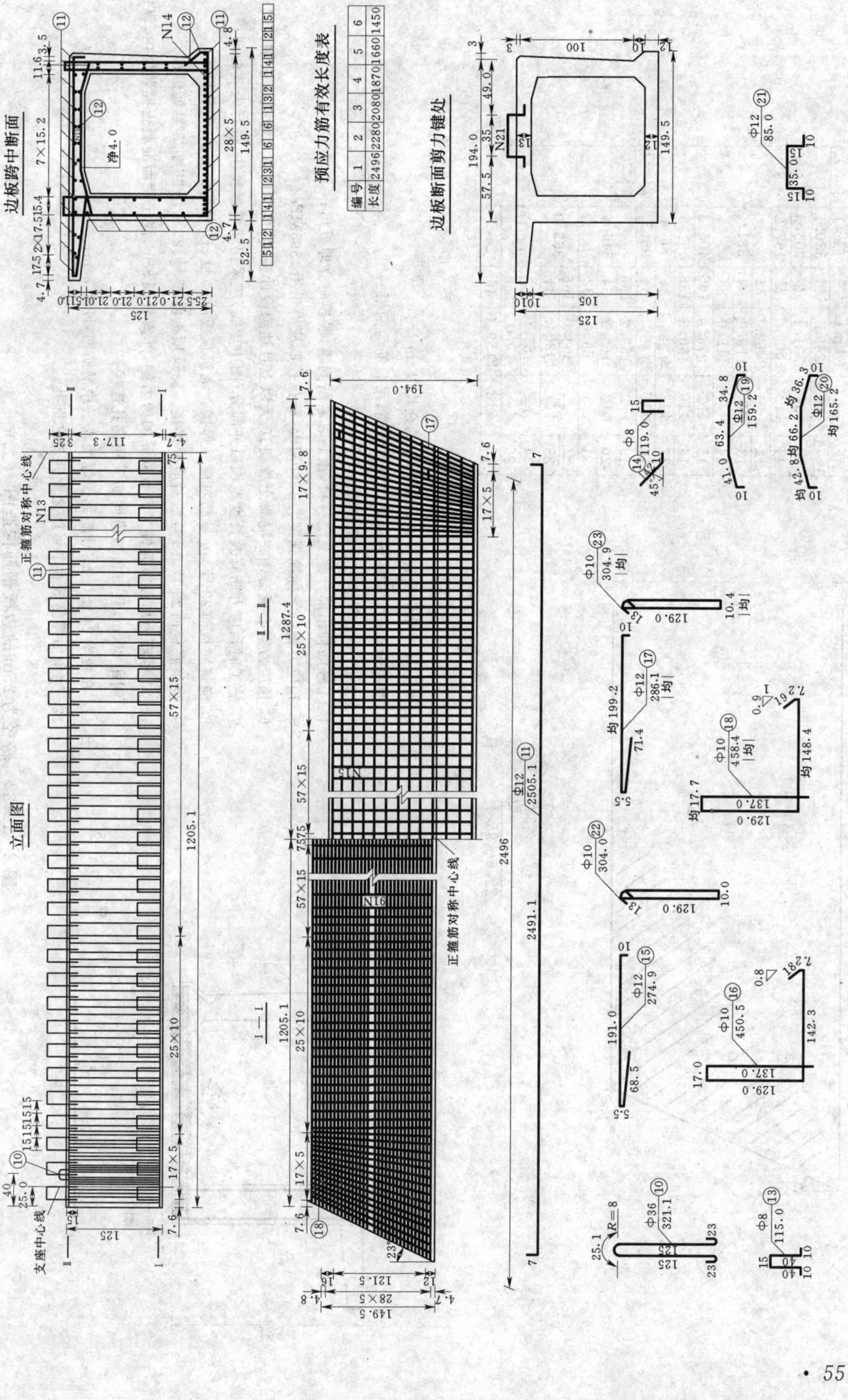

立面图

Ⅰ—Ⅰ

Ⅱ—Ⅱ

边板跨中断面

预应力筋有效长度表

编号	1	2	3	4	5	6
长度	2496	2280	2080	1870	1660	1450

边板断面剪力键处

图 2-1-31　跨径为 25m 的边板钢筋构造图（一）

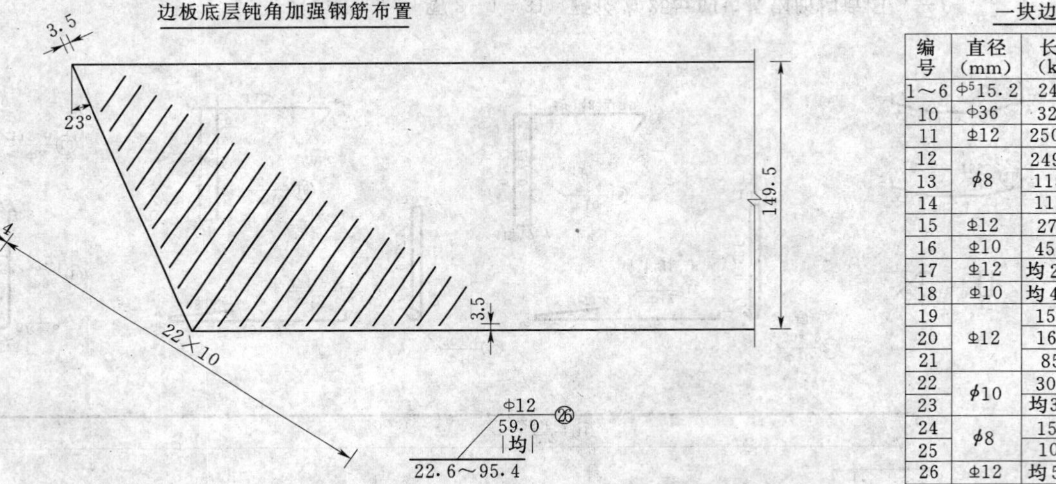

一块边板工程数量表

编号	直径(mm)	长度(km)	根数	共重(kg)	C50(m^3)
1～6	Φ^s15.2	2496	20	550.1	21.31
10	Φ36	321.1	8	205.3	
11	Φ12	2505.1	21	467.2	
12	φ8	2492.0	31	381.9	
13		115.0	83		
14		119.0	83		
15	Φ12	274.9	166	405.3	
16	Φ10	450.5	166	461.5	
17	Φ12	均286.1	34	86.4	
18	Φ10	均459.1	34	96.3	
19	Φ12	159.2	166	346.4	
20		165.2	34		
21		85.0	82		
22	φ10	304.0	166	363.0	
23		均304.9	34		
24	φ8	157.0	12	14.1	
25		10.0	168		
26	Φ12	均59.0	46	24.1	

注：1. 本图尺寸除钢筋直径以mm计外，其余均以cm计；
2. 图中无钢筋大样图的钢筋均为直线筋；吊装筋为两根一组；
3. C20封头工程量每块板1010m^3；
4. 14号筋伸出部分套上塑料膜，预制时紧贴侧膜，脱模时立即扳出；
5. 预应力钢绞线标准强度为1860MPa，张拉控制应力采用1395MPa；
6. 预应力空心板必须在混凝土龄期10天以上且达到设计强度100%时方可分批放松钢绞线；
7. 施工时预应力筋有效长度范围以外部分(图中虚线)应采用塑料管套住，进行失效处理；
8. 浇筑底板前22号、16号筋对应并焊接。浇筑顶板前15号、19号筋也与22号筋焊接；
9. 浇筑底板前23号、18号筋对应并焊接。浇筑顶板前17号、20号筋也与23号筋焊接；
10. 21号筋为加强桥面铺装和板联系的剪力键，外露板顶8cm，浇于桥面混凝土铺装层内，纵向间距30cm，且与板顶横向筋采用绑扎连接；
11. 在板端24号与25号筋如图焊接成三片钢筋网，间距5cm；
12. 钝角加强筋放在1号筋之上并与之绑扎。

图 2-1-32 跨径为25m的边板钢筋构造图（二）

桥的跨中横向弯矩比正交板桥的要大，可以认为横向弯矩增加的量，相当于跨径方向弯矩减小的量。

熟悉了斜板的工作性能以后，就可据此配置斜板桥的钢筋。

（二）斜交板桥的构造

1. 整体式斜板

对整体式斜板，$l_\varphi \leqslant 1.3b$，桥梁宽度较大，若斜交角 $\varphi<15°$，主钢筋可按平行于桥纵轴线方向布置［图 2-1-27（a）］；若斜交角 $\varphi>15°$，主钢筋应按垂直于板的支承线方向布置［图 2-1-27（b）］。为抵抗板内靠近自由边区段的扭矩，还应在板的自由边上下层各设一条直径为主钢筋直径且数量不少于 3 根的平行于自由边的钢筋，并用箍筋箍牢［图 2-1-27（c）］。

斜板的分布钢筋应当垂直于主钢筋方向设置［图 2-1-27（a）、（b）］，分布钢筋的直径、间距和数量与整体式正板桥要求相同。在斜板的支座附近应增设平行于支座轴线的分布钢筋，或者将分布钢筋向支座方向成扇形分布，过渡到平行于支承轴线。

当 $\varphi>15°$时，由于钝角部位有较大的反力和负弯矩，在钝角两侧 1.0～1.5m 边长的扇形面积内应配置加强钢筋。在靠近板底的下层其方向与钝角的平分线平行［图 2-1-27（c）］；在靠近板顶的上层与钝角平分线垂直［图 2-1-27（d）］。加强钢筋的直径不小于 12mm，间距 100～150mm。

2. 装配式斜板桥

装配式斜板桥的跨宽比一般均大于 1.3，主钢筋沿斜跨径方向配置，分布钢筋在两钝角角点之间的范围内与主钢筋垂直，在靠近支承边附近，其布置方向则与支承边平行（图 2-1-28）。

装配式斜板桥预制板钢筋布置因跨径和斜交角不同而异。这些板的钢筋布置方案大体分两种：

第一种方案：当斜交角 $\varphi=25°\sim35°$时，主钢筋沿斜跨方向布，分布钢筋按平行于支承边方向布置［图 2-1-29（a）］。

第二种方案：当斜交角 $\varphi=40°\sim60°$时，主钢筋及横向分布钢筋的布置原则上与上图相同［图 2-1-29（b）］。

此外，在各种块件的两端还要布置一些加强钢筋。当 $\varphi=40°\sim50°$时，要布置底层加强钢筋，其方向则与支承边相垂直［图 2-1-29（c）］；当 $\varphi=55°\sim60°$时，除了底层要布置垂直于支承边的加强钢筋以外，在顶层还要布置与钝角的二等分线相垂直的加强钢筋［图 2-1-29（d）］。为了使铰接斜板支承处不翘扭以及防止发生位移，在板端部中心处预留锚栓孔，待安装完毕后，用栓钉固定。

图 2-1-30～图 2-1-32 为标准跨径 25m 的装配式预应力混凝土斜交空心板的构造，斜度是 23°，荷载等级为公路—Ⅰ级。

第四节　装配式钢筋混凝土简支梁桥的构造与设计

国内外所建造的装配式钢筋混凝土简支梁桥，以 T 形梁桥最为普遍。我国已拟定了标准为 10m、13m、16m 和 20m 的四种公路梁桥标准设计。钢筋混凝土 T 形、I 形截面简支梁标准跨径不宜大于16m，钢筋混凝土箱形截面简支梁标准跨径不宜大于25m，钢筋混凝土箱形截面连续梁标准跨径不宜大于30m。

一、横截面设计

梁桥的横截面设计主要是确定横截面的布置型式，包括主梁截面形式、主梁间距、截面各部尺寸等，它与立面布置、建筑高度、施工方法、美观要求及经济用料等因素有关。图2-1-33是装配式简支梁桥的几种横截面型式。

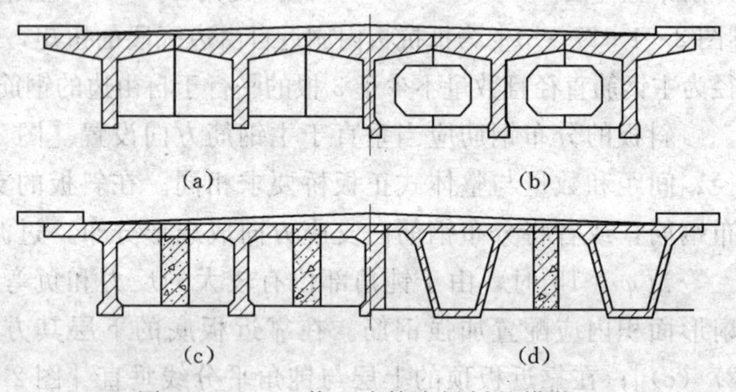

图2-1-33 装配式简支梁桥的横截面

图2-1-34所示就是典型的装配式T形梁桥上部构造概貌，它由几片T形截面的主梁并列在一起装配连接而成。T形梁的顶部翼板构成行车道板，与主梁梁肋垂直相连的横隔梁的下部以及T梁翼板的边缘，均设焊接钢板联结构造将各主梁联成整体，这样就能使作用在行车道板上的局部荷载分布给各片主梁共同承受。

（一）主梁布置

对于设计给定的桥面宽度（包括行车道和人行道宽度），如何选定主梁的间距（或片数），这是构造布局中首先要解决的课题。它不仅与钢筋和混凝土的材料用量以及构件的吊装重量有关，而且还涉及翼板的刚度等因素。主梁间距一般为1.6～2.2m。

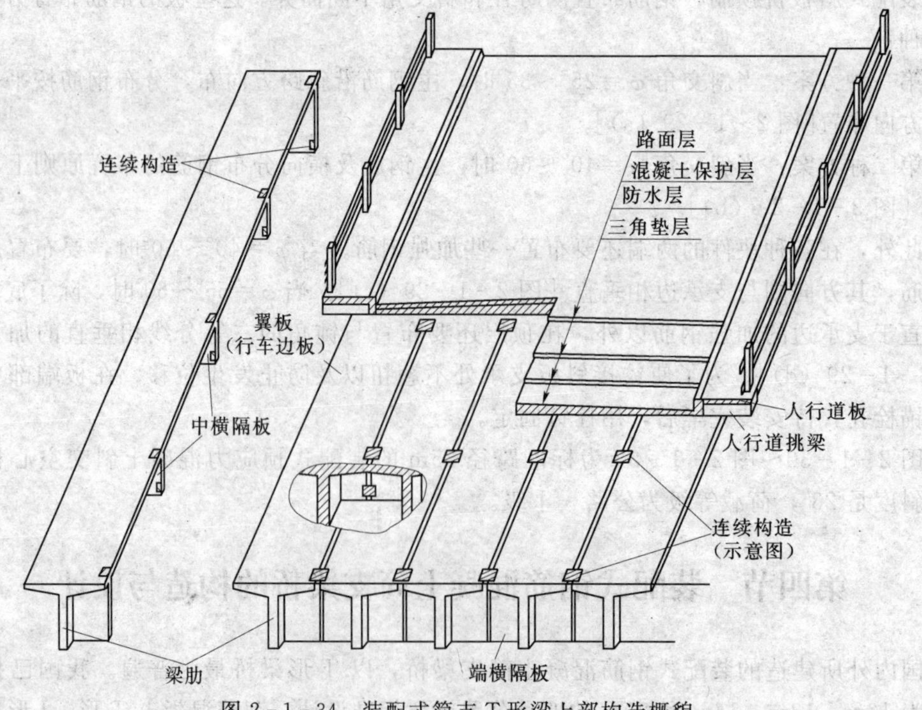

图2-1-34 装配式简支T形梁上部构造概貌

（二）横隔梁布置

横隔梁在装配式T形梁桥中起着保证各根主梁相互连接成整体的作用，它的刚度愈大，桥梁的整体性愈好，在荷载作用下各主梁就能更好地共同工作。

T形、I形截面梁应设跨端和跨间横隔梁。它不但有利于制造、运输和安装阶段构件的稳定性，而且能显著加强全桥的整体性；有中横隔梁的梁桥，荷载横向分布比较均匀，且可以减轻翼板接缝处的纵向开裂现象。当梁横向刚性连接时，横隔梁间距不应大于10m；当为铰接时，横隔梁的间距一般为4～6m。对于钢筋混凝土简支梁桥，一般在梁端、跨中和四分点处各设一道横隔梁就可以满足要求。

（三）截面尺寸

图2-1-35中示出了墩中心距为20m的装配式T形梁桥纵、横截面的主要尺寸。

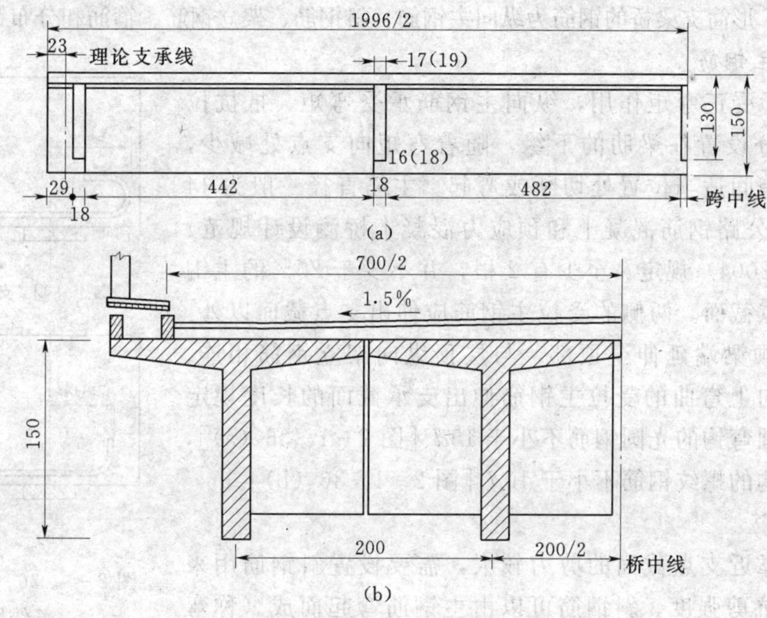

图2-1-35　装配式T形梁桥纵、横截面（尺寸单位：cm）

1. 主梁梁高和肋宽

主梁的合理高度与梁的间距、活载的大小等有关。对于跨径10m、13m、16m和20m的标准设计所采用的梁高相应为0.9m、1.1m、1.3m和1.5m。梁高与跨径之比（俗称高跨比）的经济范围大约为1/11～1/16，跨径大的取用偏小的比值。常用的梁肋宽度为16～24cm，视梁内主筋的直径和钢筋骨架的片数而定。

钢筋混凝土简支梁一般沿跨径方向做成等截面的形式，以便于预制施工。

2. 主梁翼板尺寸

一般装配式主梁翼板的宽度视主梁间距而定，在实际预制时，翼板的宽度应比主梁中距小2cm，以便在安装过程中易于调整T梁的位置和制作上的误差。根据受力特点，翼板通常做成变厚度的，即端部较薄，向根部逐渐加厚。预制T形截面梁或箱形截面梁翼缘悬臂端的厚度不应小于100mm；当预制T形截面梁之间采用横向整体现浇连接时或箱形截面梁设有桥面横向预应力钢筋时，其悬臂端厚度不应小于 140mm。T 形和 I 形截面梁，在与腹板相连处的翼缘厚度，不应小于梁高的 1/10。

3. 横隔梁尺寸

跨中横隔梁的高度应保证具有足够的抗弯刚度，通常可做成主梁高度的 3/4 左右。梁肋下部呈马蹄形加宽时，横隔梁延伸至马蹄的加宽处。端横隔梁又宜做成与主梁同高。

横隔梁的肋宽通常采用 12～20cm，且宜做成上宽下窄和内宽外窄的楔形，以便脱模工作。图 2-1-35（a）中所示为横隔梁外端的尺寸，括弧内的数字表示它与主梁梁肋连接处的宽度。

二、主梁钢筋构造

（一）梁肋钢筋构造

装配式 T 形简支梁桥的钢筋为纵向主钢筋、斜钢筋、架立钢筋、箍筋和分布钢筋等几种。

1. 纵向主钢筋

简支梁承受正弯矩作用，纵向主钢筋承受弯矩、抵抗拉力，跨中部分设置在梁肋的下缘，随着弯矩向支点处减少，主钢筋可在跨间适当位置处切断或弯起。主筋直径一般为 14～32mm。《公路钢筋混凝土和预应力混凝土桥涵设计规范》(JTG D62—2004) 规定：至少有 2 根，并不少于 20% 的主钢筋应伸过支点截面。两侧的受拉主钢筋应伸出支点截面以外，并弯成直角顺梁端延伸至顶部，与层顶纵向架立钢筋相连。两侧之间不向上弯曲的受拉主钢筋伸出支承截面的长度规定为：对带半圆弯钩的光圆钢筋不小于 15d［图 2-1-36（a）］，对带直角弯钩的螺纹钢筋不小于 10d［图 2-1-36（b）］。

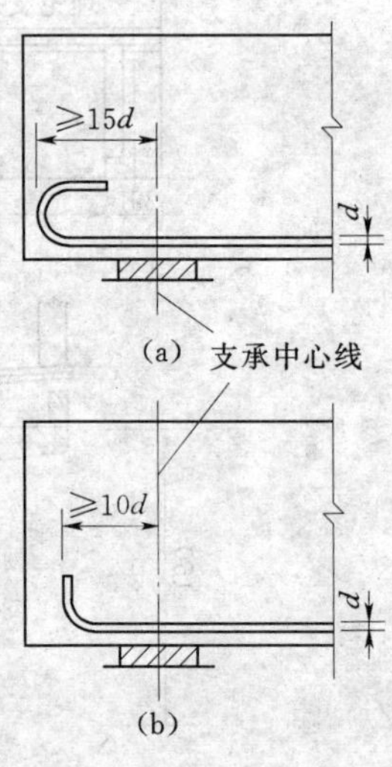

图 2-1-36　梁端主钢筋锚固

2. 斜钢筋

简支梁靠近支点截面的剪力较大，需要设置斜钢筋用来增强梁体的抗剪强度。斜钢筋可以由主钢筋弯起而成（称弯起钢筋），当无主钢筋弯起时，尚需配置专门的焊于主筋和架立筋上的斜钢筋。斜钢筋与梁的轴线一般布置成 45°。弯起钢筋应按圆弧弯折，圆弧半径（以钢筋轴线计算）不小于 10d（d 为钢筋直径）。

靠近支点的第一排弯起钢筋顶部的弯折点，简支梁或连续梁边支点应位于支座中心截面处，悬臂梁或连续梁中间支点应位于横隔梁（板）靠跨径一侧的边缘处，以后各排（跨中方向）弯起钢筋的梁顶部弯折点，应落在前一排（支点方向）弯起钢筋的梁底部弯折点处或弯折点以内。

3. 架立钢筋

架立钢筋布置在梁肋的上缘，主要起固定箍筋和斜筋并使梁内全部钢筋形成立体或平面骨架的作用。直径一般为 10～22mm。

4. 箍筋

箍筋的主要作用是组成钢筋骨架和增强主梁的抗剪强度。钢筋混凝土梁中应设置直径不小于 8mm 且不小于 1/4 主钢筋直径的箍筋，其配筋率 R235 钢筋不应小于

0.18%，HRB335钢筋不应小于0.12%。当梁中配有按受力计算需要的纵向受压钢筋或在连续梁、悬臂梁近中间支点位于负弯矩区的梁段，应采用闭合式箍筋，同时，同排内任一纵向受压钢筋，离箍筋折角处的纵向钢筋的间距不应大于150mm或15倍箍筋直径两者中较大者，否则，应设复合箍筋。相邻箍筋的弯钩接头，沿纵向其位置应交替布置。

箍筋间距不应大于梁高的1/2且不大于400mm；在支座中心向跨径方向长度应不小于梁高，箍筋间距不宜大于100mm。近梁端第一根箍筋应设置在距端面一个混凝土保护层距离处。

5. 纵向防裂分布钢筋

当T形梁梁肋高度大于100cm时，为了防止梁肋侧面因混凝土收缩等原因而导致裂缝，T形、I形截面梁或箱形截面梁的腹板两侧，应设置直径不小于8mm的纵向钢筋，每腹板内钢筋截面面积宜为（0.001～0.002）bh，其中b为腹板宽度，h为梁的高度，其间距在受拉区不应大于腹板宽度，且不应大于200mm；在受压区不应大于300mm。在支点附近剪力较大区段和预应力混凝土梁锚固区段，腹板两侧纵向钢筋截面面积应予增加，纵向钢筋间距宜为100～150mm。靠近下缘，混凝土拉应力也大，故布置得密些，在上部则可稀些。

（二）钢筋的混凝土保护层

为了防止钢筋受大气影响而锈蚀，并保证钢筋与混凝土之间的黏着力充分发挥作用，钢筋到混凝土边缘，需要设置保护层。若保护层厚度太小，就不能起到以上作用，太大则混凝土表层因距离钢筋太远容易破坏，且减小了钢筋混凝土截面的有效高度，受力情况也不好。《公路钢筋混凝土和预应力混凝土桥涵设计规范》（JTG D62—2004）规定：普通钢筋和预应力直线形钢筋的最小混凝土保护层厚度（钢筋外缘或管道外缘至混凝土表面的距离）不应小于钢筋公称直径，后张法构件预应力直线形钢筋不应小于其管道直径的1/2，且应符合表2-1-1的规定。

表2-1-1　普通钢筋和预应力直线形钢筋最小混凝土保护层厚度　单位：mm

序号	构件类别		环境条件		
			Ⅰ	Ⅱ	Ⅲ、Ⅳ
1	基础、桩基承台；	基坑底面有垫层或侧面有模板（受力主筋）；	40	50	60
		基坑底面无垫层或侧面无模板（受力主筋）	60	75	85
2	墩台身、挡土结构、涵洞、梁、板、拱圈、拱上建筑（受力主筋）		30	40	45
3	人行道构件、栏杆（受力主筋）		20	25	30
4	箍筋		20	25	30
5	缘石、中央分隔带、护栏等行车道构件		30	40	45
6	收缩、温度、分布、防裂等表层钢筋		15	20	25

注　Ⅰ类环境是指温暖或寒冷地区的大气环境、与无侵蚀性的水或土接触的环境；Ⅱ类环境是指严寒地区的大气环境、使用除冰盐环境、滨海环境；Ⅲ类环境是指海水环境；Ⅳ类环境是指受侵蚀性物质影响的环境；对于环氧树脂涂层钢筋，可按Ⅱ类环境取用。

当受拉区主筋的混凝土保护层厚度大于50mm时，应在保护层内设置直径不小于6mm、间距不大于100mm的钢筋网。

各主钢筋间横向净距和层与层之间的竖向净距，当钢筋为3层及以下时，不应小于30mm，并不小于钢筋直径；当钢筋为3层以上时，不应小于40mm，并不小于钢筋直径的1.25倍。对于束筋，此处直径采用等代直径。受弯构件的钢筋净距应考虑浇筑混凝土时，振捣器可以顺利插入。

（三）钢筋焊接

在焊接钢筋骨架时，为保证焊接质量，使焊缝处强度不低于钢筋本身的强度，对焊缝的长度必须满足下述要求：

(1) 对于利用主钢筋弯起的斜筋，在起弯处应与其他主筋相焊接，可采用每边各长2.5*d*的双面焊缝或一边长5*d*的单面焊缝（图2-1-37）。弯起钢筋的末端与架立钢筋（或其他主筋）相焊接时，采用长5*d*的双面焊缝或10*d*的单面焊缝（图2-1-37）。其中*d*为受力钢筋直径。

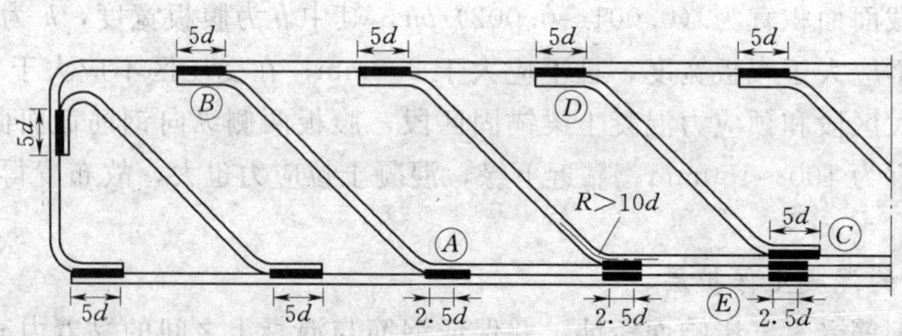

图2-1-37 焊接钢筋骨架焊缝尺寸图

（注：图中尺寸为双面焊缝，单面焊缝应加倍）

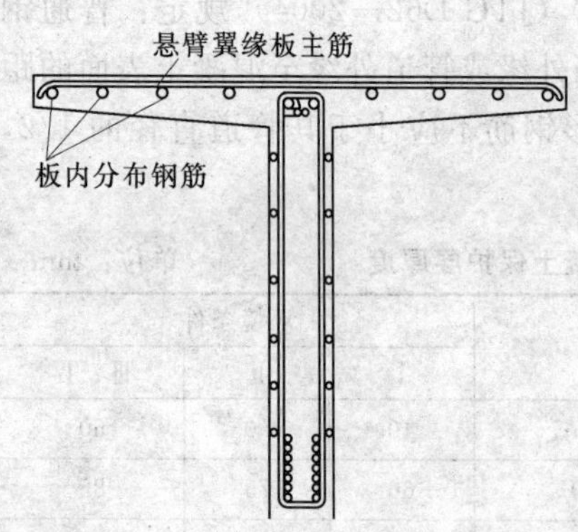

图2-1-38 T形梁的钢筋布置构造

(2) 对于附加的斜筋，其与主筋或架立筋的焊缝长度，采用每边各长5*d*的双面焊缝或一边长10*d*的单面焊缝。

(3) 各层主钢筋相互焊接固定的焊缝长度，采用2.5*d*的双面焊缝或5*d*的单面焊缝（图2-1-38）。

（四）T形梁翼缘板内的钢筋

T形梁翼缘板内的受力钢筋沿横向布置在板的上缘，以承受悬臂的负弯矩，在顺主梁跨径方向还应设置少量的分布钢筋（图2-1-38）。按《公路钢筋混凝土和预应力混凝土桥涵设计规范》（JTG D62—2004）要求，板内主筋的直径不小于10mm，每米板宽内不应少于5根。分布筋的直径不小于8mm，间距不大于20cm，在单位板宽内分布筋的截面积不少于主筋截面积的15%，在有横隔梁的部位分布筋的截面积应增至主筋的30%，以承受集中轮载作用下的局部负弯矩，所增加的分布筋每侧应从横隔梁轴线伸出*L*/4（*L*为板的跨径）的长度。

三、横隔梁钢筋构造

在横隔梁靠近下部边缘的两侧和顶部翼板内均埋有焊接钢板*A*和*B*（图2-1-39），焊接钢板则与横隔梁的受力钢筋拼在一起做成安装骨架，当T形梁安装就位后即在横隔

梁的预埋钢板上再加焊接钢板使其连成整体。横隔梁的箍筋是抗剪的。

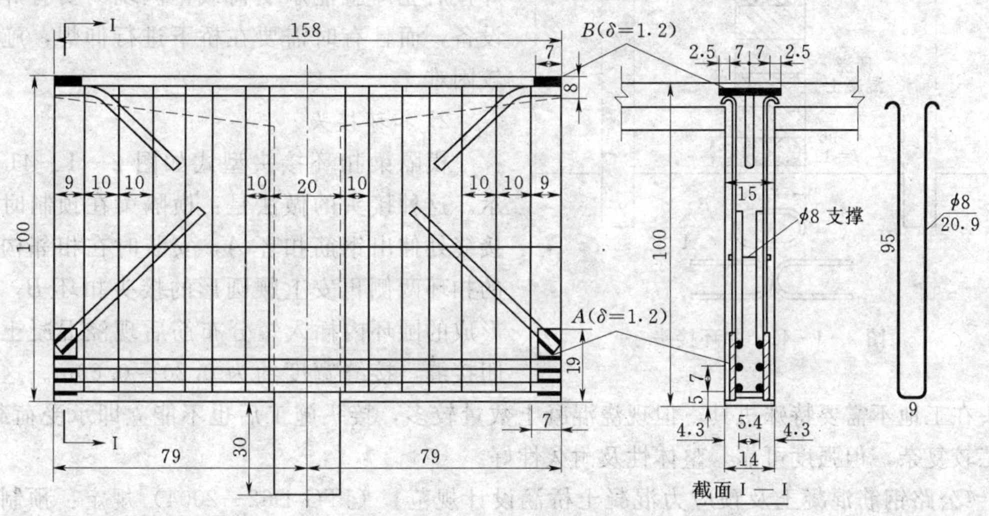

图 2-1-39　中主梁的横隔梁构造（尺寸单位：cm）

四、装配式主梁的联结构造

通常在设有端横隔梁和中横隔梁的装配式 T 形梁桥中，均借助横隔梁的接头使所有主梁联结成整体。接头要有足够的强度，以保证结构的整体性，并使在运营过程中不致因荷载反复作用和冲击作用而发生松动。常用的接头形式有以下几种。

1. 焊接钢板接头

在横隔梁靠近下部边缘的两侧和顶部的翼板内均埋有焊接钢板，焊接钢板则预先与横隔梁的受力钢筋焊在一起做成安装骨架。当 T 形梁安装就位后即在横隔梁的预埋钢板上再加焊盖接钢板使其连成整体（图 2-1-40）。

端横隔梁的焊接钢板接头构造与中横隔梁相同，但由于其外侧（近墩台一侧）不好施焊，故焊接接头只设于内侧。相邻横隔梁之间的缝隙最好用水泥砂浆填满，所有外露钢板

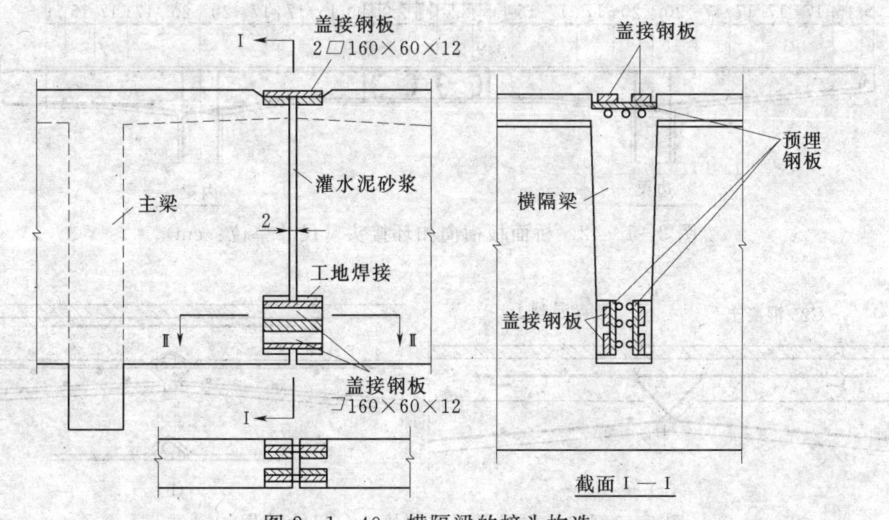

图 2-1-40　横隔梁的接头构造

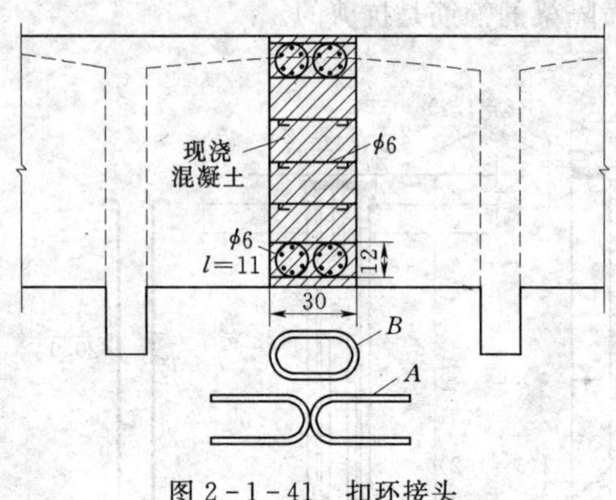

图 2-1-41 扣环接头

也应用水泥灰浆封盖。这种接头强度可靠，焊接后立即就能承受荷载，但现场要有焊接设备，而且有时需要在桥下进行仰焊，施工较困难。

2. 扣环接头

横隔梁扣环接头型式如图 2-1-41 所示。这种接头的做法是：横隔梁在预制时在接缝处伸出钢筋扣环 A，安装时在相邻构件的扣环两侧再安上腰圆形的接头扣环 B，在形成的圆环内插入短分布筋后现浇混凝土封闭接缝，接缝宽度约为 0.20～0.60m。这种接头在工地不需要特殊机具，但现浇混凝土数量较多，接头施工后也不能立即承受荷载，施工较复杂，但强度可靠，整体性及耐久性好。

《公路钢筋混凝土及预应力混凝土桥涵设计规范》(JTG D62—2004) 规定：预制 T 形截面梁的桥面板横向连接，宜采用现浇混凝土整体连接，主钢筋可采用环形连接。桥面板横向扣环接头如图 2-1-42 所示。

预制 T 形截面梁的横隔梁连接，宜采用现浇混凝土整体连接。

预制梁混凝土与用于整体连接的现浇混凝土龄期之差不应超过 3 个月。

3. 桥面板的企口铰连接

对没有采用扣环连接的桥面板，为改善挑出翼板的受力状态，可以将悬臂板也连接起来，做成企口铰接的形式，图 2-1-43 (a) 为主梁翼板内伸出的连接钢筋，交叉弯制后在接缝处再放入局部的钢筋网，并浇筑在铺装层内。或者将顶钢筋伸出，弯转后套在一根长的钢筋上，形成纵向铰［图 2-1-43 (b)］。

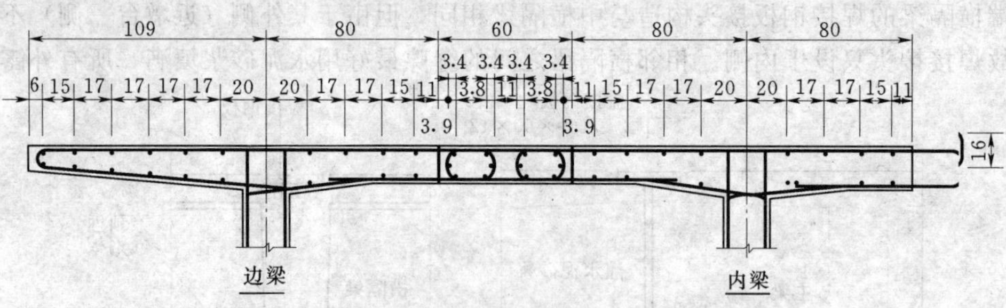

图 2-1-42 桥面板横向扣环接头（尺寸单位：cm）

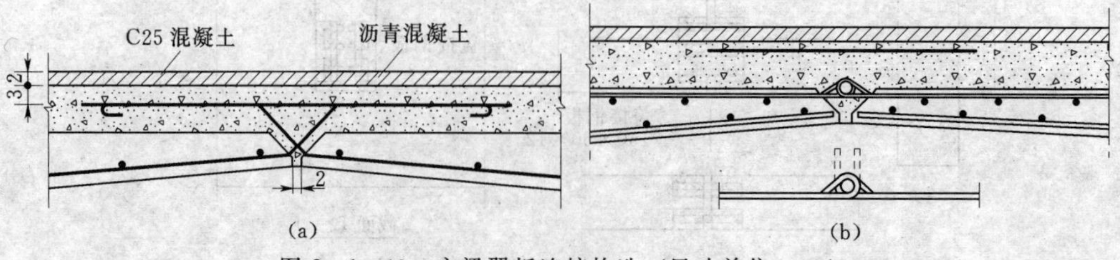

(a) (b)

图 2-1-43 主梁翼板连接构造（尺寸单位：cm）

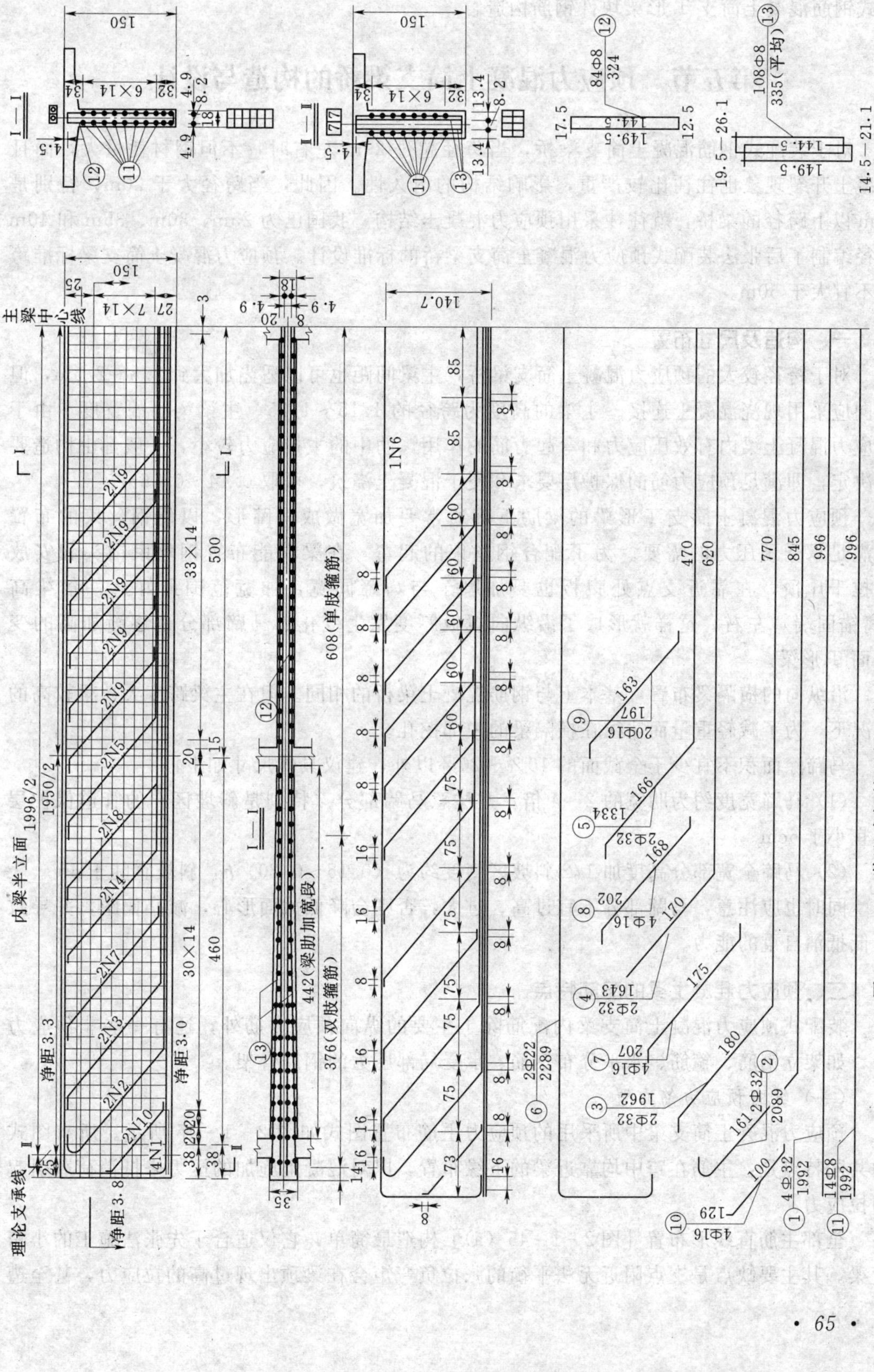

图 2-1-44 装配式钢筋混凝土简支T形梁块件梁肋钢筋（尺寸单位：mm）

图 2-1-44 为标准跨径为 20m，汽车荷载为公路—Ⅱ级，人群荷载 3kN/m^{2}设计的装配式钢筋混凝土简支 T 形梁块件钢筋构造。

第五节 预应力混凝土简支梁桥的构造与设计

对于装配式钢筋混凝土简支梁桥，当跨径超过 20m 左右时，不但钢材耗量大，而且混凝土开裂现象也往往比较严重，影响结构的耐久性。因此，当跨径大于 20m，特别是 30m 以上跨径的梁桥，就往往采用预应力混凝土结构。我国已为 25m、30m、35m 和 40m 跨径编制了后张法装配式预应力混凝土简支梁桥的标准设计。预应力混凝土简支梁标准跨径不宜大于 50m。

一、构造及尺寸布置

对于跨径较大的预应力混凝土简支梁桥，主梁间距也可以适当加大到 1.8～2.5m，但横向应采用现浇混凝土连接。主梁的高度为跨径的 1/15～1/25。主梁梁肋的宽度，由于预应力混凝土梁内有效压应力和弯起力筋的作用，肋中的主拉应力较小，一般都由构造要求决定，即满足预应力筋的保护层要求和便于混凝土浇筑，可取 0.14～0.16m。

预应力混凝土简支 T 形梁的梁肋下部通常要加宽做成马蹄形，以便钢丝束的布置及满足承受预压力的需要。为了配合钢丝束的起弯，在梁端能布置钢丝束锚头和安放张拉千斤顶，在靠近支点处腹板也要加厚至与马蹄同宽，加宽范围最好达一倍梁高（离锚固端）左右，这样就形成了沿纵向腹板厚度发生变化、马蹄部分也逐渐加高的变截面 T 形梁。

沿纵向的横隔梁布置，基本上与钢筋混凝土梁桥的相同。但在主梁跨度大、梁较高的情况下，为了减轻重量而往往在横隔梁的中部挖孔。

马蹄除面积不宜少于全截面的 10%～20%以外，建议具体尺寸如下：

(1) 马蹄宽度约为肋宽的 2～4 倍，并注意马蹄部分（特别是斜坡区）的管道保护层不宜小于 6cm。

(2) 马蹄全宽部分高度加 1/2 斜坡区高度约为（0.15～0.20）h，斜坡宜陡于 45°。

同时也应注意，马蹄部分不宜过高、过大，否则会降低截面形心，减小偏距，并导致降低抵消自重的能力。

二、预应力混凝土梁的配筋特点

装配式预应力混凝土简支梁内配筋除了主要的纵向预应力筋外，还有一些非预应力筋，如架立钢筋、箍筋、水平分布钢筋、承受局部压力的钢筋骨架。

（一）纵向预应力筋布置

预应力混凝土简支梁中所采用的预应力主筋布置图式如图 2-1-45 所示。所有图式的共同特点是：主筋在跨中均靠近梁的下缘布置，以对混凝土施加的压力来抵消荷载引起的拉应力。

全部主筋直线形布置［图 2-1-45 (a)］构造最简单，它仅适合于先张法施工的小跨度梁。其主要缺点是支点附近无法平衡的张拉负弯矩会在梁顶出现过高的拉应力，甚至遭

致严重开裂。在先张法预应力混凝土构件中，先张法预应力混凝土构件宜采用钢绞线、螺旋肋钢丝或刻痕钢丝用作预应力钢筋。当采用光面钢丝作预应力钢筋时，应采取适当措施，保证钢丝在混凝土中可靠地锚固。预应力钢绞线之间的净距不应小于其直径的 1.5 倍，且对二股、三股钢绞线不应小于 20mm，对七股钢绞线不应小于 25mm。预应力钢丝间净距不应小于 15mm。对于单根预应力钢筋，其端部应设置长度不小于 150mm 的螺旋筋；对于多根预应力钢筋，在构件端部 10 倍预应力钢筋直径范围内，应设置 3～5 片钢筋网。

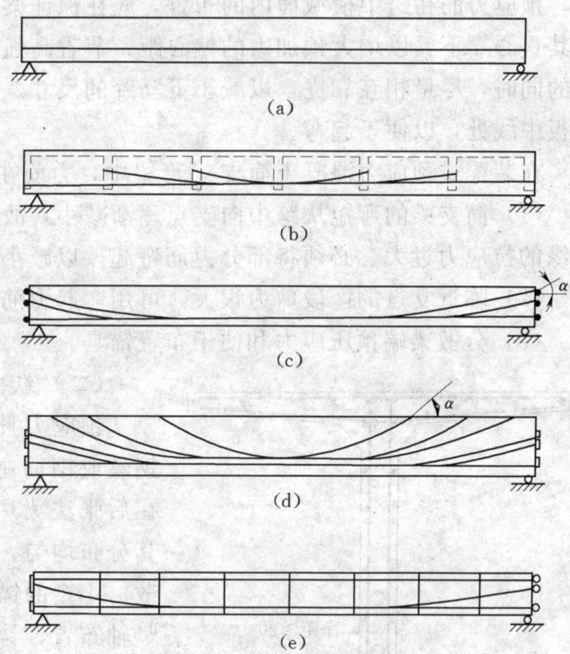

图 2-1-45　纵向预应力筋布置图式

对于长度较大的后张法梁，当采用直线形预应力筋时，为了减小梁端附近的负弯矩并节省钢材，亦可像普通钢筋混凝土梁内一样，将主筋在梁的中间截面处截断［图 2-1-45（b）］，此时，应将预应力筋在横隔梁处平缓地弯出梁体，以便进行张拉和锚固。这种布置的主要优点是主筋最省，张拉摩阻力也小，但预应力筋没有充分发挥抗剪作用，且梁体在锚固处的受力和构造也较复杂。

目前预应力混凝土简支梁桥上采用最广的布筋方式是图 2-1-45（c）、（d）两种。当预应力筋数量不太多，能全部在梁端锚固时，为使张拉工序简便，通常都将预应力筋全部弯至梁端锚固［图 2-1-45（c）］。这种布置的预应力筋弯起角不大（一般在 20°以下），这对减小摩阻损失有利。然而，对于钢束根数较多的情况，或者当预应力混凝土梁的梁高受到限制，以致不能全部在梁端锚固时，就必须将一部分预应力筋弯出梁顶［图 2-1-45（d）］。这样的布置方式使张拉作业的操作稍趋繁复，使预应力筋的弯起角口较大（达 25°～30°），增大了摩阻引起的预应力损失，但能缩短预应力筋长度，节约钢材，对于提高梁的抗剪能力也更有利。

在实际设计中，鉴于梁在跨中区段弯矩变化平缓，荷载剪力也不大，故通常在三分点到四分点之间开始将预应力筋弯起。当然，预应力筋弯起后，截面亦必须满足破坏阶段的强度要求。

预应力筋起弯的曲线形状可以采用圆弧形、抛物线或悬链线三种，通常在曲线的矢跨比较小时，三者的各点坐标很接近。圆弧线施工放样简便，弯起角度较大，可得到较大的预剪力，故通常都在梁中部保持一段水平直线后并按圆弧弯起。悬链线的预应力筋（或制孔器）可利用其自重下垂达到规定线形，定位方便，但它在端部的起弯角度较小。预应力筋弯起的曲率半径，当采用钢丝束、钢绞线配筋时一般不小于 4m。

预应力筋在跨中横截面内的布置，应在保证梁底保护层和位于索界内的前提下，尽量使其重心靠下，以增大预加力的偏心距，节省高强钢材。同时应使预应力筋在满足构造要求的同时，尽量相互靠拢，以减小下马蹄的尺寸。此外还应将适当数量的预应力筋布置在腹板中线处，以便于起弯。

在装配式预应力混凝土简支T形梁中，力筋在一定区段内逐渐弯起，其目的是：

(1) 简支梁的弯矩从跨中向支点逐渐减小，故预应力筋的偏心距也应逐渐减小，否则上缘的拉应力过大。必须将部分力筋弯起，以减小支点的负弯矩。

(2) 临近支点的区段剪力很大，可用弯起力筋所产生的竖向分力来抵消它。

(3) 分散梁端预压应力和便于布置锚具。

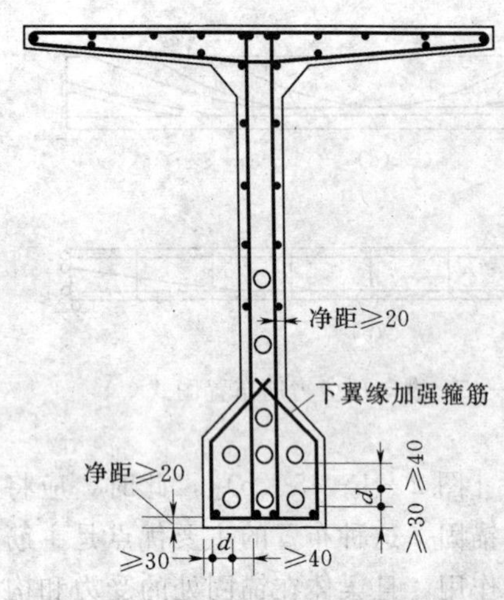

图 2-1-46 横截面内钢筋布置

(单位：mm)

(二) 纵向预应力筋的锚固

预应力筋的锚固分两种情形：在先张法梁中，钢丝或钢筋主要靠混凝土的握裹力锚固在梁体内，在后张法梁中则通过各类锚具锚固在梁端或梁顶，其分布均匀、分散、对称集中、过大的锚具不如分散、小型的锚具有利。此外，锚具应在梁端对称于竖轴布置，锚具之间应留有足够的净距，便于安装张拉设备并方便施工作业。

(三) 其他钢筋的布置

预应力混凝土梁与钢筋混凝土梁一样，要按规定的构造要求布置箍筋、架立筋和纵向水平分布钢筋等。由于预应力混凝土梁肋承受的主拉应力较小，一般可不设斜筋。

1. 马蹄中的闭合箍筋

在T形、I形截面梁下部的马蹄内，马蹄中需设置直径不小于8mm的闭合式箍筋（图2-1-46），间距不应大于200mm。此外，马蹄内尚应设直径不小于12mm的定位钢筋。在梁端附近（自锚固端算起，约为一倍梁高长度内）间距应为60～80mm，用来加强梁端承受局部应力。当马蹄宽度大于500mm时，箍筋应不少于4肢。图2-1-46中d为制孔管的直径，应比预应力筋直径大10mm，采用铁皮套管时应大20mm，管道间的最小净距主要由灌注混凝土的要求所确定，在有良好振捣工艺时（例如同时采用底振和侧振），最小净距不小于4cm。

2. 非预应力纵向受力钢筋

在预应力混凝土简支梁中，有时为了补充局部梁段内强度的不足，有时为了满足极限强度的要求，为了更好地分布裂缝和提高梁的韧性等，可以将无预应力的钢筋与预应力筋协同配置，这样往往能达到经济合理的效果。

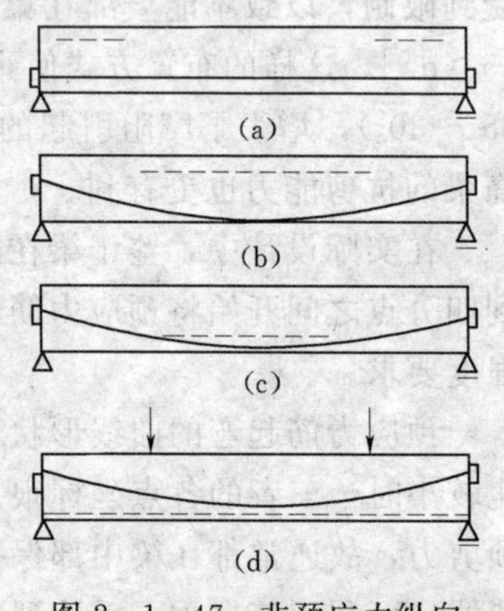

图 2-1-47 非预应力纵向受力钢筋

图2-1-47 (a) 表示当梁中预应力筋在两端不便弯起

时，为了防止张拉阶段在梁端顶部可能开裂而布置的受拉钢筋。对于自重比恒载与活载小得多的梁，在预加力阶段跨中部分的上翼缘可能会开裂而破坏，因而也可在跨中部分的顶部加设无预应力的纵向受力钢筋［图 2-1-47 (b)］。这种钢筋在运营阶段还能加强混凝土的抗压能力，在破坏阶段则可提高梁的安全度。

图 2-1-47 (c) 所示在跨中部分下翼缘内设置的钢筋，多半是在全预应力梁中为了加强混凝土承受预加压力的能力。

对于部分预应力梁也往往利用通常布置在下翼缘的纵向钢筋来补足极限强度的需要［图 2-1-47 (d)］，并且这种钢筋对于配置不黏结预应力筋的梁能起分布裂缝的作用。

3. 锚固区的加强钢筋

后张法预应力混凝土构件的端部锚固区，应力非常集中，在锚具附近不仅有很大的压应力，还有很大的拉应力。因此，为防止锚具附近混凝土裂缝，必须配置足够的钢筋予以

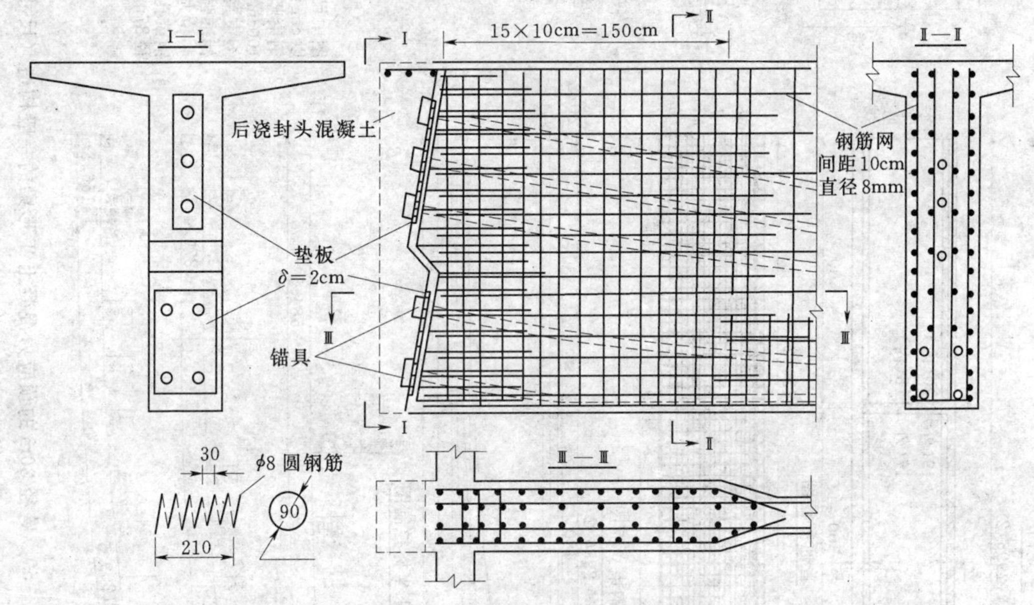

图 2-1-48　梁端的垫板和加强钢筋网

加强。在锚具下面应设置厚度不小于 16mm 的垫板或采用具有喇叭管的锚具垫板。锚垫板下应设间接钢筋，图2-1-48所示为梁端锚固区的配筋构造。加强钢筋网的网格约为 100×100mm。锚下设置不小于 16mm 的钢垫板与 ϕ9 的螺旋筋，以提高混凝土的抗裂性能。配置加密钢筋网的范围一般是一倍梁高的区域。

也可采用带有预埋锚具的预制钢筋混凝土端板来锚固预应力筋，如图 2-1-49 所示。此时除了加强钢筋骨架外，锚具下设置两

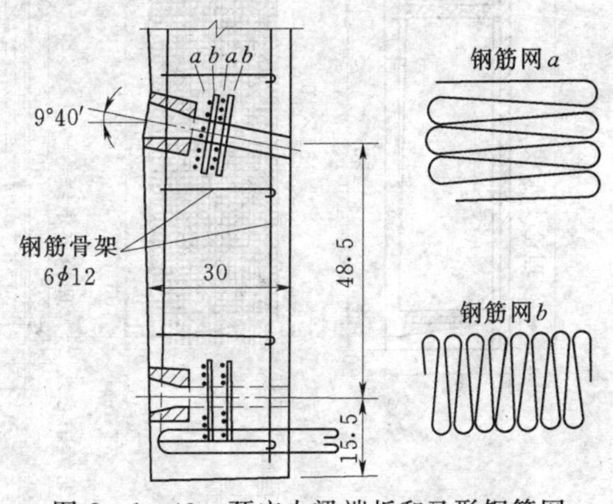

图 2-1-49　预应力梁端板和叉形钢筋网

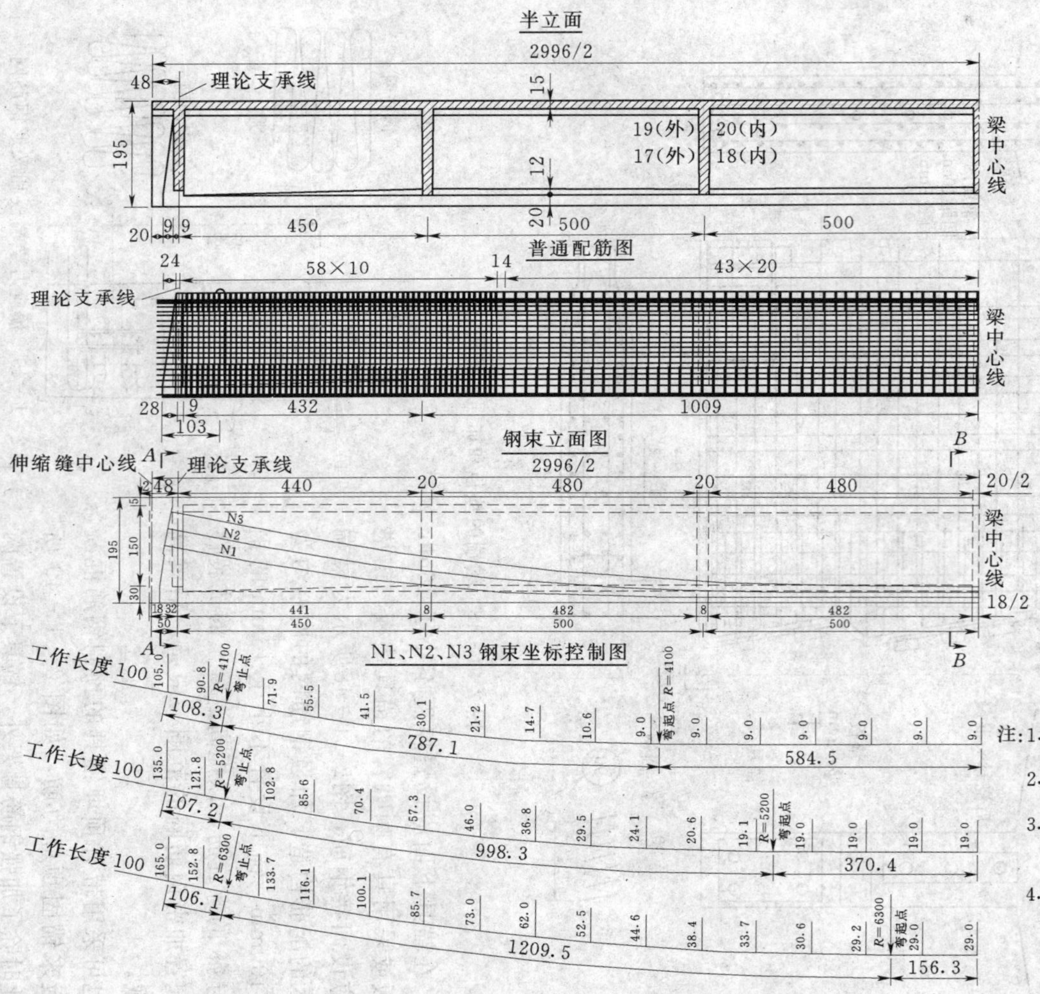

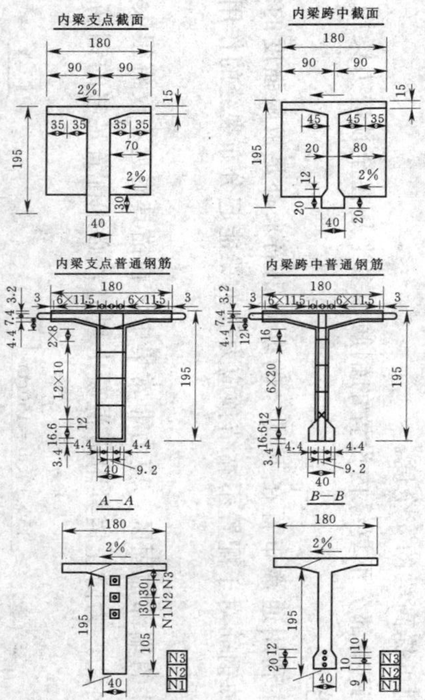

半立面

普通配筋图

钢束立面图

N1、N2、N3 钢束坐标控制图

内梁支点截面

内梁跨中截面

内梁支点普通钢筋

内梁跨中普通钢筋

A—A

B—B

注：1. 图中尺寸除预应力钢束及波纹管直径以mm计外，其余均以cm计；

2. 钢束竖向坐标值为梁底至钢束重心的距离，编号框间距为100cm；

3. 钢束采用A416-87a标准270级钢绞线，直径15.24mm，其标准强度为1860MPa，张拉控制应力为1395MPa，即控制张拉力为N_i=195.3×股数(kN)；

4. 钢束孔道采用预埋波纹管，9股钢束波纹管内径80mm，外径87mm；7股钢束波纹管内径70mm，外径77mm。

图 2-1-50　跨径30m的预应力混凝土T形梁的一般构造（尺寸单位：mm）

层叉形钢筋网，施工起来也较方便。

预应力混凝土梁腹板内应分别设置直径不小于10mm和12mm的箍筋，且应采用带肋钢筋，间距不应大于250mm；自支座中心起长度不小于一倍梁高范围内，应采用闭合式箍筋，间距不应大于100mm。

装配式预应力混凝土梁桥的横向联结构造一般与钢筋混凝土梁桥一样。但也可在横隔梁内预留孔道，采用横向预应力筋张拉集整。图2-1-50为标准跨径30m的装配式预应力混凝土简支T形梁构造图。

第二章 简支梁桥计算

设计桥梁时，通常先根据使用要求、跨径大小、桥面净宽、荷载等级和施工条件等情况，并参考已建桥梁的经验来拟定截面型式和尺寸，估算结构的自重，根据作用在结构上的荷载，用力学方法计算出结构各部分可能产生的最不利的内力，再由已求得的内力进行强度、刚度和稳定性验算。如果验算结果不能满足要求，则需要修正原来所拟定的尺寸再进行验算，直至满意为止。

钢筋混凝土构件的截面设计和验算问题属于“结构设计原理”课程的内容，本章着重阐明行车道板、主梁的受载特点和最不利内力的计算方法。

第一节 行车道板计算

一、行车道板的类型

在具有主梁和横隔梁的简单梁格［图 2-2-1 (a)］以及具有主梁和横隔梁和内纵梁（或称副纵梁）的复杂梁格［图 2-2-1 (b)］体系中，行车道板实际上都是周边支承的板。

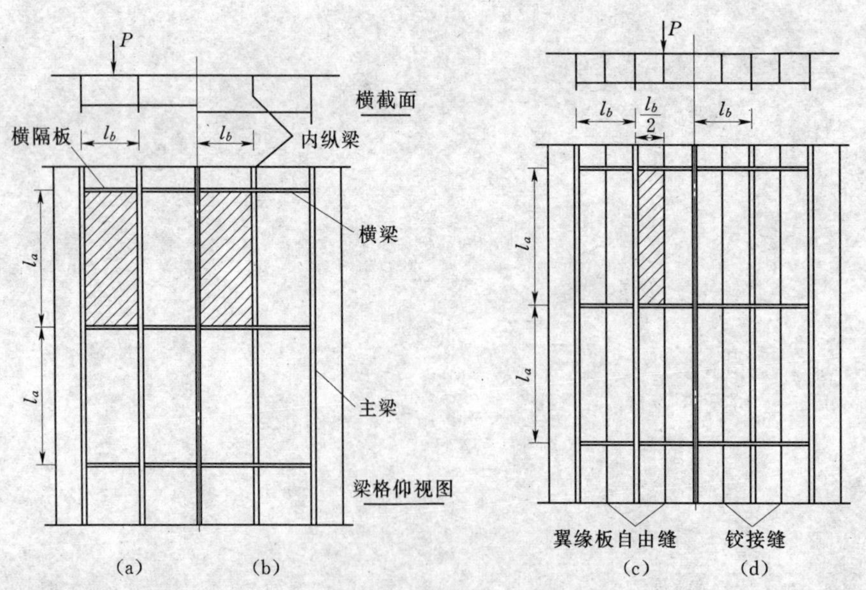

图 2-2-1 梁格构造和行车道板支承方式

根据理论研究可知，当板跨中央有荷载时，如果板的长边与短边之比 $l_a/l_b \geqslant 2$，则沿长边跨径方向所传布的荷载不足 6%，而荷载绝大部分沿短边跨径方向传布。因此，可以

把 $l_a/l_b \geqslant 2$ 的周边支承板看作是短边受荷的单向受力板（简称单向板）来设计，而在长跨方向只要适当配置一些分布钢筋即可。对于长宽比小于 2 的板，则称双向板，需按两个方向的内力分别配置受力钢筋。

对于常见的 $l_a/l_b \geqslant 2$ 的装配式 T 形梁桥，也可遇到两种情况：一种是翼缘板端边为自由边［图 2-2-1 (c)］，实际是三边支承的板，可作为沿短跨一端嵌固而另一端为自由的悬臂板来设计；另一种是相邻翼缘板端部互相做成铰接接缝的情况［图 2-2-1 (d)］，则行车道板应按一端嵌固一端铰接的铰接悬臂板来设计。

综上所述，在实践中最常遇到的行车道板的受力图式为单向板、悬臂板和铰接悬臂板三种。至于双向行车道板，由于用钢量大，构造复杂，目前很少使用，这里不作介绍。

二、车轮荷载在板上的分布

富于弹性的充气车轮与桥面的接触面实际上接近于椭圆，而且荷载又要通过铺装层扩散分布，故车轮压力在桥面板上的实际分布形式是很复杂的。为了计算方便，通常可近似地把车轮与桥面的接触面看作是 a_2b_2 的矩形面积，此处 a_2 是车轮沿行车方向的着地长度，$a_2=0.2\text{m}$；b_2 为车轮的着地宽度，$b_2=0.60\text{m}$，如图 2-2-2 所示。

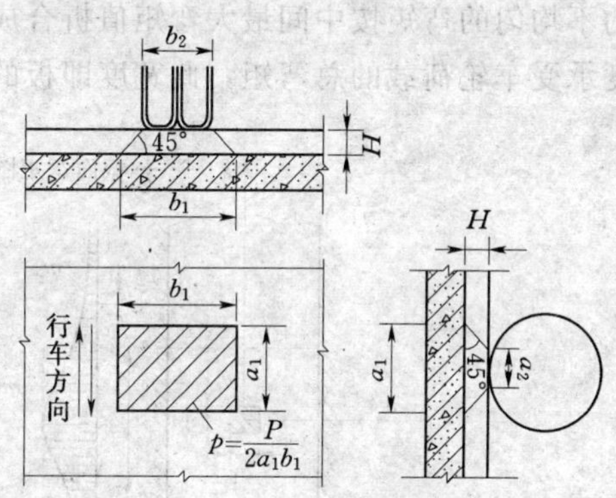

图 2-2-2 车轮荷载在板面上的分布

至于荷载在铺装层内的扩散程度，根据试验研究，对于混凝土或沥青面层，荷载可以偏安全地假定呈 45°角扩散。

因此，最后作用于钢筋混凝土承重板顶面的矩形荷载压力面的边长为

沿纵向
$$a_1 = a_2 + 2H$$

沿横向
$$b_1 = b_2 + 2H$$

式中 H——铺装层的厚度。

据此，当汽车后轮作用于桥面板上时，作用于桥面板上的局部分布荷载为

$$p = \frac{P}{2a_1b_1}$$

式中 P——汽车后轴的轴重。

三、板的有效工作宽度

板在局部分布荷载 P 的作用下，由于变形协调条件的原因，不仅直接承压部分（如宽度为 a_1）的板带参与工作，与其相邻的部分板带也会分担一部分荷载共同参与工作。因此，在桥面板的计算中，就有一个如何确定板的有效工作宽度（或称荷载有效分布宽度）的问题。

图 2-2-3 示出了单向板沿行车方向的实际受力分布图形。当荷载以 a_1b_1 的分布面积作用在板上时，沿 x 和 y 方向均产生挠曲变形，这说明荷载作用下不仅直接承压的宽度为 a_1 的板条受力，其相邻的板也参与工作，共同承受车轮荷载所产生的弯矩。那么在计算

中究竟以多大的板宽来承受车轮荷载产生的总弯矩呢？从图中可见，弯矩 M_x 的实际图形是呈线形分布的，在荷载处弯矩最大，离荷载愈远的板条所承受的弯矩愈小。如果设想以 $aM_{x\max}$ 的矩形来替代此曲线图形，则有：

$$am_{x\max}=\int m_x\mathrm{d}y=M$$

得到弯矩图形的换算宽度为：
$$a=\frac{M}{m_{x\max}}$$

式中 M——车轮荷载产生的总弯矩；

$m_{x\max}$——荷载处的最大单宽弯矩值，可按弹性的理论算得。

上式的 a 我们就定义为板的有效工作宽度，也就是将荷载作用下沿行车方向板上产生的不均匀的弯矩按中间最大弯矩值折合成分布在一定宽度范围内的均匀最大弯矩，以此宽度承受车轮荷载的总弯矩，此宽度即板的有效工作宽度。

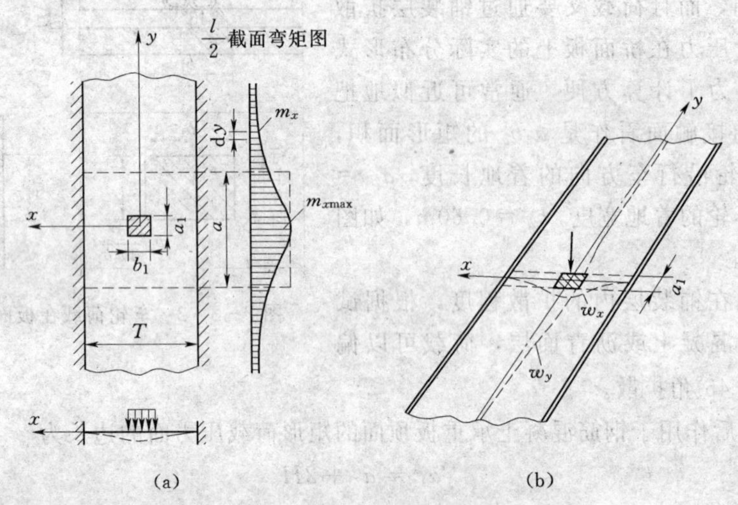

图 2-2-3 行车道板的受力状态

为了计算方便，《公路钢筋混凝土及预应力混凝土桥涵设计规范》（JTG D62—2004）中对于单向板和悬臂板的荷载有效分布宽度作了如下规定。

（一）单向板

1. 荷载在跨径中间

对于单独一个荷载［图 2-2-4（a）］：

$$a=a_1+\frac{l}{3}=a_2+2H+\frac{l}{3},\text{但不小于}\frac{2}{3}l$$

这里 l 为板的计算跨径。

对于几个靠近的相同荷载，如按上式计算所得各相邻荷载的有效分布宽度发生重叠时，应按相邻靠近的荷载一起计算其有效分布宽度［图 2-2-4（b）］：

$$a=a_1+d+\frac{l}{3}=a_2+2H+d+\frac{l}{3}$$

式中 d——最外两个荷载的中心距离。

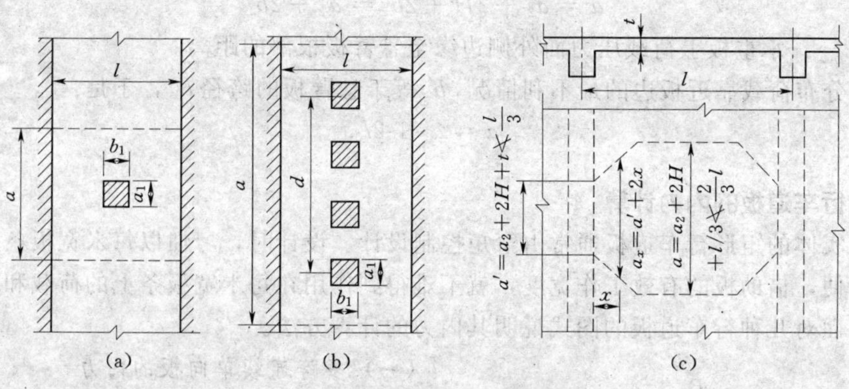

图 2-2-4 荷载有效分布宽度

2. 荷载在板的支承处

$$a' = a_1 + t = a_2 + 2H + t\text{,但不小于 } l/3$$

式中 t——板的厚度。

3. 荷载靠近板的支承处

$$a_x = a' + 2x$$

式中 x——荷载离支承边缘的距离。

这就是说，荷载由支点处向跨中移动时，相应的有效分布宽度可近似地按 45°线过渡。

根据上述分析，对于不同车轮荷载位置时单向板的有效分布宽度如图 2-2-4（c）所示。

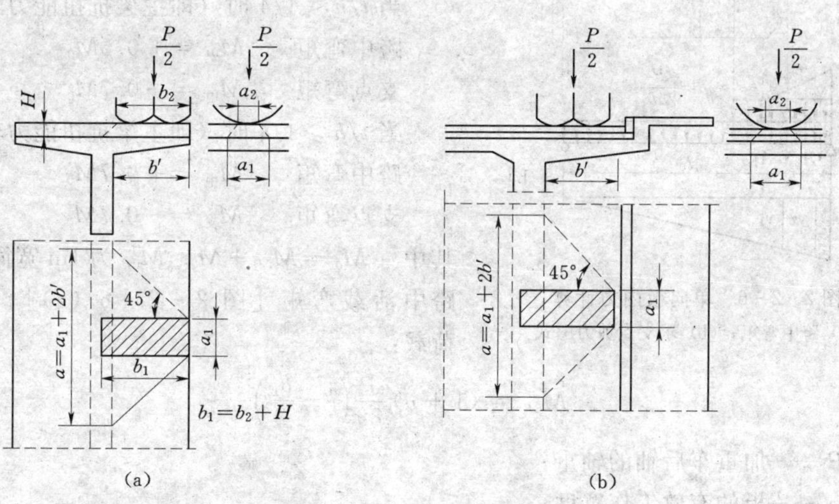

图 2-2-5 悬臂板的有效分布宽度

（二）悬臂板

《公路钢筋混凝土及预应力混凝土桥涵设计规范》（JTG D62—2004）对悬臂板规定的荷载有效分布宽度为（图 2-2-5）：

$$a = a_2 + 2H + 2b' = a_1 + 2b'$$

式中 b'——承重板上荷载压力面外侧边缘至悬臂板根部的距离。

对于分布荷载靠近板边的最不利情况，b' 等于悬臂板的跨径 l_0，于是：

$$a = a_1 + 2l_0$$

四、行车道板的内力计算

对于实体的矩形行车道板通常由弯矩控制设计。设计时，习惯以每米宽板条来进行计算比较方便，借助板的有效工作宽度，就不难得到作用在每米宽板条上的荷载和其引起的弯矩。下面对几种行车道板的图式说明其内力的计算方法。

(一) 多跨连续单向板的内力

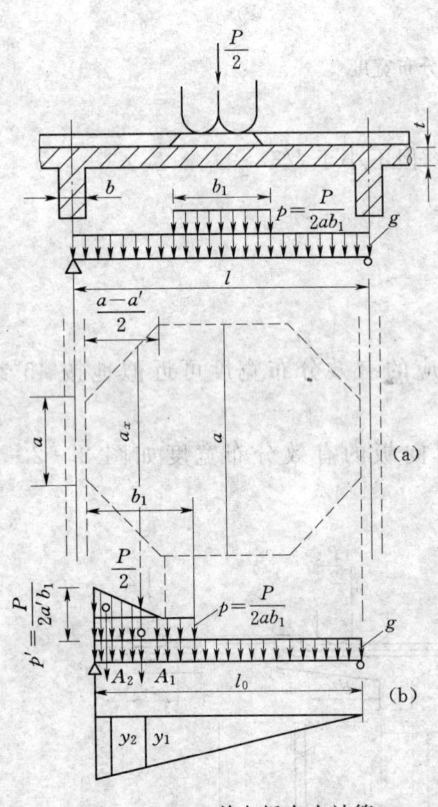

图 2-2-6 单向板内力计算

(a) 跨中弯矩；(b) 求支点剪力图式

常见的行车道板与梁肋系整体相连。因此，各根主梁的不均匀弹性下沉和梁肋本身的扭转刚度必然会影响到行车道板的内力，实际上，行车道板与主梁梁肋的支承条件，既不是固结，也不是铰支，而应该考虑按弹性固结，所以行车道板的实际受力情况是相当复杂的。目前，通常采用较简便的近似方法进行计算。对于弯矩，先算出一个跨度相同的简支板在恒载和活载作用下的跨中弯矩 M_0，再乘以偏安全的经验系数加以修正，以求得支点处和跨中截面的设计弯矩。弯矩修正系数可视板厚 t 与梁肋高度 h 的比值来选用。

当 $t/h < 1/4$ 时（即主梁抗扭能力较大）：

跨中弯矩 $M_{中} = +0.5M_0$

支点弯矩 $M_{中} = -0.7M_0$

当 $t/h \geqslant 1/4$ 时（即主梁抗扭能力较小）：

跨中弯矩 $M_{中} = +0.7M_0$

支点弯矩 $M_{支} = -0.7M_0$

其中 $M_0 = M_{0P} + M_{0g}$，M_{0P} 为 1m 宽简支板条的跨中活载弯矩［图 2-2-6 (a)］，对于汽车荷载：

$$M_{0P} = (1+\mu)\frac{P}{8a}\left(l - \frac{b_1}{2}\right)$$

式中 P——加重车后轴的轴重；

a——板的有效工作宽度；

l——板的计算跨径，当梁肋不宽时（如窄肋 T 形梁）就取梁肋中距；当主梁肋部宽度较大时（如箱形梁肋），可取梁肋间的净距和板厚，即 $l = l_0 + t$，但不大于 $l_0 + b$，此处 l_0 为板的净跨径，b 为梁肋宽度；

$(1+\mu)$——冲击系数，对于行车道板通常为 1.3。

如遇板的跨径较大，可能还有第二个车轮进入跨径内时，可按工程力学方法将荷载布置得使跨中弯矩为最大。

M_{0g} 为每米板宽的跨中恒载弯矩，可由下式计算：

$$M_{0g} = \frac{1}{8}gl^2$$

此处 g 为 1m 宽板条每延米的恒载重量。

计算单向板的支点剪力时，可不考虑板和主梁的弹性固结作用，此时荷载必须尽量靠近梁肋边缘布置。考虑了相应的有效工作宽度后，每米板宽承受的分布荷载如图 2-2-6（b）所示。对于跨径内只有一个车轮荷载的情况，支点剪力 $Q_{支}$ 的计算公式为：

$$Q_{支} = gl_0/2 + (1+\mu)(A_1y_1 + A_2y_2)$$

其中，矩形部分荷载的合力为［以 $p = P/(2ab_1)$ 代入］：

$$A_1 = pb_1 = P/2a$$

三角形部分荷载的合力为［以 $p' = P/(2a'b_1)$ 代入］：

$$A_2 = [(p'-p)/2][(a-a')/2] = P(a-a')^2/(8aa'b_1)$$

式中 p、p'——对应于有效工作宽度 a 和 a' 处的荷载强度；

y_1、y_2——对应于荷载合力 A_1 和 A_2 的支点剪力影响线竖标值；

l_0——板的净跨径。

如跨径内不止一个车轮进入，尚应计及其他车轮的影响。

（二）铰接悬臂板的内力

T 形梁翼缘板作为行车道板往往用铰接连接，最大弯矩在悬臂根部。

根据计算分析可知，计算活载弯矩 M_{AP} 时，最不利的荷载位置是把车轮荷载对中布置在铰接处，这时铰内的剪力为零，两相邻悬臂板各承受半个车轮荷载，即 $P/4$，如图 2-2-7（a）所示。因此每米宽悬臂板在根部的活载弯矩为：

$$M_{AP} = -(1+\mu)P/4a(l_0 - b_1/4)$$

每米板宽的恒载弯矩为：

$$M_{Ag} = -gl_0^2/2$$

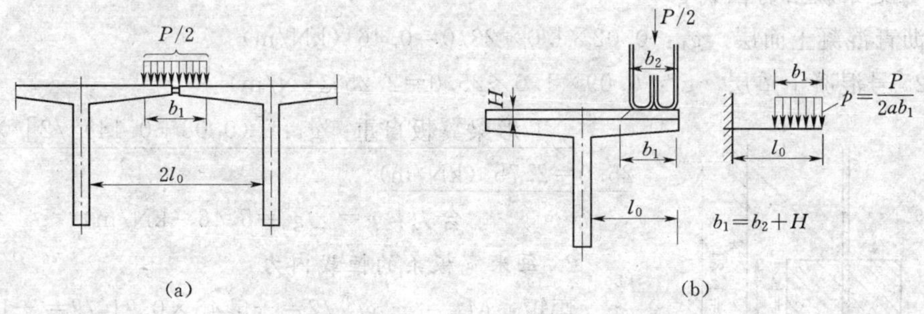

图 2-2-7 悬臂板计算图

此处 l_0 为铰接双悬臂板的净跨径。悬臂根部 1m 板宽的最大弯矩为：

$$M_A = M_{AP} + M_{Ag}$$

悬臂根部的剪力可以偏安全地按一般悬臂板的图式来计算。

(三) 悬臂板的内力

对于沿纵缝不相连接的悬臂板，在计算根部最大弯矩时，应将车轮荷载靠板的边缘布置，此时 $b_1=b_2+H$，如图 2-2-7（b）所示。则恒载和活载弯矩值可由一般公式求得：

活载弯矩：$M_{AP}=-(1+\mu)\dfrac{1}{2}pl_0^2=-(1+\mu)\dfrac{P}{4ab_1}l_0^2 \quad (b_1\geqslant l_0)$

或 $$M_{AP}=-(1+\mu)pb_1\left(l_0-\frac{b_1}{2}\right)=-(1+\mu)\frac{P}{2a}\left(l_0-\frac{b_1}{2}\right) \quad (b_1<l_0)$$

其中 $$p=\frac{P}{2ab_1}$$

式中 p——作用在每米宽板条上的每延米荷载强度；

l_0——悬臂板的长度。

恒载弯矩：$$M_{Ag}=-\frac{1}{2}gl_0^2$$

同理，可得 1m 宽板条的最大设计弯矩为：

$$M_A=M_{AP}+M_{Ag}$$

剪力：$$Q=gl_0+(1+\mu)pl_0 \quad (b_1\geqslant l_0)$$

或 $$Q=gl_0+(1+\mu)P/(2a) \quad (b_1<l_0)$$

五、行车造板的计算实例

【例 2-2-1】 计算图 2-2-8 所示 T 形梁翼板所构成铰接悬臂板的设计内力。荷载公路—Ⅰ级，桥面铺装为 2cm 的沥青混凝土面层的容重为 23.0kN/m³ 和平均 9cm 厚 25 号钢筋混凝土垫层的容重为 25.0kN/m³。T 形梁翼板的容重为 25.0kN/m³。

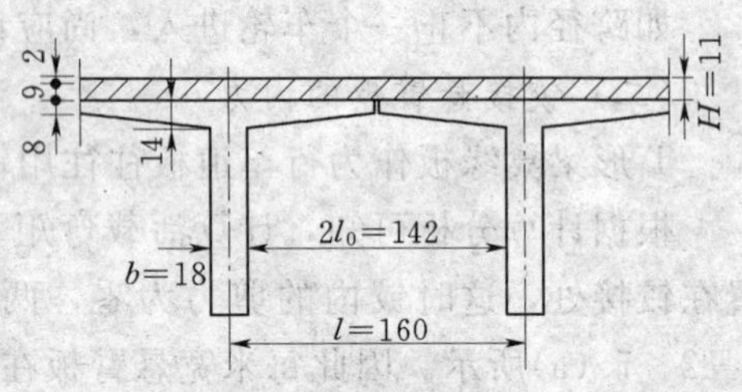

2-2-8 铰接悬臂行车道板（尺寸单位：cm）

(一) 恒载及其内力（以纵向 1m 宽的板条计算）

1. 每延米板上的恒载 g

沥青混凝土面层 g_1：0.02×1.0×23.0=0.46（kN/m）

25 号混凝土垫层 g_2：0.09×1.0×25.0=2.25（kN/m）

T 形梁翼板自重 g_3：[(0.08+0.14) /2] ×1.0×25.0=2.75（kN/m）

合力：$g=\sum g_i=5.46$（kN/m）

2. 每米宽板条的恒载内力

弯矩：$M_{Ag}=-gl_0^2/2=-5.46\times0.71^2/2=-1.38$（kN·m）

剪力：$Q_{Ag}=gl_0=5.46\times0.71=3.88$（kN）

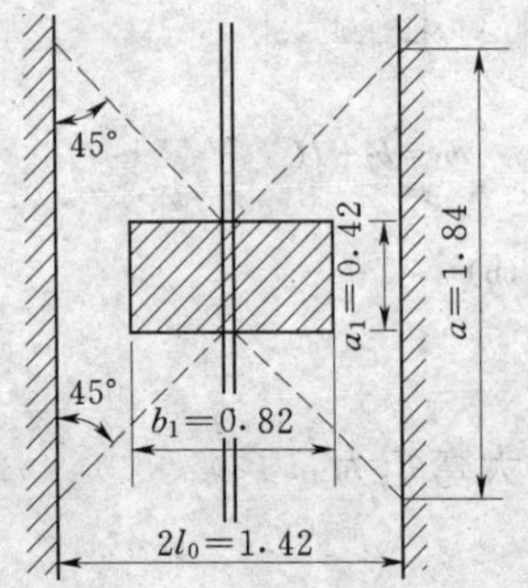

图 2-2-9 汽车荷载的计算图式（尺寸单位：m）

(二) 公路—Ⅰ级产生的内力

将加重车后轮作用于铰缝轴线上，后轴作用力为 $P=$ 140kN，轮压分布宽度如图 2-2-9 所示。加重车后轮的

着地长度为 $a_2=0.20\text{m}$，宽度为 $b_2=0.60\text{m}$，则得：

$$a_1 = a_2 + 2H = 0.20 + 2 \times 0.11 = 0.42(\text{m})$$

$$b_1 = b_2 + 2H = 0.60 + 2 \times 0.11 = 0.82(\text{m})$$

荷载对于悬臂根部的有效分布宽度：

$$a = a_1 + 2l_0 = 0.42 + 2 \times 0.71 = 1.84(\text{m})$$

冲击系数：$$1 + \mu = 1.3$$

作用于每米宽板条上的弯矩为：

$$M_{AP} = -(1+\mu)P/(4a)(l_0 - b_1/4) = -1.3 \times 140/(4 \times 1.84) \times (0.71 - 0.82/4) = -12.5(\text{kN} \cdot \text{m})$$

作用于每米宽板条上的剪力为：

$$Q_{AP} = (1+\mu)P/(4a) = 1.3 \times 140/(4 \times 1.84) = 24.8(\text{kN})$$

(三) 荷载组合

荷载组合根据《公路桥涵设计通用规范》(JTG D60—2004) 中对相应荷载规定的分项系数来求得计算内力。

当按承载能力极限状态设计时，其计算内力为：

$$\gamma_0 S_{ud} = \gamma_0 \left(\sum_{i=1}^{m} \gamma_{Gi} S_{Gik} + \gamma_{Q1} S_{Q1k} \right)$$

式中，$\gamma_0 = 1.0$；$m = 1$；$\gamma_{Gi} = 1.2$；$\gamma_{Q1} = 1.4$。

弯矩：$M_A = 1.2M_{Ag} + 1.4M_{AP} = 1.2 \times (-1.38) + 1.4 \times (-12.5) = -19.16(\text{kN} \cdot \text{m})$

剪力：$Q_A = 1.2Q_{Ag} + 1.4Q_{AP} = 1.2 \times 3.88 + 1.4 \times 24.8 = 39.38(\text{kN})$

有了控制设计的计算内力，就可按钢筋混凝土或预应力混凝土结构设计原理和方法来设计板内的钢筋和进行相应的验算。

第二节 荷载横向分布计算

作用在桥梁上的荷载包括恒载与活载。恒载的计算比较简单，下面先以熟知的单梁内力计算作比较，来阐明一座梁式桥在活载作用下内力计算的特点。

对于如图 2-2-10 (a) 所示的单梁来说，如以 $\eta_1(x)$ 表示梁上某一截面的内力影响线，则可方便地计算该截面的内力值 $S = P\eta_1(x)$。这里的 $\eta_1(x)$ 是一个单值函数，梁在 xoz 平面内受力和变形，它是一种简单的平面问题。对于一座梁式板桥或者由多片主梁通过桥面板和横隔梁组成的梁桥来说，如图 2-2-10 (b) 所示，情况就完全不同了。当桥上作用荷载 P 时，由于结构的横向刚性必然会使荷载在 x 和 y 方向内同时发生传布，并使所有主梁都以不同程度参与工作，形成了各片主梁之间的内力分布。鉴于结构受力和变形的空间性，故求解这种结构的内力是属于空间计算理论问题。

目前广泛使用的一种方法，是将复杂的空间问题合理转化成图 2-2-10 (a) 所示简单的平面问题来求解。这种方法的实质是将前述的影响面 $\eta(x,y)$ 分离成两个单值函数的乘积，即 $\eta_1(x)\eta_2(y)$，因此，对于某根主梁某一截面的内力值就可表示为

$$S = P\eta(x,y) = P\eta_1(x)\eta_2(y)$$

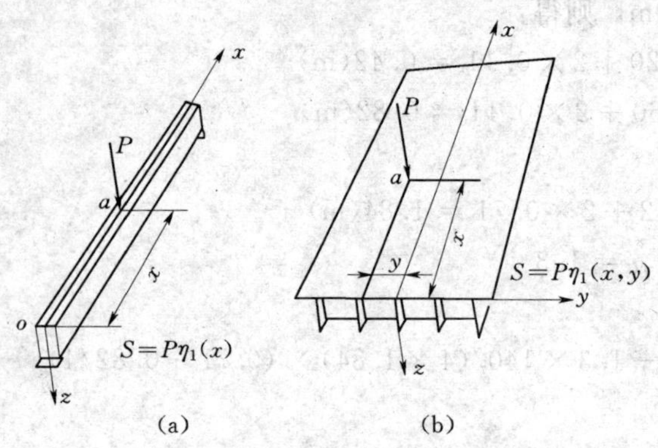

图 2-2-10　荷载作用下的内力计算

(a) 在单梁上；(b) 在梁式桥上

在上式中 $\eta_1(x)$ 就是单梁某一截面的内力影响线［图 2-2-10 (a)］，如果我们将 $\eta_2(y)$ 看作是单位荷载沿横向作用在不同位置时对某梁所分配的荷载比值变化曲线，也称作对于某梁的荷载横向分布影响线，则 $P\eta_2(y)$ 就是当 P 作用于 $a(x,y)$ 点时沿横向分布给某梁的荷载［图 2-2-10 (b)］，暂以 P' 表示，即 $P'=P\eta_2(y)$，这样，就可完全像图 2-2-10 (a) 所示平面问题一样，求得某梁上某截面的内力值，这就是利用荷载横向分布来计算内力的基本原理。

下面再进一步阐明当桥上作用着车辆荷载时荷载横向分布系数的概念。图 2-2-11 (a) 表示桥上作用着一辆前后轴各重 P_1 和 P_2 的汽车荷载，相应的轮重为 $P_1/2$ 和 $P_2/2$。如欲求③号梁 k 点的截面内力，则可先用对于③号梁的荷载横向分布影响线求出桥上横向各排轮重对该梁分布的总荷载（按横向最不利荷载位置求最大值），然后再用这些荷载通过单梁 k 点截面的内力影响线来计算③号梁该截面的最大内力值。显然，如果桥梁的结构一定，轮重在桥上的位置也确定，则分布至③号梁的荷载也是一个定值。在桥梁设计中，通常用一个表征荷载分布程度的系数 m 与轴重的乘积来表示这个定值，因此前后轴的两排轮重分布至③号梁的荷载可分别表示为 mP_1 和 mP_2［图 2-2-11 (b)］。这个 m 就称为荷载横向分布系数，它表示某根主梁（这里指③号梁）所承担的最大荷载是各个轴重的倍数（通常小于 1）；即某根主梁所受的最大车辆荷载可以用一列车辆的荷载乘一个系数来表示，这个系数就叫做荷载横向分布系数。得到 m 后就可把梁桥中所求主梁看作是作用于荷载为 mP_i 的单梁，从而计算它的内力。在计算荷载横向分布系数时，对汽车而言，轮重力为 $P/2$。则在汽车荷载作用下，某梁某一截面受到的最大荷载为：

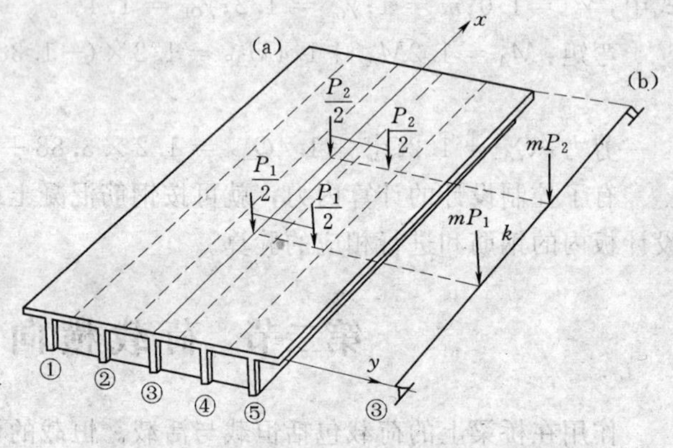

图 2-2-11　车轮荷载在桥上的横向分布

$$P = \frac{P}{2}(\eta_1 + \eta_2 + \eta_3 + \eta_4 + \cdots) = \frac{P}{2}\sum\eta_i = m_q P$$

$$m_q = \frac{1}{2}\sum\eta_i$$

式中　η_1、η_2、…——汽车车轮所在位置下的影响线竖标值；

m_q——汽车荷载横向分布系数。

主梁内力计算的首要问题是计算荷载横向分布系数，下面介绍几种实用荷载横向分布系数的计算理论及方法。

一、杠杆原理法

（一）计算原理

按杠杆原理法进行荷载横向分布的计算，其基本假定是忽略主梁之间横向结构的联系作用，即假设桥面板在主梁上断开，而当作沿横向支承在主梁上的简支梁或悬臂梁来考虑。

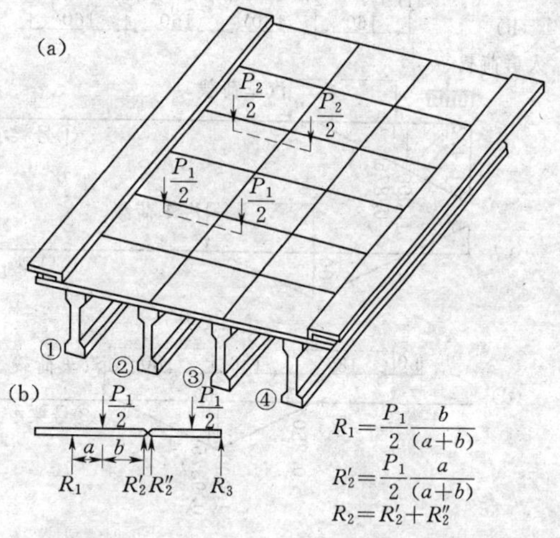

图 2-2-12 按杠杆原理受力图式

如图 2-2-12（a）所示即为桥面板直接搁在工字形主梁上的装配式桥梁。当桥上有车辆荷载作用时，很明显，作用在左边悬臂板上的轮重 $P_1/2$ 只传递至①号和②号梁，作用在中部简支板上者只传给②号和③号梁，如图 2-2-12（b）所示，也就是说，板上的轮重 $P_1/2$ 各按简支梁反力的方式分配给左右两根主梁，而反力 R_i 的大小只要利用简支板的静力平衡条件即可求出，这就是通常所谓作用力平衡的“杠杆原理”。如果主梁所支承的相邻两块板上都有荷载，则该梁所受的荷载是两个支承反力之和，如图 2-2-12（b）中②号梁所受的荷载为 $R_2=R'_2+R''_2$。

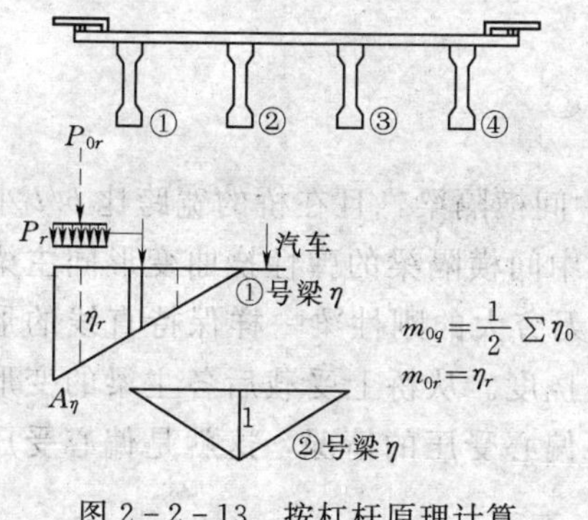

图 2-2-13 按杠杆原理计算横向分布系数

为了求上梁所受的最大荷载，通常可利用反力影响线来进行，在此情况下，它也就是计算荷载横向分布系数的横向影响线，如图 2-2-13 所示。

有了各根主梁的荷载横向分布影响线，就可根据各种活载的最不利位置求得相应的横向分布系数 m_0。

（二）适用场合

当荷载位于支点处时，应按杠杆原理法计算荷载横向分布系数。

（三）计算举例

【例 2-2-2】 如图 2-2-14（a）所示一桥面净空为净 7+2×0.75m 人行道的钢筋混凝土 T 形梁桥，共设 5 根主梁，$l=19.50$m，主梁中距 $b_1=1.60$m。试求主梁在汽车和人群荷载作用下位于支点处时的荷载横向分布系数。

首先绘制①号梁、②号梁和③号梁的荷载横向影响线，如图 2-2-14（b）、（c）、（d）所示。

根据《公路桥涵设计通用规范》（JTG D60—2004）规定，在横向影响线上确定荷载沿横向最不利的布置位置。例如，对于汽车荷载，规定的汽车横向轮距为 1.80m，两列汽

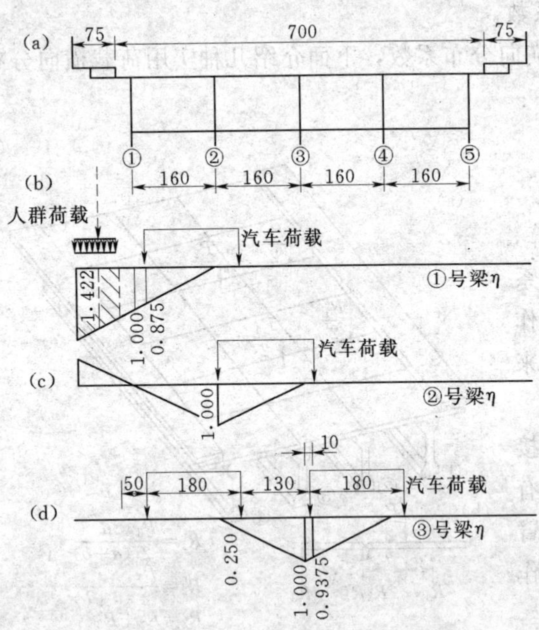

图 2-2-14　杠杆原理法计算横向分布系数（尺寸单位：cm）

(a) 桥梁横截面；(b) ①号梁横向影响线；(c) ②号梁横向影响线；(d) ③号梁横向影响线

车车轮的横向最小间距为 1.30m，车轮距离人行道缘石最少为 0.50m。求出相应于荷载位置的影响线竖标值后，可得到所有荷载分布给各号梁的横向分布系数为：

①号梁：

汽车 $m_{0q}=\frac{1}{2}\sum\eta_i=\frac{0.875}{2}=0.438$

人群 $m_{0r}=\eta_r=1.422$

②号梁：

汽车 $m_{0q}=\frac{1}{2}\sum\eta_i=\frac{1}{2}\times1.000$

$=0.500$

人群 $m_{0r}=\eta_r=0$

③号梁：

汽车 $m_{0q}=\frac{1}{2}\sum\eta_i=\frac{1}{2}\times(0.25$

$+0.9375)=0.594$

人群 $m_{0r}=\eta_r=0$

当各根主梁的荷载横向分布系数 m_0 求得后，通常就取 m_0 最大的这根梁按常规方法来计算截面内力。

二、偏心压力法

(一) 适用条件

在混凝土梁桥上，当设置了具有可靠横向联结的中间横隔梁，且在桥的宽跨比 b/l 小于或接近于 0.5 时（一般称为窄桥），车辆荷载作用下中间横隔梁的弹性挠曲变形同主梁的相比微不足道。也就是说，中间横隔梁像一根刚度无穷大的刚性梁一样保持直线的形状。如图 2-2-15 所示，图中 ω 表示桥跨中央的竖向挠度。从桥上受载后各主梁的变形（挠度）规律来看，它完全类似于一般材料力学中杆件偏心受压的情况，这就是偏心受压法计算荷载横向分布的基本前提。鉴于横隔梁无限刚性的假定，此法也称“刚性横梁法”。

(二) 偏心荷载 P 对各主梁的荷载分布

从图 2-2-15 中可见，在偏心荷载 P 作用下，由于各根梁的挠曲变形，刚性的中间横隔梁将从原来的 $c-d$ 位置变位至 $c'-d'$ 呈一根倾斜的直线；靠近 P 的边梁 1 的跨中挠度 ω_1 最大，远离 P 的边梁⑤的 ω_5 最小（也可能出现负值），其他任意梁的跨中挠度均按 $c'-d'$ 线呈直线规律分布。因为在弹性范围内某根主梁所受到的荷载 R_i 是与该荷载所产生的

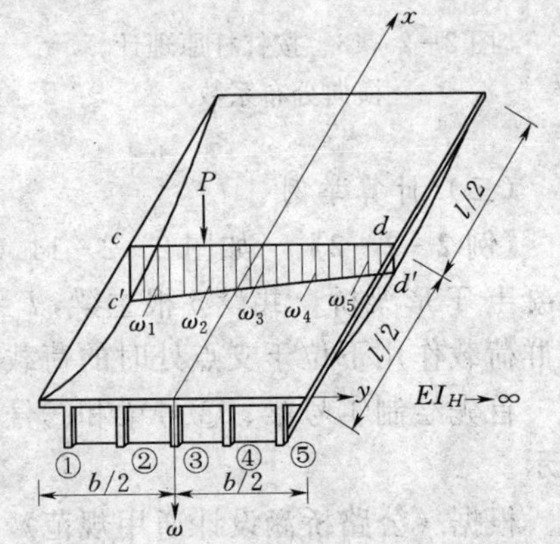

图 2-2-15　桥梁挠曲变形（刚性横梁）

弹性挠度ω_i成正比例的，所以在上述情况下，边梁①受的荷载最大，边梁⑤受的荷载最小（也可能承受反向荷载）。由此可以得出结论：在中间横隔梁刚度相当大的窄桥上，在沿横向偏心布置的活载作用下，总是靠近活载一侧的边梁受载最大。

为了计算①号边梁所受的荷载，现在考察如图 2-2-16 所示在跨中有单位荷载 $P=1$ 作用在左边①号梁梁轴上（偏心距为 e）时的荷载分布情况。作为一般的情形，假定各主梁的惯性矩 I_i是不相等的（实践中往往有边梁大于中间主梁的场合）。显然，对于具有近似刚性中间横隔梁的结构，图 2-2-16（a）的荷载可以用作用于桥轴线的中心荷载 $P=1$ 和偏心力矩 $M=1\cdot e$ 来替代，如图 2-2-16（b）所示。因此，只要分别求出上述两种荷载下［图 2-2-16（c）、（d）］对于各主梁的作用力，并将它们相应地叠加，便可得到偏心荷载 $P=1$ 对各根主梁的荷载横向分布。

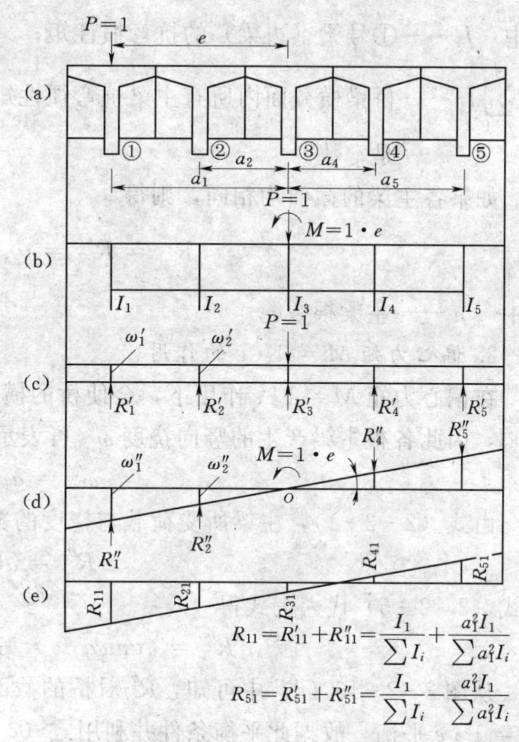

图 2-2-16　偏心荷载 $P=1$ 对各主梁的荷载分布图

1. 中心荷载 $P=1$ 的作用

由于假定中间横隔梁是刚性的，且横截面对称于桥中线，各根主梁就产生同样的挠度［图 2-2-16（c）］，即 $\omega'_1=\omega'_2=\cdots=\omega'_n$。

根据材料力学，作用于简支梁跨中的荷载（即主梁所分担的荷载）与挠度的关系为：

$$\omega'_i=\frac{R'_il^3}{48EI_i}\quad 或 \quad R'_i=\alpha I_i\omega'_i \tag{2-2-1}$$

其中

$$\alpha=\frac{48E}{l^3}=常数$$

由静力平衡条件并代入式（2-2-1），可得

$$\sum_{i=1}^{n}R'_i=\alpha\omega'_i\sum_{i=1}^{n}I_i=1$$

$$\alpha\omega'_i=\frac{1}{\sum_{i=1}^{n}I_i} \tag{2-2-2}$$

将上式代入式（2-2-1），即得中心荷载 $P=1$ 在各主梁间的荷载分布为

$$R'_i=\frac{I_i}{\sum_{i=1}^{n}I_i} \tag{2-2-3a}$$

对于①号梁

$$R'_i = \frac{I_1}{\sum_{i=1}^{n} I_i} \tag{2-2-3b}$$

式中 I_1——①号梁（边梁）的抗弯惯性矩；

$\sum_{i=1}^{n} I_i$——桥梁横截面内所有主梁抗弯惯性矩的总和，对于已经确定的桥梁横截面，它是常数。

如果各主梁的截面均相同，则得

$$R'_1 = R'_2 = \cdots = R'_n = \frac{1}{n} \tag{2-2-4}$$

式中 n——主梁根数。

2. 偏心力矩 $M = 1 \cdot e$ 的作用

在偏心力矩 $M = 1 \cdot e$ 作用下，会使桥的横截面产生绕中心点 O 的转角 φ［图 2-2-16 (d)］，因此各根主梁产生的竖向挠度 ω''_i 可表示为

$$\omega''_i = a_i \tan\varphi \tag{2-2-5}$$

由式（2-2-1），主梁所受荷载与挠度的关系为

$$R''_i = \alpha I_i \omega''_i$$

将式（2-2-5）代入上式得

$$R''_i = \alpha \tan\varphi a_i I_i = \beta a_i I_i (\beta = \alpha \tan\varphi) \tag{2-2-6}$$

从图 2-2-16（d）中可知，R''_i 对桥的截面中心点 O 所形成的反力矩之和应与外力矩 $M = 1 \cdot e$ 平衡，故据此平衡条件并利用式（2-2-6）可得

$$\sum_{i=1}^{n} R''_i a_i = \beta \sum_{i=1}^{n} a_i^2 I_i = 1 \cdot e$$

故

$$\beta = \frac{e}{\sum_{i=1}^{n} a_i^2 I_i} \tag{2-2-7}$$

式中，$\sum_{i=1}^{n} a_i^2 I_i = a_1^2 I_1 + a_2^2 I_2 + \cdots + a_n^2 I_n$，对于已经确定的桥梁截面，它是常数。

将式（2-2-7）代入式（2-2-6），即得偏心力矩 $M = 1 \cdot e$ 作用下各主梁所分配的荷载为

$$R''_i = \frac{e a_i I_i}{\sum_{i=1}^{n} a_i^2 I_i} \tag{2-2-8a}$$

注意：式（2-2-8a）中的荷载位置 e 和梁位 a_i 是具有共同原点 O 的横坐标值，因此在取值时应当计入正、负号。当 e 和 a_i 位于同一侧时两者的乘积取正号，反之取负号。故对于 1 号边梁为

$$R''_1 = \frac{e a_1 I_1}{\sum_{i=1}^{n} a_i^2 I_i} \tag{2-2-8b}$$

若以 $e = a_1$ 代入式（2-2-8b），即荷载也作用在 1 号边梁轴线上时，就有

$$R''_{11}=\frac{a_1^2 I_1}{\sum_{i=1}^{n} a_i^2 I_i} \tag{2-2-9}$$

如果各根主梁的截面均相同，则

$$R''_{11}=\frac{a_1^2}{\sum_{i=1}^{n} a_i^2} \tag{2-2-10}$$

式中 R''_{11} 的第二个脚标表示荷载作用位置，第一个脚标表示由于该荷载引起反力的梁号。

3. 偏心荷载 $P=1$ 对各主梁的总作用

将式（2-2-3）和式（2-2-8）相叠加，并设荷载位于 k 号梁轴上（$e=a_k$），就可写出任意 i 号主梁荷载分布的一般公式为

$$R_{ik}=\frac{I_i}{\sum_{i=1}^{n} I_i}+\frac{a_i a_k I_i}{\sum_{i=1}^{n} a_i^2 I_i} \tag{2-2-11}$$

由此也不难得到关系式

$$R_{ik}=R_{ki}\frac{I_i}{I_k} \tag{2-2-12}$$

对于图 2-2-16 的情形，如欲求 $P=1$ 作用在①号梁轴线上时边主梁（①号梁和⑤号梁）所受的总荷载，只要在式（2-2-11）中，将 a_k 代入 a_1，将 $a_i I_i$ 分别代以 $a_1 I_1$ 和 $a_5 I_5$，并注意到 $I_5=I_1$ 和 $a_5=-a_1$，则得

$$R_{11}=\frac{I_1}{\sum_{i=1}^{n} I_i}+\frac{a_1^2 I_1}{\sum_{i=1}^{n} a_i^2 I_i} \tag{2-2-13a}$$

$$R_{51}=\frac{I_1}{\sum_{i=1}^{n} I_i}-\frac{a_1^2 I_1}{\sum_{i=1}^{n} a_i^2 I_i} \tag{2-2-13b}$$

求得了各根梁所受的荷载 R_{11}、R_{21}、…、R_{n1}，就可绘出 $P=1$ 作用在①号梁上时对各主梁的荷载分布图式，如图 2-2-16（e）所示。鉴于 R_{i1} 图形呈直线分布，这一点从各梁挠度呈直线规律变化也不难加以证明，故实际上只要计算两根边梁的荷载值 R_{11} 和 R_{51} 就足够了。

（三）利用荷载横向影响线求主梁的荷载横向分布系数

以上论述了沿桥的横向只有一个集中荷载作用的情况。然而实际沿桥宽作用的车轮荷载不止一个，因此为方便起见，通常利用荷载横向影响线来计算横向一排（几个）荷载对某根主梁的总影响。

已经知道，当单位荷载 $P=1$ 作用在桥跨中任一主梁 k 轴线上时，对各根主梁的荷载横向分布为 R_{ik}，利用式（2-2-12）的关系，就可得到荷载 $P=1$ 作用在任意梁轴线上时分布至 k 号梁的荷载为

$$R_{ki}=R_{ik}\frac{I_k}{I_i}$$

这就是 k 号梁的荷载横向影响线在各梁位处的竖标值，通常写成 η_{ki}（$i=1$，2，…，n）。如果各根主梁的截面尺寸相同，则 $\eta_{ki}=R_{ki}=R_{ik}$。

如以①号梁为例，它的横向影响线的两个控制竖标值就是

$$\eta_{11}=R_{11}=\frac{I_1}{\sum_{i=1}^{n}I_i}+\frac{a_1^2I_1}{\sum_{i=1}^{n}a_i^2I_i} \tag{2-2-14a}$$

$$\eta_{15}=R_{51}=\frac{I_1}{\sum_{i=1}^{n}I_i}-\frac{a_1^2I_1}{\sum_{i=1}^{n}a_i^2I_i} \tag{2-2-14b}$$

倘若各主梁的截面均相同，上式可简化成

$$\eta_{11}=\frac{1}{n}+\frac{a_1^2}{\sum_{i=1}^{n}a_i^2} \tag{2-2-15a}$$

$$\eta_{15}=\frac{1}{n}-\frac{a_1^2}{\sum_{i=1}^{n}a_i^2} \tag{2-2-15b}$$

有了荷载横向影响线，就可以根据荷载沿横向的最不利位置来计算相应的横向分布系数，从而求得其所受的最大荷载。

（四）计算举例

【例 2-2-3】　计算跨径 $L=19.50$m 的桥梁横截面如图 2-2-17（a）所示，试求荷载位于跨中时①号梁在汽车荷载和人群荷载作用下的荷载横向分布系数。

此桥在跨度内设有横隔梁，具有强大的横向连接刚性，且承重结构的长宽比为

$$\frac{l}{b}=\frac{19.50}{5\times1.60}=2.4>2$$

故可按偏心压力法来绘制横向影响线并计算横向分布系数 m_c。

本桥各根主梁的横截面均相等，梁数 $n=5$，梁间距为 1.60m，则

$$\begin{aligned}\sum_{i=1}^{5}a_i^2&=a_1^2+a_2^2+a_3^2+a_4^2+a_5^2\\&=(2\times1.60)^2+1.60^2+0+(-1.60)^2+(-2\times1.60)^2=25.60(\mathrm{m}^2)\end{aligned}$$

由式（2-2-15），①号梁横向影响线的竖标值为

$$\eta_{11}=\frac{1}{n}+\frac{a_1^2}{\sum_{i=1}^{n}a_i^2}=\frac{1}{5}+\frac{(2\times1.60)^2}{25.60}=0.20+0.40=0.60$$

$$\eta_{15}=\frac{1}{n}-\frac{a_1^2}{\sum_{i=1}^{n}a_i^2}=0.20-0.40=-0.20$$

由 η_{11} 和 η_{15} 绘制①号梁横向影响线，如图 2-2-17（b）所示，图中按《公路桥涵设计通用规范》（JTG D60—2004）规定了汽车荷载的最不利荷载位置。

进而由 η_{11} 和 η_{15} 计算横向影响线的零点位置，在本例中，设零点至①号梁位的距离为 χ，则

$$\frac{\chi}{0.60}=\frac{4\times1.60-\chi}{0.2}$$

解得 $\chi=4.80\text{m}$。

设人行道缘石至①号梁轴线的距离 Δ 为

$$\Delta=(7.00-4\times1.60)/2=0.3(\text{m})$$

于是，①号梁的活载横向分布系数可计算如下（以 χ_{qi} 和 χ_r 分别表示影响线零点至汽车车轮和人群荷载集度的横坐标距离）：

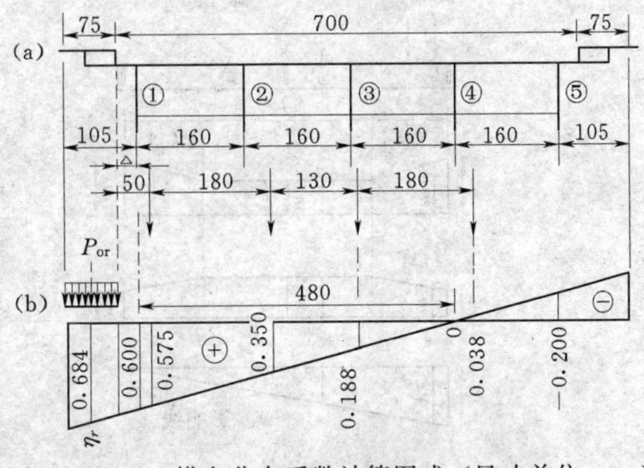

图 2-2-17 横向分布系数计算图式（尺寸单位：cm）
(a) 桥梁横截面；(b) ①号梁横向影响线

汽车荷载

$$\begin{aligned}m_{cq}&=\frac{1}{2}\sum\eta_q=\frac{1}{2}(\eta_{q1}+\eta_{q2}+\eta_{q3}+\eta_{q4})\\&=\frac{1}{2}\frac{\eta_{11}}{\chi}(\chi_{q1}+\chi_{q2}+\chi_{q3}+\chi_{q4})\\&=\frac{1}{2}\times\frac{0.60}{4.80}(4.60+2.80+1.50-0.30)=0.538\end{aligned}$$

人群荷载

$$m_{cr}=\eta=\frac{\eta_{11}}{\chi}\chi_r=\frac{0.60}{4.80}\times\left(4.80+0.30+\frac{0.75}{2}\right)=0.684$$

三、荷载横向分布系数沿桥跨的变化

通过前面的分析与计算知道：荷载位于桥跨中间部分时，由于桥梁横向结构（桥面板和横隔梁）的传力作用，使所有主梁都参与受力，因此荷载的横向分布比较均匀。但当荷载在支点处作用在某主梁上时，如果不考虑支座弹性变形的影响，荷载就直接由该主梁传至支座，其他主梁基本上不参与受力。因此，荷载在桥跨纵向的位置不同，对某一主梁产生的横向分布系数也各异。

通常用“杠杆原理法”来计算荷载位于支点处的横向分布系数 m_0，其他方法均适用于计算荷载位于跨中的横向分布系数 m_c。荷载位于桥跨其他位置的横向分布系数 m 在设计实践中习惯采用图 2-2-18 所示的实用处理方法。

对于无中间根隔梁或仅有一根中横隔梁的情况，跨中部分采用不变的 m_c，从离支点 $\frac{l}{4}$ 处起至支点的区段内，m_x 呈直线形过渡（图 2-2-18）；对于有多根内横隔梁的情况，m_c 从第一根内横隔梁起向 m_0 直线形过渡（图 2-2-18）。

在实际应用中，当求简支梁跨中最大弯矩时，鉴于横向分布系数沿跨内部分的变化不大，为了简化起见，通常均可按不变的 m_c 来计算。

在计算主梁的最大剪力（梁端截面）时，鉴于主要荷载位于所考虑一端的 m 变化区段内，而且相对应的内力影响线坐标均接近最大值［图 2-2-18 (a)］，故应考虑该段内横向分布系数变化的影响。对位于靠近远端的荷载，鉴于相应影响线坐标值的显著减小，

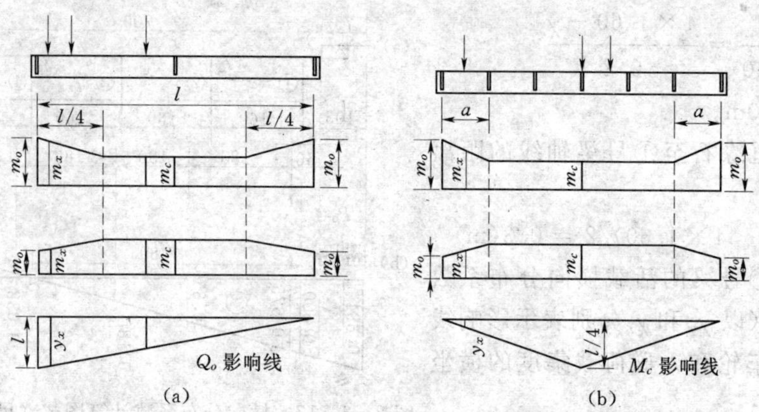

图 2-2-18　沿跨长变化图

则可近似取用不变的 m_c 来简化计算。

对于跨内其他截面的主梁剪力，也可视具体情况计及 m 沿桥跨变化的影响。

第三节　主 梁 内 力 计 算

根据作用于一片主梁的恒载和通过横向分布系数求得的计算活载，就可按一般工程力学的方法计算主梁的截面内力（弯矩 M 和剪力 Q）。有了截面内力，就可按钢筋混凝土和预应力混凝土结构的计算原理进行主梁各截面的配筋设计或验算。

对于一般小跨径的简支梁，通常只需计算跨中截面的最大弯矩和支点截面及跨中截面的剪力。跨中与支点之间各截面的剪力可以近似地按直线规律变化，弯矩可假设按二次抛物线规律变化，即

$$M_x = \frac{4M_{\max}}{l^2}x(l-x)$$

式中　M_x——主梁在离支点 x 处任一截面的弯矩值；

$M_{\max}$——主梁跨中最大设计弯矩；

l——主梁的计算跨径。

对于较大跨径的简支梁，一般还应计算跨径 1/4 截面的弯矩和剪力。如果主梁沿桥轴方向截面有变化，例如梁肋宽度或梁高变化，则还应计算截面变化处的内力。

一、恒载内力计算

钢筋混凝土或预应力混凝土公路桥梁的恒载，往往占全部设计荷载很大的比重，梁的跨径愈大，恒载所占的比重也愈大。因此，设计人员要正确地确定作用于梁上的计算恒载。

在确定计算恒载时，为了简化起见，习惯上往往将沿桥跨分点作用的横隔梁重量、沿桥横向不等分布的铺装层重量以及作用于两侧的人行道和栏杆等重量均匀分布地分摊给各主梁承受。为了更精确起见也可根据施工安装的情况，将人行道、栏杆、灯柱和管道等重量像活载计算那样，按荷载横向分布的规律进行分配。

对于组合式梁桥，应按实际施工组合的情况，分阶段计算其恒载内力。

对于预应力混凝土简支梁桥，在施加预应力阶段，往往要利用梁体自重，或称先期恒载，来抵消强大钢丝束张拉力在梁体上翼缘产生的拉应力。在此情况下，也要将恒载分成两个阶段（即先期恒载和后期恒载）来进行分析。在特殊情况下，恒载可能要分成更多的阶段来考虑。

确定了计算恒载 g 之后，就可按一般《材料力学》中的公式计算出梁内各截面的弯矩 M 和剪力 Q。当恒载分阶段计算时，应按各阶段的计算恒载 g_i 来计算内力，以便进行内力或应力组合。

二、活载内力计算

主梁活载内力计算分为两步：第一步求某一主梁的最不利荷载横向分布系数；第二步应用主梁内力影响线，将荷载乘以横向分布系数后，在纵向按在最不利位置的内力影响线上加载，求得主梁最大活载内力。对于有经验的设计工作者来说，一般情况下，将车辆荷载的最大重轮置于影响线的最大坐标上即可求得最大活载内力。根据《公路桥涵设计通用规范》(JTG D60—2004) 要求，对汽车荷载还必须考虑冲击力的影响，桥梁结构的整体计算采用车道荷载，桥梁结构的局部加载、涵洞、桥台和挡土墙土压力等的计算采用车辆荷载，车道荷载与车辆荷载的作用不得叠加。因此，直接在内力影响线上布置车辆荷载，主梁活载内力计算公式为

$$S=(1+\mu)\xi\sum m_i P_i y_i \qquad (2-2-16)$$

式中 S——所求截面的弯矩或剪力；

$(1+\mu)$——汽车荷载的冲击系数；

ξ——多车道桥涵的汽车荷载折减系数；

m_i——沿桥跨纵向与荷载位置对应的横向分布系数，参见图 2-2-18；

P_i——车辆荷载的轴重；

y_i——沿桥跨纵向与荷载位置对应的内力影响线坐标值。

采用车道荷载计算内力时，车道荷载的均布荷载标准值应均布于使结构产生最不利效应的同号影响线上；集中荷载标准值只作用于相应影响线中一个最大影响线峰值处。

三、内力组合

为了按各种极限状态来设计钢筋混凝土及预应力混凝土梁，就需要确定主梁沿桥跨方向各个截面的计算内力，它就是将各类作用引起的最不利内力分别乘以相应的作用分项系数后，按规定的荷载组合而得到的内力值。

至此，已介绍了各类作用最不利内力的求法及荷载系数的确定方法，接着只需按《公路桥涵设计通用规范》(JTG D60—2004) 规定进行内力组合就可以得到相应截面的内力值。

第四节 挠度计算

设计一座钢筋混凝土或预应力混凝土梁桥，除了要对主梁进行强度计算或应力验算，

以确定结构具有足够的强度安全储备外，还要计算梁的变形（通常指竖向挠度），以确保结构具有足够的刚度。因为桥梁如发生过度变形，将不但会导致高速行车困难，加大车辆的冲击作用，引起桥梁的剧烈振动和使行人不适，而且可能使桥面铺装层和结构的辅助设备遭致损坏，严重者甚至危及桥梁的安全。

桥梁的挠度，按产生的原因可分成永久作用挠度和可变作用挠度。永久作用（包括预应力、混凝土徐变和收缩作用）是恒久存在的，其产生的挠度与持续时间相关。可变作用挠度则是临时出现的，在最不利的荷载位置下，挠度达到最大值，随着活载的移动，挠度逐渐减小，一旦活载驶离桥梁，挠度就告消失。

永久作用挠度并不表征结构的刚度特性，它不难通过施工时预设的反向挠度或称预拱度来加以抵消，使竣工后的桥梁达到理想的线型。

可变作用产生的挠度，使梁引起反复变形，变形的幅度（即挠度）愈大，可能发生的冲击和振动作用也愈强烈，对行车的影响也愈大。因此，在桥梁设计中就需要通过验算可变作用挠度来体现结构的刚度特性。

《公路钢筋混凝土及预应力混凝土桥涵设计规范》（JTG D62—2004）规定，对于钢筋混凝土及预应力混凝土梁式桥，在使用阶段的长期挠度值，在消除结构自重产生的长期挠度后，以汽车荷载（不计冲击力）计算的上部结构跨中最大竖向挠度，不应超过计算跨径的$\frac{1}{600}$，主梁悬臂端不应超过悬臂长度的$\frac{1}{300}$。钢筋混凝土构件，当由荷载短期效应组合并考虑荷载长期效应影响产生的长期挠度不超过计算跨径的$\frac{1}{1600}$时，可不设预拱度；当不符合上述规定时应设预拱度，且其值应按结构自重和 1/2 可变荷载频遇值计算的长期挠度值之和采用。预应力混凝土构件，当预加应力产生的长期反拱值大于按荷载短期效应组合计算的长期挠度时，可不设预拱度；当预加应力产生的长期反拱值小于按荷载短期效应组合计算的长期挠度时应设预拱度，其值按该项荷载的挠度值与预加应力长期反拱值之差采用。

受弯构件在使用阶段的挠度应考虑荷载长期效应的影响，即按荷载短期效应计算的挠度值乘以挠度长期增长系数 η_θ

$$f=\frac{5}{48}\frac{M_s l^2}{B}\eta_\theta \tag{2-2-17}$$

式中　l——计算跨径；

M_s——荷载短期效应组合；

η_θ——挠度长期增长系数，可按下列规定取用：当采用 C40 以下混凝土时，$\eta_\theta=1.6$，当采用 C40～C80 混凝土时，$\eta_\theta=1.35\sim1.45$，中间强度等级可按直线内插取用；

B——受弯构件的刚度，不同构件类型分别如下。

1. 钢筋混凝土构件

$$B=\frac{B_0}{\left(\frac{M_{cr}}{M_s}\right)^2+\left[\left(1-\frac{M_{cr}}{M_s}\right)^2\right]\frac{B_0}{B_{cr}}} \tag{2-2-18}$$

$$M_{cr}=\gamma f_{tk}W_0 \tag{2-2-19}$$

其中 $$B_0 = 0.95E_cI_0 \quad B_{cr} = E_cI_{cr}$$

式中 B——开裂构件等效截面的抗弯刚度；

B_0——全截面的抗弯刚度；

E_c——混凝土弹性模量；

B_{cr}——开裂截面的抗弯刚度；

M_{cr}——开裂弯矩；

γ——构件受拉区混凝土塑性影响系数，按式（2-2-22）计算；

I_0——全截面换算截面惯性矩；

I_{cr}——开裂截面换算截面惯性矩；

f_{tk}——混凝土轴心抗拉强度标准值。

2. 预应力混凝土构件

（1）全预应力混凝土和A类预应力混凝土构件。B 用 B_0 代替，则

$$B_0 = 0.95E_cI_0 \tag{2-2-20}$$

（2）允许开裂的B类预应力混凝土构件。在开裂弯矩 M_{cr} 作用下，$B_0 = 0.95E_cI_0$；在 $M_s - M_{cr}$ 作用下，$B_{cr} = E_cI_{cr}$。开裂弯矩 M_{cr} 按下式计算

$$M_{cr} = (\sigma_{Pc} + \gamma f_{tk})W_0 \tag{2-2-21}$$

其中 $$\gamma = \frac{2S_0}{W_0} \tag{2-2-22}$$

式中 S_0——全截面换算截面重心轴以上（或以下）部分面积对重心轴的面积矩；

W_0——换算截面抗裂边缘的弹性抵抗矩；

σ_{Pc}——扣除全部预应力损失预应力钢筋和普通钢筋合力在构件抗裂边缘产生的混凝土预压应力。

第三章　梁式桥支座

第一节　概　述

钢筋混凝土和预应力混凝土梁式桥在桥跨结构和墩台之间均须设置支座，其作用为（图 2-3-1）：传递上部结构的支承反力，包括恒载和活载引起的竖向力和水平力；保证结构在活载、温度变化、混凝土收缩和徐变等因素作用下的自由变形，以使上、下部结构的实际受力情况符合结构的静力图式。

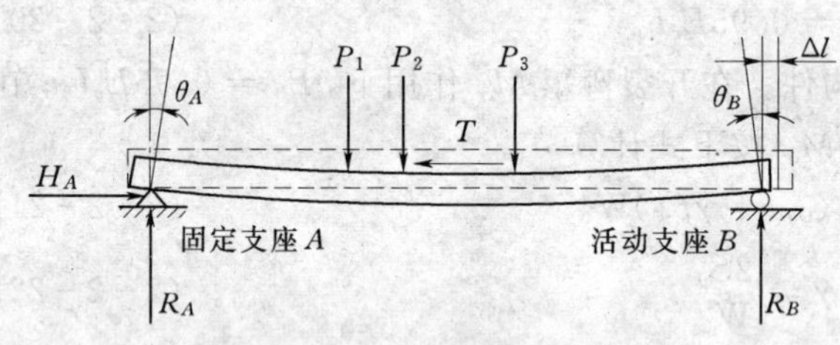

图 2-3-1　简支梁的静力图式

梁式桥的支座一般分为固定支座和活动支座两种。固定支座既要将主梁固定在墩台上并传递竖向力和水平力，又要保证主梁发生挠曲时在支承处能自由转动，如图 2-3-1 左端所示。活动支座只传递竖向力，同时又要保证主梁在支承处能自由转动又能水平移动，如图 2-3-1 右端所示。

按照静力图式，简支梁桥应在每跨的一端设置固定支座，另一端设置活动支座。悬臂梁桥的锚固跨也应在一侧设置固定支座，另一侧设置活动支座，挂梁的支座布置与简支梁相同。连续梁桥应在每联中的一个桥墩（或桥台）上设置固定支座。此外，悬臂梁桥和连续梁桥在某些特殊情况下支座需要传递竖向拉力时，应设置能承受竖向拉力的拉力支座。

固定支座和活动支座的布置，以有利于墩台传递纵向水平力为原则。对于多跨的简支梁桥，相邻两跨简支梁的固定支座不宜集中布置在一个桥墩上；但若个别桥墩较高时，为减少水平力引起的桥墩弯矩，可在其上布置相邻两跨的活动支座。对于坡桥，宜将固定支座设置在标高低的墩台上。对于连续梁桥，为使全梁的纵向变形分散在梁的两端，宜将固定支座设置在靠中间的支点处；但若中间支点的桥墩较高或因地基受力等原因，对承受水平力十分不利时，可根据具体情况将固定支座布置在靠边的其他墩台上。

此外，对于特别宽的梁桥，尚应设置沿纵向和横向均能移动的双向活动支座。对于弯桥则应考虑活动支座沿弧线方向移动的可能性。对于处在地震地区的梁桥，其支座构造尚应考虑桥梁防震和减震的设施。

第二节　支座类型与构造

梁式桥的支座，通常用钢、橡胶或钢筋混凝土等材料制作，钢筋混凝土支座由于构造复杂，安装难度大，目前已很少采用。

支座的类型甚多，应根据桥梁跨径的长短、支点反力的大小、梁体变形的程度以及对支座构造高度的要求等，视具体情况加以选用，下面介绍钢筋混凝土和预应力混凝土公路桥梁通常用的几种支座类型和构造。

一、简单垫层支座

为简单起见，标准跨径小于 10m 的简支板或简支梁桥可不设专门的支座构造，而直接将板或梁的端部支承在几层油毛毡或石棉做成的简单垫层上面。垫层经压实后的厚度不小于 1cm。实践经验指出，这种简单垫层的变形性能较差，为了防止墩、台顶部前缘被压裂并避免上部结构端部和墩、台顶部可能被拉裂，通常应将墩、台顶部的前缘削成斜角（图 2-3-2），并最好在板或梁端部以及墩、台顶部内增设 1～2 层钢筋网予以加强。

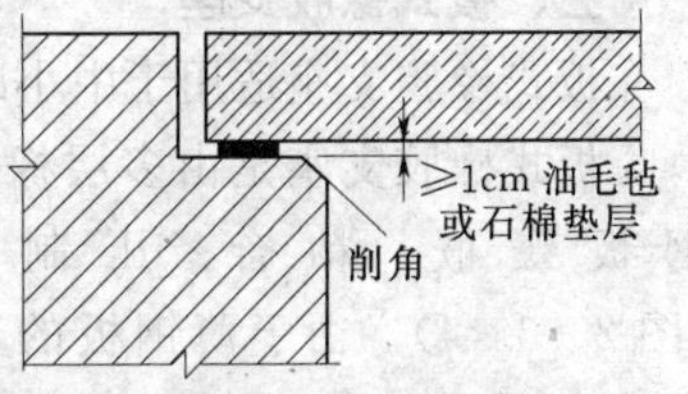

图 2-3-2　简易垫层支座

二、弧形钢板支座

弧形钢板支座可用于标准跨径在 20m 以内、支承反力不超过 600kN 的简支梁、板桥。图 2-3-3 示出标准跨径为 16m 的钢筋混凝土 T 形梁桥所采用的弧形钢板支座。

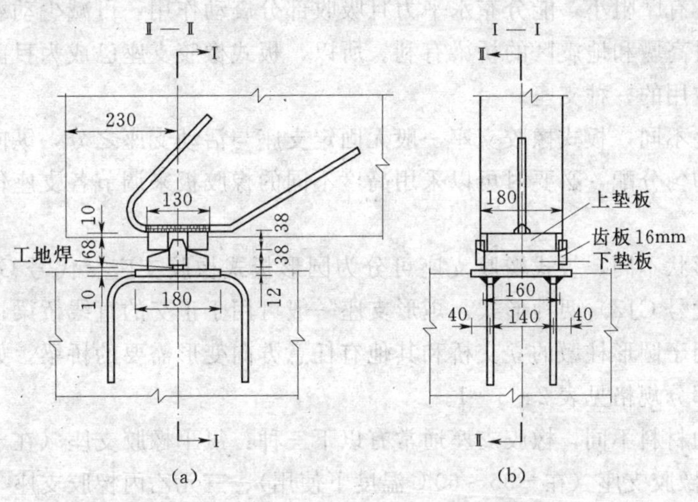

图 2-3-3　弧形钢板支座（尺寸单位：mm）

弧形钢板支座由两块厚度 4～5cm 铸钢制成的上、下垫板所组成，上垫板是平的矩形钢板，下垫板是顶面切削成圆柱面的弧形钢板。这样，上垫板上沿着下垫板弧形接触面的相对滑动和转动实现了活动支座的功能要求。如果在上垫板做齿槽（或削孔），在下垫板上焊齿板（或销钉），将齿板嵌入齿槽（或销钉伸入削孔），保证上、下垫板位置固定，并且通过齿板（或销钉）的抗剪来承受水平力作用［图 2-3-3］，则变成固定支座。一般齿槽应较削孔小 2mm，且伸出的钉头顶部是缩小的圆锥形。

安装前，在墩、台帽的顶面应预埋一块厚度约 1.2cm、边长约比下垫板尺寸大 4～5cm 的定位钢板。支座上垫板预埋在主梁内。当主梁就位时，放置下垫板，校正好位置后将下垫板焊固在定位钢板上。安装活动支座时，应根据安装时的气温，将上

下垫板沿纵向错开某一距离 Δ 放置，以使当达到常年平均气温时上下垫板的中线正好对准。

弧形钢板支座上下垫板之间的摩擦系数为 0.2。

三、板式橡胶支座

板式橡胶支座适用于中小跨径的公路、城市和铁路桥梁。

板式橡胶支座是由多层橡胶片与薄钢板镶嵌、粘合、压制而成的(图 2-3-4)。由于薄钢板的存在使支座具有足够的竖向刚度以承受垂直荷载，且能将上部结构的压力可靠地传递给墩台。其活动机理是利用橡胶的良好弹性使其产生不均匀弹性压缩实现转角位置，并利用橡胶较大的剪切变形以满足上部结构的水平位移。板式橡胶支座具有结构简单、支座高度小、节省钢材、价格低廉、安装养护简便、易于更换等特点。此外，橡胶支座具有摩阻小，能分布水平力且吸收部分震动作用，可减少动载对桥跨结构和墩台的冲击，对高墩和地震区的桥梁有利。所以，板式橡胶支座已成为目前中、小跨径中使用最广、最常用的一种支座。

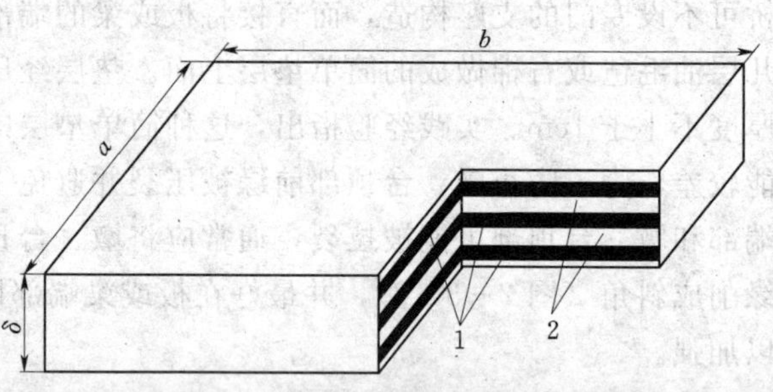

图 2-3-4 板式橡胶支座结构示意图

1—薄钢板；2—橡胶片

与其他支座不同，板式橡胶支座一般无固定支座与活动支座之分，纵向水平力和位移可由各个支座均匀分配，必要时可以采用高度不同的橡胶板来调节各支座传递的水平力和水平位移。

按橡胶的形状不同，板式橡胶支座可分为圆形板式橡胶支座（代号 GYZ）和矩形板式橡胶支座（代号 GJZ）两种形式。矩形支座一般可用于正交的直线桥梁；圆形板式橡胶支座，主要适用于圆形柱墩的立交桥和其他有任意方向变形需要的桥梁，如弯桥。国产板式橡胶支座的部分规格见表 2-3-1。

根据橡胶的材料不同，橡胶支座通常有以下三种：氯丁橡胶支座（在－25～60℃温度下使用）、天然橡胶支座（在－35～60℃温度下使用）、三元乙丙橡胶支座（在－40～60℃温度下使用）。

板式橡胶支座的安装，是保证支座正常使用的关键。橡胶支座应水平安装。由于施工等原因倾斜安装时，则坡度最大不能超过 2%，在选择支座时，仅需考虑由于支座倾斜安装而产生的剪切变形所需要的橡胶层厚度。支座必须考虑更换、拆除和安装的方便。任何情况下不允许两个或两个以上支座沿梁中心线在同一支承点处一个接一个安装，也不允许把不同尺寸的支座并排安装。

要求支座安装位置准确，支承垫石水平，每根梁端的支座尽可能受力均匀，不得出现个别支座脱空现象，以免支座受力后产生滑移及脱落等情况。对大跨径桥梁，或弯桥、斜桥、坡桥等，需在支座与所支承的结构之间设置必要的横向限位设施，以使梁体的横向移动控制在允许限度以内。

表 2-3-1　　部分国产板式橡胶支座规格

规　格	短边 a (mm)	长边 b (mm)	厚度 δ (mm)
GJZ100×200×14	100	200	14
GJZ120×250×21	120	250	21
GJZ180×180×28	180	180	28
GJZ200×250×35	200	250	35
规　格	直径 d (mm)		厚度 δ (mm)
GYZ150×21	150		21
GYZ175×28	175		28
GYZ250×35	250		35
GYZ300×44	300		44

四、聚四氟乙烯滑板式橡胶支座

聚四氟乙烯滑板式橡胶支座是板工橡胶支座的一种特殊形式，系将一块平面尺寸与橡胶支座相同，厚为 10.5～3mm 的聚四氟乙烯板材，与橡胶支座粘合在一起的支座。另在梁底支点处，设置一块有一定光洁度的不锈钢板可在支座四氟乙烯板表面来回移动。它除了具有橡胶支座优点外，还能满足位移量需要较大的要求。四氟滑板式支座能满足支座反力为 90～3600kN，但水平位移较大的桥梁需要。这种支座不仅适用于较大跨度的简支梁桥，而且适用于桥面连续的桥梁和连续梁桥等。

四氟滑板式支座的整体结构有"封闭型"与"简易型"两种［图 2-3-5（a）与（b）］。对城市桥梁及紫外线辐射、空气污染与粉尘严重的地区，选用封闭型；其他场合采用简易型。封闭型四氟滑板式橡胶支座由 6 个部分组成，其主要功能简述如下：

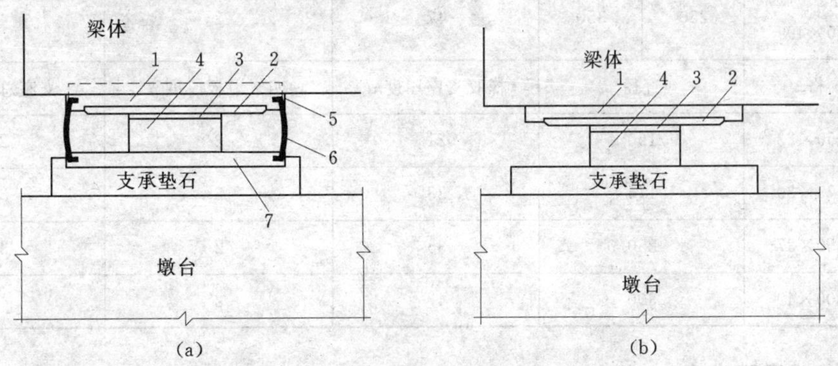

图 2-3-5　四氟滑板式支座构造图

(a) 密封型；(b) 简易型

1—梁底上钢板；2—不锈钢板；3—四氟乙烯板；4—橡胶支座；5—不锈钢螺钉及压条；6—橡胶围裙；7—下钢板

(1) 梁底上钢板。上与梁底下联结，该钢板可以预埋在梁的支点处，也可以在梁架设时用环氧树脂与梁底黏结。钢板下面有深为 1mm 的宽槽作嵌放不锈钢板之用。钢板厚度一般为 10～16mm，梁如有纵坡可以由它来调节，使支座与钢板接触平面保持水平。

(2) 不锈钢板。它上与梁底上钢板宽槽吻合，并用环氧树脂黏结，下与支座四氟板表面可来回移动。

(3) 四氟滑板式橡胶支座。

(4) 皮腔。是用人造革或优质漆布制成折叠式长方形的保护腔，设在四氟滑板式橡胶支座外围，其目的是隔绝或减少紫外线对橡胶老化的影响，另外保护不锈钢表面的清洁度以免受玷污而对四氟板起有害作用。

(5) 墩台下钢板。用厚为 10～12mm 的 A3 钢板制成，预埋在墩台上。

(6) 压板条。用厚为 3mm，宽为 15mm，长按支座要求的 A3 钢板制成，一套压板有 9 条，每条压板上有若干只大于螺丝直径的圆孔，作压住皮腔之用。

国产板式四氟滑板式橡胶支座的部分规格见表 2-3-2。

表 2-3-2　部分国产板式四氟滑板式橡胶支座的规格　单位：mm

规　格	短边 a	长边 b	橡胶支座厚度 d	四氟滑板厚度 δ	支座总厚度 Δ
GJZF4 100×200×16	100	200	14	2	16
GJZF4 120×250×23	120	250	21	2	23
GJZF4 180×180×30	180	180	28	2	30
GJZF4 200×250×37	200	250	35	2	37
GJZF4 250×350×49	250	350	47	2	49
规　格	直径		橡胶支座厚度 d	四氟滑板厚度 δ	支座总厚度 Δ
GYZF4 150×23	150		21	2	23
GYZF4 175×30	175		28	2	30
GYZF4 250×37	250		35	2	37
GYZF4 300×49	300		47	2	49

五、盆式橡胶支座

一般的板式橡胶支座处于无侧限受压状态，故其抗压强度不高，加之其位移量取决于橡胶允许剪切变形和支座高度，要求的位移量越大，支座就越厚，所以板式橡胶支座的承载能力和位移均受到了限制。

盆式橡胶支座将板置于扁平的钢盆内，盆顶用钢盖盖住。在高压力下，橡胶板的作用如液压千斤顶的黏性液体，盆盖相当于千斤顶活塞。橡胶在钢盆内受到侧向限制，不可被压缩，也不可能横向伸长。所以支座能承受相当大的压力，在均匀承压应力的情况下可作微量转动，这就是盆式橡胶支座的工作原理。

盆式橡胶支座适用于支座承载力为 1000kN 以上的公路桥梁，也适用于城市、林区、矿区的桥梁。

按使用性能分，盆式橡胶支座可分固定支座和活动支座。固定支座（GD）仅具有竖向转动性能。活动支座又可分为双向活动支座（SX，又称多向活动支座）和单向活动支座（DX）；双向活动支座具有竖向转动和纵向与横向滑移性能，而单向活动支座具有竖向转动和单一方向（纵向或横向）滑移性能。

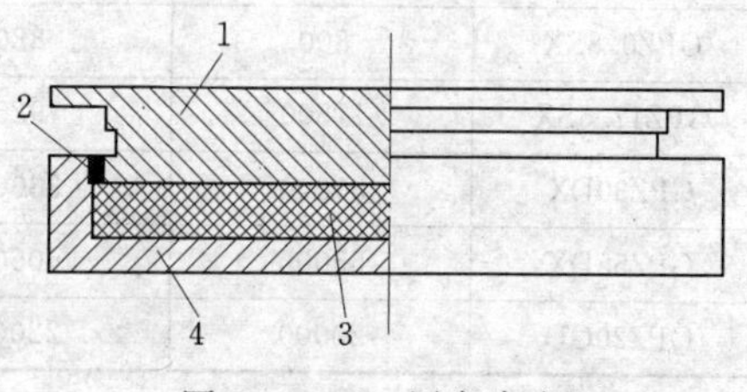

图 2-3-6　固定支座

1—上座板；2—密封圈；3—橡胶板；4—底盆

图 2-3-6 为固定支座示意图，固定支座由上座板、密封圈、橡胶板、底盆、地脚螺栓和防尘罩等组成。

活动支座由上座板（包括顶板和不锈钢滑板）、聚四氟乙烯滑板、中间钢板、密封圈、橡胶板、底盘、地脚螺栓和防尘罩等组成，单向活动支座在沿活动方向两侧还设有导向挡块限制固定方向的活动。图 2-3-7（a）所示为双向活动支座，图 2-3-7（b）所示为单向活动支座。

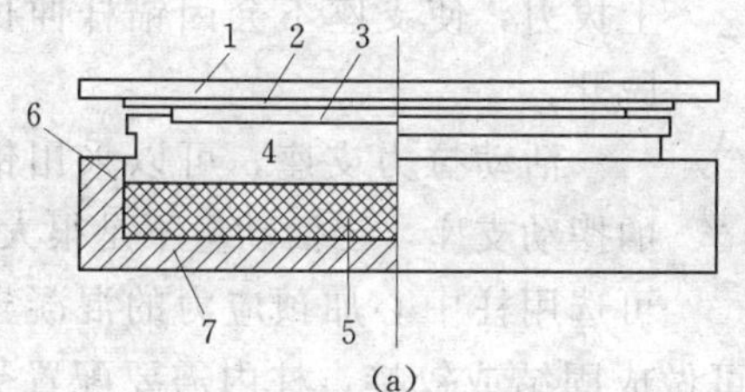

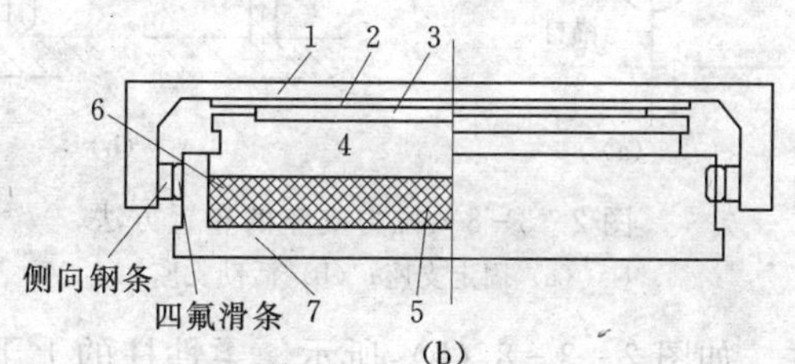

图 2-3-7　活动支座

（a）双向活动支座；（b）单向活动支座

1—顶板；2—不锈钢板；3—聚四氟乙烯板；4—中间钢板；5—橡胶钢板；6—密封圈；7—底盆

桥梁设计中选用何种类型的支座，要根据结构图式的要求加以布置。对于宽桥要注意桥跨结构纵横两个方向均能活动的可能性。

盆式橡胶支座结构紧凑、摩擦系数小、承载能力大、重量轻、结构高度小、转动及滑动灵、成本较低，在大、中桥梁中使用最广泛。我国目前生产的标准系列《公路桥梁盆式橡胶支座》（JT 391—1999）的支座竖向承载力（即支座反力，单位为 10^3kN）分 31 级，即 0.8、1、1.25、1.5、2、2.5、3、3.5、4、5、6、7、8、9、10、12.5、15、17.5、20、22.5、25、27.5、30、32.5、35、37.5、40、45、50、55 和 60。

部分规格的 GPZ 盆式橡胶支座见表 2-3-3。

六、拉力支座

桥梁中有的支座在运营荷载作用下，会出现上拔拉力，所以要求设置拉力支座。所谓拉力支座是既能承受压力也能承受拉力的支座。弯桥和斜交较大的某些梁位上的支座都可能需要拉力支座。

表 2-3-3 国产部分规格 GPZ 盆式橡胶支座

规 格	设计承载力 (kN)	允许最大承载力 (kN)	顺桥向位移 (mm)	横桥向位移 (mm)
GPZ0.8SX	800	880	±50；±100；±150	±40
GPZ17.5SX	17500	19250	±150；±200；±250	±40
GPZ30DX	30000	33000	±150；±200；±250	0
GPZ55DX	55000	60500	±200；±250；±300	0
GPZ20GD	20000	22000	0	0

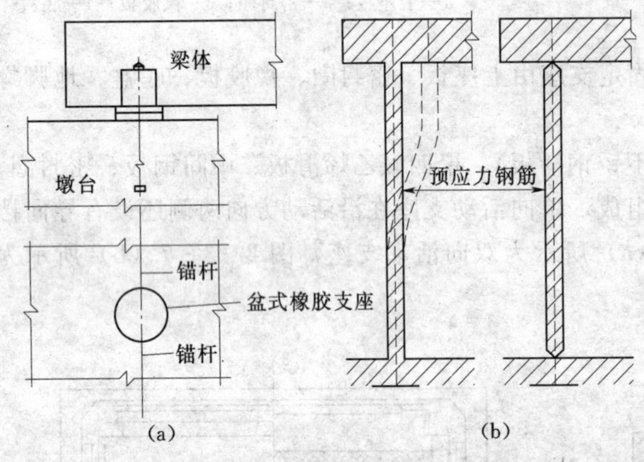

图 2-3-8 拉力支座的布置方法
(a) 固定支座；(b) 活动支座

对于固定支座，则可在盆式橡胶支座中心穿一根预应力钢筋，钢筋套在喇叭状的套管内，可允许预应力筋有微小位移。此外，也可在靠近支座的两侧，上部结构的转动轴线上布置预应力筋，使支座能承受拉力，如图 2-3-8（a）所示。预应力钢筋的预加力要按 1.2 倍的上拔力，使支座不会因锚杆伸长而脱开。

活动拉力支座，可以采用销接的摆动支座。当活动量不是很大时，可选用柱中心加预应力的混凝土柔性柱，如图 2-3-8（b）所示。柔性柱的上下端可做成固结或铰接，柱内需要配置受弯钢筋。此外，活动拉力支座也可以考虑选用在盆式橡胶支座的两侧设置具有活动量的预应力钢筋。

第四章　其他体系桥梁简介

钢筋混凝土简支梁桥，由于构造简单，预制和安装方便，在桥梁建设中得到了广泛使用。然而这种简支体系当跨径超过 20～25m 时，鉴于跨中恒载弯矩和活载弯矩将迅速增大，致使梁的截面尺寸和自重显著增加，这样不但材料耗用量大而不经济，并且很大的安装重量也给装配式施工造成困难。因此，对于较大跨径的桥梁，为了降低材料用量指标，就宜采用能减小跨中弯矩值的其他体系桥梁，如悬臂体系、连续体系的梁桥等。

对于预应力混凝土桥梁，简支体系的跨径一般也不超过 50m，当需要跨越更大的跨径时，也宜修建其他体系。

一、悬臂梁桥

将简支梁梁体加长，并越过支点就成为悬臂梁桥。仅梁的一端悬出的称为单悬臂梁，两端均悬出的称为双悬臂梁。可见，使用悬臂梁的桥型至少有三孔。在较长桥中，则可由单悬臂梁、双悬臂梁与简支挂梁联合组成多孔悬臂梁桥。习惯称悬臂梁主跨为锚跨。

悬臂梁利用悬出支点以外的伸臂，使支点产生负弯矩对锚跨跨中正弯矩产生有利的卸载作用。如图 2-4-1 简支梁的各跨跨中恒载弯矩最大，无论单悬臂梁或双悬臂梁，在锚跨跨中弯矩因支点负弯矩的卸载作用而显著减小，而悬臂跨中因简支挂梁的跨径缩短而跨中正弯矩也同样显著减小。从标志材料用量的弯矩图面积大小（绝对值之和）来看，悬臂梁也比简支梁小。

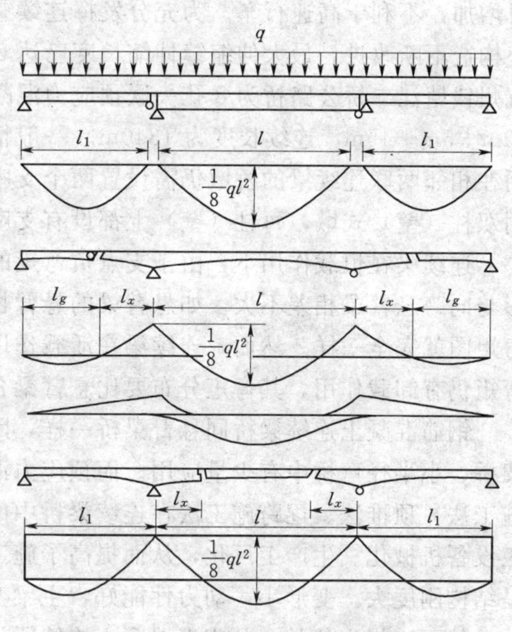

图 2-4-1　简支梁与悬臂梁弯矩比较图

由此可见，与简支梁相比较，悬臂梁可以减小跨内主梁高度和降低材料用量，是比较经济的。

悬臂梁桥一般为静定结构，可在地基较差的条件下使用。在多孔桥中，墩上均只需设置一个支座，减小了桥墩尺寸，也节省了基础工程的材料用量。

但是，无论是钢筋混凝土或预应力混凝土悬臂梁桥，在实际桥梁工程中均较少采用。主要原因是桥梁结构体系的应用与施工方法有着较密切的关联，而判断体系的优劣同时还需顾及结构的使用性能。悬臂梁虽然在力学性能上优于简支梁，可适用于更大跨径的桥型方案，但悬臂梁中同时存在正、负弯矩区段，通常采用箱形截面梁，其构造较复杂；跨径较大时，梁体重力过大，不易装配化施工，而往往要在费用昂贵的支架上现浇。钢筋混凝土悬臂梁，还因支点负弯矩区段存在，不可避免地将在梁顶产生裂缝，桥面虽有防护措施，但仍常因雨水侵蚀而降低使用年限。预应力混凝土悬臂梁桥虽无此患，并可采用节段悬臂施工，可它同连续梁一样，支点因是简单支承，施工时必须采用临时固定措施。但与连续梁相比，跨中要增加悬臂与挂梁间的牛腿、伸缩缝构造；在使用时，行车又不及连续梁平顺，除了是静定结构这个特点外，别的优点不多，因而也较少采用。

国内箱形薄壁钢筋混凝土悬臂梁桥最大跨径为55m，最大跨度的预应力混凝土悬臂梁桥是64.6m的成昆孙水河五号桥，国外一般在70～80m以下。预应力混凝土悬臂梁桥世界上最大跨径为150m，一般亦在100m以下。

二、连续梁桥

将简支梁梁体在支点上连接形成连续梁，连续梁可以做成两跨或三跨一联的，也可以做成多跨一联的。每联跨数众多，联长就要加大，受温度变化及混凝土收缩等影响产生的纵向位移也就较大，使伸缩缝及活动支座的构造复杂化；每联长度太短，则使伸缩缝的数目增加，不利于高速行车。为充分发挥连续梁对高速行车平顺的优点，现代的伸缩缝及支座构造不断改进，最大伸缩缝伸缩长度已达660m，梁体的连续长度已达1000m以上，如杭州钱塘江二桥公路桥为8孔一联预应力混凝土连续梁桥，跨径布置为45m＋65m＋14×80m＋5m＋45m，连续长度为1340m。一般情况下，连续梁中间墩上只需设置一个支座，而在相邻两联连续梁的桥墩仍需设置两个支座。在跨越山谷的连续梁中，中间高墩也可采用双柱（壁）式墩，每柱（壁）上都设有支座，可削减连续梁支点的负弯矩尖峰。

连续梁在恒载作用下，由于支点负弯矩的卸载作用，跨中正弯矩显著减小，其弯矩图形与同跨悬臂梁相差不大。如悬臂梁的悬臂长度恰好与连续梁的弯矩零点位置相对应，则弯矩图就完全一样。然而，连续梁在活载作用下，因主梁连续产生支点负弯矩，对跨中正弯矩仍有卸载作用，其弯矩分布要比悬臂梁合理。

钢筋混凝土连续梁桥同悬臂梁桥一样，因在施工上和使用上有前述缺点，仅在城市高架桥、小半径弯桥中有少量应用。而预应力混凝土连续梁的应用却非常广泛，尤其是悬臂施工法、顶推法、逐跨施工法在连续梁桥中的应用，这种充分应用预应力技术的优点使施工设备机械化、生产工厂化，从而提高了施工质量，降低了施工费用。连续梁的突出优点是结构刚度大，变形小，动力性能好，主梁变形挠曲线平缓，有利于高速行车。

然而应指出的是，预应力混凝土连续梁设计中的一个特点是，必须以各个截面的最大正、负弯矩的绝对值之和，即按弯矩变化幅值布置预应力束筋。实际上支点控制设计的是负弯矩，跨中控制设计的是正弯矩（因支点上的活载正弯矩与恒载负弯矩之和为负弯矩；跨中活载负弯矩与恒载正弯矩之和为正弯矩）。在梁体中，弯矩有正、负变号的区段仅在支点到跨中的某一区段。这样，预应力束筋并不增加太大的用量，就能满足设计要求。反之，在活载较大的铁路桥上及恒载弯矩占总弯矩比例不大的小跨径连续梁桥上，因预应力筋节省有限，施工较简支梁复杂，经济效益差，而较少采用。

为克服钢筋混凝土连续梁因支点负弯矩在梁顶面产生裂缝，影响使用年限，在支点负弯矩区段布置预应力束筋，以承担荷载产生的负弯矩，在梁的正弯矩区段仍布置普通钢筋，构成局部预应力混凝土连续梁。这种结构具有良好的经济及使用效果，施工较预应力

混凝土连续梁方便，目前在城市高架桥中已基本取代钢筋混凝土连续梁。

连续梁是超静定结构，基础不均匀沉降将在结构中产生附加内力，因此，对桥梁基础要求较高，通常宜用于地基较好的场合。此外，箱梁截面局部温差，混凝土收缩、徐变及预加应力均会在结构中产生附加内力，增加了设计计算的复杂性。

钢筋混凝土连续梁桥跨径一般不超过25～30m，预应力连续梁常用跨径为40～160m。其最大跨径受支座最大吨位限制，目前国内最大跨径的连续梁是南京长江二桥北汊桥（跨径布置为90m＋3×165m＋90m）。如果采用墩上双支座，消去结构在支座区的弯矩高峰，它的跨径可以达到200m。

三、T形刚构桥

T形刚构是一种墩梁固结、具有悬臂受力特点的梁式桥。因墩上两侧伸出悬臂，形同“T”字，由此得名。

由于悬臂梁承受负弯矩，T形刚构桥几乎都是预应力混凝土结构。20世纪50年代至70年代，因采用悬臂施工方法，预应力混凝土T形刚构发展较快。我国跨度最大的T形刚构桥是1980年建成的主跨174m的重庆长江大桥。世界上最大跨度的预应力混凝土T形刚构桥是1978年建成的跨度为270m的巴拉圭的Paragual桥。

预应力混凝土T形刚构分为跨中带剪力铰和跨中设挂梁两种基本类型。带铰的T形刚构桥，是国外在20世纪50年代初开始采用的一种桥型，它的上部结构全部是悬臂部分，相邻两悬臂通过剪刀铰相连接。所谓剪力铰是一种只能传递竖向剪力，但不能传递水平推力和弯矩的连结构造。当在一个T形结构单元上作用有竖向力时，相邻的T形单元将因剪力铰的存在而同时受到作用，从而减轻了直接受荷的T形单元的结构内力。从结构受力与牵制悬臂变形来看，剪力铰起了有利作用。带铰的、对称的T形刚构桥在恒载作用下是静定结构，在活载作用下是超静定结构。带铰的T形刚构桥由日照温差、混凝土收缩徐变和基础不均匀沉降等因素的影响，剪力铰两侧悬臂的挠度不相同，必然会产生附加内力。这些挠度和附加内力事先难以准确估计，又不易采取适当措施加以清除或调整。其次，中间铰结构复杂，用钢量和费用也将增加。此外，在运营中发现，铰处往往因下挠形成折角，导致车辆跳动，且剪力铰也易损坏。

带挂孔的T形刚构是静定结构，与带铰的T形刚构相比，虽由于各个T形刚构单元单独作用而在受力和变形方面略差一些，但它受力明确，不受各种内外因素的影响。此外，带挂孔的T形刚构在跨内因有正、负弯矩分布，其总弯矩图面积要比带铰的T形刚构小一些，虽增加了牛腿构造，但免去了结构复杂的剪力铰。其主要缺点是桥面上伸缩缝增多，对于高速行车不利；其次在施工中除了悬臂施工这道工序和机具设备外，还增加挂梁预制、安装工序及机具设备；此外T形刚构悬臂部分横截面布置还受到挂梁的限制。目前国内主要是采用带挂孔的T形刚构桥。但需要指出，带铰的T形刚构仍不失为预应力混凝土桥中的一个比选桥型。这主要是与连续梁相比，同样采用悬臂施工方法，而后者要增加两道施工工序：①在墩上临时固结以利于悬臂施工；②在跨中要合龙。T形刚构桥虽桥墩粗大，但在大跨径桥中省去了价格昂贵的大型支座和避免今后更换支座的困难。它在跨中有一伸缩缝，行车平顺条件虽不如连续梁，但由于上述各种因素，其综合的材料用量和施工费用却比连续梁经济。当然，在结构刚度、变形、动力性能方面，T形刚构都不

如连续梁。

钢筋混凝土 T 形刚构常用跨径在 40～50m，预应力混凝土 T 形刚构的常用跨径为 60～200m。

必须指出，预应力混凝土 T 形刚构的受力特点是长悬臂体系，全跨以承受负弯矩为主，预应力束筋布置于梁的顶面，它与节段悬臂施工方法的协调配合是它的主要特点。并为这种桥型的施工悬空作业机械化、装配化提供了有利条件，尤其对跨越深水、深谷、大河、急流的大跨径桥梁，施工十分有利，并能获得满意的经济指标。

20 世纪 50 年代初期，开创了悬臂施工方法，T 形刚构得以迅猛发展。但在构造上由于增加了伸缩缝、跨中铰和挂梁的存在，在营运上对高速行车不行，且剪力铰和牛腿易损坏。这种桥从 20 世纪 60 年代到 80 年代初修建较多，80 年代以后基本不再修建了，进入 90 年代，国内高速公路的迅猛发展，要求行车平顺舒适，T 形刚构已不适用，连续梁与连续 T 形刚构就获得广泛应用。

四、连续刚构桥

连续刚构是将 T 形刚构粗厚桥墩减薄，形成柔性桥墩，使墩梁固结、主梁连续形成连续刚构桥，它是 T 形刚构与连续梁结合的一种新型体系，如图 2-4-2 所示。

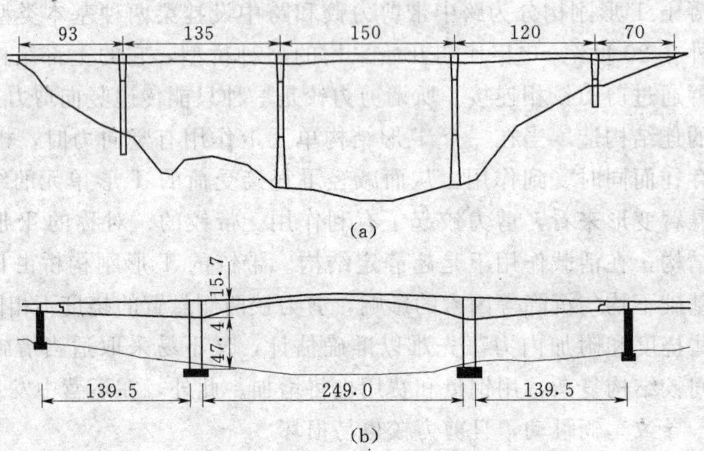

图 2-4-2 连续刚构桥概貌（尺寸单位：m）

(a) 单薄壁墩；(b) 双薄壁墩

连续刚构桥具有如下特点：

(1) 连续刚构桥的结构特点是主梁连续、墩梁固结，既保持了连续梁无伸缩缝、行车平顺的优点，又保持了 T 形刚构不设支座、无需体系转换的优点，方便施工，而且很大的顺桥向抗弯刚度和横桥向抗扭刚度能很好地满足较大跨径的受力要求。因此它是一种极有生命力的桥梁结构形式，已成为大跨度预应力混凝土桥梁的首选桥型。

(2) 柔性桥墩可以适应结构由预加力、混凝土收缩徐变和温度变化所引起的纵向位移，为减小水平位移在墩中产生的弯矩，连续刚构桥常采用水平抗推刚度较小的高墩和双薄壁墩。当跨越山沟、河谷地形时，可采用单薄壁柔性高墩连续刚构体系，如图 2-4-2 (a) 所示；当跨径较大而墩的高度不高时，为增加墩的柔性，常采用图 2-4-2 (b) 所示

的双薄壁墩，此外，双薄壁墩还具有削减墩顶负弯矩峰值的作用。

(3) 连续刚构桥梁内的内力分布更加合理，合理选择墩的刚度，能够有效减少主梁内的弯矩，有利于增大跨径。同连续梁比较，在活载作用下，连续刚构的正弯矩比连续梁的小，两者负弯矩较接近；在恒载作用下，两者的弯矩也比较接近。墩梁固结节省了大型支座的昂贵费用，减少了墩及基础的工程量，并改善了结构在水平荷载（例如地震荷载）作用下的受力性能，即各柔性墩按刚度比分配水平力（图 2-4-3）。目前，最大跨径已达 301m（挪威 Stolma 桥）。国内最大跨径的连续刚构桥是主跨 270m 的广东珠江虎门大桥辅航道桥，如图 2-4-4 所示。

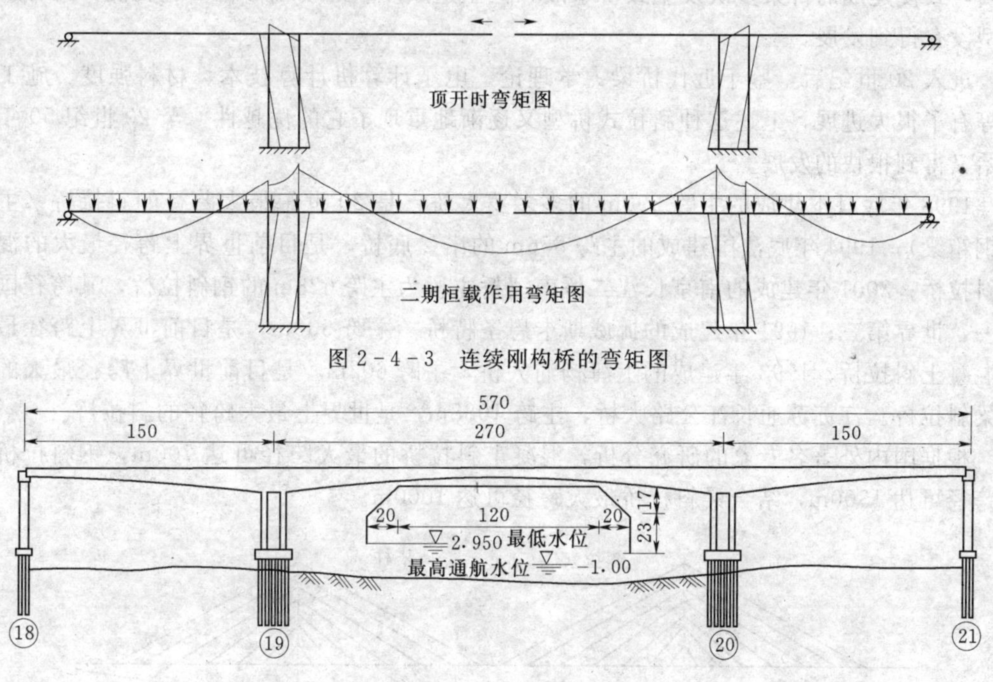

图 2-4-3 连续刚构桥的弯矩图

图 2-4-4 广东珠江虎门大桥辅航道桥（尺寸单位：m）

(4) 跨径在 200～300m 范围内，连续梁桥在跨越能力方面（目前国内外跨径超过 200m 的连续梁寥寥无几）、拱桥在施工简易方面以及斜拉桥和吊桥在经济指标方面都明显不如连续刚构桥。而因此，尽管其起步较晚，但近年来（尤其是近十年）却得到了较快的发展，在主跨 200～300m 范围内几乎被连续刚构所垄断。可以说，连续刚构桥的出现，不仅丰富了桥梁家族的成员，而且也是科技进步的体现。

(5) 连续刚构桥的上部结构形式有利于悬臂施工，悬臂施工适合于梁的上翼缘承受拉应力的桥梁形式，因为悬臂施工的受力与桥梁建成后受力较接近。一般采用平衡悬臂浇筑施工，如图 2-4-5 所示。

(6) 连续刚构桥薄壁墩是柔性的，因此必须采取防撞措施。广州洛溪大桥在通航孔的双薄壁墩设防撞围堰，虎门大桥辅航道桥设置了防撞岛等。

五、斜拉桥

用多根斜索拉住桥面来跨越较大的河谷障碍，早在 19 世纪初期在欧洲就曾风行一时。

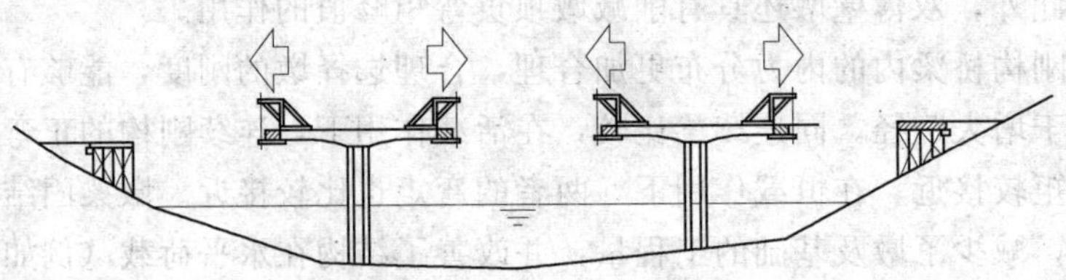
图 2-4-5　平衡悬臂浇筑施工

但由于当时对于理论认识的不足，对于高次超静定结构无法精确计算以及缺乏高强材料等原因，致使建成的桥梁多次发生毁桥事故，甚至造成严重的伤亡惨剧，这就使得此种新的桥型没有得到发展。

进入 20 世纪后，鉴于近代桥梁力学理论、电子计算机计算技术、材料强度、施工手段等有了很大进展，上述这种斜拉式桥型又逐渐地重现了它的优越性，至 20 世纪 50 年代开始又得到很快的发展。

1998 年底日本建成的主跨 890m 的多多罗大桥，是 20 世纪最大跨径的斜拉桥（主梁为钢箱梁）；1994 年底法国建成的主跨 856m 的诺曼底桥，是目前世界上跨径最大的混合型斜拉桥；2001 年建成的南京长江二桥南汉桥主桥为主跨 628m 的钢斜拉桥，其跨径国内第一，世界第三；1991 年建成的挪威斯卡恩圣特桥，主跨 530m，是目前世界上跨径最大的混凝土斜拉桥；1993 年建成的上海杨浦大桥，主跨 602m，是目前世界上跨径最大的结合梁斜拉桥。江苏苏通长江公路大桥，主跨 1088m，是世界上最大跨径的斜拉桥。

根据国内外著名专家的研究分析，混凝土斜拉桥的最大跨径可达 700m，钢斜拉桥最大跨径可达 1300m，结合梁斜拉桥最大跨径可达 1000m。

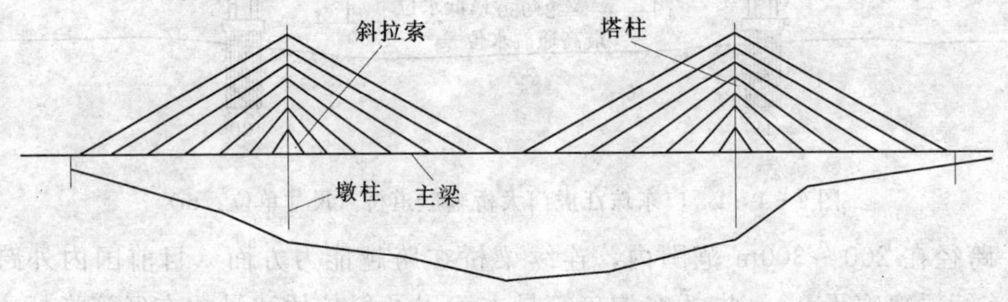

图 2-4-6　斜拉桥概貌

斜拉桥是由上部结构的斜拉索、塔柱和主梁及下部结构的桥墩、桥台 4 种基本构件组成的组合体系桥梁，如图 2-4-6 所示。高强度钢索起着混凝土主梁弹性支承的作用。这样，主梁就像跨度显著缩小的多跨弹性支承连续梁那样工作，从而使梁高大大减小，自重大大减轻，并能显著加大桥梁的跨越能力。而且，斜索的水平分力还成了混凝土梁的“免费”轴向预压力，一般来说，它对主梁起有利作用。

如果把斜拉桥比喻为预应力筋伸出梁外尽量增大偏心距的“高效能”预应力混凝土梁桥，这也是很耐人寻味的［图 2-4-7］。在支点处显著增大的偏心距，充分发挥了预应力筋（斜索）抵抗负弯矩的能力，可有效地节约钢材，增大跨越能力。

斜拉桥具有如下特点：

(1) 斜拉桥利用主梁、斜拉索、索塔三者的不同组合，形成不同的结构体系以适应不同的地形和地质条件。

(2) 斜拉索的作用相当于在主梁跨内增加了若干弹性支承，从而大大减少了梁内弯矩、梁体尺寸和梁体重力，使桥梁的跨越能力显著增大。

(3) 斜索的水平分力相当于对混凝土梁施加的预压力，借以提高了梁的抗裂性能，并充分发挥了高强材料的特性。

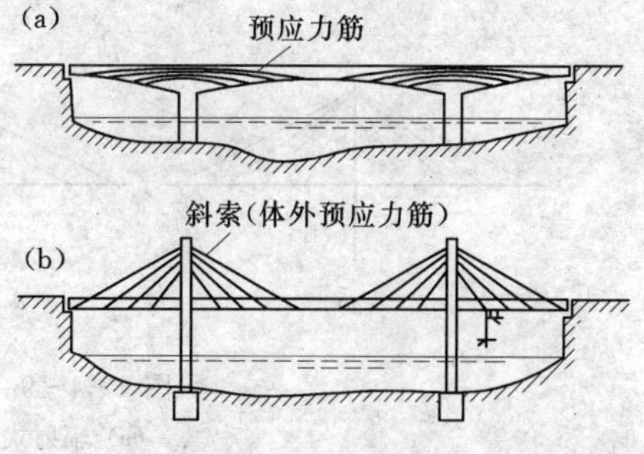

图 2-4-7 预应力混凝土梁桥的演变

(4) 与悬索桥相比，斜拉桥不需要笨重的锚固装置，抗风性能又优于悬索桥。

(5) 调整斜拉索的拉力可以调整主梁的内力，使主梁的内力分布更均匀合理。

(6) 便于采用悬臂法施工和架设，且安全可靠。

(7) 斜拉桥是一种高次超静定的组合结构，包含较多的设计变量，全桥总的技术经济合理性不能单从结构体积小、用料省或者满应力等概念衡量，这给选定合理的桥型方案和经济合理的设计带来困难，同时，斜拉索与主梁和索塔的联结构造较复杂，施工技术要求高。斜拉索索力的调整工序也较复杂。

(一) 构造类型

根据主梁所用材料不同，斜拉桥主要分为钢斜拉桥、混凝土斜拉桥和结合梁斜拉桥三种。根据斜拉桥的立面布置可分为双塔斜拉桥、独塔斜拉桥和多塔斜拉桥，如图 2-4-8 所示。

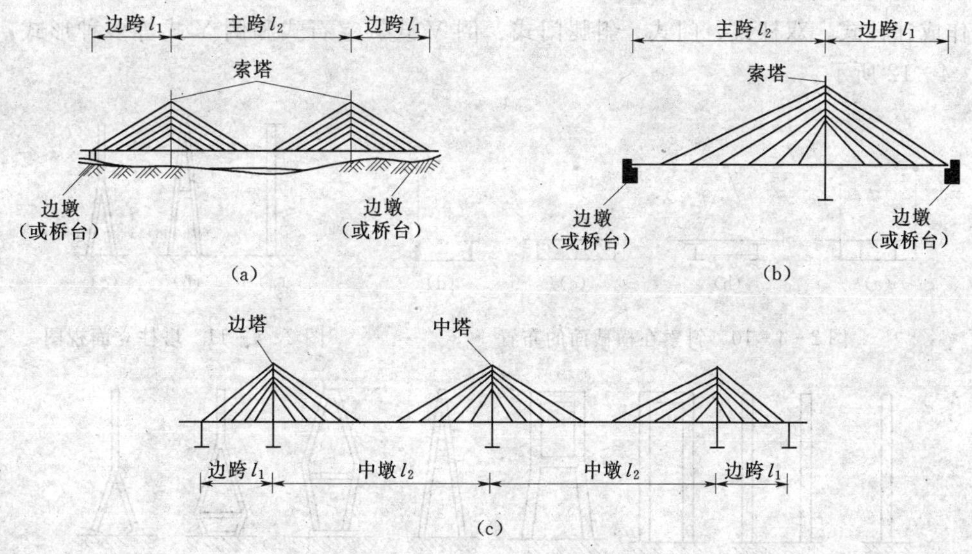

图 2-4-8 斜拉桥立面布置图

1. 斜拉索

斜拉索是斜拉桥的主要承重构件之一。斜索的立面常选用以下三种基本形式：辐射式、竖琴式及扇式，如图 2-4-9 所示。

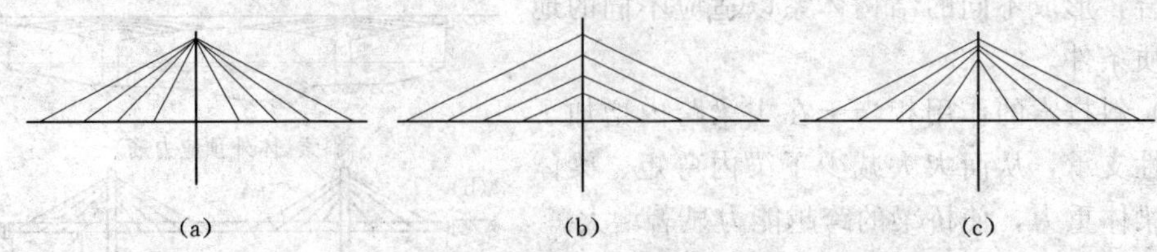

图 2-4-9 斜拉索的立面布置形式

(a) 辐射式；(b) 竖琴式；(c) 扇式

(1) 辐射式。斜索倾角大（平均角度接近 45°），发挥效力好，钢索用量省。不足的是塔柱受力不利，塔顶因斜索集中而使锚固困难。此外，斜索倾角不一，也使锚具垫座的制作与安装稍趋复杂。

(2) 竖琴式。斜索与塔柱的连接点分散，斜索倾角相同，连接构造易于处理，塔柱受力有利。缺点是斜索的倾角较小，工作效率差，索的总拉力大，钢索用量较多。

(3) 扇式。其特点介于辐射式与竖琴式之间，兼有上述两式的大部分优点。近年来一些大跨径斜拉桥多采用这种形式。

斜拉索在索面内的布置形式，除上述三种基本形式外，还有星式、叉形及混合形的布置。斜拉索在横截面内的布置，有如图 2-4-10 所示的几种形式。

2. 塔柱

塔柱主要承受轴力，除柱底铰支的辐射式斜索布置外，也要承受弯矩。从桥梁立面看，塔柱主要有独柱形、A 形和倒 Y 形三种，如图 2-4-11 所示。从行车方向看，塔柱又可作成独柱式、双柱式、门式、斜腿门式、倒 V 式、宝石式和倒 Y 式等多种形式，如图 2-4-12 所示。

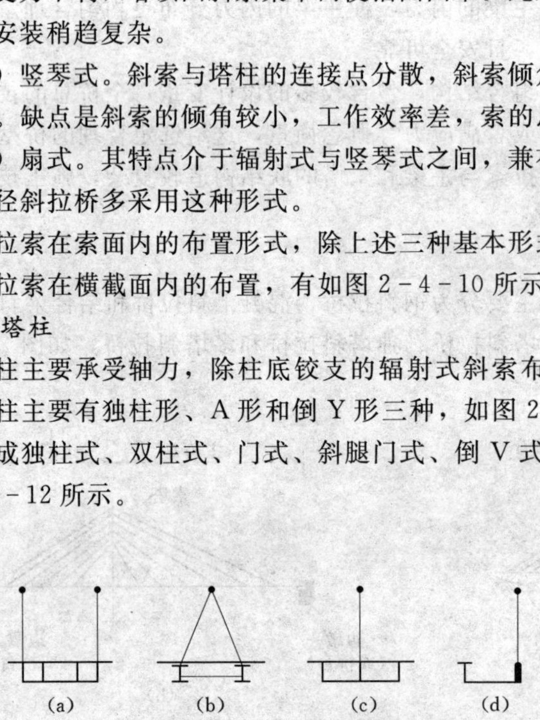

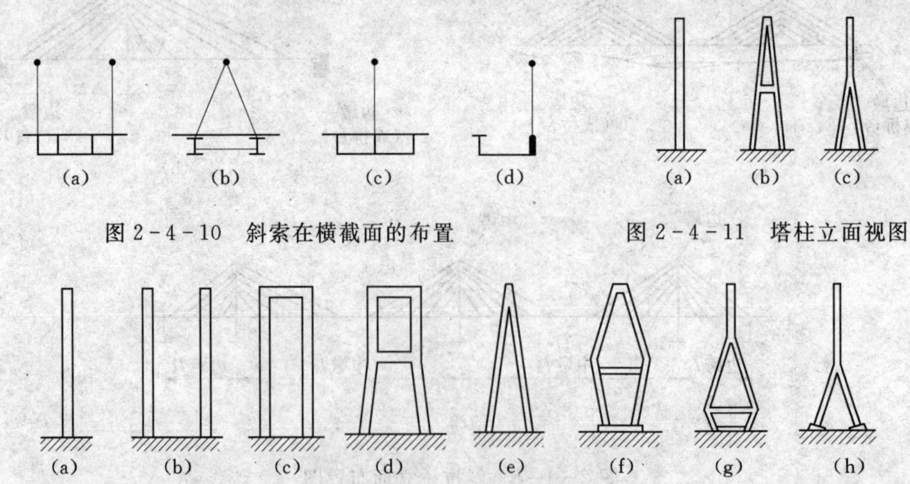

图 2-4-10 斜索在横截面的布置

图 2-4-11 塔柱立面视图

图 2-4-12 塔柱横向视图

3. 主梁

斜拉桥常用的主梁形式，主要有连续梁、悬臂梁和悬臂刚构等。

（二）结构体系

斜拉桥根据斜索、塔柱、主梁和桥墩的不同结合方式组成四种不同的结构体系（图 2-4-13），即悬浮体系、支承体系、塔梁固结体系和刚构体系。在设计中应根据具体情况选择最合适的体系。下面简述各种体系的特点。

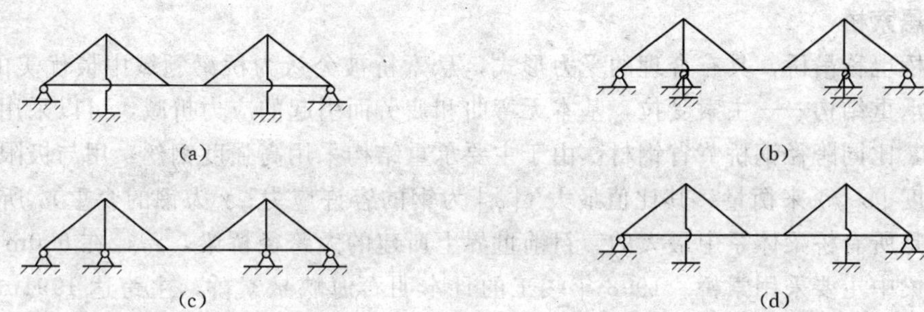

图 2-4-13　斜拉桥的结构体系

(a) 悬浮体系；(b) 支承体系；(c) 塔梁固结体系；(d) 刚构体系

1. 悬浮体系

也称飘浮体系，它是将主梁除两端外全部用缆索吊起而在纵向可稍作浮动的一种具有弹性支承的单跨梁。在密索情况下，主梁各截面的变形和内力的变化都较平缓，全跨满载时塔柱处没有负弯矩的尖锋，负弯矩值不到其他三种体系的一半。空间动力计算表明，悬浮体系不能任其在横向随意“摆动”，而必须施加一定的横向约束，提高其振动频率以改善动力性能。

悬浮体系在采用悬臂法施工时，靠近塔柱处的梁段应设置临时支点。

2. 支承体系

主梁在塔墩上设有支点，接近于在跨度内具有弹性支承的三跨连续梁。这种体系的主梁内力在塔墩支点处产生急剧变化，出现了负弯矩尖锋，通常须加强支承区段的主梁截面。支承体系的主梁一般均设置活动支座，这样可避免因一侧存在纵向水平约束而导致极不均衡的温度变位，它将使无水平约束一侧的塔柱内产生极大的附加弯矩。支承体系在横桥方向亦须在桥台和塔墩处设置侧向水平约束来改善体系的抗震性能。

支承体系在悬臂施工中不需额外设置临时支点，施工比较方便。

3. 塔梁固结体系

它相当于梁顶面用斜索加强的一根连续梁。主梁与塔柱内的内力以及梁的挠度，直接同主梁与塔柱的弯曲刚度比值有关。其主要优点是取消了承受很大弯矩的梁下塔柱部分而代之以一般的桥墩结构。塔柱和主梁的温度内力极小，并可显著减小主梁中央段承受的轴向拉力。但须指出，当中跨满载时，主梁在墩顶处的转角位移会导致塔柱倾斜，使柱顶产生较大水平位移，这样就显著增大了主梁的跨中挠度和边跨的负弯矩，这是这种体系的弱点。

塔梁固结体系中，全部上部结构的重量和活载都须由支座传给桥墩，这就需要设置很大吨位的支座，对于大跨径桥，支承力甚至是万吨级的。

4. 刚构体系

它的塔柱、主梁和柱墩相互固结，形成了在跨度内具有弹性支承的刚构。其优点在于体系的刚度较大，即主梁和塔柱的挠度较小。诚然，刚度的增大是由梁、塔、墩固结处能抵抗很大负弯矩换取来的，因此这种体系在固结处附近区段内主梁的截面必须加大。

六、悬索桥

悬索桥也称吊桥，具有合理的受力形式，悬索桥被公认为桥梁领域中最优美的桥型。因为主要承重结构——主索受拉，基本无弯曲和疲劳而引起的应力折减，可以采用高强度钢丝制成，比同跨径钢桥节省钢材。由于主要承重结构采用高强度钢丝，用与极限跨径有关的比强度 $[\sigma]/\gamma$ 来衡量，其比值最大（$[\sigma]$ 为钢的容许应力；γ 为钢的容重），所以，其跨越能力是所有桥梁体系中最大的。目前世界上所建的大跨径桥梁，跨径在 600m 以上的大跨径桥梁中主要采用索桥。1998 年竣工的日本明石海峡悬索桥，主跨达 1991m，为世界第一，目前世界上已在进行 3000m 跨径的悬索桥方案设计。

悬索桥由于跨越能力大，常可因地制宜地选择一跨跨过河谷或海湾的布置方案，可以避免深水基础。尤其在 V 形山谷中架桥，采用悬索桥方案可避免高墩，是较理想的桥型之一。

悬索桥的加劲梁梁高比同跨梁桥的梁高要小得多，所以悬索桥的建筑高度较小，外形也较美观，在公路上和城市中采用索桥是合理的。

悬索桥的主索是柔性结构，当活载作用时，主索会改变几何形状，引起桥跨结构较大的挠曲变形，所以这种体系刚度相对较小，尤其对有节奏的荷载（风荷载和车辆冲击荷载等）作用下造成的振动是较为敏感的，常造成坍毁事故，在建桥历史中悬索桥发生破坏事故是较多的。自美国西北部华盛顿州 Tacoma 悬索桥被破坏后，世界各国加强了“空气动力学”的研究和模型实验，在结构上采取了一定措施，使这个问题基本得到解决，所以悬索桥仍然是目前特大跨径桥梁所采用的体系。

悬索桥的修建在我国具有悠久的历史，早在 3000 多年前，我们的祖先就创造了用各种植物纤维做成的悬索桥。我国也是用铁做链桥最早的国家，根据历史记载，南北朝宋明帝以前就能“以铁为京”，系南北为桥了。

明清两代，在云、贵、川地区修建的铁索桥极为普遍，目前还留下有铁杆桥和铁索桥。其中著名的元江桥（明代），清代所建的贵州盘江桥和闻名于世的四川泸定大渡河桥。当时这些桥梁对交流物资和沟通文化起了很大作用。

在国外，悬索桥的出现是在 10 世纪，当时冶金工业正在发展，造桥仅能采用生铁和少量熟铁，主索多采用铁链。后来随着冶金工业的发展，逐步采用高强钢丝做的主索。到了 19 世纪，悬索桥计算原理初步形成，这使悬索桥的修建有了理论根据。

近 10 多年来，我国悬索桥发展很快，相继建成了湖北西陵长江大桥（900m，1996 年）、广东虎门大桥（888m，1997 年）、香港青马大桥（1377m，1997 年）、江苏江阴长江大桥（1385m，1999 年）、江苏润扬长江大桥（1490m，2005 年）等一大批现代化的悬索桥。

（一）吊桥的主要构造（图 2－4－14）

（1）桥塔。桥塔是支承主缆的重要构件。吊桥的活载和恒载（包括桥面、加劲梁、吊

索、主线及其附属构件如鞍座和索夹等的重量）以及加劲梁支承在塔身上的反力，都将通过桥塔传递到下部塔墩和基础。桥塔同时还受到风力与地震的作用，桥塔的高度主要由垂跨比确定。以前大跨度吊桥中大多数桥塔采用钢结构。随着预应力混凝土和爬模技术的发展，造价经济的混凝土桥塔发展迅速。

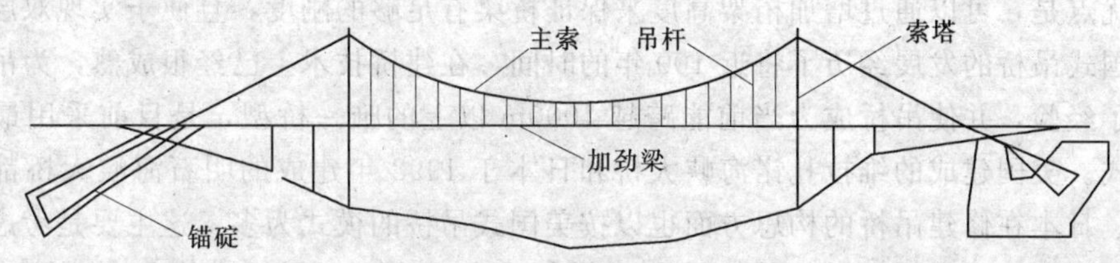

图 2-4-14 悬索桥概貌

（2）锚碇。锚碇是主缆的锚固体。锚碇将主缆中的拉力传递给地基基础。通常采用的有重力式锚碇和隧洞式锚碇。重力式锚碇依靠巨大的自重来抵抗主缆的垂直分力，水平分力则由锚碇与地基之间的摩阻力或嵌固阻力来抵抗。隧洞式锚碇则是将主缆中的拉力直接传递给周围的基岩。

（3）主缆。主缆是吊桥的主要承重构件。除承受自身恒载外，主缆本身又通过索夹和吊索承受活载和加劲梁（包括桥面）的恒载。除此之外，主缆还承受一部分横向风载，并将它直接传递到桥塔顶部。主缆有钢丝绳钢缆和平行线钢缆等，由于平行线钢缆弹性模量高，空隙率低，抗锈性能好，因此大跨度吊桥的主缆都采用这种形式。现代吊桥的主缆多采用直径 5mm 的高强度镀锌钢丝组成。设计中一般将主线设计成二次抛物线的形状。

（4）吊索。吊索也称吊杆，是将活载和加劲梁的恒载传递到主缆的构件。吊索的布置形式有垂直式和倾斜式等，其上端与索夹相连，下端与加劲梁连接。吊索宜用有绳芯的钢丝绳制作，其组成可以是一根、两根或四根一组。

（5）加劲梁。加劲梁的主要功能是提供桥面和防止桥面发生过大的挠曲变形和扭曲变形。加劲梁是承受风荷载和其他横向水平力的主要构件。长大吊桥的加劲梁均为钢结构，一般采用桁架梁形式和箱梁形式。目前看来预应力混凝土加劲梁仅适用于跨径 500m 以下的吊桥。在长大吊桥设计中，加劲梁宽度与主跨径的比例，即宽跨比将是一个涉及风动稳定的突出问题，由于板梁作加劲梁抗风稳定性很差，因此现在已不再用板梁作为长大吊桥的加劲梁了。

（6）鞍座。鞍座是支承主缆的重要构件，通过它可以使主缆中的拉力以垂直力和不平衡水平力的方式均匀地传到塔顶或锚碇的支架处。鞍座可以分为塔顶鞍座，设置在桥塔顶部，将主缆荷载传到塔上；锚固鞍座（亦称扩展鞍座），设置在锚碇的支架处，主要目的是改变主缆索的方向，把主缆的钢丝绳股在水平及竖直方向分散开来，并把它们引入各自的锚固位置。为了减少塔顶鞍座处钢丝的弯曲次应力，塔顶鞍座弯曲半径一般为主缆直径的 8～12 倍；扩展鞍座须按钢丝绳股的水平曲率半径为竖直曲率半径的$\sqrt{3}$倍以上来确定鞍座的形状。

（二）吊桥的结构形式

吊桥按有无加劲梁，可分为无加劲梁和有加劲梁吊桥两种。现代大跨度吊桥都是有加劲梁的。根据已建和在建大跨度吊桥的结构形式，吊桥主要有以下几种。

1. 美国式吊桥

其基本特征是采用竖直吊索，并用钢桁架作为加劲梁。这种形式的吊桥绝大部分为三跨地锚式，加劲梁是不连续的，在主塔处有伸缩缝，桥面为钢筋混凝土桥面，主塔为钢结构。其优点是，可以通过增加桁架高度来保证桥梁有足够的刚度，且便于实现双层通车。

美国式吊桥的发展经历了将近100年的时间，在建桥技术上已经很成熟，为吊桥的发展积累了经验，并使吊桥成为当前能跨越1000m以上的唯一桥型，是目前采用最广泛的一种形式。美国建成的维拉扎诺海峡大桥和日本于1998年建成的明石海峡大桥都属于这种类型。日本在修建吊桥的构思方面也以按美国式吊桥的模式为多，这主要是考虑到很多桥是公路、铁路两用桥，采用桁架式加劲梁便于布置成双层桥面，使公路、铁路分层通过。但是，日本吊桥也有自己的特点，如采用连续的加劲桁架，在桥塔处无伸缩缝，采用钢正交异性板来代替钢筋混凝土作桥面等。

2. 英国式吊桥

20世纪60年代英国提出了新型的吊桥，突破了吊桥的传统形式。英国式吊桥的基本特征是采用呈三角形的斜吊索和高度较小的流线型扁平翼状钢箱梁作为加劲梁。除此之外，这种形式的吊桥采用连续的钢箱梁作为加劲梁，桥塔处没有伸缩缝，用混凝土桥塔代替钢桥塔；有的还将主缆与加劲梁在主跨中点处固结。英国式吊桥的优点是钢箱加劲梁可减轻恒载，因而减小了主缆的截面，降低了用钢量和造价。钢箱梁抗扭刚度大，受到的横向风力小，有利于抗风，并大大减小了桥塔所承受的横向力。而三角形布置的斜吊索可以提高桥梁刚度，但这种斜吊索在吊点处构造复杂。英国已设计和修建的塞文桥（Sever）、博斯普鲁斯桥（Bosporus）和恒泊尔桥都是属于这种形式的吊桥。

3. 混合式吊桥

其特征是采用竖直吊索和流线型钢箱梁作为加劲梁。混合式吊桥的出现，显示了钢箱加劲梁的优越性，同时避免了采用有争议的斜吊索。土耳其的博斯普鲁斯二桥、日本的来岛第一、二、三大桥都采用了混合式吊桥形式。

4. 带斜拉索的吊桥——斜拉—悬索协作体系桥

斜拉和悬索两种结构相互协作，优势互补，可使锚碇变小，塔高变矮，梁的悬臂长度变短等，适合于大跨径和特大跨径桥的新桥型，如图2-4-15所示。历史上最早出现这种桥型是1883年建成和美国纽约跨越伊斯特河的布鲁克林（Brooklyn）桥，主跨486m是当时世界上最大跨径的桥梁，后来这种桥型发展缓慢。经过多年的论证和努力，我国于1997年建成了世界上第一座现代化的斜拉—悬索协作桥——贵州乌江大桥。

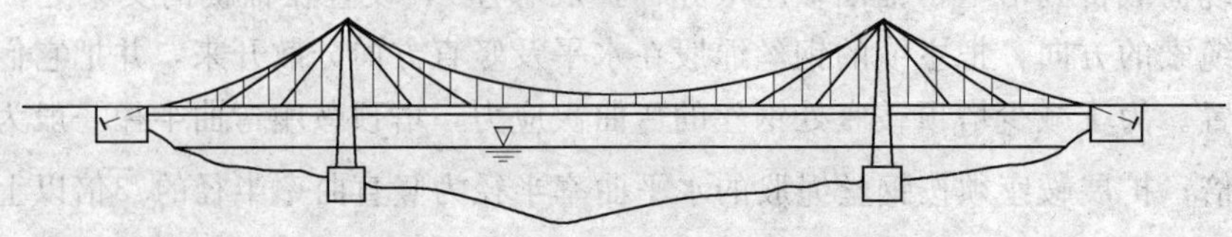

图2-4-15 带斜拉索的吊桥

思考题与习题

2-1　预应力混凝土梁桥的特点是什么？装配式梁桥的特点是什么？

2-2　梁桥按承重结构的截面型式划分为哪些类型？

2-3　梁桥按承重结构的静力体系分为哪些类型？各种类型是如何定义的？

2-4　梁桥的桥面系有哪些构造？

2-5　桥面铺装的作用是什么？

2-6　为什么要设置桥面横坡？横坡的设置方法有哪些？

2-7　桥面排水系统设置的目的是什么？排水系统设置有哪些规定？

2-8　为什么设置桥面伸缩缝？伸缩缝的构造要求有哪些？

2-9　装配式板桥按横截面型式分哪些类型？各适用跨径是多少？

2-10　空心矩形板桥截面形式有哪些？其横截面最薄处的厚度规定为多少？

2-11　装配式板桥为何要设横向联结？有哪几种形式？

2-12　在什么情况下需修建斜桥？何谓斜交角？

2-13　斜交板桥的受力性能是什么？斜交板桥的配筋有什么特点？

2-14　装配式简支梁桥高跨比的经济范围是多少？常用的梁肋宽度为多少？

2-15　装配式钢筋混凝土简支梁桥横隔梁和翼板尺寸是怎样规定的？

2-16　装配式钢筋混凝土T形梁的横隔梁作用是什么？横隔梁应做成什么形状？为什么做成这种形状？常用的横隔梁的连接方法有哪几种？

2-17　装配式钢筋混凝土简支T形梁内的钢筋有哪几种？各种钢筋的作用分别是什么？

2-18　为什么设置钢筋混凝土保护层？《钢筋混凝土及预应力混凝土桥涵设计规范》(JTG D62—2004)中对保护层有哪些规定？

2-19　简述装配式钢筋混凝土T形梁梁肋、翼缘板受力钢筋的位置及方向。

2-20　预应力钢筋混凝土简支T梁的梁肋下部为什么通常要加宽做成马蹄形？靠近支点处腹板加厚与马蹄同宽的目的是什么？

2-21　后张法预应力筋为何弯起？

2-22　预应力钢筋混凝土梁中非预应力受力钢筋的作用是什么？其布置形式有哪些？

2-23　预应力混凝土梁中马蹄中的闭合箍筋及锚固区的加强钢筋是如何布置的？

2-24　什么叫板的有效工作宽度？《钢筋混凝土及预应力混凝土桥涵设计规范》(JTG D62—2004)规定单向板、悬臂板的荷载有效分布宽度是如何确定的？

2-25　简述多跨连续单向板弯矩和剪力近似计算方法。

2-26　计算铰接悬臂板和自由悬臂板时，最大弯矩各在什么位置？最不利荷载各是怎样布置的？

2-27　如题图2-1所示，已知 $\gamma_1=23\text{kN/m}^3$，$\gamma_2=25\text{kN/m}^3$，汽车轴重力为100kN，着地长度 $a_2=0.20\text{m}$，宽度 $b_2=0.60\text{m}$。试按铰接悬臂板计算A竖向截面处的弯矩内力。

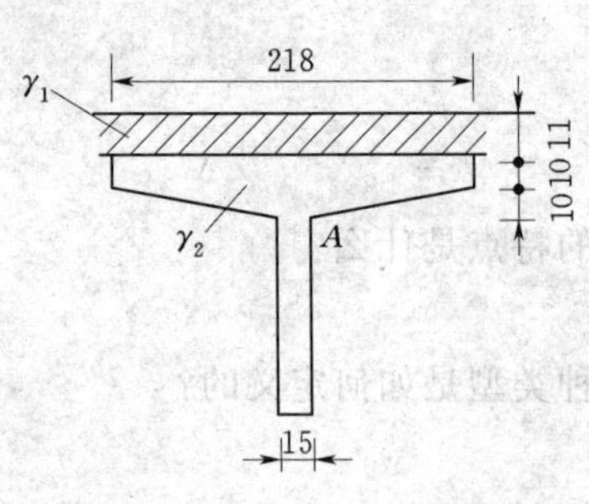

题图 2-1　（尺寸单位：cm）

2-28　什么叫荷载横向分布系数？荷载横向分布系数沿跨长方向的变化规律如何？

2-29　已知某简支梁桥 $L=19.5\text{m}$，桥跨由 5 片主梁组成，桥梁横断面如题图 2-2 所示，请用偏心压力法计算汽车作用下各主梁的跨中荷载横向分布系数。

2-30　什么是预拱度？为什么在施工中需设置预拱度？

2-31　什么叫支座？梁式桥支座的作用是什么？

2-32　梁桥支座有哪些类型？各种支座适用于什么场合？

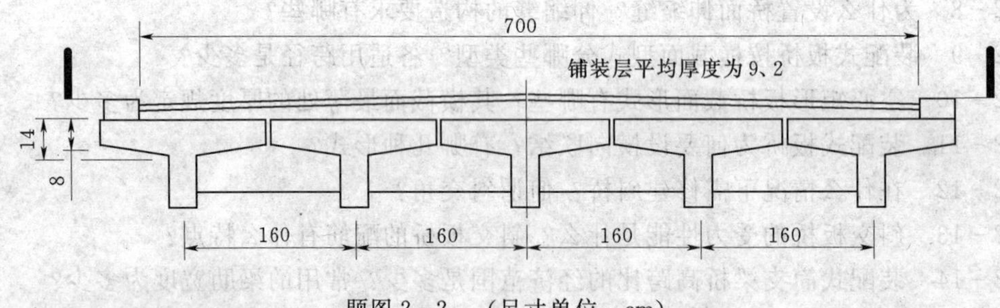

题图 2-2　（尺寸单位：cm）

2-33　板式橡胶支座的活动机理是什么？它有没有固定支座与活动支座之分？

2-34　为什么悬臂体系和连续体系比简支体系有更强的跨越能力？

2-35　预应力钢筋混凝土连续梁桥的特点是什么？

2-36　什么是 T 形刚构桥？什么是连续刚构桥？连续刚构桥的特点有哪些？

2-37　斜拉桥属什么体系？它由哪几部分组成？

2-38　为什么预应力混凝土斜拉桥的跨越能力很大？斜拉桥的特点是什么？

2-39　斜拉桥斜索的立面布置形式分哪几种？斜拉桥的塔柱布置（分侧向和横向）有哪几种型式？

2-40　斜拉桥按缆索塔柱和主梁相互结合方式分成哪几种结构体系？各体系的特点及适用情况如何？

2-41　悬索桥的构造有哪几部分组成？各部分的作用是什么？

第三篇 拱 桥

第一章 概 述

第一节 拱桥的基本特点与适用范围

拱桥是我国公路上使用很广泛的一种桥梁体系。拱桥与梁桥的区别，不仅在于外形不同，更重要的是两者受力性能有差别。由力学知识可以知道，梁式结构在竖向荷载作用下支承处仅产生竖向支承反力，而拱式结构在竖向荷载作用下，支承处不仅产生竖向反力，而且还产生水平推力。由于这个水平推力的存在，拱的弯矩将比相同跨径的梁的弯矩小很多，而使整个拱主要承受压力。这样，拱桥不仅可以利用钢、钢筋混凝土等材料来修建，而且还可以根据拱的这个受力特点，充分利用抗压性能较好而抗拉性能较差的圬工材料（石料、混凝土、砖等）来修建。这种由圬工材料修建的拱桥称为圬工拱桥。

拱桥的主要优点是：

(1) 跨越能力较大。在全世界范围内，钢筋混凝土拱桥目前的最大跨径为460m，石拱桥为146m，钢拱桥达550m。

(2) 能充分做到就地取材，与钢桥和钢筋混凝土梁式桥相比，可以节省大量的钢材和水泥。

(3) 能耐久，而且养护、维修费用少。

(4) 外形美观。

(5) 构造较简单。

拱桥的主要缺点是：

(1) 自重较大，相应的水平推力也较大，增加了下部结构的工程量，对地基条件要求高。

(2) 需要劳动力多，建桥时间也较长。

(3) 由于拱桥水平推力较大，在连续多孔的大中桥梁中，为防上一孔破坏而影响全桥的安全，需要采用较复杂的措施，或设置单向推力墩，增加了造价。

(4) 与梁式桥相比，上承式拱桥的建筑高度较高。

拱桥虽然存在这些缺点，但由于它的优点突出，只要在条件许可的情况下，修建拱桥往往仍是经济合理的。

第二节 拱桥的组成和类型

一、拱桥的组成

拱桥同其他桥梁一样，也是由桥跨结构（上部结构）及下部结构两大部分组成。拱桥的桥跨结构是由拱圈及其上面的拱上建筑所构成的。拱圈是拱桥的主要承重结构。由于拱圈是曲线形，一般情况下车辆都无法直接在弧面上行驶，所以在桥面系与拱圈之间需要有传递压力的构件或填充物，以使车辆能在平顺的桥道上行驶。桥面系和这些传力构件或填充物统称为拱上结构或拱上建筑。桥面系包括行车道、人行道及两侧的栏杆或砌筑的矮墙（又称雉墙）等构造。

拱桥的下部结构由桥墩、桥台及基础等组成，用以支承桥跨结构，将桥跨结构的荷载传至地基，并与两岸路堤相联结。

拱圈最高处横向截面称为拱顶，拱圈和墩台连接处的横向截面称为拱脚（或起拱面）。拱圈各横向截面（或换算截面）的形心连线称为拱轴线。拱圈的上曲面称为拱背，下曲面称为拱腹。起拱面与拱腹相交的直线称为起拱线。一般将矢跨比≥1/5 的拱称为陡拱；矢跨比＜1/5 的拱称为坦拱。拱桥的一般构造和组成如图 3－1－1 所示。

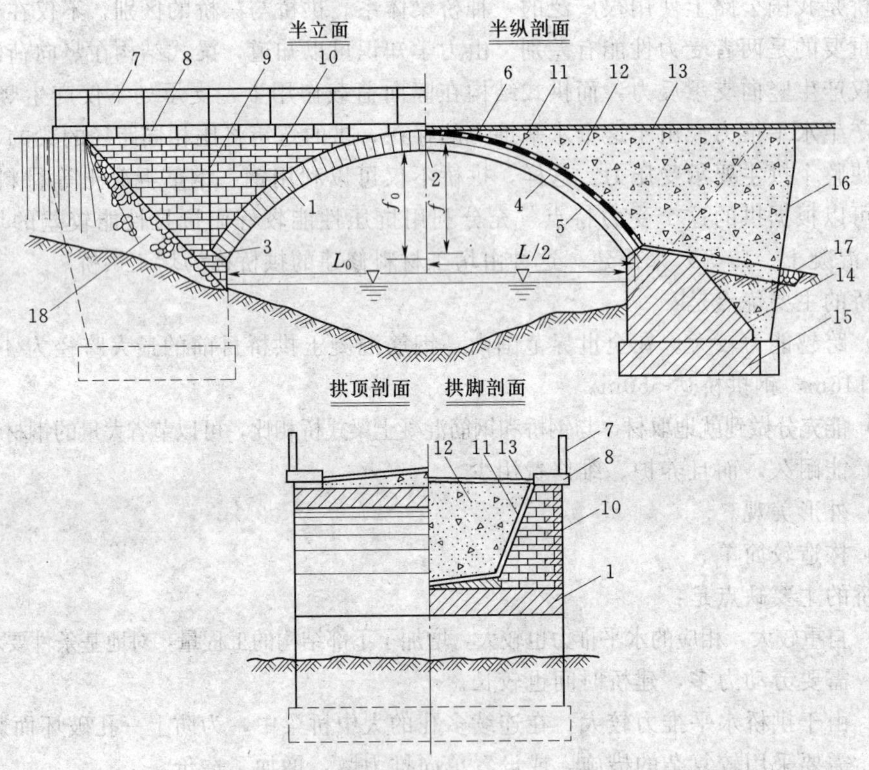

图 3－1－1　拱桥的主要组成部分

1—拱圈；2—拱顶；3—拱脚；4—拱轴线；5—拱腹；6—拱背；7—栏杆；8—路缘石；9—变形缝；10—拱上侧墙；11—防水层；12—拱腔填料；13—桥面防水层；14—桥墩；15—基础；16—侧墙；17—盲沟；18—锥坡

二、拱桥的主要类型

1. 按建桥材料分

按照建桥材料（主要是指主拱圈使用的材料）可以分为圬工拱桥、钢筋混凝土拱桥和

钢拱桥。

2. 按拱上结构的形式分

按照拱上结构的形式可以分为实腹式拱桥与空腹式拱桥。

3. 按主拱圈所采用的拱轴线的型式

按照主拱圈所采用的各种拱轴线的型式，可将拱桥分别称为圆弧拱桥、抛物线拱桥和悬链线拱桥等。

4. 按结构静力图式分

按结构静力图式分为三铰拱、无铰拱和两铰拱。

(1) 三铰拱属于静定结构，温度变化、墩台沉陷均不会在拱圈截面内产生附加内力。由于铰的存在，使其构造复杂，施工困难，而且降低了整体刚度，尤其减小了抗震能力。同时拱的挠度曲线在拱顶铰处出现转折，对行车不利。因此，大、中跨径的主拱圈一般不宜采用三铰拱。三铰拱一般用做大、中跨径空腹式拱上建筑的腹拱。

(2) 无铰拱属于三次超静定结构，在荷载作用下，拱的内力分布比三铰拱好。由于没有设铰，其构造简单，施工方便。但是，温度变化、材料收缩、墩台位移将使拱圈内产生附加内力。所以无铰拱宜于在地基良好的条件下修建。

(3) 两铰拱是一次超静定结构。其结构整体刚度较三铰拱好，因地基条件较差，而不宜修建无铰拱时，可采用两铰拱。

5. 按行车道位置分

按行车道位置分为上承式拱、中承式拱、下承式拱。

6. 按主拱圈横截面的形式分

按主拱圈横截面的形式分为板拱桥、肋拱桥、双曲拱桥和箱形拱桥（图 3-1-2）。

(1) 板拱桥［图 3-1-2 (a)］。主拱圈采用矩形实体截面是圬工拱桥的基本形式。由于它的构造简单，施工方便，因而使用广泛。但由于在相同截面积的条件下，实体矩形截面比其他形式截面的截面抵抗矩小，如果为了获得较大的截面抵抗矩，必须增大截面尺寸，这就相应地增加了材料用量和结构自重，从而更进一步地加重了下部结构的负担，这是不经济的，所以通常只在地基条件较好的中、小跨径圬工拱桥中采用板拱形式。值得指出的是，国外在跨径 100m 以下的混凝土拱桥，也常采用板拱截面形式。以减小拱圈截面高度，使桥梁显得轻巧美观，并可简化施工。

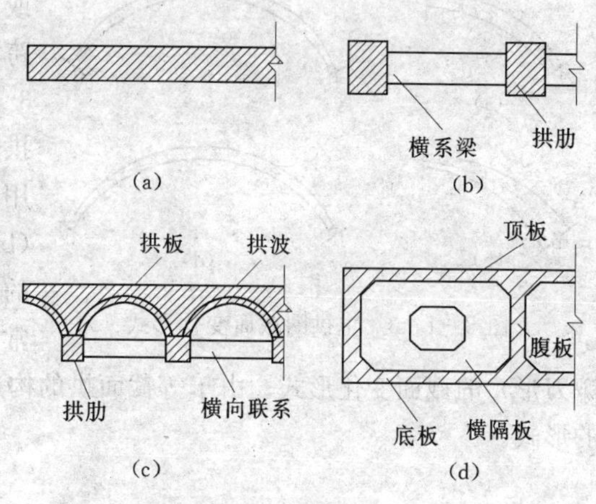

图 3-1-2 主拱圈横截面形式

(a) 板拱；(b) 肋拱；(c) 双曲拱；(d) 箱形拱

(2) 肋拱桥［图 3-1-2 (b)］。在板拱桥的基础上，将板拱划分成两条（或多条），形成分离的、高度较大的拱肋，肋与肋间由横系梁相连。这样就可以用较小的截面面积获得较大的截面抵抗矩，以节省较多的材料，从而大大地减轻拱桥的自重，因此多用于较大跨径的拱桥。拱肋可以采用混凝土、钢筋混凝土或钢材等来建造，在盛产石料地区，也可以用石料修建拱肋。

(3) 双曲拱桥［图 3-1-2 (c)］。这种拱桥的主拱圈横截面是由一个或数个小拱组成的，由于主拱圈在纵向及横向均呈曲线形，故称之为双曲拱桥。双曲拱桥是我国在继承石拱桥传统的基础上，并吸取了装配式钢筋混凝土结构的优点，经过实践，于 1964 年创造出的一种具有我国民族风格的新颖的圬工拱桥。由于这种截面的截面抵抗矩较相同材料用量的板拱大，因而可以节省材料。加之在施工等方面比板拱有较多的优越性，所以双曲拱桥一经出现，犹如雨后春笋，很快就在全国公路上得到推广，并在铁路、渠道等工程结构中也被采用。跨径从 9m 到 150m，由单跨到多跨，施工方法也从有支架施工发展到采用无支架施工。双曲拱桥的出现为加速我国的桥梁建设作出了贡献。

现在，随着双曲拱桥的大量修建，无论在设计计算理论、结构型式和施工方法等方面都得到了不断的发展和提高，同时在另一方面，人们在实践中也认识了它所存在的缺点，如施工程序多、组合截面的整体性较差、易开裂等，因此，双曲拱只宜在中、小跨径桥梁中采用。

(4) 箱形拱［图 3-1-2 (d)］。箱形截面拱圈的拱桥，外形与板拱相似，由于截面挖空，使箱形拱的截面抵抗矩较相同材料用量的板拱大很多，所以能节省材料，对于大跨径桥则效果更为显著。又由于它是闭口箱形截面，截面抗扭刚度大，横向整体性和结构稳定性均较双曲拱好，所以特别适用于无支架施工。但箱形截面施工制作较复杂，一般情况下，跨径在 50m 以上的拱桥采用箱形截面才是合适的。它是国内外大跨径钢筋混凝土拱桥主拱圈截面的基本型式。

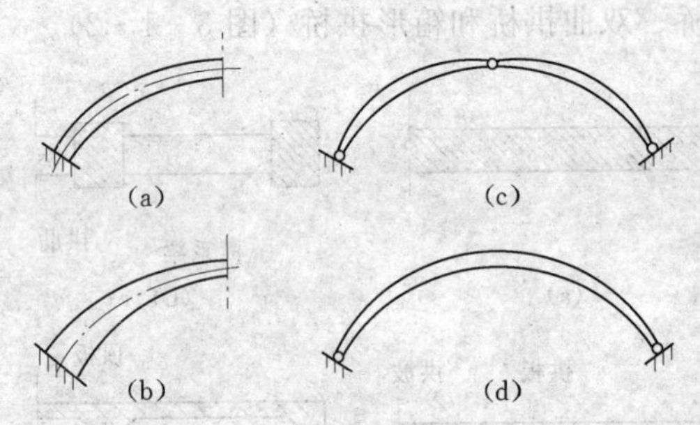

图 3-1-3 主拱圈截面变化形式

拱桥的主拱圈，沿拱轴线可以做成等截面或变截面的形式。所谓等截面拱，就是在沿桥跨方向主拱圈的横截面尺寸是相同的［图 3-1-3 (a)］。而变截面拱的主拱圈横截面，从拱顶到拱脚是逐渐变化的。如对于无铰拱，通常是采用由拱顶向拱脚逐渐增大的形式［图 3-1-3 (b)］。而在三铰拱或两铰拱中，由于最大内力的截面位置分别约在 1/4 跨径或跨中处，因此常采用图 3-1-3 (c) 或图 3-1-3 (d)（又称镰刀形）的截面变化形式。由于等截面拱的构造简单，施工方便，因此它是目前采用最普遍的形式。

第二章　拱　桥　构　造

第一节　主拱圈的构造

一、板拱

拱桥中的石砌拱桥，主拱圈通常都是做成实体的矩形截面，所以又称为石板拱。按照砌筑拱圈的石料规格，又可以分为料石拱、块石拱及片石拱等各种类型。

用来砌筑拱圈的石料，要求是未经风化的，其标号不得小于 30 号。砌筑用的砂浆标号，对于大、中跨径拱桥不得小于 7.5 号，小跨径拱桥不得小于 5 号。为了节省水泥，在有条件的地方，可以用小石子混凝土代替砂浆砌筑片石或块石拱圈。小石子粒径一般不宜大于 2cm。采用小石子混凝土砌筑片石，其砌体强度比用同标号的水泥砂浆的砌体强度高，而且一般可以节省水泥用量。

在砌筑料石拱圈时，根据受力的需要，构造上应满足以下几点要求：

(1) 拱石受压面的砌缝应是辐射方向，即与拱轴线相垂直。这种辐向砌缝一般可做成通缝，不必错缝。

(2) 当拱圈厚度不大时，可采用单层拱石砌筑 [图 3-2-1 (a)]，当拱厚较大时可采用多层拱石砌筑 [图 3-2-1 (b) 及图 3-2-2]，对此要求垂直于受压面的顺桥向砌缝错开，其错缝间距不小于 0.10m (图 3-2-3)。

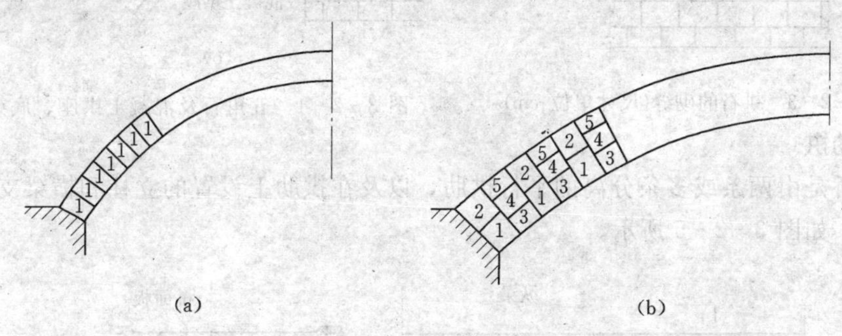

图 3-2-1　等截面圆弧拱的拱石编号
(注：图中数字为拱石编号)

(3) 在拱圈的横截面内，拱石的竖向砌缝应当错开，其错开宽度至少 0.10m，如图 3-2-3的Ⅰ—Ⅰ截面及Ⅱ—Ⅱ截面。这样，在纵向或横向剪力作用下，可以避免剪力单纯由砌缝内的砂浆承担，从而可增大砌体的抗剪强度和整体性。

(4) 砌缝的缝宽不应大于 0.02m。

(5) 拱圈与墩台、空腹式拱上建筑的腹孔墩与拱圈相连接处，应采用特制的五角石 (图 3-2-4)，以改善连接处的受力状况。五角石不得带有锐角，以免施工时易破坏和被

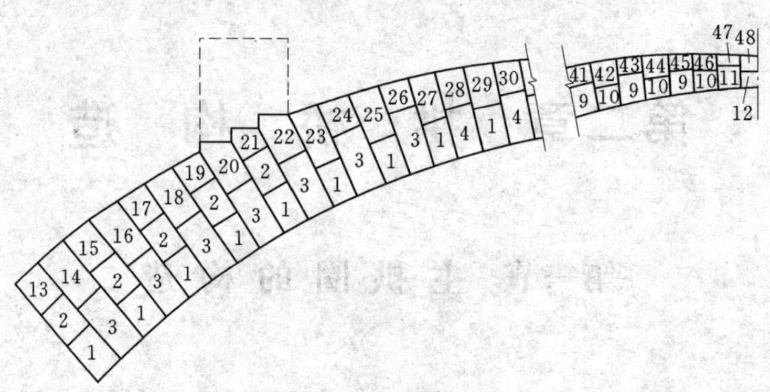

图 3-2-2　弯截面拱圈的拱石编号

压碎。为简化施工，常采用现浇混凝土拱座及腹孔墩底梁来代替复杂的五角石。

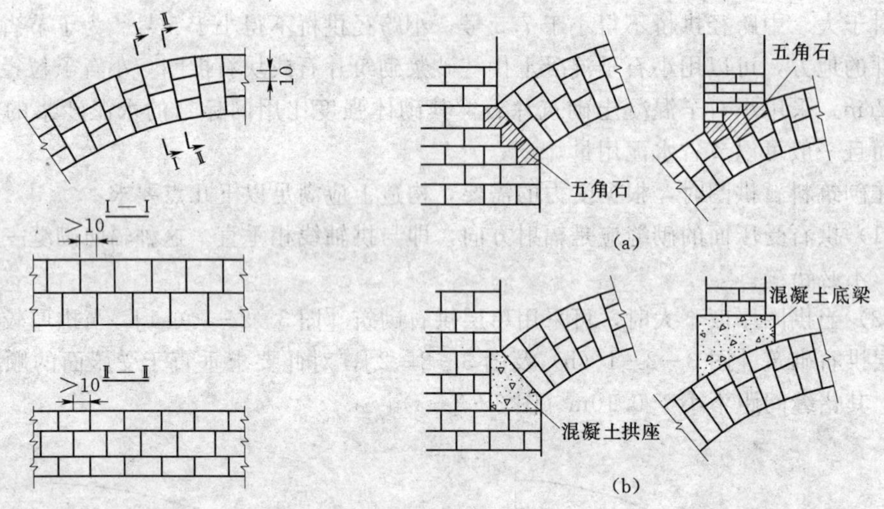

图 3-2-3　拱石的砌缝(尺寸单位:cm)　　图 3-2-4　五角石及混凝土拱座、底梁

二、肋拱

肋拱桥是由两条或多条分离的平行拱肋，以及在拱肋上设置的立柱和横梁支承的行车道板组成，如图 3-2-5 所示。

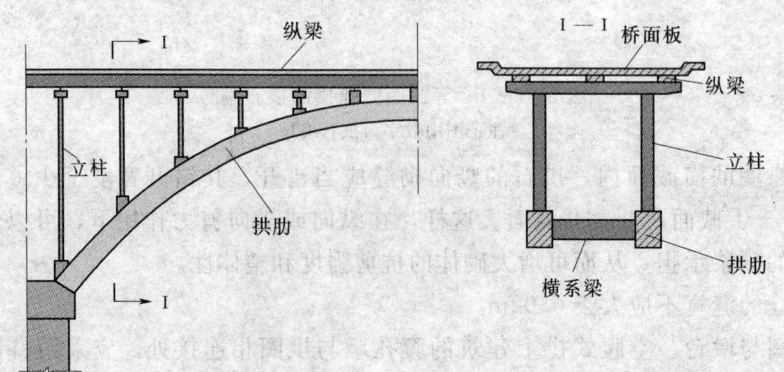

图 3-2-5　肋拱桥桥型图

在分离的肋拱之间，需设置足够数量和刚度的横系梁，以保证各拱肋的横向稳定性和整体性，可充分发挥钢筋等材料的优势，具有较好的经济性，现已在大中型拱桥中广泛使用。

拱肋是肋拱桥的主要承重结构，其肋数和间距以及拱肋的截面形式主要根据桥梁宽度、所用材料、施工方法与经济性等方面综合考虑决定。

拱肋的截面形式，根据跨度大小和载重等级，可以选用实体矩形、工字形、箱形、管形等，如图 3-2-6 所示。

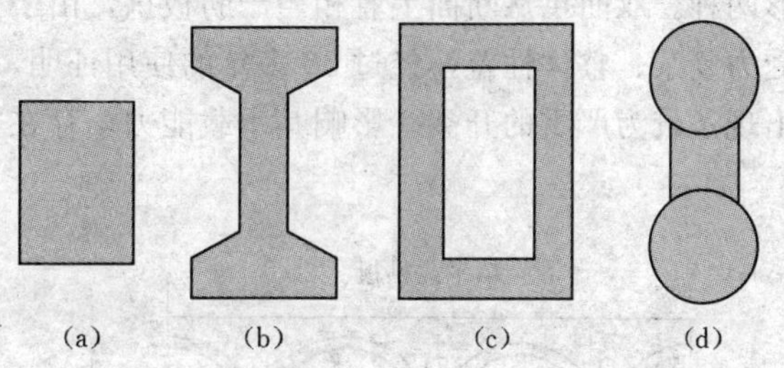

图 3-2-6 肋拱拱肋截面形式

矩形截面具有构造简单、施工方便等优点，一般仅用于中小跨径的肋拱。工字形截面由于截面核心距比矩形截面大，具有更大的抗弯能力，适合于拱内弯矩更大的场合，因而常用于大中跨径的肋拱桥。箱形截面肋拱的构造及特点与箱形拱基本相同。

管形肋拱是指采用钢管混凝土结构作为拱肋的拱桥，一般有单管式、双管式（哑铃形）和四管式（梯形、矩形），如图 3-2-7 所示。钢管混凝土具有强度高、重量小、塑性好、耐疲劳和抗冲击等优点，已广泛使用在中、下承式拱桥。

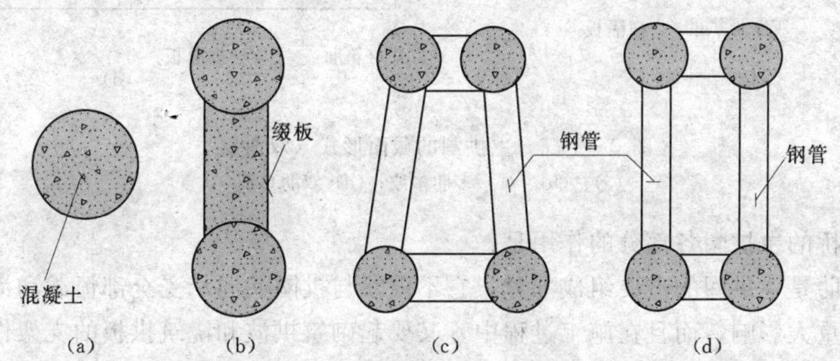

图 3-2-7 钢管混凝土拱肋形式

钢筋混凝土肋拱桥与板拱桥相比，优点在于：能较多地节省混凝土用量，减轻拱体重量。相应的，桥墩桥台的工程量也减少。同时随着恒载对拱肋内力的影响减小，活载影响相应增大，钢筋可以较好地承受拉应力，这样就能充分发挥建筑材料的作用。而且跨越能力也较大。它的缺点是比混凝土板拱用的钢筋数量多，施工较复杂。

三、双曲拱桥

双曲拱桥的主拱圈由拱肋、拱波、拱板和横向联系等几部分组成。这种拱桥结构充分利用了预制装配的优点，可以不要拱架，节省材料，施工进度快，所耗费的钢材也不多，因此在它出现之后，很快得到了广泛采用。双曲拱主拱圈的特点是先化整为零，再集零为整，以适应无支架施工和无大型起吊机具的情况。施工时先将拱圈划分为拱肋、拱波、拱板及横向联系四部分，并预制拱肋、拱波和横向联系（梁板），即化整为零；然后吊装钢筋混凝土拱肋成拱，并与横向联系构件组成拱形框架，再在拱肋间安装拱波，随后浇筑拱板混凝土，形成主拱圈，即集零为整。如图 3－2－8 所示，拱肋断面分为倒 T 形、L 形、工字形、槽形以及开口箱等。拱波一般为预制圆弧板，厚 60～80mm，跨度由拱肋间距而定。横向联系有系梁式和横隔板式两种。拱板采用混凝土现浇，使拱肋、拱波结合成整体，拱板分填平式和波形两种。双曲拱从断面上看相当于肋板拱，由于它是由几部分按一定顺序组合而成，其截面受力复杂、整体性差，经过 30 多年的使用证明，这种桥型还存在一些问题，不少双曲拱都出现了较为严重的开裂，影响其承载能力，存在安全隐患，目前新建拱桥已很少采用。

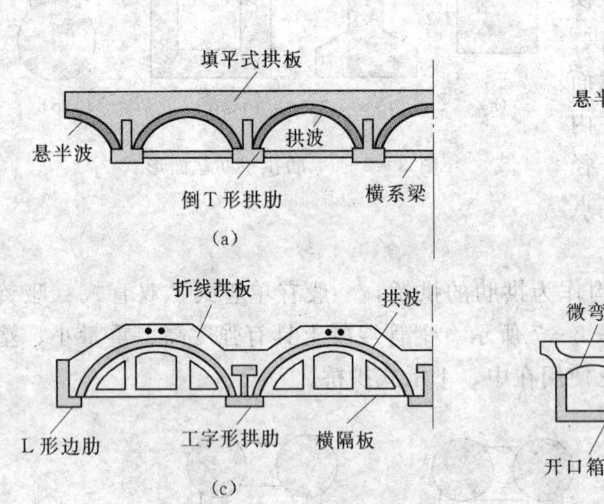

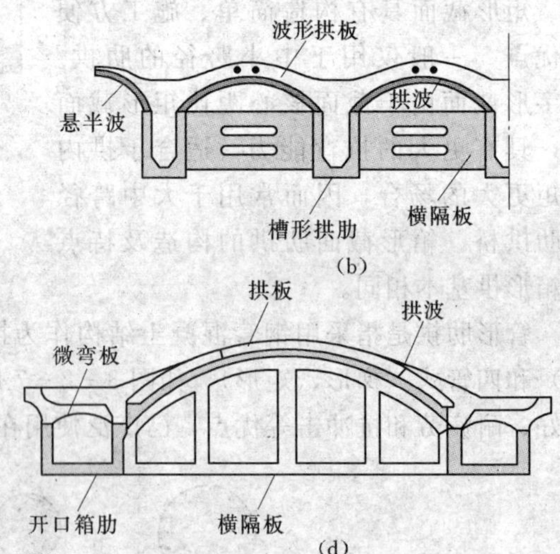

图 3－2－8　主拱圈的截面形式（双曲拱）
(a)、(b)、(c) 多肋多波；(d) 双肋单波

双曲拱桥的主拱圈各部分的作用是：

(1) 拱肋是主拱圈的重要组成部分，它不仅参与拱圈共同承受全部恒载和活载，对主拱圈质量有重大影响，而且在施工过程中，又要起砌筑拱波和浇筑拱板的支架作用。因此必须保证拱肋具有足够的强度和刚度。特别是采用无支架施工的双曲拱，还需保证拱肋具有足够的纵向和横向稳定性。

(2) 拱波不仅是参与主拱圈共同承受荷载的组成部分，而且在浇筑拱板混凝土时，它又起到模板的作用。

(3) 拱板在拱圈截面中占有最大比重，而且现浇混凝土拱板又将拱肋、拱波连成整体，实现“集零为整”。因此，拱板在加强拱圈整体性方面起着重要的作用。

(4) 横向联系常用的型式是横系梁和横隔板，通常布置在拱顶、腹孔墩下面、分段吊装的拱肋接头处等，间距一般为 3～5m。考虑到横向联系在拱顶附近作用更为明显，因此在拱顶部分（或在整个拱顶实腹区段）可适当加密。对于跨径较小的宽桥，拱顶部分的横向联系更应特别加强。

四、箱形拱

大跨径拱桥的主拱圈可以采用箱形截面。为了采用预制装配的施工方法，在横向将拱

圈截面划分成多条箱肋，在纵向将箱肋分段，预制各箱肋段，待箱肋拼装成拱后，再现浇混凝土把各箱肋连成整体，形成箱形拱截面。箱形拱的主要特点是：

(1) 截面挖空率大。挖空率可达全截面的50%～60%，因此与板拱相比，可节省大量圬工体积，减小重量。

(2) 箱形截面的中性轴大致居中，对于抵抗正负弯矩具有几乎相等的能力，能较好地满足主拱圈各截面承受正负弯矩的需要。

(3) 由于是闭合空心截面，抗弯和抗扭刚度大，拱圈的整体性好，应力分布较均匀。

(4) 单条拱肋刚度较大，稳定性较好，能单箱肋成拱，便于无支架吊装。

(5) 预制构件的精度要求较高，吊装设备较多，适用于跨径在50m以上的大跨径拱桥的修建。

箱形拱的拱圈，可以由一个闭合箱（单室箱）或由几个闭合箱（多室箱）组成。每一个闭合箱又由箱壁（侧板）、顶板（盖板）、底板及横隔板组成（图3-2-9）。

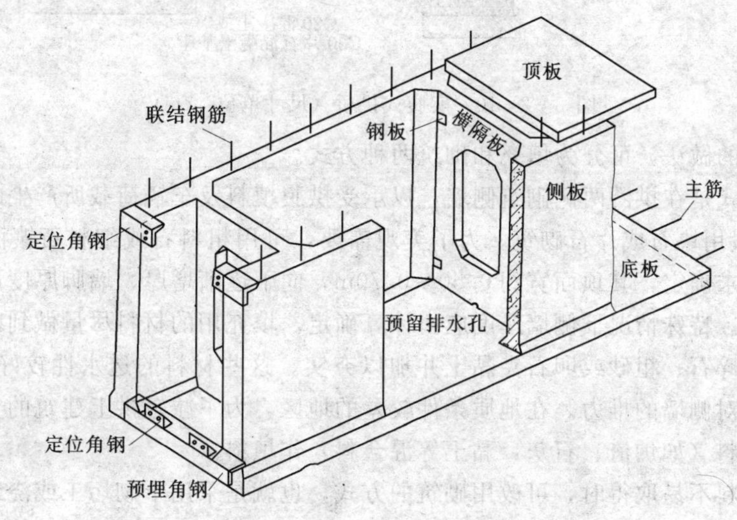

图3-2-9 箱形拱闭合箱的构造

预制安装的步骤，一般是先浇底板混凝土，然后把预制的横隔板按设计位置立在底板上，再安装箱壁模板，浇筑箱壁混凝土，构成上形开口箱（图3-2-9）。将分段预制的拱箱依次吊装合龙成拱后，按设计要求处理拱箱接头。再浇筑两箱间的联结混凝土，安装预制混凝土盖板（或微弯板），由于盖板与拱箱之间的接触面是一抗剪薄弱面，除填缝混凝土应与拱板混凝土一起浇筑外，宜在拱箱之间的空缝内每隔0.5m预埋一根抗剪钢筋（两端应设半圆弯钩）。以下可进行最后一道工序——浇筑顶面（拱板）混凝土，为了增强拱圈的整体性及抵抗混凝土的收缩作用，拱板内宜铺设直径为8～10mm、间距为0.20m×0.20m的钢筋网。这样就建成了箱形拱圈。

第二节 拱上建筑的构造

拱上建筑分为实腹式和空腹式两大类。

一、实腹式拱上建筑

实腹式拱上建筑由侧墙、拱腹填料、护拱以及变形缝、防水层、泄水管和桥面等部分组成（图 3-2-10）。实腹式拱桥一般适用于小跨径的板拱桥。

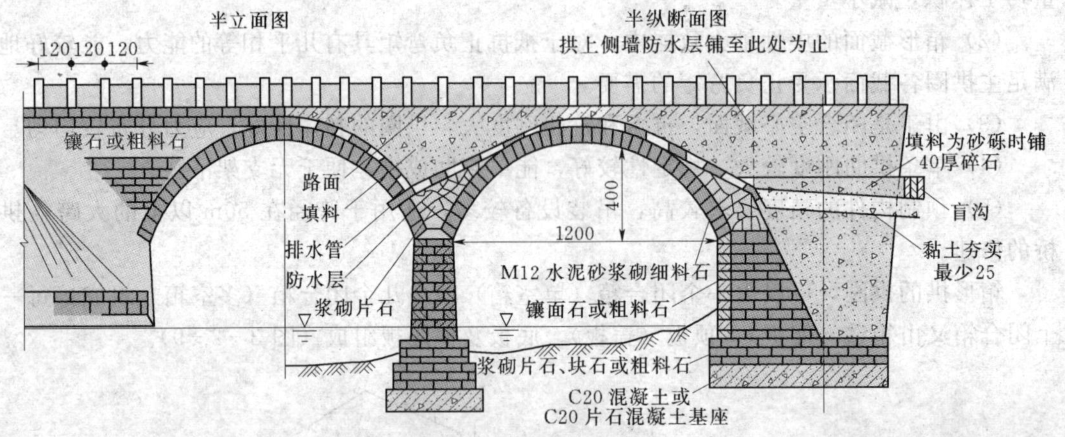

图 3-2-10 实腹式拱桥（尺寸单位：cm）

拱腹填料的做法，可分为填充和砌筑两种方式。

填充的方式是在拱圈两侧砌筑侧墙，以承受拱腹填料及车辆荷载所产生的侧压力（推力）。侧墙一般用块石或片石砌筑。为了美观需要，可用粗料石或细料石镶面。侧墙厚度一般按构造要求确定，其顶面宽约 0.50～0.70m，向下逐渐增厚，墙脚厚度可以采用侧墙高度的 0.4 倍。特殊情况下侧墙厚度应由计算确定。填充用的材料尽量做到就地取材，通常采用砾石、碎石、粗砂或卵石夹黏土并加以夯实。这些材料的透水性较好，成本较低，而且还能减小对侧墙的推力。在地质条件较差的地区，为了减轻拱上建筑的重量，可以采用其他轻质材料（如炉渣、石灰，黏土等混合料）作填料。

当填充材料不易取得时，可改用砌筑的方式，也就是采用干砌圬工或浇筑混凝土作为拱腹填料。当用贫混凝土时，往往可以不另设侧墙，而在外露混凝土表面用砂浆饰面或设置镶面。

在多孔拱桥中，为了便于敷设防水层和排出积水，又设置了护拱。护拱一般用现浇混凝土或砌筑块片石修筑。如图中用浆砌片石作的护拱，还起着加强拱圈的作用。

二、空腹式拱上建筑

大、中跨径的拱桥，为减轻自重，采用空腹式拱上建筑为宜。空腹式拱上建筑除具有与实腹式拱上建筑相同的构造外，还具有腹孔和腹孔墩。空腹式拱上建筑由多孔腹孔结构和桥面组成。腹孔结构又分为拱式腹孔和梁式腹孔，因此空腹式拱上建筑又分为拱式和梁式两种，如图 3-2-11 所示。

腹拱的拱圈，可以采用石砌、混凝土预制或现浇的圆弧形板拱。为了减轻重量，也可以采用双曲拱、微弯板和扁壳等各种型式的轻型腹拱。

（一）拱式拱上建筑

拱式拱上建筑构造简单，外形美观，但重量较大，一般多用于圬工拱桥。如图 3-2-

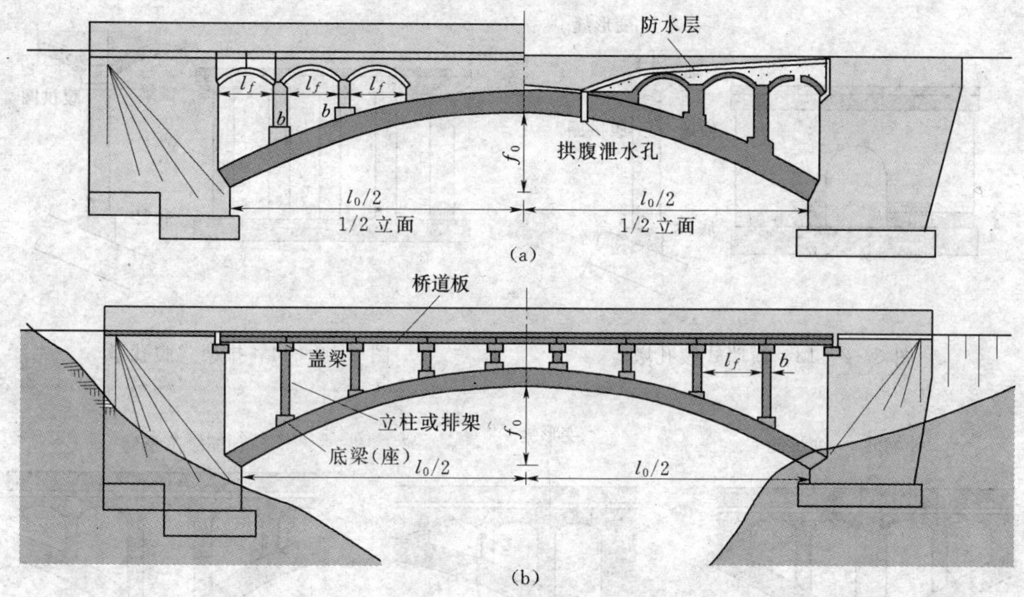

图 3-2-11 空腹式拱桥

(a) 拱式腹拱；(b) 梁式腹拱

12 所示，腹孔对称布置，每半跨的腹孔总长不宜超过主拱跨径的 1/4～1/3。其腹拱跨径一般可选用 2.5～5.5m，也不宜大于主拱圈的 1/8～1/15，比值随主拱圈跨径的增大而减小。腹拱宜做成等跨的，以利于腹拱墩的受力和方便施工。

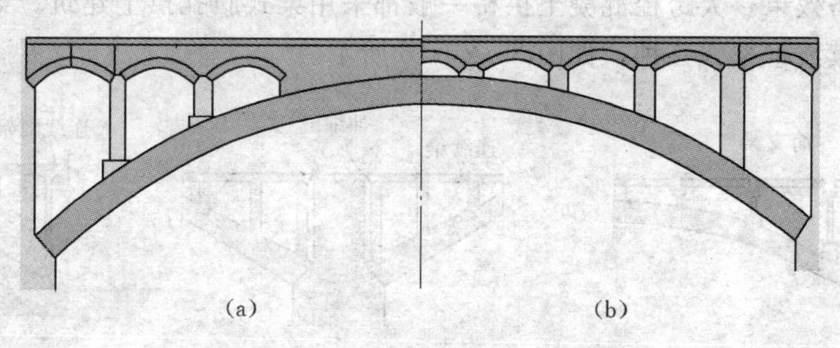

图 3-2-12 拱式拱上建筑

(a) 带实腹段的空腹拱；(b) 全空腹拱

腹孔墩由底梁、墩身和墩帽组成。腹孔墩可采用横墙式或排架式两种，如图 3-2-13 和图 3-2-14 所示。

腹孔与墩台连接的两种做法：一种是直接支承在墩台上；另一种是跨过墩顶，使桥墩两侧的腹孔相连，如图 3-2-15 所示。

腹孔圈在拱上建筑需要设置伸缩缝或变形缝的地方应设铰（三铰或两铰），其余均为无铰拱。

（二）梁式拱上建筑

采用梁式腹孔拱上建筑，可使桥梁造型轻巧美观，减小拱上重量和地基承压力，以便

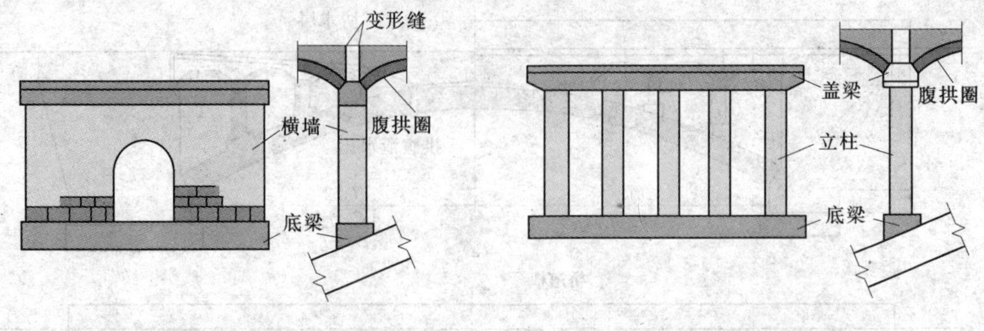

图 3-2-13 横墙式腹孔墩　　　　图 3-2-14 排架式腹孔墩

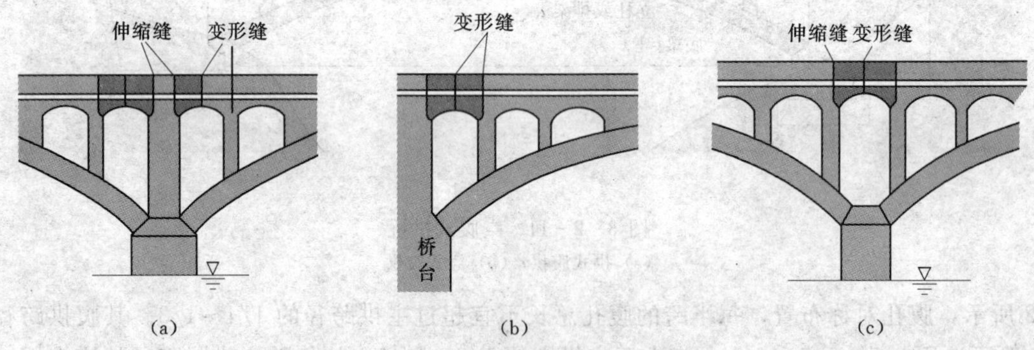

图 3-2-15 腹拱与墩（台）的连接

获得更好的经济效果。大跨径混凝土拱桥一般都采用梁式腹孔拱上建筑。梁式腹孔结构又分为简支、连续或框架式三种，如图 3-2-16 所示。

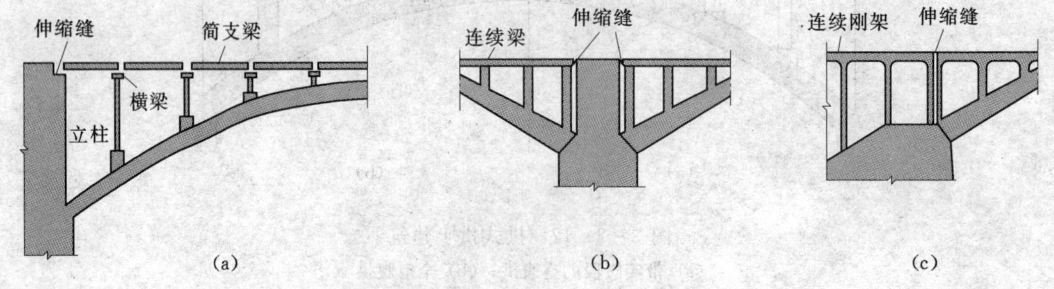

图 3-2-16 梁式拱上建筑

(1) 简支腹孔（纵铺桥道板梁）。简支腹孔由底梁、立柱、盖梁和纵向简支桥梁板组成。这种形式的结构体系简单，基本上不存在拱与拱上结构的联合作用，受力明确，是大跨径拱桥拱上建筑主要采用的形式［图 3-2-16（a）］。

(2) 连续腹孔（横铺桥道板梁）。连续腹孔由立柱、纵梁、实腹段垫墙及桥道板组成。即在拱上立柱上设置连续纵梁，然后再在纵梁上和拱顶段垫墙上设置横向桥道板，形成拱上传载结构［图 3-2-16（b）］。这种形式主要用于肋拱桥，其特点是桥面板横置拱顶上只有一个板厚（含垫墙）及桥面铺装厚度，使建筑高度很小，适合于建筑高度受限制的拱桥。

(3) 框架腹孔。框架腹孔在横桥向根据需要设置多片，每片之间通过系梁形成整体[图 3-2-16 (c)]。

第三节 拱桥的其他细部构造

一、拱上填料、桥面及人行道

拱上建筑中的填料，一方面能起到扩大车辆荷载分布面积的作用，另一方面还能够减小车辆荷载对拱圈的冲击作用，但同时也增加了拱桥的恒载重量。现行《公路桥涵设计通用规范》(JTG D60—2004) 规定，当拱上填料厚度（包括桥面铺装层厚度）等于或大于 500mm 时，设计计算中不计汽车荷载的冲击力。

拱桥桥面、行车道、人行道及栏杆部分其构造与梁桥相似。

二、伸缩缝与变形缝

为了使结构的计算图式与实际受力情况相符合，避免拱上建筑不规则开裂，影响桥梁的安全使用，除在设计计算上应作充分考虑外，还需在构造上采取必要的措施。因此，通过设置伸缩缝及变形缝来使拱上建筑与墩台分离，并使拱上建筑和主拱圈一起自由变形。

伸缩缝缝宽 20～30mm，其缝内填料可用锯末沥青按 1∶1 的质量比制成预制板，在施工时嵌入，并在上缘设置既能活动又不透水的覆盖层，也可以采用沥青砂等其他材料填塞伸缩缝。

变形缝不留缝宽，其缝可用干砌或用油毛毡隔开。

实腹式拱桥的伸缩缝通常设在两拱脚的上方，并需在横桥方向贯通全宽和侧墙的全高及至人行道构造。目前多将伸缩缝做成直线形（图 3-2-17），以使构造简单，施工方便。

图 3-2-17 实腹式拱的伸缩缝

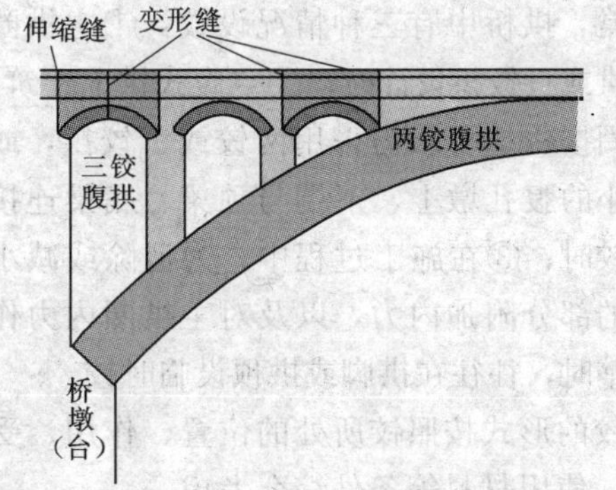

图 3-2-18 拱式腹孔的伸缩缝与变形缝

拱式拱上结构的空腹式拱桥，一般将紧靠桥墩（台）的第一个腹拱圈做成三铰拱，并在靠墩台的拱铰上方的侧墙上，也相应地设置伸缩缝，在其余两铰上方的侧墙，可设变形缝。在大跨径拱桥中，根据温度变化情况和跨径长度，必要时还需将靠近拱顶的腹拱圈或其他腹拱也做成两铰拱或三铰拱。拱铰上面的侧墙也需相应地设置变形缝，以便使拱上建筑更好地适应主拱圈的变形，如图 3-2-18 所示。

三、防水

排水和防水的作用是将雨水及时排出，保证结构耐久性。

拱桥桥面纵向排水、排除桥面雨水的构造与梁桥相同。

透过桥面铺装渗入到拱腹内的雨水，应由防水层汇聚于预埋在拱腹内的泄水管排出。防水层的铺设如图 3-2-19 所示。

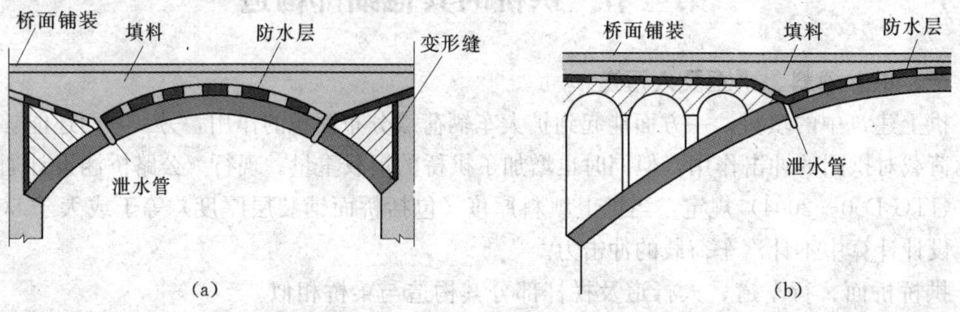

图 3-2-19　渗入水的排除

实腹式拱桥防水层应沿拱背护拱、侧墙铺设。单孔桥不设泄水管，积水沿防水层流至两个桥台后面的盲沟排出路堤，多孔拱桥，在 1/4 跨径处设泄水管。

空腹式拱桥中带实腹段的拱式腹拱桥，防水层沿腹拱上方和主拱圈实腹段的拱背铺设，泄水管宜布置在 1/4 跨径附近。

泄水管可以采用铸铁管、混凝土管、陶（瓦）管或塑料管。

防水层在全桥范围内不宜断开，当通过伸缩缝或变形缝处应妥善处理，使其既能防水又可以适应变形，其构造如图 3-2-20 所示。

四、拱铰

通常，拱桥中有三种情况设铰：①主拱圈按两铰拱或三铰拱设计时；②空腹式拱上建筑，其腹拱圈按构造要求需采用两铰或三铰拱，或高度较小的腹孔墩上、下端与顶梁、底梁连接处需设铰时；③在施工过程中，为消除或减小主拱圈的部分附加内力，以及对主拱圈内力作适当调整时，往往在拱脚或拱顶设临时铰。

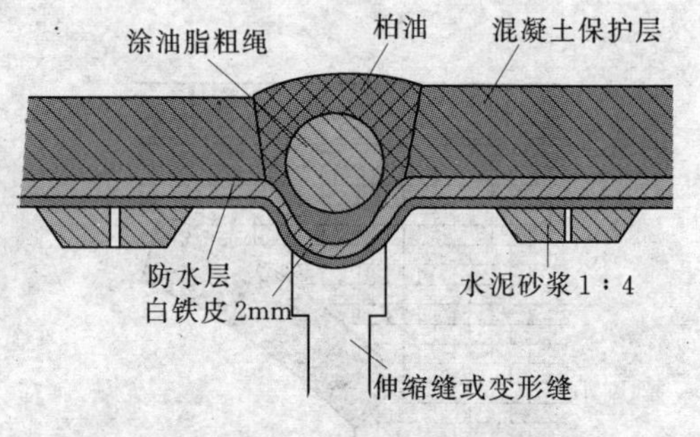

图 3-2-20　伸缩缝处的防水层

拱铰的形式按照铰所处的位置、作用、受力大小、使用材料等条件综合考虑。

目前，常用的拱铰形式有弧形铰、铅垫铰、不完全铰、平铰、钢铰。

（一）弧形铰

弧形铰一般用钢筋混凝土、混凝土、石料等做成。如图 3-2-21 所示，它由两个具有不同半径弧形表面的块件组成，一个为凹面（半径为 R_2），一个为凸面（半径为 R_1）R_2 与 R_1 的比值常在 1.2～1.5 范围内取用。铰的宽度应等于构件的全宽，沿拱轴线的长度取为拱厚的 1.15～1.20 倍。主要用于主拱圈的拱铰。

（二）铅垫铰

中小跨径的板拱或肋拱，可以采用铅垫铰，如图 3-2-22 所示。铅垫铰用厚度 15～

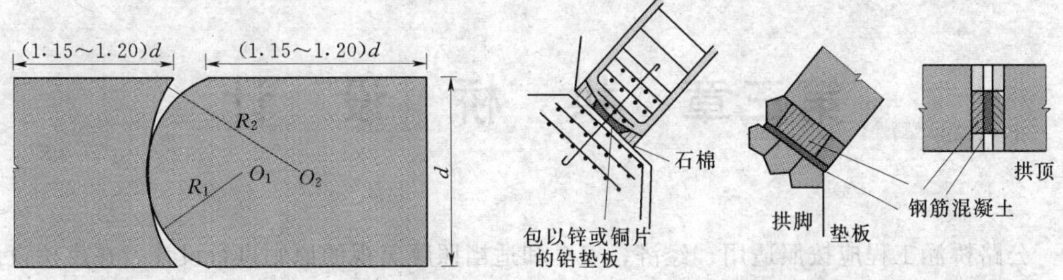

图 3-2-21　弧形铰　　　　图 3-2-22　铅垫铰

20mm 的铅垫板外部包以锌、铜（10～20mm）薄片做成。垫板宽度为拱圈厚度的 1/4～1/3，在主拱圈的全部宽度上分段设置。铅垫铰也可用作临时铰。

（三）不完全铰

对于小跨径或轻型的拱圈以及空腹式拱桥的腹孔墩（柱）铰，常用不完全铰。图 3-2-23（a）所示为小跨径拱圈的不完全铰，由于拱圈截面急剧减小，保证了该截面的转动功能。在施工时拱圈不断开，使用时又能起铰的作用。由于截面突然变小而使其应力很大，容易开裂，故必须配以斜钢筋，斜钢筋应根据总的纵向力及剪力来计算。图 3-2-23（b）、（c）所示为墩柱的不完全铰，由于该处截面减小（一般为全截面的 1/5～1/3），因此，可以保证支承截面的转动需要，承截面应按照局部承压进行设计和计算。

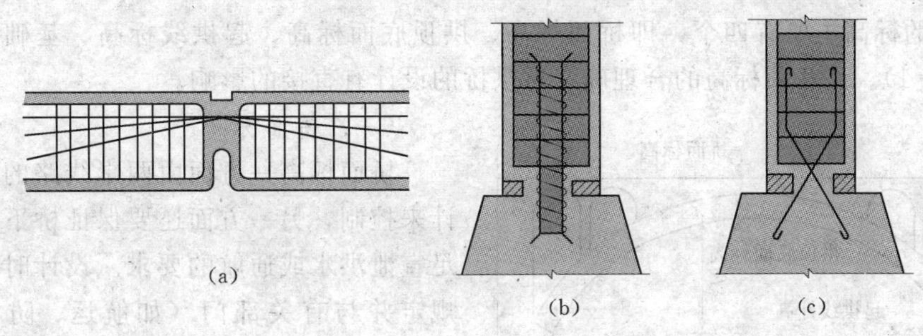

图 3-2-23　不完全铰

（四）平铰

对空腹式的腹拱圈，由于跨径较小，可以采用构造简单的平铰（图 3-2-24）。平铰就是构件两端平面相接，其接缝间可用强度等级低的砂浆，也可垫衬油毛毡或直接干砌。

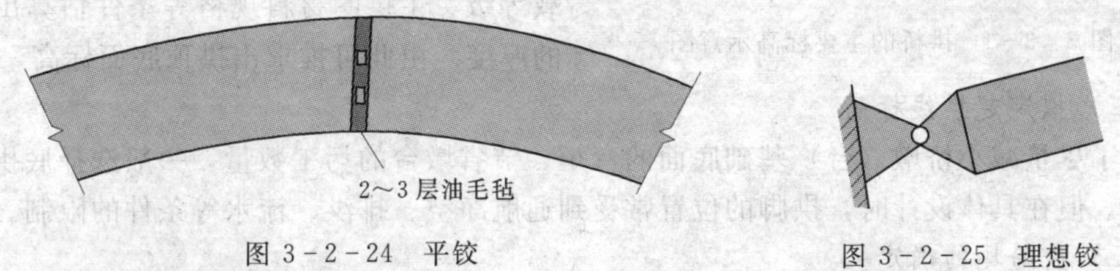

图 3-2-24　平铰　　　　图 3-2-25　理想铰

（五）钢铰

钢铰通常做成理想铰（图 3-2-25）。钢铰除用于少数有铰钢拱桥的永久性铰结构外，更多的是用于施工需要的临时铰。

第三章 拱 桥 设 计

公路桥涵工程应按照适用、经济、安全和适当照顾美观的原则进行设计。在拱桥设计中，如何根据这些原则，结合实际情况，具体地、合理地进行设计，就是本章所要研究解决的主要问题。

第一节 拱桥的总体布置

在通过必要的桥址方案比较，确定了桥位之后，再根据当地水文、地质等具体情况，合理地拟定桥梁的长度、跨径、孔数、桥面标高、主拱圈的矢跨比等，是拱桥总体布置的主要内容。有关确定桥长和桥梁分孔的一般原则，在第一篇第二章中桥梁纵断面设计部分已作了介绍，这里只进一步阐明在具体设计拱桥中如何确定设计标高和矢跨比等问题。

一、确定桥梁的设计标高和矢跨比

拱桥的标高主要有四个，即桥面标高、拱顶底面标高、起拱线标高、基础底面标高（图 3-3-1）。这几项标高的合理确定对拱桥的设计有直接的影响。

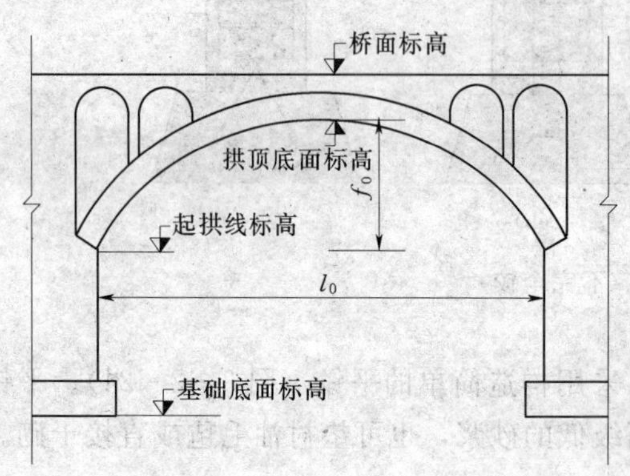

图 3-3-1 拱桥的主要标高示意图

（一）桥面标高

桥面标高一方面由两岸线路的纵断面设计来控制，另一方面还要保证桥下净空能满足宣泄洪水或通航的要求。设计时需按有关规定并与有关部门（如航运、防洪、水利等）商定。当桥面标高确定后，由桥面标高减去拱顶填料厚度（一般包括路面厚度在内为 0.30～0.50m），就可得到拱顶上缘（拱背）的标高。随之就可以根据跨径大小、荷载等级、主拱圈材料规格等条件估算出拱圈的厚度。由此可推求出拱顶底面标高。

（二）拟定起拱线标高

为了尽量减小桥墩（台）基础底面的弯矩、节省墩台的圬工数量，一般选择底拱脚设计方案。但在具体设计时，拱脚的位置常受到通航净空、排洪、流水等条件的限制。

（三）矢跨比的确定

拱桥主拱圈矢跨比是设计拱桥的主要参数之一。它的大小不仅影响拱圈内力的大小，而且也影响到拱桥的构造型式和施工方法的选择。计算表明，恒载的水平推力与垂直反力之比值，随矢跨比的减小而增大。当矢跨比减小时，拱的推力增大；反之则推力减小。众

所周知，推力大，相应地在拱圈内产生的轴向力也大，对拱圈自身的受力状况是有利的，但对墩台基础不利。同时，当拱圈受力后因其弹性压缩，或因温度变化、混凝土收缩或因墩台位移等原因，都会在无铰拱的拱圈内产生附加的内力，而拱愈坦（即矢跨比越小），附加内力越大。当拱的矢跨比过大时，拱脚区段过陡，给拱圈的砌筑或混凝土浇筑带来困难。另外，拱桥的外形是否美观，与周围景物能否协调等也与矢跨比有很大关系。因此在设计时，矢跨比的大小应经过综合比较后进行选定。

通常，对于砖、石、混凝土板拱桥及双曲拱桥，矢跨比一般为1/4～1/6，不宜超过1/8；箱形拱桥的矢跨比一般为1/6～1/8；圬工拱桥的矢跨比一般都不宜小于1/10。

（四）基础底面标高

主要根据冲刷深度、地质情况及地基承载力确定，确定具体方法见第五篇桥梁基础部分。

二、不等跨连续拱桥的处理方法

多孔连续拱桥最好选用等跨分孔的方案。但在受地形、地质、通航等条件的限制，或引桥很长，考虑与桥面纵坡协调一致时，或在桥梁的美观有特殊要求（如城市或风景区的桥梁）时，可以考虑采用不等跨的分孔，如一座跨越水库的拱桥，全长376m，谷底至桥面最高处达80余米。根据地形、地质条件和技术经济比较等综合考虑后，以采用不等跨分孔为宜。

不等跨拱桥，由于相邻孔的恒载推力不相等，使桥墩和基础增加了恒载的不平衡推力。在采用柔性墩的多孔连续拱桥中，还需考虑恒载不平衡推力产生的连拱作用，使计算和构造复杂。图3-3-2为不等跨分孔的拱桥桥型图。为了减小这个不平衡推力，改善桥墩、基础的受力状况，节省材料和造价，可采用以下措施。

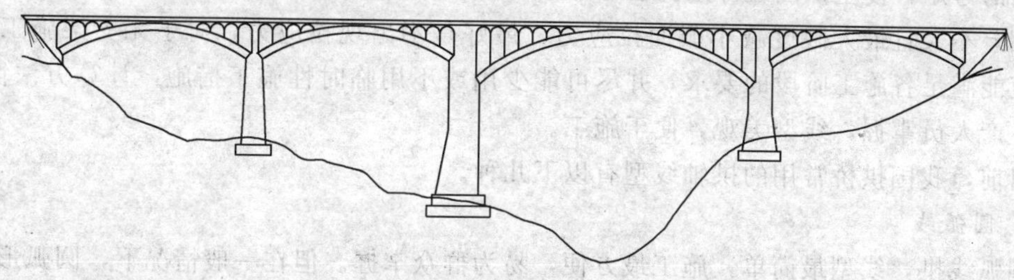

图3-3-2 不等跨分孔的拱桥桥型图

（1）采用不同的矢跨比。利用在跨径一定时矢跨比与推力大小成反比的关系，在相邻两孔中，大跨径用较陡的拱（矢跨比较大），小跨径用较坦的拱（矢跨比较小），使两相邻孔在恒载作用下的不平衡推力尽量减小。

（2）采用不同的拱脚标高。由于采用了不同的矢跨比，致使两相邻孔的拱脚标高不在同一水平线上。因大跨径孔的矢跨比大，拱脚降低，减小了拱脚水平推力对基底的力臂，这样可以使大跨与小跨的恒载水平推力对基底所产生的弯矩得到平衡。但因拱脚不在同一水平，使桥梁外形欠美观，构造也稍复杂。

（3）调整拱上建筑的恒载重量。在必须使（如美观要求等）相邻孔的拱脚放置在相同（或相接近）的标高上时，也可通过调整拱上建筑的重量来减小相邻孔间的不平衡推力。

于是大跨径可用轻质的拱上填料或空腹式拱上建筑，小跨径用重质的拱上填料或实腹式拱上建筑，以改变恒载重量来调整拱桥的恒载水平推力。

在这三种措施中，从桥梁外观考虑，以第三种为好，在具体设计时，也可以将几种措施同时采用。如果仍不能达到完全平衡推力的目的，则需设计成体型不对称的或加大尺寸的桥墩和基础来加以解决。

第二节 拱轴线的选择

从结构力学中已经知道，拱轴线的形状不仅直接影响着拱圈的内力分布及截面应力的大小（拱圈的承载能力），而且它与结构的耐久性（开裂影响）、经济合理性和施工安全性等都有密切的关系。因此。在拱桥设计中，选择合适的拱轴线型是一个需要解决的重要课题。

选择拱轴线的原则，就是要尽可能降低由于荷载产生的弯矩数值。最理想的拱轴线（合理拱轴线）是与拱上各种荷载作用下的压力线相吻合，这时拱圈截面只受轴向压力，而无弯矩作用，借以能充分利用圬工材料的抗压性能。但事实上是不可能获得这样的拱轴线的，因为除恒载外，拱圈还要受到活载、温度变化和材料收缩等因素的作用。当恒载压力线与拱轴线吻合时，在活载作用下就不再吻合。然而我们知道，公路拱桥的恒载占全部荷载的比重较大。因此一般说来，以恒载压力线作为设计拱轴线，可以认为基本上是适宜的。但是，就在恒载作用下，拱圈本身的轴线还将因材料的弹性压缩而变形，致使拱圈的实际压力线与原来设计所采用的拱轴线，仍会发生偏离。因此在拱桥设计时，要选择一条能够使恒载作用下的截面弯矩都为零的拱轴线，实际上是不可能的。

一般来说，拱桥设计中所选择的拱轴线应满足以下四方面的要求，即要求尽量减小拱圈截面的弯矩，使主拱圈在计入弹性压缩、均匀温降、混凝土收缩等影响下各主要截面的应力相差不大且最大限度减小截面拉应力，最好是不出现拉应力，对于无支架施工的拱桥，应能满足各施工阶段的要求，并尽可能少用或不用临时性施工措施，计算方法简便，易为生产人员掌握，线型美观，便于施工。

目前，我国拱桥常用的拱轴线型有以下几种。

1. 圆弧线

圆弧线拱，线型最简单，施工最方便，易为群众掌握。但在一般情况下，圆弧形拱轴线与恒载压力线偏离较大，使拱圈各截面受力不够均匀。因此圆弧线常用于15～20m以下的小跨径拱桥。对于大跨径的预制装配式钢筋混凝土拱桥，有时为了简化施工，也有采用圆弧形拱轴线的。

2. 悬链线

实腹式拱桥的恒载强度（单位长度上的重量），从拱顶向拱脚是均匀增加的，这种荷载分布图式的拱圈的压力线是一条悬链线。因此，实腹式拱桥采用悬链线作拱轴线，在恒载作用下，当不计拱圈由恒载弹性压缩产生的影响时，拱圈截面将只承受中心压力而无弯矩。

对于空腹式拱桥，由于拱上建筑的形式发生了变化，恒载强度从拱顶到拱脚不再是均匀增大的，其相应的恒载压力线也不再是悬链线，而是一条在腹孔墩处有转折点的多段曲线。如仍用相应的悬链线作拱轴线时，恒载压力线与拱轴线将有偏离。理论分析证明，这

种偏离对拱圈控制截面的内力是有利的。又由于用悬链线作拱轴线，对各种空腹型式的拱上建筑的适应性较强，并且已有现成的完备的计算图表可供利用，因此，为了设计的方便起见，空腹式拱桥也广泛采用悬链线作为拱轴线。所以，悬链线是目前我国大、中跨径拱桥采用最普遍的拱轴线型。

3. 抛物线

由结构力学可知，在竖向均布荷载作用下，拱的合理拱轴线是二次抛物线。对于恒载强度比较接近均布的拱桥，例如矢跨比较小的空腹式钢筋混凝土拱桥，往往可以采用二次抛物线作为拱轴线。

近年来广泛采用的钢筋混凝土桁架拱和刚架拱等轻型拱上结构的拱桥，由于恒载分布较均匀，因此用二次抛物线作为这类轻型拱桥的拱轴线也是合宜的。

第三节 拱桥主要尺寸的拟定

(一) 主拱圈的宽度确定

拱圈的宽度，决定于桥面的宽度（行车道宽度和人行道宽度之和）。一般均大于$\frac{1}{20}L$，如拱圈的宽度小于$\frac{1}{20}L$，则应验算拱圈的横向稳定性。

中、小跨径拱桥的栏杆（约宽 15～25cm），一般布置在人行道块件的悬出部分，如图 3-3-3 (a) 所示。

在大跨径拱桥中，为了减小主拱圈的宽度，可将人行道布置在钢筋混凝土悬臂梁上，如图 3-3-3 (d) 所示，或做成钢筋混凝土悬臂人行道，如图 3-3-3 (b)、(c) 所示。

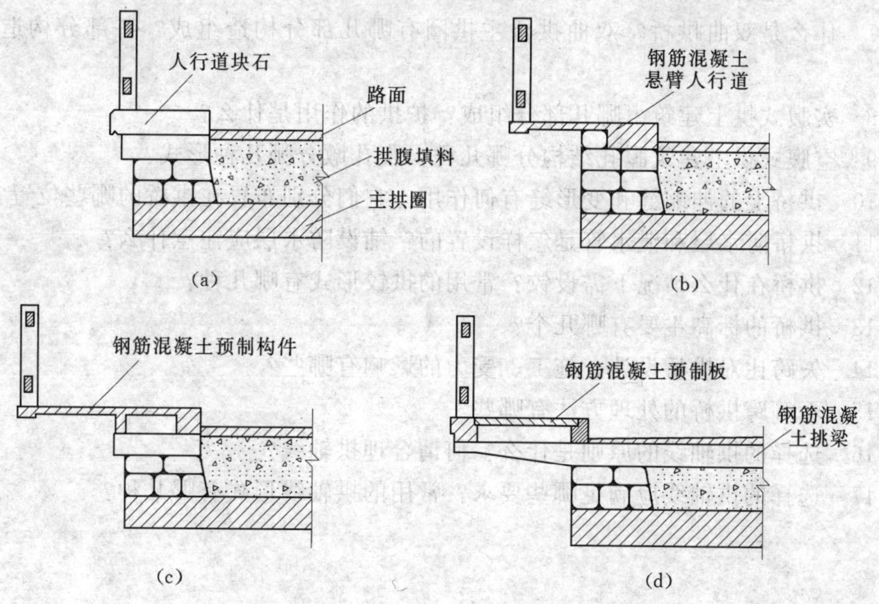

图 3-3-3 拱圈宽度的确定及人行道的布置

（二）石拱桥主拱圈高度的拟定

（1）中小跨径石拱桥拱圈厚度的估算公式

$$d = mk\sqrt[3]{l_0}$$

式中　l_0——主拱圈净跨径，cm；

d——主拱圈高度，cm；

m——系数，一般取4.5～6，取值随矢跨比的减小而增大；

k——荷载系数，一般取1.2。

（2）大跨径石拱桥拱圈厚度的估算公式

$$d = m_1 k(L_0 + 20)$$

式中　m_1——系数，一般为0.016～0.02，跨径越大，矢跨比越小，系数值越大；

L_0——拱桥净跨径，m；

其他符号同前。

思　考　题

3-1　拱桥与梁桥的不同之处有哪些？

3-2　拱桥的优缺点有哪些？

3-3　名词解释以下桥梁术语：拱上建筑、起拱面、起拱线、拱轴线、拱顶、拱背、拱腹、陡拱、坦拱、双曲拱桥。

3-4　拱桥按不同的分类方法分别分为哪几种类型？

3-5　砌筑石拱圈时，构造上应满足哪些要求？

3-6　什么是肋拱桥？肋拱桥与板拱桥相比其特点是什么？

3-7　什么是双曲拱桥？双曲拱桥主拱圈有哪几部分构造组成？各部分构造都有何作用？

3-8　实腹式拱上建筑由哪几部分组成？护拱的作用是什么？

3-9　空腹式拱上建筑腹孔结构分哪几种？腹孔墩分哪几种形式？

3-10　拱桥上的伸缩缝和变形缝有何作用？它们分别布置在拱桥的哪些位置？

3-11　拱桥防水层和泄水管是怎样设置的？铺设防水层应注意什么？

3-12　拱桥在什么情况下需设铰？常用的拱铰形式有哪几种？

3-13　拱桥的标高主要有哪几个？

3-14　矢跨比对拱桥设计、施工、受力的影响有哪些？

3-15　不等跨拱桥的处理方法有哪些？

3-16　选择的拱轴线的原则是什么？何谓合理拱轴线？

3-17　选择的拱轴线应满足哪些要求？常用的拱轴线形式有哪几种？

第四篇　桥梁墩、台构造

第一章　概　述

墩、台是桥梁的重要组成部分，称为桥梁的下部结构。它决定着桥跨结构在平面上和高程上的位置，并将荷载传递给地基。桥台使桥梁与路堤相连接，并承受桥头填土的水平土压力，起着挡土墙的作用。桥墩则将相邻两孔的桥跨连接起来。因此，桥梁墩、台不仅本身应具有足够的强度、刚度和稳定性，而且对地基的承载能力、沉降量，地基与基础之间的摩阻力等也都提出一定的要求，以避免在这些荷载作用下有过大的水平位移、转动或者沉降发生。

公路桥梁上常用的墩台形式大体上可以归纳为两大类。

1. 重力式墩、台

重力式墩、台主要由墩台帽、墩台身和基础三部分组成（图 4-1-1）。这类墩、台的主要特点是靠自身重量来平衡外力而保持其稳定。因此，墩、台身比较厚实，可以不用钢筋，而用天然石材或片石混凝土砌筑。

其优点是承载能力大，刚度大，防撞能力强。缺点是圬工体积较大，因而其自重和阻水面积也较大。它适宜建在地基承载力较高、基岩埋深较浅的地基上，适合荷载较大或河流中流冰、漂浮物较多的桥梁。

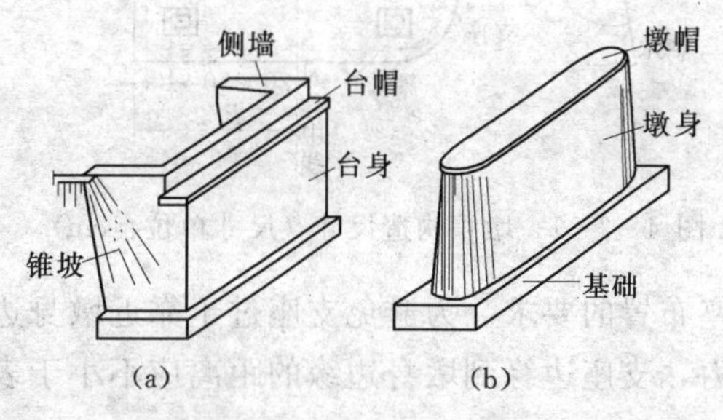

图 4-1-1　重力式墩、台

2. 轻型墩、台

属于这类墩、台的型式很多，而且都有各自的特点和使用条件。选用时必须根据桥位处的地形、地质、水文和施工条件等因素综合考虑确定。一般说来，这类墩、台的刚度小，受力后允许在一定的范围内发生弹性变形。所用的建筑材料大都以钢筋混凝土和少量配筋的混凝土为主，但也有一些轻型墩、台，通过验算后，可以用石料砌筑。

第二章 桥 墩 构 造

第一节 梁 桥 桥 墩

一、重力式桥墩

重力式桥墩由墩帽、墩身和基础三部分组成。

1. 墩帽

墩帽是桥墩顶端的传力部分，它通过支座承托上部结构，并将相邻两孔桥上的恒载和活载传给墩身。墩帽一般用不低于20号的混凝土筑成，四周应挑出墩身约5～10cm作为滴水（檐口），如图4-2-1所示。

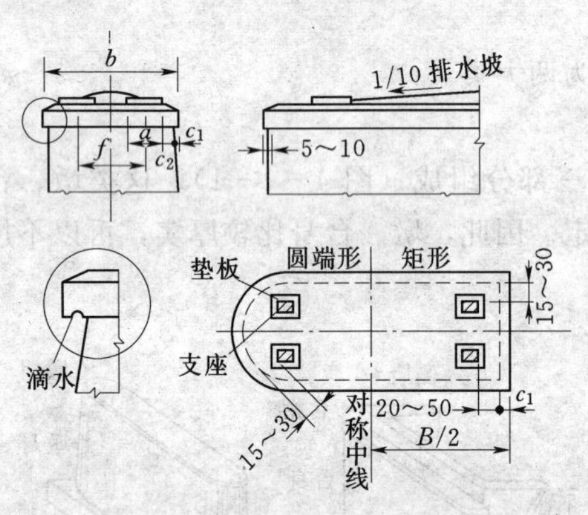

图4-2-1 墩帽构造尺寸（尺寸单位：cm）

墩帽平面尺寸的确定：

顺桥向宽度

$$b \geqslant f + a + 2c_1 + 2c_2$$

横桥向宽度

$$B = \text{两侧主梁间距} + \text{支座横向宽度} + 2c_1 + 2c_2$$

式中 f——桥墩上相邻两跨的支座中心距离；

a——支座顺桥向宽度；

c_1——出檐宽度5～10cm；

c_2——支座边缘到墩台身边缘的最小距离。

梁式桥墩帽的平面尺寸，必须满足结构支座布置的要求。为避免支座过于靠近墩身边缘，造成应力集中，提高混凝土的局部承压能力，支座边缘到墩身边缘的距离应不小于表4-2-1所列的最小距离。

表4-2-1 支座边缘到墩（台）身边缘的最小距离 c_2

桥向 / 跨径 l（m）	纵桥向（cm）	横桥向（cm） 圆弧形端头（自支座边角量起）	横桥向（cm） 矩形端头
$l \geqslant 150$	30	30	50
$50 \leqslant l < 150$	25	25	40
$20 \leqslant l < 50$	20	20	30
$5 \leqslant l < 20$	15	15	20

注 当采用钢筋混凝土或预应力混凝土悬臂墩帽时，可不受本表限制，应以便于施工、养护和更换支座而定。

对于大跨径的桥梁，需在墩顶上设置钢筋混凝土支承垫石，支座要放置在支承垫石上，如图4-2-2所示。

2. 墩身

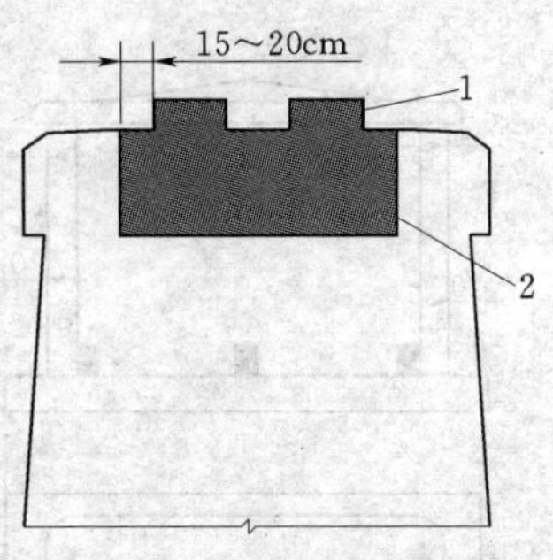

图 4-2-2　墩帽支承垫石

1—支座；2—钢筋混凝土支承垫石

墩身顶宽不小于 80cm，侧坡一般为 20∶1～30∶1，小跨可用直坡。

墩身通常由块石、混凝土或钢筋混凝土这几种材料建造。为了便于水流和漂浮物通过，墩身平面形状可以做成圆端形或尖端形，无水的岸墩或高架桥墩可以做成矩形，在水流与桥梁斜交或流向不稳定时，就宜做成圆形［图 4-2-3（c）］。在有强烈流水或大量漂浮物的河道（冰厚大于 0.5m，流冰速度大于 1m/s）上，桥墩的迎水端应做成破冰棱体［图 4-2-3（e）］，破冰棱可由强度较高的石料砌成，也可以用高标号的混凝土辅之以钢筋加固。

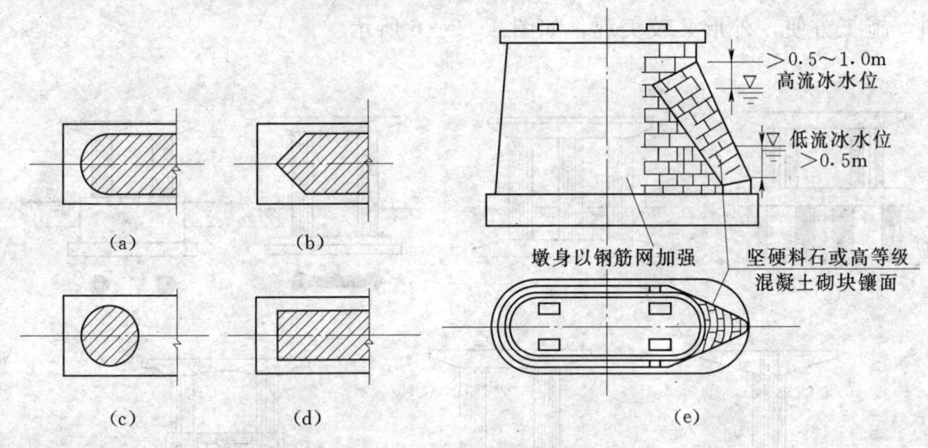

图 4-2-3　墩身平面及破冰棱

基础尺寸构造见第五篇桥梁基础部分。

二、梁桥轻型桥墩

1. 钢筋混凝土薄壁桥墩

小跨径的钢筋混凝土板桥，一般采用石砌或混凝土轻型桥墩较为经济（图 4-2-4）。

墩帽用混凝土浇筑，厚度不小于 30cm。墩身用混凝土或浆砌块石做成，宽度（顺桥向）不小于 60cm，墩身为直立，不设侧坡，两头做成圆端形。

基础采用 15 号混凝土或 5 号浆砌片石（或块石）做成，平面尺寸较墩身底面尺寸略大（一般大于 20cm）。基础多做成单层式的，其厚度在 50cm 左右。

2. V 形桥墩和 Y 形桥墩

V 形桥墩和 Y 形桥墩属框架式桥墩如图 4-2-5 所示。在大跨径桥梁中，当上部结构为连续梁时，为了缩短主梁跨径，桥墩结构可采用顶部分开底部连在一起的 V 形桥墩和顶部分开底部与直立桥墩连在一起 Y 形桥墩。

3. 柱式桥墩和桩柱式桥墩

柱式桥墩和桩柱式桥墩是公路桥梁广泛采用的桥墩形式，它能减轻墩身重力，节约圬

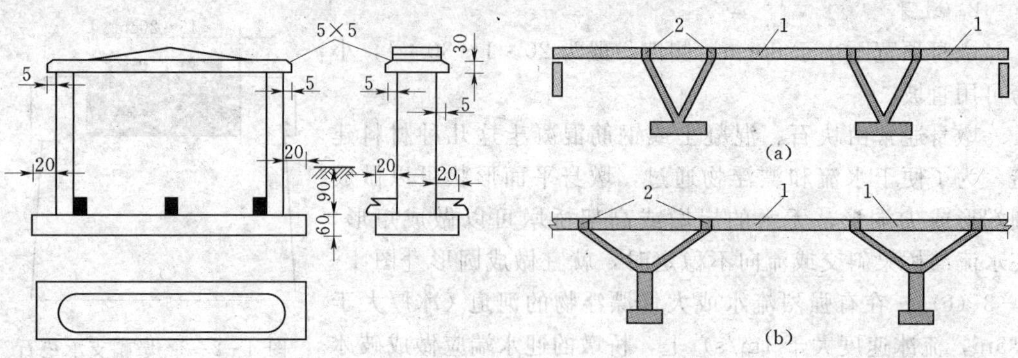

图 4-2-4 轻型桥墩（尺寸单位：cm）

图 4-2-5 V形桥墩和Y形桥墩

1—预制梁；2—接头

工材料，施工方便，外形又较美观，如图 4-2-6 所示。

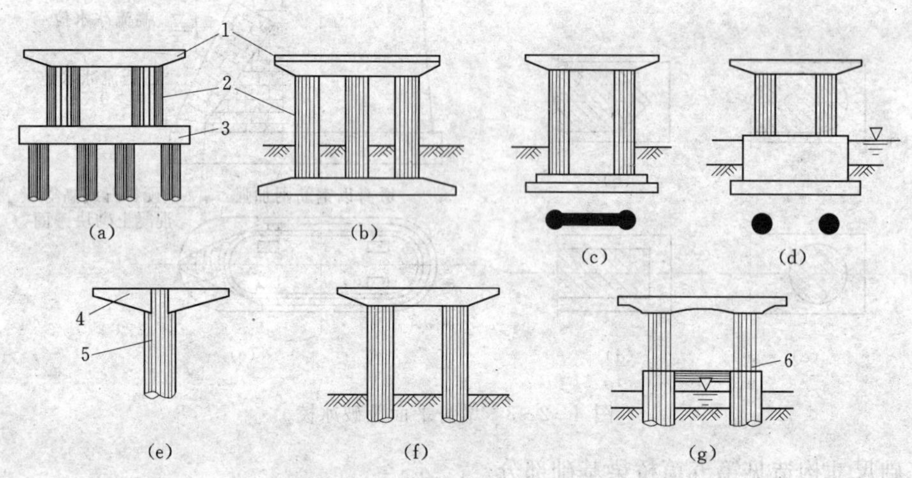

图 4-2-6 梁桥柱式和桩柱式桥墩

1—盖梁；2—立柱；3—承台；4—悬臂盖梁；5—单立柱；6—横系梁

(1) 柱式桥墩。图 4-2-6 (a) 在灌注桩顶浇一承台，然后在承台上设立柱；图 4-2-6 (b) 在浅基础上设立柱；图 4-2-6 为了增强墩柱间抗撞击的能力，在两柱中间加做隔墙；图 4-2-6 (d) 当桥墩较高，也可以把水下部分做成实体式，以上部分仍为柱式。

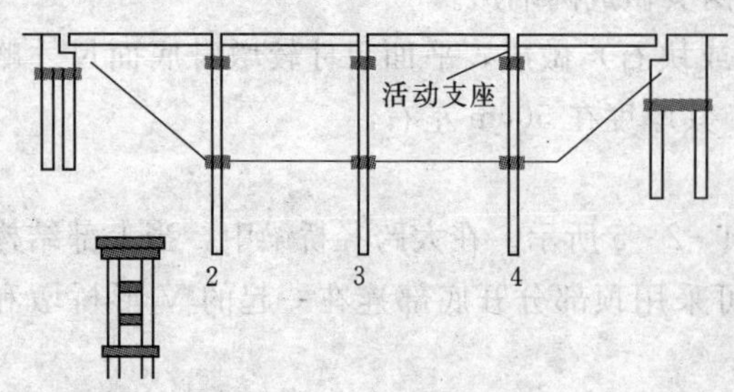

图 4-2-7 柔性墩的布置

(2) 桩柱式桥墩。一般分为两部分，在地面以上（或柱桩连接处以上）称为柱，在地面以下称为桩。图 4-2-6 (e) 为单柱式桩墩，适用于宽度不大的斜交桥；图 4-2-6 (f) 为等截面双柱式桩墩；图 4-2-6 (g) 为变截面双柱式桩墩，为了增加桩柱的横向刚度，在桩柱之间设置横系梁。

4. 柔性排架桩墩

柔性排架桩墩是由单排或双排的钢筋混凝土桩与钢筋混凝土盖梁连接而成。柔性墩一般布设在两端具有刚性较大桥台的多跨桥中，同时，在全桥除一个中墩上设置活动支座外，其余墩台均采用固定支座，如图4-2-7所示。

在多跨桥梁中采用柔性墩时宜分为若干联，两个活动支座之间或刚性墩台与第一个活动支座之间称为一联，如图 4-2-8 所示。每联设置一个刚性墩（台），刚性墩宜布置在地基较好和地形较高的地方。

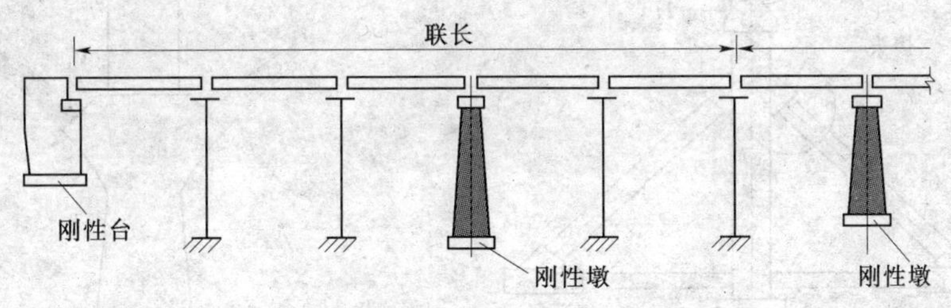

图 4-2-8 多跨柔性墩的布置

第二节 拱 桥 桥 墩

1. 重力式桥墩

拱桥是一种推力结构，拱圈传给桥墩上的力，除了垂直力以外，还有较大的水平推力，这是与梁桥的最大不同之处。从抵御恒载水平力的能力来看，拱桥桥墩又可以分为普通墩和单向推力墩两种。普通墩除了承受相邻两跨结构传来的垂直反力外，一般不承受恒载水平推力，或者当相邻孔不相同时只承受经过相互抵消后尚余的不平衡推力。单向推力墩又称制动墩，它的主要作用是在它的两侧的桥孔由于某种原因遭到毁坏时，能承受住单向的恒载水平推力，以保证其另一侧的拱桥不致遭到坍塌。而且当施工时为了拱架的多次周转，或者当缆索吊装设备的工作跨径受到限制时为了能按桥台与某墩之间或者按某两个桥墩之间作为一个施工段进行分段施工，在此情况下也要设置能承受部分恒载单向推力的制动墩。由此可见，为了满足结构强度和稳定的要求，普通墩的墩身可以做得薄一些，单向推力墩则要做得厚实一些。

其次，与梁桥重力式桥墩相比较，拱桥桥墩在顶面设拱座。拱桥重力式桥墩，其形式基本上与梁桥重力式桥墩相仿，也由墩帽、墩身、基础三部分组成，如图 4-2-9 所示。

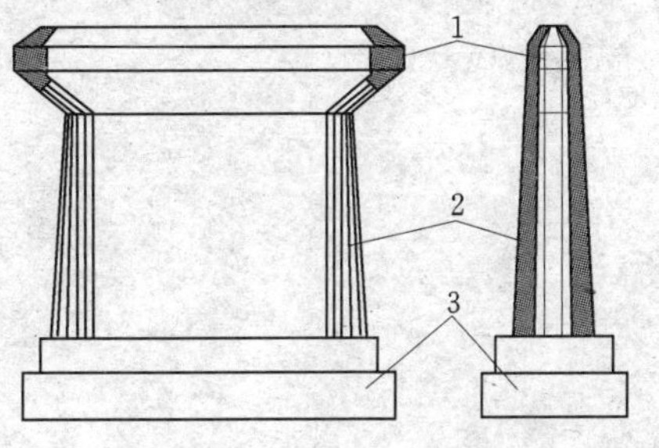

图 4-2-9 拱桥重力式桥墩

1—墩帽；2—墩身；3—基础

2. 柱式桥墩和桩柱式桥墩

拱桥的柱式桥墩和桩柱式桥墩与梁桥基本相同，但在盖梁上要设置拱座用以支承拱圈。由于要承受较大的水平推力，柱和桩的直径比梁桥大，根数也比梁桥多。

3. 单向推力墩

在多孔拱桥中，为防止一孔破坏而引起其他孔的连锁反应，每隔3～5孔应设单向推力墩。中小跨径拱桥可采用下列形式的单向推力墩：

(1) 普通柱墩加设斜撑及拉杆的单向推力墩。这种单向推力墩是在普通墩柱上对称增设一对预应力混凝土斜撑（图4-2-10），以提高其抵抗单向水平推力的能力，斜撑与柱墩接头只承受压力而不承受拉力。

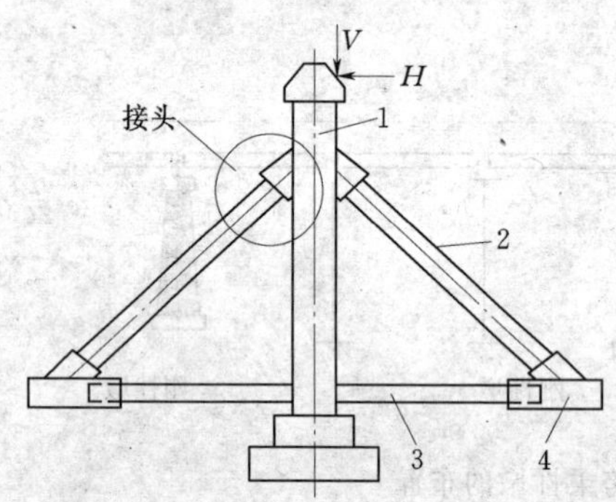

图4-2-10　加设斜撑及拉杆的单向推力墩

1—立柱；2—斜撑；3—拉杆（用预应力）；4—基础板

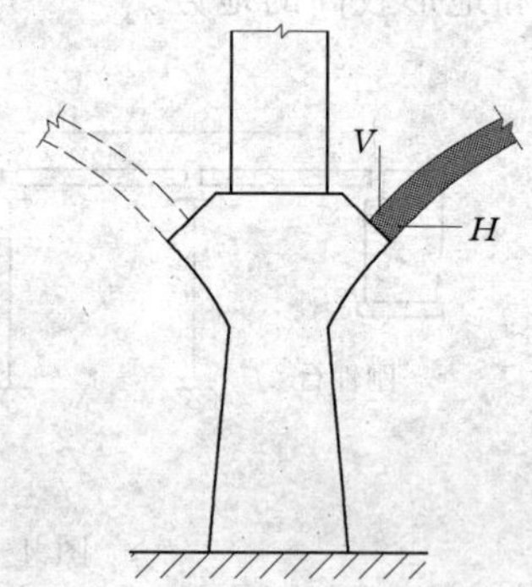

图4-2-11　悬臂式单向推力墩

(2) 悬臂式单向推力墩。悬臂式单向推力墩是在桥墩的顺桥向双向挑出悬臂（图4-2-11）。当单向推力出现时可由另一侧拱座上竖向分力与悬臂长所构成的稳定力矩来平衡。

(3) 实体单向推力墩。当桥墩较矮及单向推力不大时，只需加大实体墩身的尺寸即可。

第三章　桥　台　构　造

第一节　梁　桥　桥　台

一、重力式 U 形桥台

重力式 U 形桥台由台帽、台身（前墙和侧墙）和基础三部分组成（图 4-3-1）。

梁桥台帽的构造和尺寸要求与相应的桥墩墩帽有许多共同之处，不同的是台帽顶面只设单排支座，在另一侧则要砌筑挡住路堤填土的矮雉墙，或称背墙。背墙的顶宽，对于片石砌体不得小于 50cm，对于块石、料石砌体及混凝土砌体不宜小于 40cm。侧墙顶宽一般为 60～100cm。前墙背坡一般采用 5∶1～8∶1，前坡为 10∶1 或直立；侧墙外侧直立，内侧为 3∶1～5∶1 的斜坡。《公路圬工桥涵设计规范》（JTG D61—2005）规定，无论是梁桥还是拱桥，桥台前墙的任一水平截面的宽度，不宜小于该截面至墙顶高度的 0.4 倍。侧墙的任一水平截面的宽度，对于片石砌体不小于该截面至墙顶高度的 0.4 倍，对于块石、料石砌体或混凝土则不小于 0.35 倍。如果桥台内填料为透水性良好的砂质土或砂砾，则上述两项可分别减为 0.35 倍和 0.3 倍。侧墙尾端应有 75cm 的长度伸入路堤，以保证与路堤衔接良好。

U 形桥台台心应填以渗透性较好的土，如砂性土或砂砾。桥台后应设防水层，并将积水引向设于桥台后横穿路堤的盲沟内。

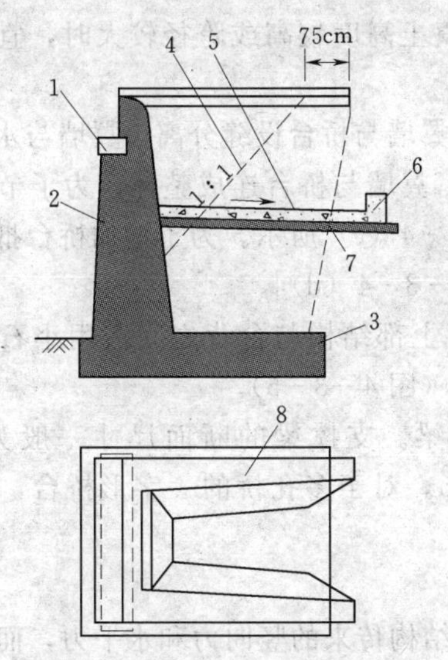

图 4-3-1　重力式 U 形桥台

1—台帽；2—前墙；3—基础；4—锥形护坡；5—碎石；6—盲沟；7—夯实黏土；8—侧墙

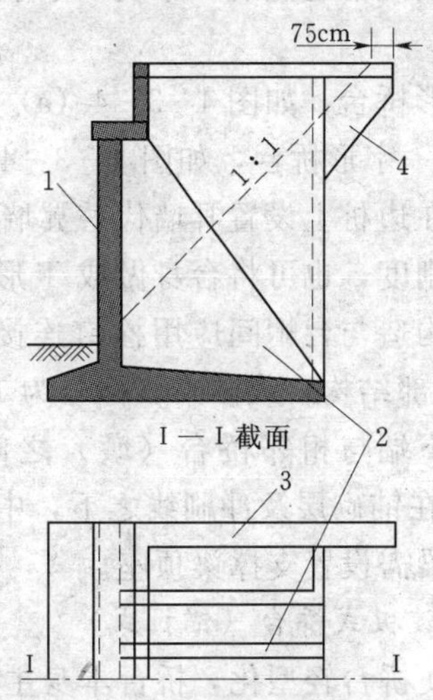

图 4-3-2　钢筋混凝土薄壁桥台

1—前墙；2—扶壁；3—侧墙；4—耳墙

桥台两侧设有锥形护坡，锥形的坡度一般由纵向（顺路堤方向）为1∶1逐渐变至横向为1∶1.5，以便和路堤边坡一致。锥坡的平面形状为1/4椭圆。锥坡用土夯筑而成，其表面用片石砌筑。锥坡下缘一般与桥台前墙的下缘相齐。

重力式U形桥台宜在填土高度和跨径不大的桥梁中采用。

二、轻型桥台

1. 钢筋混凝土薄壁桥台

钢筋混凝土薄壁桥台是由扶壁式挡土墙和两侧的薄壁侧墙所构成（图4-3-2）。适用于在软土地基上建造的桥梁。

2. 埋置式桥台

重力式埋置桥台身常做成向后倾斜，这样可减小台后土压力和基底合力偏心距，但施工时应注意桥台前后均匀填土，以防倾倒（图4-3-3）。

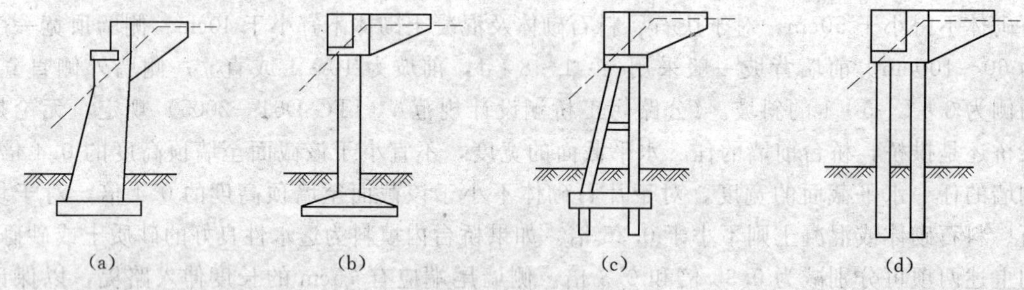

图4-3-3 埋置式桥台

除了重力式埋置桥台外，还有立柱式埋置桥台［图4-3-3（b）］、框架式埋置桥台［图4-3-3（c）］和桩式埋置桥台［图4-3-3（d）］。

3. 带支撑梁的轻型桥台

台帽用混凝土浇筑，厚度不小于30cm。当填土高度较高或跨径较大时，宜采用有台背的台帽。

八字形桥台，如图4-3-4（a）所示，两边翼墙与桥台设缝分离，翼墙与水流方向成30°夹角；一字形桥台，如图4-3-4（b）所示，翼墙与桥台连成整体；为了节约圬工数量，也可在边桩上设置耳墙代替翼墙，如图4-3-4（c）所示。为了增加桥台抵抗水平推力的抗弯刚度，也可将台身做成T形截面［图4-3-4（d）］。

上部构造与台帽间应用栓钉连接，栓钉孔、上部结构与台背之间需用小石子混凝土（标号同上部结构）或砂浆（标号为12号）填实（图4-3-5）。

桥台下端与相邻桥台（墩）之间设置支撑梁。支撑梁的断面尺寸一般为20cm×30cm，设在铺砌层及冲刷线之下，中距为2～3m。对于多孔桥的一字形桥台，墩与台之间的支撑梁需设置支撑梁顶座。

4. 锚碇板式桥台（锚拉式）

为了使桥台轻型化，桥台本身主要承受桥跨结构传来的竖向力和水平力，而台后的土压力由其他结构来承受，形成组合式桥台。

锚碇板结构由锚碇板、立柱、拉杆和挡土板组成。挡土结构包括锚碇板、拉杆、挡土板和立柱。

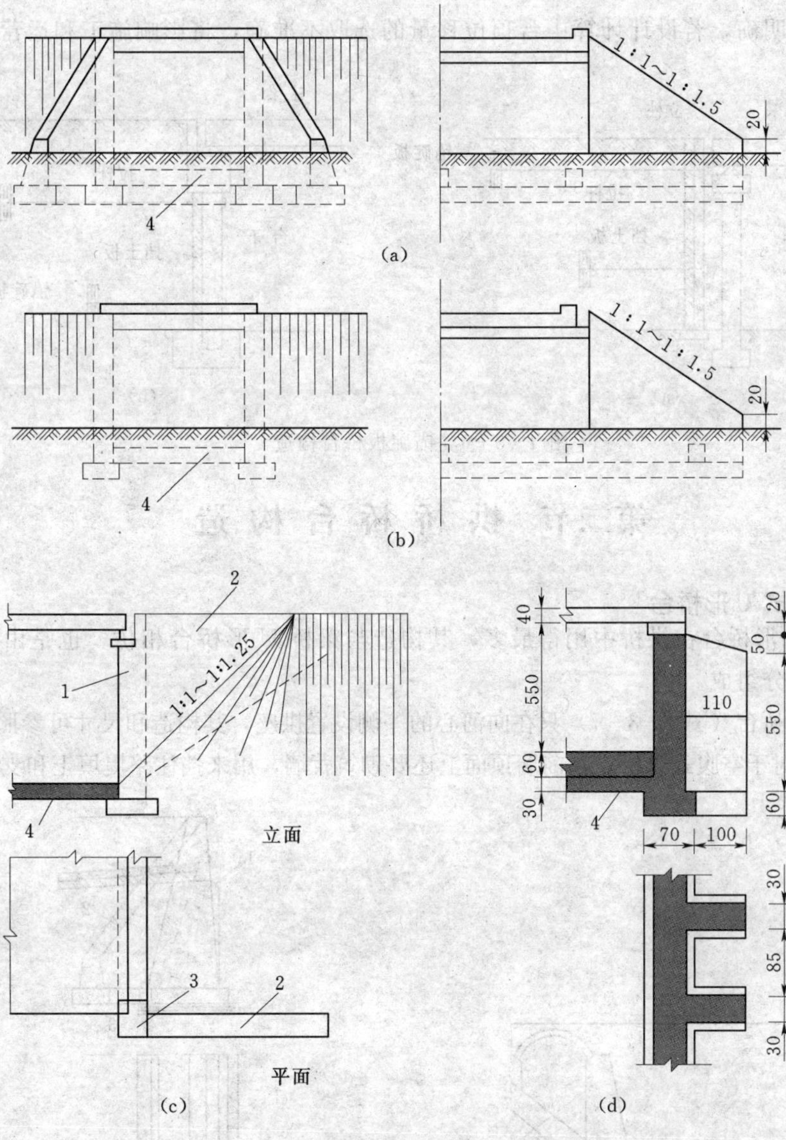

图 4-3-4 带支撑梁的轻型桥台（尺寸单位：cm）

1—台墙；2—耳墙；3—边柱；4—支撑梁

(1) 分离式。构造如图 4-3-6 (a) 所示，台身与锚碇板、挡土结构分离，台身承受桥跨结构传来的竖向力和水平力，挡土结构承受土压力。

(2) 结合式。构造如图 4-3-6 (b) 所示，挡土结构与台身结合在一起，台身兼做立柱和挡土板，作用在台身上的所有水平力假定均由锚碇板的抗拔力来平衡，台

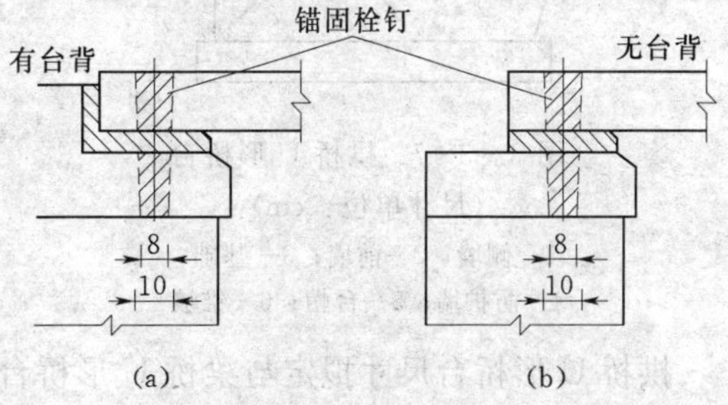

图 4-3-5 上部构造与台帽栓钉连接（尺寸单位：cm）

身仅受竖向力。结合式锚碇板式桥台较分离式锚碇板式桥台结构简单，施工方便，工程量小，但受力不明确，若设计计算中台顶位移量的选取不准确，将影响施工和运营。

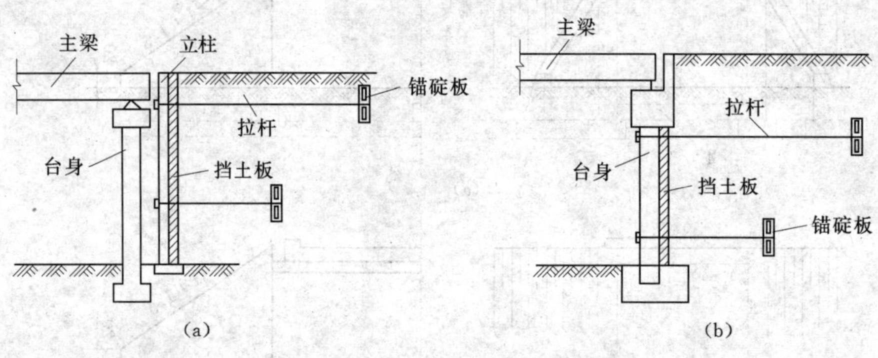

图 4-3-6　锚碇板桥台构造

第二节　拱桥桥台构造

一、重力式U形桥台

重力式U形桥台在拱桥中用得最多，其构造与梁桥U形桥台相仿，也是由前墙、侧墙和基础三部分组成。

拱桥U形桥台（图 4-3-7）只在向河心的一侧设置拱座，其构造和尺寸可参照相应桥墩的拱座拟定。对于空腹式拱桥，在前墙顶面上还要砌筑背墙，用来挡住路堤填土和支承腹拱。

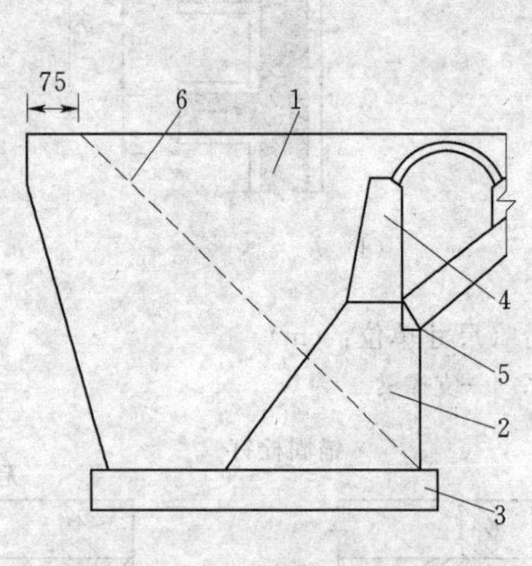

图 4-3-7　拱桥U形桥台

（尺寸单位：cm）

1—侧墙；2—前墙；3—基础；4—防护墙；5—台帽；6—锥坡

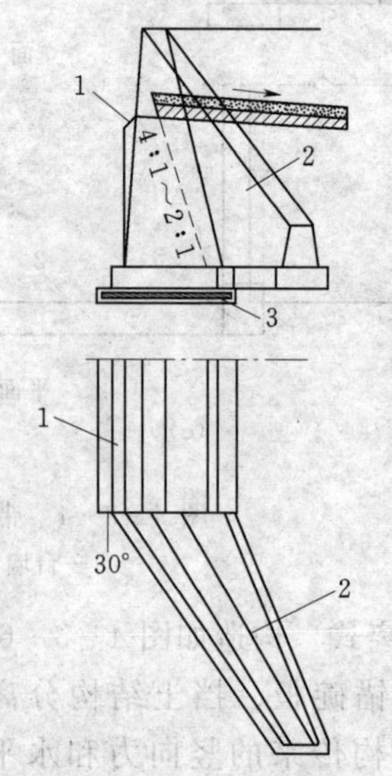

图 4-3-8　八字形桥台

1—台身；2—八字翼墙；3—基础

拱桥U形桥台尺寸拟定与梁桥U形桥台基本相同，唯前墙背坡改为 2：1～4：1，前坡改为 20：1～30：1 或直立。

二、轻型桥台

（一）八字形轻型桥台和前倾式轻型桥台

八字形桥台的台身可做成等厚度的或变厚度的。变厚度的台身背坡一般为4∶1～2∶1，台口尺寸应满足抗剪强度要求。两边八字翼墙与台身分开，其顶宽为40cm，前坡为10∶1，后坡为5∶1（图4－3－8）。

前倾式桥台由于台身向桥孔方向倾斜，因此比直立台身的受力情况要好，用料要省。前倾台身可做成等厚度的，前倾坡度可达4∶1。其缺点是施工比较麻烦（图4－3－9）。

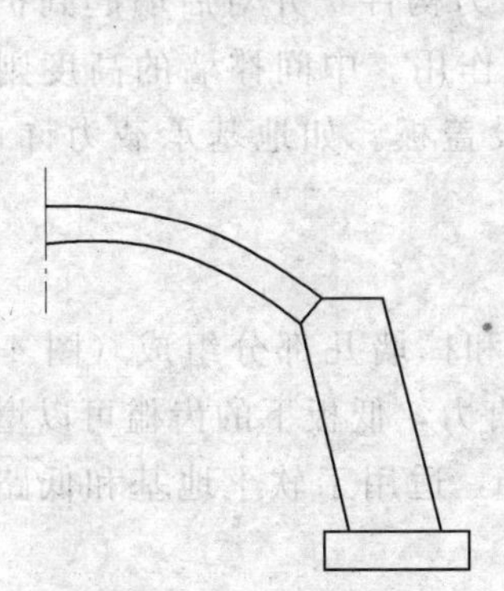

图4－3－9 前倾式桥台

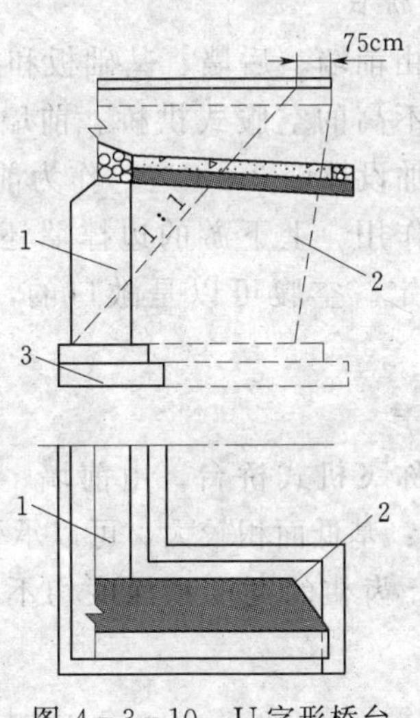

图4－3－10 U字形桥台

1—前墙；2—侧墙；3—基础

（二）U形轻型桥台

U形桥台由前墙（等厚度的）和平行于行车方向的侧墙组成（图4－3－10）。前墙的构造和八字形桥台台身相同，侧墙顶宽为50cm，内侧坡度为4∶1。

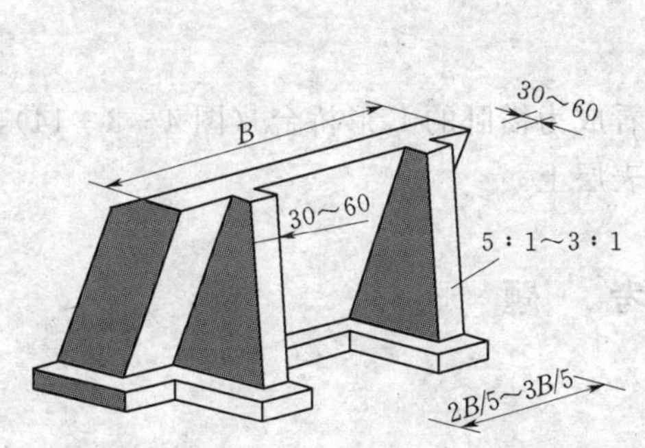

图4－3－11 背撑式桥台（尺寸单位：cm）

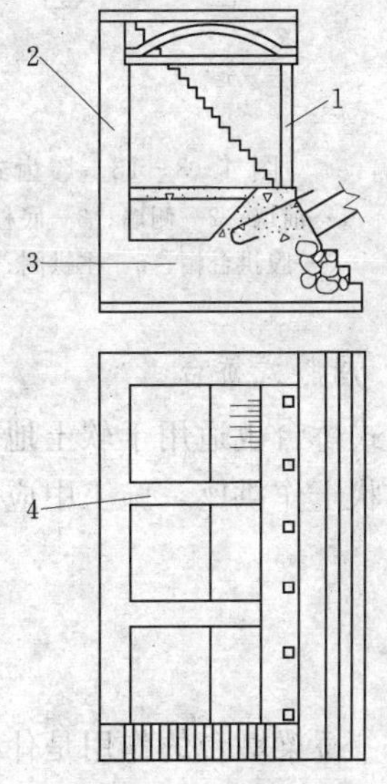

图4－3－12 空腹L形桥台

1—前墙；2—后墙；3—基础板；4—撑墙

(三) 背撑式桥台

当桥台宽度（横桥向）较大时，为了保证结构的强度和稳定性，可在八字形或U形桥台的前墙背后加一道或几道背撑，构成平面为Ⅱ形、E形的桥台（图4-3-11)。

背撑的顶宽为30～60cm，厚度为30～60cm，背坡为5∶1～3∶1。这种桥台比八字形桥台的稳定性要好，但土方开挖量及圬工体积都大，因而加背撑的U形桥台适用于较大跨径的高桥和宽桥。

(四) 空腹L形桥台

空腹L形桥台由前墙、后墙、基础板和撑墙四部分组成（图4-3-12)，适用于软土地基而桥台本身不高的空腹式拱桥。前墙承受拱圈传来的压力，后墙支承台后土压力。在前后墙之间加设撑墙3～4道，作为前后墙间的传力构件，并对后墙起到护壁和对基础板起到加劲作用。上下游的边撑墙还起着挡土的作用。中间撑墙的高度则根据后墙的受力情况决定。空腹可以是敞口的，也可以加设盖板。如地基承载力许可时，可以在腹内填土。

(五) 履齿式桥台

履齿式桥台又称飞机式桥台，由前墙、侧墙、底板和撑墙几部分组成（图4-3-13)。其结构特点是：基低面积较大，可以承受一定的垂直力，低板下的齿槛可以增大磨阻力和抗滑稳定性，齿槛的宽度和深度均不宜小于50cm，适用于软土地基和低路堤的拱桥。

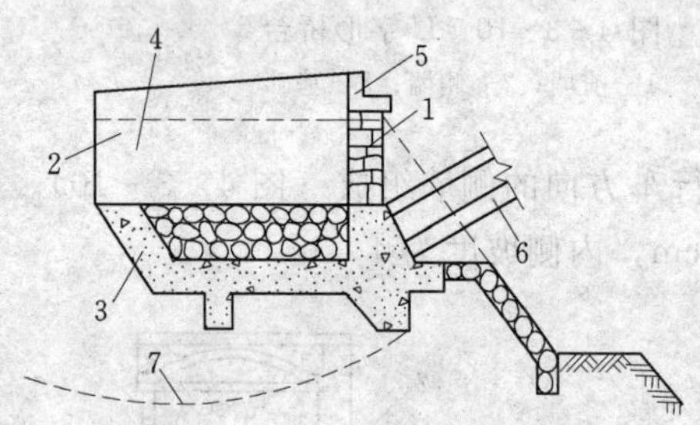

图4-3-13　履齿式桥台

1—前墙；2—侧墙；3—底板；4—撑墙；5—腹拱台帽；6—主拱圈；7—滑动面

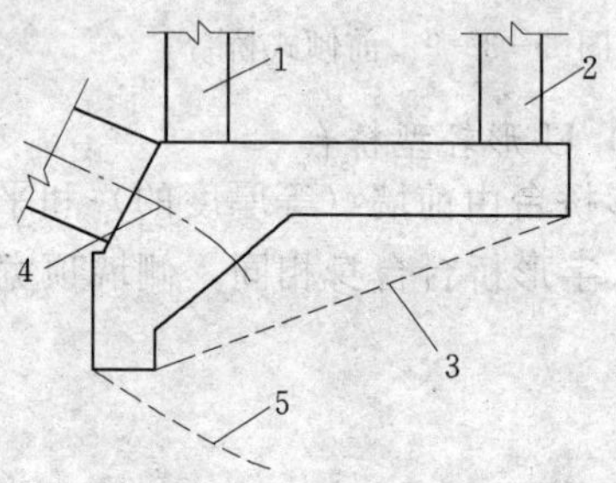

图4-3-14　屈膝式桥台

1—前墙；2—后墙；3—压力线；4—受立面；5—滑动面

(六) 屈膝式桥台

屈膝式桥台也适用于软土地基。它可以看成为横卧的L形桥台（图4-3-14)，是直接利用原状土作拱座，施工中应尽量不破坏表层土。

思　考　题

4-1　桥梁墩台的作用是什么？

4-2　重力式桥墩墩帽平面尺寸是如何确定的？

4-3 为什么拱桥每隔几孔需设置单向推力墩？单向推力墩有哪几种形式？

4-4 重力式U形桥台背墙和侧墙的顶宽尺寸分别是多少？前墙和侧墙任一水平截面的宽度应满足什么要求？

4-5 简述排除U形桥台前墙后面积水的措施。

4-6 拱桥桥台的主要类型有哪几种？

第五篇 桥 梁 基 础

第一章 概 述

基础是修筑在地基之上的工程构造物。而承载基础的地基土又因不同的地区、不同的地层、不同的局部环境，其物理、力学性质又是复杂多变的；另外，基础的受力情况和施工条件也是千差万别的，这些就给我们有关基础的设计、施工带来很大的困难。如何能够切合实际、合理、完善地解决这些困难？这就要求同学们在掌握丰富理论的基础上，不断加强实践锻炼，在理论指导下进行实践，反过来在实践中丰富、升华基础理论。这也是我们这个专业、职业的特点。

第一节 地 基 与 基 础

一、地基与基础的区别

地基是承受结构作用的土体、岩体。基础是将结构所承受的各种作用传递到地基上的结构组成部分。作为整个桥梁的载体，地基承受基础传来的荷载，为了保证结构物安全和正常使用，地基和基础必须有足够的强度、稳定性；变形也应在容许范围之内。

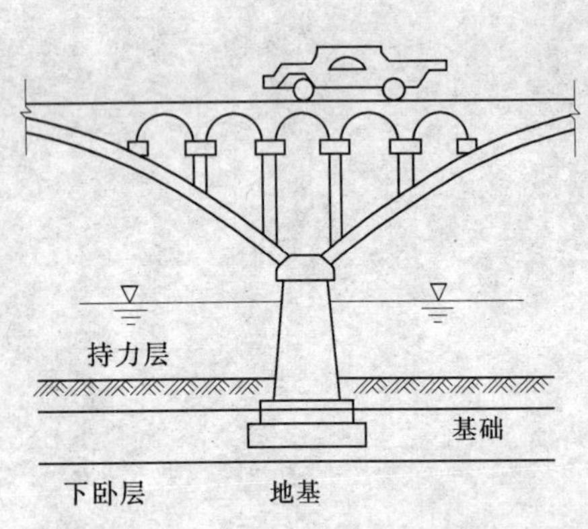

图 5-1-1 地基与基础

对于浅基础而言，从地基的层次和位置看，它有持力层和下卧层之分。如图 5-1-1 所示，持力层直接承受基础作用的地层。下卧层位于持力层以下，处于被压缩或可能被剪损的一定深度内的土层。

结构物是一个整体，上下部结构和地基是共同工作、互相影响的。地基的任何变化都必然引起上下部结构的相应位移，上下部结构的力学特征也必然关系到地基的强度和稳定条件，要保证建筑物的质量，首先必须保证有可靠的地基与基础，否则，整个建筑物就可能遭到损坏或影响正常使用。从实践来看，建筑工程质量事故往往是地基与基础的失稳、破坏造成的，究其原因也是多方面的：一方面从客观上看，地基和基础属于隐蔽工程，施工条件差，并且一旦出现问题，很难发现，也很难处理、修复；另一方面，地基与基础在地下或水下，往往导致主观上的轻视；再者，地基和基础所占造价比重较大。因此，要求充分重视地基和基础的设计、施工质量，严格执行部颁公路桥涵设计、施工技术规范、标准。

二、地基与基础的类型

地基可分为天然地基和人工地基。直接修筑基础的天然地层称为天然地基；如天然地层土质过于软弱或有不良的工程地质问题，则需要经过人工加固或处理后才能修筑基础，这种地基称为人工地基。在一般情况下，应尽量采用天然地基。

基础的类型，可按基础的刚度、埋置深度、构造形式及施工方法来分类。目的在于了解各种类型基础的特点，以便在设计时，根据具体情况合理地加以选用。

1. 按基础的刚度分类

受力后基础的变形情况，分为刚性和柔性基础，如图 5-1-2 所示，受力后，不发生挠曲变形的基础称为刚性基础，一般可用抗弯拉强度较差的圬工材料（如浆砌块石、片石混凝土等）做成。这种基础不需要钢材，造价较低，但圬土体积较大，且支承面积受一定限制［图 5-1-2 (a)］；容许发生较大挠曲变形的基础称为柔性基础或弹性基础，通常须用钢筋混凝土做成。由于钢筋可以承受较大的弯拉应力和剪应力，所以当地基承载力较小时，采用这种基础可以有较大的支承面积［图 5-1-2 (b)］。

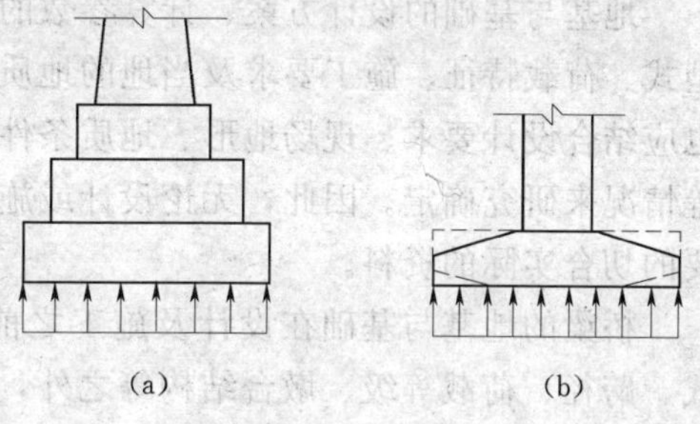

图 5-1-2

(a) 刚性基础；(b) 柔性基础

在桥梁工程中，一般情况下，多数采用刚性基础。

2. 按埋置深度分类

有浅基础（5m 以内）和深基础两种。

当浅层地基承载力较大时，可采用埋深较小的浅基础。浅基础施工方便，通常用明挖法从地面开挖基坑后，直接在基坑底面砌筑、浇筑基础，是桥梁基础的首选方案。如果浅层土质不良，需将基础埋置于较深的良好土层上，这种基础称为深基础。深基础设计和施工较复杂，但具有良好的适应性和抗震性，因此，现在高等级公路上也普遍应用。常见的形式有沉井、管柱和桩基础。

3. 按构造形式划分

对桥梁基础来说，可归纳为实体式和桩柱式两类。当整个基础都由圬工材料筑成时，称为实体式基础。其特点是基础整体性好，自重较大，所以对地基承载力要求也较高，如图5-1-3 (a) 所示；由多根基桩或小型管桩组成，并用承台联结成为整体的基础，称为桩柱式基础，如图 5-1-3 (b) 所示，这种基础较实体式基础圬工体积小，自重较轻，对地基强度的要求相对较低。桩柱本身一般要用钢筋混凝土制成。

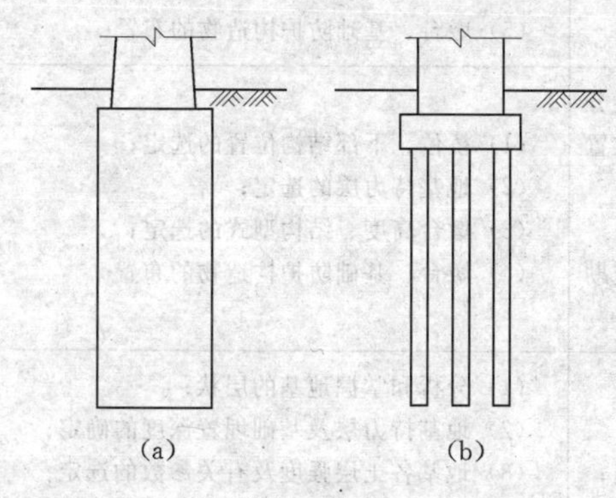

图 5-1-3

(a) 实体式基础；(b) 桩柱式基础

4. 按施工方法进行分类

如明挖法、沉井、沉箱、沉桩、沉管灌注桩、就地钻（挖）孔灌注桩等。明挖法最为简单，但只适用于浅基础。其他方法均用于深基

础，本教材将在后续章节中分别介绍明挖法、沉井、沉桩、就地钻（挖）孔灌注桩等的施工方法。

5. 按基础的材料分类

目前我国公路构造物基础大多采用混凝土或钢筋混凝土结构，少部分采用钢结构。在石料丰富地区，按照因地制宜、就地取材的原则，也常用砌石基础。只有在特殊情况下（如抢修、林区便桥），才采用临时的木结构。

第二节　基础工程设计与施工时所需的资料

地基与基础的设计方案、计算参数的选用，都要根据实际情况全面考虑，如上部结构型式、荷载特征、施工要求及当地的地质条件、水文条件和材料资源等。施工方案和方法也应结合设计要求、现场地形、地质条件、施工设备和技术水平、施工季节、气候和水文等情况来研究确定。因此，无论设计或施工，事先都应通过详细的调查研究，充分掌握必要的切合实际的资料。

桥梁的地基与基础在设计及施工之前，除了应掌握有关全桥的资料，如上部结构型式、跨径、荷载等级、墩台结构等之外，还应注意地质、水文资料的搜集和分析，做好土质和建筑材料的调查与试验，再次就是要查阅并遵循国家或部门最新颁发的设计、施工技术规范。主要应掌握的地质、水文、地形等资料见表 5-1-1，其中各项资料内容范围可根据桥梁工程规模、重要性以及桥位处具体的水文、地质条件和设计阶段确定取舍。资料取得的具体方法和规定可参阅工程地质、土质学与土力学及桥涵水力、水文等有关教材和手册。

表 5-1-1　　基础有关设计和施工需要的各种调查资料

资料种类	资料主要内容	资料用途
1. 桥位平面图（或桥址地形图）	(1) 桥位地形； (2) 桥位附近地貌、地物； (3) 不良工程地质现象的分布位置； (4) 桥位与两端路线平面关系； (5) 桥位与河道平面关系	(1) 桥位的选择、下部结构位置的研究； (2) 施工现场的布置； (3) 地质概况的辅助资料； (4) 河岸冲刷及水流方向改变的估计； (5) 墩台、基础防护构造物的布置
2. 桥位工程地质勘测报告及工程地质纵剖面图	(1) 桥位地质勘测调查资料包括河床地层分层土、（岩）类及岩性，层面标高，钻孔位置及钻孔柱状图； (2) 地质、地史资料的说明； (3) 不良工程地质现象及特殊地貌的调查勘测资料	(1) 桥位、下部结构位置的选定； (2) 地基持力层的选定； (3) 墩台高度、结构型式的选定； (4) 墩台、基础防护构造物的布置
3. 地基土质调查试验报告	(1) 钻孔资料； (2) 地基土（岩）层状生成分布情况； (3) 分层土（岩）质物理、力学试验资料； (4) 荷载试验报告； (5) 地下水位调查	(1) 分析和掌握地基的层状； (2) 地基持力层及基础埋置深度的确定； (3) 地基各土层强度及有关参数的选定； (4) 基础类型和构造的确定； (5) 基础下沉量的计算

续表

资料种类		资料主要内容	资料用途
4. 河流水文调查报告		(1) 桥位附近河道纵横断面因素； (2) 有关流速、流量、水位调查资料； (3) 各种冲刷深度的计算资料； (4) 通航等级、漂浮物，流冰调查资料	(1) 根据冲刷要求确定基础的埋置深度； (2) 桥墩身水平作用力计算； (3) 施工季节、施工方法的研究
5. 其他调查资料	地震	(1) 地震记录； (2) 震害调查	(1) 确定抗震设计强度； (2) 抗震设计方法和抗震措施的确定； (3) 地基土振动液化和岸坡滑移的分析
	建筑材料	(1) 就地可采取、供应的建筑材料种类、数量、规格、质量、运距等； (2) 当地工业加工能力、运输条件有关资料； (3) 工程用水调查	(1) 下部结构采用材料种类的确定； (2) 就地供应材料的计算和计划安排
	气象	(1) 当地气象台有关气温变化、降水量、风向风力等记录资料； (2) 实地调查采访记录	(1) 气温变化的确定； (2) 基础埋置深度的确定； (3) 风压的确定； (4) 施工季节和方法的确定
	附近桥梁的调查	(1) 附近桥梁结构型式、设计书、图纸； (2) 地质、地基土（岩）性质； (3) 河道变动、冲刷、淤积情况； (4) 营运情况及墩台变形情况	(1) 掌握架桥地点地质、地基土情况； (2) 基础埋置深度的参考； (3) 河道冲刷和改道情况的参考
	施工调查资料		(1) 施工方法及施工适宜季节的确定； (2) 工程用地的布置； (3) 工程材料、设备供应、运输方案的拟订； (4) 工程动力及临时设备的规划； (5) 施工临时结构的规划

一、桥梁总体构造有关设计资料

大中型桥梁基础在进行初步设计时，应该掌握经过实地测绘和调查取得的桥位地形、地物、洪水泛滥线、河道主河槽和河床位置等资料以及绘成的地形平面图（比例为1∶500～1∶5000）。测绘范围应根据桥梁工程规模、重要性和河道情况确定。若桥址有不良工程地质现象，如滑坡、崩坍和泥石流等以及河道弯曲、主支流会合、河岔、河心滩和活动沙洲等，均应在图上示出。

桥梁上部结构的型式、跨径和墩台的结构型式、高度、平面尺寸，对地基与基础设计方案的选择、具体的设计计算都有很大的制约作用，如超静定结构的上部结构对地基、基础的沉降有较严格的要求。上部结构、墩台的恒载、活载是地基基础的主要荷载，除了特殊情况，基础工程的设计荷载标准、等级应与上部结构一致，因此应全面取得上部结构及墩台的总体设计资料、数据、设计等级、技术标准等。

二、桥位工程地质勘测报告及桥位地质纵剖面图

这是对桥位地质构造进行工程评价的主要资料，它包括河谷的地质构造，桥位及附近

地层的岩性（如地质年代、成因、层序、分布规律及工程性团产状、构造、岩层完整及破碎程度、风化程度等），以及覆盖层厚度和土层变化关系等资料，应说明建桥地点一定范围内各种不良工程地质现象或特殊地貌如溶洞、冲沟、陡崖等的成因、分布范围、发展规律及对工程的影响（小型桥梁及地质条件单一的地点，勘测报告可以省略）。

三、地基土质调查实验报告

在进行施工详图及施工设计时，应该掌握地基土层的类别及物理力学性质，它是在工程地质勘测时通过调查、钻（挖）取各层地基土足够数量的原状土（岩）样，用室内或原位实验方法得到各层上的物理力学指标，如粒径级配、塑性指数、液性指数、天然含水量、容重、孔隙比、抗剪强度指标。压缩特性、渗透需要根据土质调查实验报告评定各土层的强度和稳定性，报告中应有各层土的颜色、结构、密实度和状态等的描述资料，对岩石还应包括有关风化、节理、裂隙和胶结质等情况的说明。地基土质调查资料还应包括地下水及其随季节升降的标高，在冰冻地区应掌握土层的冻结深度、冻融情况及有关冻土力学数据。

如地基内遇到湿陷性黄土、多年冻土、软黏土、含大量有机质土或盐碱土、膨胀土时，对这些土层的特性还应有专门的实验资料，如湿陷性指标、冻土强度、可溶盐和有机质含量等。

四、河流水文调查资料

设计桥梁墩台基础，要有通过计算和调查取得的比较可靠的设计冲刷深度数据，并了解设计洪水频率的最高洪水位、低水位和常年水位及流量、流速、流向变化情况，河流的下蚀、侧蚀和河床的稳定性，架桥地点河槽、河滩、阶地淹没情况，并应注意收集河流变迁情况和水利设施及规划资料。在沿海地区尚应了解潮汐、潮流有关资料及对桥梁的影响关系。另外，还应有河水及地下水侵蚀的检验资料。详见表 5-1-1。

第二章　刚性扩大基础

在建筑物的设计和施工中，地基和基础占有很重要的地位，它对建筑物的安全使用和工程造价有着很大的影响，因此，正确选择地基基础的类型十分重要。在选择地基基础类型时，主要考虑两个方面的因素：一是建筑物的性质（包括它的用途、重要性、结构型式、荷载性质和荷载大小等）；二是地基的地质情况（包括土层的分布、土的性质和地下水等）。

如果地基内部是良好的土层或者上部有较厚的良好土层，能承受基础传来的全部荷载时，一般将基础直接做在天然土层上，这种地基叫做天然地基。在天然地基上、埋置深度小于 5m 的基础称为浅基础。

浅基础由于埋入土层较浅，在计算中基础的侧面摩擦力不必考虑，施工方法也较简单，故在条件适宜时应是首先考虑采用的基础形式。

第一节　刚性浅基础的构造

桥梁墩台的体积一般比较庞大，故其基础常用大块实体基础型式，采用块石或混凝土等圬工材料做成。基础平面形状常为矩形，基础平面尺寸，一般均较墩、台底面扩大，每边扩大的尺寸最小为 0.2～0.5m，视土质、基础厚度、埋置深度及施工方法而定。当基础底面为满足地基强度要求需要扩大时，则基础将是出墩（台）身外，这样在地基反力作用下，基础的悬出部分将受挠曲产生拉应力，如图 5-2-1（a）所示。由于一般基础所用的圬工材料，其抗压强度大，而抗拉强度很小，为防止基础的悬出段因受挠曲开裂破坏，其悬出段长度应控制在一定范围内，这种基础则称为刚性基础。

刚性基础的悬出段长度，通常用压力分布角 α 来控制，α 角是自墩（台）身底的边缘与基底边缘的连线和竖直线间的夹角，如图 5-2-1（b）所示，即使 $\alpha \leqslant \alpha_{max}$，其中 α_{max} 称为刚性角，刚性角 α_{max} 与基础圬工材料的强度有关。《公路圬工桥涵设计规范》(JTG D61—2005）考虑到在一般墩（台）基底反力的变化范围内，对各种圬工材料的刚性角作如下经验规定：

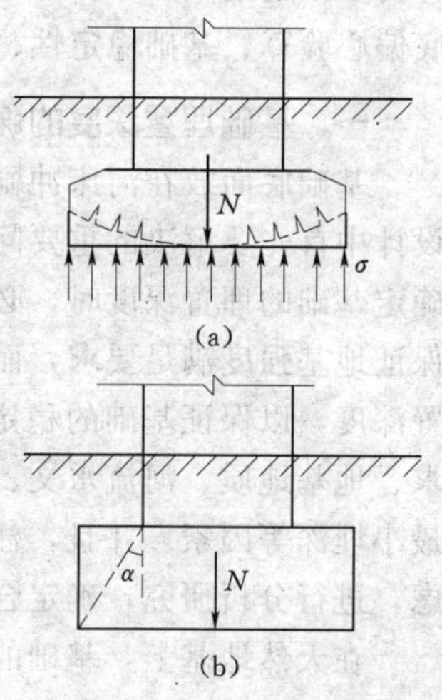

图 5-2-1　基础挠曲变形

砖、片石、块石、粗料石砌体，当用 5 号以下砂浆砌筑时 $\alpha_{max} \leqslant 30°$；

砖、片石、块石、粗料石砌体，当用 5 号以上砂浆砌筑时 $\alpha_{max} \leqslant 35°$；

混凝土浇筑时 $\alpha_{max} \leqslant 40° \sim 45°$。

因此，在设计刚性基础底面尺寸时，凡满足 $\alpha \leqslant \alpha_{max}$ 条件，即可认为基础刚度很大，它在荷载作用下的挠曲变形很小，不会受拉开裂破坏，基础本身强度可得到充分保证，可不予验算。若 $\alpha > \alpha_{max}$ 时，则不是刚性基础，一般称为柔性基础，应验算基础的弯曲拉应力和剪应力强度，并设置必要的钢筋。

当基础较厚时，可在纵横两个剖面上，都砌筑成台阶形，以减少基础自重，节省材料，如图 5-2-2 所示。

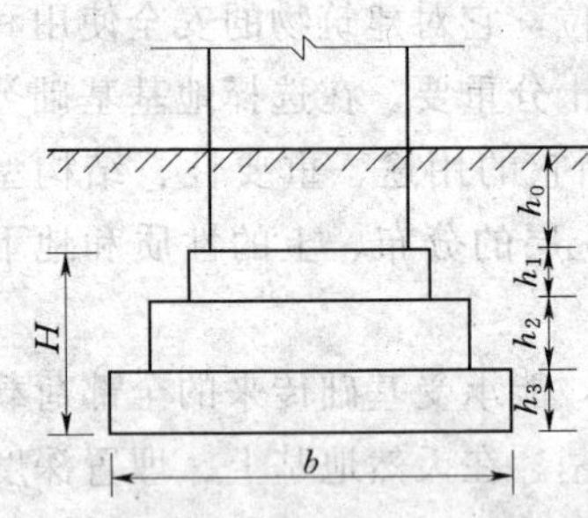

图 5-2-2　台阶扩大基础

台阶形基础由于可节省材料，施工立模砌筑也比较方便，故采用较多。对于桥梁墩台基础，当基础高度 H 较大时，一般可分为 2～3 级等高的台阶，每一台阶高度 $h_i = 1 \sim 1.5$m，小桥有时可减为 0.6m；台阶宽度 c_i 通常可取与襟边 c_1 相同，即 $c_i = c_1$。襟边 c_1 是指在基础顶面较所支撑的墩台身底面外形轮廓大出一个距离，其作用是考虑到基础施工时工作条件较差，定位尺寸可能有所偏差，留有襟边后可作调整余地；另外也便于墩台施工时作为模板支架的支撑点。因此襟边大小须视施工情况而定，一般可取 0.2～1.0m。基础顶面一般置于地面或最大冲刷线以下不小于 0.15m，这样有利于保护基础，且防止加大冲刷。

第二节　浅基础的设计计算

桥梁墩台基础的设计与其他设计项目一样，设计之前必须明确设计任务和掌握必要的原始资料，然后进行方案比较，选定一个技术上安全、经济上合理、实施上可行的方案，最后进行详细的设计计算。

桥梁墩台扩大刚性基础的设计计算，一般包括下述内容：①初步确定基础埋置深度；②初步拟定基础尺寸；③地基与基础的验算，内容包括基底应力计算、地基强度验算、基底偏心验算、基础稳定性、地基的沉降及稳定性验算。

一、基础埋置深度的确定

基础底面放在河床冲刷线（或地面）以下多深？即基础埋置深度如何确定？这是基础设计中首先要解决的重要问题，它涉及到建筑物建成后的牢固、稳定及正常使用问题。在确定基础的埋置深度时，必须考虑把基础设置在变形较小而强度又比较大的持力层上，以保证地基强度满足要求，而且不致产生过大的沉降或沉降差。此外还要使基础有足够的埋置深度，以保证基础的稳定性，确保基础安全。因此，必须综合考虑桥跨结构特性和要求、地基地质、河流水文、冲刷情况、冻结深度、施工条件，以及保证持力层稳定所需的最小埋深等因素。并且，注意找出某一具体工程各因素中的主要因素，首先予以充分考虑，进行分析研究，确定合理的埋置深度。

在天然地基上，基础的埋置深度 h［无冲刷时从河底或地面至基础底面的距离；有冲刷时从最大冲刷线（包括河床自然演变冲刷、设计洪水位的一般冲刷深度及构造物阻水引起局部冲刷深度）至基础底面的距离］小于 5m 的基础称为浅基础。

桥涵墩台基础（不包括桩基础）基底埋置深度应符合下列规定：

(1) 当墩台基底设置在不冻胀土层中时，基底埋深可不受冻深的限制。

(2) 上部为外超静定结构的桥涵基础，其地基为冻胀土层时，应将基底埋入冻结线以下不小于0.25m。

(3) 当墩台基础设置在季节性冻胀土层中时，基底的最小埋置深度可按下列公式计算：

$$d_{\min} = z_d - h_{\max} \tag{5-2-1}$$

$$z_d = \psi_{zs}\psi_{zw}\psi_{ze}\psi_{zg}\psi_{zf}z_0 \tag{5-2-2}$$

式中　$d_{\min}$——基底最小埋置深度，m；

z_d——设计冻深，m；

z_0——标准冻深，m；无实测资料时，可按《公路桥涵地基与基础设计规范》(JTG D63—2007) 采用；

ψ_{zs}——土的类别对冻深的影响系数，按表5-2-1查取；

ψ_{zw}——土的冻胀性对冻深的影响系数，按表5-2-2查取；

ψ_{ze}——环境对冻深的影响系数，按表5-2-3查取；

ψ_{zg}——地形坡向对冻深的影响系数，按表5-2-4查取；

ψ_{zf}——基础对冻深的影响系数，取$\psi_{zf}=1.1$；

$h_{\max}$——基础底面下容许最大冻层厚度，m，按表5-2-5查取。

表5-2-1　土的类别对冻深的影响系数 ψ_{zs}

土的类别	ψ_{zs}	土的类别	ψ_{zs}
黏性土	1.00	中砂、粗砂、砾砂	1.30
细砂、粉砂、粉土	1.20	碎石土	1.40

表5-2-2　土的冻胀性对冻深的影响系数 ψ_{zw}

冻胀性	ψ_{zw}	冻胀性	ψ_{zw}
不冻胀	1.00	强冻胀	0.85
弱冻胀	0.95	特强冻胀	0.80
冻胀	0.90	极强冻胀	0.75

表5-2-3　环境对冻深的影响系数 ψ_{ze}

周围环境	ψ_{ze}	周围环境	ψ_{ze}
村、镇、旷野	1.00	城市市区	0.90
城市近郊	0.95	—	—

注　当城市市区人口为20万～50万人时，按城市近郊取值；当城市市区人口大于50万人小于或等于100万人时，按城市市区取值；当城市市区人口超过100万人时，按城市市区取值，5km以内的郊区应按城市近郊取值。

表5-2-4　地形坡向对冻深的影响系数 ψ_{eg}

地形坡向	平坦	阳坡	阴坡
ψ_{zg}	1.0	0.9	1.1

表 5-2-5　　不同冻胀土类别在基础底面下容许最大冻层厚度 h_{max}

冻胀土类别	弱冻胀	冻胀	强冻胀	特强冻胀	极强冻胀
h_{max}	$0.38z_0$	$0.28z_0$	$0.15z_0$	$0.08z_0$	0

注　z_0—标准冻深，m，季节性冻胀土分类见 JTG D63—2007 附录表 H.0.2。

(4) 涵洞基础设置在季节性冻土地基上时，出入口和自两端洞口向内各 2～6m 范围内（或可采用不小于 2m 的一段涵节长度）涵身基底的埋置深度可按式（5-2-1）计算确定。涵洞中间部分的基础埋深，可根据地区经验确定。严寒地区，当涵洞中间部分基础的埋深与洞口埋深相差较大时，其连接处应设置过渡段。冻结较深地区，也可采用将基底至冻结线处的地基土换填为粗颗粒土（包括碎石土、砾砂、粗砂、中砂，但其中粉黏粒含量不应大于 15%，或粒径小于 0.1mm 的颗粒不应大于 25%）的措施。

(5) 涵洞基础，在无冲刷处（岩石地基除外），应设在地面或河床底以下埋深不小于 1m 处；如有冲刷，基底埋深应在局部冲刷线以下不小于 1m；如河床上有铺砌层时，基础底面宜设置在铺砌层顶面以下不小于 1m。

(6) 非岩石河床桥梁墩台基底埋深安全值，可按表 5-2-6 确定。

5-2-6　　基底埋深安全值　　单位：m

桥梁类别 \ 总冲刷深度	0	5	10	15	20
大桥、中桥、小桥（不铺砌）	1.5	2.0	2.5	3.0	3.5
特大桥	2.0	2.5	3.0	3.5	4.0

注　1. 总冲刷深度为自河床面算起的河床自然演变冲刷、一般冲刷与局部冲刷深度之和。
2. 表列数值为墩台基底埋入总冲刷深度以下的最小值；若对设计流量、水位和原始断面资料无把握或不能获得河床演变准确资料时，其值宜适当加大。
3. 若桥位上下游有已建桥梁，应调查已建桥梁的特大洪水冲刷情况，新建桥墩台基础埋置深度不宜小于已建桥梁的冲刷深度且酌加必要的安全值。

(7) 岩石河床墩台基底最小埋置深度可参考《公路工程水文勘测设计规范》（JTG C30—2002）附录 C 确定。

(8) 位于河槽的桥台，当其最大冲刷深度小于桥墩总冲刷深度时，桥台基底的埋深应与桥墩基底相同；当桥台位于河滩时，对河槽摆动的不稳定河流，桥台基底高程应与桥墩基底高程相同；在稳定河流上，桥台基底高程可按照桥台冲刷结果确定。墩台基础顶面标高宜根据桥位情况、施工难易程度、美观与整体协调综合确定。

二、基础尺寸的拟定

基础尺寸的拟定是基础设计中的重要内容之一，拟定尺寸恰当，可以减少重复的计算工作。刚性浅基础的尺寸拟定包括基础的高度、平面尺寸和立面尺寸。

基础高度，一般要考虑墩台身结构型式、荷载大小、基础材料等来确定。具体做法：首先根据基础埋置深度的要求，确定基底标高；再按照水中基础顶面不高于最低水位，在季节性河流或旱地上的墩台基础顶面，不高出地面，则可定出基顶标高。那么，基础顶、底标高之差，即为基础高度 $H=h-h_0$（图 5-2-3）。在一般情况下，大、中桥墩、台基

础的高度为1.0～2.0m。

基础的平面尺寸，应根据墩、台身底面形状而确定。虽然墩、台身底面形状以圆端形居多，但考虑到施工的方便，基础平面仍采用矩形。基础底面长、宽尺寸与基础高度关系如下：

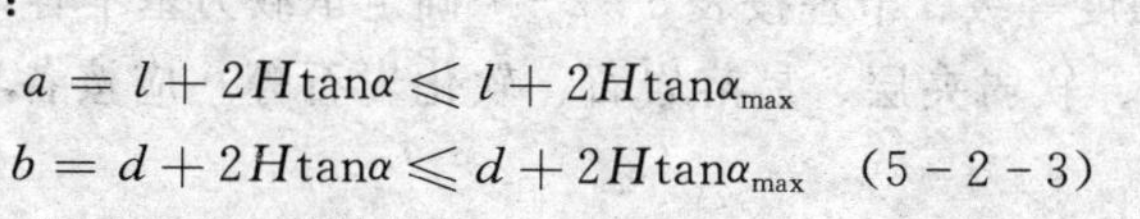

$$a = l + 2H\tan\alpha \leqslant l + 2H\tan\alpha_{\max}$$

$$b = d + 2H\tan\alpha \leqslant d + 2H\tan\alpha_{\max} \quad (5-2-3)$$

式中　a——基础长度（横桥向），m；

b——基础宽度（顺桥向），m；

l——墩、台身底截面长度，m；

d——墩、台身底截面宽度，m；

H——基础高度，m；

α——墩、台底面边缘至基础底边缘的连线与垂线的夹角；

$\alpha_{\max}$——基础材料的刚性角。

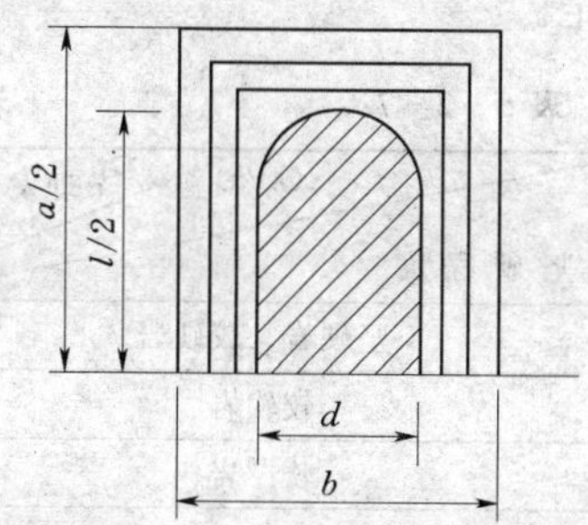

图5-2-3　扩大基础立面、平面图

基础的立面形式应力求简单，主要考虑既便于施工，又能节省圬工材料，一般做成矩形或台阶形（图5-2-3）。在确定基础立面尺寸时，只需定出两方面的尺寸：①确定襟边宽和台阶宽度（两者宜取同宽，即 $c_i = c_1$），墩、台基础的襟边最小值为0.2～0.5m；②基础台阶厚度 h_i，当基础较厚时（超过1m），可将基础做成台阶形，每层台阶厚度通常为 h_i=1.0～1.5m各台阶宜做成等厚。

三、地基与基础的验算

在基础的埋置深度和尺寸初步拟定后，是否符合各项设计要求，还必须通过具体验算加以证实。设计桥梁墩台基础时，应考虑在修建和使用期间可能发生的各项作用效应，并对地基进行验算。

当桥台台背填土的高度在5m以上时，应考虑台背填土对桥台基底或桩端平面处的附加竖向压应力，参见《公路桥涵地基与基础设计规范》（JTG D63—2007）附录J。对软土或软弱地基，如相邻墩台的距离小于5m时，应考虑邻近墩台对软土或软弱地基所引起的附加竖向压应力。

对于桥台基础，当台背地基土质不良时，应验算桥台与路堤可能一起滑动的稳定性。

（一）地基承载力的确定

（1）地基承载力的验算，应以修正后的地基承载力容许值［f_a］控制。该值系在地基原位测试或本规范给出的各类岩土承载力基本容许值［f_{a0}］的基础上，经修正后而得。

（2）地基承载力容许值应按以下原则确定：

1）地基承载力基本容许值应首先考虑由载荷试验或其他原位测试取得，其值不应大于地基极限承载力的1/2。

对中小桥、涵洞，当受现场条件限制，或载荷试验和原位测试确有困难时，也可按照下面第3）条有关规定采用。

2）地基承载力基本容许值尚应根据基底埋深、基础宽度及地基土的类别进行修正。

3）其他特殊性岩土地基承载力基本容许值可参照各地区经验或相应的标准确定。

（3）地基承载力基本容许值［f_{a0}］可根据岩土类别、状态及其物理力学特性指标按表5－2－7～表5－2－13选用。

1）一般岩石地基可根据强度等级、节理按表5－2－7确定承载力基本容许值［f_{a0}］。对于复杂岩层（如溶洞、断层、软弱夹层、易溶岩石、软化岩石等）应按各项因素综合确定。

表5－2－7　　岩石地基承载力基本容许值［f_{a0}］

［f_{a0}］（kPa） 节理发育程度 / 坚硬程度	节理不发育	节理发育	节理很发育
坚硬岩、较硬岩	＞3000	3000～2000	2000～1500
较软岩	3000～1500	1500～1000	1000～800
软　岩	1200～1000	1000～800	800～500
极软岩	500～400	400～300	300～200

2）碎石土地基可根据其类别和密实度按表5－2－8确定承载力基本容许值［f_{a0}］。

表5－2－8　　碎石土地基承载力基本容许值［f_{a0}］

［f_{a0}］（kPa） 密实度 / 土　名	密实	中密	稍密	松散
卵　石	1200～1000	1000～650	650～500	500～300
碎　石	1000～800	800～550	550～400	400～200
圆　砾	800～600	600～400	400～300	300～200
角　砾	700～500	500～400	400～300	300～200

注　1. 由硬质岩组成，填充砂土者取高值；由软质岩组成，填充黏性土者取低值。
2. 半胶结的碎石土，可按密实的同类土的［f_{a0}］值提高10%～30%。
3. 松散的碎石土在天然河床中很少遇见，需特别注意鉴定。
4. 漂石、块石的［f_{a0}］值，可参照卵石、碎石适当提高。

3）砂土地基可根据土的密实度和水位情况按表5－2－9确定承载力基本容许值［f_{a0}］。

表5－2－9　　砂土地基承载力基本容许值［f_{a0}］

土名	［f_{a0}］（kPa） 密实度 / 水位情况	密实	中密	稍密	松散
砾砂、粗砂	与湿度无关	550	430	370	200
中　砂	与湿度无关	450	370	330	150
细　砂	水上	350	270	230	100
	水下	300	210	190	—
粉　砂	水上	300	210	190	—
	水下	200	110	90	—

4）粉土地基可根据土的天然孔隙比 e 和天然含水量 w（%）按表 5-2-10 确定承载力基本容许值［f_{a0}］。

表 5-2-10　　粉土地基承载力基本容许值［f_{a0}］

［f_{a0}］（kPa）　w（%）/ e	10	15	20	25	30	35
0.5	400	380	355	—	—	—
0.6	300	290	280	270	—	—
0.7	250	235	225	215	205	—
0.8	200	190	180	170	165	—
0.9	160	150	145	140	130	125

5）老黏性土地基可根据压缩模量 E_s 按表 5-2-11 确定承载力基本容许值［f_{a0}］。

表 5-2-11　　老黏性土地基承载力基本容许值［f_{a0}］

E_s（MPa）	10	15	20	25	30	35	40
［f_{a0}］（kPa）	380	430	470	510	550	580	620

注　当老黏性土 E_s<10MPa 时，承载力基本容许值［f_{a0}］按一般黏性土（表 5-2-12）确定。

6）一般黏性土可根据液性指数 I_L 和天然孔隙比 e 按表 5-2-12 确定地基承载力基本容许值［f_{a0}］。

表 5-2-12　　一般黏性土地基承载力基本容许值［f_{a0}］

［f_{a0}］（kPa）　I_L / e	0	0.1	0.2	0.3	0.4	0.5	0.6	0.7	0.8	0.9	1.0	1.1	1.2
0.5	450	440	430	420	400	380	350	310	270	240	220	—	—
0.6	420	410	400	380	360	340	310	280	250	220	200	180	—
0.7	400	370	350	330	310	290	270	240	220	190	170	160	150
0.8	380	330	300	280	260	240	230	210	180	160	150	140	130
0.9	320	280	260	240	220	210	190	180	160	140	130	120	100
1.0	250	230	220	210	190	170	160	150	140	120	110	—	—
1.1	—	—	160	150	140	130	120	110	100	90	—	—	—

注　1. 土中含有粒径大于 2mm 的颗粒质量超过总质量 30%以上者，［f_{a0}］可适当提高。

2. 当 e<0.5 时，取 e=0.5；当 I_L<0 时，取 I_L=0。此外，超过表列范围的一般黏性土，［f_{a0}］=$57.22E_s^{0.57}$。

7）新近沉积黏性土地基可根据液性指数 I_L 和天然孔隙比 e 按表 5-2-13 确定承载力基本容许值［f_{a0}］。

表 5-2-13　　新近沉积黏性土地基承载力基本容许值 $[f_{a0}]$

e \ $[f_{a0}]$ (kPa) \ I_L	≤0.25	0.75	1.25
≤0.8	140	120	100
0.9	130	110	90
1.0	120	100	80
1.1	110	90	—

(4) 修正后的地基承载力容许值 $[f_{a0}]$ 按式（5-2-4）确定。当基础位于水中不透水地层上时，$[f_a]$ 按平均常水位至一般冲刷线的水深每米再增大 10kPa。

$$[f_a]=[f_{a0}]+k_1\gamma_1(b-2)+k_2\gamma_2(h-3) \tag{5-2-4}$$

式中　$[f_a]$——修正后的地基承载力容许值，kPa；

b——基础底面的最小边宽，m，当 $b<2$m 时，取 $b=2$m，当 $b>10$m 时，取 $b=10$m；

h——基底埋置深度，m，自天然地面起算，有水流冲刷时自一般冲刷线起算；当 $h<3$m 时，取 $h=3$m，当 $h/b>4$ 时，取 $h=4b$；

k_1、k_2——基底宽度、深度修正系数，根据基底持力层土的类别按表 5-2-14 确定；

γ_1——基底持力层土的天然重度，kN/m^3，持力层在水面以下且为透水者，应取浮重度；

γ_2——基底以上土层的加权平均重度，kN/m^3，换算时若持力层在水面以下，且不透水时，不论基底以上土的透水性质如何，一律取饱和重度；当透水时，水中部分土层则应取浮重度。

表 5-2-14　　地基土承载力宽度、深度修正系数 k_1、k_2

土类 \ 系数	黏性土				粉土	砂土						碎石土					
	老黏性土	一般黏性土		新近沉积黏性土	—	粉砂		细砂		中砂		砾砂粗砂		碎石圆砾角砾		卵石	
		$I_L\geqslant0.5$	$I_L<0.5$		—	中密	密实	中密	密实	中密	密实	中密	密实	中密	密实	中密	密实
k_1	0	0	0	0	0	1.0	1.2	1.5	2.0	2.0	3.0	3.0	4.0	3.0	4.0	3.0	4.0
k_2	2.5	1.5	2.5	1.0	1.5	2.0	2.5	3.0	4.0	4.0	5.5	5.0	6.0	5.0	6.0	6.0	10.0

注　1. 对于稍密和松散状态的砂、碎石土，k_1、k_2 值可采用表列中密值的 50%。
2. 强风化和全风化的岩石，可参照所风化成的相应土类取值；其他状态下的岩石不修正。

关于宽度和深度修正问题，有必要指出：从地基强度考虑，基础愈宽，承载力愈大；但从沉降方面考虑，在荷载强度相同的情况下，基础越宽，沉降愈大，这在黏性土和黄土地基上尤为明显，故在表 5-2-14 中它们的 k_1 均为零，即不作宽度修正。对于砂性土和碎、卵石类土，沉降一般在施工期间已基本完成，所以受压后的后期沉降比较小，在基础宽度加大后，地基承载力有显著提高，所以必须予以修正。但基础过宽会增加沉降的不利影响，所以基础宽度超过 10m 者，仍按 10m 予以修正；当基础埋置深度超过 3m 时，可

进行修正提高。这主要考虑到随着基础埋深的增加，基础底面以上的土的自重作为超载也随之增大，这对阻止基底以下地基土在荷载作用下的隆起是有利的。但由实测资料表明，当基础相对埋置深度 h/b 很大时，地基承载力并不随深度的增加而成正比增加，因此为了安全起见，只有当 $h/b \leqslant 4$ 时才予以修正。

(5) 软土地基承载力容许值 $[f_a]$ 按下列规定确定：软土地基承载力基本容许值 $[f_{a0}]$ 应由载荷试验或其他原位测试取得。载荷试验和原位测试确有困难时，对于中小桥、涵洞基底未经处理的软土地基承载力容许值 $[f_a]$ 可采用以下两种方法确定：

1) 根据原状土天然含水量 w，按表 5-2-15 确定软土地基承载力基本容许值 $[f_{a0}]$，然后按式 (5-2-5) 计算修正后的地基承载力容许值 $[f_a]$：

$$[f_a] = [f_{a0}] + \gamma_2 h \tag{5-2-5a}$$

式中 γ_2、h 的意义同式 (5-2-4)。

表 5-2-15　软土地基承载力基本容许值 $[f_{a0}]$

天然含水量 w (%)	36	40	45	50	55	65	75
$[f_{a0}]$ (kPa)	100	90	80	70	60	50	40

2) 根据原状土强度指标确定软土地基承载力容许值 $[f_a]$：

$$[f_a] = \frac{5.14}{m} k_p C_u + \gamma_2 h \tag{5-2-5b}$$

$$k_p = \left(1 + 0.2\frac{b}{l}\right)\left(1 - \frac{0.4H}{blC_u}\right) \tag{5-2-5c}$$

式中 m——抗力修正系数，可视软土灵敏度及基础长宽比等因素选用 1.5～2.5；

C_u——地基土不排水抗剪强度标准值，kPa；

k_p——系数；

H——由作用（标准值）引起的水平力，kN；

b——基础宽度，m，有偏心作用时，取 $b-2e_b$；

l——垂直于 b 边的基础长度，m，有偏心作用时，取 $l-2e_l$。

经排水固结方法处理的软土地基，其承载力基本容许值 $[f_{a0}]$ 应通过载荷试验或其他原位测试方法确定；经复合地基方法处理的软土地基，其承载力基本容许值应通过载荷试验确定；然后按式 (5-2-5a) 计算修正后的软土地基地基承载力容许值 $[f_a]$。

(6) 地基承载力容许值 $[f_a]$ 应根据地基受荷阶段及受荷情况，乘以下列规定的抗力系数 γ_R。

使用阶段：

1) 当地基承受作用短期效应组合或作用效应偶然组合时，可取 $\gamma_R=1.25$；但对承载力容许值 $[f_a]$ 小于 150kPa 的地基，应取 $\gamma_R=1.0$。

2) 当地基承受的作用短期效应组合仅包括结构自重、预加力、土重、土侧压力、汽车和人群效应时，应取 $\gamma_R=1.0$。

3) 当基础建于经多年压实未遭破坏的旧桥基（岩石旧桥基除外）上时，不论地基承

受的作用情况如何，抗力系数均可取 $\gamma_R=1.5$；对 $[f_a]$ 小于 150kPa 的地基可取 $\gamma_R=1.25$。

4）基础建于岩石旧桥基上，应取 $\gamma_R=1.0$。

施工阶段：

1）地基在施工荷载作用下，可取 $\gamma_R=1.25$。

2）当墩台施工期间承受单向推力时，可取 $\gamma_R=1.5$。

（二）验算地基承载力

基础底面岩土的承载力，当不考虑嵌固作用时，可按下式验算：

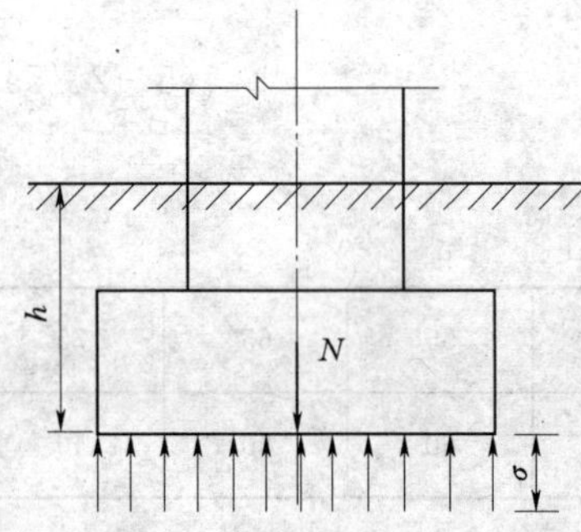

图 5-2-4 中心负载基底应力分布

（1）当基础底面只承受中心荷载时，基底为均匀受压，其应力分布是矩形的（图 5-2-4），应符合下列条件：

$$p=\frac{N}{A}\leqslant[f_a] \tag{5-2-6}$$

式中 p——基底平均压应力，kPa；

N——由《公路桥涵地基与基础设计规范》（JTG D63—2007）第 1.0.8 条规定的作用短期效应组合在基底产生的竖向力，kN；

A——基础底面面积，m^2。

（2）当基底单向偏心受压，承受竖向力 N 和弯矩 M 共同作用时，应符合下列条件

$$p_{max}=\frac{N}{A}+\frac{M}{W}\leqslant\gamma_R[f_a] \tag{5-2-7}$$

式中 p_{max}——基底最大压应力；

M——由《公路桥涵地基与基础设计规范》（JTG D63—2007）第 1.0.8 条规定的作用短期效应组合产生于墩台的水平力和竖向力对基底重心轴的弯矩；

W——基础底面偏心方向边缘弹性抵抗矩。

（3）当基底双向偏心受压，承受竖向力 N 和绕 x 轴弯矩 M_x 与绕 y 轴弯矩 M_y 共同作用时，应符合下列条件：

$$p_{max}=\frac{N}{A}+\frac{M_x}{W_x}+\frac{M_y}{W_y}\leqslant\gamma_R[f_a] \tag{5-2-8}$$

式中 M_x、M_y——作用于基底的水平力和竖向力绕 x 轴、y 轴的对基底的弯矩；

W_x、W_y——基础底面偏心方向边缘绕 x 轴、y 轴的弹性抵抗矩。

（4）当设置在基岩上的基底承受单向偏心荷载，其偏心距 e_0 超过核心半径时，可仅按受压区计算基底最大压应力（不考虑基底承受拉力，如图 5-2-5 所示）。基底为矩形截面的最大压应力 p_{max} 按下列公式计算：

$$p_{max}=\frac{2N}{3da}=\frac{2N}{3\left(\frac{b}{2}-e_0\right)a} \tag{5-2-9}$$

式中 b——偏心方向基础底面的边长；

a——垂直于 b 边基础底面的边长；

d——N 力作用点至基底受压边缘的距离；

e_0——N 作用点距截面重心的距离。

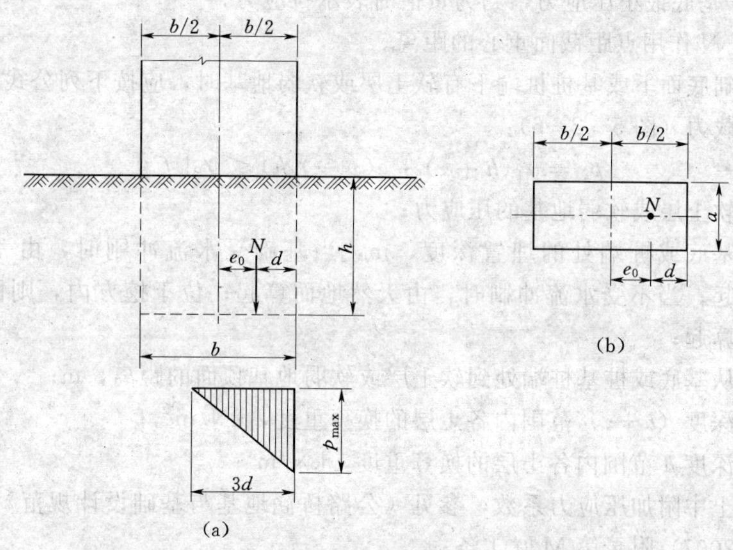

图 5-2-5 基岩上矩形截面基底单向偏心受压应力重分布图

(a) 基础立面；(b) 基础平面

(5) 桥涵墩台应验算作用于基底的合力偏心距。

1) 桥涵墩台基底的合力偏心距容许值 $[e_0]$ 应符合表 5-2-16 的规定。

表 5-2-16 墩台基底的合力偏心距容许值 $[e_0]$

作用情况	地基条件	合力偏心距	备注
墩台仅承受永久作用标准值效应组合	非岩石地基	桥墩 $[e_0]\leqslant 0.1\rho$	拱桥、刚构桥墩台，其合力作用点应尽量保持在基底重心附近
		桥台 $[e_0]\leqslant 0.75\rho$	
墩台承受作用标准值效应组合或偶然作用（地震作用除外）标准值效应组合	非岩石地基	$[e_0]\leqslant\rho$	拱桥单向推力墩不受限制，但应符合表 5-2-20 规定的抗倾覆稳定系数
	较破碎～极破碎岩石地基	$[e_0]\leqslant 1.2\rho$	
	完整、较完整岩石地基	$[e_0]\leqslant 1.5\rho$	

2) 基底以上外力作用点对基底重心轴的偏心距 e_0 按下式计算

$$e_0=\frac{M}{N}\leqslant[e_0] \tag{5-2-10}$$

式中 N、M——作用于基底的竖向力和所有外力（竖向力、水平力）对基底截面重心的弯矩。

3) 基底承受单向或双向偏心受压的 ρ 值可按下式计算

$$\rho=\frac{e_0}{1-\frac{p_{\min}A}{N}} \tag{5-2-11}$$

$$p_{\min}=\frac{N}{A}-\frac{M_x}{W_x}-\frac{M_y}{W_y} \qquad (5-2-12)$$

式中 $p_{\min}$——基底最小压应力，当为负值时表示拉应力；

e_0——N 作用点距截面重心的距离。

(6) 在基础底面下或基桩桩端下有软土层或软弱地基时，应按下列公式验算软土层或软弱地基的承载力（图 5-2-6）：

$$p_z=\gamma_1(h+z)+\alpha(p-\gamma_2 h)\leqslant\gamma_R[f_a] \qquad (5-2-13)$$

式中 p_z——软土层或软弱地基的压应力；

h——基底或桩端处的埋置深度，m，当基础受水流冲刷时，由一般冲刷线算起；当不受水流冲刷时，由天然地面算起；位于挖方内，则由开挖后地面算起；

z——从基底或桩基桩端处到软土层或软弱地基顶面的距离，m；

γ_1——深度（$h+z$）范围内各土层的换算重度，kN/m³；

γ_2——深度 h 范围内各土层的换算重度，kN/m³；

α——土中附加压应力系数，参见《公路桥涵地基与基础设计规范》（JTG D63—2007）附录第 M. 0. 1 条；

p——基底压应力，kPa，当 $z/b>1$ 时，p 采用基底平均压应力；当 $z/b\leqslant1$ 时，p 按基底压应力图形采用距最大压应力点 $b/3\sim b/4$ 处的压应力（对于梯形图形前后端压应力差值较大时，可采用上述 $b/4$ 点处的压应力值；反之，则采用上述 $b/3$ 处压应力值），以上 b 为矩形基底的宽度；

$[f_a]$——软土层或软弱地基顶面土的承载力容许值，按式（5-2-4）或式（5-2-5）采用。

若下卧层为压缩性较大的厚层软黏土时，应验算沉降量。

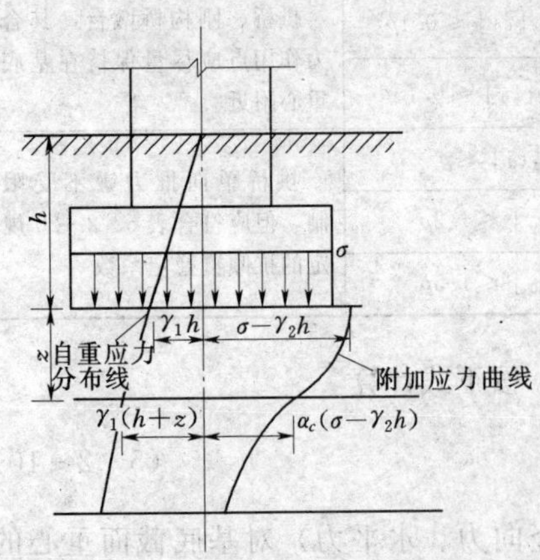

图 5-2-6 软弱下卧层强度验算

(7) 当墩台、桩基础位于冻胀土中时，应验算抗冻拔稳定性，计算方法可参照 JTG D63—2007 附录 L。

（三）验算基础沉降

(1) 当墩台建筑在地质情况复杂、土质不均匀及承载力较差的地基上，以及相邻跨径差别悬殊而需计算沉降差或跨线桥净高需预先考虑沉降量时，均应计算其沉降。

(2) 沉降计算时，传至基底的作用效应按正常使用极限状态下作用长期效应组合采用。该组合仅为直接施加于结构上的永久作用标准（不包括混凝土收缩及徐变作用、基础变位作用）和可变作用准永久值（仅指汽车荷载和人群荷载）引起的效应。

(3) 墩台的沉降（mm），应符合下列规定：

1) 相邻墩台间不均匀沉降差值（不包括施工中的沉降），不应使桥面形成大于 2‰的

附加纵坡（折角）。

2）外超静定结构桥梁墩台间不均匀沉降差值，还应满足结构的受力要求。

（4）墩台基础的最终沉降量，可按下式计算：

$$s=\psi_s s_0=\psi_s\sum_{i=1}^{n}\frac{p_0}{E_{si}}(z_i\overline{\alpha_i}-z_{i-1}\overline{\alpha_{i-1}}) \quad (5-2-14)$$

$$p_0=p-\gamma h \quad (5-2-15)$$

式中 s——地基最终沉降量，mm；

s_0——按分层总和法计算的地基沉降量，mm；

ψ_s——沉降计算经验系数，根据地区沉降观测资料及经验确定，缺少沉降观测资料及经验数据时，可按《公路桥涵地基与基础设计规范》（JTG D63—2007）第4.3.5条确定；

n——地基沉降计算深度范围内所划分的土层数（图5-2-7）；

p_0——对应于荷载长期效应组合时的基础底面处附加压应力，kPa；

E_{si}——基础底面下第i层土的压缩模量，MPa，应取土的“自重压应力”至“土的自重压应力与附加压应力之和”的压应力段计算；

z_i、z_{i-1}——基础底面至第i层土、第$i-1$层土底面的距离，m；

$\overline{\alpha_i}$、$\overline{\alpha_{i-1}}$——基础底面计算点至第i层土、第$i-1$层土底面范围内平均附加压应力系数，可按《公路桥涵地基与基础设计规范》（JTG D63—2007）附录第M.0.2条取用；

p——基底压应力，kPa，当$z/b>1$时，p采用基底平均压应力；$z/b\leqslant1$时，p按压应力图形采用距最大压应力点$b/3\sim b/4$处的压应力（对梯形图形前后端压应力差值较大时，可采用上述$b/4$处的压应力值；反之，则采用上述$b/3$处压应力值），以上b为矩形基底宽度；

h——基底埋置深度，m，当基础受水流冲刷时，从一般冲刷线算起；当不受水流冲刷时，从天然地面算起；如位于挖方内，则由开挖后地面算起；

γ——h内土的重度，kN/m^3，基底为透水地基时水位以下取浮重度。

（5）沉降计算经验系数ψ_s可按表5-2-17确定。

表5-2-17 沉降计算经验系数ψ_s

$\overline{E_s}$（MPa）/ 基底附加压应力	2.5	4.0	7.0	15.0	20.0
$p_0\geqslant[f_{a0}]$	1.4	1.3	1.0	0.4	0.2
$p_0\leqslant0.75[f_{a0}]$	1.1	1.0	0.7	0.4	0.2

注 1. $[f_{a0}]$为地基承载力基本容许值；
2. $\overline{E_s}$为沉降计算范围内压缩模量的当量值，应按下列公式计算：

$$\overline{E_s}=\frac{\sum A_i}{\sum\frac{A_i}{E_{si}}}$$

式中 A_i—第i层土的附加压应力系数沿土层厚度的积分值。

（6）地基沉降计算时设定计算深度z_n，在z_n以上取Δz厚度（表5-2-18），其沉降量应符合下列公式：

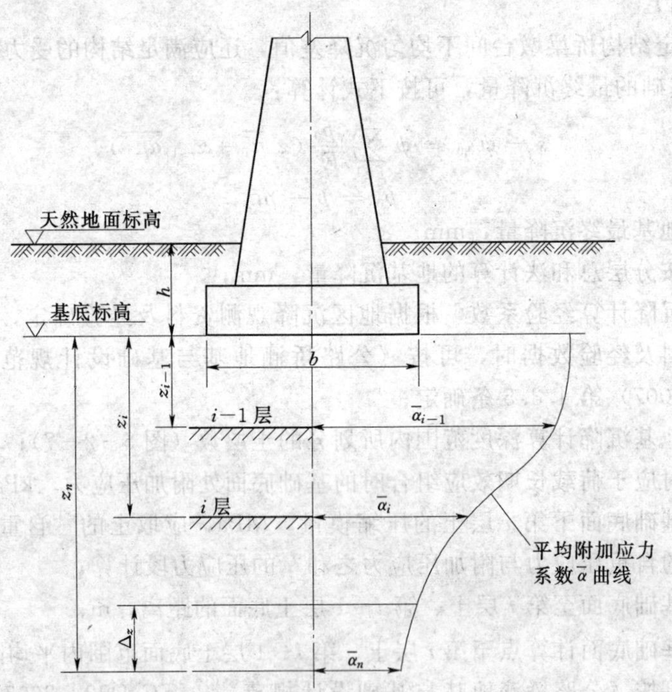

图 5-2-7　基底沉降计算分层示意图

$$\Delta s_n \leqslant 0.025 \sum_{i=1}^{n} \Delta s_i \tag{5-2-16}$$

式中　Δs_n——在计算深度底面向上取厚度为 Δz 的土层的计算沉降量，Δz 见图 5-2-7 和表 5-2-18 采用；

Δs_i——在计算深度范围内，第 i 层土的计算沉降量。

已确定的计算深度下面，如仍有较软土层时，应继续计算。

表 5-2-18　　**Δz　值**

基底宽度 b（m）	$b \leqslant 2$	$2 < b \leqslant 4$	$4 < b \leqslant 8$	$b > 8$
Δz（m）	0.3	0.6	0.8	1.0

（7）当无相邻荷载影响，基底宽度在 1～30m 范围内时，基底中心的地基沉降计算深度 z_n 也可按下列简化公式计算：

$$z_n = b(2.5 - 0.4\ln b) \tag{5-2-17}$$

式中　b——基础宽度，m。

在计算深度范围内存在基岩时，z_n 可取至基岩表面；当存在较厚的坚硬黏土层，其孔隙比小于 0.5、压缩模量大于 50MPa，或存在较厚的密实砂卵石层，其压缩模量大于 80MPa 时，z_n 可取至该土层表面。

（四）验算基础稳定性

（1）桥涵墩台基础的抗倾覆稳定，按下列公式计算（图 5-2-8）：

$$k_0 = \frac{s}{e_0} \tag{5-2-18}$$

$$e_0 = \frac{\sum P_i e_i + \sum H_i h_i}{\sum P_i} \tag{5-2-19}$$

式中 k_0——墩台基础抗倾覆稳定性系数；

s——在截面重心至合力作用点的延长线上，自截面重心至验算倾覆轴的距离，m；

e_0——所有外力的合力 R 在验算截面的作用点对基底重心轴的偏心距；

P_i——不考虑其分项系数和组合系数的作用标准值组合或偶然作用（地震除外）标准值组合引起的竖向力，kN；

e_i——竖向力 P_i 对验算截面重心的力臂，m；

H_i——不考虑其分项系数和组合系数的作用标准值组合或偶然作用（地震除外）标准值组合引起的水平力，kN；

h_i——水平力对验算截面的力臂，m。

注：①弯矩应视其绕验算截面重心轴的不同方向取正负号；②对于矩形凹缺的多边形基础，其倾覆轴应取基底截面的外包线。

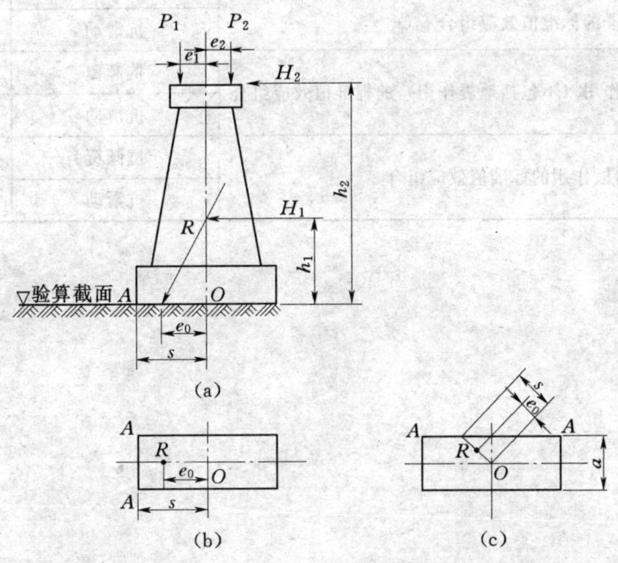

图 5-2-8 墩台基础的稳定验算示意图

(a) 立面；(b) 平面（单向偏心）；(c) 平面（双向偏心）

O—截面重心；R—合力作用点；A—A—验算倾覆轴

(2) 桥涵墩台基础的抗滑动稳定性系数 k_c 按下式计算：

$$k_c = \frac{\mu \sum P_i + \sum H_{iP}}{\sum H_{ia}} \tag{5-2-20}$$

式中 k_c——桥涵墩台基础的抗滑动稳定性系数；

$\sum P_i$——竖向力总和；

$\sum H_{iP}$——抗滑稳定水平力总和；

$\sum H_{ia}$——滑动水平力总和；

μ——基础底面与地基土之间的摩擦系数通过试验确定，当缺少实际资料时，可参照表5-2-19采用。

注：$\sum H_{iP}$、$\sum H_{ia}$ 分别为两个相对方向的各自水平力总和，绝对值较大者为滑动水平力 $\sum H_{ia}$，另一个为抗滑稳定力 $\sum H_{iP}$；$\mu\sum P_i$ 为抗滑动稳定力。

表5-2-19　　基底摩擦系数

地基土分类	μ	地基土分类	μ
黏土（流塑—坚硬）、粉土	0.25	软岩（极软岩—较软岩）	0.40～0.60
砂土（粉砂—砾砂）	0.30～0.40	硬岩（较硬岩、坚硬岩）	0.60、0.70
碎石土（松散—密实）	0.40～0.50		

（3）验算墩台抗倾覆和抗滑动的稳定性时，稳定性系数不应小于表5-2-20的规定。

表5-2-20　　抗倾覆和抗滑动的稳定性系数

作用组合		验算项目	稳定性系数
使用阶段	永久作用（不计混凝土收缩及徐变、浮力）和汽车、人群的标准值效应组合	抗倾覆	1.5
		抗滑动	1.3
	各种作用（不包括地震作用）的标准值效应组合	抗倾覆	1.3
		抗滑动	1.2
施工阶段作用的标准值效应组合		抗倾覆	1.2
		抗滑动	

第三章　桩　基　础

第一节　桩基础的组成、作用及适用条件

桩基础是常用的桥梁基础类型，是埋于地基土中的若干根桩及将所有桩联成一个整体的承台（或盖梁）两部分所组成的一种基础型式。如图 5－3－1（a）所示：桩身可以全部或部分埋入地基土中，当桩身外露在地面上较高时，在桩之间还应加横系梁，以加强各桩之间的横向联系。若干根桩在平面排列上可成为一排或几排，所有桩的顶部由承台联成一整体。在承台上再修筑桥墩、桥台及上部结构。桩可以先预制好，再将其运至现场沉入土中；也可以就地钻孔（或人工挖孔），然后在孔中浇筑水泥混凝土或置入钢筋骨架后再浇灌混凝土而成桩。

桩基础的作用是将承台以上结构物传来的外力通过承台，由桩传到较深的地基持力层中去。承台将外力传递给各桩并箍住桩顶使各桩共同承受外力。各桩所承受的荷载由桩通过桩侧土的摩阻力及桩端土的抵抗力将荷载传递到地基土中，如图 5－3－1（b）所示。因此桩基础如设计正确，施工得当，它将具有承载力高、稳定性好、沉降量小而均匀等特点。在深水河道中，桩基础可以借桩群穿过水流将荷载传到地基中，避免（或减少）水下工程，简化施工设备和技术要求，加快施工速度并改善劳动条件。当地基浅层土质不良时，它能穿越浅层土发挥地基深层土承载力的作用，以满足桥梁上部结构物荷载的要求。近代在桩基础的类型、沉桩机具和施工工艺以及桩基础理论和设计计算方法方面都有了很大的发展，不仅便于机械化施工和工厂化生产，而且能以不同类型的桩基础和施工方法适应不同的水文地质条件、荷载性质和上部结构特征。桩基础是一种深基础，主要适用于下列条件：

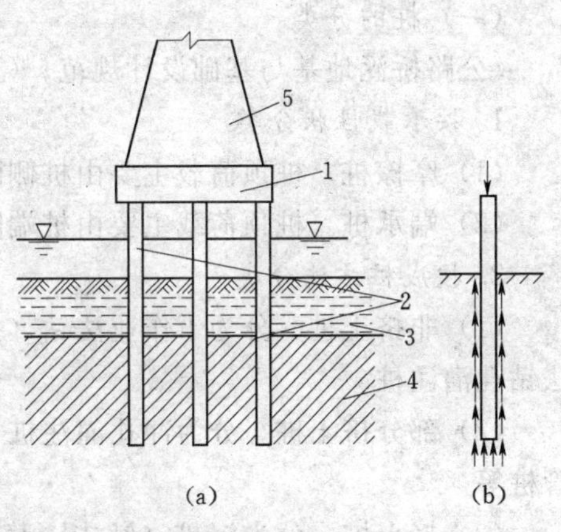

图 5－3－1　桩基础

1—承台；2—基桩；3—松软土层；4—持力层；5—墩身

（1）荷载较大，地基上部土层软弱，适宜的地基持力层位置较深，采用浅基础或人工地基在技术上、经济上不合理时。

（2）河床冲刷较大，河道不稳定或冲刷深度不易计算正确，如采用浅基础施工困难或不能保证基础安全时。

（3）当地基计算沉降过大或结构物对不均匀沉降敏感时，采用桩基础穿过松软（高压缩性）土层，将荷载传到较坚实（低压缩性）土层，减少结构物沉降并使沉降较均匀。另

外桩基础还能增强结构物的抗震能力。

（4）当施工水位或地下水位较高时。

以上情况也可以采用其他型式的深基础，桩基础由于具有耗用材料少、自重轻、施工简便等优点，往往是优先考虑的深基础方案。总之，采用浅基础无法满足结构物对地基强度、变形和稳定性方面的要求时，常常采用桩基础。

当上层软弱土层很厚，桩底不能达到坚实土层时，就需要用较多、较长的桩来传递荷载，这时的桩基础稳定性较差，沉降量也较大；当覆盖层很薄时，桩的稳定性也有问题，就不一定是最佳的基础形式，这种情况下，应经过多方面的技术经济比较和研究，确定合理可行的方案。

第二节 桩和桩基础的类型与构造

为满足结构物的要求，适应地基的特点，随着科学技术的发展，在工程实践中已形成了各种类型的桩基础，它在本身构造上和桩土相互作用性能上都具有各自的特点。学习桩和桩基础的分类及构造，目的是掌握其特点以使设计和施工时更好地发挥桩基础的作用。

（一）桩的分类

《公路桥涵地基与基础设计规范》（JTG D63—2007）对桩的分类规定如下。

1. 按承载性状分类

（1）摩擦桩。桩顶荷载主要由桩侧阻力承受，并考虑桩端阻力。

（2）端承桩。桩顶荷载主要由桩端阻力承受，并考虑桩侧阻力。

2. 按成桩方法分类

（1）非挤土桩。分为干作业法钻（挖）孔灌注桩、泥浆护壁法钻孔灌注桩、套管护壁法钻孔灌注桩。

（2）部分挤土桩。分为冲孔灌注桩、挤扩孔灌注桩、预钻孔沉桩、敞口预应力混凝土管桩等。

（3）挤土桩。分为沉桩（锤击、静压、振动沉入的预制桩及闭口预应力混凝土管桩等）。

（二）各类桩基适用条件

各类桩基须根据地质、水文等条件比较采用。

（1）钻（挖）孔桩适用于各类土层（包括碎石类土层和岩石层），但应注意：

1）钻孔桩用于淤泥及可能发生流砂的土层时，宜先做试桩。

2）挖孔桩宜用于无地下水或地下水量不多的地层。

（2）沉桩可用于黏性土、砂土以及碎石类土等。

（三）桩基础的承台底面标高

各类桩基础的承台底面标高应符合下列要求：

（1）冻胀土地区，承台底面在土中时，其埋置深度应符合第二章基础埋置深度的有关规定。

（2）有流冰的河流，其标高应在最低冰层底面以下不小于 0.25m。

(3) 当有流筏、其他漂流物或船舶撞击时，承台底面标高应保证桩不受直接撞击损伤。

(4) 承台底面标高宜根据桥位情况、施工难易程度、美观与整体协调综合确定。

(四) 其他规定

(1) 位于冻胀土地区的桩，桩间若需设横系梁，其位置应避开冻胀层，免受冻胀力的作用。

(2) 在同一桩基中，除特殊设计外，不宜同时采用摩擦桩和端承桩；不宜采用直径不同、材料不同和桩端深度相差过大的桩。

(3) 对于具有下列情况的大桥、特大桥，应通过静载荷试验确定单桩承载力。

1) 桩的入土深度远超过常用桩。

2) 地质情况复杂，难以确定桩的承载力。

3) 有其他特殊要求的桥梁用桩。

(五) 桩与桩基础的构造

钻孔桩设计直径不宜小于 0.8m；挖孔桩直径或最小边宽度不宜小于 1.2m；钢筋混凝土管桩直径可采用 0.4～0.8m，管壁最小厚度不宜小于 80mm。

1. 混凝土桩

(1) 桩身混凝土强度等级。钻（挖）孔桩、沉桩不应低于 C25；管桩填芯混凝土不应低于 C15。

(2) 钢筋混凝土沉桩的桩身配筋应按运输、沉入和使用各阶段的内力要求通长配筋。桩的两端和接桩区箍筋或螺旋筋的间距须加密，其值可取 40～50mm。

(3) 钻（挖）孔桩应按桩身内力大小分段配筋；当内力计算表明不需配筋时，应在桩顶 3.0～5.0m 内设构造钢筋。

1) 桩内主筋直径不应小于 16mm，每桩的主筋数量不应少于 8 根，其净距不应小于 80mm 且不应大于 350mm。

2) 如配筋较多，可采用束筋，组成束筋的单根钢筋直径不应大于 36mm，组成束筋的单根钢筋根数，当其直径不大于 28mm 时不应多于 3 根，当其直径大于 28mm 时应为 2 根。束筋成束后等代直径为 $d_e = \sqrt{n}d$，n 为单束钢筋根数，d 为单根钢筋直径。

3) 钢筋保护层净距不应小于 60mm。

4) 闭合式箍筋或螺旋筋直径不应小于主筋直径的 1/4，且不应小于 8mm，其中距不应大于主筋直径的 15 倍且不应大于 300mm。

5) 钢筋笼骨架上每隔 2.0～2.5m 设置直径 16～32mm 的加劲箍一道。

6) 钢筋笼四周应设置凸出的定位钢筋、定位混凝土块或采用其他定位措施。

7) 钢筋笼底部的主筋宜稍向内弯曲，作为导向。

(4) 钢筋混凝土预制桩的分节长度应根据施工条件决定，并应尽量减少接头数量。接头强度不应低于桩身强度，接头法兰盘不应突出于桩身之外，在沉桩时和使用过程中接头不应松动和开裂。

(5) 桩端嵌入非饱和状态强风化岩的预应力混凝土敞口管桩，应采取有效的预防渗水软化桩端持力层的措施。

(6) 河床岩层有冲刷时，钻孔桩有效深度应考虑岩层最低冲刷标高。

2. 钢桩

(1) 钢桩可采用管型或H型，其材质应符合现行国家有关规范、标准规定。

(2) 钢桩焊接接头应采用等强度连接。使用的焊条、焊丝和焊剂应符合现行国家有关规范、标准规定。

(3) 钢桩的端部形式，应根据桩所穿越的土层、桩端持力层性质、桩的尺寸、挤土效应等因素综合考虑确定。

1) 钢管桩可采用下列桩端形式：①敞口带加强箍（带内隔板、不带内隔板）、敞口不带加强箍（带内隔板、不带内隔板）；②闭口平底、锥底。

2) H型钢可采用下列桩端形式：①带端板；②不带端板、锥底、平底（带扩大翼、不带扩大翼）。

(4) 钢桩的防腐处理应当符合下列规定：

1) 海水环境中，钢桩的单面年平均腐蚀速度可按表5-3-1取值，有条件时也可根据现场实测确定；其他条件下，在平均低水位以上，年平均腐蚀速度可取0.06mm/a，平均低水位以下，年平均腐蚀速度可取0.03mm/a。

表5-3-1　　海水环境中钢桩单面年平均腐蚀速度

部　　位	腐蚀速度（mm/a）	部　　位	腐蚀速度（mm/a）
大气区	0.05～0.10	水位变动区，水下区	0.12～0.20
浪溅区	0.20～0.50	泥下区	0.05

注　1. 表中年平均腐蚀速度适用于pH值为4～10的环境条件，对有严重污染的环境，应适当增大。
2. 对水质含盐量层次分明的河口或年平均气温高、波浪大和流速大的环境，其对应部位的年平均腐蚀速度应适当增大。

2) 钢桩防腐处理可采用外表面涂防腐层、增加腐蚀余量和阴极保护等方法；当钢管桩内壁同外界隔绝时，可不考虑内壁防腐。

3. 桩的布置和中距

(1) 群桩的布置可采用对称形、梅花形或环形。

(2) 桩的中距应符合以下要求：

1) 摩擦桩。锤击、静压沉桩，在桩端处的中距不应小于桩径（或边长）的3倍，对于软土地基宜适当增大；振动沉入砂土内的桩，在桩端处的中距不应小于桩径（或边长）的4倍。桩在承台底面处的中距不应小于桩径（或边长）的1.5倍。

钻孔桩中距不应小于桩径的2.5倍。

挖孔桩中距可参照钻孔桩采用。

2) 端承桩。支承或嵌固在基岩中的钻（挖）孔桩中距，不应小于桩径的2.0倍。

3) 扩底灌注桩。钻（挖）孔扩底灌注桩中距不应小于1.5倍扩底直径或扩底直径加1.0m，取较大者。

(3) 边桩（或角桩）外侧与承台边缘的距离，对于直径（或边长）小于等于1.0m的桩，不应小于0.5倍桩径（或边长）并不应小于250mm；对于直径大于1.0m的桩，不应小于0.3倍桩径（或边长）并不应小于500mm。

4. 承台和横系梁的构造

(1) 承台的厚度宜为桩直径的1.0倍及以上，且不宜小于1.5m，混凝土强度等级不应低于C25。

(2) 当桩顶直接埋入承台连接时，应在每根桩的顶面上设1～2层钢筋网。当桩顶主筋伸入承台时，承台在桩身混凝土顶端平面内须设一层钢筋网，在每米内（按每一方向）设钢筋网1200～1500mm^2，钢筋直径采用12～16mm，钢筋网应通过桩顶且不应截断。承台的顶面和侧面应设置表层钢筋网，每个面在两个方向的截面面积均不宜小于400mm^2/m，钢筋间距不应大于400mm。

(3) 当用横系梁加强桩之间的整体性时，横系梁的高度可取为0.8～1.0倍桩的直径，宽度可取为0.6～1.0倍桩的直径。混凝土的强度等级不应低于C25。纵向钢筋不应少于横系梁截面面积的0.15%；箍筋直径不应小于8mm，其间距不应大于400mm。

横系梁不受力时，构造钢筋按不小于其横截面面积的0.15%设置。

当桩顶不破头直接埋入承台内时，应在桩顶面上设1～2层局部钢筋网，钢筋直径不小于12mm，钢筋网每边长度不小于桩径的2.5倍，网孔为100mm×100mm至150mm×150mm。

5. 桩与承台、横系梁的连接应符合的要求：

(1) 桩顶直接埋入承台连接。当桩径（或边长）小于0.6m时，埋入长度不应小于2倍桩径（或边长）；当桩径（或边长）为0.6～1.2m时，埋入长度不应小于1.2m；当桩径（或边长）大于1.2m时，埋入长度不应小于桩径（或边长）。

(2) 当桩顶主筋伸入承台连接。桩身嵌入承台内的深度可采用100mm；伸入承台内的桩顶主筋可做成喇叭形（大约与竖直线倾斜15°，如图5-3-2所示）。伸入承台内的主筋长度，光圆钢筋不应小于30倍钢筋直径（设弯钩），带肋钢筋不应小于35倍钢筋直径（不设弯钩）。

(3) 对于大直径灌注桩，当采用一柱一桩时，可设置横系梁或将桩与柱直接连接。

(4) 管桩与承台连接时，伸入承台内的纵向钢筋如采用插筋，插筋数量不应少于4根，直径不应小于16mm，锚入承台长度不宜少于35倍钢筋直径，插入管桩顶填芯混凝土长度不宜小于1.0m。

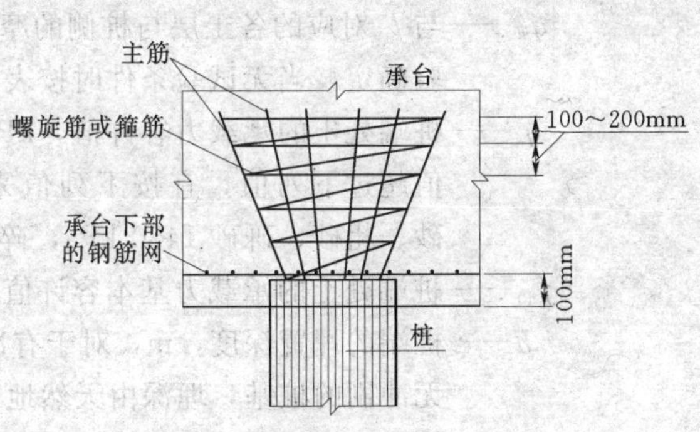

图5-3-2 桩顶与承台的连接

(5) 横系梁的主钢筋应伸入桩内，其长度不小于35倍主筋直径。

第三节 单桩容许承载力的确定

桩基础是由若干根基桩所组成，在设计桩基础时，首先应从分析单桩入手，确定单桩

容许承载力，然后结合桩基础的结构和构造型式进行基桩受力分析计算，从而确定桩基础的承载力。

单桩容许承载力是指单桩在外荷载作用下，桩土共同作用，地基土和桩本身的强度和稳定性均能得到保证，且变形在容许范围之内桩所能容许承受的最大荷载。一般情况下，桩受到轴向力、横轴向力及弯矩作用，因此，需分别研究和确定单桩的轴向容许承载力、横轴向容许承载力和容许弯矩，但通常桩主要受轴向力，所以本节主要研究桩的轴向容许承载力的确定，简要介绍桩的横向容许承载力及负摩阻力问题。

桩的计算，可按下列规定进行：承台底面以上的荷载假定全部由桩承受；桥台土压力可自填土前的原地面起算。

在软土和软弱地基土层较厚、持力层较好的地基中，桩基计算应考虑路基填土荷载或地下水位下降等因素所引起的负摩阻力的影响。

（一）摩擦桩单桩轴向容许承载力

摩擦桩单桩轴向受压承载力容许值 $[R_a]$，可按下列公式计算：

1. 钻（挖）孔灌注桩的承载力容许值

$$[R_a] = \frac{1}{2}u\sum_{i=1}^{n} q_{ik}l_i + A_p q_r \tag{5-3-1}$$

$$q_r = m_0\lambda\left[[f_{a0}] + k_2\gamma_2(h-3)\right] \tag{5-3-2}$$

式中 $[R_a]$——单桩轴向受压承载力容许值，kN，桩身自重与置换土重（当自重计入浮力时，置换土重也计入浮力）的差值作为荷载考虑；

u——桩身周长，m；

A_p——桩端截面面积，m^2，对于扩底桩，取扩底截面面积；

n——土的层数；

l_i——承台底面或局部冲刷线以下各土层的厚度，m，扩孔部分不计；

q_{ik}——与 l_i 对应的各土层与桩侧的摩阻力标准值，kPa，宜采用单桩摩阻力试验确定，当无试验条件时按表 5-3-2 选用；

q_r——桩端处土的承载力容许值，kPa，当持力层为砂土、碎石土时，若计算值超过下列值，宜按下列值采用：粉砂 1000kPa，细砂 1150kPa，中砂、粗砂、砾砂 1450 kPa，碎石土 2750 kPa；

f_{a0}——桩端处土的承载力基本容许值，kPa，按表 5-2-7～表 5-2-13 确定；

h——桩端的埋置深度，m，对于有冲刷的桩基，埋深由一般冲刷线起算；对无冲刷的桩基，埋深由天然地面线或实际开挖后的地面线起算；h 的计算值不大于 40m，当大于 40m 时，按 40m 计算；

k_2——容许承载力随深度的修正系数，根据桩端处持力层土类按表 5-2-14 选用；

γ_2——桩端以上各土层的加权平均重度，kN/m^3，若持力层在水位以下且不透水时，不论桩端以上土层的透水性如何，一律取饱和重度；当持力层透水时则水中部分土层取浮重度；

λ——修正系数，按表 5-3-3 选用；

m_0——清底系数，按表 5-3-4 选用。

5-3-2 钻孔桩桩侧土的摩阻力标准值 q_{ik}

土类		q_{ik} (kPa)
中密炉渣、粉煤灰		40～60
黏性土	流塑 $I_L>1$	20～30
	软塑 $0.75<I_L\leqslant1$	30～50
	可塑、硬塑 $0<I_L\leqslant0.75$	50～80
	坚硬 $I_L\leqslant0$	80～120
粉土	中密	30～55
	密实	55～80
粉砂、细砂	中密	35～55
	密实	55～70
中砂	中密	45～60
	密实	60～80
粗砂、砾砂	中密	60～90
	密实	90～140
圆砾、角砾	中密	120～150
	密实	150～180
碎石、卵石	中密	160～220
	密实	220～400
漂石、块石		400～600

注 挖孔桩的摩阻力标准值可参照本表采用。

表 5-3-3 λ 值

桩端土情况 \ l/d	4～20	20～25	>25
透水性土	0.70	0.70～0.85	0.85
不透水性土	0.65	0.65～0.72	0.72

表 5-3-4 清底系数 m_0 值

t/d	0.3～0.1
m_0	0.7～1.0

注 1. t、d 为桩端沉渣厚度和桩的直径。
2. $d\leqslant1.5$m 时，$t\leqslant300$mm；$d>1.5$m 时，$t\leqslant500$mm，且 $0.1<t/d<0.3$。

表 5-3-5 沉桩桩侧土的摩阻力标准值 q_{ik}

土类	状态	摩阻力标准值 q_{ik} (kPa)
黏性土	$1.5\geqslant I_L\geqslant1$	15～30
	$1>I_L\geqslant0.75$	30～45
	$0.75>I_L\geqslant0.5$	45～60
	$0.5>I_L\geqslant0.25$	60～75
	$0.25>I_L\geqslant0$	75～85
	$0>I_L$	85～95

续表

土　类	状　态	摩阻力标准值 q_{ik}（kPa）
粉土	稍密	20～35
	中密	35～65
	密实	65～80
粉、细砂	稍密	20～35
	中密	35～65
	密实	65～80
中砂	中密	55～75
	密实	75～90
粗砂	中密	70～90
	密实	90～105

注　表中土的液性指数 I_L，系按 76g 平衡锥测定的数值。

2. 沉桩的承载力容许值

$$[R_a]=\frac{1}{2}(u\sum_{i=1}^{n}\alpha_i l_i q_{ik}+\alpha_r A_p q_{rk}) \tag{5-3-3}$$

式中　$[R_a]$——单桩轴向受压承载力容许值，kN，桩身自重与置换土重（当自重计入浮力时，置换土重也计入浮力）的差值作为荷载考虑；

u——桩身周长，m；

n——土的层数；

l_i——承台底面或局部冲刷线以下各土层的厚度，m；

q_{ik}——与 l_i 对应的各土层与桩侧摩阻力标准值，kPa，宜采用单桩摩阻力试验确定或通过静力触探试验测定，当无试验条件时按表 5-3-5 选用；

q_{rk}——桩端处土的承载力标准值，kPa，宜采用单桩试验确定或通过静力触探试验测定，当无试验条件时按表 5-3-6 选用；

α_i、α_r——振动沉桩对各土层桩侧摩阻力和桩端承载力的影响系数，按表 5-3-7 采用，对于锤击、静压沉桩其值均取为 1.0。

表 5-3-6　　沉桩桩端处土的承载力标准值 q_{rk}

土类	状态	桩端承载力标准值 q_{rk}（kPa）		
黏性土	$I_L\geqslant 1$	1000		
	$1>I_L\geqslant 0.65$	1600		
	$0.65>I_L\geqslant 0.35$	2200		
	$0.35>I_L$	3000		
		桩尖进入持力层的相对深度		
		$1>\frac{h_c}{d}$	$4>\frac{h_c}{d}\geqslant 1$	$\frac{h_c}{d}\geqslant 4$
粉土	中密	1700	2000	2300
	密实	2500	3000	3500

续表

土类	状态	桩端承载力标准值 q_{rk} (kPa)		
粉砂	中密	2500	3000	3500
	密实	5000	6000	7000
细砂	中密	3000	3500	4000
	密实	5500	6500	7500
中、粗砂	中密	3500	4000	4500
	密实	6000	7000	8000
圆砾石	中密	4000	4500	5000
	密实	7000	8000	9000

注 表中 h_c 为桩端进入持力层的深度（不包括桩靴）；d 为桩的直径或边长。

表 5-3-7　　　　系数 α_i、α_r 值

桩径或边长 d (m) \ 系数 α_i、α_r \ 土类	黏土	粉质黏土	粉土	砂土
$0.8 \geqslant d$	0.6	0.7	0.9	1.1
$2.0 \geqslant d > 0.8$	0.6	0.7	0.9	1.0
$d > 2.0$	0.5	0.6	0.7	0.9

当采用静力触探试验测定时，沉桩承载力容许值计算中的 q_{ik} 和 q_{rk} 取为

$$q_{ik} = \beta_i \overline{q}_i$$

$$q_{rk} = \beta_r \overline{q}_r \tag{5-3-4}$$

式中 $\overline{q}_i$——桩侧第 i 层土的静力触探测得的局部侧摩阻力的平均值，kPa，当 $\overline{q}_i$ 小于 5kPa 时，采用 5kPa；

$\overline{q}_r$——桩端（不包括桩靴）标高以上和以下各 $4d$（d 为桩的直径或边长）范围内静力触探端阻的平均值，kPa，若桩端标高以上 $4d$ 范围内端阻的平均值大于桩端标高以下 $4d$ 的端阻平均值时，则 $\overline{q}_{rk}$ 取桩端以下 $4d$ 范围内端阻的平均值；

β_i、β_r——侧摩阻和端阻的综合修正系数，其值按下面判别标准选用相应的计算公式。

当土层的 $\overline{q}_r > 2000$kPa，且 $\overline{q}_i/\overline{q}_r \leqslant 0.014$ 时：

$$\beta_i = 5.067 (\overline{q}_i)^{-0.45}$$

$$\beta_r = 3.975 (\overline{q}_r)^{-0.25}$$

否则

$$\beta_i = 10.045 (\overline{q}_i)^{-0.55}$$

$$\beta_r = 12.064 (\overline{q}_r)^{-0.35}$$

上述综合修正系数计算公式不适合城市杂填土条件下的短桩；综合修正系数用于黄土地区时，应做试桩校核。

(二) 嵌岩桩、沉桩的单桩轴向容许承载力

支承在基岩上或嵌入基岩内的钻（挖）孔桩、沉桩的单桩轴向受压承载力容许值 $[R_a]$，可按下式计算

$$[R_a]=c_1A_pf_{rk}+u\sum_{i=1}^{m}c_{2i}h_if_{rki}+\frac{1}{2}\zeta_su\sum_{i=1}^{n}l_iq_{ik} \tag{5-3-5}$$

式中　$[R_a]$——单桩轴向受压承载力容许值，kN，桩身自重与置换土重（当自重计入浮力时，置换土重也计入浮力）的差值作为荷载考虑；

c_1——根据清孔情况、岩石破碎程度等因素而定的端阻发挥系数，按表5-3-8采用；

A_p——桩端截面面积，m^2，对于扩底桩，取扩底截面面积；

f_{rk}——桩端岩石饱和单轴抗压强度标准值，kPa，黏土质岩取天然湿度单轴抗压强度标准值，当 $f_{rk}<2$MPa 时按摩擦桩计算；

f_{rki}——第 i 层的 f_{rk} 值；

c_{2i}——根据清孔情况、岩石破碎程度等因素而定的第 i 层岩层的侧阻发挥系数，按表5-3-8采用；

u——各土层或各岩层部分的桩身周长，m；

h_i——桩嵌入各岩层部分的厚度，m，不包括强风化层和全风化层；

m——岩层的层数，不包括强风化层和全风化层；

ζ_s——覆盖层土的侧阻力发挥系数，根据桩端 f_{rk} 确定：当 2MPa$\leqslant f_{rk}<$15MPa 时，$\zeta_s=0.8$；当 15MPa$\leqslant f_{rk}<$30MPa 时，$\zeta_s=0.5$；当 $f_{rk}>$30MPa 时，$\zeta_s=0.2$；

l_i——各土层的厚度，m；

q_{ik}——桩侧第 i 层土的侧阻力标准值，kPa，宜采用单桩摩阻力试验值，当无试验条件时，对于钻（挖）孔桩按表5-3-2选用，对于沉桩按表5-3-5选用；

n——土层的层数，强风化和全风化岩层按土层考虑。

表5-3-8　　系数 c_1、c_2 值

岩石层情况	c_1	c_2
完整、较完整	0.6	0.05
较破碎	0.5	0.04
破碎、极破碎	0.4	0.03

注　1. 当入岩深度小于或等于0.5m时，c_1 乘以0.75的折减系数，$c_2=0$。

2. 对于钻孔桩，系数 c_1、c_2 值应降低20%采用；桩端沉渣厚度 t 应满足以下要求：$d\leqslant1.5$m 时，$t\leqslant50$mm；$d>1.5$m 时，$t\leqslant100$mm；

3. 对于中风化层作为持力层的情况，c_1、c_2 应分别乘以0.75的折减系数。

（三）嵌入基岩中的深度

当河床岩层有冲刷时，桩基须嵌入基岩，嵌岩桩按桩底嵌固设计。公式按下列假定求得。

1. 圆形桩

（1）桩在嵌固深度 h 范围内的应力图形，假定按两个相等三角形变化（图5-3-3）。

（2）桩侧压力的分布，假定最大压力 p_{max} 等于平均压应力 p 的1.27倍（图5-3-3）。

(3) 水平力 H 和桩端摩阻力对桩的影响略而不计。

$$p_{\max}=c\beta f_{rk} \quad (5-3-6)$$

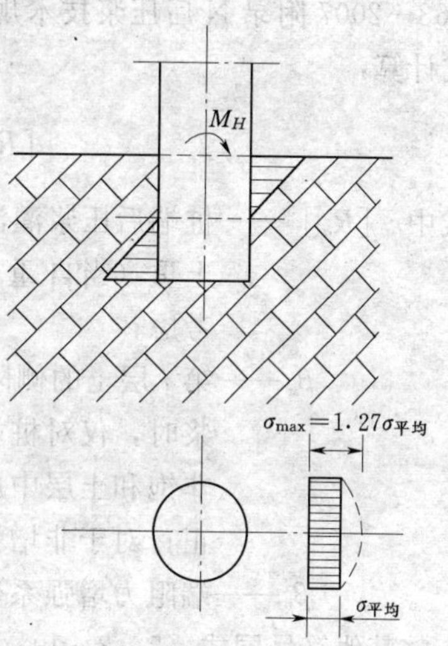

图 5-3-3　嵌入岩层最小深度计算图式

式中　c——安全系数，采用0.5；

β——岩石的竖直抗压强度换算为水平抗压强度的折减系数；

f_{rk}——岩石饱和单轴抗压强度标准值，kPa，黏土质岩取天然湿度单轴抗压强度标准值。

$$M_H=\left(\frac{1}{2}p\frac{h}{2}d\right)\times\left(2\times\frac{2}{3}\times\frac{h}{2}\right)$$

$$=\frac{1}{6}ph^2d=\frac{1}{6}\times\frac{p_{\max}}{1.27}h^2d$$

$$=\frac{1}{7.62}C\beta f_{rk}h^2d=0.131\times0.5\beta f_{rk}h^2d$$

$$=0.066\beta f_{rk}h^2d$$

$$h=\sqrt{\frac{M_H}{0.066\beta f_{rk}d}} \quad (5-3-7a)$$

2. 矩形桩

除 $p_{\max}=p$ 以外，其他假定均与圆形桩同。

$$M_H=\left(\frac{1}{2}p\frac{h}{2}b\right)\times\left(2\times\frac{2}{3}\times\frac{h}{2}\right)$$

$$=\frac{1}{6}ph^2b=\frac{1}{6}\times0.5\beta f_{rk}h^2b$$

$$=0.0833\beta f_{rk}h^2b$$

$$h=\sqrt{\frac{M_H}{0.0833\beta f_{rk}b}} \quad (5-3-7b)$$

式中　h——桩嵌入基岩中（不计强风化层和全风化层）的有效深度（m），不应小于0.5m；

M_H——在基岩顶面处的弯矩，kN·m；

f_{rk}——岩石饱和单轴抗压强度标准值，kPa，黏土质岩取天然湿度单轴抗压强度标准值；

β——系数，$\beta=0.5\sim1.0$，根据岩层侧面构造而定，节理发育的取小值；节理不发育的取大值；

d——桩身直径，m；

b——垂直于弯矩作用平面桩的边长，m。

上述公式未考虑钻孔底面承受挠曲力矩的影响，根据已有的试验资料验证，计算的深度偏于安全。

(四) 压浆灌注桩单桩轴向容许承载力

桩端后压浆灌注桩单桩轴向受压承载力容许值，应通过静载试验确定。在符合 JTG

D63—2007附录N后压浆技术规定的条件下，后压浆单桩轴向受压承载力容许值可按下式计算：

$$[R_a]=\frac{1}{2}u\sum_{i=1}^{n}\beta_{si}q_{ik}l_i+\beta_p A_p q_r \tag{5-3-8}$$

式中　$[R_a]$——桩端后压浆灌注桩的单桩轴向受压承载力容许值，kN，桩身自重与置换土重（当自重计入浮力时，置换土重也计入浮力）的差值作为荷载考虑；

β_{si}——第i层土的侧阻力增强系数，可按表5-3-9取值，当在饱和土层中压浆时，仅对桩端以上8.0～12.0m范围的桩侧阻力进行增强修正；当在非饱和土层中压浆时，仅对桩端以上4.0～5.0m的桩侧阻力进行增强修正；对于非增强影响范围，$\beta_{si}=1$；

β_p——端阻力增强系数，可按表5-3-9取值；

其他符号同式（5-3-1）。

表5-3-9　　桩端后压浆侧阻力增强系数β_s、端阻力增强系数β_p

土层名称	黏性土、粉土	粉砂	细砂	中砂	粗砂	砾砂	碎石土
β_s	1.3～1.4	1.5～1.6	1.5～1.7	1.6～1.8	1.5～1.8	1.6～2.0	1.5～1.6
β_p	1.5～1.8	1.8～2.0	1.8～2.1	2.0～2.3	2.2～2.4	2.2～2.4	2.2～2.5

按以上计算的单桩轴向受压承载力容许值$[R_a]$，应根据桩的受荷阶段及受荷情况乘以表5-3-10规定的抗力系数。

表5-3-10　　单桩轴向受压承载力的抗力系数

受荷阶段	作用效应组合		抗力系数
使用阶段	短期效应组合	永久作用与可变作用组合	1.25
		结构自重、预加力、土重、土侧压力和汽车、人群组合	1.00
	作用效应偶然组合（不含地震作用）		1.25
施工阶段	施工荷载效应组合		1.25

（五）摩擦桩单桩轴向受拉容许承载力

摩擦桩应根据桩承受作用的情况决定是否允许出现拉力。当桩的轴向力由结构自重、预加力、土重、土侧压力、汽车荷载和人群荷载短期效应组合所引起，桩不允许受拉；当桩的轴向力由上述荷载并与其他作用组成的短期效应组合或荷载效应的偶然组合（地震作用除外）所引起，则桩允许受拉。摩擦桩单桩轴向受拉承载力容许值按下列公式计算：

$$[R_t]=0.3u\sum_{i=1}^{n}\alpha_i l_i q_{ik} \tag{5-3-9}$$

式中　$[R_t]$——单桩轴向受拉承载力容许值，kN；

u——桩身周长，m，对于等直径桩，$u=\pi d$；对于扩底桩，自桩端起算的长度$\sum l_i\leqslant 5d$时取$u=\pi d$；其余长度均取$u=\pi d$（其中D为桩的扩底直径，

d 为桩身直径)；

α_i——振动沉桩对各土层桩侧摩阻力的影响系数，按表 5-3-7 采用；对于锤击、静压沉桩和钻孔桩，$\alpha_i=1$。

计算作用于承台底面由外荷载引起的轴向力时，应扣除桩身自重值。

计算桩内力时，可采用 m 法（见 JTG D63—2007）附录 P 和附录 Q）或其他可靠的方法。

桩应验算桩身强度、稳定性及裂缝宽度。验算方法可按照现行《公路钢筋混凝土及预应力混凝土桥涵设计规范》(JTG D62—2004) 有关章节进行。

9 根桩及 9 根桩以上的多排摩擦桩群桩在桩端平面内桩距小于 6 倍桩径时，群桩作为整体基础验算桩端平面处土的承载力，验算方法按 JTG D63—2007 附录 R 进行。当桩端平面以下有软土层或软弱地基时，还应按 JTG D63—2007 第 4.2.6 条验算该土层的承载力。

当桩基为端承桩或桩端平面内桩的中距大于桩径（或边长）的 6 倍时，桩基的总沉降量可取单桩的沉降量。在其他情况下，根据 JTG D63—2007 第 4.3.4 条的规定按墩台基础计算群桩的沉降量，并应计入桩身压缩量。

【例 5-3-1】 某桥台基础采用钻孔灌注桩基础，设计桩径 1.20m，采用冲抓锥成孔，桩穿过土层情况如图 5-3-4 所示，桩长 $L=20$m，试按土的阻力求单桩轴向承载力。

解： $[R_a]=\frac{1}{2}u\sum_{i=1}^{n}q_{ik}l_i+A_pq_r \qquad q_r=m_0\lambda[[f_{a0}]+k_2\gamma_2(h-3)]$

冲抓锥成孔直径 [1.2+0.1=1.3 (m)]，故 $u=\pi\times1.3=4.71$ (m)

桩的截面面积（直径 1.2m）

$$A_P=\frac{\pi\times1.2^2}{4}=1.13(\text{m})^2$$

桩每延米自重（直径 1.2m）

$$q=\frac{\pi\times1.2^2}{4}\times25=28.26(\text{kN})$$

桩穿过各土层厚 $\qquad l_1=10\text{m},l_2=10\text{m}$

桩侧土的极限摩阻力查表 5-3-2，淤泥 $I_L=1.1>1$，处于流塑状态，取 $q_{1k}=28$kPa；黏土 $I_L=0.3$，属于硬塑状态，取 $q_{2k}=73$kPa，$[f_{a0}]$ 按 $I_L=0.3$，天然孔隙比 $e=0.75$ 的黏土可查表 5-2-12 得 $[f_{a0}]=305$kPa，$k_2=2.5$，桩尖埋置深度应从一般冲刷线算起，先假定桩尖埋深为 20m。清底系数按一般要求，限制 $t/d=0.3$，查表 5-3-4 经内插得 $m_0=0.7$，λ 值由 $h/d=16.7$，桩底土不透水，查表 5-3-3 得 $\lambda=0.65$，于是

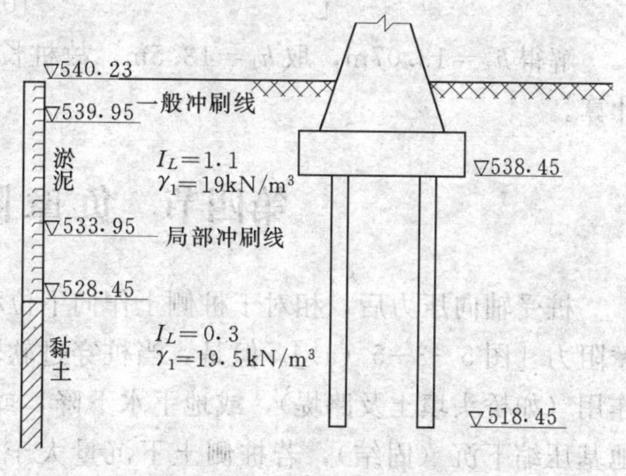

图 5-3-4 桩基础地质情况图

$$[R_a]=\frac{1}{2}u\sum q_{ik}l_i+\lambda m_0A\{[f_{a0}]+k_2\gamma_2(h-3)\}$$
$$=\frac{1}{2}\times4.71\times(10\times28+10\times73)+0.65\times0.7\times1.13$$
$$\times\left[305+2.5\times\frac{10\times19+10\times19.5}{10+10}\times(21.5-3.0)\right]=2993.12(\text{kN})$$

【例 5-3-2】　［例 5-3-1］中，若桩长未知，已知单根桩桩顶所受的最大竖向力为 $P=2619.36\text{kN}$，其他条件相同，试按土的阻力求桩长。

解：反算桩长，该桩埋入最大冲刷线以下深度为 h_1，一般冲刷线以下深度为 h，则

$$N=[R_a]=\frac{1}{2}u\sum q_{ik}l_i+\lambda m_0A\{[f_{a0}]+k_2\gamma_2(h-3)\}$$

式中　N——一根桩受到的全部竖直荷载，kN；

其余符号同前，最大冲刷线以下（入土深度）桩重的一半作外荷计算。

冲抓锥成孔直径 1.3m，故 $U=\pi\times1.3=4.71$（m）

桩的截面面积（直径 1.2m）$A=\frac{\pi\times1.2^2}{4}=1.13$（$\text{m}^2$）

桩每延米自重（直径 1.2m）$q=\frac{\pi\times1.2^2}{4}\times25=28.26$（kN）

桩侧土的极限摩阻力查表 5-3-2，淤泥 $I_L=1.1>1$，处于流塑状态，取 $q_{1k}=28\text{kPa}$；黏土 $I_L=0.3$，属于硬塑状态，取 $q_{2k}=73\text{kPa}$，$[f_{a0}]$ 按 $I_L=0.3$，$e=0.75$ 的黏土可查表 5-3-2 得 $[f_{a0}]=305\text{kPa}$，$k_2=2.5$，桩尖埋置深度应从一般冲刷线算起，先假定桩尖埋深为 18m。清底系数按一般要求，限制 $t/d=0.3$，查表 5-3-4 经内插得 $m_0=0.7$，λ 值由 $h/d=17.5$，桩底土不透水，查表 5-3-3 得 $\lambda=0.65$，于是

$$P+l_0q+\frac{1}{2}h_1q=\frac{1}{2}U\sum l_i\tau_i+\lambda m_0A\{[\sigma_0]+k_2\gamma_2(h-3)\}$$

式中　l_0——局部冲刷线以上桩的长度，m。

即 $2619.36+28.26\times4.5+\frac{1}{2}\times28.26h_1=\frac{1}{2}\times4.71\times\{10\times28+[h_1-5.5]\times73\}$

$$+0.65\times0.7\times1.13\times\left[305+2.5\times\frac{10\times19+(h_1-5.5)\times19.5}{10+h_1-5.5}(3.0+h_1)\right]$$

解得 $h_1=13.07\text{m}$，取 $h_1=13.5\text{m}$，故桩长 $L=18\text{m}$，与假设相近，否则重新进行桩长计算。

第四节　负摩阻力的问题

桩受轴向压力后，相对于桩侧土作向下位移，土对桩就产生向上作用的摩阻力，称正摩阻力［图 5-3-5（a）］。但是，当桩穿过软弱可压缩土层时，由于地表面有较大的荷载作用（如桥头填土及路堤），或地下水下降，或土层属次固结状态等情况，均会引起桩侧地基压缩下沉（固结），若桩侧土下沉量大于桩受荷后的沉降（包括桩身压缩和桩底下沉），则桩侧土相对于桩向下位移，土对桩就产生向下作用的摩阻力，称负摩阻力［图 5-

3-5 (b)]。

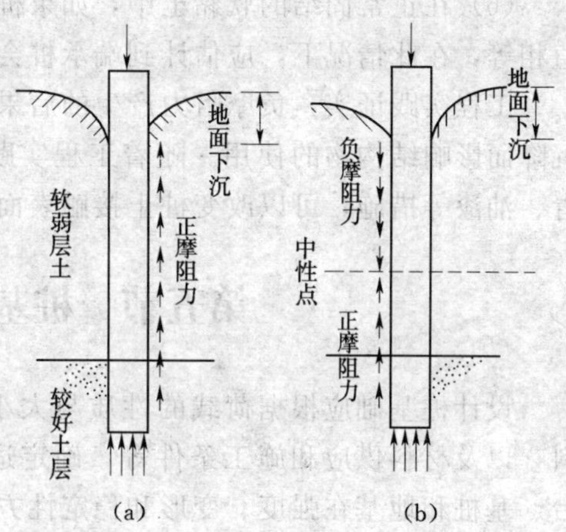

图 5-3-5 桩的正负摩阻力

由于在桩身表面发生负摩阻力，使桩侧土的一部分重量传递给桩，因此负摩阻力不但不起承载力作用，反而变成施加在桩上的外荷载。这是在软弱黏土或湿陷性黄土等地基中确定单桩轴向容许承载力和设计桩基础时应该注意的。

要确定桩身负摩阻力的大小，就要先确定产生负摩阻力的深度和负摩阻力强度的大小。

桩身负摩阻力并不一定发生于整个软弱压缩土层中。产生负摩阻力的深度就是桩侧土层对桩产生相对下沉的范围，它与桩侧土的压缩、固结、桩身压缩及桩底下沉等直接有关。桩侧土的压缩与地表作用荷载及土的压缩性质有关，并随深度逐渐减小；而桩在外荷作用下，桩底的下沉量为一定值，桩身压缩变形却随深度相应减小，因此当到达一定深度后，桩侧土下沉量有可能与桩身的位移量相等，土对桩无相对向下位移，即不产生负摩阻力；在此深度以下，桩的位移大于桩侧土的下沉，桩身上仍为向上作用的正摩阻力。正、负摩阻力变换处的位置，称为中性点（图 5-3-6），显然中性点位置的确定与作用荷载和桩周土的性质有关。例如，当桩侧土压缩变形大，桩底土坚硬桩位移小时，中性点位置就会较低，乃至可位于压缩层底面；若桩底土较差，桩的位移较大，中性点位置就会上移。因此，中性点的位置即产生负摩阻力的深度是随着条件的不同而变动。可按如图 5-3-6 所示原则，在实践应用中应参考有关书籍和手册，通过计算确定。

桩基设计必须满足地基土的抗力和桩身强度两方面的要求，因此设计中对负摩擦力的考虑主要是看其对地基土抗力和桩身强度的影响，其主要影响如下：

(1) 作用于桩侧表面的总负摩擦力有可能使桩的负荷过大，从而使桩基的沉降过大或桩身结构受到损坏。

(2) 正如前面已指出过的，由于桩承担了一部分土体重量，即负摩擦力减少了桩端标高处的有效覆盖压力，这可能导致桩端阻力降低。

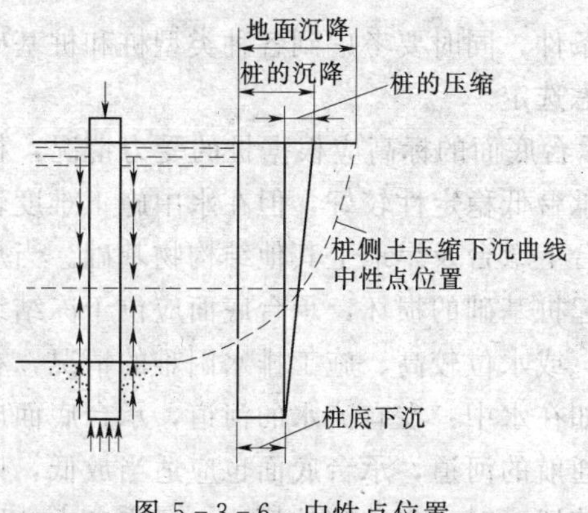

图 5-3-6 中性点位置

(3) 当建筑物的部分基础或同一基础中部分桩发生负摩擦力，将出现桩群的不均匀沉降，致使上部结构损坏。

(4) 负摩擦力对桩的作用可达到中性点的标高处。在挪威，认为如果把中性点以下桩的弹性压缩都考虑在内的话，可假设中性点位于周围土沉降为 5mm 的标高处；对打到基岩的桩，一般认为应假设中性点位于桩端处。

(5) 桩群四角的桩分担到的负摩擦力比桩

群内部的桩要大。

(6) 在正常固结的软黏土中，如果桩长是20～25m，其负摩擦力常常与桩的容许荷载值相等，在此情况下，应估计到端承桩会转变为摩擦桩。

工程实践证实，负摩阻力产生的后果主要反映在桩基下沉量的增加或发生基础不均匀沉降而影响结构物的使用。随着工程实践的不断发展，常常采取对桩身涂以处理后的沥青、油漆等措施，可以改变桩土接触表面摩阻性能而减少负摩阻力值。

第五节 桩基础设计计算的步骤

设计桩基础应根据荷载的性质与大小，上部结构的形式与使用要求，地质和水文资料，以及材料供应和施工条件等，确定适宜的桩基础类型和各组成部分的尺寸，保证承台、基桩和地基在强度、变形和稳定性方面满足安全和使用上的要求，并应同时考虑技术和经济上的可能性与合理性。桩基础的设计方法与步骤一般是先根据所收集的必要设计资料拟定出设计方案（包括选择桩基础的类型、桩长、桩径、桩数及桩的布置、承台位置与尺寸等），然后进行基桩和承台强度、稳定、变形验算，经过计算，比较、修改直至符合各项要求，最后确定较佳的设计方案。

桩基础设计应遵循下列设计原则：

(1) 设计前进行必要的基本情况调查。

(2) 认真选定适用、简便可行而又可靠的设计方法，认真测定和选用有代表性的而且可靠的原始参数。

(3) 确定桩的设计承载力时应考虑不同结构物的容许沉降量。

(4) 现时，混凝土结构设计规范已采用以概率理论为基础的极限状态设计法，在桩基设计工作中，采用可靠性分析原理，按极限状态设计自然也就成为发展的总趋势。因此，在采用传统的“定值设计法”进行桩基设计时，理应在设计概念和方法上逐渐向概率极限状态设计过渡。

(5) 设计桩基时应遵循和执行有关技术规范的规定，当然，规范不是拐杖，在某些特殊情况下应该可以灵活对待和处理。

一、桩基础类型的选择

选择桩基础类型时应根据设计要求和现场的条件，同时要考虑到各种类型桩和桩基础所具有的不同特点，注意扬长避短，给予综合考虑选定。

(1) 桩基础类型、承台位置和尺寸的选定。承台底面的标高应根据桩的受力情况，桩的刚度和地形、地质、水流、施工等条件确定。承台低稳定性较好，但在水中施工难度较大，因此可用于季节性河流，冲刷小的河流或岸台上墩台及旱地上其他结构物基础。当承台埋于冻胀土层中时，为了避免由于土的冻胀引起桩基础的损坏，承台底面应位于冻结线以下不少于0.25m。对于常年有流水、冲刷较深，或水位较高、施工排水困难的情况，在受力条件允许时，应尽可能采用高桩承台。承台如在水中：在有流水的河道，承台底面应在最低冰层底面以下0.25m；在有其他漂流物或通航的河道，承台底面也应适当放低，以保证基桩不会直接受到撞击，否则应设置防撞击装置。对于有冲刷的河流，还应考虑冲刷

影响。采用木桩时，由于木材在湿度经常变化的环境中容易腐朽，承台内木桩顶应位于最低水位以下至少0.3m。当作用于桩基础的水平力和弯矩较大，或桩侧土质较差时，为减少桩身所受的弯矩、剪力，可适当降低承台底面。为节省墩台身圬工数量，则可适当提高承台底面。对于采用高桩承台还是低桩承台宜从受力情况、变位情况、稳定情况、施工条件等方面比较选定。

(2) 桩基的选定。柱桩与摩擦桩的选择主要是根据地质和受力情况确定。柱桩桩基承载力大，沉降量小，较为安全可靠，因此当基岩埋深较浅时应考虑采用柱桩桩基。若适宜的岩层埋置较深或受到施工条件的限制不宜采用柱桩时，则可采用摩擦桩。但在同一桩基础中不宜同时采用柱桩和摩擦桩，同时也不宜采用不同材料、不同直径和长度相差过大的桩，以避免柱基产生不均匀沉降或丧失稳定性，同时也可避免在施工中由此而产生的不便和困难。

为保证嵌固牢靠，嵌入新鲜岩层最小深度不应小于0.5m，若新鲜岩层埋藏较深，微风化层、弱风化层厚度较大，宜计算确定其嵌入深度。

(3) 单排桩基础和多排桩基础的选定。单排桩桩基础和多排桩桩基础的确定主要是根据受力情况，并与桩长、桩数的确定密切相关。多排桩稳定性好，抗弯刚度较大，能承受较大的水平荷载，水平位移较小，但多排桩的设置将会增大承台的尺寸，增加施工困难，有时还影响航道。单排桩与此相反，能较好地与柱式墩台结构形式配用，可节省圬工，减小作用在桩基的竖向荷载。因此，当桥梁跨径不大、桥高较矮时，或单桩承载力较大，需要桩数不多时常采用单排排架式基础。公路桥梁自采用了具有较大刚度的钻孔灌注桩后，选用盖梁式承台双柱或多柱式单排墩台桩柱基础也较广泛，对较高的桥台、拱桥桥台、制动墩和单向水平推力墩基础则常需用多排桩。在桩基受有较大水平力作用时，无论是单排桩还是多排桩，一般还需选用斜桩或竖直桩配用斜桩的形式增加桩基抗水平力的能力和稳定性。

(4) 施工方式的选择。设计时将桩基施工方式拟定为打入桩、震动下沉桩、钻（挖）孔灌注桩或采用管桩基础则应根据地质情况、上部结构要求和施工技术设备条件等确定。

(5) 承台尺寸的拟定。承台尺寸拟定应根据受力情况，按照有关设计规范和施工规范，拟定其平面尺寸和立面尺寸，承台厚度一般为1.0～2.5m，承台底面尺寸的拟定，要求扩展角不超过刚性角。

二、桩径、桩长的拟定和单桩容许承载力的确定

1. 桩径拟定

当桩基础类型选定以后，桩的横截面尺寸可根据各类桩的特点及常用尺寸，并考虑工程地质情况和施工条件选择确定。预制桩的截面规格本章第二节已述，若用钻孔桩，则以钻头直径作为设计直径，钻头直径常用规格为0.8m、1.0m、1.25m和1.5m等。

2. 桩长拟定

可先根据地质条件选择适宜的桩底持力层初步确定桩长，因为桩底持力层对于桩的承载力和沉降有着重要影响；此外还应考虑施工的可能性（如钻进的最大深度、孔径等）。

设计时一般总希望把桩底置于岩层或坚实的土层上以得到较大的承载能力和较小的沉降量，如在施工条件容许的深度内没有坚实土层存在，应尽可能选择压缩性较低、强度较

高的土层作为持力层，要避免把桩底坐落在软土层上或离软弱下卧层的距离太近，以免桩基础发生过大沉降。

对于摩擦桩，有时桩底持力层可能有多种选择，此时确定桩长与桩数两者相互牵连，遇此情况，可通过试算比较，选用较合理的桩长。但摩擦桩的桩长不应拟定太短，因为桩长过短则达不到设置桩基把荷载传递到深层或减小基础下沉量的目的，且需增加很多桩，扩大了承台尺寸，这往往是不经济不合理的。摩擦桩的入土深度一般应大于承台宽度的2～3倍，且不宜小于4m。此外，为保证发挥摩擦桩桩底上层支承力，桩底端部应插入桩底持力层一定深度（插入深度与持力层土质、厚度及桩径等因素有关）一般不宜小于1m。

3. 单桩容许承载力的确定

桩横截面面积尺寸和桩长确定后，应根据地质资料确定单桩容许承载力，进而估算桩数和进行桩基验算。单桩容许承载力的确定，对于一般性桥梁和结构物，或在各种工程的初步设计阶段可按经验公式估算。而对于大型、重要桥梁或复杂地基条件则还应通过试桩或其他方法，并作详细分析比较，较为准确合理地确定。

三、确定基桩的根数及其在平面上的布置

1. 桩的根数估算

一个桩基础所需桩的根数可根据承台底面上的竖向荷载和单桩的容许承载力按下式估算

$$n = \mu \frac{N}{[P]}$$

式中 n——桩的根数；

N——作用在承台底面的竖向荷载，kN；

$[P]$——单桩容许承载力，kN；

μ——考虑偏心荷载时各桩受力不均匀而适当增加桩数的经验系数，一般可取 $\mu=1.1\sim1.2$，估算的桩数是否合适，尚待验算各桩的受力状况后验证确定。

2. 确定桩的平面布置

一般墩（台）基础，多以纵向荷载控制设计，控制方向上桩的布置应尽可能使各桩受力相近，且考虑施工的可能和方便。当荷载偏心较大时，承台底面的应力图呈梯形，若 $\sigma_{max}/\sigma_{min}$ 比值较大，宜用不等距排列：两侧密、中间疏；若 $\sigma_{max}/\sigma_{min}$ 比值不大，宜用等距排列；而非控制方向上一般均采用等距排列。相邻桩之间的距离不宜太大，因为间距大，承台平面尺寸和重量将相应增大。但也不宜过小，因为间距太小，摩擦桩桩尖处的地基应力叠加现象严重，对桩群承载力不利，对打入桩也会增加沉桩时的困难。所以摩擦桩桩轴间距 a 对于打入桩应大于3倍桩的直径（或边长）d；对钻孔桩不小于成孔直径的2.5倍。对于柱桩规定，打入桩中距 $a\leqslant2.5d$，钻孔桩中距 a 不小于桩成孔直径的2倍。另外规定：边桩外侧至承台边缘的距离，对 $d<1$m 的桩不小于 $0.5d$ 或25cm，对 $d>1$m 的桩不得小于 $0.3d$ 或50cm。但桩外侧与盖梁边缘的距离可不受以上限制。

完成以上步骤以后，即可进行桩基的验算。

四、验算桩的受力

验算桩的轴向承载力和截面强度。

(1) 桩的轴向受力。要求

$$N_{max}+G\leqslant k[P]$$

式中 N_{max}——作用于桩顶上的最大轴向力；

G——桩重，当桩埋在透水土层中时，处于水下的桩应考虑浮力，对钻孔桩，当采用表 5-3-2 中 τ_i 值计算 $[P]$ 时，按规定对局部冲刷线以下的桩身应取其自重的1/2计，即 G 等于局部冲刷线以上的桩重加局部冲刷线以下桩重的一半；

$[P]$——单桩轴向允许承载力，按土的阻力和材料强度算得结果中的较小值取用；

k——允许承载力提高系数，对荷载组合Ⅰ取 $k=1$，对其他荷载组合取 $k=1.25$。

(2) 验算桩身截面强度或考虑配筋。在单桩轴向力验算中，如果不能满足要求，则应增加桩数 n 或调整桩的平面布置，以减少 N_{max} 值，也可加大桩的截面尺寸，重新确定桩数、桩长和布置，直到符合验算要求为止。

第四章 沉井基础

第一节 概 述

沉井是一个无底无盖的井状结构（图 5-4-1），是以在井孔内不断除土，井体借自重克服外壁与土的摩阻力而不断下沉至设计标高，并经过封底、填心以后，使其成为桥梁墩台或其他结构物的基础（图 5-4-2）。

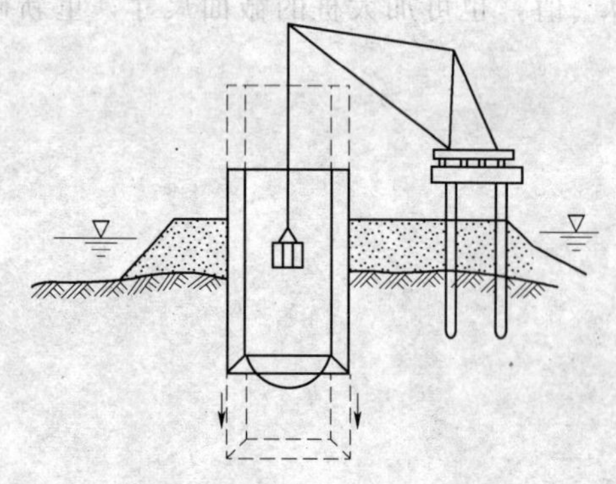

图 5-4-1 沉井下沉示意图

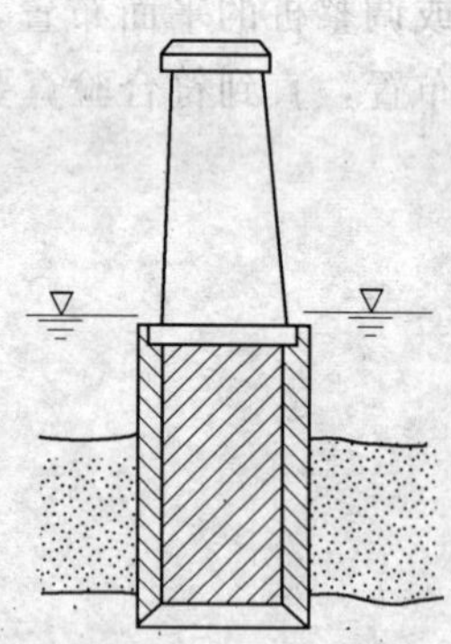

图 5-4-2 沉井基础

沉井基础是实体基础的一种，沉井基础的特点是埋置深度可以很大，整体性强，稳定性好，有较大的承载面积，能承受较大的垂直荷载和水平荷载；下沉过程中，沉井作为坑壁围护结构，起挡土、挡水作用；施工中不需要很复杂的机械设备，施工技术也较简单。因此，沉井在桥梁工程中得到较为广泛的应用。在桥梁工程中使用的沉井平面尺寸较小，而下沉深度则较大。设置沉井的目的是将上部的重量和使用荷载传递到比较坚硬的土层中去，沉井下沉到设计标高后，井内空腔一般用片石圬工和混凝土等材料填塞。

但沉井施工期往往比桩基础长，有些情况，不宜采用沉井，如：土层中夹有孤石、大树干、沉船或被淹没的旧建筑物等障碍物时，将使沉井下沉受阻而很难克服；沉井在饱和细砂、粉砂和亚砂土层中采取排水挖土时，易发生严重的流砂现象，致使挖土下沉无法继续进行下去；基岩层面倾斜、起伏很大时，常使沉井底部有一部分在岩层上，又有一部分仍支承在软土上，当基础受力后将发生倾斜。

根据经济合理、施工上可能的原则，一般在下列情况，可以采用沉井基础：

(1) 上部荷载较大，而表层地基土的容许承载力不足，做扩大基础开挖工作量大，以及支撑困难，但在一定深度下有较好的持力层，采用沉井基础与其他基础相比较，经济上较为合理时。

(2) 在山区河流中，虽然土质较好，但冲刷大，或河中有较大卵石不便桩基础施

工时。

(3) 岩层表面较平坦且覆盖层薄，但河水较深，采用扩大基础施工围堰有困难时。

第二节 沉井类型与构造

一、沉井的类型

1. 按使用材料分

制作沉井的材料，可按下沉的深度、受荷载的大小，结合就地取材的原则选定。

(1) 混凝土沉井。混凝土的特点是抗压强度高，抗拉能力低，因此这种沉井宜做成圆形，并适用于下沉深度不大于 4～7m 的软土层中。

(2) 钢筋混凝土沉井。这种沉井的抗拉及抗压能力较好，下沉深度可以很大（达数十米以上），当下沉深度不很大时，井壁上部用混凝土，下部（刃脚）用钢筋混凝土的沉井，在桥梁工程中得到较广泛的应用。当沉井平面尺寸较大时，可做成薄壁结构，沉井外壁采用泥浆润滑套、壁后压气等施工辅助措施就地下沉或浮运下沉。此外，钢筋混凝土沉井井壁隔墙可分段（块）预制，工地拼接，做成装配式。

(3) 竹筋混凝土沉井。沉井在下沉过程中受力较大因而需配置钢筋，一旦完工后，它就不承受多大的拉力，因此，在南方产竹地区，可以采用耐久性差但抗拉力好的竹筋代替部分钢筋，我国南昌赣江大桥等曾用这种沉井。在沉井分节接头处及刃脚内仍用钢筋。

(4) 钢沉井。用钢材制造沉井，其强度高、重量较轻、易于拼装、宜于做浮运沉井，但用钢量大，国内较少采用。

2. 按平面形状分

沉井的平面形状，应与桥墩、桥台底部的形状相适应。公路桥梁中所采用的沉井，平面形状多为圆端形和矩形，也有用圆形的。根据平面尺寸的大小，沉井井孔又分单孔、双孔和多孔，双孔和多孔沉井中间设隔墙，如图 5-4-3 所示。

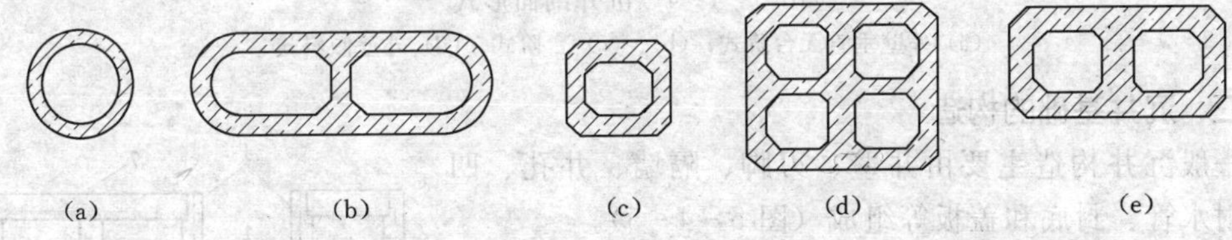

图 5-4-3 沉井平面形状

(a) 圆形；(b) 圆端形；(c) 正方形；(d) 多孔矩形；(e) 双孔矩形

(1) 圆形沉井。当墩身是圆形或河流流向不定以及桥位与河流主流方向斜交较为厉害时，采用圆沉井可减小阻水、冲刷现象。圆形沉井中挖土较容易，没有影响机械抓土的死角部位，易使沉井较均匀地下沉；此外，在侧压力作用下，圆形沉井井壁受力情况好，主要是受压；在截面积和入土深度相同的条件下，与其他形状沉井比较，其周长最小，故下沉摩阻力较小。但墩台底面形状多为圆端形或矩形，故圆沉井的适应性较差。

(2) 矩形沉井。矩形沉井对墩台底面形状的适应性较好，模板制作、安装都较简单。

但采用不排水下沉时，边角部位的土不易挖除，容易使沉井因挖土不均匀而造成下沉倾斜的现象；与圆沉井比较，井壁受力条件较差，存在较大的剪力与弯矩，故井壁跨度受到限制；矩形沉井有较大的阻水特性，故在下沉过程中易使河床受到较大的局部冲刷。此外，在下沉中侧壁摩阻力也较大。

(3) 圆端形沉井。这种沉井能更好地与桥墩平面形状相适应，故用得较多。除模板制作较复杂一些外，其优缺点介于前两种沉井之间，较接近于矩形沉井。

3. 按沉井的立面形状分

按沉井的立面形状可分为竖直式、倾斜式及台阶式等（图 5-4-4）。采用形式应视沉井通过土层性质和下沉深度而定，外壁竖直形式的沉井，它在下沉过程中对沉井周围的土体的扰动较小，可以减少沉井周围土方的坍塌，当沉井周围有构造物时，这一点就很重要。另外这种沉井不易倾斜，井壁接长较简单，模板可重复使用。故当土质较松软、沉井下沉深度不大时，可以采用这种形式。倾斜式及台阶式井壁可以减少土与井壁的摩阻力，其缺点是施工较复杂，消耗模板多，同时沉井下沉过程中容易发生倾斜。在土质较密实，沉井下沉深度大，要求在不增加沉井本身重量的情况下沉至设计标高，可采用这类沉井。倾斜式的沉井井壁坡度一般为 1/20～1/40，台阶式井壁的台阶宽度约为 100～200mm。

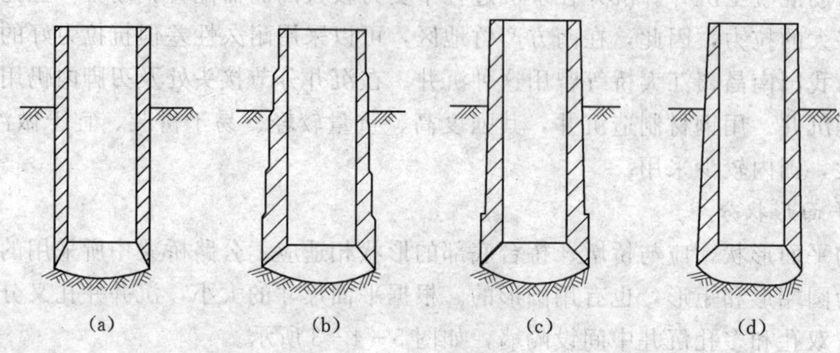

图 5-4-4　沉井剖面形式

(a) 外壁垂直无台阶式；(b)、(c) 台阶式；(d) 外壁倾斜式

二、沉井基础的构造

一般沉井构造主要由井壁、刃脚、隔墙、井孔、凹槽、射水管、封底和盖板等组成（图 5-4-5）。

1. 井壁

井壁是沉井的主体部分，其作用是：

(1) 作为施工时的围堰，用以挡土、隔水。

(2) 提供足够的重量，使沉井能克服阻力顺利下沉。

(3) 沉至设计标高并经填心后，作为墩台基础。因此井壁必须有足够的结构强度，一般要根据施工时的受力条件，在井壁内配以竖向和水平向的受力钢筋；如受力不大，经计算也容许用部分竹筋代替钢筋，水平钢筋不宜在井壁转角处有接头。浇筑沉井的混凝土标号不应

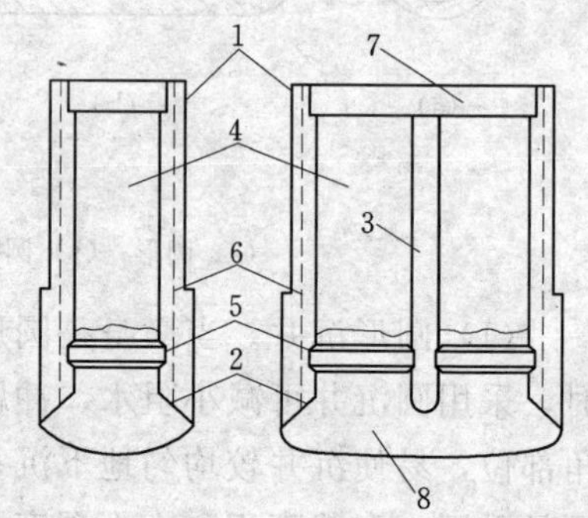

图 5-4-5　沉井结构示意图

1—井壁；2—刃脚；3—隔墙；4—井孔；5—凹槽；6—射水管；7—盖板；8—封底

低于 15 号。为了满足重量要求，井壁应有足够厚度，一般为 0.8～1.2m，以便绑扎钢筋和浇筑混凝土。

2. 刃脚

沉井井壁下端形如刀刃状，故称为刃脚。其作用是在沉井自重作用下易于切土下沉，同时有支承沉井的作用。它是应力最集中的地方，必须有足够的强度。刃脚底面（踏面）宽度一般为 0.1～0.2m，对软土可适当放宽。下沉深度大，且土质较硬时，刃脚底面应以型钢（角钢或槽钢）加强（图 5-4-6），以防刃脚损坏。刃脚内侧斜面与水平面的夹角应大于 45°。刃脚高度视井壁厚度、便于抽除垫木而定，一般在 1.0m 以上。由于刃脚在沉井下沉过程中受力较集中，宜采用 20 号以上的混凝土制成。

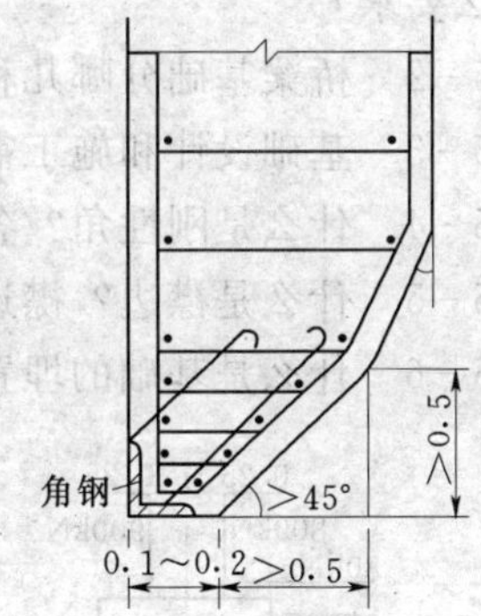

图 5-4-6　刃脚构造(尺寸单位:m)

3. 隔墙

当沉井的长宽尺寸较大时，应在沉井内设置隔墙，以加强沉井的刚度，使井壁的挠曲应力减小，因其不承受土压力，厚度一般小于井壁。在软土或淤泥质土中下沉时，隔墙底面应高出刃脚底面 0.5m 以上，避免沉井突然下沉或下沉速度过快。但在硬土或砂土层中下沉时，为防止隔墙底面受土的阻碍，隔墙底面应高出刃脚踏面 1.0～1.5m。也可在刃脚与隔墙连接处设置梗肋加强刃脚与隔墙的连接。如为人工挖土，在隔墙下端应设置过人孔，便于工作人员在井孔间往来。

4. 井孔

井孔是挖土排土的工作场所和通道。井孔尺寸应满足施工要求，宽度（直径）不宜小于 3m。井孔布置应对称于沉井中心轴，便于对称挖土使沉井均匀下沉。

5. 凹槽

凹槽设在井孔下端近刃脚处，其作用是使封底混凝土与井壁有较好的接合，封底混凝土底面的反力更好地传给井壁（如井孔全部填实的实心沉井也可不设凹槽）。凹槽深度约 0.15～0.25m，高约 1.0m。

6. 射水管

当沉井下沉深度大，穿过的土质又较好，估计下沉会产生困难时，可在井壁中预埋射水管组。射水管应均匀布置，以利于控制水压和水量来调整下沉方向。一般水压不小于 600kPa。

7. 封底和盖板

沉井沉至设计标高进行清基后，便浇筑封底混凝土。混凝土达到设计强度后，可从井孔中抽干水并填满混凝土或其他圬工材料。如井孔中不填料或仅填以砂砾则须在沉井顶面筑钢筋混凝土盖板。封底混凝土底面承受地基土和水的反力，这就要求封底混凝土有一定的厚度（可由应力验算决定），其厚度根据经验也可取不小于井孔最小边长的 1.5 倍。封底混凝土顶面应高出刃脚根部不小于 0.5m，并浇灌到凹槽上端。封底混凝土标号对岩石地基用 15 号；一般地基用 20 号。盖板厚度一般为 1.5～2.0m。井孔充填的混凝土，标号不低于 10 号。

思考题与习题

5-1 什么是地基？什么是基础？为了保证结构物安全和正常使用，地基和基础应满足什么要求？

5-2 桥梁基础分哪几种类型？

5-3 基础设计和施工需要的各种调查资料有哪些？

5-4 什么是刚性角？各种圬工材料的刚性角分别是多少？

5-5 什么是襟边？襟边的作用是什么？

5-6 什么是基础的埋置深度？桥涵墩台基础基底埋置深度应符合哪些规定？

5-7 某桥墩为混凝土实体墩刚性扩大基础，墩台承受作用标准值效应组合：支座反力 800kN 及 900kN；桥墩及基础自重 5000kN；设计水位以下墩身及基础浮力 1000kN；制动力 80kN；墩帽与墩身风力分别为 2.0kN 和 15.0kN。结构尺寸及地质、水文资料如题图 5-1 所示（基底宽 3.0m，长 10.0m)。请验算：(1) 地基承载力；(2) 基底合力偏心距；(3) 基础稳定性。

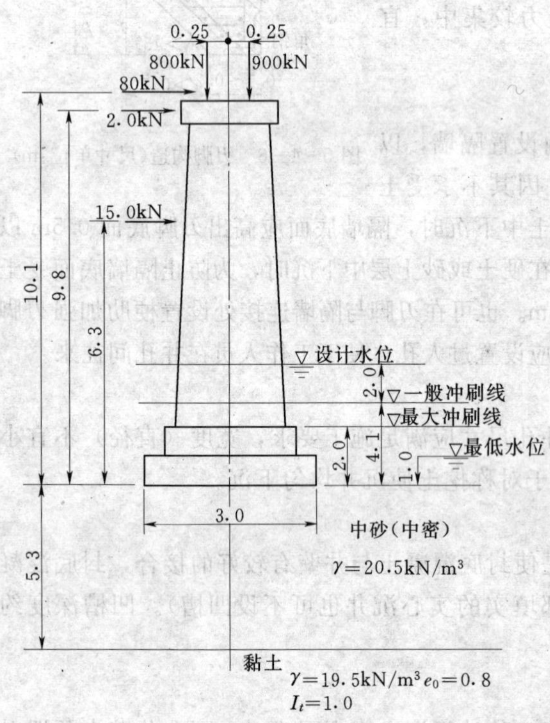

题图 5-1 （尺寸单位：m）

5-8 墩台的沉降应符合什么规定？

5-9 什么是桩基础？桩和承台的作用是什么？

5-10 桩按承载性状和成桩方法分别分哪几种？

5-11 各类桩基适用条件是什么？

5-12 各类桩基础的承台底面标高应符合哪些要求？

5-13 混凝土桩的构造应满足哪些要求？

5-14 桩的中距应符合哪些要求？

5-15 承台和横系梁的构造应符合哪些要求？

5-16 桩与承台、横系梁的连接应符合哪些要求？

5-17 什么是单桩容许承载力？

5-18 某桥位的地质勘察情况如题图 5-2 所示，勘察时地面标高为 70.00m，设计桩顶标高为 69.00m，底下水位标高为 66.00m；若采用直径为 1.50m 的钻孔桩，桩底嵌入持力层的深度为 2.0m。试计算单桩容许承载力。

5-19 什么叫负摩阻力？什么是中性点？中性点的位置与哪些因素有关？

5-20 负摩擦力对地基土抗力和桩身强度有哪些影响？

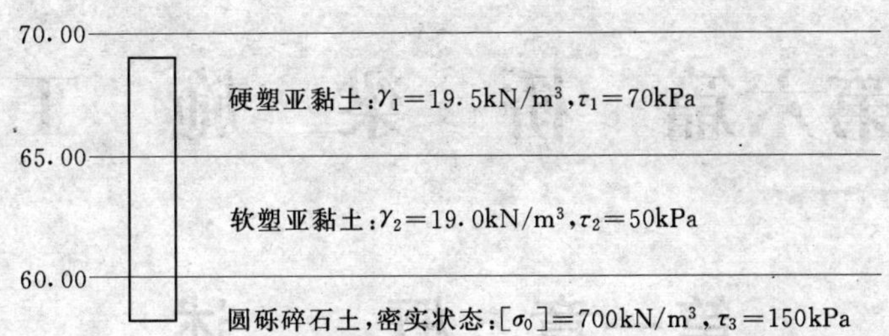

题图 5-2　（标高单位：m）

5-21　单排桩桩基础和多排桩桩基础各有哪些优缺点？

5-22　什么是沉井？沉井基础的特点有哪些？

5-23　沉井按不同的分类方法分别分为哪几种类型？

5-24　一般沉井构造由哪几部分组成的？各部分的作用是什么？

第六篇 桥 梁 施 工

第一章 概 述

第一节 桥梁施工与有关因素的关系

桥梁施工应包括选择施工方法，进行必要的施工验算，选择或设计、制作施工机具设备，选购与运输建筑材料，安排水、电、动力生活设施以及施工计划，组织与管理等方面的事务。

一、施工技术在桥梁工程中的地位和作用

施工是具体体现桥梁设计思想和设计意图的一个过程，其最终目的是要建造一个既满足营运要求又能作为一种空间艺术结构存在于社会中的工程实体，而施工技术无论在设计还是在施工阶段都起着举足轻重的作用。在科学技术高速发展的今天，对于某些桥梁结构而言，虽然在结构理论的分析和计算上都已不存在障碍，但桥梁设计者的设计意图能否真正得以实现仍是值得悬念的问题。建造桥梁所采用的施工方法不同，在施工阶段结构内力变化也不同，施工阶段结构的这种内力变化又对整个桥梁设计提出了新的要求。设计与施工的完美结合必须要有与之适应的施工技术来保证，两者相互依存、相互促进，从而推动桥梁建设事业不断向前发展。

施工技术包含了施工设计计算、施工的方法、手段和工艺等方面的内容。在桥梁的施工阶段，施工技术占据了主导地位。技术的先进与否，直接影响到施工所能采用的方法和手段，甚至将左右工程的进展。任何一项结构简单或复杂的桥梁工程，都必须依据相应的施工技术，才能制订出切实可行的施工方案，确定具体施工方法，用于指导施工。

二、施工技术与施工组织的关系

桥梁的施工过程是一项庞大的系统工程，涉及大量的人力、资金、材料和机具设备。施工组织的任务是根据桥梁工程产品生产的技术经济特点，以及国家基本建设方针和各项具体的技术政策，实现工程建设规划和设计的要求，提供各阶段的施工准备工作内容，对人力、资金、材料、机械和施工方法等进行科学合理的安排，协调各施工单位、各工程之间、资源与时间及各项资源之间的关系。施工技术与施工组织的关系应是相辅相成的，单纯强调技术的重要性而忽视组织管理的作用，以及仅注重组织管理而不重视技术都是不适宜的。

三、施工技术与机械设备的关系

随着社会经济的发展和工业制造水平的提高，在现代化的桥梁工程施工中，已普遍、大量地使用各种机械设备，特别是一些桥梁工程的专用设备代替以往的手工操作；极大地提高了工作效率，缩短了工期。因此，先进的施工技术还应有先进的机械设备作为保证手

段，否则再先进的技术也无法得以实现。施工方法的确定有时要取决于机械设备。先进机械设备的大量应用使得各种类型桥梁的施工方法和施工手段更加丰富，可供选择的施工方案的范围也更加广泛，由此推动了先进施工技术的发展。

四、施工技术与造价的关系

建造一座桥梁特别是大型桥梁工程，其投资是巨大的，在施工阶段为降低工程造价、节省投资，除采取加强施工的组织管理、节约材料、提高机械设备的利用率等措施外，一条重要途径是在施工中应用新技术、新工艺来改善施工条件，以达到降低工程成本、节省投资的目的。即使是同一项工程，所采用的施工方法和施工手段不同，其所需费用也必然不同。科学合理的先进施工方法既能保证工程的质量和进度，也使施工费用处于最合理的水平；不合理的、落后的施工技术不仅无法保证施工质量和施工进度，且造成极大的浪费，导致工程成本升高。因此，施工的组织管理者和工程技术人员都必须高度重视施工技术的合理应用，在制订施工方案、确定施工方法和施工工艺选择机械或设备时，要更好地服务于工程建设，减少不必要的浪费，节省施工费用，以提高经济效益。

第二节　桥梁施工方法的分类和选择

一、桥梁基础工程施工方法

在桥梁工程中，通常采用的基础有扩大基础、桩基础、沉井基础等。基础的施工方法大致可分类如下。

（一）扩大基础

一般采用明挖基坑的方法进行施工，故又称为明挖扩大基础或浅基础。

扩大基础施工的顺序是开挖基坑，对基底进行处理（当地基的承载力不满足设计要求时，需对地基进行加固），然后砌筑圬工或立模、绑扎钢筋、浇筑混凝土。

扩大基础施工的难易程度与地下水处理的难易有关。当地下水位高于基础的设计底面标高时，施工时则须采取止水措施。

（二）桩基础

桩是深入土层的柱形构件，其作用是将作用于桩顶以上的荷载传递到土体中的较深处。其不同的施工方法和工艺如下。

1. 沉入桩

沉入桩是将预制桩用锤击打或振动法沉入地层至设计要求标高土桩和钢桩。沉入桩施工方法主要有：锤击沉入桩、振动沉入桩、静力压桩法、辅助沉桩法、沉管灌注法以及锤底沉管法等。

2. 灌注桩

灌注桩是在现场采用钻孔机械（或人工）将地层钻挖成预定孔径和深度的孔后，将预制成一定形状的钢筋骨架放入孔内，然后在孔内灌入流动的混凝土而形成桩基。

3. 大直径桩

一般认为，直径2.5m以上的桩可称为大直径桩。目前，最大桩径已达6m。大直径桩与普通桩在施工上的区别主要反映在钻机造型、钻孔泥浆及施工工艺等方面。

（三）沉井基础

沉井基础是一种断面和刚度均比桩大得多的筒状结构，施工时在现场重复交替进行构筑和开挖井内土方，使之沉落到预定的地基上。在岸滩或浅水中建造沉井时，可采用"筑岛法"施工；在深水中建造时，则可采用浮式沉井，先将其浮到运至预定位置，再进行下沉施工。按材料、形状和用途不同，可将沉井分成很多种类型，但各种沉井基础有如下的共同特点：

(1) 沉井基础的适宜下沉深度一般为10～40m。

(2) 与其他基础形式相比，沉井基础的抗水平力作用能力及竖直支承力均较大，由于刚度大，其变形较小。

沉井基础施工的难点在于沉井的下沉，主要是通过从井孔内除土，清除刃脚正面阻力及沉井内壁摩阻力后，依靠其自重下沉。沉井下沉的方法可分为排水开挖下沉和不排水开挖下沉，但其基本施工方法应为不排水开挖下沉，只有在稳定的土层中，而且渗水量不大时，才采用排水开挖法下沉。另外，还有压重、高压射水、炮震（必要时），降低井内水位减少浮力以增加沉井自重、采用泥浆润滑套或空气幕等一些沉井下沉的辅助施工方法。

（四）管柱基础

管柱基础因其施工的方法和工艺相对来说较复杂，所需的机械设备也较多，一般的桥梁极少采用这种形式的基础，仅当桥址处的水文地区条件十分复杂，应用通常的基础施工方法不能奏效时，方采用这种基础形式。因此，对于大型的深水或海中基础，特别是深水岩面不平、流速大的地方采用管柱基础是比较适宜的。

管柱基础的施工一般包括管柱预制、围笼拼装浮运和下沉定位、下沉管柱，在管柱底基岩上钻孔，在管柱内安放钢筋笼并灌注水下混凝土等内容。管柱有钢筋混凝土、预应力钢筋混凝土和钢管三种。其下沉与前述的沉入桩类似，大多采用振动法并辅以射水、吸泥等措施。管柱的下沉必须要有导向装置，浅水时可用导向架，深水时则用整体围笼。

二、桥梁下部结构施工方法

1. 承台

位于旱地、浅水河中采用土石筑岛施工桩基的桥梁，其承台的施工方法与扩大基础的施工方法相类似，可采取明挖基坑、简易板围堰后开挖基坑等方法进行施工。

对深水中的承台，可供选择的施工方法通常有：钢板桩围堰、钢管桩围堰、双壁钢围堰及套箱围堰等，无论何种围堰，其目的都是为了止水，以实现承台的干处施工。

2. 墩（台）身

墩（台）身的施工方法根据其结构形式的不同各异。对结构形式较简单、高度不大的中、小桥墩（台）身，通常采取传统的方法，立模（一次或几次）现浇施工。但对高墩及斜拉桥、悬索桥的索塔，则有较多的可供选择的方法，而施工方法的多样化主要反映的模板结构形式的不同。近年来，滑升模板、爬升模板和翻升模板等的高墩及索塔上应用较多，其共同的特点是：将墩身分成若干节段，从下至上逐段进行施工。

三、桥梁上部结构施工方法

桥梁上部结构的形式是多种多样的，其施工方法的种类也较多，但除一些比较特殊的施工法之外，大致可分为预制安装和现浇两大类。现将常用一些施工方法的特点和适用性

分述如下。

（一）预制安装法

预制安装可分为预制梁安装和预制节段式块件拼装两种类型。前者主要指装配式的简支梁板，如空心板梁、T形梁、I形梁及小跨径箱梁等的安装，然后进行横向连接或施工桥面板而成为桥梁整体；后者则将梁体（一般为箱梁）沿桥轴向分段预制成节段节式块件，运到现场进行拼装，其拼装方法一般多采用悬臂法。连续梁、T构、刚构和斜拉桥都可应用这种方法进行施工。

1. 自行式吊车吊装法

这种吊装法多采用汽车吊、履带吊和轮胎等机械，有单吊和双吊之分，此法一般适用于跨径在30m以内的简支梁板的安装作业。

2. 跨墩龙门安装法

在墩台两侧顺桥向设置轨道，其上安置跨墩的龙吊，将梁体在吊起状态下运到架设地点而安装在预定位置。此法一般可将梁的预制场地安排在桥头引导，以缩短运梁距离。其特点是：施工简单、容易保证施工安全，因设备费用大，架设安装的孔跨数不能太少。

3. 架桥机安装法

架桥机安装是预制梁的典型架设安装方法。在孔跨内设置安装导梁，以此作为支承梁来架设梁体，这种作为支承梁的安装梁结构称为架桥机。其特点是：不受架设孔跨的桥墩高度影响，亦不受梁下条件的影响；架设速度快，作业安全度高，对于跨数较多的长大桥梁更具优越性。

4. 扒杆吊装法

扒杆吊杆是一种较原始但简单易行的方法，对一些质量轻的小型构件比较适宜，目前已很少采用。

5. 浮吊架设法

浮吊架设法一般适用于河口、海上长大桥梁的架设安装，包括整孔架设和节段式块件的悬臂拼装。采用此法施工工期较短，但梁体的补强，趸船的补强及趸船、大型吊具、架设用的卡具等设备均较大型化。浮吊和趸船移动，伴随而来的是会使梁体摇动，因此应充分考虑其倾覆问题。

6. 浮运整孔架设法

浮运整孔架设是将梁体用趸船载运至架设地点后进行架设安装的方法，可采用两种方式：第一种方式是用两套卷扬机（或液压千斤顶装置）组合提升吊装就位；第二种方式是利用趸船的吃水落差将整体梁体安装就位。

7. 缆索吊装法

当桥址为深谷、急流等桥下净空不能利用时，在桥台或桥台后方设立钢塔架，塔架上悬挂缆索，以缆索作为承重索进行架设安装的施工方法。缆索吊装较多的应用于拱桥的拼装施工，有直吊式和斜拉式之分。缆索吊装法比其他方法的架设机械庞大且工期长，采用时对其经济性应进行充分分析。

8. 提升法

提升法有两种形式：一种是采用卷插机装置进行提升，较适用于悬臂拼装的桥梁；另一种采用液压式千斤顶装置进行连续提升，较适用于重型构件的架设安装。

9. 逐孔拼装法

逐孔拼装法一般适用于节段式预应力混凝土连续梁的施工。在施工的孔跨内搭设落地式支架或采用悬吊式支架，将节段预制块件按顺序吊放在支架上，然后在预留孔道内穿入预应力筋，对梁施加预应力使其成为整体。

10. 悬臂拼装法

悬臂拼装法现多用于预应力混凝土梁体的施工，其他类型的桥梁亦可选用。此法是将梁体分节段预制，墩顶附近的块件用其他架设机械安装或现浇，然后以桥墩为对称点，将预制块件沿桥跨方向对称起吊、安装就位后，张拉预应力筋，使悬臂不断接长，直至合龙的施工方法。这种施工方法可不用或少用支架，施工时不影响通航或桥下交通，宜在跨深水、山谷和海上进行施工，并适用于变截面预应力混凝土梁桥。

（二）现浇法

1. 固定支架法

这是在桥跨间设置支架，安装模板，绑扎钢筋，现场浇筑混凝土的施工方法，特别适用于旱地上的钢筋混凝土和预应力混凝土中小跨径连续梁桥的施工。固定支架法施工的特点是：梁的整体性好，施工平稳、可靠，不需大型起吊设备；施工中无体系转换的问题；但需要大量施工支架，并需要有较大的施工场地。

2. 逐孔现浇法

（1）在支架上逐孔现浇施工。这是一种与前述的固定支架法相类似的施工方法，其区别在于逐孔现浇施工仅在梁的一孔（或二孔）间设置支架，完成后将支架整体转移到下一孔时连续施工，因此这种方法可仅用一孔（或二孔）的支架和模板周转使用，所花施工费用较少。这种施工方法适用于中小跨径及结构构造比较简单的预应力混凝土桥梁。

（2）移动模架逐孔现浇施工。这种方法是使用不着地移动式的支架和装配式的模板进行连续地逐孔现浇施工。不会受桥下各种条件的影响，能周期循环施工，同时也适用于弯、坡、斜桥。但因其模架设备的投资较大，拼装与拆除都较复杂，所以此法一般适用于跨径 20～50m 的预应力混凝土连续梁桥施工，且桥长至少应在 500m 以上。

3. 悬臂浇筑法

这种方法最常用的是采用挂篮悬臂浇筑施工，在桥墩两侧对称逐段就地浇筑混凝土，待混凝土达到一定强度后张拉预应力筋，移动挂篮继续进行施工，使悬臂不断接长，直至合龙。挂篮的功能是：支承梁段模板，调整位置，吊运材料机具，浇筑混凝土，拆模和在挂篮上进行预应力张拉工作。挂篮除强度应保证安全可靠外，还要求造价省，节省材料，操作使用方便，变形小，稳定性好，装拆移动灵活和施工速度快等。适用于跨越深谷和河流的大跨径连续梁桥的施工。

4. 顶推法

顶推施工是在桥台的后方设置施工场地，分节段浇筑梁体，并用纵向预应力筋将浇筑节段与已完成的梁体连成整体，在梁体前端安装长度为顶推跨径 0.7 倍左右的钢导梁，然后通过水平千斤顶施力，将梁体向前方顶推出施工场地。重复这些工序即可完成全部梁体的施工。其特点是：由于作业场所限定在一定范围内，可设置制作顶棚而使施工不受天气

影响，全天候施工。用顶推法施工，设备简单、施工平稳、噪声低、施工质量好，可在深谷和宽深河道上的桥梁、高架桥以及等曲率曲线桥、带有部分竖曲线的桥和坡桥上采用。

（三）转体施工法

转体法多用于拱桥的施工，亦可用于斜拉桥和刚构桥。这种施工法是在岸边立支架（或利用地形）预制半跨桥梁的上部结构，然后借助上、下转轴偏心值产生的分力使两岸半跨桥梁上部结构向桥跨转动，用风缆控制其转速，最后就位合龙。该法最适用于峡谷、水深流急、通航河道和跨线桥等地形特殊的情况，具有工艺简单，操作安全，所需设备少、成本低、速度快等特点。转体法分平转和竖转两种施工方法，施工中又分为有平衡重和无平衡重两种方式。

（四）劲性骨架法

以钢骨架作为拱圈的劲性拱架，采用现浇混凝土包裹骨架，形成钢筋混凝土拱桥。

四、桥梁施工方法的选择

在确定桥梁施工方法时，应根据桥梁的设计要求，施工的现场、环境、设备和经验等各种因素综合分析考虑，以合理选择最佳的施工方法。

第三节 桥梁施工的准备

施工准备工作的基本任务是为桥梁工程的施工建立必要的技术和物资条件，统筹安排施工力量和施工现场，是施工企业搞好目标管理，推行技术经济承包的重要依据，也是施工得以顺利进行的基本保证。

施工单位在承接施工任务后，要尽快做好各项准备工作，创造有利的施工条件，使施工工作能连续、均衡、有节奏、有计划地进行，从而按质、按量、按期完成施工任务。

施工准备通常包括技术准备、劳动组织准备、物资准备和施工现场准备等工作。

一、技术准备

技术准备是施工准备的核心。由于任何技术上的差错和隐患都可能危及人身安全和造成质量事故，带来生命、财产和经济的巨大损失，因此必须认真做好技术准备工作。

1. 熟悉设计文件、研究施工图纸及现场校对

施工单位在收到拟建工程的设计图纸和有关技术文件后，应尽快组织工程技术人员熟悉，研究所有技术文件和图纸，全面领会设计意图；检查图纸与其各组成部分之间有无矛盾和错误；在几何尺寸、坐标、标高、说明等方面是否一致；技术要求是否正确；并与现场情况进行校对。

2. 原始资料的进一步调查分析

对拟建工程进行实地勘察，进一步获得有关原始数据的第一手资料，这对于正确选择施工方案、制定技术措施、合理安排施工顺序和施工进度计划是非常必要的。

(1) 自然条件的调查分析。应了解地质、水文、气象、施工现场的地形地物等。

(2) 技术经济条件的调查分析。主要内容包括：施工现场的动迁状况、当地可利用的地方材料状况、水泥、钢材等材料供应状况、地方能源和交通运输状况、地方劳动力和技术水平状况、当地生活物资供应状况、可提供的施工用水用电状况、设备租赁状况、当地

消防治安状况及分包单位的实力状况等。

3. 施工前的设计技术交底

设计技术交底一般由建设单位（业主）主持，设计、监理和施工单位（承包商）参加。先由设计单位说明工程的设计依据、意图和功能要求，并对特殊结构、新材料、新工艺和新技术提出设计要求，进行技术交底。然后施工单位根据研究图纸的记录以及对设计意图的理解，提出对设计图纸的疑问、建议和变更。最后，在统一认识的基础上，对所探讨的问题逐一作好记录，形成“设计技术交底纪要”，由建设单位正式行文，参加单位共同会签盖章，作为与设计文件同时使用的技术文件和指导施工的依据以及建设单位与施工单位进行工程结算的依据。

4. 制定施工方案、进行施工设计

在全面掌握设计文件和设计图纸，正确理解了设计意图和技术要求以及进行了以施工为目的的各项调查后，应根据进一步掌握的情况和资料，对投标时初步拟定的施工方法和技术措施等进行重新评价和深入研究，以制定出详尽的更符合现场实际情况的施工方案。

施工方案一经确定，即可进行各项临时性结构的施工设计，施工设计应在保证安全的前提下，尽量考虑使用现有材料和设备，因地制宜，使设计出的临时结构经济适用、装拆简便、通用性强。

5. 编制施工组织设计

施工组织设计是施工准备工作的重要组成部分，也是指导工程施工中全部生产活动的基本技术经济文件。编制施工组织设计的目的在于全面、合理、有计划地组织施工，从而具体实现设计意图，优质高效地完成施工任务。

6. 编制施工预算

施工预算是根据施工图纸、施工组织设计或施工方案，施工定额等文件进行编制的。

二、劳动组织准备和物资准备

（一）劳动组织准备

（1）建立组织机构。确定组织机构应遵循的原则是：根据工程项目的规模、结构特点和复杂机构中各职能部门的设置，人员的配备应力求精干，以适应任务的需要。坚持合理分工与密切协作相结合，使之便于指挥和管理，分工明确，责权具体。

（2）合理设置施工班组。施工班组的建立，应认真考虑专业和工种之间的合理配置，技工和普工的比例要满足合理的劳动组织，并符合流水作业方式的要求，制订出该工程的劳动力需要量计划。

（3）集结施工力量，组织劳动力进场。进场后应对工人进行技术、安全操作规程以及消防、文明施工等方面的培训教育。

（4）施工组织设计、施工计划和施工技术交底。在单位工程或分部分项工程开工之前，应将工程的设计内容、施工组织设计、施工计划和施工技术等要求，详尽地向施工班组和工人进行交底，以保证工程能严格按照设计图纸、施工工艺、安全技术措施、降低成本措施和施工验收规范的要求进行施工；新技术、新材料、新结构和新工艺的实施方案和保证措施得落实；有关部位的设计变更和技术措施等事项贯彻执行。

（5）建立健全各项管理制度。通常有以下内容：技术质量责任制度、工程技术档案管

理制度、施工图纸学习与会审制度、技术交底制度、技术部门及各级人员的岗位责任制、工程材料和构件的检查验收制度、工程质量检查与验收制度、材料出入库制度、安全操作制度、机具使用保养制度等。

（二）物资准备

物资准备工作的内容主要包括：

（1）工程准备，如钢材、木材、水泥、砂石材料等。

（2）工程施工设备的准备。

（3）其他各种小型生产工具、小型配件等的准备。

三、施工现场准备

施工现场的准备工作，主要是为工程的施工创造有利的施工条件和物资保证。其具体内容如下。

（1）施工控制网测量。按照勘测设计单位提供的桥位总平面图和测图控制网中所设置的基线桩、水准标高以及重要桩志的保护桩等资料，进行三角控制网的复测，并根据桥梁结构的精度要求和施工方案补充加密施工所需要的各种标桩，建立满足施工要求的平面和立面施工测量控制网。

（2）补充钻探。桥梁工程在初步设计时所依据的地质钻探资料往往因钻孔较少、孔位过远而不能满足施工的需要，因此必须对有些地质情况不甚明了的墩位进行补充钻探，以查明墩位处的地质情况和可能的隐蔽物，为基础工程的施工创造有利条件。

（3）搞好“四通一平”。“四通一平”是指水通、电通、通信通、路通和平整场地。冰冻地区，还要考虑暖气供热的要求。

（4）建造临时设施。按照施工总平面图的布置，建造所有生产、办公、生活、居住和储存等临时用房，以及临时便道、码头、混凝土拌和站、构件预制场地等。

（5）安装调试施工机具。对所有施工机具都必须在开工之前进行检查和试运转。

（6）材料的试验和储存堆放。按照材料的需要量计划，应及时提供材料的试验申请计划，如混凝土和砂浆的配合比和强度、钢材的机械性能等试验。并组织材料进场，按规定的地点和指定的方式进行储存堆放。

（7）新技术项目的试制和试验。按照设计文件和施工组织设计的要求，认真组织新技术项目的试验研究。

（8）冬雨季施工安排。按照施工组织设计要求，落实雨季施工的临时设施和技术措施，做好施工安排。

（9）消防、保安措施。建立消防、保安等组织机构和有关的规章制度，布置安排好消防保安等措施。

（10）建立健全施工现场各项管理制度。根据工程特点，制定施工现场必要的各项规章制度。

四、施工准备工作计划

为较好地落实各项施工准备工作，应根据各项准备工作的内容、时间和人员，编制出施工准备工作计划，责任落实到人，并加强计划的检查和监督，以使准备工作能如期完成。

第二章 桥涵施工测量

第一节 概 述

桥梁施工测量的主要任务是精确地测定墩台中心位置，桥轴线测量以及对构造物各细部构造的定位和放样。对大型桥梁来讲，首先必须建立平面控制网、高程系统及测量桥位中线（桥轴线）的长度，以确保桥梁走向、跨径、高程等符合规范和设计要求。

中线测量包括对桥梁两端头设置控制桩的复测；丈量桥轴线长度；补充水准点测量等。补充水准点要对控制桥梁结构的高程，有效地建立施工水准网提供方便。

为使测量工作顺利进行，测量人员必须重视测量工作，要有熟练的操作技能、良好的协作精神及严格遵守测量规范的习惯。测量前必须做好必要的技术和组织准备工作；要熟悉设计文件、图纸和有关测设资料；要与监理单位办理好现场固定桩的交接工作；还应做好测量人员的分工、仪器的校验、施工步骤的制订等项准备工作。

在桥涵施工准备阶段和施工过程中，要求进行下列测量工作：

(1) 对设计单位交付的所有桩位和水准基点及其测量资料进行检查、核对。

(2) 建立满足精度要求的施工控制网，并进行平差计算。

(3) 补充施工需要的桥涵中线桩和水准点。

(4) 测定墩（台）纵横向中线及基础桩的位置。

(5) 进行构造物的高程测量和施工放样，将设计标高及必须的几何尺寸移设于实地。

(6) 对有关构造物进行必要的施工变形观测和精度控制。

(7) 测定并检查构造物施工部分的位置和标高，为工程质量评定提供依据。

(8) 对完成工程进行竣工测量。

第二节 桥涵施工放样的目的和内容

放样的目的是将图上所设计的结构物的位置、形状、大小和高低，在实地标定出来，以作为施工的依据。

在进行放样之前，测量人员首先要熟悉结构物的总体布置图和细部结构设计图，根据由整体到局部的原则，以控制网作为放样依据，找出构造物主要轴线和主要点的设计位置以及各部分之间的几何关系，再结合现场条件与控制点的分布，研究并采用适宜的放样方法。施工放样贯穿整个施工过程，是保证施工质量的一方面。

桥涵施工放样的主要工作内容有：

(1) 墩台纵横向轴线的确定。

(2) 基坑开挖及墩台扩大基础的放样。

(3) 桩基础的桩位放样。

(4) 承台及墩身结构尺寸、位置放样。

(5) 墩帽及支座垫石的结构尺寸、位置放样。

(6) 各种桥型的上部结构中线及细部尺寸放样。

(7) 桥面系结构的位置、尺寸放样。

(8) 各阶段的高程放样。

第三节 桥梁三角网的布设

布设桥梁三角网的目的是为了求出桥轴线长度及交会出墩台的位置，因此，布设三角网应注意以下几点：

(1) 三角点之间视野应开阔，通视要良好。

(2) 三角点不应位于可能被淹没及土壤松软地区。

(3) 三角点图形要简单，三角点基础要有足够的强度。

(4) 桥轴线应为三角网的一条边，并与基线的一端相连，以确保桥轴线的精度。

(5) 桥梁三角网的边长与河宽有关，一般在0.5～1.5倍河宽范围内。

(6) 应至少布设两条基线，基线长为桥轴线长的0.7～0.8倍。

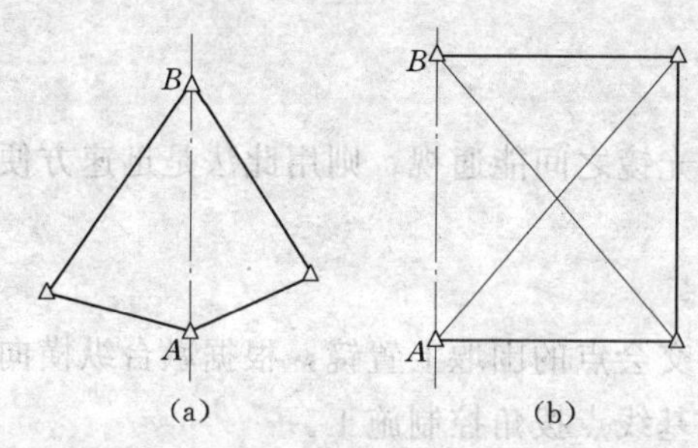

图 6-2-1 桥梁三角控制网各种图形

考虑以上几点要求，控制网的常用图形有如图 6-2-1 所示的几种。图 6-2-1 (a) 较为简单，适用于一般桥梁施工放样，图 6-2-1 (b) 是在桥轴线两侧各布设一个大四边形，适用于大桥的施工放样。

第四节 桥梁墩台的定位与轴线测量

在桥梁施工测量中，最主要的工作是准确地定出桥梁墩、台的中心位置和它的纵横轴线，这些工作称为墩台定位。直线桥梁墩台定位所依据的原始资料为桥轴线控制桩的里程和墩、台中心的设计里程，根据里程算出它们之间的距离，按照这些距离即可定出墩、台中心的位置。曲线桥所依据的原始资料，除了控制桩及墩、台中心的里程外，尚有桥梁偏角、偏距及墩距或结合曲线要素计算出的墩、台中心的坐标值。

水中桥墩的基础施工定位时，由于水中桥墩基础的目标处于不稳定状态，在其上无法使测量仪器稳定，一般采用方向交会法；如果墩位在干枯或浅水河床上，可用直接定位法；在已稳固的墩台基础上定位，可以采用方向交会法、距离交会法、极坐标法或直角坐标法。

一、直线桥梁的墩台定位

位于直线段上的桥梁，其墩、台中心一般都位于桥轴线的方向上，如图 6-2-2 所示。根据桥轴线控制桩 A、B 及各墩、台中心的里程，即可求得其间的距离。墩位的测设，根据条件可采用直接丈量法、光电测距法或交会法。

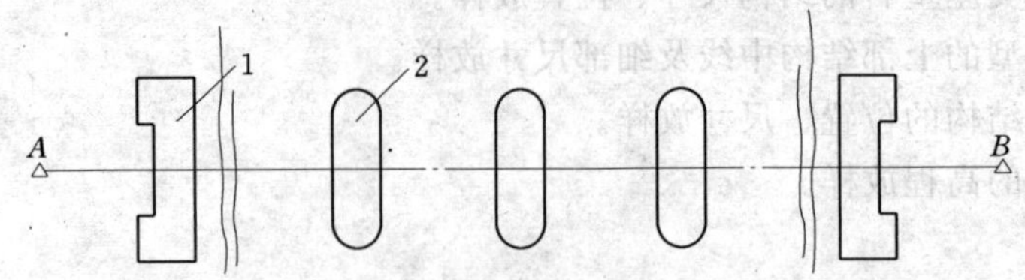

图 6-2-2　中线桩平面布置图

1—桥台；2—桥墩

1. 直接丈量法

当桥墩位于地势平坦，可以通视，人可以方便通过的地方，用钢尺可以丈量时，可采用这种方法。丈量方法：首先用经纬仪定线，把尺段点标定在地面上，设立点位桩，桩顶用铅笔画十字线标出中点，然后开始丈量。丈量时从两岸最外的中线桩开始，当用一条钢尺时需往返丈量两次以上，读数精确到 mm，并对尺长、拉力、倾斜和温度进行更正计算。

2. 光电测距法

只要墩台中心处能安置反光镜，且经纬仪和反光镜之间能通视，则用此法是迅速方便的。如果墩台桩号给出坐标，可用全站仪放样。

3. 方向交会法

对位于水中采用交会法设置中心的墩台，可在交会点的围堰上置镜，根据墩台纵横向十字线的方位角和交会方向线方位角的关系，后视基线点拨角控制施工。

桥位控制桩 AB 间的距离算出后，分别自 A、B 点量出桥台中心至 A、B 桩的距离，即可定出桥台①和④的位置，如图 6-2-3 所示。

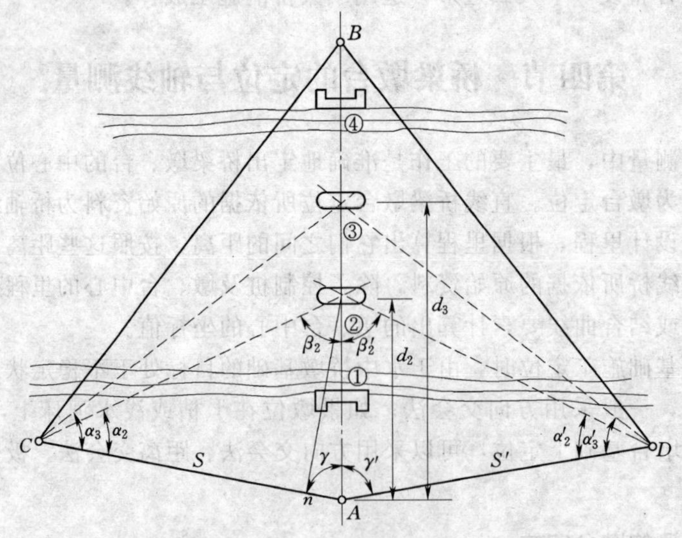

图 6-2-3　交会法测定桥墩位置

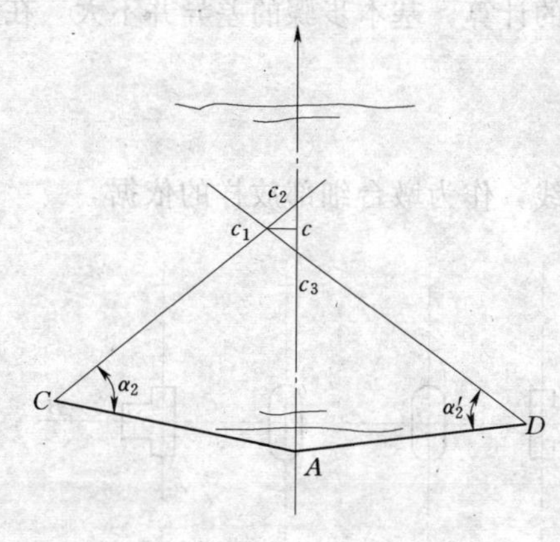

图 6－2－4　墩位交会误差

水中桥墩的位置可采用前方交会来确定，具体步骤为：将三架经纬仪分别安置在 A、C 和 D 点，安放在 C、D 点的经纬仪均以 A 点为后视，分别按计算好的交会角 α_2、α'_2 量出角值，三架经纬仪交会点重合处即为桥墩的中心位置。如三架经纬仪的交会点不重合时（图 6－2－4），但交会的误差三角形在桥轴中心线上的距离 c_2c_3 不超过 2.5cm（对墩底放样）或 1.5cm（对墩顶放样），可由 c_1 向桥轴线作垂线交于轴线上 c 点，c 点即作为桥墩②的中心位置。桥墩的上、下游端点位置也可参照上述原理和方法确定。

交会角 α_2 和 α'_2 的数值可用三角公式计算之。经②号墩中心向基线 AC 作辅助垂线②n，如图 6－2－3 所示，则

$$\alpha_2 = \arctan\left(\frac{d_2 \sin \gamma}{s - d_2 \cos \gamma}\right)$$

$$\alpha'_2 = \arctan\left(\frac{d_2 \sin \gamma'}{s - d_2 \cos \gamma'}\right)$$

二、曲线桥墩台的定位

曲线桥的上部结构一般有连续弯梁和简支直梁等形式，但下部一般都是利用墩台中心构成折线交点而形成弯桥，如图 6－2－5 所示。

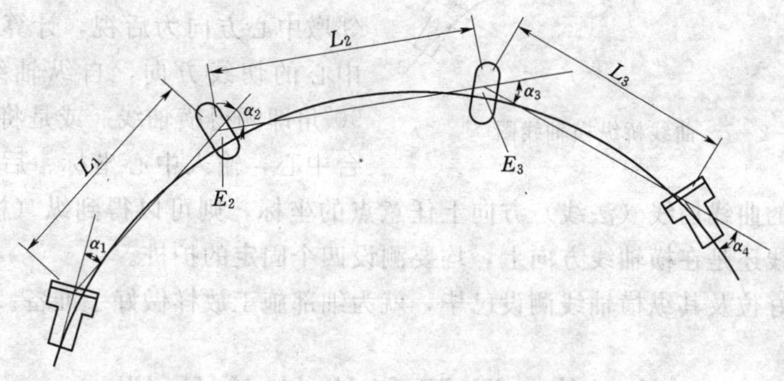

图 6－2－5　曲线桥的布置

一般路线设计中常用的有圆曲线和缓和曲线，它们的要素有较为固定的计算公式。

在设计文件已给定墩、台定位有关数据时，只需重新复核无误即可按其进行放样定位。但数据通常并不能满足施工的需要，应按路线测设资料、曲线有关要素，由计算公式求出各墩台中心为顶点的直线，再用偏角进行定位。

对于坐标值的计算，一般在直角坐标系中进行较为普遍、简便。可以先建立以墩台中心为原点，切线及法线方向为坐标轴的局部坐标系，在局部坐标系中确立待放点局部坐标值；再利用墩台中心的路线坐标值将局部坐标值转换至路线坐标。

墩、台定位的方法，根据不同的条件可采用偏角法、长弦偏角法、利用坐标的交会法

和坐标法等。曲线桥的放样工作，主要是对放样数据的计算，基本步骤的差异并不大，在此不再详述。

三、墩台纵横轴线的测设

墩台中心测设定位以后，尚需测设墩台的纵横轴线，作为墩台细部放样的依据。

在直线桥上，墩台的横轴线与桥的纵轴线重合，而且各墩台一致，所以可以利用桥轴线两端控制桩来标志横轴线的方向，而不再另行测设标志桩。

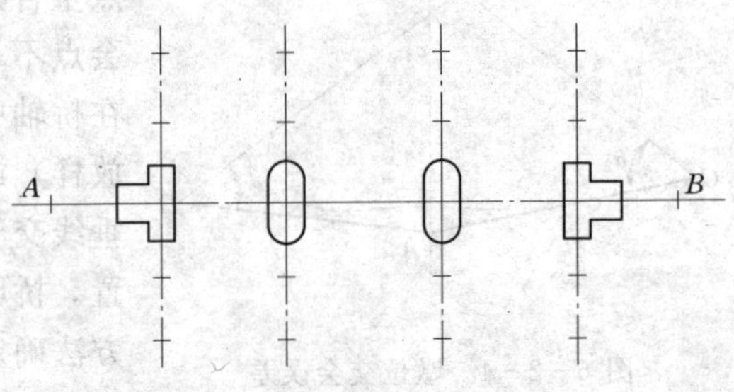

图 6-2-6　直线桥梁纵横轴线图

在测设桥墩台纵轴线时，应将经纬仪安置在墩台中心点上，然后盘左、盘右以桥轴线方向作为后视，然后旋转 90°（或 270°），取其平均位置作为纵轴线方向，如图 6-2-6 所示。因为施工过程中经常要在墩台上恢复纵横轴线的位置，所以应于桥轴线两侧各布设两个固定的护桩。

在水中的桥墩，因不能架设仪器，也不能钉设护桩，则暂不测设轴线，等筑岛、围堰或沉井露出水面以后，再利用它们钉设护桩，准确地测设出墩台中心及纵横轴线。

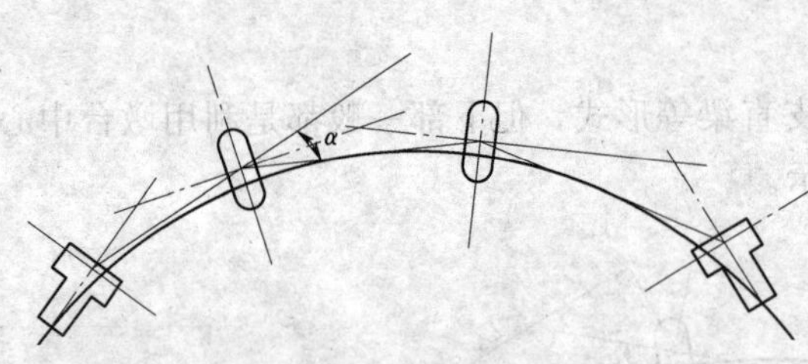

图 6-2-7　曲线桥纵横轴线图

在等跨曲线桥上，墩台的纵轴线位于梁的中心线顶点处的分角线上，而横轴线与纵轴线垂直，如图 6-2-7 所示。因此测设时，应置仪器于墩台中心点上，以相邻墩中心方向为后视，计算并测出该墩台中心的切线方向，自纵轴线切线方向转 90°角即测得横轴线。或是将全站仪置于墩台中心，输入中心坐标、后视点坐标，放样点输入中心的曲线切线（法线）方向上任意点的坐标，则可以得到纵（横）轴线方向。无论是在纵轴线还是在横轴线方向上，均要测设四个固定的护桩。

当墩台定好位及其纵横轴线测设已毕，就为细部施工放样做好了准备。

第五节　涵洞和锥坡的放样

一、涵洞放样

根据中心桩号、斜交角、涵长等资料，测出涵洞中心桩号及轴线，如图 6-2-8 所示。测量放样时，应注意涵洞长度、涵底标高的正确性。对位于曲线和陡坡上的涵洞应考虑加宽、超高和纵坡的影响。涵洞各个细部的高程，均用水准仪测定。对基础面的纵坡，当涵洞填土在 2m 以上时，应预留拱度，以便路堤下沉后仍能保持涵洞应有的坡度。使进水口标高高于涵洞中心标高，以防积水。基础建成后，安装管节或砌筑涵身时均应以涵洞轴线为基准详细放样。

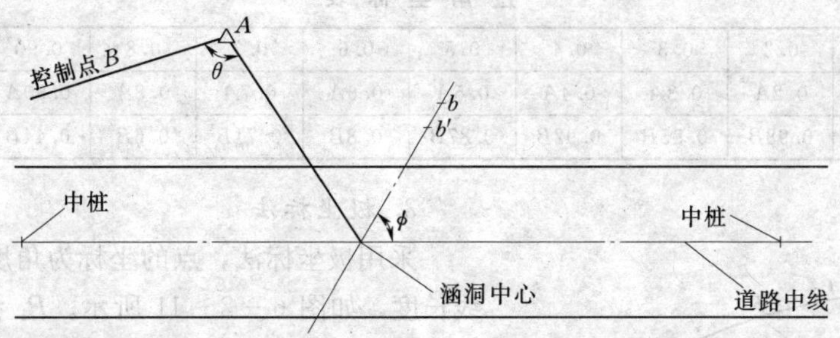

图 6-2-8　涵洞中心桩位及轴线测设

二、锥坡放样与施工

（一）锥坡放样

锥坡放样主要为坡脚平面椭圆曲线放样。有了坡脚线后，由坡顶向曲线上各点挂线，即是锥坡面的砌筑线。

1. 图解法（双圆垂直投影）

首先根据锥体的高度 H 和坡率 m 和 n，计算出锥坡底面椭圆的长轴 A 和短轴 B，用 A 和 B 作半径，画出同心的 1/4 圆。将圆分成若干等份，由等分点 1、2、3、4、…分别和圆心相连，得到若干条径向直线。从各条径向线与两个圆周的交点互作垂线交于Ⅰ、Ⅱ、Ⅲ、…连接这些点成椭圆曲线（图 6-2-9）。

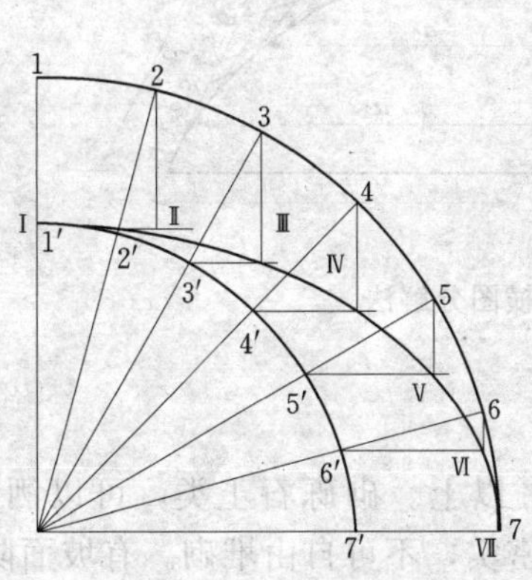

图 6-2-9　双圆垂直投影图解法

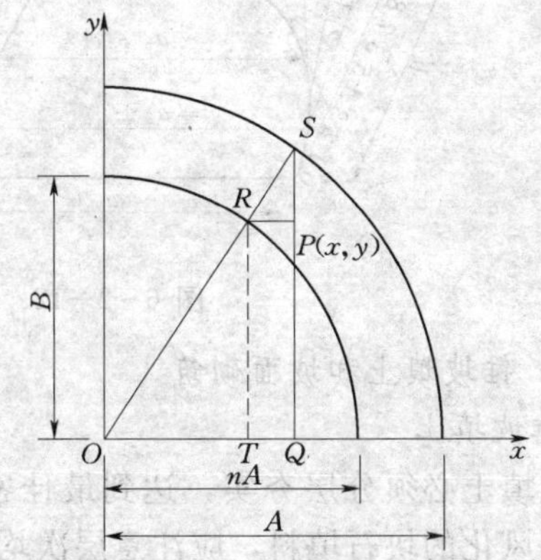

图 6-2-10　直角坐标法

2. 直角坐标法

设 P 点的坐标为 x、y，长半轴为 A，短半轴为 B，根据图 6-2-10 的几何条件可得

$$SQ=\sqrt{(OS)^2-(OQ)^2}=\sqrt{(A)^2-(nA)^2}=A\sqrt{1-n^2}$$

因为

$$\triangle OSQ \backsim \triangle ORT$$

所以

$$\frac{SQ}{A}=\frac{y}{B}$$

$$y=\frac{B}{A}SQ=B\sqrt{1-n^2}$$

式中：$n=x/A$，其值在 0—1 之间。令 $n=0.1$，0.2，…，0.9，0.95，1.0，代入上式得到纵坐标 y_1，y_2，…见表 6-2-1。

表 6-2-1 直 角 坐 标 表

n	0.1	0.2	0.3	0.4	0.5	0.6	0.7	0.8	0.90	0.95	1.0
x	0.1A	0.2A	0.3A	0.4A	0.5A	0.6A	0.7A	0.8A	0.90A	0.95A	A
y	0.99B	0.98B	0.95B	0.92B	0.87B	0.8B	0.71B	0.6B	0.44B	0.31B	0

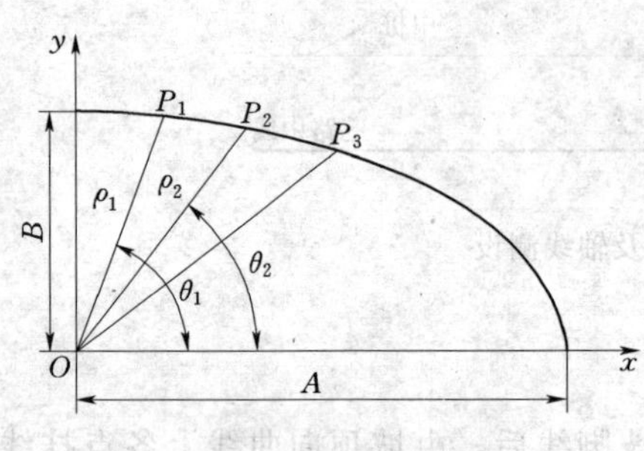

图 6-2-11 极坐标法

3. 极坐标法

采用极坐标法，点的坐标为角度和相应的放射线长度，如图 6-2-11 所示。P_1 点的坐标为 θ_1，ρ_1，P_2 点的坐标为 θ_2，ρ_2，余下类推。θ 和 ρ 值可根据直角坐标值用正切定理和余弦定理求得。即

$$\tan\theta = \frac{y}{x}, \rho = \frac{x}{\cos\omega\theta}$$

4. 斜桥锥坡放样

纵横图分解法的做法是：如图 6-2-12 所示，按 a 和 b 的长度引一平行四边形；将 a' 和 b' 均分为 10 等份，并将各点顺序编号；由 b' 之 0 点连 a' 之 1 点，由 b' 之 1 点连 a' 之 2 点…依此类推，最后由 b' 之 9 点连 a' 之 10 点，即形成锥坡之底线。

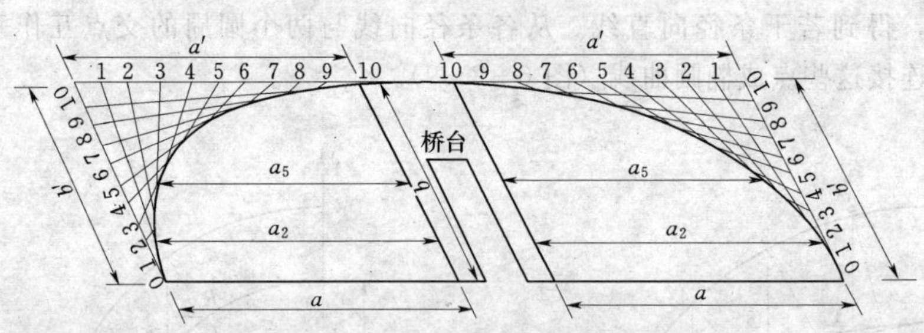

图 6-2-12 斜桥锥坡纵横图分解法

（二）锥坡填土和坡面砌筑

1. 锥坡填土

锥坡填土必须分层夯实，达到最佳密度的 90%以上。砌砾石土类，可以洒水夯填。采用不易风化的块石填料，应注意层次均匀，铺填密实，不可自由堆砌。有坡面防护的锥坡，在锥坡填土时，应留出坡面防护的砌筑位置。

2. 坡面砌筑

一般采用干砌或浆砌片石，并以碎石或砂作垫层，随砌随垫，保证垫层厚度。砌筑时应注意石料轴线必须垂直于坡面，砌筑的石块应相互咬接，其空隙以小片石楔紧塞实。

第六节 桥梁高程的测量

一、水准点的布设原则和方法

（一）设计原则

（1）大桥、特大桥施工水准点测设精度，应不低于四等水准测量的要求，桥头两岸应

至少设置两个水准点，每岸至少设一个稳固基准点。

(2) 中、小桥和涵洞水准测量按五等水准要求设置水准点。

(3) 根据施工需要以及地质不良或易受破坏的地段应适当增设辅助水准点，其精度应符合五等水准测量的要求。辅助水准点尚须符合以下要求：转镜不超过两次，高差不超过2m和不在同一岩石或结构物基础上。

（二）布设方法

(1) 水准点应设在桥址附近安全稳固处，并便于施工观测。

(2) 基准点可埋设混凝土标石、钢管标石、岩石标石、管桩标石、钻孔桩标石或基岩标石。

(3) 中、小桥及涵洞和工期短、桥式简单、精度要求较低的大桥，可在建筑物上设立标点，或埋设大木桩设立铁钉标志，作为施工辅助水准点，但须加强复核。

(4) 小桥、涵洞也可利用路线测量的水准点。

二、水准测量的质量要求

桥梁的施工水准网需要以较高的精度施测，因为它直接影响桥梁各部高程放样的相对精度。2000m 以上的特大桥一般为三等，1000～2000m 的特大桥为四等，1000m 以下的桥梁为五等。

第三章 桥梁基础施工

第一节 刚性扩大浅基础施工

刚性扩大浅基础的施工常采取明挖法，其施工顺序和主要工作包括：基础定位放样、基坑的开挖、坑壁支撑、基坑排水、基坑检验和基底土的处理、基础砌筑及基坑的回填。现分别按旱地上和水中浅基础施工两方面叙述。

一、旱地上浅基础的施工

(一) 基础的定位放样

基础定位放样，是将设计图纸上的墩、台位置和尺寸标定到实际工地。定位工作可分为垂直定位和水平定位两个方面。垂直定位是定出墩台基础各部分的标高，可借助于施工现场的水准基点进行；水平定位是定出基础在平面上的位置。如图 6-3-1 所示，一般可首先走出桥梁的主轴线Ⅰ—Ⅰ，然后定出墩台轴线 1—1、2—2、3—3、4—4，最后详细定位，确定基础各部分尺寸，如图 6-3-2 所示。由于定位桩随着基坑的开挖，必将被挖去，所以还必须在基坑位置以外不受施工影响的地方，钉立定位桩的护桩，以备在施工中能随时检查基坑和基础位置是否正确（图 6-3-1)。而基坑外围通常可用龙门板固定(图 6-3-2)，或在地面上以石灰线标出。

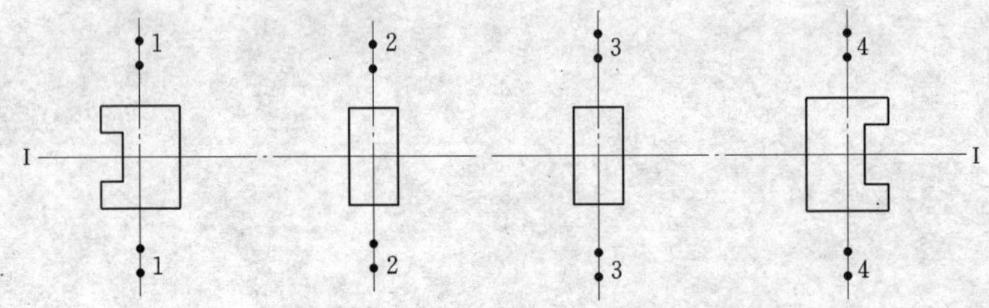

图 6-3-1 桥梁墩台基础定位

(二) 基坑的开挖

为建造基础而开挖的基坑，其形状和开挖面的大小可视墩台基础及下部结构的型式，施工条件的要求，挖成方形、矩形或长条形的坑槽。基坑的深度视基础埋置深度而定。基坑开挖的断面是否设置坑壁围护结构，可视土的类别性质、基坑暴露时间长短、地下水位的高低以及施工场地大小等因素而定。开挖基坑时常采用机械与人工相结合的施工方法，它不需要复杂的机具，技术条件较简单易操作，常用的机具多为位于坑顶由起吊机操纵的挖土斗和抓土斗，大方量的特大基坑，也可用铲式挖土机、铲运机和自卸车等。基坑采用机械挖土，挖至距设计标高约 0.3m 时，应采用人工补挖修整，以保证地基土结构不被扰动破坏。

1. 不设围护的基坑

当坑壁不设围护时，可将坑壁挖成竖直或斜坡形。竖直坑壁只有在岩石地基或基坑不深又无地下水的黏性土地基中采用。在一般土质条件下开挖基坑时，应采用放坡开挖的方法。如图 6-3-3 所示。在基坑深度不超过 5m、地基土质湿度正常、开挖暴露时间不超过 15 天的情况下可参照表 6-3-1 选定基坑坡度。

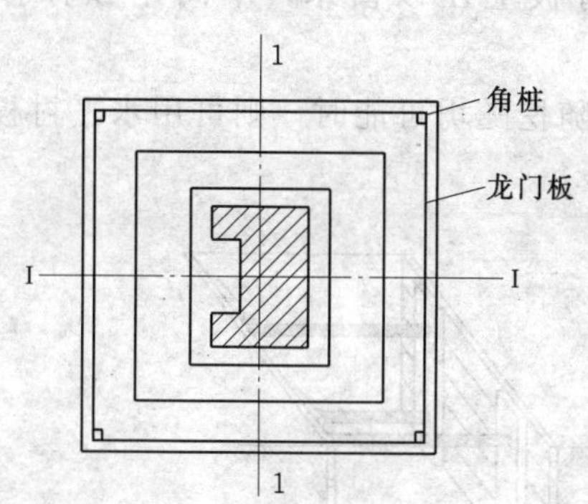

图 6-3-2　基础放样

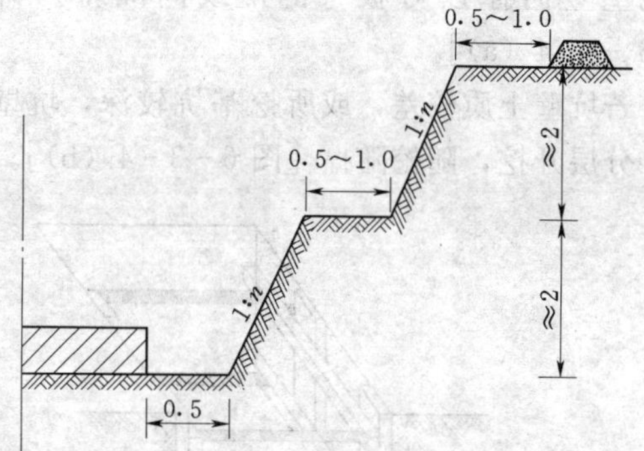

图 6-3-3　基坑放坡开挖（尺寸单位：m）

表 6-3-1　基坑坑壁坡度表

坑壁土类别	坑壁坡度		
	基坑顶缘无荷载	基坑顶缘有静载	基坑顶缘有动载
砂类土	1:1	1:1.25	1:1.5
碎卵石类土	1:0.75	1:1	1:1.25
亚砂土	1:0.67	1:0.75	1:1
亚黏土、黏土	1:0.33	1:0.5	1:0.75
板软岩	1:0.25	1:0.33	1:0.67
软质岩	1:0	1:0.1	1:0.25
硬质岩	1:0	1:0	1:0

注　挖基经过不同土层时，边坡可分层决定，并酌情设置平台。

基坑底面应满足基础施工的要求，对渗水的土质基坑，一般按基底的平面尺寸，每边增宽 0.5～1.0m，以便在基底外设置排水沟、集水坑和基础模板。为了保证坑壁边坡稳定，当基坑深度较大时，应在边坡中段加设宽为 0.5～1.0m 的平台（图 6-3-3）。坑顶周围必要时应挖排水沟，以免地面水流入坑内。当基坑顶缘有动载时，顶缘与动载之间至少应留 1m 宽的护道。

2. 坑壁有围护的基坑

当坑壁土质松软，边坡不易稳定，或放被开挖受到现场的限制，或放坡开挖造成土方量过大时，宜采用加设围护结构的竖直坑壁基坑，这样既保证了施工的安全，同时又可大量减少土方量。

基坑围护结构作为加固坑壁的临时性措施，有以下几种。

(1) 挡板支撑。挡板支撑适用于开挖面积不大，地下水位较低，挖基深度较浅的基坑。根据具体情况，挡板可垂直设置［图 6－3－4 (a)］或水平横放［图 6－3－4 (b)］。挡板支撑由立木、横枋、顶撑及衬板组成。衬板厚度为 4～6cm，为便于挖基运土，顶撑应设在同一垂直面内。

基坑开挖时，若坑壁土质密实，不会随挖随坍，可将基坑一次挖到设计标高，然后沿着坑壁竖向撑以衬板（密排或间隔排），再在衬板上压以横木，中间用顶撑撑住［图6－3－4 (a)］。

若坑壁土质较差，或所挖基坑较深，坑壁土有随挖随坍可能时，则可用水平衬板支撑，分层开挖，随挖随撑［图 6－3－4 (b)］。

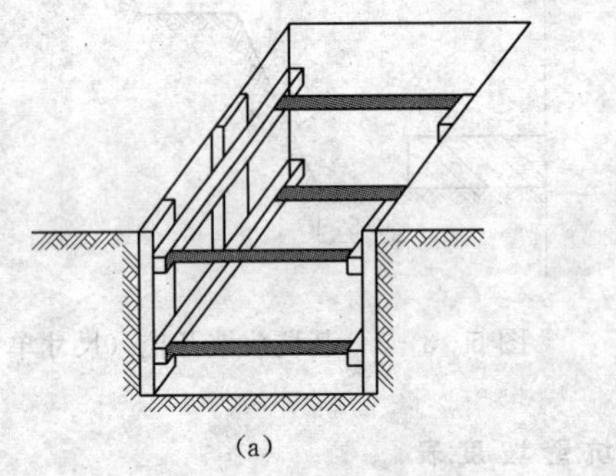
(a)

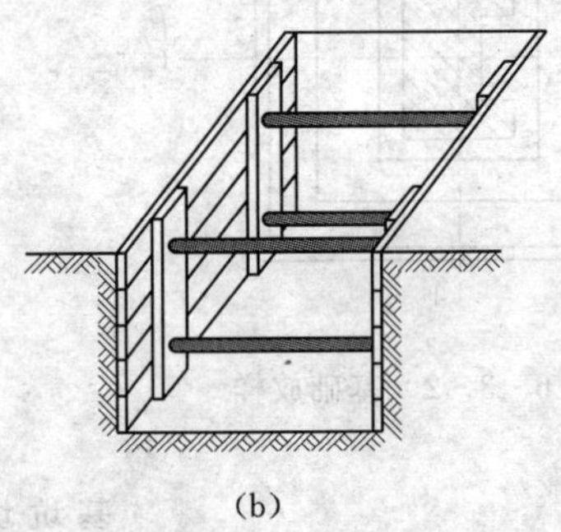
(b)

图 6－3－4　挡板支撑

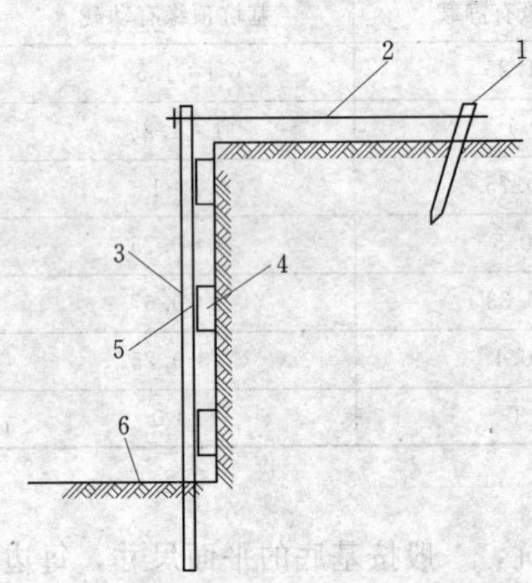

图 6－3－5　钢木结合支撑

1—锚栓；2—拉杆；3—型钢；4—衬板；5—木楔；6—基坑底

(2) 钢木结合支撑。当基坑深度在 3m 以上，或基坑过宽由于支撑过多而影响基坑出土时，可沿基坑周围每隔 1.5m 左右打入一根工字钢或钢轨至坑底面以下 1m 左右，并以钢拉杆把型钢上端锚固于锚桩上，随着基坑下挖设置水平衬板，并在型钢与衬板之间用木楔塞紧，如图 6－3－5 所示。

(3) 板桩支撑。基坑的平面尺寸较大基坑又较深，或因土质、水文资料、场地的限制及开挖对邻近建筑物有影响，可采用板桩支撑。板桩设置方法与挡板支撑不同，其特点是先将板桩打入土中，桩尖深入到基坑底以下一定深度，然后才开挖基坑。当基坑较深时，可待基坑挖至一定深度后，再在板桩上部加设横向支撑或设置锚桩，以增强板桩的稳定性。

板桩常用的材料有木、钢、钢筋混凝土三种。

木板桩成本较低，容易加工制作，但强度较低，故不适用于含卵石和坚硬的土层。同时受木材长度的限制，基坑深度在 3～5m 内时才采用。为减少渗水，木板桩的接缝应密合。在断面形式上，板厚大于 80mm 时应采用凸凹形梯口的企口缝，小于 80mm 时，可采用人字形榫口（图 6－3－6）。

木板桩的施工如图 6－3－7 所示，其程序是先沿基坑边外侧打入导桩，然后在导桩上

用螺栓装上两条水平导木，作为固板桩位置之用，板桩插在导木之间，按一定顺序方向，逐根将板桩打入土中。导桩的入土深度视基坑深度而定，桩尖至少沉入基坑底面以下2m。插打板桩常从角上开始。应注意板桩榫舌和桩尖斜面朝前进方向，使相邻板桩在打桩过程中能互相挤紧，以防渗水。一般木板桩上端常用铁箍保护，以免在打桩时打坏桩头。当地基土中含有小石块等硬物时，桩尖应装上铁桩靴。

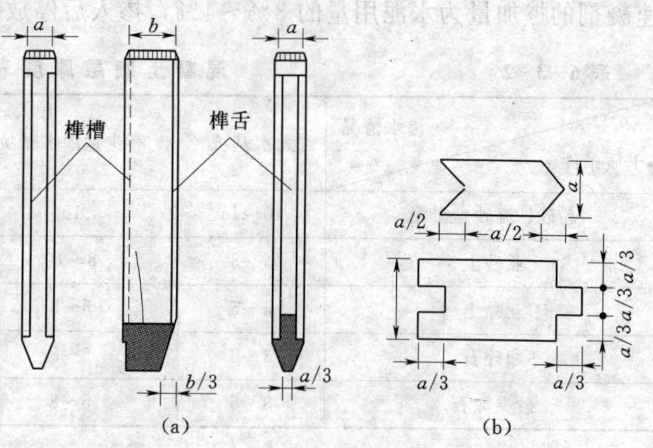

图6-3-6　木板桩

钢板桩的优点在于强度大，能穿过坚硬的松土层、碎卵石类土和风化岩层。具有锁口连接紧密不易漏水，且能承受锁口拉力，并可焊接接长，能重复使用。其断面型式较多，如图6-3-8所示，可适应不同的基坑形状要求。

钢筋混凝土板桩优点是耐久性好，缺点是制作复杂，重量大，运输和施工不便，所以除大桥的深基础外，一般中小桥梁工程不采用。

(4) 采用混凝土护壁。适用于深度较大各种土质的基坑。在基坑开挖前，应先界定基坑开挖面，除较浅的基坑外，考虑到受力条件，应尽量采用圆形基坑。在基坑口先设置预制或就地浇制的混凝土护筒，护筒长1～2m，护筒厚度视基坑直径大小和土质情况而定，一般为10～40mm。护筒以下的坑壁，采用喷射或现浇混凝土，一般是随挖随喷（浇），直至坑底。

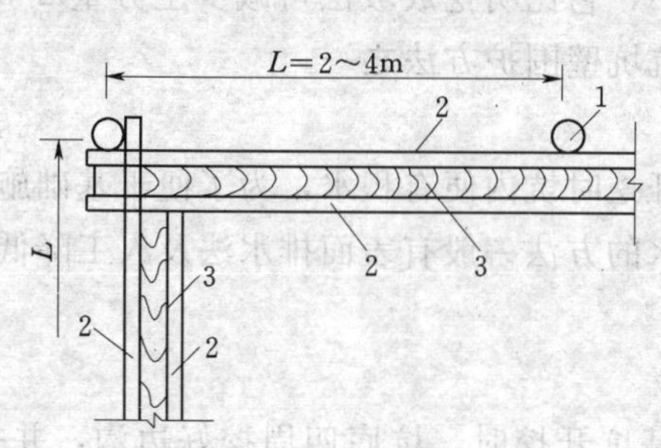

图6-3-7　木板桩施工

1—导桩；2—水平导木；3—板桩

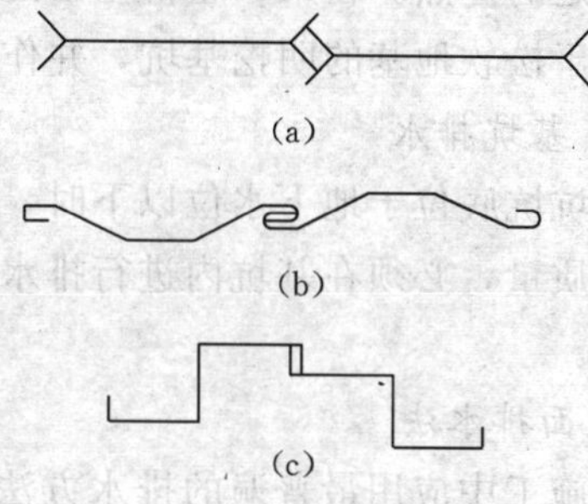

图6-3-8　钢板桩

(a) 一字形；(b) 槽形；(c) Z字形

1) 喷射混凝土护壁。采用掺有速凝剂的混凝土浆，用喷射器向坑壁喷射，使喷射的混凝土能早期与坑壁形成具有一定强度的支护层。喷射混凝土的厚度，主要取决于地质条件、渗水量、基坑面大小及开挖深度等因素，可参考表6-3-2选定。开挖基坑与喷射混凝土均分层进行，每层高0.5～1.5m。喷射混凝土所需的机具设备主要有：空压机、高压水泵、拌和机、喷射机、混凝土输送管道。混凝土拌和料的级配根据喷射机输料管直径而不同，集料最大粒径为16mm及25mm，配合比为水泥：砂石：水=1：4：（0.4～0.5）。

速凝剂的掺加量为水泥用量的3%～4%，掺入后停放时间不应超过20min。

表6-3-2 **混凝土喷层厚度表** 单位：cm

渗水情况 土质条件	无水基坑	有少量渗水基坑	有大量渗水基坑
粉砂、流砂、淤泥	10～15	15	15～20加较多小木桩及塞草袋
亚砂土	5～8	8～10	15～20加较多小木桩及塞草袋
亚黏土	3～5	5～8	15～20加较多小木桩及塞草袋
卵碎石	3～5	5～8	15～20加较多小木桩及塞草袋
砂夹卵石	3～5	5～8	8～10

对极易坍塌的流砂、淤泥层，仅用喷护混凝土往往不足以稳定坑壁，遇此情况，可先在坑壁上打入小木桩或在打好成排的木桩上编制竹篱，在有大量泥砂之处塞以草袋，然后喷射15～20cm的混凝土，即可防坍塌。

对于无水或少水的坑壁，每层高度范围内，喷射混凝土应由下部向上部循环进行，这样对少量渗水的土层，一经喷护即能完全止水；对涌水的坑壁，喷射混凝土则应由上而下循环进行，以保证新喷的混凝土不致被水冲坏。

2）现浇混凝土护壁。逐层开挖的深度，视坑壁土质稳定情况而定，一般不超过2m。施工程序是逐层下挖、立模、浇筑混凝土，模板上部留有浇筑窗口，混凝土先通过窗口向内往下浇筑，当混凝土浇至窗口下缘后，再用压灌混凝土的办法，灌满窗口以上的部分。混凝土中应掺入早强剂，浇筑厚度为10cm左右。

实践证明，采用喷射或浇筑混凝土这一护壁方法与明挖放坡法，无论在技术上和经济上均有一定的优点。在某一座桥基础的施工中，它比明挖放坡法可减少土方量2/3。目前已广泛用于松软地基的明挖基坑，并作为基坑坑壁围护方法之一。

（三）基坑排水

当基坑坑底位于地下水位以下时，基坑开挖时坑内便有积水，为了便于基础施工，并保证施工质量，必须在基坑内进行排水。排水的方法一般有表面排水法及人工降低地下水位法两种。

1. 表面排水法

它是施工中应用最普遍的排水方法。在基坑开挖时，坑底四周挖好边沟，并挖1～2个集水井，使坑内积水由边沟流至集水井，然后由集水井用抽水机向外排水。要求排水能力要大于基坑的渗水量，因此，施工前必须对基坑的渗水量进行估算，以便正确拟定排水措施，配足排水设备。

（1）渗水量的估算。基坑渗水量的大小与土的透水性、基坑内外的水头差、基坑坑壁围护结构的种类及基坑渗水面积等因素有关。估算渗水量的方法有两种：一种是通过抽水试验，另一种是利用经验公式估算。前者是在工地的试坑或钻孔中，进行直接的抽水试验，其所得的数据比较可靠，但试验费事，而且要在工地现场进行；后者方法简便，但估算结果准确性差。

经验公式可以反映出土的透水性、基坑的渗水面积、坑壁的围护形式等因素对渗水量的影响。对于放坡开挖的基坑（图 6-3-9），基坑渗水量可用下式估算

$$Q=q_1F_1+q_2F_2$$

式中 q_1、q_2——基坑底面和侧面的单位渗水量，见表 6-3-3 和表 6-3-4，$m^3/(h\cdot m^2)$；

F_1、F_2——基坑底面和侧面的渗水面积，m^2。

对于有板桩围护的基坑（图 6-3-10），可用下式估算渗水量为

$$Q=KUHq$$

$$K_{平均}=\frac{\sum k_ih_i}{\sum h_i}(m/h)$$

式中 K——土的透水系数，见表 6-3-5，如基坑范围内为多层土，则取其平均值；

U——基坑周长，m；

H——水头差，m；

q——单位渗水量，见表 6-3-6。

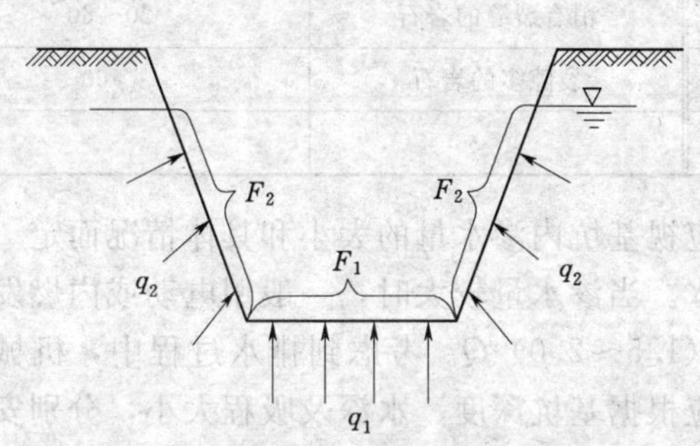

图 6-3-9 放坡开挖基坑

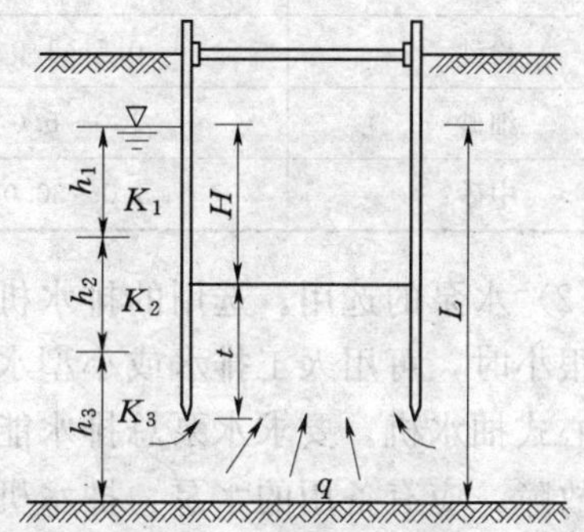

图 6-3-10 板桩围护的基坑

表 6-3-3 基坑底面单位渗水量 q_1 单位：$m^3/(h\cdot m^2)$

土质类别	土的特征及粒径	q_1
细粒砂土及黑土层，松软亚黏土	天然含水量＜20%，砂土料径＜0.05mm	0.14～0.18
有裂缝的碎岩石层及较密实的黏土	黏土层有透水孔道	0.15～0.25
细粒砂，紧密的砾石	细砂粒径在 0.05～0.25mm，砾石土孔隙＜20%	0.16～0.32
中砂及砂砾层	砂粒径在 0.25～1.0mm，砾石含量＜30%，平均最大粒径＜10mm	0.24～0.80
粗砂及砂砾层	砂粒径在 1.0～2.5mm，砾石含量 30%～70%，平均最大粒径＜150mm	0.8～3.0
粗砂及大砾石，卵石层	砂粒径≥2.0mm，砾石、大漂石含量≥30%，个别泉眼直径＜50mm，总面积＜0.07m²	2.0～4.0
砾石，卵石并带有泉眼或砂砾带有较大泉眼	石料平均粒径 50～200mm，或有个别大弧石＜0.5m²，泉眼直径＜300mm，总面积＜0.15m²	4.0～8.0
砾石，卵石，粗砂泉眼很多		8.0

表 6-3-4　　基坑侧面单位渗水量 q_2　　单位：$m^3/(h\cdot m^2)$

基坑或围堰种类	q_2
放坡土质基坑	按表 6-3-3 同类土渗水量 20%～30%计
土围堰或草袋围堰	同表 6-3-3
木板桩围堰	按表 6-3-3 同类土渗水量 10%～20%计
钢板桩围堰	按表 6-3-3 同类土渗水量 5%计
就地取材制成的围堰	按表 6-3-3 同类土渗水量 15%～30%计

表 6-3-5　　土的渗透系数参考值　　单位：m/d

名　称	K	名　称	K
黏土	＜0.005	匀质中砂	35～50
亚黏土	0.005～0.1	粗砂	20～50
轻亚黏土	0.1～0.15	圆砾	50～100
黄土	0.25～0.5	卵石	100～500
粉砂	0.5～1.0	稍有裂缝的岩石	20～60
细砂	1.0～5.0	裂隙多的岩石	＞60
中砂	5.0～20.0		

(2) 水泵的选用。选用的排水机具，应视基坑内渗水量的大小和具体情况而定。当渗水量很小时，可用人工排水或小型水泵抽水。当渗水量较大时，一般用电动或内燃发动机的离心式抽水机。要求水泵总排水能力为（1.5～2.0）Q。考虑到排水过程中，机械可能发生故障，应有备用的水泵。抽水机安装应根据基坑深度、水深及吸程大小，分别安装在坑顶、坑中护坡道或活动脚手架上。坑深大于吸程加扬程时，可用多台水泵串联或采用高压水泵。

表面排水法，除有严重流砂的基坑中不宜采用外，一般情况下均可采用。

如果估计到用表面排水法有可能发生严重流砂现象，除可以选用机械水中挖土方法外，也可考虑采用轻型井点法排水。

表 6-3-6　　单 位 渗 流 量 q

$\frac{H}{H+t}$ \ $\frac{H+t}{L}$	0.1	0.2	0.3	0.4	0.5	0.6	0.7	0.8	0.9	0.95
1.00	1.39	1.13	0.98	0.88	0.78	0.70	0.61	0.52	0.42	0.36
0.75	1.20	0.95	0.81	0.70	0.61	0.53	0.46	0.39	0.30	0.23
0.50	1.12	0.89	0.74	0.64	0.56	0.48	0.41	0.34	0.27	0.22
0.25	1.08	0.84	0.70	0.60	0.52	0.45	0.39	0.32	0.25	0.21
0	1.02	0.80	0.67	0.58	0.50	0.42	0.38	0.31	0.24	0.20

2. 轻型井点法

此法主要是利用“下降漏斗”降低地下水位，基坑开挖前在基坑四周打入若干根井

管，井管下端1.5m左右为滤管，上面钻有若干直径约2mm的滤水孔，各个井管用集水管连接，并不断抽水。由于抽水使井管两侧一定范围内的水位逐渐下降，形成了向井管附近弯曲的下降曲线，即“下降漏斗”。地下水位逐渐降低到坑底设计标高以下，使施工能在干燥无水的情况下进行（图6-3-11）。

井点排水法适用于渗透性较大的砂性土（渗透系数$K=0.1\sim80$m/d），对于淤泥或软黏土地基其效果较差。用这种方法降低地下水位，使井管范围内的地下水不从基坑的四侧边坡和底面流出，而是以相反的方向流向井管，因此可避免发生流砂和边坡坍塌现象。

（1）轻型井点系统的主要设备：

1）井点管。用直径为50mm的钢管，其下端头为长1～2m的滤管，滤管是在直径50mm的钢管上打直径10～15mm呈梅花形布置的孔，孔间距30～40mm。在管外用铅丝螺旋形缠绕起来。先包一层40目的细滤网，再包一层18目的粗滤网，滤网用铜网或尼龙网均可，滤网外再缠绕一层粗铁丝保护滤网，滤管下端装铸铁管靴。

2）集水管。用内径为102～127mm的钢管分段连接，间隔1～2m设一个与井点管连接的短接头。

3）连接管。用直径为40～50mm的胶皮管或塑料管。连接管上宜装阀门，以便于检查。

4）抽水装备。主要由真空泵（常用的有V—5型或V—6型）、离心水泵和集水箱组成，离心水泵与真空泵分开，用两个电动机带动。

（2）井点的布置。如图6-3-12所示，应根据基坑的大小、平面尺寸和降水深度的要求以及土层的渗透性和地下水流向等因素确定。若要求降水深度在4～5m，可用单排井点，若降水深度要求大于6m，则可采用两级或多级井点。如基坑宽度小于5m，则可在地下水流的上游设置单排井点。当基坑面积较大可设置不封闭井点或封闭井点（如环形、U形），井点管距基坑壁不小于1～2m，井点管的间距为1.0～1.8m，不超过3m。

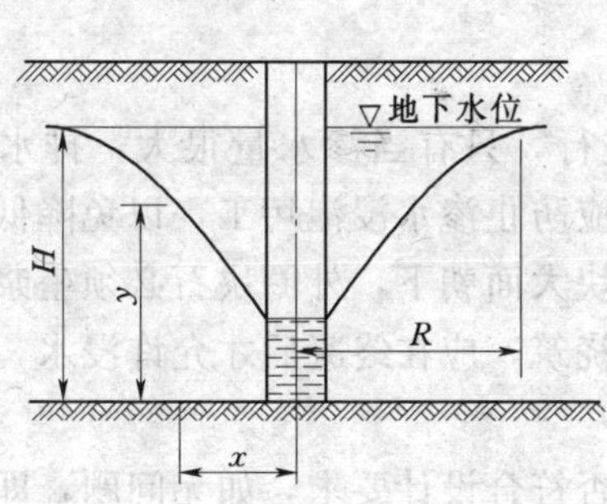

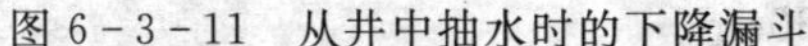

图6-3-11　从井中抽水时的下降漏斗

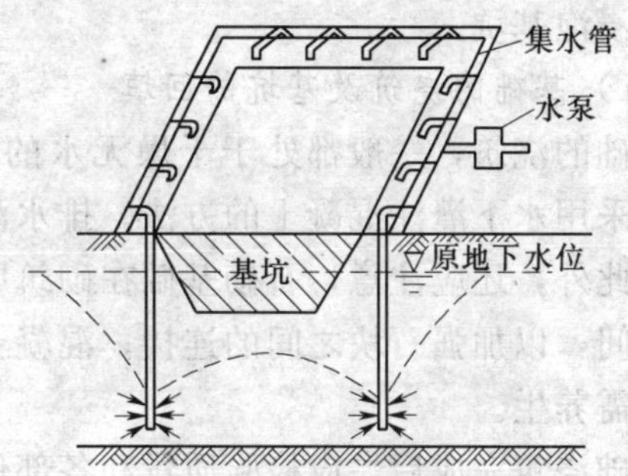

图6-3-12　井点降水

（3）使用注意事项。降水系统接通后，试抽水。若无漏水、漏气和淤塞等现象，即可使用；应控制真空度。在系统中装真空表，一般真空度不低于55.3～66.7kPa，管路井点有漏气时，能造成真空度达不到要求。为保证连续抽水，应配置双套电源；待基础浇筑回填后，才能拆除井点；冬季施工时，应对集水管作保温处理。

（四）基坑的检验与处理

挖好基坑，在基础浇筑前应进行验坑，检查是否符合设计要求，内容包括：

(1) 基坑底面标高和平面位置及平面尺寸是否与原设计相符。

(2) 检查基底土质与设计资料是否相符，如有出入，应取样做土质分析试验，同时由施工单位及时会同有关部门共同研究处理办法。

(3) 当坑底暴露的地质特别复杂，属于下列情况之一时，应变更基础设计方案（变更基础埋深或基础类型）：

1) 强烈风化的岩层。

2) 松砂（$D_r \leqslant 0.33$）地基。

3) 软黏性土（$I_L > 1.0$）。

4) $e > 0.7$ 的亚砂土、$e > 1.0$ 的亚黏土及 $e > 1.1$ 的黏土。

5) 含有大量有机质的砂土、黏土。

6) 出现较发育的溶岩。

基底检验合格后，还应按不同地质情况，作如下处理：

(1) 在黏性土层上的基础，修整承重面时，应按其天然状态铲平，不得用回填土夯实的办法处理。必要时可在基底夯入10cm以上的碎石层，碎石层顶面应低于基底标高。修整妥善后应在短时间内浇筑基础，不得暴露过久。

(2) 对碎石土或砂土，其承重面经过修理平整后，在基础施工前应先铺一层2cm厚的水泥砂浆。

(3) 对未风化的岩层，应先将岩层面上的松散石块、淤泥、苔藓等清除干净。若岩层倾斜，应将岩面凿平。为防止基础滑动，可采取必要的锚固措施，以加强基础与岩层之间的连接。

(4) 对软硬不均匀的地层，应将软质土层挖除，使基础全部支承在硬土上，以避免基础发生不均匀下沉或倾斜。

(5) 坑底如发现有泉眼涌水，应立即堵塞（如用木棒塞住泉眼）或排水加以处理，不得任其浸泡基坑。

（五）基础的浇筑及基坑的回填

基础的浇筑，一般都处于干燥无水的情况下进行，只有当渗水量很大，排水很困难时，才采用水下灌注混凝土的方法。排水浇筑时，应防止渗水浸泡圬工，以免降低混凝土强度。此外，还应注意，石砌基础在砌筑中应使石块大面朝下，外圈块石必须坐浆，要求丁顺相间，以加强石块之间的连接；混凝土基础的浇筑，应在终凝后才允许浸水，不浸水部分仍需养生。

基础浇筑完成后，应检验质量和各部位尺寸是否符合设计要求，如无问题，即可选用好土回填基坑，并应分层夯实，回填层厚不大于30cm。

二、水中浅基础的施工

桥梁墩台基础往往位于地表水位以下，有的河流水的流速还较大，而施工时常常希望在无水或静水条件下进行。为了解决这一矛盾，可变水中施工为旱地施工。其办法是，首先在基坑外围设置一道封闭的临时性挡水结构物即围堰。围堰修筑好后，即排水开挖基坑，或在静水条件下进行水下开挖基坑，并继续下步工序，这些施工内容与旱地上的浅基础施工基本相同。

围堰所用的材料和形式根据当地水文、地质条件，材料来源及基础形式而定。但无论哪种材料和形式的围堰，均需注意下列要求：

(1) 堰顶标高至少应高出施工期间可能出现的最高水位0.5m以上。

(2) 围堰平面形状应与基础平面形状相符，围堰的迎水面应做成流线型，以利于减小水流阻力。

(3) 由于围堰的修筑，使河流过水断面缩小，流速增大，将引起较大集中冲刷，可能使围堰冲坍或严重漏水，并可能由于部分河面被堵塞影响通航，因此，为防止上述不利情况的出现，围堰的断面不应超过流水断面的30%。

(4) 围堰内面积应考虑坑壁放坡和浇筑基础时的要求。

下面介绍几种常用的围堰构造、适用条件和施工要求。

1. 土围堰

土围堰适用于水深不超过2m，流速小于0.5m/s，河床土质为不透水或透水甚微的河道中。在修筑前应将河底杂物清理干净以防漏水。修筑时应从上游开始，至下游合龙，如图6-3-13所示。

堰顶宽一般为1～2m，视施工场面需要而定。堰外侧边坡视填土在水中的自然坡度而定，一般为1∶2～1∶3；堰内边坡一般为1∶1.5～1∶1，坡脚距基坑边缘根据河床土质及基坑深度而定，但不得小于1m。如果用砂土修筑围堰，为了减少渗水需在外坡侧面用黏土覆盖或设置黏土心墙。当水的流速较大时，可在外坡面用草皮、柴排、草袋加以防护。

2. 草（麻）袋围堰

水深不超过3.5m，流速小于2.0m/s时，可采用单（麻）袋围堰。堰顶宽一般为1～2m，有黏土心墙时为2～2.5m；堰外坡视水深及流速而定，一般为1∶1～1∶0.5，堰内坡一般为1∶0.5～1∶0.2，内坡脚距基坑边缘不小于1m。袋装松散黏土，装土量为袋容量的1/2～2/3，袋口缝合。如用砂土装袋，堰身中间必须夯填黏土心墙，以防围堰渗漏，如图6-3-14所示。

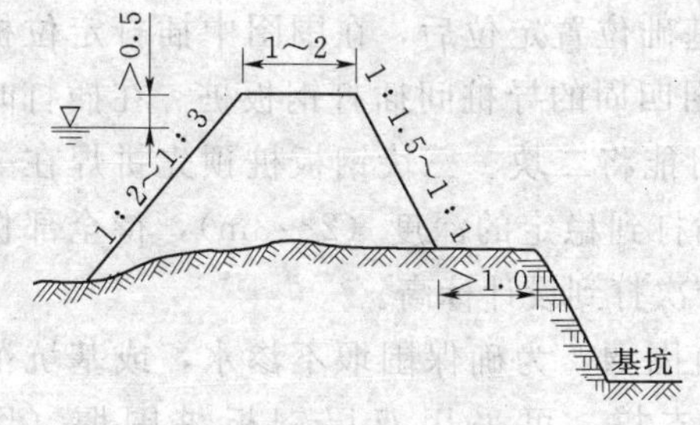

图6-3-13 土围堰

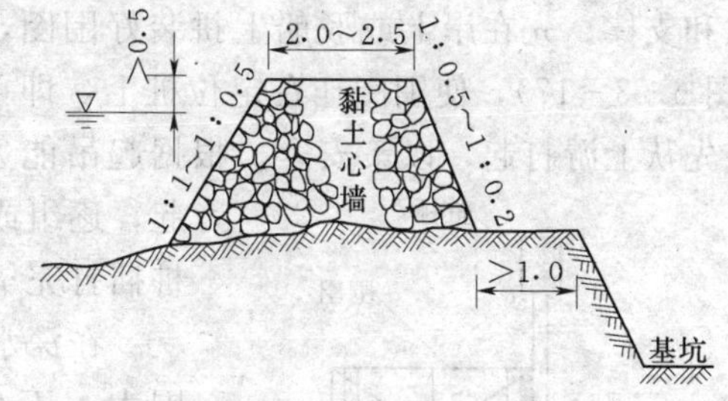

图6-3-14 草（麻）袋围堰

以上两种围堰均利用自重维持其稳定，故又称重力式围堰，它主要是挡地面水。如河床土质为粉砂或细砂，则在排水开挖基坑时，可能会引起流砂现象，所以就不宜用这类围堰，而应考虑选用板桩围堰。

3. 木板桩围堰

适用于砂性土、黏性土和木含卵石的其他土质河床。

水深在 2～4m 时，可采用单层木板桩围堰，必要时可在板桩外围加填土堰，如图 6-3-15所示，但水的流速不宜超过 0.5m/s。

当水深在 4～6m 时，可用中间填黏土的双层木板桩围堰，如图 6-3-16 所示。木板桩的构造与前面木板桩支撑相同。

木板桩的入土深度，视土质的密实程度而定，一般为基坑深度的 40%～50%，但不应小于 1m。双层木板桩间的宽度，应不小于施工水位水深的 50%，也不小于基坑底至堰顶深度的 0.4～0.6 倍。如围堰高度较大时，为防止在水压力的作用下产生过大的变形，可在中间增设拉紧螺栓，以增强两层板桩之间的整体性。板桩间的黏土填筑应夯实以防漏水。

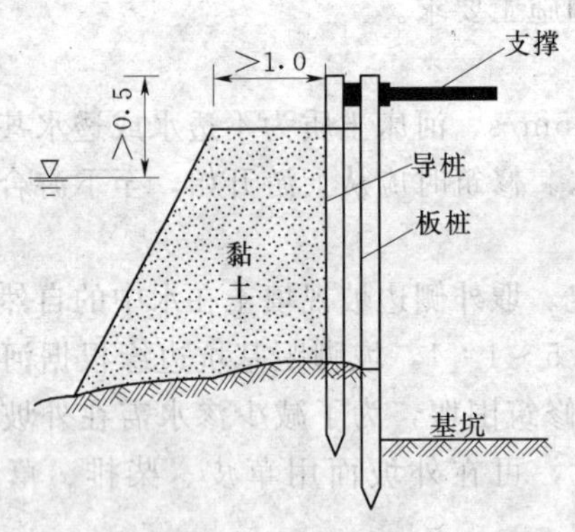

图 6-3-15 单层木板桩围堰

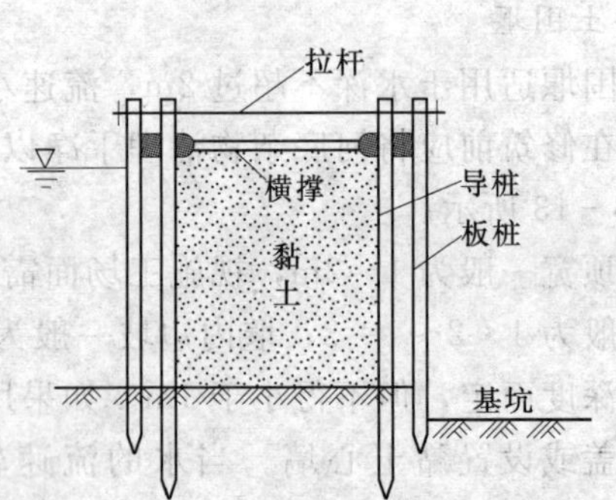

图 6-3-16 双层木板桩围堰

4. 钢板桩围堰

钢板桩围堰适用于砂类土、碎卵石类土、硬黏性土和风化岩等地层，它具有材料强度高，防水性能好，穿透土层能力强，堵水面积最小，并可重复使用的优点。因此，当水深超过 5m 或土质较硬时，可选用这种围堰。

当钢板桩围堰较高且水深较大时，常用围囹（即以钢或钢木构成的框架）作为板桩定位和支撑。先在岸上或驳船上拼装好围囹，运至基础位置定位后，在围囹中插打定位桩（图 6-3-17），使围囹挂在定位桩上，即可在围囹四周的导桩间插打钢板桩。在插打时应先从上游打起，以策安全。根据起吊能力，尽可能将二块、三块钢板桩预先拼焊在一起，逐组或逐块插打到稳定的深度（2～3m），待全部板桩插打完毕后再依次打到设计标高。

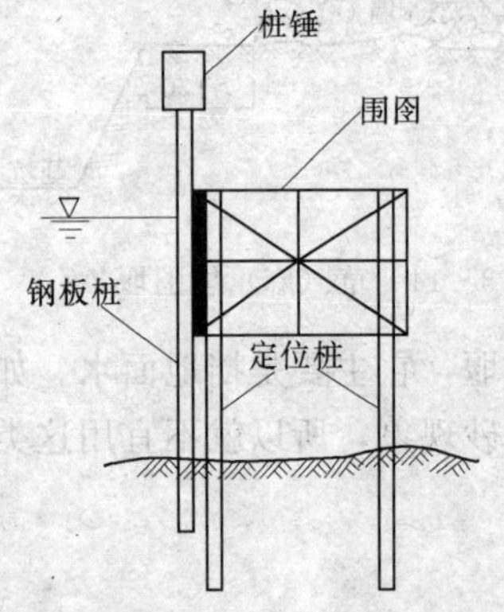

图 6-3-17 围囹法打钢板桩

在深水处修筑围堰，为确保围堰不渗水，或基坑范围大，不便设置支撑，可采用双层钢板桩围堰（图 6-3-18）。

5. 套箱围堰

这种围堰适用于无覆盖层或覆盖层较薄的水中基础，如图 6-3-19 所示。

套箱为无底的围套，内部设木或钢支撑，组成支架，木板套箱在支架外面钉装两层企口木板，用油灰捻缝以

防漏水；钢套箱则设焊接或铆合而成的钢板外壁。

木套箱采用浮运就位，然后加重下沉；钢套箱利用船运起吊就位下沉。在下沉套箱之前，应清除河床覆盖层并整平岩层。套箱沉至河底后，宜在箱脚外侧填以黏土或用装上草（麻）袋护脚。

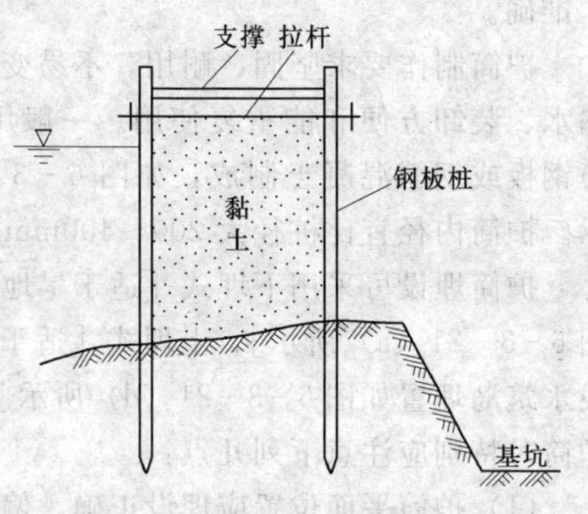

图 6-3-18　双层钢板桩围堰

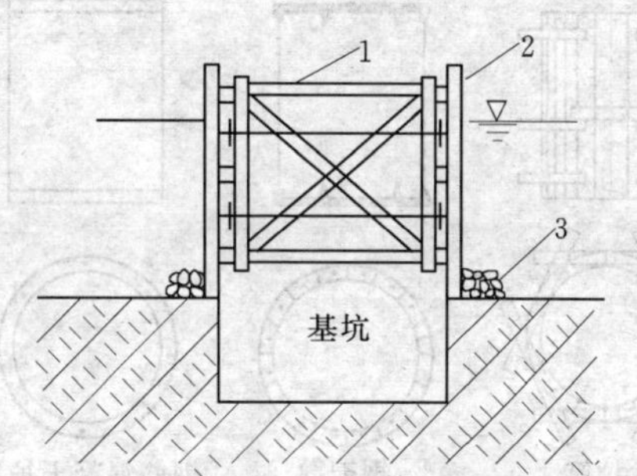

图 6-3-19　套箱围堰

1—套箱支架；2—套箱外壁；3—土袋护脚

第二节　桩基础施工

目前，常用的施工方法有钻孔灌注法、挖孔灌注法和预制沉桩法等，下面分别作以介绍。

桩基础施工前应根据已定出的墩台纵横中心轴线直接定出桩基础轴线和各基桩桩位，目前，已普遍应用全站仪直接定位，并设置好固定桩标志或控制桩，以便施工时随时校核。

一、钻孔灌注桩的施工

钻孔灌注桩施工应根据土质、桩径大小、入土深度和机具设备等条件选用适当的钻具和钻孔方法，以保证能顺利达到预计孔深；然后，清孔、吊放钢筋骨架、灌注水下混凝土。

目前我国常使用的钻具有旋转钻、冲击钻和冲抓钻三种类型。为稳固孔壁采用孔口埋设护筒和在孔内灌入黏土泥浆，并使孔内液面高出孔外水位，以在孔内形成向外的静压力而起到护壁、固壁作用。现按施工顺序介绍其主要工序如下。

（一）准备工作

1. 准备场地

施工前应将场地平整好，以便安装钻架进行钻孔。当墩台位于无水岸滩时钻架位置处应整平夯实，清除杂物，挖换软土；场地有浅水时，宜采用土或草袋围堰筑岛。当场地为深水或陡坡时，可用木桩或钢筋混凝土桩搭设支架，安装施工平台支承钻机（架）。深水中在水流较平稳时，也可将施工平台架设在浮船上，就位锚固稳定后在水上钻孔。水中支

架的结构强度、刚度和船只的浮力、稳定都应事前进行验算。

2. 埋置护筒

护筒的作用是：①固定钻孔位置；②开始钻孔时对钻头起导向作用；③保护孔口防止孔口土层坍塌；④隔离孔内孔外表层水，并保持钻孔内水位高出施工水位以产生足够的静水压力稳固孔壁。因此，埋置护筒要求稳固、准确。

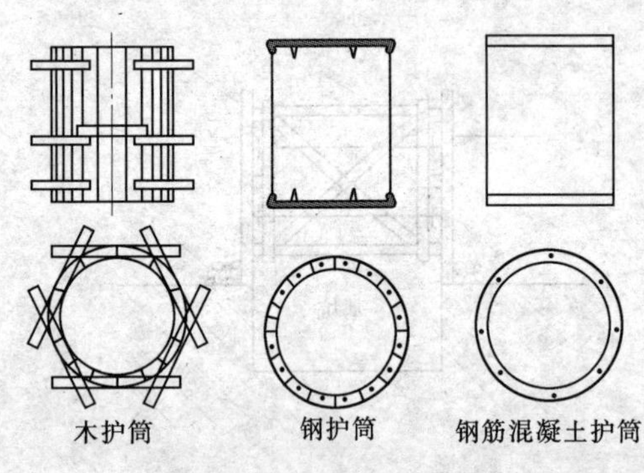

图 6-3-20 护筒

护筒制作要求坚固、耐用。不易变形、不漏水、装卸方便和能重复使用。一般用木材、薄钢板或钢筋混凝土制成，如图 6-3-20 所示。护筒内径宜比桩径大 200～400mm。

护筒埋设可采用下埋式［适于旱地埋置如图 6-3-21 (a) 所示］、上埋式［适于旱地或浅水筑岛埋置如图 6-3-21 (d) 所示］。埋置护筒时特别应注意下列几点：

(1) 护筒平面位置应埋设正确，偏差不宜大于 50mm，竖直线倾斜不大于 1%。

(2) 护筒高度宜高出地面 0.3m 或水面 1.0～2.0m。当处于潮水影响地区时，应高出最高施工水位 1.5～2.0m，并应采用稳定护筒内水头的措施。

(3) 护筒埋置深度应根据设计要求或桩位的水文地质情况确定，一般情况埋置深度宜为 2～4m，特殊情况应加深以保证钻孔和灌注混凝土的顺利进行。有冲刷影响的河床，应沉入局部冲刷线以下不小于 1.0～1.5m。

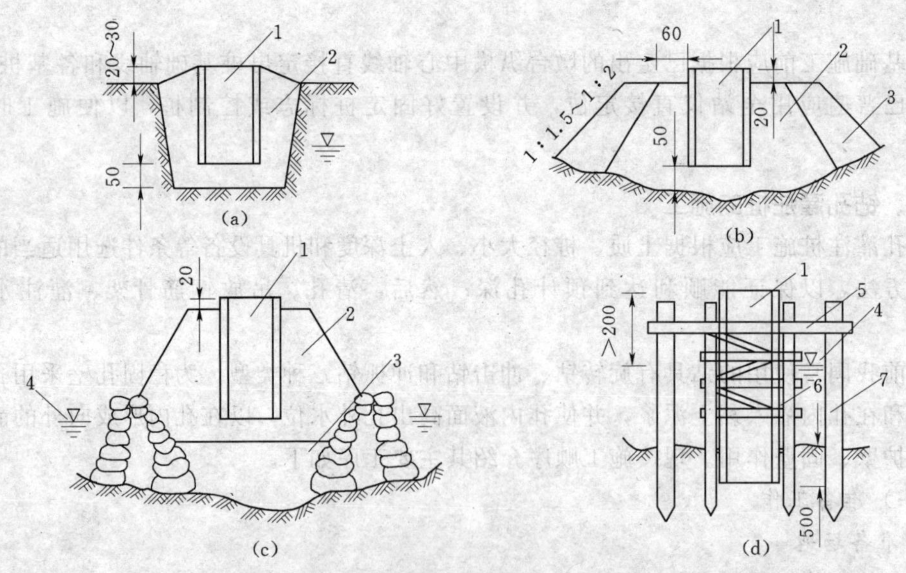

图 6-3-21 护筒的埋置（尺寸单位：cm）

1—护筒；2—夯实黏土；3—砂土；4—施工水位；5—工作平台；6—导向架；7—脚手桩

(4) 下埋式及上埋式护筒挖坑不宜太大（一般比护筒直径大 0.1～0.6m），护筒四周应夯填密实的黏土，护筒应埋置在稳固的黏土层中，否则应换填黏土并密实，其厚度一般

为0.50m。

3. 制备泥浆

泥浆在钻孔中的作用是：在孔内产生较大的静水压力，可防止坍孔；泥浆向孔外土层渗漏，在钻进过程中，由于钻头的活动，孔壁表面形成一层胶泥，具有护壁作用；同时将孔内外水流切断，能稳定孔内水位；泥浆比重大，具有挟带钻渣作用，利于钻渣的排出。

钻孔泥浆一般由水、黏土（或膨润土）和添加剂按适当配合比配制而成，其性能指标可参照表6-3-7选用。

4. 安装钻机或钻架

钻架是钻孔、吊放钢筋笼、灌注混凝土的支架。我国生产的定型旋转钻机和冲击钻机都附有定型钻架，其他还有木制的和钢制的四脚架（图6-3-22）、三脚架或人字扒杆。

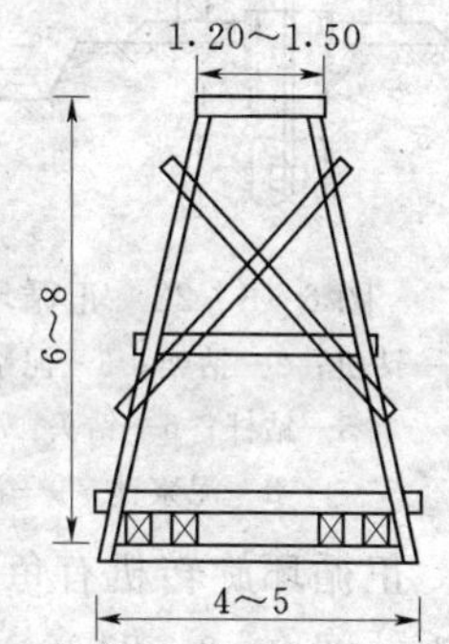

图6-3-22 四脚钻架
（尺寸单位：m）

在钻孔过程中，成孔中心必须对准桩位中心，钻机（架）必须保持平稳，不发生位移、倾斜和沉陷。钻机（架）安装就位时，应详细测量，底座应用枕木垫实塞紧，顶端应用缆风绳固定平稳，并在钻进过程中经常检查。

表6-3-7 泥浆性能指标

钻孔方法	地层情况	泥浆性能指标							
		相对密度	黏度（Pa·s）	含砂率（%）	胶体率（%）	失水率（mL/30min）	泥皮厚（mm/30min）	静切力（Pa）	酸碱度 pH值
正循环	一般地层	1.05～1.20	16～22	8～4	≥96	≤25	≤2	1.0～2.5	8～10
	易坍地层	1.20～1.45	19～28	8～4	≥96	≤15	≤2	3～5	8～10
反循环	一般地层	1.02～1.06	16～20	≤4	≥95	≤20	≤3	1.0～2.5	8～10
	易坍地层	1.06～1.10	18～28	≤4	≥95	≤20	≤3	1.0～2.5	8～10
	卵石土	1.10～1.15	20～35	≤4	≥95	≤20	≤3	1.0～2.5	8～10
推钻冲抓	一般地层	1.10～1.20	18～24	≤4	≥95	≤20	≤3	1.0～2.5	8～11
冲击	易坍地层	1.20～1.40	22～30	≤4	≥95	≤20	≤3	3～5	8～11

注 1. 地下水位高或其流速大时，指标取高限，反之取低限。
2. 地质状态较好，孔径或孔深较小的取低限，反之取高限。
3. 在不易坍塌的黏质土层中，使用推钻、冲抓、反循环回转钻进时，可用清水提高水头（≥2m）维护孔壁。
4. 若当地缺乏优良黏质土，远运膨润土困难，调制不出合格泥浆时可掺用添加剂改善泥浆性能。
5. 直径大于2.5m的大直径钻孔灌注桩对泥浆的要求较高，泥浆的选择应根据钻孔的工程地质情况、孔位、钻机性能、泥浆材料条件等确定。在地质复杂，覆盖层较厚，护筒下沉不到岩层的情况下，宜使用丙烯酰胺即PHP泥浆，此泥浆的特点是不分散、低固相、高黏度。

（二）钻孔

1. 钻孔方法和钻具

（1）旋转钻进成孔。利用钻具的旋转切削体钻进，并在钻进的同时采用循环泥浆的方法护壁排渣，继续钻进成孔。我国现用旋转钻机按泥浆循环的程序不同分为正循环与反循环两种。所谓正循环是在钻进的同时，泥浆泵将泥浆压进泥浆笼头，通过钻杆中心从钻头

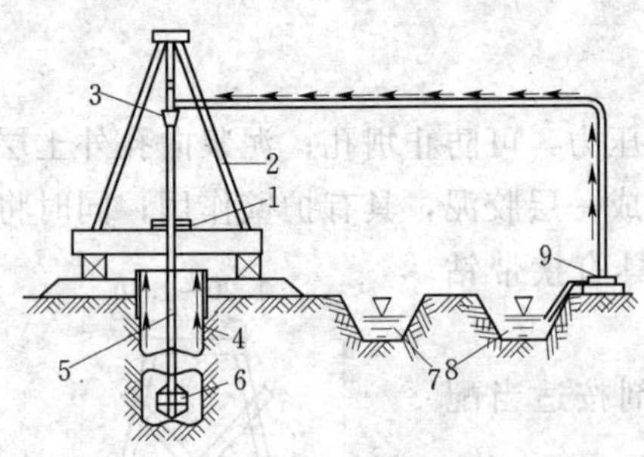

图 6-3-23　正循环旋转钻孔

1—钻机；2—钻架；3—泥浆笼头；4—护筒；5—钻杆；6—钻头；7—沉淀池；8—泥浆池；9—泥浆泵

喷入钻孔内，泥浆挟带钻渣沿钻孔上升，从护筒顶部排浆孔排出至沉淀池，钻渣在此沉淀而泥浆仍进入泥浆池循环使用，如图 6-3-23 所示。

反循环与正循环程序相反，将泥浆用泥浆泵送至钻孔内。然后从钻头的钻杆下口吸进，通过钻杆中心排出到沉淀池，泥浆沉淀后再循环使用。反循环钻机的钻进及排渣效率较高，但在接长钻杆时装卸较麻烦，如钻渣粒径超过钻杆内径（一般为120mm）易堵塞管路，则不宜采用。我国定型生产的旋转钻机在转盘、钻架、动力设备等方面均配套定型，钻头的构造根据土质采用各种形式。

正循环旋转机有鱼尾锥［图 6-3-24（a)］、圆柱形钻头［图 6-3-24（b)］、刺猬钻头［图 6-3-24（c)］等，常用的反循环钻头为三翼空心钻（图 6-3-25）。此外，现在也采用更轻便、高效的潜水电钻，如图 6-3-26 所示，钻孔时钻头旋转刀刃切土，并在端部喷出高速水流冲刷土体，以水力排渣，钻头的旋转电动机及变速装置均经密封后安装在钻头与钻杆之间。

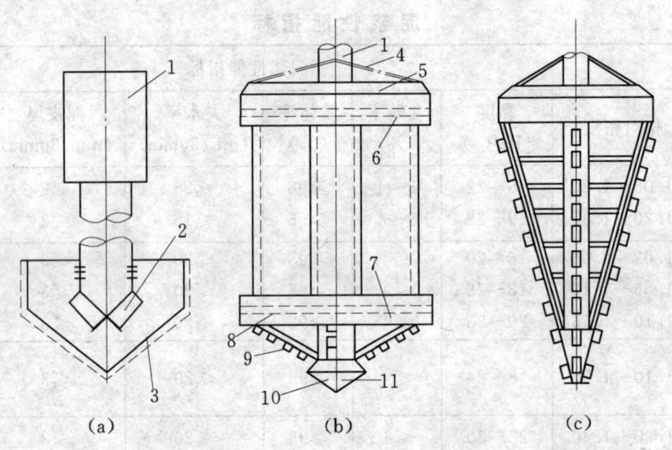

图 6-3-24　正循环旋钻机头

1—钻杆；2—出浆口；3—刀刃；4—斜撑；5—斜挡板；6—上腰围；7—下腰围；8—耐磨合金钢；9—刮板；10—超前钻；11—出浆口

由于旋转钻进成孔的施工方法受到机具和动力的限制，适用于较细、软的土层，如各种塑性状态的黏性土、砂土、夹少量粒径小于 11～200mm 的砂卵石土层，在软岩中也可使用。这种钻孔方法的深度可达 100m 以上。

(2) 冲击钻进成孔。利用钻锥（重为 10～35kN）不断地提锥、落锥反复冲击孔底土层，把土层中泥沙、石块挤向四壁或打成碎渣，钻渣悬浮于泥浆中，利用掏渣筒取出，重复上述过程冲击钻进成孔。主要采用的机具有定型的冲击式钻机（包括钻架、动力、起重装置等）、冲击钻头、转向装置和掏渣筒等，也可用 30～50kN 带离合器的卷扬机配合钢、木钻架及动力组成简易冲击机。

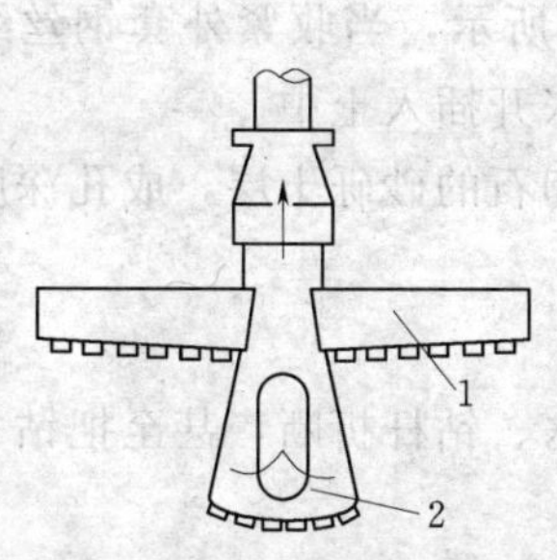

图 6-3-25　反循环旋转钻头图

1—三翼刀板；2—剑尖

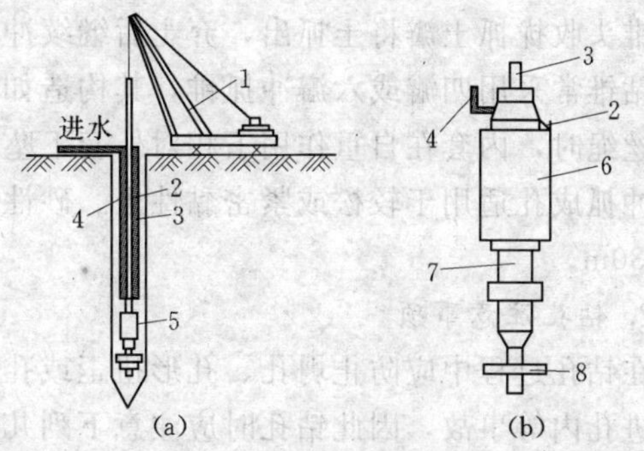

图 6-3-26　潜水电钻

1—钻机架；2—电缆；3—钻杆；4—进水高压水管；5—潜水电钻头；6—密封电动机；7—密封变速箱；8—钻头母体

钻头一般是整体铸钢做成的实体钻锥，钻刃为十字形采用高强度耐磨钢材做成，底刃最好不完全平直以加大单位长度上的压重，如图 6-3-27 所示。

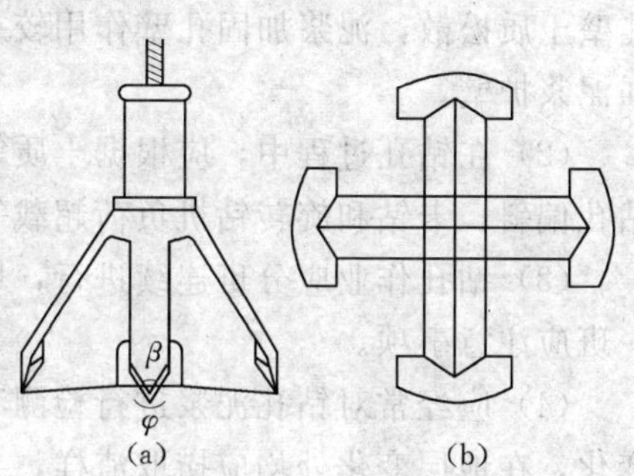

图 6-3-27　冲击钻锥

(a) 立面；(b) 平面

(图中 $\beta=70^\circ\sim90^\circ$，$\varphi=270^\circ\sim290^\circ$)。冲击时钻头应有足够的重量，适当的冲程和冲击频率，以使它有足够的能量将岩块打碎。

冲锥每冲击一次旋转一个角度，才能得到圆形的钻孔，因此在钻头和提升钢丝绳连接处应有转向装置，常用的有合金套或转向环，以保证冲转的转动，也避免了钢丝绳打结扭断。

掏渣筒是用以掏取孔内钻渣的工具，如图6-3-28所示，用厚 30mm 左右钢板制作，下面碗形阀门应与渣筒密合以防止漏水漏浆。冲击钻孔适用于含有漂卵石、大块石的土层及岩层，也能用于其他土层。成孔深度一般不宜大于 50m。

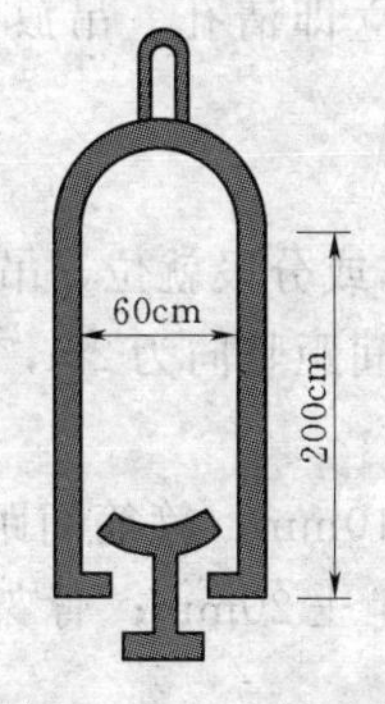

图 6-3-28　掏渣筒

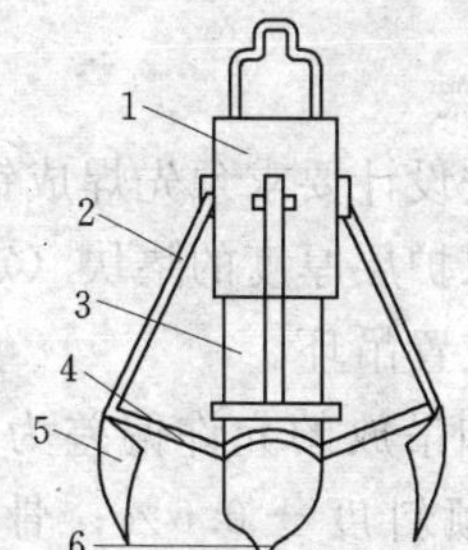

图 6-3-29　冲抓锥

1—外套；2—连杆；3—内套；4—支撑杆；5—叶瓣；6—锥头

(3) 冲抓钻进成孔。用兼有冲击和抓土作用的抓土瓣，通过钻架，由带离合器的卷扬机操纵，靠冲锥自重（重为 10～20kN）冲下使抓土瓣锥尖张开插入土层，然后由卷扬机

提升锥头收拢抓土瓣将土抓出，弃土后继续冲抓钻进而成孔。

钻锥常采用四瓣或六瓣冲抓锥，其构造如图 6－3－29 所示，当收紧外套钢丝绳松内套钢丝绳时，内套在自重作用下相对外套下坠，便使锥瓣张开插入土中。

冲抓成孔适用于较松或紧密黏性土、砂性土及夹有碎卵石的砂砾土层，成孔深度一般小于 30m。

2. 钻孔注意事项

在钻孔过程中应防止坍孔、孔形扭歪或孔斜，钻孔漏水、钻杆折断，甚至把钻头埋住或掉进孔内等事故，因此钻孔时应注意下列几点：

(1) 在钻孔过程中，始终要保持孔内外既定的水位差和泥浆浓度，以起到护壁固壁作用，防止坍孔。若发现有漏水（漏浆）现象，应找原因及时处理。如为护筒本身漏水或因护筒埋置太浅而发生漏水，应堵塞漏洞或用黏土在护壁周围夯实加固，或重埋护筒；若因孔壁土质松散，泥浆加固孔壁作用较差，应在孔内重新回填黏土，待沉淀后再钻进，以加强泥浆护壁。

(2) 在钻孔过程中，应根据土质等情况控制钻进速度、调整泥浆稠度，以防止坍孔及钻孔偏斜、卡钻和旋转钻机负荷超载等情况发生。

(3) 钻孔作业应分班连续进行，填写的钻孔施工记录；交接班时应交待钻进情况及下一班应注意事项。

(4) 应经常对钻孔泥浆进行检测和试验，不合要求时，应随时改正。应经常注意地层变化，在地层变化处均应捞取渣样，判明后记入记录表中并与地质剖面图核对。

(5) 用全护筒法钻进时，为使钻机安装平正，压进的首节护筒必须竖直。钻孔开始后应随时检测护筒水平位置和竖直线，如发现偏移，应将护筒拔出，调整后重新压入钻进。

(6) 在钻孔排渣、提钻头除土或因故停钻时，应保持孔内具有规定的水位和要求的泥浆相对密度和黏度。处理孔内事故或因故停钻，必须将钻头提出孔外。

(7) 要有专门的泥浆循环系统，防止污染河流或农田。

(8) 钻孔过程中应加强对桩位、成孔情况的检查工作。终孔时应对桩位、孔径、形状、深度、倾斜度及孔底土质等情况进行检验，合格后立即清孔、吊放钢筋笼，灌注混凝土。

（三）吊装钢筋骨架

钻孔桩的钢筋应按设计要求预先焊成钢筋骨架，整体或分段就位，吊入钻孔。应在钢筋骨架外侧设置控制保护层厚度的垫块（定位钢筋），其间距竖向为 2m，横向圆周不得小于 4 处，骨架顶端应设置吊环。

钢筋骨架的制作和吊放的允许偏差为：主筋间距±10mm；箍筋间距±20mm；骨架外径±10mm；骨架倾斜度±0.5%；骨架保护层厚度±20mm；骨架中心平面位置±20mm；骨架顶面高程±20mm，骨架底面高程±50mm。

钢筋骨架吊放前应检查孔底深度是否符合设计要求；孔壁有无妨碍骨架吊放和正确就位的情况。钢筋骨架吊装可利用钻架或另立扒杆进行。吊放时应避免骨架碰撞孔壁，并保证骨架外混凝土保护层厚度，应随时校正骨架位置。钢筋骨架达到设计标高后，即将骨架牢固定位于孔口，清孔符合要求后立即灌注混凝土。

（四）清孔

清孔目的是除去孔底沉淀的钻渣和泥浆，以保证灌注的钢筋混凝土质量，保证桩的承载力。清孔的方法有以下几种。

1. 抽浆清孔

用空气吸泥机吸出含钻渣的泥浆而达到清孔。由风管将压缩空气输进排泥管，使泥浆形成密度较小的泥浆空气混合物，在水柱压力下沿排泥管向外排出泥浆和孔底沉渣，同时用水泵向孔内注水，保持水位不变直至喷出清水或沉渣厚度达到设计要求为止，适用于孔壁不易坍塌的各种钻孔方法的柱桩和摩擦桩如图 6-3-30 所示。

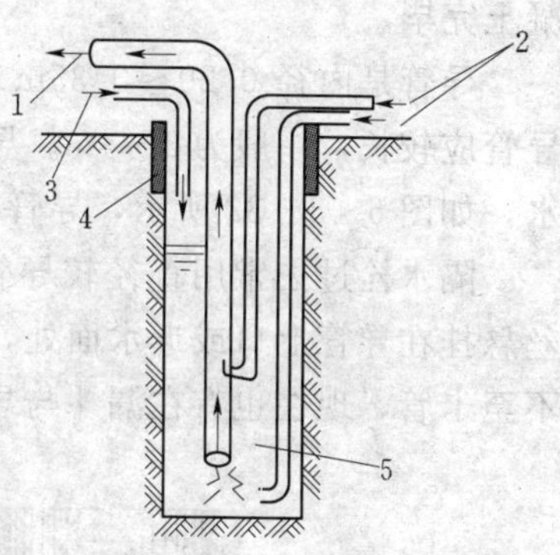

图 6-3-30　抽浆清孔

1—泥浆砂石渣喷出；2—通入压缩空气；3—注入清水；4—护筒；5—孔底沉积物

2. 掏渣清孔

用掏渣筒或大锅锥掏清孔内粗粒钻渣，适用于冲抓、冲击、简便旋转成孔的摩擦桩。

3. 换浆清孔

正、反循环旋转钻机可在钻孔完成后不停钻、不进尺，继续循环换浆清渣，直至达到清理泥浆的要求，适用于各类土层的摩擦桩。

无论采用何种清孔方法，在清孔排渣时，必须注意保持孔内水头，防止塌孔。不得用加深钻孔深度的方式代替清孔。

（五）灌注水下混凝土

目前我国多采用直升导管法灌注水下混凝土。

1. 灌注方法及有关器具

导管法的施工过程如图 6-3-31 所示。将导管居中插入到离孔底 0.40m 左右（不能插入孔底沉积的泥浆中），导管上口接漏斗，在接口处设隔水柱，以隔绝混凝土与导管内水的接触。在漏斗中贮备足够数量的混凝土后，放开隔水栓，贮备的混凝土连同隔水栓向孔底猛落，这时孔内水位骤涨外溢，说明混凝土已灌入孔内。若落下有足够数量的混凝土则将导管内水全部压出，并使导管下口埋入孔内混凝土内深 1～1.5m，保证钻孔内的水不

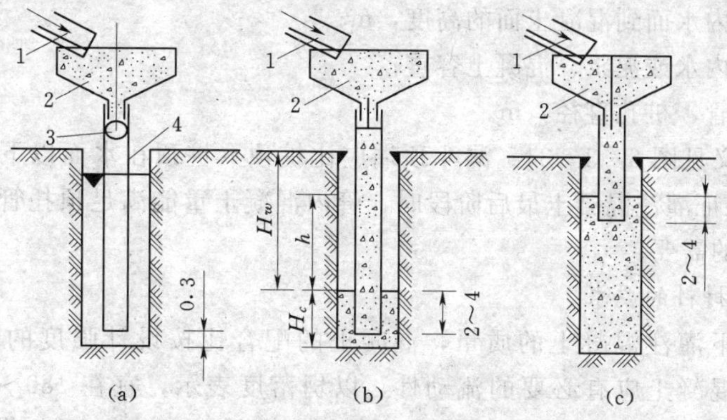

图 6-3-31　灌注水下混凝土（尺寸单位：m）

1—通混凝土贮料槽；2—漏斗；3—隔水栓；4—导管

可能重新流入导管。随着混凝土不断通过漏斗。导管灌入钻孔，钻孔内初期灌注的混凝土及其上面的水或泥浆不断被顶托升高，相应地不断提升导管和拆除导管，这时应保持导管的埋入深度为2～4m，最大不宜大于4m，拆除导管时间不超过15min，直至钻孔灌注混凝土完毕。

导管是内径0.20～0.35m的钢管，壁厚3～4mm，每节长度为1～2m，最下面一节导管应较长，一般为3～4m。导管两端用法兰盘及螺栓连接，并垫橡皮圈以保证接头不漏水，如图6－3－32所示，导管内壁应光滑，内径大小一致，连接牢固，在压力下不漏水。

隔水栓过去常用直径较导管内径小20～30mm的木球、混凝土球、砂袋等，以粗铁丝悬挂在导管上口或近水面处，木球隔水栓如图6－3－32所示。要求能在管内滑动自如不至卡管，现在也有在漏斗与导管接头处设置活门或铁抽板等。

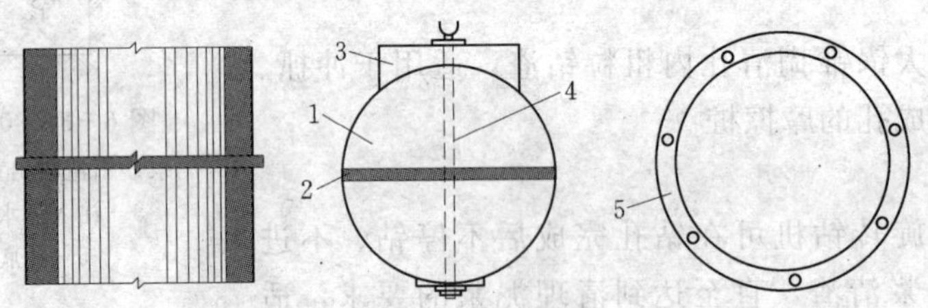

图6－3－32　导管接头及木球

1—木球；2—帆布或橡皮垫；3—导向管；4—螺栓；5—法兰盘

为了首批灌注桩的混凝土数量能保证将导管内水全部压出并满足导管初次埋入深度的需要，应计算漏斗应有的最小容量从而确定漏斗的尺寸大小。漏斗和贮料槽最小容量（m^3）为［图6－3－31（b）］，即

$$V = h_1 \frac{\pi d^2}{4} + H_c \frac{\pi D^2}{4}$$

$$h_1 = H_w \gamma_w / \gamma_c$$

式中　H_c——导管初次埋深加开始时导管底离孔底的间距，m；

h_1——孔内混凝土高度达 H_c 时，导管内混凝土柱为与导管外水压平衡所需要高度，m；

H_w——孔内水面到混凝土面的高度，m；

γ_w、γ_c——孔内水或泥浆、混凝土容重；

d、D——导管、桩孔直径，m。

其余符号意义见图6－3－31。漏斗顶端应比桩顶（桩顶在水面以下时应比水面）至少高出3m，以保证灌注混凝土最后阶段时，管内混凝土重能满足顶托管外混凝土及其上水压或泥浆重量的需要。

2. 对混凝土材料的要求

为了保证水下灌注混凝土的质量，混凝土的配合比按设计强度的混凝土标号提高20%进行设计；混凝土应有必要的流动性，以坍落度表示，宜在180～220mm范围内；水泥的初凝时间不宜早于2.5h，水泥的强度等级不宜低于42.5，每m^3混凝土的水泥用量不少于350kg，水灰比宜用0.5～0.6，并可适当提高含砂率（宜采用40%～50%）使混

凝土有较好的和易性；为防卡管，石料尽可能用卵石，适宜粒径为 5～30mm，最大粒径不应超过 40mm。

在混凝土浇筑过程中，为了随时掌握钻孔内混凝土顶面的实际高度，可用测绳和测深锤直接测定。测深锤一般用锥形锤，锤底直径 15cm 左右，高 20cm，质量为 5kg，外壳可用钢板焊制，内装铁砂配重后密封，如图 6－3－33 所示。为保证灌注桩成桩后的质量，现在可用超声波法等进行无损检测。

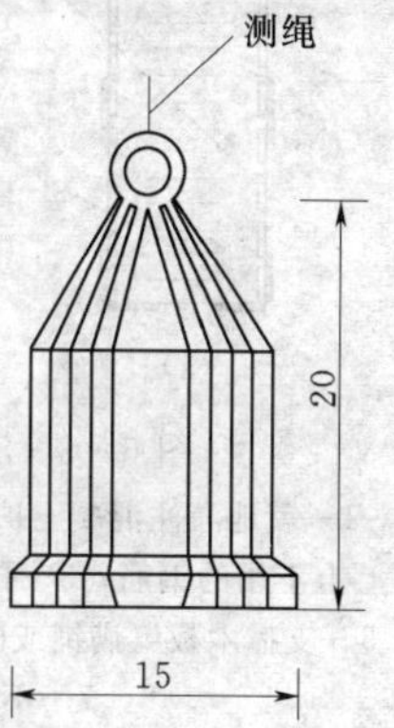

测绳
20
15

图 6－3－33 测深锤（尺寸单位：cm）

3. 灌注水下混凝土注意事项

灌注水下混凝土是钻孔灌注桩施工最后一道带有关键性的工序，其施工质量将严重影响桩的质量，施工中应注意以下几点：

（1）混凝土拌和必须均匀，尽可能缩短运输距离和减小颠簸，防止混凝土离析而发生卡管事故。

（2）灌注混凝土必须连续作业，一气呵成，避免任何原因的中断灌注，因此混凝土的搅拌和运输设备应满足连续作业的要求，孔内混凝土上升到接近钢筋笼架底处时应防止钢筋笼架被混凝土顶起。

（3）在灌注过程中，要随时测量和记录孔内混凝土灌注标高和导管埋入混凝土内的长度，导管的埋置深度宜控制在 2～6m，防止导管提升过猛管底提离混凝土面或埋入过浅，而使导管内进水造成断桩夹泥；也要防止导管埋入过深，而造成导管内混凝土压不出或导管被混凝土埋住而不能提升，导致中止浇灌而断桩。

（4）灌注的桩顶标高应比设计值预加一定的高度，此范围内的浮浆和混凝土应凿除，以确保桩顶混凝土的质量，预加高度一般为 0.5～1.0m，深桩应酌情增加。

二、挖孔灌注桩的施工

挖孔灌注桩适用于无水或少水的较密实的各类土层中，桩的直径（或边长）不宜小于 1.2m，孔深一般不宜超过 20m。挖孔桩施工，必须在保证安全的前提下不间断地快速进行。每一桩孔开挖、提升出土、排水、支撑、立模板、吊装钢筋骨架、灌注混凝土等作业都应事先准备好，紧密配合。

1. 开挖桩孔

一般采用人工开挖，开挖之前应清除现场四周及山坡上悬石、浮土等，排除一切不安全的因素，做好孔口四周；临时围护和排水设备。孔口应采取措施防止土石掉入孔内，并安排好排上提升设备（卷扬机或木绞车等），布置好弃土通道，必要时孔口应搭雨棚。挖孔过程中要随时检查桩孔尺寸和平面位置，防止误差。注意施工安全，下孔人员必须配戴安全帽和安全绳，提取土渣的机具必须经常检查。孔深超过 10m 时，应经常检查孔内二氧化碳浓度，如超过 0.3％应增加通风措施。孔内如用爆破施工，采用浅眼爆破法，且在炮眼附近要加强支护，以防止震坍孔壁。桩孔较深时，应采用电引爆，爆破后应通风排烟，经检查孔内无毒后施工人员方可下孔继续开挖。

2. 护壁和支撑

挖孔桩开挖过程中，开挖和护壁两个工序，必须连续作业，以确保孔壁不坍。应根据地质、水文条件、材料来源等情况因地制宜选择支撑及护壁方法。桩孔较深，土质较差，

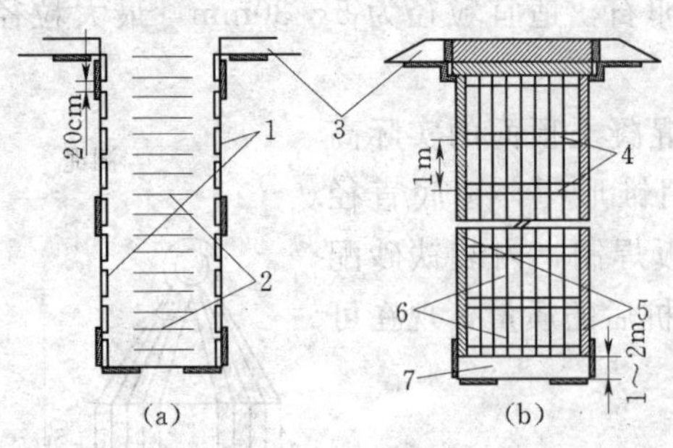

图 6-3-34　护壁与支撑

1—就地灌注混凝土护壁；2—固定在护壁上供人上下用的钢筋；3—孔口围护；4—木框架支撑；5—支撑木板（满铺或间隔铺）；6—木框架间支撑；7—不设支撑地段

出水量较大或遇流砂等情况时，宜采用就地灌注混凝土护壁，如图 6-3-34（a）所示，每下挖 1～2m 灌注一次，随挖随支。护壁厚度一般采用 0.15～0.20m，混凝土为 C15～C20，必要时可配置少量的钢筋，也可采用下沉预制钢筋混凝土圆管护壁。如土质较松散而渗水量不大时，可考虑用木料作框架式支撑或在木框架后面铺架木板作支撑，如图 6-3-34（b）所示。木框架与木板间应用扒钉钉牢，木板后面也应与土面塞紧。如土质情况尚好，若渗水不大时也可用荆条、竹笆作护壁，随挖随护壁，以保证挖土安全进行。

3. 排水

孔内如渗水量不大，可采用人工排水（手摇木绞车或小卷扬机配合提升）；渗水量较大，可用高扬程抽水机或将抽水机吊入孔内抽水。若同一墩台有几个桩孔同时施工，可以安排孔超前开挖，使地下水集中在一孔排除。

4. 吊装钢筋骨架及灌注桩身混凝土

孔挖到设计深度后，应检查和处理孔底、孔壁。清除孔壁及孔底浮土，孔底必须平整，符合设计条件及尺寸，以保证桩身混凝土与孔壁及孔底密贴，受力均匀。吊装钢筋骨架及灌注水下混凝土的有关方法及注意事项与钻孔灌注桩基本相同。

挖孔桩在挖孔过深（超过 15～20m），或孔壁土质易于坍塌，或渗水量较大的情况下，应慎重考虑，避免不安全事故发生。

三、预制沉桩的施工

（一）桩的预制

钢筋混凝土预制桩分实心桩和空心管桩两种。钢筋混凝土空心管桩制作工艺较复杂，一般采用离心成型法在预制厂制造。实心桩可在预制厂制造，但当工地附近没有预制厂时，从远处工厂将桩运往工地往往不经济，宜在工地选择合适的场地进行预制。这时要注意：①场地布置要紧凑，尽量靠近打桩地点，但地势要考虑到防止被洪水所淹；②地基要平整密实，并应铺设混凝土地坪或专设桩台；③预制桩材料的进场路线与成桩运往打桩地点的路线，不应互受干扰。

预制桩的混凝土必须连续一次浇制完成，宜用机械搅拌和振捣，以确保桩的质量。桩上应标明编号，制作日期，并填写制桩记录。桩的混凝土强度必须大于设计强度的 70%时，方可吊运；达到设计标号时方可使用。

（二）桩的吊运

预制的钢筋混凝土桩由预制场地吊运到桩架内，在起吊、运输、堆放时，都应该按照设计计算的吊点位置起吊（一般吊点应在桩内预埋直径 20～25mm 的钢筋吊环，或以油漆在桩身标明），否则桩身受力情况与计算不符，可能引起桩身混凝土开裂。

预制钢筋混凝土桩主筋是沿桩长按设计内力配置的，吊运时吊点位置，常根据吊

点处由桩重产生的负弯矩与吊点间由桩重产生的正弯矩相等原则确定，这样较为经济。一般的桩在吊运时，采用两个吊点，如桩长为 L，吊点离每端距离为 $0.207L$，如图 6-3-35（a）所示，插桩时为单点起吊，为了使桩内正、负弯矩相等，可将吊点设在 $0.293L$ 处，如图6-3-35（b）所示，如桩长不超过 10m，也可利用 $0.207L$ 吊点。吊运较长的桩，为减少内力，节省钢筋，采用三点或四点起吊，吊点的布置如图 6-3-35（c）所示。根据相应的弯矩值，即可进行桩身配筋，或验算其吊运时的强度。

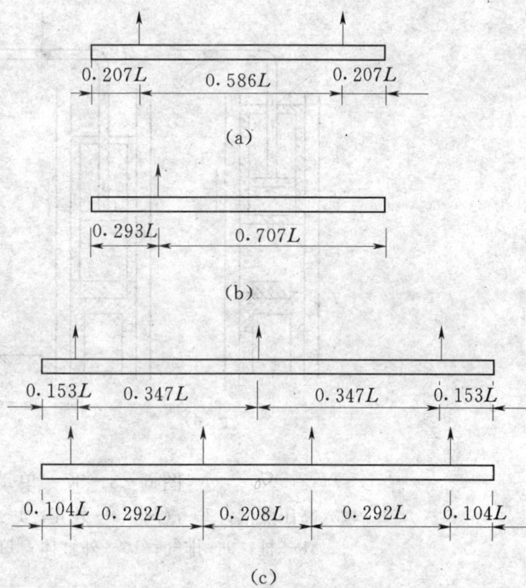

图 6-3-35 吊点布置

（三）预制桩的施工方法

1. 打入法

打入法是靠桩锤的冲击能量将桩打入土中，因此桩径不能太大（在一般土质中桩径不大于 0.6m），桩的入土深度也不宜太深（在一般土质中不超过 40m），否则打桩设备要求较高，而打桩效率很差。打入桩所用的基桩主要为预制的钢筋混凝土桩或预应力混凝土桩。打入桩常用的设备是桩锤和桩架。此外，还有射水装置、桩帽和送桩等辅助设备。

（1）桩锤。常用的桩锤有坠锤、单动汽锤、双动汽锤、柴油锤及液压气垫锤等几种。

坠锤是最简单的桩锤，它是由铸铁或其他材料做成的锥形或柱形重块，重 2～20kN，用绳索或钢丝绳通过吊钩由人力或卷扬机沿桩架导杆提升 1～2m，然后使锤自由落下锤击桩顶，如图 6-3-36 所示。此法打桩效率低，每分钟仅能打数次，但设备较简单，适用于小型工程中打木桩或小直径的钢筋混凝土预制桩。

单动汽锤、双动汽锤是利用蒸汽或压缩空气将桩锤在桩架内顶起下落锤击基桩，单动汽锤如图 6-3-37（a）所示，锤重 10～100kN，冲击 20～40 次/min，冲程 1.5m 左右；双动汽锤重 3～10kN，冲击 100～300 次/min，冲程数百毫米，打桩效率高。单动汽锤适用于打钢桩和钢筋混凝土实心桩，双动汽锤冲击频率高，一次冲击动能较小，适用于打较轻的钢筋混凝土桩或钢板桩，它除了打桩还可以拔桩。

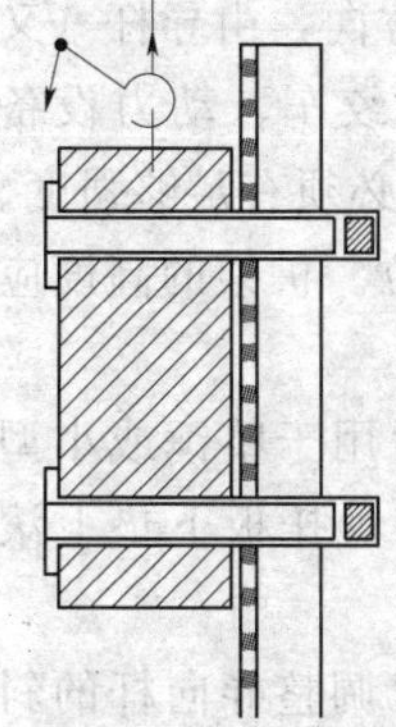
图 6-3-36 坠锤

柴油锤实际上是一个柴油汽缸，工作原理同柴油机，利用柴油在汽缸内压缩发热点燃而爆炸将汽缸沿导向杆顶起，下落时锤击桩顶，如图 6-3-37（b）所示。柴油锤不需要汽锤那样笨重的桩架和动力设备，但冲击能量较低，国内常用的各种锤重 6～35kN，冲击 50～60 次/min，冲程 1m 左右，常用来打较轻型的钢筋混凝土桩。国内少数工程采用重型柴油锤，锤重达 70kN，可打钢桩或钢筋混凝土桩。

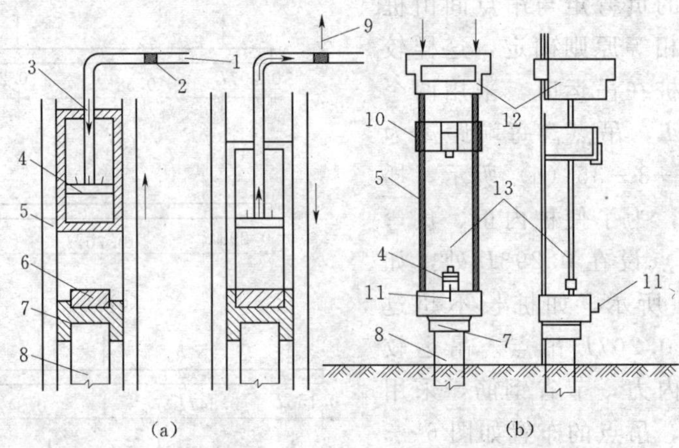

图 6-3-37　单动汽锤及柴油锤

1—输入高压蒸汽；2—汽阀；3—外壳；4—活塞；5—导向杆；6—垫木；7—桩帽；8—桩；9—排气；10—外缸体；11—油泵；12—顶帽；13—导杆

另外施工中还应考虑防音罩，从能准确地获得桩的承载力看，锤击法是一种较为优越的施工方法，但因噪音高故在市区内难以采用，防音罩是为了防止噪音，用它将整个柴油锤包裹起来，可达到防止噪音扩散和油烟发散的目的。

打入桩施工时，应适当选择桩锤重量，桩锤过轻桩难以打下，效率太低，还可能将桩头打坏，所以一般认为应重锤轻打，但桩锤过重，则各机具设备都需加大，不经济。锤重与桩重的比值一般不宜小于表 6-3-8 的参考数值。

表 6-3-8　　锤重与桩重的比值

锤类 / 土状态 / 桩类别	单动汽锤		双动汽锤		柴油锤		坠锤	
	硬土	软土	硬土	软土	硬土	软土	硬土	软土
钢筋混凝土桩	1.4	0.4	1.8	0.6	1.5	1.0	1.5	0.35
木桩	3.0	2.0	2.5	1.5	3.5	2.5	4.0	2.0
钢桩	2.0	0.7	2.5	1.5	2.5	2.0	2.0	1.0

(2) 桩架。桩架的作用是装吊桩锤、插桩、打桩、控制桩锤的上下方向，由导杆（又称龙门，控制锤和桩在打桩时的上下和打入方向）、起吊设备（滑轮、绞车、动力设备等）、撑架（支撑导杆）及底盘（承托以上设备）等组成。桩架在结构上必须有足够强度、刚度和稳定性，保证在打桩过程中的动力作用下桩架不会发生移动和变位。桩架的高度应保证桩吊立就位时的需要及锤击的必要冲程。

桩架常用的有木桩架和钢桩架，如图 6-3-38 所示的木桩架，只适用于坠锤或小型的单动汽锤。柴油锤本身带有钢制桩架，由型钢装成。桩移动时可在底盘托板下垫上滚筒，或用轮子和钢轨等方式，利用动力装置牵引移动。

钢制万能打桩架的底盘带有转台和车轮（下面铺设钢轨），撑架可以调整导向杆的斜度，因此它能沿轨道移动，能在水平面作 360°旋转，也能打斜桩，施工很方便，但桩架

本身笨重，拆装运输较困难。

在水中的墩台桩基础，应先打好水中支架桩（小型的钢筋混凝土桩或木桩），上面搭设打桩工作平台，当水中墩台较多或河水较深时，也可采用船上打桩架施工。

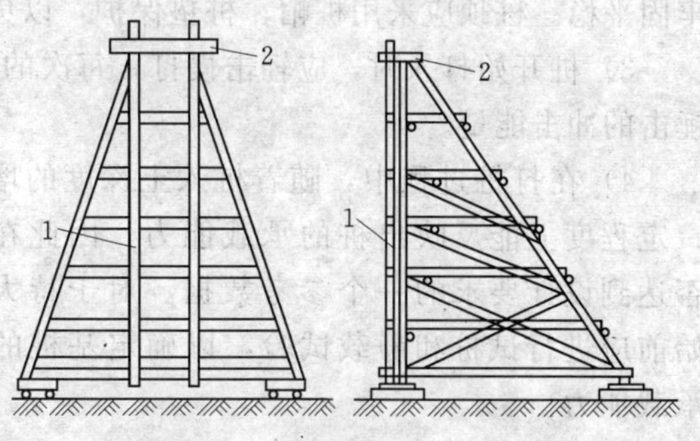

图 6-3-38 桩架

1—导杆；2—风缆

(3) 射水装置。在锤击沉桩过程中，如下沉遇到困难，可用射水方法助沉，因为利用高压水流通过射水管冲刷桩尖或桩侧的土，可减小桩的下沉阻力，从而提高桩的下沉效率。如图6-3-39所示为设置于管桩中的射水装置，高压水流由高压水泵提供。

(4) 桩帽与送桩。桩帽的作用是直接承受锤击、保护桩顶，并保证锤击力作用于桩的断面中心。因此，要求桩帽构造坚固，桩帽尺寸与锤底、桩顶及导向杆相吻合，顶面与底面均平整且与中轴线垂直，还应设耳环以便吊起。桩帽上部为由硬木制成的垫木，下部套在桩顶上，桩帽与桩顶间直填麻袋或草垫等缓冲物，如图 6-3-37 所示。

送桩构造如图 6-3-40 所示，可用硬木、钢或钢筋混凝土制成。当桩顶位于水下或地面以下，或打桩机位置较高时，可用一定长度的送桩套联在桩顶上，就可使桩顶沉到设计标高。送桩长度应按实际需要确定，为施工方便，应多备几根不同长度的送桩。

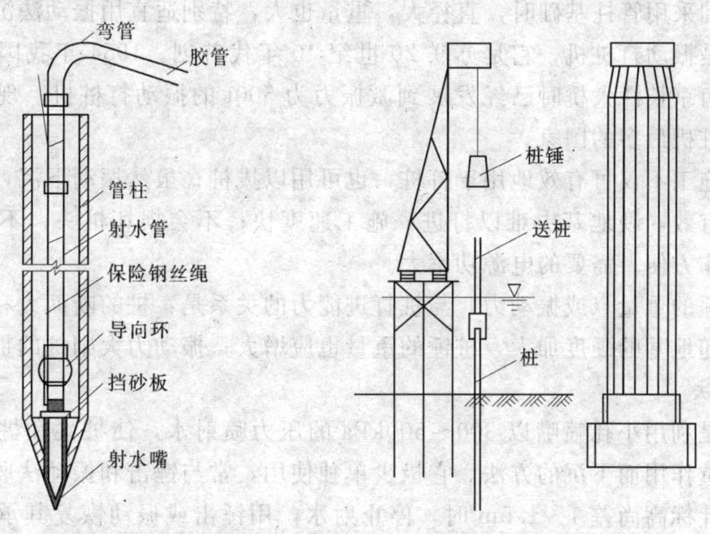

图 6-3-39 管桩中的射水装置　　图 6-3-40 送桩

(5) 打桩过程应注意事项。

1) 为了避免或减轻打桩时由于土的挤压，使后打桩打入困难或先打入的桩被推挤而发生移动，打桩的顺序应由基础的一端向另一端进行，当桩基础平面尺寸较大时，也可由中间向两端进行。

2) 在打桩前，应检查锤的上下活动中心线与桩的中心线是否一致，锤的重心与桩中心线是否一致，桩位是否正确，桩的垂直度或倾斜度是否符合设计要求，打桩架是否安置牢固平稳。桩顶应采用桩帽、桩垫保护，以免打裂。

3）桩开始打入时，应轻击慢打，每次的锤击能不宜过大，随着桩的打入，逐渐增大锤击的冲击能量。

4）在打桩过程中，随着桩入土深度的增加，每次锤击的贯入度将随之减小，它在一定程度上能反映出桩的承载能力，因此在打桩时，应记录好桩的贯入度，作为桩是否达到设计要求的一个参考数据。对于特大桥梁和地质复杂的大、中桥，打桩工程开始前应进行试桩和静载试验，以确定基桩的入土深度及贯入度，保证基桩具有设计的承载能力。

5）打桩过程中应随时注意观测打入情况，防止基桩的偏移，并填写好打桩记录。打桩时往往会因桩锤重量配备不妥，锤提升高度不当或地质情况的变化而发生：桩身突然倾斜；锤击时锤严重回弹；桩的贯入度突然变化；或桩头破损、桩身产生裂缝等情况。此时应暂停打桩查明原因，采取措施（如：用射水沉桩法配合锤击；改变打桩设备；加固拉身等）后方可继续施工。

打桩完毕按规定检查后，方得灌注承台。

2. 振动法

振动法是用振动打桩机（振动桩锤）将桩打入土中的施工方法。其原理是由振动打桩机使桩产生上下方向的振动，在清除桩与周围土层间摩擦力的同时使桩尖地基松动，从而使桩贯入或拔出。

桥梁基础采用管柱基础时，直径大，重量也大，特别适宜用振动法沉桩。振动法沉桩的主要设备是振动打桩机，它是苏联20世纪40年代首创。1954年我国武汉长江大桥首次应用，在南京长江大桥时已经发展到激振力为500t的振动打桩机。现在日本是世界上制造振动打桩机最多的国家。

振动法施工不仅可有效地用于打桩，也可用以拔桩；虽然振动下沉，但噪音较小；在砂性土中最有效，硬地基中难以打进；施工速度快；不会损坏桩头；不用导向架也能打进；移位操作方便；需要的电源功率大。

振动桩锤的重量（或振动力）与桩打进能力的关系是：桩的断面大和桩身长者，桩锤重量应大；随地基的硬度加大，桩锤的重量也应增大；振动力大则桩的贯入速度快。

3. 射水法

射水法是利用小孔喷嘴以300～500kPa的压力喷射水，使桩尖和桩周围土松动的同时，桩受自重作用而下沉的方法。它极少单独使用，常与锤击和振动法联合使用。当射水沉桩到距设计标高尚差1～1.5m时，停止射水，用锤击或振动恢复其承载力。这种施工方法对黏性土、砂性土都可适用，在细砂土层中特别有效。

射水沉桩的特点是：对较小尺寸的桩不会损坏；施工时噪音和振动极小。

4. 压入法

在软土地基中，用液压千斤顶或桩头加重物以施加顶进力将桩压入土层中的施工方法。

其特点为：施工时产生的噪音和振动较小；桩头不易损坏；桩在贯入时相当于给桩做静载试验，故可准确知道桩的承载力；压入法不仅可用于竖直桩，而且也可用于斜桩和水平桩；但机械的拼装移动等均需要较多的时间。

四、桩基础施工中常见事故预防及处理措施

（一）灌注桩施工中常见事故预防及处理措施

1. 坍孔

(1) 原因分析：

1) 护筒埋置太浅，周围封填不密实而漏水。

2) 操作不当，如提升钻头、冲击（抓）锥或掏渣筒倾倒，或放钢筋骨架时碰撞孔壁。

3) 泥浆稠度小，起不到护壁作用。

4) 泥浆水位高度不够，对孔壁压力小。

5) 向孔内加水时流速过大，直接冲刷孔壁。

6) 在松软砂层中钻进，进尺太快。

(2) 预防与处理措施：

1) 孔口坍塌时，可拆除护筒，回填钻孔、重新埋设护筒再钻。

2) 轻度坍孔，可加大泥浆相对密度和提高水位。

3) 严重坍孔，用黏土泥膏（或纤维素）投入，待孔壁稳定后采用低速钻进。

4) 汛期或潮汐地区水位变化过大时，应采取升高护筒，增加水头或用虹吸管等措施保证水头相对稳定。

5) 提升钻头、下钢筋笼架保持垂直，尽量不要碰撞孔壁。

6) 在松软砂层钻进时，应控制进尺速度，且用较好泥浆护壁。

7) 坍塌情况不严重时，可回填至坍孔位置以上 1～2m，加大泥浆比重继续钻进。

8) 遇流砂坍孔情况严重，可用砂夹黏土或小砾石夹黏土，甚至块片石加水泥回填、再行钻进。

2. 钻孔偏斜

(1) 原因分析：

1) 桩架不稳，钻杆导架不垂直，钻机磨耗，部件松动。

2) 土层软硬不匀，致使钻头受力不匀。

3) 钻孔中遇有较大孤石或探头石。

4) 扩孔较大处，钻头摆偏向一方。

5) 钻杆弯曲，接头不正。

(2) 预防与处理措施：

1) 将桩架重新安装牢固，并对导架进行水平和垂直校正，检修钻孔设备。

2) 偏斜过大时，填入石子黏土，重新钻进，控制钻速，慢速提升、下降，往复扫孔纠正。

3) 如有探头石，宜用钻机钻透，用冲孔机时用低锤击密，把石打碎，基岩倾斜时，可用混凝土填平，待凝固后再钻。

3. 卡钻

(1) 原因分析：

1) 孔内出现梅花孔、探头石、缩孔等未及时处理。

2) 钻头被坍孔落下的石块或误落入孔内的大工具卡住。

3) 入孔较深的钢护筒倾斜或下端被钻头撞击严重变形。

4）钻头尺寸不统一，焊补的钻头过大。

5）下钻头太猛，或吊绳太长，使钻头倾斜卡在孔壁上。

（2）预防与处理措施：

1）对于向下能活动的上卡可用上下提升法，即上下提动钻头，并配以将钢丝绳左右拔移，旋转。

2）上卡时还可用小钻头冲击法。

3）对于下卡和不能活动的上卡，可采用强提法，即除用钻机上卷扬机提拉外，还采用滑车组、杠杆、千斤顶等设备强提。

4. 掉钻

（1）原因分析：

1）卡钻时强提强拉、操作不当，使钢丝绳或钻杆疲劳断裂。

2）钻杆接头不良或滑丝。

3）马达接线错误，使不应反转的钻机反转钻杆松脱。

（2）预防与处理措施：

1）卡钻时应设有保护绳子才准强提，严防钻头空打。

2）经常检查钻具、钻杆、钢丝绳和联结装置。

3）掉钻后可采用打捞叉、打捞钩、打捞活套钩和钻锥平钩等工具打捞。

5. 扩孔及缩孔

（1）原因分析：

1）扩孔是因孔壁坍塌而造成的结果。

2）缩孔原因有三种：钻锥补焊不及时，磨耗后的钻锥直径缩小，以及地层中有软塑土，遇水膨胀后使孔径缩小。

（2）预防与处理措施：

1）如扩孔不影响进尺，则可不必处理，如影响钻进，则按坍孔事故处理。

2）对缩孔可采用上下反复扫孔的方法以扩大孔径。

（二）预制桩施工中常见事故预防及处理措施

1. 桩顶破损

（1）原因分析：

1）桩顶部分混凝土质量差，强度低。

2）锤击偏心，即桩顶面与桩轴线不垂直，锤与桩面不垂直。

3）未安置桩帽或帽内无缓冲垫或缓冲垫不良没有及时调换。

4）遇坚硬土层，或中途停歇后土质恢复阻力增大，用重锤猛打所致。

（2）预防及处理措施：

1）加强桩预制、装、运的管理，确保桩的质量要求。

2）施工中及时纠正桩位，使锤击力顺桩轴方向。

3）采用合适桩帽，并及时调换缓冲垫。

4）正确选用合适桩锤，且施工时每桩要一气呵成。

2. 桩身破裂

(1) 原因分析：

1) 桩质量不符合设计要求。

2) 装卸中吊装时吊点或支点不符合规定，悬臂过长或中跨过多所致。

3) 打桩时，桩的自由长度过大，产生较大纵向挠曲和振动。

4) 锤击或振动过甚。

(2) 预防及处理措施：

1) 加强预制、装、运、卸管理。

2) 木桩可用8号镀锌铁丝捆绕加强。

3) 混凝土桩当破裂位于水上部位时，用钢夹箍加螺栓拉紧焊接补强加固，水中部位时用套筒横板浇筑混凝土加固补强。

4) 适当减小桩锤落距或降低锤击频率。

3. 桩身扭转或位移

(1) 原因分析。桩尖制造不对称，或桩身有弯曲。

(2) 预防与处理措施。用棍撬、慢锤低击纠正；偏心不大，可不处理。

4. 桩身倾斜或位移

(1) 原因分析：

1) 桩头不平，桩尖倾斜过大。

2) 桩接头破坏。

3) 一侧遇石块等障碍物，土层有陡的倾斜角。

4) 桩帽桩身不在同一直线上。

(2) 预防与处理措施：

1) 偏差过大，应拔出移位再打。

2) 入土深小于1m，偏差不大时，可利用木架顶正，再慢锤打入。

3) 障碍物如不深时，可挖除回填后再继续沉桩。

5. 桩涌起

(1) 原因分析。在较大软土或遇流砂现象。

(2) 预防及处理措施。应选择涌起量较大桩作静载试验，如合格可不再复打，如不合格，进行复打或重打。

6. 桩急剧下沉，有时随着发生倾斜或移位

(1) 原因分析：

1) 遇软土层、土洞。

2) 接头破裂或桩尖劈裂。

3) 桩身弯曲或有严重的横向裂缝。

4) 落锤过高，接桩不垂直。

(2) 预防及处理措施：

1) 应暂停沉桩查明情况，再决定处理措施。

2) 如不能查明时，可将桩拔起，检查改正重打，或在靠近原桩位作补桩处理。

7. 桩贯入度突然减小

(1) 原因分析：

1) 桩由软土层进入硬土层。

2) 桩尖遇到石块等障碍物。

(2) 预防与处理措施：

1) 查明原因，不能硬打。

2) 改用能量较大桩锤。

3) 配合射水沉桩。

8. 桩不易沉入或达不到设计标高

(1) 原因分析：

1) 遇旧埋设物、坚硬土夹层或砂夹层。

2) 打桩间歇时间过长，摩阻力增大。

3) 定错桩位。

(2) 预防及处理措施：

1) 遇障碍或硬土层，用钻孔机钻透后再复打。

2) 根据地质资料正确确定桩长如确实已达要求时，可将桩头截除。

9. 桩身跳动，桩锤回弹

(1) 原因分析：

1) 桩尖遇障碍物如树根或坚硬土层。

2) 桩身过曲，接桩过长。

3) 落锤过高。

4) 冻土地区沉桩困难。

(2) 预防与处理措施：

1) 检查原因，穿过或避开障碍物。

2) 如入土不深，应将桩拔起避开或换桩重打。

3) 应先将冻土挖除或解冻后进行。如用电热解冻，应在切断电源后沉桩。

第三节　沉　井　施　工

沉井的施工方法与墩台基础所在地点的地质和水文情况有关。在水中修筑沉井时，应对河流汛期、通航、河床冲刷调查研究，并制定施工计划。尽量利用枯水季节进行施工。如施工须经过汛期时，应采取相应的措施，以确保安全。

一、旱地上沉井的施工

1. 定位放样，整平场地

如图 6-3-41 所示，旱地沉井施工时，应首先根据设计图纸进行定位放样，即在地面上定出沉井的纵横两方向的中心轴线，基坑的轮廓线以及水准标点等作为施工的依据。如天然地面土质较好，只需将地面杂物清掉整平地面，就可在其上制造沉井。如为了减小沉井的下沉深度也可在基础位置处挖基坑，在坑底制造沉井下沉，基坑的平面尺寸比沉井

平面尺寸大一些，即在沉井四周各加宽一根垫木长度以上，以确保垫木在必要时能向外抽出，同时还应考虑支模、搭设脚手架和排水等项工作的需要。基坑底应高出地下水面0.5～1.0m。如土质松软，应整平夯实或换土夯实。在一般情况下，应在整平场地上铺上不小于厚0.5m的砂或砂砾层。目的是为了便于整平、支模及抽出垫木。同时，可使沉井的荷载通过砂垫层向下扩散。

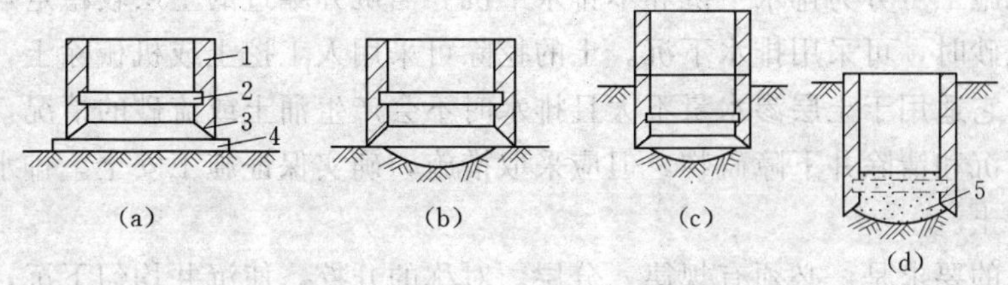

图6-3-41　沉井施工顺序图

(a) 制作第一节沉井；(b) 抽垫木、挖土下沉；(c) 沉井接高下沉；(d) 封底

1—井壁；2—凹槽；3—刃脚；4—承垫木；5—素混凝土封底

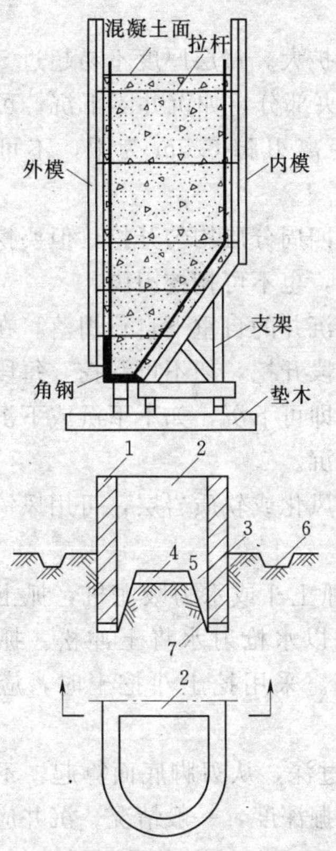

图6-3-42　沉井刃脚立模

1—井壁；2—隔墙；3—隔墙梗肋；4—木板；5—黏土土模；6—排水坑；7—水泥砂浆

2. 制造第一节沉井

由于沉井自重较大，刃脚踏面尺寸较小，应力集中，场地上往往承受不了这样大的压力。所以，在整平的场地上应在刃脚踏面位置处对称铺满一层垫木以加大支承面积，垫木一般为方木，规格为16cm×22cm×250cm。其数量应使沉井重量在垫木下产生的压应力不大于100kPa。垫木在平面布置上应均匀对称，每根垫木长度中心应与刃脚踏面中线相重合，以便把沉井重量较均匀地传到砂垫层上。垫木可单根或几根编组铺设，但组与组之间最少应留出20～30cm的间隙，以便工具能伸入间隙把垫木抽出。为了便于抽出垫木，还需设置一定数量的定位垫木，确定定位垫木位置时，以沉井井壁在抽出垫木时产生的正、负弯矩的大小接近相等为原则。然后在刃脚位置处放上刃脚角钢，竖立内模，绑扎钢筋，立外模，最后浇灌第一节沉井混凝土［图6-3-42 (a)］。模板应有较大的刚度，以免发生挠曲变形。外模板应平滑以利下沉。钢模较木模刚度大，周转次数多，也易于安装。在场地土质较好处，也可采用土模。

3. 拆模及抽垫

混凝土达到设计强度的25%时可拆除内外侧模，达到设计强度的75%时可拆除隔墙底面和刃脚斜面模板。强度达设计强度后才能抽撤垫木。抽撤垫木应按一定的顺序进行，以免引起沉井开裂、移动或倾斜。其顺序是：①撤除内隔墙下的垫木；②撤沉井短边下的垫木；③撤长边下的垫木。拆长边下的垫木时，以定位垫木（最后抽撤的垫木）为中心，对称地由远到近拆除，最后拆除定位垫木。注意在抽垫木过程中，每抽除一根垫木应立即用砂回填进去并捣实，以使沉井的重量转移到砂垫层上。

4. 挖土下沉

沉井下沉施工可分为排水下沉和不排水下沉。当沉井穿过的土层较稳定，不会因排水而产生大量流砂时，可采用排水下沉。土的挖除可采用人工挖土或机械除土，排水下沉常用人工挖土，它适用于土层渗水量不大且排水时不会产生涌土或流砂的情况，人工挖土可使沉井均匀下沉和清除井下障碍物，但应采取措施，确实保证施工安全。排水下沉时，有时也用机械除土。

对开挖总的要求是：必须有规律，分层、对称的开挖，使沉井均匀下沉，开挖程序是先将拆垫木时回填的护土分层挖去，每层挖土的顺序，原则上是与拆除垫木的顺序相同，定位垫木处的土最后挖除，一层挖完后再挖第二层，切不可盲目乱挖，而造成沉井严重倾斜，发生事故。

在井底挖土的办法依土层情况而异：

(1) 遇松软土层时，应由中间向四周分层开挖，均匀扩大。每层厚度不易超过 50cm，一般挖到距离刃脚 1m 左右，沉井开始下沉，随即再挖中央部分，如沉井不下沉，可在由中央向四周再挖一层，必要时可继续向刃脚挖进，但距离刃脚 0.5m 为限，不可掏挖刃脚。

(2) 遇到砂夹卵石时，与松软土层相似，仍从中央向四周分层均匀开挖，但要挖得深一些，并可向刃脚多挖一些，沉井才能下沉，一般情况下，也不可掏挖刃脚。

(3) 遇坚硬黏土和凝固卵石层时，刃脚下的土不会在沉井的自重下自行坍落。在这种情况下，可以掏挖刃脚，掏挖时应参照拆除垫木的顺序分段开挖，切不可乱挖，每段挖完后应立即有砂砾回填。一般情况，最后几段掏挖后，沉井即可下沉，如不下沉或下沉很少时，可由内向外，分层均匀的开挖回填的砂粒，使沉井下沉。

(4) 遇到岩石时，沉井下沉至最后阶段到达岩层，对风化或软质岩层，可用风镐或风铲开挖，对较硬岩石层，则应打眼爆破。

不排水下沉一般都采用机械除土，挖土工具可以是抓土斗或水力吸泥机，抓土斗适用于砂卵石等松散地层，如土质较硬，水力吸泥机需配以水枪射水将土冲松。抓土斗起吊出土，可利用吊车或吊船，既方便灵活，功效也高。采用挖土斗挖土时，应注意以下事项：

1) 为防止沉井突然下沉，造成偏斜，锅底不宜挖得过深，从刃脚底面算起，不得大于 1.5～2.0m。因此，抓土时应经常以测绳沿井壁探测挖掘深度，一般情况，沉井应均匀的随挖随沉，如果发现锅底的深度超过刃脚过多，沉井仍不下沉时应查明原因进行处理，不得盲目下挖，防止产生过大倾斜。

2) 沉井如有两个以上的取土井时，应注意均匀挖土，各个井孔内的高差不得超过 0.5m。

3) 井孔抓土时，要经常转动抓土斗的开口方向，使挖土均匀。

4）在砂夹卵石较多时，为避免斗口夹石露土，应适当降低起斗速度。

5）挖出的土石应及时运走，不可在沉井外侧堆积，增加土压力引起坍塌，应经常检查，如发现土层开裂后吊车台发生变形，应及时处理。

吸泥机适用砂、砂夹卵石及黏砂土等。在黏土层、胶结层或岩石层中，可用高压射水，冲碎土层后用吸泥机吸出碎块，吸泥机有空气吸泥机、水利吸泥机和水利吸石筒等，其中空气吸泥机的适应性最强，能吸砂、黏砂土和砂夹卵石。管径 250mm 的吸泥机可吸出 20kg 的大卵石。吸泥机吸泥时沉井内大量的水被吸走，井内水位下降，为避免发生涌土或流砂现象，故需经常向井内加水维持井内水位高出井外水位 1～2m。水利吸泥机适用于淤泥及砂质土。水利吸石筒，则专用卵石含量在 60％以上粒径小于 300mm 的卵石地层。

5. 接高沉井

当沉井顶面下沉至距地面还剩 1～2m 时，应停止挖土，接筑第二节沉井。接筑前应使第一节沉井位置正直，为防止沉井在接高时突然下沉或倾斜，必要时应回填刃脚下的土。接高过程中应尽量均匀加重。接缝处凿毛顶面，然后立模浇筑混凝土。待强度达设计要求后再拆模继续挖土下沉。

6. 筑井顶围堰

如沉井顶面低于地面或水面，应在沉井上接筑围堰，围堰的平面尺寸略小于沉井，其下端与井顶上预埋锚杆相连。围堰是临时性的，待墩台身出水后可拆除。

7. 地基检验与处理

沉井下沉至设计标高后，应检查地基土质是否与设计相符，地基是否平整，同时对地基进行必要的处理，验校承载力。如果是排水下沉的沉井应由潜水工进行检查或钻取土样鉴定。地基为砂土或黏土，可以在其上铺一层砾石或碎石至刃脚底面以上 200mm。地基是风化岩石，应将风化岩层凿掉，岩层倾斜时，应凿成阶梯形。若岩层与刃脚间局部有不大的孔洞，由潜水工清除软层并用水泥砂浆封住，待砂浆有一定强度后再抽水清基。不排水的情况下，可以由潜水工或用水枪或吸泥机清基。总之要保证井底地基平整，浮土及软土清除干净，并保证封底混凝土、沉井和地基紧密相连。

8. 封底、填充井孔及浇筑顶盖

地基经检验、处理合格以后，应立即进行封底。如果封底在不排水的情况下进行，可以用导管法灌注水下混凝土，待混凝土达设计要求后，抽干井孔中的水，填筑井内圬工。如果井孔中不填料或仅填砾石，井顶面应浇筑钢筋混凝土顶盖，然后砌筑墩身，墩身出土（或水面）后可以拆除临时性的井顶围堰。

二、水中沉井的施工

当基础处于水下时，沉井施工可以采用筑岛法或浮运法，一般根据水深、流速、施工设备及施工技术等条件确定。

1. 筑岛法

水流流速不大，水深在 3m 或 4m 以内，可以用水中筑岛的方法，即先修筑人工砂岛，再在岛上进行沉井的制作和挖土下沉。筑岛法与围堰法相比，不需要抽水，对岛体无防渗要求，构造简单，同时还可以就地取材，降低工程造价，施工方便，如图 6－3－43 所示。

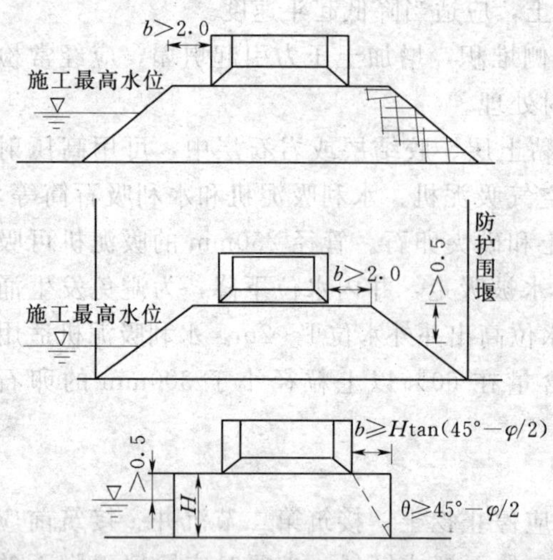

图 6-3-43 水上筑岛下沉沉井（尺寸单位：m）

筑岛前应清理河床上的淤泥和软土，筑岛的材料是砾石或中砂或粗砂，不可使用粉砂、黏土、淤泥、黄土等，除用作护面材料，筑岛材料也不宜用大块筑岛材料。筑岛的施工期，应尽可能选择在河流的枯水季节，这样不仅可以减少筑岛的填方量，降低工程造价，而且施工较为安全。如果筑岛的施工期限必须经过汛期时，可采取分期建造，容许岛面汛期暂时过水等措施，以降低岛面标高节约人力和物力，但应确保在汛期后岛体不能被洪水冲塌造成事故。

常用的筑岛法有土岛、草袋围堰筑岛、板桩围堰筑岛、石笼围堰筑岛等。

不用围堰填筑的土岛，一般易在水深较浅且流速不大时采用。由于流速、水深及筑岛土质的不同，筑岛材料与容许流速可参考表 6-3-9。如边坡用其他方法加固时，容许流速可不受表值的限制。

土岛施工时，水中土岛应由中央向四周均匀扩大，靠近河边的半岛可从岸边平行向前填筑。土岛投土料前，可在其上游修筑小型丁坝，或先抛块石做成护脚菱体，以形成静水区。当岛体露出水面时，因未压实尚在继续下沉，故应继续加高。但水面以上部分应分层搞实，直至岛体沉降稳定，并达设计标高时为止。岛面宽度应比沉井周围宽出 2m 以上，岛面高度应高出施工最高水面 0.5m 以上。

表 6-3-9 筑岛土料与容许流速 单位：m/s

筑岛土料	容许流速	
	土表面处	平均流速
细砂	0.25	0.3
粗砂	0.65	0.8
中等砾石	1.0	1.2
粗砾石	1.2	1.5

草袋围堰筑岛是先用草袋填装砂或土筑围堰，然后再在围堰内填砂筑岛。这种岛比土岛减少阻水面积和填方数量。一般水深在 3.5m 以下，流速在 1～2m/s 时采用。但河床应为砂、砂夹卵石或硬黏土等不易沉陷的基底。对于淤泥或沉陷性的基底，应采用其他加固措施，或加大围堰边坡。用草袋填装松散的黏土，有心墙时也可装砂土，但不宜装的太满，可装草袋容量的 1/2 或 1/3 即可，袋口用麻线或细铁丝封口。施工是要求草袋上下左右相错开，草袋分层之间，应用土填实，并堆放整齐。当流速较大时，外圈草袋宜改装小卵石或粗砂，以免流失，必要时还可以抛块石防护。

在水深流急的河道中，因直接填筑土岛或草袋围堰有困难或因修建断面较大的土岛使河道阻水面积过大时，可采用板桩围堰筑岛，但河床土质应为能打入板桩时用。板桩有木板桩、混凝土板桩、钢板桩等。由于沉井围堰主要采用钢板桩，对沉井制作需人工筑岛，围堰与砂岛同时使用，防水要求不高，故也可用槽钢代替钢板桩。钢板桩的构造。当水深较浅板桩所受外力较小，或围堰为圆形，并采用拉条加固时，可采用单排板桩加固；当围堰为矩形时，因设置支撑和拉杆影响沉井下沉时，应采用双排板桩围堰。两排板桩之间可

以填砂或填土，并且由于围堰与筑岛是同时并用，内板桩不起挡土作用，而只起锚固作用，为了节约材料，内板桩还可间隔施打。沉井筑岛时的钢板桩围堰计算包括钢板桩或槽钢的断面。最小入土深度，拉杆的间距和截面面积，以及整体的稳定性核算等。板桩一般都在水上用打桩船施打，也可以将陆上打桩机置于平底的铁方驳上，或采用其他悬吊式导向架的起重船进行施打。当沉井施工完后，在拆除板桩围堰之前，一般应先拆除一部分支撑和拉杆，拆除时应采取适当措施，特别是要确保人身安全。有时因桩尖打卷、锁口变形以及水下板桩锈蚀和摩阻力恢复等原因，使拔桩工作极为困难。因此，可采用拔前略为锤击，或用振动拔桩机将其拔出，必要时还应配合水下切割等措施。

如筑岛压缩水面较大，可以用钢板桩围堰筑岛，但要考虑沉井重力对其产生的侧向压力，围堰距离井壁外缘

$$b \geqslant H\tan(45^\circ - \varphi/2)$$

式中 H——筑岛高度；

φ——砂在水中的内摩擦角。

其他施工方法与旱地施工相同。

2. 浮运沉井施工

在深水河道中，水深如超 10m 时，筑岛法很不经济，施工也困难，可用浮运法施工。

采用浮运法时，沉井在岸边做成，利用在岸边铺成的滑道滑入水中，然后用绳索引到设计墩位。沉井井壁可做成空体形式或采用其他措施（如带木底或装上钢气筒）使沉井浮于水上，也可以在船坞内制成用浮船定位和吊放下沉或利用潮汐，水位上涨浮起，再浮运至设计位置。沉井就位后，用水或混凝土灌入空腔，徐徐下沉直至河底。或依靠在悬浮状态下接长沉井及填充混凝土使它逐步下沉，这时每个步骤均需保证沉井本身足够的稳定性。沉井切入河床一定深度后，可按前述下沉方法施工。

三、沉井下沉过程中遇到的问题及处理

（一）沉井纠偏

下沉中的沉井常常由于以下原因造成倾斜偏转：

（1）人工筑岛被水流冲坏，或沉井一侧的土被水流冲走。

（2）沉井刃脚下土层软硬不均。

（3）没有对称的抽出垫木，或没有及时的回填夯实。

（4）没有均匀的除土下沉，使井孔内土面高度相差很多。

（5）刃脚下掏空过多，沉井突然下沉，易于产生倾斜没有及时发现和处理。

（6）刃脚一角或一侧被障碍物搁住，没有及时发现和处理。

（7）由于井外弃土或其他原因造成对沉井井壁的偏压。

（8）排水下沉时，井内产生大量流砂等。

沉井开始下沉阶段，井体入土不深，下沉阻力较小，且由于沉井大部分还在地面以上，侧向土体的约束作用很小，所以沉井最容易产生偏移和倾斜。这一阶段应严格控制挖土的程序和深度，注意要均匀挖土。实际上沉井不可能始终是理想地竖直均匀下沉的，每沉一次，难免有些倾斜，继续挖土时，可在沉得少的一边多挖一些。所以，在开始阶段，要经常检查沉井的平面位置，随时注意防止较大的倾斜。

在下沉过程中应随时观测沉井的位置和方向，发现与设计位置有偏差应及时纠正。

有时也可能因沉井底部的一部分遇到了障碍物，致使沉井倾斜，这时应立即停止挖土，查明情况，在不排水挖土的情况下，甚至派潜水员下去观察，然后根据具体情况，采取不同的措施排除障碍：遇到较小孤石时，可将障碍四周的上挖掉取出，如为较大的孤石或旧建筑物的残破圬工体，则可用小量爆破方法。使其变为碎块取出，但不能把炸药放在孤石表面临空爆破。对刃脚下的孤石应不使炮眼的最小抵抗线朝向刃脚，装药量应控制在0.2kg以内，并在其上压放土袋，以防炸损刃脚和井壁。遇到成层的大块卵石，可先清除覆盖的泥沙，然后找寻松动或薄弱处，用挖、铲、撬的办法挖掉。对较大的卵石，在不排水的情况下，也可用直径大于卵石的吸泥机吸出。遇到钢件时，可切割排除。

当沉井的下沉深度较大时，纠正沉井的偏斜，关键在于破坏土层的被动土压力，高压射水管沿沉井高的一测井壁外面插入土中，破坏土层结构，使土层的被动土压力大为降低，这时再采用上述方法，可使沉井的倾斜逐步得到纠正。

按照《公路桥涵施工技术规范》(JTJ 041—2000）要求，沉井沉至设计标高时，其位置误差应不超过下述规定：

(1）底面中心和顶面中心在纵横向的偏差不大于沉井高度的1/50，对于浮式沉井，允许偏差值还可增加25cm；

(2）沉井最大倾斜度不大于1/50；

(3）矩形沉井的平面扭角偏差不大于1°。

（二）克服沉井下沉困难的措施

在沉井下沉的中间阶段，可能会开始出现下沉困难的现象，但接高沉井后，下沉又会变得顺利。当下沉到后阶段，主要问题将是下沉困难，偏斜可能性就很小了。沉井下沉发生困难的主要原因是：井壁摩阻力太大，超过了沉井的重量。通常可用以下几种助沉措施。

1. 加重法

在沉井顶面铺设平台，然后在平台上放置重物，如钢轨、铁块或砂袋等，但应防止重物倒坍，故垒置高度不宜太高。此法多在平面面积不大的沉井中使用。

2. 抽水法

对不排水下沉的沉井，从井孔中抽出一部分水，从而减小浮力，增加向下压力使沉井下沉。此法对渗水性大的砂、卵石层，效果不大，对易发生流砂现象的土也不宜采用。

3. 射水法

在井壁腔内的不同高度处对称地预埋几组高压射水管，在井壁外侧留有喇叭口朝上方的射水嘴，高压水把井壁附近的土冲松，水沿井壁上升，还起润滑作用，从而减小井壁摩阻力，帮助沉井下沉。此法对砂性土法较有效。采用射水法，应加强下沉观测，掌握各孔的出水量，防止因射水不均匀而使沉井偏斜。

4. 炮震法

沉井下沉至一定深度后，如下沉有困难，可采用炮震法强迫沉井下沉。此法是在井孔的底部埋置适量的炸药，引爆后所产生的震动力，一方面减小了刃脚下土的反力和井壁上的摩阻力；另一方面增加了沉井向下的冲击力，迫使沉井下沉。要注意炸药量过大，有可能炸坏沉井；一般每个爆炸点用药量以0.2kg左右为宜，大而深的沉井可用至0.3kg。不

排水下沉时，炸药应放至水底，水较浅或无水时，应将炸药埋入井底数十厘米处，这样既不易炸坏沉井，效果也较好。如沉井有几个井孔，应在几个井孔内同时起爆。否则有可能使隔墙震裂，甚至会使沉井产生偏斜。有可能采用炮震法的沉井，结构上应适当加强，以免被炸坏。对下沉深度不大的沉井最好不采用此法。

5. 采用泥浆润滑套

用触变性较大的泥浆在沉井外侧形成一个具有润滑作用的泥浆套，可以大大减少沉井在下沉时作用于井壁上的摩阻力。这种泥浆在静止时处于凝胶状态，具有一定强度，当沉井下沉时，泥浆受机械扰动变为流动的溶胶，从而减小井壁摩阻力，使沉井顺利下沉。这种泥浆的主要成分为黏土、水及适量的化学处理剂。一般的重量配合比为黏土35%～45%、水55%～65%，碳酸钠（Na_2CO_3）化学处理剂0.4%～0.6%（按泥浆总重计）。黏土要选择颗粒细、分散性高，并具有一定触变性的微晶高岭土，塑性指数不小于15，含砂率小于6%。下沉时用的泥浆有三个特点：①泥浆本身是稳定的，在长时间静置下没有水分的离析，保持泥浆适量的稠度，不发生土颗粒的沉淀；②泥浆和土壁接触不大量失去水分，也不为地下水稀释。泥浆和土壁接触，失去少量的水分后，能形成一层不透水的固体颗粒胶结物即泥皮，维持内部泥浆的稳定；③泥浆具有触变性，静止时流动性很小，在泥沟槽中能防止全体坍塌；在搅动时具有足够的流动性，便于工程使用。

泥浆润滑套的构造主要包括：射口挡板、地表围圈、压浆管。

射口挡板可用角钢或钢板弯制，置于每个泥浆射出口处固定在井壁台阶上，它的作用是防止泥浆管射出的泥浆直冲土壁而起缓冲作用，防止土壁局部坍落堵塞射浆口。

地表围圈是埋设在沉井周围保护泥浆的围壁（图6-3-44）。它的作用是沉井下沉时防止土壁坍落；保持一定数量的泥浆储存量以保证在沉井下沉过程中泥浆补充到新造成的空隙内；通过泥浆在围圈内的流动，调整各压浆管出浆的不均衡。地表围圈的宽度即沉井台阶的宽度，其高度一般在1.5～2.0m左右，顶面高出地面或岛面约0.5m，圈顶面宜加盖，可用木板或钢板制作。压浆管根据井壁的厚度有内管法和外管法，薄壁沉井宜采用外管法（图6-3-45）。

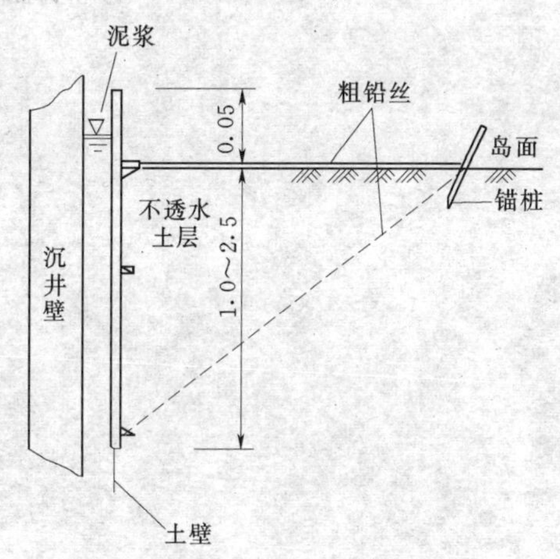

图6-3-44 泥浆润滑套地表围圈
（尺寸单位：m）

沉井下沉过程中要勤补浆，勤观测，发现倾斜、漏浆等问题要及时纠正。当沉井沉到设计标高时，若基底为一般土质，因井壁摩阻力较小，会形成边清基边下沉的现象，为此，应压入水泥砂浆换置泥浆，以增大井壁的摩阻力。另外，在卵石、砾石层中采用泥浆润滑套效果一般较差。

6. 气幕法

气幕法也是减少沉井下沉时井壁摩阻力的有效方法。它是通过对沿井壁内周围预埋的气管中喷射高压气流，气流沿喷气孔射出再沿沉井外壁上升，形成一圈压气层使沉井顺利下沉。

施工时压气管分层分布设置，竖管可用塑料管或钢管，水平环管则采用直径 25mm 的硬质聚氯乙烯管，沿井壁外缘埋设。每层水平环管按四角分为四个区，以便分别压气调整沉井倾斜。压气沉井所需的气压可取静水压力的 2.5 倍。

与泥浆润滑套相比，壁后压气沉井法在停气后即可恢复土对井壁的摩阻力，下沉量易于控制，且所需施工设备简单，可以水下施工，经济效果好。现认为在一般条件下较泥浆润滑套更为方便，它适用于细、粉砂类土和黏性土中，但设计方法和施工措施尚待积累更多的资料。

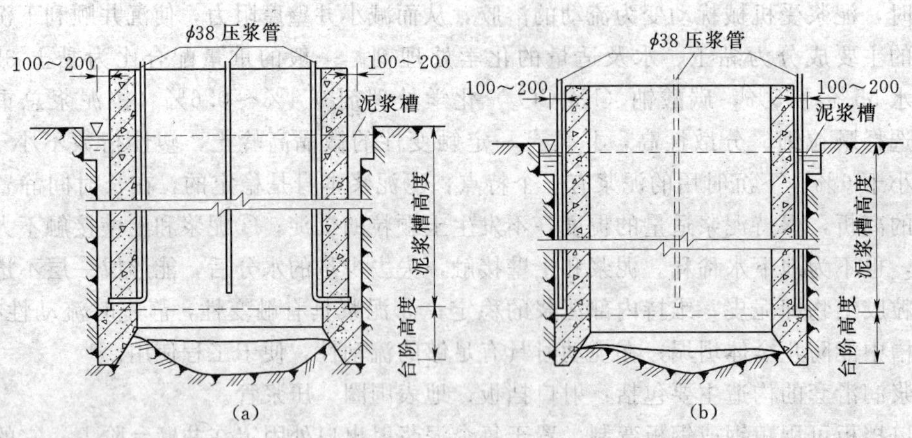

图 6-3-45 井内外压浆管布置图（单位：mm）

(a) 井内布置式；(b) 井外布置式

第四章　桥梁石砌墩台施工

桥梁墩台按使用材料的不同，可分为石砌、混凝土和钢筋混凝土三种，本章仅讨论石砌墩台。

一、墩台砌筑的定位放样

1. 垂线法

当墩台身和基础较低时，可依平面轮廓线砌筑圬工。对于直坡墩台可用吊垂球的方法来控制定位石的位置，为了吊垂球方便，吊点与轮廓线间留1～2cm的距离，如图6-4-1（a）所示。对于斜坡墩台可用规板控制定位石的位置，如图6-4-1（b）所示。规板构造如图6-4-2所示，使用时将斜边靠近墩台面，悬垂线若与所画墨线重合，则表示所砌墩台斜度符合要求。

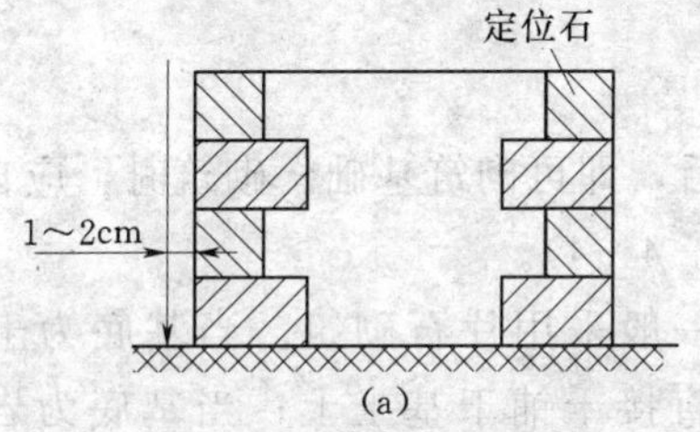

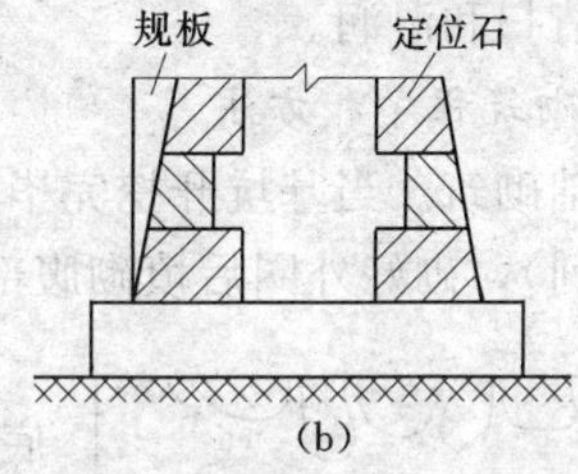

图6-4-1　垂线法定位

2. 瞄准法

当墩台身较高时，可采用瞄准法控制定位石的位置，如图6-4-3所示。当墩台身每升高1.5～2.0m时，沿墩台平面棱角埋设铁钉，使上下铁钉位于一个垂直平面上，并挂以铅丝。砌筑时，拉直铅丝，使与下段铅丝瞄成一直线，即可依此安砌定位石于正确位置。

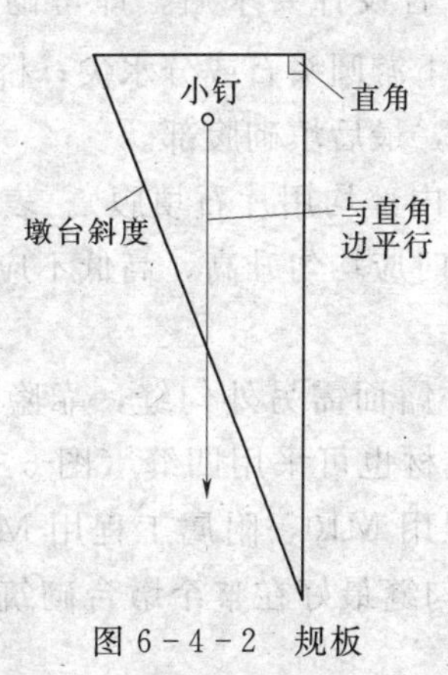

图6-4-2　规板

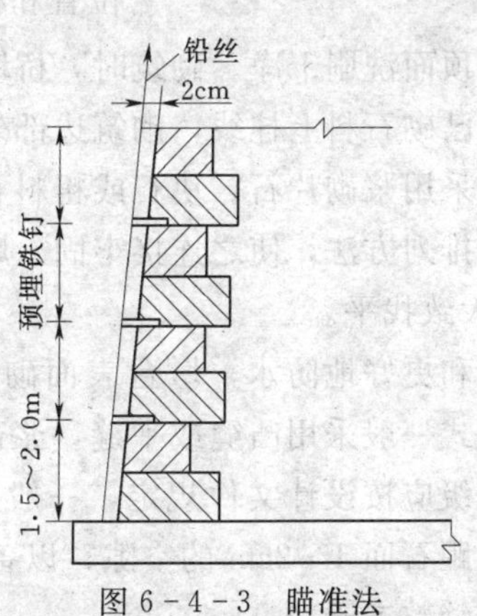

图6-4-3　瞄准法

采用这种方法定位时，每砌高 2～3m 时，应用仪器测量中线，进行各部分尺寸的校核，以确保各部尺寸正确。

二、墩台砌筑

1.《公路桥涵施工技术规范》(JTG 041—2000) 要求

(1) 砌块在使用前必须浇水湿润，表面如有泥土、水锈，应清洗干净。

(2) 砌筑基础的第一层砌块时，如基底为岩层或混凝土基础，应先将基底表面清洗、湿润再坐浆砌筑；如基底为土质，可直接坐浆砌筑。

(3) 应分层砌筑，但两相邻工作断面砌筑差一般不宜超过 1.2m；分段位置宜尽量设在沉降缝或伸缩缝处，各段水平砌缝应一致。

(4) 各砌层应先砌外圈定位行列，然后砌筑里层，外圈砌块应与里层砌块交错连成一体。砌体外露面镶面种类应符合设计规定，砌体外露面应进行勾缝，并应在砌筑时靠外露面预留深约 20mm 的空缝备用作勾缝。砌体隐蔽面砌缝可随砌随刮平，不另勾缝。

(5) 各砌层的砌块应安放稳固，砌块间应砂浆饱满，粘结牢固，不得直接贴靠或脱空。

(6) 砌筑上层块时，应避免振动下层块。砌筑工作中断后恢复砌筑时，已砌筑的砌层表面应加以清扫和湿润。

2. 墩台砌筑程序和方法

(1) 基础砌筑。当基坑开挖完毕并处理后，即可砌筑基础。砌筑时，应自最外边缘开始（定位行列），砌好外圈后填砌腹部（图 6-4-4）。

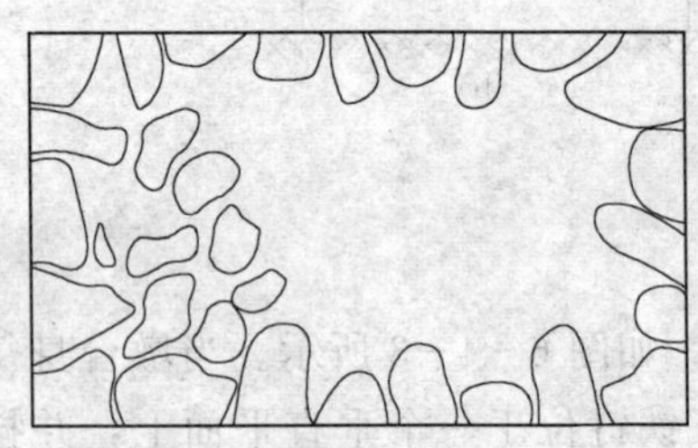
图 6-4-4 片石砌体定位排列和填腹

基础一般采用片石砌筑。当基底为土质时，基础底层石块直接干铺于基土上；当基底为岩石时，则应铺座灰再砌石块。第一层砌筑的石块应尽可能挑选大块的，平放铺砌，且交替丁放和顺放，并用小石块将空隙填塞，灌以砂浆，然后开始一层一层平砌。每砌 2～3 层就要大致找平后再砌。

(2) 墩台身砌筑。当基础砌筑完毕，并检查平面位置和标高均符合设计要求后，即可砌筑墩台身。砌筑前应将基础顶面洗刷干净。砌筑时，桥墩先砌上下游圆头石或分水尖；桥台先砌四角转角石，然后在已砌石料上挂线，砌筑边部外露部分，最后填砌腹部。

墩台身可采用浆砌片石、块石或粗料石砌筑（内部均用片石填腹）。表面石料一般采用一丁一顺的排列方法，使之连接牢固。墩台砌筑时应均匀升高，高低不应相差过大，每砌 2～3 层应大致找平。

为了美观和更好地防水，墩台表面砌缝，靠外露面需另外勾缝，靠隐蔽面随砌随刮平。勾缝的形式一般采用凸缝或平缝，浆砌规则块材也可采用凹缝（图 6-4-5）。勾缝砂浆的强度等级应按设计文件规定，一般主体工程用 M10，附属工程用 M7.5。砌筑时，外层砂浆留出距石面 1～2cm 的空隙，以备勾缝。勾缝最好在整个墩台砌筑后自上而下进行，以保证勾缝整齐干净。

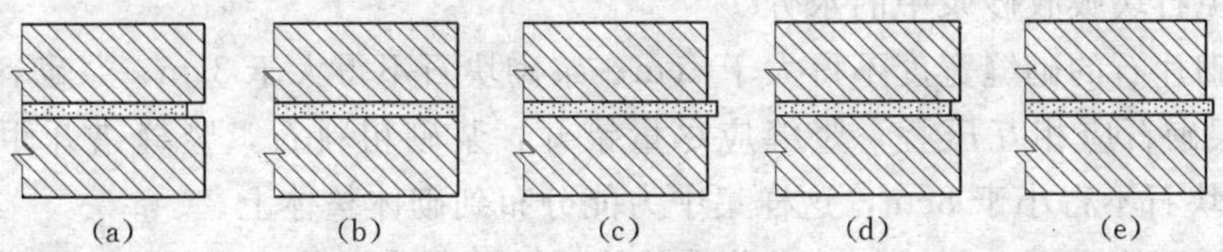

图 6-4-5　勾缝的形式

(a) 方形凹缝；(b) 方形平缝；(c) 方形凸缝；(d) 圆形凹缝；(e) 圆形凸缝

3. 墩台砌筑工艺

(1) 浆砌片石。一般采用铺浆和灌浆相结合的方法。砌筑时先铺一层砂浆，把片石铺上，每层高度不超过 40cm，空隙处先灌满较稠的砂浆，再用合适的小石块卡紧填实。然后再铺上砂浆，以同样方法继续砌筑上层石块。每隔 70～120cm 的高度砌缝应大致砌成水平。

(2) 浆砌块石。一般采用铺浆和挤浆相结合的方法。砌筑时先铺一层砂浆，再把块石铺上，经左右轻轻揉动几下，再用手锤轻击石块，将灰缝砂浆挤压密实。在已砌好的石块侧面继续安砌时，应在相邻侧面先抹砂浆，再砌块石，并向下面和抹浆的侧面用手压，用锤轻击，使下面和侧面砂浆密实。砌体应分层平砌，石块丁顺相间，分层厚度一般不小于 20cm。对于厚大砌体，如不易按石料厚度砌成水平层时，可设法搭配，使每隔 70～120cm 能够砌成一个比较平整的水平层，如图 6-4-6 所示。

(3) 浆砌粗料石。一般采用铺浆和挤浆相结合的方法。砌筑前应按石料尺寸和灰缝厚度预先计算层数，使其符合砌体竖向尺寸。

砌筑时宜先用已修凿的石块试摆，力求水平缝一致。可先将料石干放于木条或铁棍上，然后将石块沿边棱（*A*—*A*）翻开（图 6-4-7），在石块砌筑地点的砌石上及侧缝处铺抹砂浆一层并将其摊平，再将石块翻回原位，以木槌轻击，使石块结合紧密。垂直缝中砂浆若有不满，应补填捣至溢出为止。石块下垫放的木条或铁棍，在砂浆捣实后即行取出，空隙处再以砂浆填补压实。

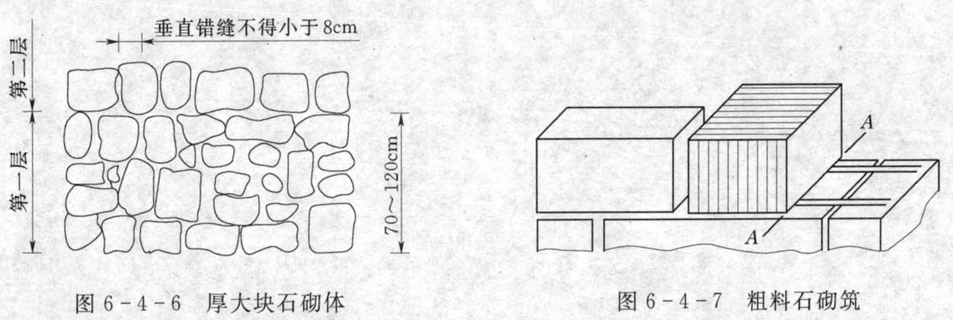

图 6-4-6　厚大块石砌体　　　图 6-4-7　粗料石砌筑

4. 砌筑注意事项

为了使各个石块结合而成的砌体紧密，能够抵抗作用在其上的外力，砌筑时必须做到下列几点：

(1) 料石在砌筑前应清除污泥和其他杂质，以免妨碍石块与砂浆的结合，并将石块充分湿润，以免石块吸收砂浆中的水分。

(2) 浆砌片石的砌缝宽度不得大于 4cm；浆砌块石不得大于 3cm；浆砌料石不得大于 2cm。上下层砌石应相互压叠，竖缝应尽量错开，浆砌粗料石，竖缝错开距离不得小于 10cm；浆砌块石不得小于 8cm，这样集中力能分布到砌体整体上。

(3) 应将石块大面向下，使其有稳定的位置，不得在石块下面用高于砂浆层厚度的石块支垫。

(4) 浆砌砌体中石块都应以砂浆隔开，砌体中的空隙应用石块和砂浆填满。

(5) 在砂浆尚未凝固的砌层上，应避免受外力碰撞。砌筑中断时应洒水润湿，进行养护。重新开始砌筑时，应将原砌筑表面清扫干净，洒水润湿，再铺浆砌筑。

第五章　钢筋混凝土桥施工

第一节　模　　板

一、模板的类型及一般要求

（一）模板的类型

1. 木模

在桥梁建筑中最常用的模板是木模，它由模板、肋木、立柱或由模板、直枋、横枋组成（图6-5-1）。模板厚度通常为3～5cm，板宽为15～20cm，不得过宽，以免翘曲。肋木、立柱、直枋和横枋尺寸应通过计算确定。木模的优点是制作容易。

2. 钢模

钢模是用钢板代替木模板，用角钢代替肋木和立柱。钢板厚度一般为4m，角钢尺寸应通过计算确定。钢模的优点是周转次数多，浇筑的构件表面光滑。

3. 钢木结合模

用角钢作支架，木模板用平头开槽螺栓连接于角钢上，表面钉黑铁皮。

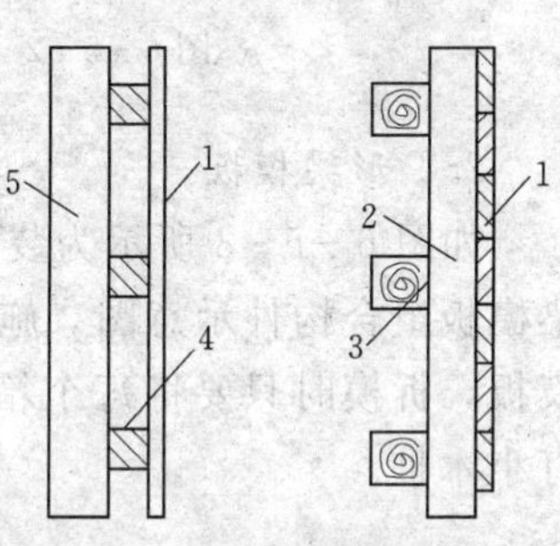

图6-5-1　木模构造

1—模板；2—直枋；3—横枋；4—肋木；5—立柱

4. 土模

土模按其位置高低可分为地下式、半地下式和地上式三种。土模的优点是节约木料。

（二）一般要求

(1) 模板宜优先使用胶合板和钢模板。

(2) 在计算荷载作用下，对模板结构应按受力程序分别验算其强度、刚度及稳定性。

(3) 模板板面之间应平整，接缝严密，不漏浆，保证结构物外露面美观，线条流畅，可设倒角。

(4) 模板结构应简单，制作、装拆方便。

(5) 在浇筑混凝土之前，模板应涂刷脱模剂，外露面混凝土模板的脱模剂应采用同一品种不得使用废机油等油料，且不得污染钢筋及混凝土的施工缝处。

(6) 重复使用的模板应经常检查、维修。

二、常用模板的构造

（一）上部构造模板

1. 实心板模板

如图6-5-2所示为装配式钢筋混凝土实心板的模板构造。设置模板的地基应夯实整平，在地基较软的情况下应采用小木桩基础。

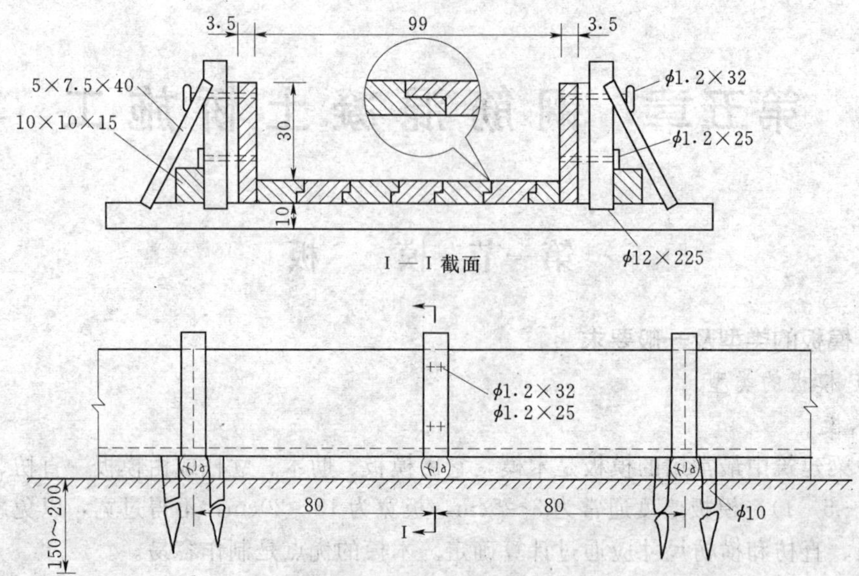

图 6－5－2　装配式钢筋混凝土实心板的模板构造（单位：cm）

2. T 形梁模板

如图 6－5－3 所示为装配式钢筋混凝土 T 形梁的模板构造。图 6－5－4 所示为 T 形梁模板组合构件示意图。施工时先将组合构件拼装成箱框，然后再接装成整片 T 形梁模板，拆模时只要将每个箱框下落外移即可。枕木下的地基必须夯实整平，必要时可打小木桩。

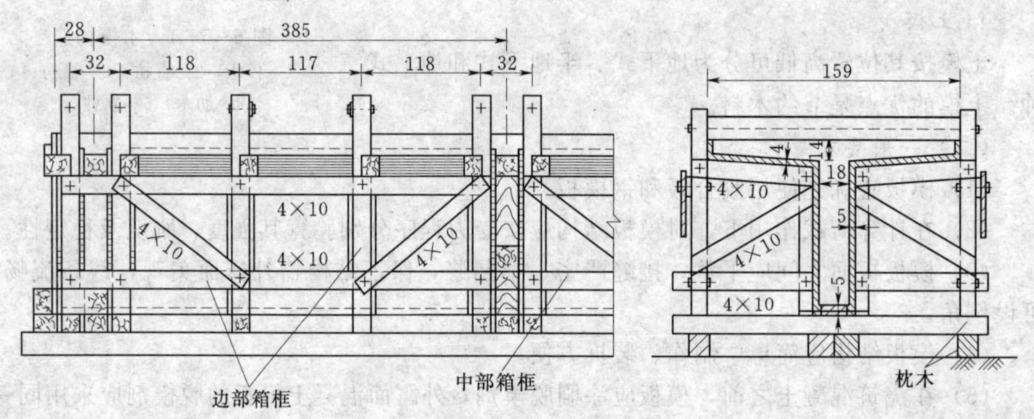

图 6－5－3　装配式钢筋混凝土 T 形梁模板构造（尺寸单位：cm）

（二）下部构造模板

1. 固定式桥墩模板

如图 6－5－5 所示为圆端形桥墩模板构造。如图 6－5－6 所示为桥墩模板骨架，这种模板的位置是固定的，整个桥墩模板由壳板、肋木、立柱、撑木、拉条、枕梁和铁件组成。肋木间距 L_1 取决于壳板厚度及混凝土侧压力的大小，肋木跨径 L_2 等于立柱间的距

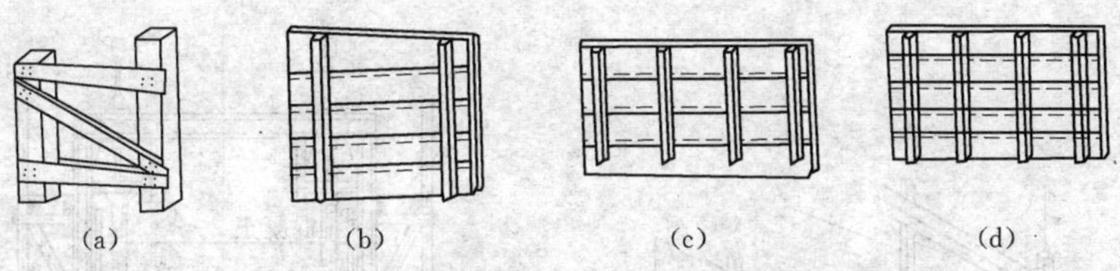

图 6-5-4 装配式钢筋混凝土 T 形梁模板组合构件

离，可根据计算确定。如果水平肋木与立柱的每个交点处都设置拉杆，则立柱不受弯曲。立柱与底框可采用圆木，肋木一般采用方木。圆形部分的拱肋木，里面做成与墩面相配合的曲线形状。桥墩圆端部分混凝土的压力，假定垂直作用于模板表面，有使拱肋木从相接的直肋木上拉开的趋势，因此，连接拱肋木的螺栓或钉子应根据计算设置。

为了保证模板在风压力的作用下稳定，安装好的模板外部用拉索、内部用临时连接杆固定起来。

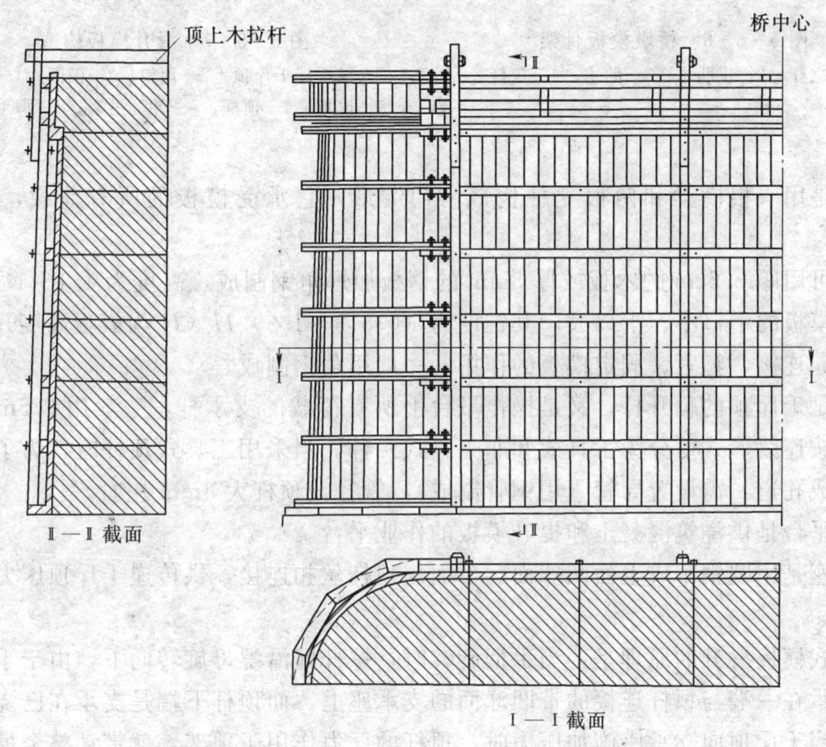

图 6-5-5 圆端形桥墩模板构造

2. 镶板式模板

镶板式模板就是装配式模板，是把桥墩模板划分为若干块制造，划分时力求减少规格，而且尽量用同一类型，以便运输和安装。

3. 滑动式模板

如图 6-5-7 所示为滑动式模板构造，它由顶架、模板、围圈、千斤顶、工作平台等部分组成。

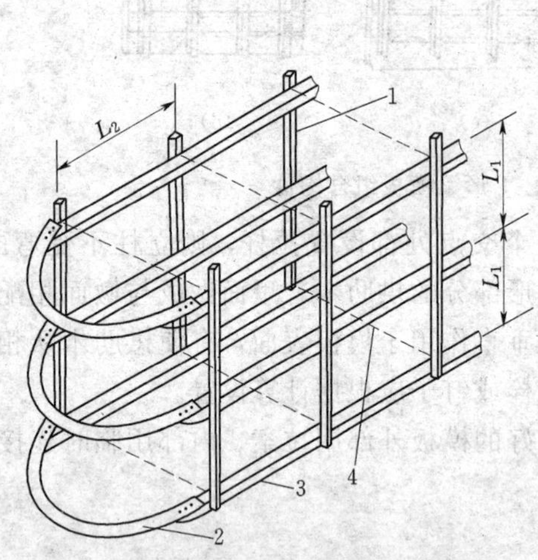

图 6-5-6　桥墩模板骨架

1—立柱；2—拱肋木；3—肋木；4—拉杆

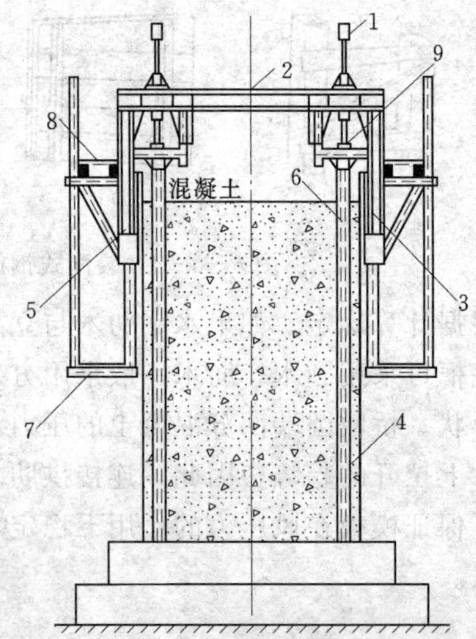

图 6-5-7　滑升模板构造

1—人工螺杆千斤顶；2—顶架；3—围圈；4—套筒；5—模板；6—顶杆；7—外下吊架；8—脚手架；9—支承座

顶架是用一根横梁和两根立柱构成“门”形，它承受模板的所有荷载，可用角钢制成。

模板可用厚 3.5cm 的木板或厚 3mm 的钢板加焊角钢制成，高度为 1.1～1.3m。为易于滑升，模板的上口小、下口大，其锥度为（0.5%～1%）H（H 为模板高度）。

围圈起连接、箍紧、固定模板的作用，一般用角钢制成。

顶杆是千斤顶的爬升杆，又是操作平台上所有荷载的支承杆，一般用 ϕ25mm 的圆钢筋制成。按连续形式可分为工具式和非工具式两种。当采用工具式顶杆时，为了在墩身混凝土中形成孔道，需设置导管（用钢管制成），管径比顶杆大 3mm 左右。

工作平台是供浇筑混凝土和提升模板的作业平台。

支承座是用圆钢车成上面凹球面，下面与顶杆丝扣连接，供传递千斤顶压力于顶杆上的工具。

滑动式模板滑升的原理是：当手柄旋转时，螺杆即沿螺母旋转向下，由于千斤顶凸球面端是支承在一端与顶杆连接的带凹球面的支承座上，而顶杆下端是支承在已浇筑的基础顶面上，当千斤顶向支承座施加压力时，顶杆的反力作用于顶架，就带动整个模板作提升滑动。

（三）模板设计要求

（1）模板、支架和拱架的设计，应根据结构形式、设计跨径、施工组织设计、荷载大小、地基土类别及有关的设计、施工规范进行。

（2）绘制模板、支架和拱架的总装图、细部构造图。

（3）制定模板、支架和拱架结构的安装、使用、拆卸保养等有关技术安全措施和注意事项。

(4) 编制模板、支架和拱架材料数量表。

(5) 编制模板、支架和拱架设计说明书。

(四) 模板稳定性要求

支架的立柱应保持稳定，并用撑拉杆固定。当验算模板及其支架在自重和风荷载等作用下的抗倾倒稳定时，验算倾覆的稳定系数不得小于1.3。

(五) 模板强度及刚度要求

验算模板、支架的刚度时，其变形值不得超过下列数值：

(1) 结构表面外露的模板，挠度为模板构件跨度的1/400。

(2) 结构表面隐蔽的模板，挠度为模板构件跨度的1/250。

(3) 支架、拱架受载后挠曲的杆件（盖梁、纵梁），其弹性挠度为相应结构跨度的1/400。

(4) 钢模板的面板变形为1.5mm。

(5) 钢模板的钢棱和柱箍变形为$L/500$和$B/500$（其中L为计算跨径，B为柱宽）。

三、模板制作及安装要求

(一) 模板制作

1. 钢模板制作

(1) 钢模板宜采用标准化的组合模板。组合钢模板的拼装应符合《组合钢模板技术规范》(GB 214)。各种螺栓连接件应符合国家现行有关标准的规定。

(2) 钢模板及其配件应按批准的加工图加工，成品经检验合格后方可使用。

2. 木模板制作

(1) 木模板可在工厂或施工现场制作，木模与混凝土接触的表面应平整、光滑，多次重复使用的木模应在内侧加钉薄铁皮。木模板的制作要严格控制各部分尺寸和形状。常用的接缝形式有平缝、搭接缝和企口缝（图6-5-8）等。平缝加工简单，只需将缝刨平即可，但易漏浆。嵌入硬木块的平缝，拼缝严密，费工料不多，常被采用。企口缝结合严密，但制作较困难，且耗用木料较多，只有在要求模板精度较高的情况下才采用。搭接缝具有平缝和企口缝的优点，也是常用的接缝形式之一。木模的转角处应加嵌条或做成斜角。

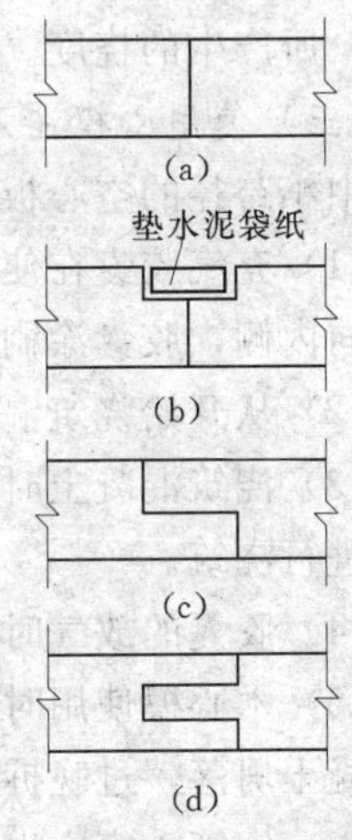

图6-5-8 木模板的接缝形式
(a)、(b) 平缝；(c) 搭接缝；(d) 企口缝

(2) 重复使用的模板应始终保持其表面平整，形状准确，不漏浆，有足够的强度和刚度。

3. 其他材料模板制作

(1) 钢框覆面胶合板模板的板面组配宜采用错缝布置，支撑系统的强度和刚度应满足要求。吊环应采用R235级钢筋制作，严禁使用冷加工钢筋，吊环计算拉应力不应大于50MPa。

(2) 高分子合成材料面板、硬塑料或玻璃钢模板，制作接缝必须严密，边肋及加强肋安装牢固，与模板成一整体。施工时安放在支架的横梁上，以保证承载能力及稳定。

(3) 圬工外模。土胎模制作的场地必须坚实、平整，底模必须拍实找平，土胎表面应光滑，尺寸准确，表面应涂隔离剂。

砖胎模与木模配合时，砖做底模，木做侧模，砖与混凝土接触面应抹面，表面抹隔离剂。

混凝土胎模制作时保证尺寸准确，表面抹隔离剂。

(4) 土牛拱胎。在条件适宜处，可使用土牛拱胎。制作时应有排水设施，土石应分层夯实，密实度不得小于90%，拱顶部分选用含水量适宜的黏土。土牛拱胎的尺寸、高程应符合设计要求。

(二) 模板安装的技术要求

(1) 模板与钢筋安装工作应配合进行，妨碍绑扎钢筋的模板应待钢筋安装完毕后安设。模板不应与脚手架连接（模板与脚手架整体设计时除外），避免引起模板变形。

(2) 安装侧模时，应防止模板移位和凸出。基础侧模可在模板外设立支撑固定，墩、台、梁的侧模可设拉杆固定。浇筑在混凝土中的拉杆，应按拉杆拔出或不拔出的要求，采取相应的措施。对小型结构物，可使用金属线代替拉杆。

(3) 模板安装完毕后，应对其平面位置、顶部标高、节点联系及纵横向稳定性进行检查，签认后方可浇筑混凝土。浇筑时，发现模板有超过允许偏差变形值的可能时，应及时纠正。

(4) 模板在安装过程中必须设置防倾覆设施。

(5) 当结构自重和汽车荷载（不计冲击力）产生的向下挠度超过跨径的1/1600时，钢筋混凝土梁、板的底模板应设预拱度，预拱度值等于结构自重和1/2汽车荷载（不计冲击力）所产生的挠度。纵向预拱度可做成抛物线或圆曲线。

(三) 使用心模注意事项

中小跨径的空心板制作时所使用的心模应符合下列要求：

(1) 充气胶囊在使用前应经过检查，不得漏气，安装时应有专人检查钢丝头，钢丝头应弯向内侧，胶囊涂刷隔离剂。每次使用后，应妥善存放，防止污染、破损及老化。

(2) 从开始浇筑混凝土到胶囊放气为止，其充气压力应保持稳定。

(3) 浇筑混凝土时，为防止胶囊上浮和偏位，应采取有效措施加以固定，并应对称平衡地进行浇筑。

(4) 胶囊的放气时间经试验确定，以混凝土强度能保持构件不变形为宜。

(5) 木心模使用时应防止漏浆和采取措施便于脱模。要控制好拆心模时间，过早易造成混凝土坍落，过晚拆模困难。应根据施工条件通过试验确定拆除时间。

(6) 钢管心模应由表面匀直、光滑的无缝钢管制作，混凝土终凝后，即可将心模轻轻转动，然后边转边拔出。

(四) 滑升、提升、爬升及翻转模板的技术要求

(1) 滑升模板适用于较高的墩台和吊桥、斜拉桥的索塔施工。采用滑升模板时，除应遵守现行《液压滑动模板施工技术规范》(GBJ 113) 外，还应遵守下列规定：

1) 滑升模板的结构应有足够的强度、刚度和稳定性，模板高度宜根据结构物的实际情况确定，滑升模板的支承杆及提升设备应能保证模板竖直均衡上升。滑升时应检测并控

制模板位置，滑升速度宜为100～300mm/h。

2）滑升模板组装时，应使各部尺寸的精度符合设计要求。组装完毕须经全面检查试验后，才能进行浇筑。

3）滑升模板施工应连续进行，如因故中断，在中断前应将混凝土浇筑齐平。中断期间模板仍应继续缓慢地提升，直到混凝土与模板不至粘住时为止。

(2) 提升模板。提升模架其结构应满足使用要求。大块模板应用整体钢模板，加劲肋在满足刚度需要的基础上应进行加强，以满足使用要求。

(3) 爬升及翻转模板。模板、模架爬升或翻转时结构的混凝土强度必须满足拆模时的强度要求。

(五) 模板、支架的拆除

1. 拆除期限的原则规定

模板、支架的拆除期限应根据结构物特点、模板部位和混凝土所达到的强度来决定。

(1) 非承重侧模板应在混凝土强度能保证其表面及棱角不致因拆模而受损坏时方可拆除；一般应在混凝土抗压强度达到2.5MPa时方可拆除侧模板。

(2) 心模和预留孔道内模，应在混凝土强度能保证其表面不发生塌陷和裂缝现象时，方可拔除。

(3) 钢筋混凝土结构的承重模板、支架，应在混凝土强度能承受其重力及其他可能的叠加荷载时，方可拆除；当构件跨度不大于4m时，在混凝土强度符合设计强度标准值的50%后，方可拆除；当构件跨度大于4m时，在混凝土强度符合设计强度标准值的75%后，方可拆除。如设计上对拆除承重模板、支架另有规定，应按照设计规定执行。

2. 拆除时的技术要求

(1) 拆时严禁抛扔。

(2) 卸落支架应按拟定的卸落程序进行，分几个循环卸完，卸落量开始宜小，以后逐渐增大。在纵向应对称均衡卸落，在横向应同时一起卸落。在拟定卸落程序时应注意以下几点：

1）在卸落前应在卸架设备上画好每次卸落量的标记。

2）简支梁、连续梁宜从跨中向支座依次循环卸落；悬臂梁应先卸挂梁及悬臂的支架，再卸无铰跨内的支架。

(3) 墩、台模板宜在其上部结构施工前拆除。拆除模板、卸落支架和拱架时，不允许用猛烈地敲打和强扭等方法进行。

(4) 模板、支架拆除后，应维修整理、分类妥善存放。

第二节 钢 筋

一、钢筋加工前的准备工作

(一) 钢筋的检查

钢筋进场后，应检查出厂质量证明书。对中、小桥所用的钢筋，使用前不进行抽验；对大桥所用钢筋，应进行抽验。

（二）钢筋的调直

直径10mm以下的钢筋多卷成盘形，粗钢筋常弯成“发卡”形，以便运输和储存，因此，运到工地的钢筋，应先调直。

盘圆钢筋应先放开，把它截成30～40m的长度，然后用人力或电动绞车拉直。Ⅰ级钢筋的冷拉率不宜大于2%；Ⅱ级、Ⅲ级钢筋的冷拉率不宜大于1%。如图6-5-9所示为人工绞磨拉直钢筋。也可用钢筋调直机调直。

粗钢筋可放在工作台上用手锤敲直，也可用手工扳子或自动机床矫直。整直后的钢筋应平直，无局部曲折。

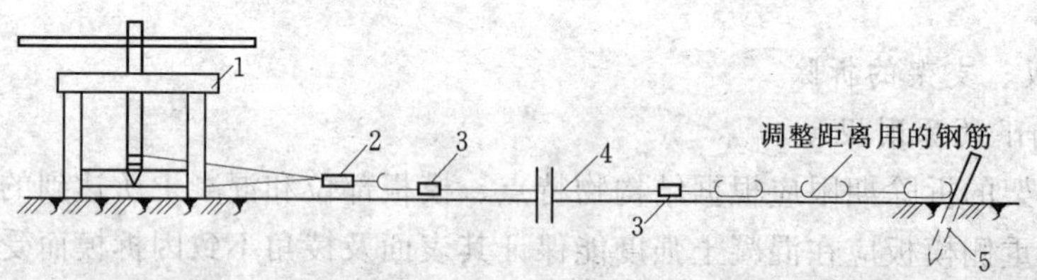

图6-5-9 人工绞磨拉直钢筋

1—绞架；2—滑轮；3—夹具；4—钢筋；5—固定桩

（三）钢筋的除锈去污

钢筋应有洁净的表面，使钢筋与混凝土间有可靠的黏结力。油渍、漆皮、鳞锈均应在使用前清除干净。除锈的方法可采用钢丝刷、砂盘等工具进行清除。

（四）钢筋的画线配料

为了合理地利用钢材，加工前应进行用料的设计工作——配料。配料工作应以施工图纸中每一根钢筋的下料长度和库存材料规格为依据，将不同直径和不同长度的各号钢筋顺序填写配料单，按各种长度及数量进行配料。然后按型号规格分别切断弯制。

1. 钢筋下料长度计算

(1) 弯曲伸长计算。钢筋弯曲后长度伸长，伸长多少应视钢筋直径的大小和弯曲程度的不同而不同，在画线配料时应将此伸长值予以扣除。一般可按下列数字估算伸长量，弯45°时伸长$0.5d$；弯90°时伸长$1d$；弯180°时伸长$1.5d$。

(2) 下料长度计算：

下料长度＝钢筋设计长度＋接头长度－弯曲伸长量

2. 配料注意事项

(1) 对于焊接接头，受拉钢筋接头的截面积在同一截面内不得超过钢筋总面积的50%。上述同一截面是指钢筋长度方向为$35d$长度范围内，但不得小于50cm。

(2) 对于绑扎搭接接头，其截面积在同一截面内受拉区不能超过钢筋总面积的25%；受压区不能超过钢筋总面积的50%。上述同一截面是指钢筋搭接长度范围内。

（五）钢筋替换

当施工图中采用的钢筋品种或规格与库存材料不一致时，可参考下列原则进行代换：

(1) 等强度代换。结构构件系强度控制，钢筋按强度相等原则进行代换。

(2) 等面积代换。结构构件系最小配筋率控制，钢筋按面积相等原则进行代换。

(3) 替换后的构件，如果不进行裂缝验算，替换钢筋的直径不宜大于原设计钢筋直径，钢筋强度不宜大于原设计钢筋强度。

(六) 钢筋切断

钢筋切断可依其直径的大小，用人工或机械方法进行。

人工截切直径 25mm 以上的钢筋，可用钢锯锯断；10～22mm 的钢筋可用上下搭口及铁锤割断［图 6－5－10（a)］；10mm 以下的钢筋可用剪刀剪断［图 6－5－10（b)］。

机械截切可用电动剪切机。

二、钢筋加工

(一) 钢筋接长

钢筋接长的方式有闪光接触对焊、电弧焊和绑扎搭接三种。闪光接触对焊接长钢筋，其优点是钢筋传力性能好，省钢料，能电焊各种钢筋，避免了布筋的拥挤，故一般电焊均以采用闪光焊为宜。绑扎接头的质量差，费钢料，只有在没有焊接条件的情况下才可采用。

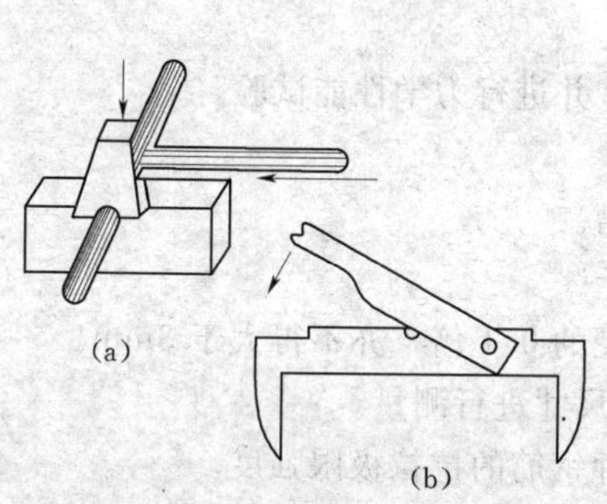

图 6－5－10　用人工方法切断钢筋
(a) 上下搭口切断钢筋；(b) 用剪刀剪钢筋

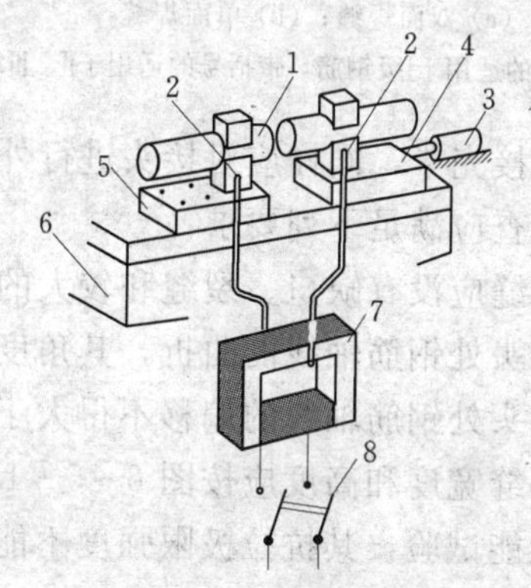

图 6－5－11　接触对焊示意图
1—钢筋；2—电极；3—压力构件；4—活动平板；5—固定平板；6—机身；7—变压器；8—闸刀

1. 闪光接触对焊

闪光接触对焊，系将夹紧于对焊机钳口内的钢筋接通电源，使其轻微接触，钢筋端隙向四面喷射火花，钢筋端头逐渐熔化，在钢筋熔化到既定的长度后对钢筋进行快速顶锻，至此焊接过程结束。如图 6－5－11 所示为接触对焊示意图。

钢筋对焊完毕，应对接头进行外观检查，并按批切取部分接头进行力学性能试验。

外观检查应满足下列要求：

(1) 接头应有适当的镦粗和均匀的金属毛刺。

(2) 钢筋表面无裂缝和明显的烧伤。

(3) 接头如有弯折，其角度不得大于 4°。

(4) 两根钢筋轴线接头处的偏移不得大于钢筋直径的 0.1 倍，亦不得大于 2mm。力学性能试验满足规范要求。

2. 电弧焊

电弧焊系将一根导线接在被焊钢筋上；另一根导线接在夹有焊条的焊钳上，将接触焊件接通电流，并立即将焊条提起2～3m，产生电弧（温度高达4000℃），将焊条和钢筋熔化并汇合成一条焊缝，至此焊接过程结束。如图6-5-12所示为电弧焊的接头形式。

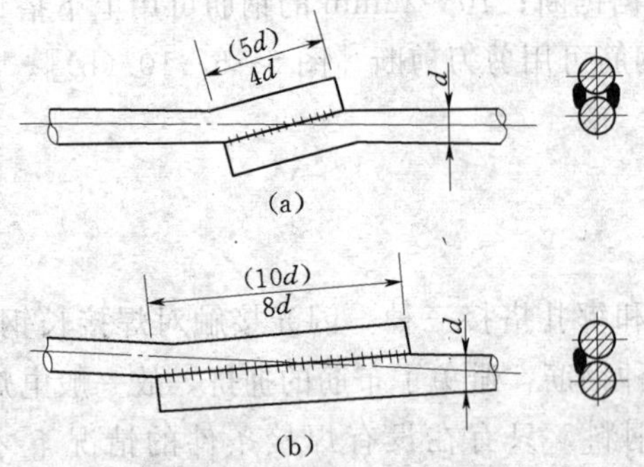

图6-5-12　电弧焊接头

(a) 双面焊缝；(b) 单面焊缝

(注：不带括号的适用于Ⅰ级钢筋，带括号的适用于Ⅱ、Ⅲ级钢筋)

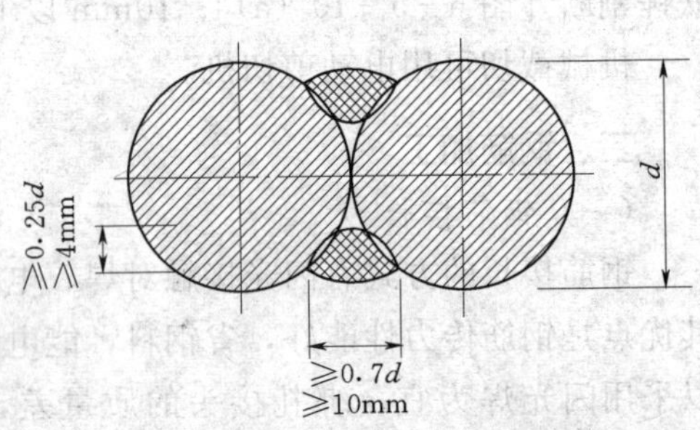

图6-5-13　焊缝宽度和高度

钢筋焊接完毕，同样应对接头进行外观检查，并进行力学性能试验。

外观检查应满足下列要求：

(1) 焊缝应没有缺口、裂缝和较大的金属焊瘤。

(2) 接头处钢筋轴线的曲折，其角度不得大于4°。

(3) 接头处钢筋轴线的偏移不得大于钢筋直径的0.1倍，亦不得大于3mm。

(4) 焊缝宽度和高度应按图6-5-13所示的尺寸进行测量。

力学性能试验，其抗拉极限强度不能小于该种钢筋的抗拉极限强度。

(二) 钢筋的弯制成形

钢筋应按设计尺寸和形状用冷弯方法弯制成形。当弯制钢筋的工作量不大时，可用人工弯筋器在成形台上弯制。人工弯筋器由扳子和底盘组成，如图6-5-14所示。底盘固定于成形台两端，其上安有粗圆钢制的扳柱，扳柱间的净距应较弯曲的最大钢筋直径大

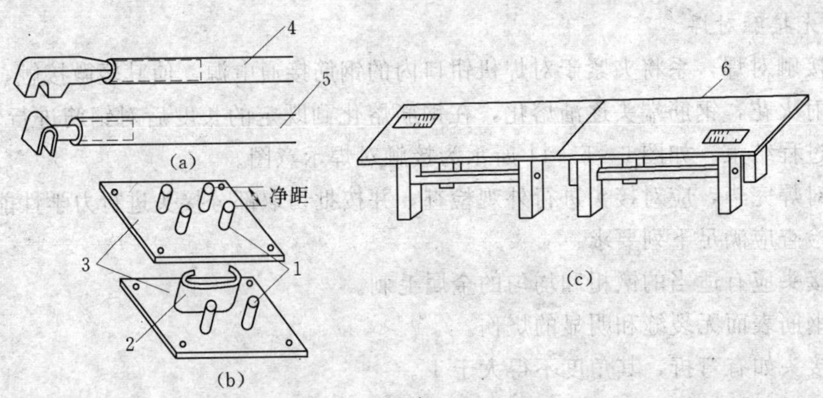

图6-5-14　人工弯筋设备及成形台

1—扳柱；2—钢套；3—底盘；4—横口扳子；5—深口横口扳子；6—成形台

2m［图 6－5－14（b）］。当弯曲较细的钢筋时，应加以厚度适当的钢套，以防弯制时钢筋滑动。弯制直径 12～16mm 的钢筋时，可使用如图［6－5－14（a）］所示的深口扳子，一次可弯制 2～3 根钢筋。

当弯制大量钢筋时，宜采用电动弯曲机，能弯制 6～40mm 的钢筋。

弯制每种钢筋的第一根时，应反复修正，使其与设计尺寸和形状相符，并以此样件作标准用以检查以后弯成的钢筋。成形后的钢筋，其偏差不应大于表 6－5－1 的规定。

表 6－5－1　　**加工钢筋的容许偏差**　　单位：mm

项　目	受力钢筋顺长度方向加工后的全长	弯起钢筋各部分尺寸	箍筋各部分尺寸
容许偏差	＋5 或－10	＋20 或－20	＋5 或－5

（三）钢筋骨架焊接

钢筋骨架的焊接应采用电弧焊，先焊成单片平面骨架，然后再将平面骨架焊成立体骨架，使骨架具有足够的刚性和不变形性，以便吊运。

钢筋在焊接过程中由于温度变化，骨架将会发生翘曲变形，使骨架的形状和尺寸不能符合设计要求，同时会在焊缝内产生收缩应力而使焊缝开裂。因此，为了防止施焊过程中骨架的变形，一般常在电焊工作台上用先点焊后跳焊（即错开焊接次序）的方法进行焊接，采用双面焊缝使骨架的变形尽可能均匀对称。

工作台（图 6－5－15）的形式很多，台高一般为 30～40cm，钢筋按照骨架的尺寸用角钢固定在台面上，每根斜筋的两侧也用木条固定。

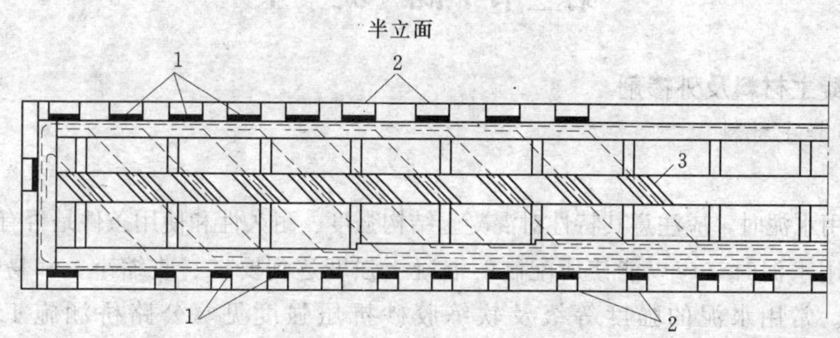

图 6－5－15　T 形梁钢筋单片骨架拼焊台

1—焊缝长度；2—焊缝编号；3—木条

钢筋按设计图布置就绪后，各钢筋用点焊固定相对位置，使钢筋骨架各部位不致因施焊时加热膨胀及冷却收缩而走动。

无论是点焊或施焊，骨架相邻部位的钢筋不能连续进行，而应该错开焊接（即跳焊）。如图 6－5－16 所示为钢筋骨架焊接顺序。同一部位有多层钢筋时，各条焊缝也不能一次焊好，而要错开施焊。当多层钢筋直径不同时，可先焊直径相同的，再焊直径不同的。

在电焊 T 形梁骨架时，还应考虑焊接变形和梁的预拱度对骨架尺寸的影响，在电焊工作台上预留拱度，其值可参考表 6－5－2 选用。

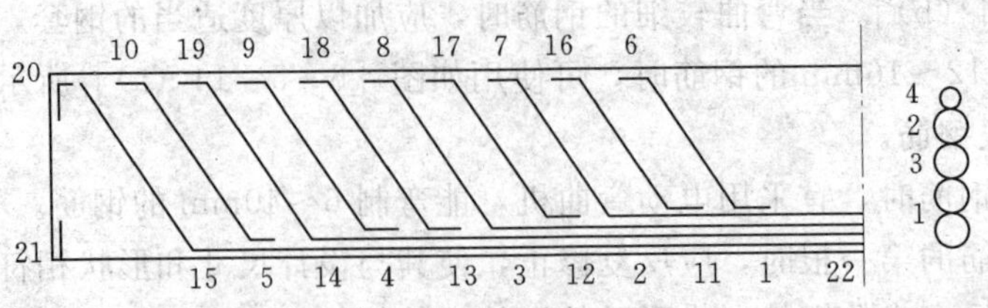

图 6-5-16　钢筋骨架焊接顺序

表 6-5-2　**焊接骨架预留拱度值**

T 梁跨径（m）	10	16	20
工作台上预拱度（cm）	3～5	4～5	5～7

（四）钢筋的安装

安装钢筋之前，应详细检查模板各部分尺寸、裂缝和变形。安装钢筋时，应使其位置准确。为了保证底模板与钢筋间具有一定厚度的保护层，可在钢筋下面垫以预先制好的砂浆垫块，并用预埋在垫块中的铁丝绑扎在钢筋上，以免浇筑混凝土时发生移动。为了保证钢筋与模板侧面具有一定厚度的保护层和固定钢筋相互间的横向净距、上下层钢筋间的净距，可在钢筋与模板之间垫以砂浆垫块；钢筋与钢筋之间垫以短钢筋。配置在同一截面内的砂浆垫块应错开，以免把混凝土受拉区域截断。垫块间的距离采用 0.7～1.0m。

第三节　混　凝　土

一、混凝土材料及外掺剂

（一）混凝土材料

1. 水泥

(1) 选用水泥时，应注意其特性对混凝土结构强度、耐久性和使用条件是否有不利影响。

(2) 选用水泥时，应以能使所配制的混凝土强度达到要求、收缩小、和易性好和节约水泥为原则。常用水泥的强度等级及软练胶砂抗压强度见《公路桥涵施工技术规范》(JTJ 041—2000) 附录 F-1。

(3) 水泥应符合现行国家标准，并附有制造厂的水泥品质试验报告等合格证明文件。水泥进场后，应按其品种、强度等级、证明文件以及出厂时间等情况分批进行检查验收。对所用水泥应进行复查试验。为快速鉴定水泥的现有强度，也可用促凝压蒸法进行复验。

(4) 袋装水泥在运输和储存时应防止受潮，堆垛高度不宜超过 10 袋。不同强度等级、品种和出厂日期的水泥应分别堆放。

(5) 散装水泥的储存，应尽可能采用水泥罐或散装水泥仓库。

(6) 水泥如受潮或存放时间超过 3 个月，应重新取样检验，并按其复验结果使用。

2. 细集料

桥涵混凝土的细集料，应采用级配良好、质地坚硬、颗粒洁净、粒径小于 5mm 的河砂，河砂不易得到时，也可用山砂或用硬质岩石加工的机制砂。细集料的试验可按现行

《公路工程集料试验规程》(JTG E42—2005) 执行。

3. 粗集料

(1) 桥涵混凝土的粗集料，应采用坚硬的卵石或碎石，应按产地、类别、加工方法和规格等不同情况，分批进行检验。机械集中生产时，每批不宜超过400m^3；人工分散生产时，每批不宜超过200m^3。粗集料的试验可按现行《公路工程集料试验规程》(JTG E42—2005) 执行。

(2) 粗集料最大粒径应按混凝土结构情况及施工方法选取，但最大粒径不得超过结构最小边尺寸的1/4和钢筋最小净距的3/4；在两层或多层密布钢筋结构中，不得超过钢筋最小净距的1/2，同时最大粒径不得超过100mm。用混凝土泵运送混凝土时的粗集料最大粒径，除应符合上述规定外，对碎石不宜超过输送管径的1/3；对于卵石不宜超过输送管径的1/2.5，同时应符合混凝土泵制造厂的规定。

(3) 施工前应对所用的碎石或卵石进行碱活性检验，在条件许可时尽量避免采用有碱活性反应的集料，或采取必要的措施。具体试验方法可参照现行《公路工程集料试验规程》(JTG E42—2005) 进行。

(4) 集料在生产、采集、运输与储存过程中，严禁混入影响混凝土性能的有害物质。集料应按品种规格分别堆放，不得混杂。在装卸及存储时，应采取措施，使集料颗粒级配均匀，并保持洁净。

4. 拌和用水

拌制混凝土用的水应符合下列要求：

(1) 水中不应含有影响水泥正常凝结与硬化的有害杂质或油脂、糖类及游离酸类等。

(2) 污水、pH值小于5的酸性水及含硫酸盐量按SO_4^{2-}计超过0.271mg/cm^3的水不得使用。

(3) 不得用海水拌制混凝土。

(4) 供饮用的水一般能满足上述条件，使用时可不经试验。

(二) 混凝土中的外加剂

1. 外加剂的种类

根据混凝土的特殊要求，可在浇筑过程中掺入外加剂。外加剂可采用以下几类：

(1) 普通减水剂。以木质磺酸盐或腐殖酸盐等为主要成分，可改善混凝土的和易性，节约水泥，适用于普通混凝土、大流动性混凝土、泵送混凝土和防水混凝土。

(2) 高效能减水剂。以萘磺酸甲醛缩合物、β-萘磺酸盐或芳香族树脂等为主要成分，可显著改善混凝土的和易性，节约水泥，适用于高强度混凝土、大流动性混凝土、泵送混凝土和预应力混凝土。

(3) 早强减水剂。以木钙和硫酸钠、萘磺酸盐和硫酸钠等为主要成分，适用于有减水和早强要求的混凝土。

(4) 缓凝减水剂。以糖蜜、蔗糖化钙或木钙衍生物为主要成分，适用于大体积混凝土、水下混凝土和泵送混凝土。

(5) 引气减水剂。以松香热聚物、松脂皂等为主要成分，适用于有防冻、抗渗要求的混凝土。

(6) 抗冻剂。以明矾石、石膏等为主要成分，适用于有抗冻要求的混凝土。

(7) 膨胀剂。以明矾石、石膏等为主要成分，适用于地下防水混凝土、混凝土构件接头。

(8) 早强剂。有早强要求的混凝土可采用氯化钙（适用于无筋混凝土）、三乙醇胺等早强。

(9) 阻锈剂。有阻锈要求的钢筋混凝土可采用亚硝酸钠等阻锈剂。

(10) 防水剂。氯化铁、硅酸钠、引气剂、三乙醇胺等外加剂可用于有防水、抗冻要求的混凝土。

2. 使用外加剂的要求

(1) 应根据外加剂的特点，结合使用的目的，通过技术、经济比较来确定外加剂的使用品种。如果使用一种以上的外加剂，必须经过配比设计，并按要求加入到混凝土拌和物中。在外加剂的品种确定后，掺量应根据使用要求、施工条件、混凝土原材料的变化进行调整。

(2) 所采用的外加剂必须是经过有关部门检验并附有检验合格证明的产品，其质量应符合现行《混凝土外加剂》(GB 8076) 的规定，使用前应复验其效果，使用时应符合产品说明及规范中关于混凝土配合比、拌制、浇筑等各项规定以及外加剂标准中的有关规定。有关混凝土外加剂现场复试检测项目及标准见《公路桥涵施工技术规范》(JTJ 041—2000) 附录 F-2。不同品种的外加剂应分别存储，做好标记，在运输与存储时不得混入杂物和遭受污染。

二、混凝土的配合比

(1) 用的材料，配制的混凝土拌和物应满足和易性、凝结速度等施工技术条件，制成的混凝土应符合强度、耐久性（抗冻、抗渗、抗侵蚀）等质量要求。

(2) 普通混凝土的配合比可参照现行《普通混凝土配合比设计规程》(JGJ/T 55) 通过试配确定。混凝土的试配强度应根据设计强度等级，考虑施工条件的差异和变化以及材料质量可能的波动，可参照《公路桥涵施工技术规范》(JTJ 041—2000) 附录 F—4 计算确定。对于有特殊要求的混凝土的配合比设计（包括抗渗混凝土、抗冻混凝土、高强混凝土、泵送混凝土、大体积混凝土），亦可参照上述规程，经过试配确定。在施工过程中，应及时积累资料，为合理调整混凝土配合比提供依据。

(3) 配制混凝土时，应根据结构情况和施工条件确定混凝土拌和物的坍落度，浇筑时的坍落度可按表 6-5-3 选用。

表 6-5-3　　混凝土浇筑入模时的坍落度　　单位：mm

结构类别	坍落度（振动器振动）	结构类别	坍落度（振动器振动）
小型预制块及便于浇筑振动的结构	0～20	配筋较密、断面较小的钢筋混凝土结构	50～70
桥涵基础、墩台等无筋或少筋结构	10～30	配筋极密、断面高而窄的钢筋混凝土结构	70～90
普通配筋率的钢筋混凝土结构	30～50		

注 1. 水下混凝土、泵送混凝土的坍落度另见规范有关章节的规定。
2. 用人工捣实时，坍落度宜增加 20～30mm。

当工程需要获得较大的坍落度时，可在不改变混凝土的水灰比，不影响混凝土质量的情况下适当掺加外加剂。

（4）混凝土的最大水灰比和最小水泥用量应符合表6－5－4的规定。

表6－5－4　　混凝土的最大水灰比和最小水泥用量　　单位：kg/m^3

混凝土结构所处环境	无筋混凝土		钢筋混凝土	
	最大水灰比	最小水泥用量	最大水灰比	最小水泥用量
温暖地区或寒冷地区，无侵蚀物质影响，与土直接接触	0.60	250	0.55	275
严寒地区或使用除冰盐的桥涵	0.55	275	0.50	300
受侵蚀性物质影响	0.45	300	0.40	325

注　1. 本表中的水灰比系指水与水泥（包括外掺混合材料）用量的比值。
2. 本表中的最小水泥用量包括外掺混合材料。当采用人工捣实混凝土时水泥用量应增加25kg/m³。当掺用外加剂且能有效地改善混凝土的和易性时，水泥用量可减少25kg/m³。
3. 严寒地区系指最冷月份平均气温≤－10℃且平均温度≤5℃的天数≥145d的地区。

（5）混凝土的最大水泥用量（包括代替部分水泥的混合材料）不宜超过50kg/m³，大体积混凝土不宜超过350kg/m³。

（6）在混凝土中掺入外加剂时还应符合下列规定：

1）在钢筋混凝土中不得掺用氯化钙、氯化钠等氯盐。

2）位于温暖或严寒地区，无侵蚀性物质影响及与土直接接触的钢筋混凝土构件，混凝土中氯离子的含量不宜超过水泥用量的0.30%；位于严寒和海水区域、受侵蚀环境和使用除冰盐的桥涵，氯离子含量不宜超过水泥用量的0.15%。从各种组成材料引入的氯离子含量（折合氯盐含量）如大于上述数值时，应采取有效的防锈措施（如掺入阻锈剂、增加保护层厚度、提高混凝土密实性等）。当采用洁净水和无氯集料时，氯离子含量可主要以外加剂或混合材料的氯离子含量控制。

3）无筋混凝土的氯化钙或氯化钠掺量，以干质量计，不得超过水泥用量的3%。

4）掺入加气剂的混凝土含气量宜为3.5%～5.5%。

5）对由外加剂带入混凝土的碱含量应进行控制。每立方米混凝土的总含碱量，对一般桥涵不宜大于3.0kg/m³，对特殊大桥、大桥和重要桥梁不宜大于1.8kg/m³；当处于受严重侵蚀的环境下，不得使用有碱活性反映的集料。

（7）泵送混凝土的配合比宜符合下列规定：

1）集料最大粒径与输送管内径之比应符合粗集料的规定。通过0.315mm筛孔的砂不应少于15%，砂率宜控制在40%～50%。

2）最小水泥用量280～300kg/m³（输送管径100～150mm）。

3）混凝土拌和物的坍落度宜为80～180mm。

4）宜掺用适量的外加剂或混合材料。

（8）通过设计和试配确定配合比后，应填写试配报告单，提交施工监理或有关方面批准。混凝土配合比使用过程中，应根据混凝土质量的动态信息及时进行调整、报批。

三、混凝土的拌和、运输及浇筑

（一）混凝土的拌制

（1）拌制混凝土配料时，各种衡器应保持准确。对集料的含水率应经常进行检测，雨天施工应增加测定次数，据以调整集料和水的用量。

放入拌和机内的第一盘混凝土材料应含有适量的水泥、砂和水，以覆盖拌和筒的内壁而不降低拌和物所需的含浆量。每一工作班正式称量前，应对计量设备进行重点校核。计量器具应定期检定，经大修、中修或迁移至新的地点后，也应进行检定。

（2）混凝土应使用机械搅拌，零星工程的塑性混凝土也可用人工拌和。用机械搅拌时，自全部材料装入搅拌筒至开始出料的最短搅拌时间应按设备出厂说明书的规定并经试验确定。

（3）对于在施工现场集中搅拌的混凝土，应检查混凝土拌和物的均匀性。

1）混凝土拌和物应拌和均匀，颜色一致，不得有离析和泌水现象。

2）混凝土拌和物均匀性的检测方法应按现行国家标准《混凝土搅拌机技术条件》（GB 9142）的规定进行。

3）检查混凝土拌和物均匀性时，应在搅拌机卸料过程中，从卸料流的1/4至3/4之间部位，采取试样，进行试验，其检测结果应符合下列规定：

a. 混凝土中砂浆密度两次测值的相对误差不应大于0.8%。

b. 单位体积混凝土中粗集料含量两次测值的相对误差不应大于5%。

（4）混凝土搅拌完毕后，应按下列要求检测混凝土拌和物的各项性能：

1）混凝土拌和物的坍落度应在搅拌地点和浇筑地点分别取样检测，每一工作班或每一单元结构物不应少于两次。评定时应以浇筑地点的测值为准。如混凝土拌和物从搅拌机出料起至浇筑入模的时间不超过15min时，其坍落度可仅在搅拌地点取样检测。在检测坍落度时，还应观察混凝土拌和物的黏聚性和保水性。

2）根据需要还应检测混凝土拌和物的其他质量指标。

（5）掺用高效减水剂或速凝剂且混凝土运距较远时，可运至浇筑地点再掺入重拌。

（二）混凝土的运输

（1）混凝土的运输能力应适应混凝土凝结速度和浇筑速度的需要，使浇筑工作不间断并使混凝土运到浇筑地点时仍保持均匀性和规定的坍落度。当混凝土拌和物运距较近时，可采用无搅拌器的运输工具运输；当运距较远时，宜采用搅拌运输车运输。运输时间不宜超过表6-5-5的规定。

表6-5-5　混凝土拌和物运输时间限制

气温（℃）	无搅拌设施运输（min）	有搅拌设施运输（min）
20～30	30	60
10～19	45	75
5～9	60	90

注　1. 当运距较远时，可用搅拌运输车运干拌料到浇筑地点后再加水搅拌。
2. 掺用外加剂或采用快硬水泥拌制混凝土时，应通过试验查明所配制混凝土的凝结时间后，确定运输时间限制。
3. 表列时间系指从加水搅拌至入模时间。

（2）用无搅拌运输工具运送混凝土时，应采用不漏浆、不吸水、有顶盖且能直接将混凝土倾入浇筑位置的盛器。

（3）采用泵送混凝土应符合下列规定：

1）混凝土的供应必须保证输送混凝土的泵能连续工作。

2）输送管线宜直，转弯宜缓，接头应严密，如管道向下倾斜，应防止混入空气，产生阻塞。

3）泵送前应先用适量的、与混凝土内成分相同的水泥浆润滑输送管内壁。混凝土出现离析现象时，应立即用压力水或其他方法冲洗管内残留的混凝土，泵送间歇时间不宜超过 15min。

4）在泵送过程中，受料斗内应具有足够的混凝土，以防止吸入空气产生阻塞。

（4）用带式运输机送混凝土时应符合下列规定：

1）传送带的倾斜度不应超过表 6-5-6 的规定。

表 6-5-6　传送带最大倾斜角度

混凝土坍落度（mm）	最大倾斜角度（°）	
	向上运送	向下运送
<40	18	12
40～80	15	10

2）混凝土卸于传送带上和由传送带卸下时，应通过漏斗等设施，保持垂直下料。

3）传送带上应设置刮刀等清理设备。

4）传送带运转速度不应超过 1.2m/s。

5）做配合比设计时，应考虑有 2%～3%的砂浆损失。

（5）用搅拌运输车运输已拌成的混凝土时，途中应以 2～4r/min 的慢速进行搅动，混凝土的装载量约为搅拌筒几何容量的 2/3。

（6）混凝土运至浇筑地点后发生离析、严重泌水或坍落度不符合要求时，应进行第二次搅拌。二次搅拌时不得任意加水，确有必要时，可同时加水和水泥以保持其原水灰比不变。如二次搅拌仍不符合要求，则不得使用。

（三）混凝土的浇筑

1. 一般要求

（1）浇筑混凝土前，应对支架、模板、钢筋和预埋件进行检查，并做好记录，符合设计要求后方可浇筑。模板内的杂物、积水和钢筋上的污垢应清理干净。模板如有缝隙，应填塞严密，模板内面应涂脱模剂。浇筑混凝土前，应检查混凝土的均匀性和坍落度。

（2）自高处向模板内倾卸混凝土时，为防止混凝土离析，应符合下列规定：

1）从高处直接倾卸时，其自由倾落高度不宜超过 2m，以不发生离析为度。

2）当倾落高度超过 2m 时，应通过串筒、溜管或振动溜管等设施下落；倾落高度超过 10m 时，应设置减速装置。

3）在串筒出料口下面，混凝土堆积高度不宜超过 1m。

（3）混凝土应按一定厚度、顺序和方向分层浇筑，应在下层混凝土初凝或能重塑前浇筑完成上层混凝土。上下层同时浇筑时，上层与下层前后浇筑距离应保持 1.5m 以上。在倾斜面上浇筑混凝土时，应从低处开始逐层扩展升高，保持水平分层。混凝土分层浇筑厚度不宜超过表 6-5-7 的规定。

（4）浇筑混凝土时，除少量塑性混凝土可用人工捣实外，宜采用振动器振实。用振动器振捣时，应符合下列规定：

1）使用插入式振动器时，移动间距不应超过振动器作用半径的 1.5 倍；与侧模应保持 50～100mm 的距离；插入下层混凝土 50～100mm；每一处振动完毕后应边振动边徐徐提出振动棒；应避免振动棒碰撞模板、钢筋及其他预埋件。

表 6-5-7　混凝土分层浇筑厚度　单位：mm

捣实方法		浇筑层厚度
用插入式振动器		300
用附着式振动器		300
用表面振动器	无筋或配筋稀疏时	250
	配筋较密时	150
人工捣实	无筋或配筋稀疏时	250
	配筋较密时	150

注　表列规定可根据结构物和振动器型号等情况适当调整。

2）表面振动器的移位间距应以使振动器平板能覆盖已振实部分 100mm 左右为宜。

3）附着式振动器布置的距离应根据构件形状及振动器的性能等情况并通过试验确定。

4）对每一振动部位必须振动到该部位混凝土密实为止。密实的标志是混凝土停止下沉，不再冒出气泡，表面呈现平坦、泛浆。

(5) 混凝土的浇筑应连续进行，如因故必须间断时，其间断时间应小于前层混凝土的初凝时间或能重塑的时间。混凝土运输、浇筑及间歇的全部时间不得超过表 6-5-8 的规定。当需要超过时应预留施工缝。

(6) 施工缝的位置应在混凝土浇筑之前确定，宜留置在结构受剪力和弯矩较小且便于施工的部位，并应按下列要求进行处理：

1）应凿除处理层混凝土表面的水泥砂浆和松弱层，但凿除时，处理层混凝土须达到下列强度：

表 6-5-8　混凝土运输、浇筑及间歇的全部容许时间　单位：min

混凝土强度等级	气温不高于 25℃	气温高于 25℃
≤C30	210	180
>C30	180	150

注　当混凝土中掺有促凝或缓凝剂时，其允许时间应根据试验结果确定。

a. 用水冲洗凿毛时，须达到 0.5MPa。

b. 用人工凿除时，须达到 2.5MPa。

c. 用风动机凿毛时，须达到 10MPa。

2）经凿毛处理的混凝土面应用水冲洗干净，在浇筑次层混凝土前，对垂直施工缝宜刷一层水泥净浆，对水平缝宜铺一层厚 10～20mm 的 1∶2 的水泥砂浆。

3）重要部位及有防振要求的混凝土结构或钢筋稀疏的钢筋混凝土结构，应在施工缝处补插锚固钢筋或石榫；有抗渗要求的施工缝宜做成凹形、凸形或设置止水带。

4）施工缝为斜面时应浇筑成或凿成台阶状。

5）施工缝处理后，须待处理层混凝土达到一定强度后才能继续浇筑混凝土。需要达到的强度，一般最低为 1.2MPa，当结构物为钢筋混凝土时，不得低于 2.5MPa。混凝土达到上述抗压强度的时间宜通过试验确定，如无试验资料，可参见《公路桥涵施工技术规范》(JTJ 041—2000) 附录 F-5。

6）在浇筑过程中或浇筑完成时，如混凝土表面泌水较多，须在不扰动已浇筑混凝土的条件下，采取措施将水排除。继续浇筑混凝土时，应查明原因，采取措施，减少泌水。

7）结构混凝土浇筑完成后，对混凝土裸露面应及时进行修整、抹平，待定浆后再抹第二遍并压光或拉毛。当裸露面面积较大或气候不良时，应加盖防护，但在开始养生前，覆盖物不得接触混凝土面。

8）浇筑混凝土期间，应设专人检查支架、模板、钢筋和预埋件等稳固情况，当发现

有松动、变形、移位时，应及时处理。

9）浇筑混凝土时，应填写混凝土施工记录。

2. 墩台混凝土的浇筑

（1）对墩台基底的处理，除应符合天然地基的有关规定外，应符合下列规定：

1）基底为非黏性土或干土时，应将其润湿。

2）基底为岩石时，应加以润湿，铺一层厚20～30mm的水泥砂浆，然后于水泥砂浆凝结前浇筑第一层混凝土。

3）一般墩台及基础混凝土应在整个平截面范围内水平分层进行浇筑。

（2）大体积的混凝土墩台及基础，在混凝土中埋放石块时应符合下列规定：

1）可埋放厚度不小于150mm的石块，埋放石块的数量不宜超过混凝土结构体积的25%。

2）应选用无裂纹、无夹层且未被烧过的、具有抗冻性能的石块。

3）石块的抗压强度不应低于30MPa及混凝土的强度。

4）石块应清洗干净，应在捣实的混凝土中埋入1/2左右。

5）石块应分布均匀，净距不小于100mm，距结构侧面和顶面的净距不小于150mm，石块不得接触钢筋和预埋件。

6）受拉区混凝土或当气温低于0℃时不得埋放石块。

（3）采用滑升模板浇筑墩台混凝土时应符合下列规定：

1）宜采用低流动度或半干硬性混凝土。

2）浇筑应分层分段进行，各段应浇筑到距模板上口不小于10～150mm的位置为止。若为排柱式墩台，各立柱应保持进度一致。

3）应采用插入式振动器振捣。

4）为加速模板提升，可掺入一定数量的早强剂。

5）在滑升中须防止千斤顶或油管接头在混凝土或钢筋处漏油。

6）每一整体结构的浇筑应连续进行，若因故中途停工，应按施工缝处理。

7）混凝土脱模时的强度宜为0.2～0.5MPa，脱模后如表面有缺陷时应及时予以修理。

（4）大体积墩台基础混凝土，当平截面过大，不能在前层混凝土初凝或能重塑前浇筑完成次层混凝土时，可分块进行浇筑。分块浇筑时应符合下列规定：

1）分块宜合理布置，各分块平均面积不宜小于50m²。

2）每块高度不宜超过2m。

3）块与块间的竖向接缝面应与基础平截面短边平行，与平截面长边垂直。

4）上下邻层混凝土间的竖向接缝应错开位置做成企口，并按施工缝处理。

（5）大体积混凝土的浇筑应在一天中气温较低时进行。应参照下述方法控制混凝土的水化热温度：

1）用改善集料级配、降低水灰比、掺加混和料、掺加外加剂等方法减少水泥用量。

2）采用水化热低的大坝水泥、矿渣水泥、粉煤灰水泥或强度等级低的水泥。

3）减小浇筑层厚度，加快混凝土散热速度。

4）混凝土用料要遮盖，避免日光曝晒，并用冷却水搅拌混凝土，以降低入仓温度。

5）在混凝土内埋设冷却管通水冷却。

6）在遇气温骤降的天气或寒冷季节浇筑混凝土后，应注意覆盖保温，加强养生。

注：混凝土的浇筑温度系指混凝土振捣后，在混凝土50～100mm深处的温度。

（四）混凝土的养护

（1）对于在施工现场集中养护的混凝土，应根据施工对象、环境、水泥品种、外加剂以及对混凝土性能的要求，提出具体的养护方案，并应严格执行规定的养护制度。

（2）一般混凝土浇筑完成后，应在收浆后尽快予以覆盖和洒水养护。对干硬性混凝土、炎热天气浇筑的混凝土以及桥面等大面积裸露的混凝土，有条件的可在浇筑完成后立即加设棚罩，待收浆后再予以覆盖和洒水养生。覆盖时不得损伤或污染混凝土表面。混凝土表面有模板覆盖时，应在养护期间经常使模板保持湿润。

（3）当气温低于5℃时应覆盖保温，不得向混凝土面上洒水。

（4）混凝土养护用水条件与拌和用水相同。

（5）混凝土洒水养护时间一般为7d，可根据空气的湿度、温度和水泥品种及掺用的外加剂等情况酌情延长或缩短。每天洒水次数以能保持混凝土表面经常处于湿润状态为度。用加压成形、真空吸水等法施工的混凝土，其养护时间可酌情缩短。采用塑料薄膜或喷化学浆液等养护时，可不洒水养护。

（6）当结构物混凝土与流动的地表水或地下水接触时，应采取防水措施，保证混凝土在浇筑7d以内不受水的冲刷侵袭。当环境水具有侵蚀作用时，应保证混凝土在10d以内且强度达到设计强度的70%以前不受水的侵袭。

（7）对大体积混凝土的养护，应根据气候条件采取控温措施，并按需要测定浇筑后混凝土的表面和内部温度，将温差控制在设计要求的范围内，当设计无要求时，温差不宜超过25℃。

（8）混凝土强度达到2.5MPa前，不得使其承受行人、运输工具、模板、支架及脚手架等荷载。

（五）热期、雨期混凝土的施工

1. 热期混凝土施工

热期混凝土的施工，应制定在高温条件下保证工程质量的技术措施并应符合如下要求：

（1）混凝土的配制和搅拌：

1）材料要求：拌和水使用冷却装置，对水管及水箱加遮荫和隔热设施。在拌和水中加碎冰作为拌和水水泥、砂、石料应遮荫防晒，以降低集料温度，可在砂石料堆上喷水降温。

2）配合比设计应考虑坍落度损失。

3）可掺加减水剂以减少水泥用量和提高混凝土的早期强度。

4）掺用活性材料粉煤灰取代部分水泥，减少水泥用量。

5）拌和站料斗、储水器、皮带运输机、拌和楼都要尽可能遮荫。尽量缩短拌和时间。测混凝土的坍落度，以调整混凝土的配合比，满足施工所必需的坍落度。

(2) 混凝土的运输及浇筑：

1) 运输时尽量缩短时间，宜采用混凝土运输搅拌车，运输中应慢速搅拌。

2) 不得在运输过程中加水搅拌。

3) 热期施工混凝土、钢筋混凝土、预应力混凝土应有全面的组织计划，准备工作充分，施工设备有足够的备件，保证连续进行；从拌和机到入仓的传递时间及浇筑时间要尽量缩短，并尽快开始养护。

4) 混凝土的浇筑温度应控制在32℃以下，宜选在一天温度较低的时间内进行。

5) 浇筑场地应遮荫，以降低模板、钢筋的温度和改善工作条件；也可在模板、钢筋和地基上喷水降温，但在浇筑时不能有附着水。

6) 应加快混凝土的修整速度，修整时可用喷雾器洒少量水，防止表面裂纹，但不准直接往混凝土表面洒水。

(3) 混凝土的养护：

1) 不宜单独使用专用养护膜覆盖法养护高强度混凝土，除非当地无足够的清洁水用于养护混凝土。

2) 洒水养护宜用自动喷水系统和喷雾器，湿养护应不间断，不得形成干湿循环。

3) 混凝土浇筑完，表面应立即覆盖清洁的塑料膜，初凝后撤去塑料膜，用浸湿的粗麻布覆盖，经常洒水，保持潮湿状态最少7d。湿养期间应采取遮光和挡风措施，以控制温度和干热风的影响。构造物的竖直面拆模后，宜立即用湿粗麻布把构件缠起来，麻布处整个用塑料膜包紧，粗麻布应至少7d保持潮湿状态，随后可用树脂类养生化合物喷涂。

(4) 热期施工应检查下列项目：

1) 砂、石料的含水量，每台班不少于1次。

2) 混凝土浇筑与养护时，环境温度每日检查4次，并做好检查记录；当温度超过热期规定的要求时，混凝土拌和时应采取有效降温、防晒措施，以保证混凝土的浇筑质量，否则应停止施工。

3) 混凝土热期施工，除应留标准条件下养护的试件外，还应制取相同数量的试件与结构在相同的环境条件下养护，检查28d的试件强度以指导施工。

4) 在混凝土浇筑前应通过试验确定在最高气温条件下，混凝土分层浇筑的覆盖时间，施工时应严格控制，不得超过。

5) 在混凝土浇筑过程中，应严格控制缓凝剂的掺量，并检查混凝土的凝固时间，以防因缓凝剂掺量不准造成危害。

2. 雨期混凝土的施工

混凝土雨期施工是指在降雨量集中季节且对混凝土的质量造成影响时进行的施工。雨期施工要按时收集天气预报资料，混凝土施工要尽可能避开大风大雨天气，雨期施工应制定防洪水、防台风措施，施工场地、生活区做好排水措施。施工材料如钢材、水泥的码放应防雨漏及潮湿。建立安全用电措施，防漏电、触电。

(1) 雨期施工准备：

1) 准备雨期施工的防洪材料、机具和必要的遮雨设施。

2）工程材料特别是水泥、钢筋应防水、防潮；施工机械防洪水淹没。

（2）施工方法及技术措施：

1）雨期施工的工作面不宜过大，应逐段、逐片分期施工；对受洪水危害的工程应停止施工，若必须施工时，应有防洪抢险措施。

2）雨期施工应加强地基不良地段沉陷的观测，基础施工应防止雨水浸泡基坑，若被浸泡，应挖除被浸泡部分，用与基础同样的材料回填。

3）施工前对排水系统应进行检查、疏通或加固，必要时增加排水措施。

4）雨后模板及钢筋上的淤泥、杂物，在浇筑混凝土前应清除干净。

5）雷区应设置防雷措施，高耸结构应有防雷设计。沿海地区应考虑防台风措施，露天使用的电器设备要有可靠的防漏电措施。

四、混凝土质量控制

1. 质量控制

实施混凝土质量控制应符合下列规定：

（1）通过对原材料的质量检验与控制、混凝土配合比的确定与控制、混凝土生产和施工过程各工序的质量检验与控制，以及合格性检验控制，使混凝土的质量符合规定要求。

（2）在施工过程中应进行质量检测，应用各种质量管理图表，掌握动态信息，控制整个生产和施工期间的混凝土质量，制订保证质量的措施，完善质量控制过程。

（3）必须配备相应的技术人员和必要的检验及试验设备，建立和健全必要的技术管理与质量控制制度。

2. 质量检验

（1）各种材料、各工程项目和各个工序，应经常进行检验，保证符合设计文件和《公路工程质量检验评定标准》（JTG F/1—2004）的要求。检验项目和频率应符合下列规定：

1）浇筑混凝土前的检验：

a. 施工设备和场地。

b. 混凝土组成材料及配合比（包括外加剂）。

c. 混凝土凝结速度等性能。

d. 基础、钢筋、预埋件等隐蔽工程及支架、模板。

e. 养护方法及设施，安全设施。

2）拌制和浇筑混凝土时的检验：

a. 混凝土组成材料的外观及配料、拌制，每一工作班至少2次，必要时随时抽样试验。

b. 混凝土的和易性（坍落度等）每工作班至少2次。

c. 砂石材料的含水率，每日开工前1次，气候有较大变化时随时检测，当含水率变化较大、将使配料偏差超过规定时，应及时调整。

d. 钢筋、模板、支架等的稳固性和安装位置。

e. 混凝土的运输、浇筑方法和质量。

f. 外加剂使用效果。

g. 制取混凝土试件。

3）浇筑混凝土后的检验：

a. 养护情况。

b. 混凝土强度，拆模时间。

c. 混凝土外露面或装饰质量。

d. 结构外形尺寸、位置、变形和沉降。

(2) 隐蔽工程检查、分部工程检查、工程变更设计、施工技术修改、施工方案变更、质量事故的发生和处理等事项，应按有关规定及时通知有关人员。

(3) 对混凝土的强度，应制取试件检验其在标准养护条件下 28d 龄期的抗压极限强度。

(4) 应根据施工需要，制取与结构物同条件养护的试件作为考核结构混凝土在拆模、出池、吊装、预施应力、承受载荷等阶段强度的依据。

第六章　预应力混凝土桥施工

第一节　预应力混凝土结构的材料

一、混凝土

用于预应力结构的混凝土，必须采用强度等级高的混凝土。《公路钢筋混凝土及预应力混凝土桥涵设计规范》（JTG D62—2004）规定：预应力混凝土构件的混凝土强度等级不宜低于C30；当采用碳素钢丝、钢绞线、热处理钢筋作预应力钢筋时，混凝土强度等级不宜低于C40。即钢材强度越高，要求混凝土的强度等级也相应提高。

预应力混凝土结构的混凝土，不仅要求高强度，而且还要求快硬、早强，以便及早施加预应力，加快施工进度，提高设备的利用率及模板等的周转率。

为了获得高强度和低收缩、徐变的混凝土，应尽可能采用高强度水泥，减少水泥用量，降低水胶（灰）比，选用优质坚硬的集料，并符合《公路桥涵施工技术规范》（JTJ 041—2000）的有关规定。

（1）在预应力混凝土结构中，混凝土用料（水泥、细集料、粗集料、水）及配合比应符合钢筋混凝土结构的有关规定。在构件截面尺寸和配筋允许的情况下，尽量采用大粒径、强度高的集料；含砂率不超过0.4。

（2）在混凝土拌和料中可掺入适量的减水剂（塑化剂）等外加剂，以达到易于浇筑、早强、节约水泥的目的，其掺入量可由试验确定，也可参考经验值，但拌和料不得掺入氯化钙、氯化钠等氯盐。从各种组成材料引进混凝土中的氯离子总量（折合氯化物含量），不宜超过水泥用量的0.06%，当超过0.06%时，宜采取掺加阻锈剂、增加保护层厚度、提高混凝土密实度等防锈措施；对于干燥环境中的小型构件，氯离子含量可提高1倍。

（3）宜选择高强度水泥，混凝土的水泥用量不宜超过500kg/m^3，特殊情况下不应超过550kg/m^3。水泥品种以硅酸盐水泥为好，若采用矿渣水泥，则应适当掺加早强剂，提高其早期强度。火山灰水泥因早期强度低，收缩率大而不适合拌制预应力混凝土。

（4）水、水泥、减水剂用量应准确到±1%；集料用量准确到±2%。预应力混凝土所用的一切材料必须全面检查，各项指标均应合格。

（5）高强混凝土的水胶比（水与胶结料的质量比，后者包括水泥及混合材料的质量）宜控制在0.24～0.38的范围内。一般可采用低塑性混凝土，坍落度不大于30mm，以减小因徐变和收缩所引起的预应力损失。

（6）浇筑混凝土时，宜根据结构的不同形式选用插入式、附着式或平板式等振动器进行振捣。对箱梁腹板与底板及顶板连接处的承托、预应力筋锚固区以及其他钢筋密集部位，宜特别注意振捣。

浇筑混凝土时，对先张构件应避免振动器碰撞预应力筋；对后张构件应避免振动器碰

撞预应力筋的管道、预埋件等。应经常检查模板、管道、锚固端垫板及支座预埋件等，以保证其位置及尺寸符合设计要求。

（7）纵向拼接的后张梁，梁段接缝应符合设计规定。

（8）浇筑箱形梁段混凝土时，应尽可能一次浇筑完成；梁身较高时也可分两次或三次浇筑；梁身较低时可分为两次浇筑。分次浇筑时，宜先底板及腹板根部，其次腹板，最后浇顶板及翼板。

（9）混凝土浇筑完成并初凝后，应立即开始养护，以保持混凝土硬化时所需的温度与湿度。

二、预应力钢筋

在预应力混凝土构件中，有预应力钢筋与非预应力钢筋（即普通钢筋）之分，由于普通钢筋已在前一章作了介绍，在此只简单介绍预应力钢筋的要求。

（1）必须采用高强钢材。因为不采用高强度预应力筋，就无法克服由于各种因素所造成的预应力损失，也就不可能建立起有效预应力。

（2）要有较好的塑性和良好的加工性能。高强度钢材塑性性能一般较低，为了保证预应力混凝土结构在破坏前有较大的变形能力，必须保证预应力钢筋有足够的塑性性能；而良好的加工性能是指预应力筋经过焊接、镦粗等机械加工后不影响原有的力学性能和质量。

（3）具有良好的黏结性能。由于先张法构件是靠预应力筋与混凝土之间的黏结力来传递预应力的，因此，在预应力筋与混凝土之间必须具有可靠的黏结自锚强度，以防止预应力钢筋在混凝土中滑移。

（4）预应力钢筋的应力松弛损失要低，以便提高其有效预应力。

第二节　预加应力的方法及基本工艺流程

预应力混凝土结构的产生，不仅使高强度钢材充分发挥了高强度的性能，而且还使得构件的抗裂性、刚度和耐久性得到提高。因此，预应力混凝土结构已在桥梁建设中得到了广泛应用。本节主要介绍预加应力的方法及基本工艺流程。

一、先张法

先张法是指先张拉钢筋，后浇筑构件混凝土的方法。即先在张拉台座上按设计规定的张拉力张拉筋束，并用夹具临时锚固，再浇筑构件混凝土，待混凝土达到要求强度（一般不低于设计强度的70%）后放张（即将临时锚固松开或将筋束剪断），通过筋束与混凝土之间的黏结作用将筋束的回缩力传递给混凝土，使混凝土获得预压应力。

先张法的优点是施工工序简单，筋束靠黏结力自锚，不必耗费特制的锚具，而临时固定所用的锚具都可以重复使用，一般称为工具式锚具或夹具。在大批量生产时，先张法构件比较经济，质量也比较稳定。

先张法的缺点是一般只适合生产直线配筋的中小形构件，大形构件由于需配合弯矩与剪力沿梁长度的分布而采用曲线配筋，这使得施工设备和工艺复杂化，而且需配备庞大的

张拉台座，同时构件尺寸大，起重、运输也不方便。

先张法生产预应力混凝土构件可采用台座法或机组流水线法。机组流水线法生产速度快，但需大量钢模和较高的机械化程度，一般只用于工厂内预制定形构件。台座法不需要复杂的机械设备，施工适用性强，应用广泛。下面从台座、预应力筋的制备、张拉工艺及预应力筋放松等方面介绍先张法的基本工艺流程。

(一) 台座

台座是先张法生产中的主要设备之一，用于承受张拉预应力钢筋的反力，要求有足够的强度、刚度和稳定性。台座按构造形式不同，可分为压柱式和墩式两类。

1. 压柱式台座

压柱式台座主要由底板（台面）、支承梁（压柱）、横梁、定位钢板和固端装置几部分组成。如图6-6-1所示。

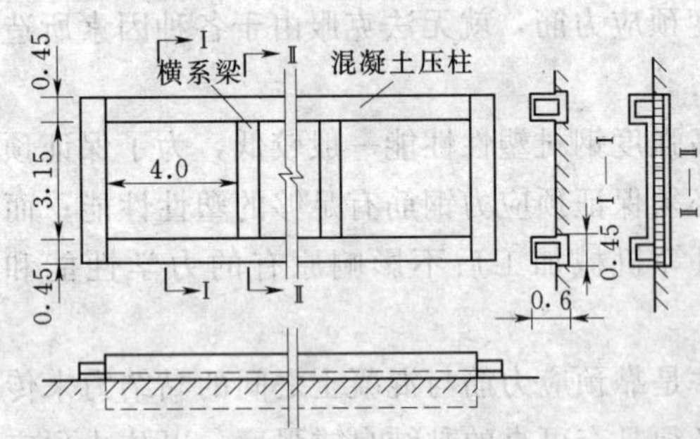

图6-6-1　压柱式台座（尺寸单位：m）

台座的底板有整体式混凝土台面和装配式台面两种，作为预制构件的底模，要求平整、光滑、排水畅通，且地基不产生不均匀沉降。压柱式台座的支承梁是细长的压杆，要求有足够的压曲稳定性和抗压强度。横梁是将预应力钢筋的张拉力传给支承梁的横向构件，常用型钢制成。设计时，要根据横梁的跨径、张拉力的大小确定截面尺寸，并保证其刚度和稳定性要求。定位钢板用来固定预应力钢筋的位置，用钢板制成（上面打孔），其厚度应保证承受张拉力后具有足够的刚度。定位钢板上孔的位置按梁体预应力钢筋的位置设置，孔径比钢筋直径大2～5mm，以便于穿筋。固定端装置设在非张拉端，用于固定钢筋位置，并在梁预制完成后放松钢筋，它仅在一端张拉的后座上使用。

目前，固定生产的桥梁预制厂多采用长线压柱式台座，即在一条生产线上可以同时预制若干构件，大大提高了生产效率。

2. 墩式台座

墩式台座亦称重力式台座，如图6-6-2所示。它是靠自重和土压力来平衡张拉力产生的倾覆力矩，并靠土壤的反力和摩擦力抵抗水平位移。在地质条件良好、台座张拉线较长的情况下，采用墩式台座可节约大量混凝土。墩式台座由台面、承力架、横梁和定位钢板等组成。承力架要求承受全部张拉力，在制造时要保证承力支架变形小、经济、安全、便于操作等，其他部分与压柱式台座相同。墩式台座承力架可因地制宜采取不同的形式，如图6-6-3所示。

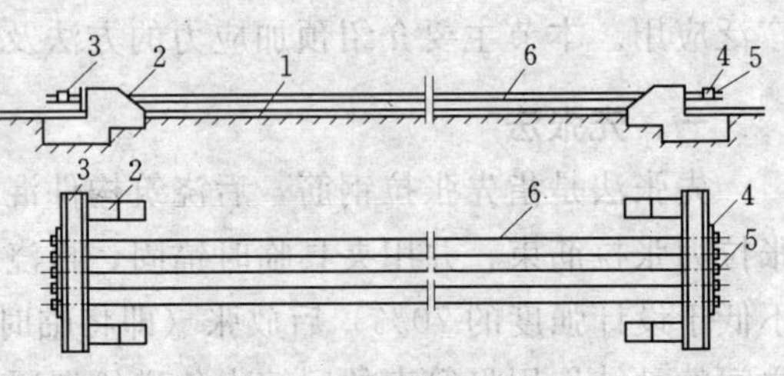

图6-6-2　重力式台座

1—台面；2—承力架；3—横梁；4—定位钢板；5—夹具；6—预应力筋

(二) 预应力筋的制备

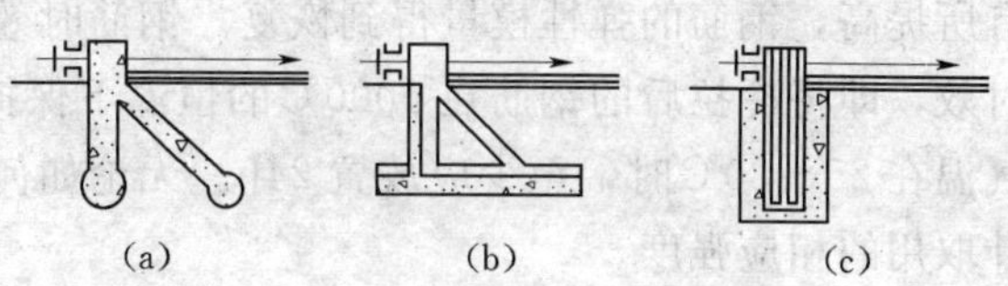

图 6-6-3 墩式台座承力架
(a) 爆扩桩式;(b) 三角架式;(c) 锚桩式

先张法预应力混凝土构件常采用冷拉Ⅳ级钢筋、高强钢丝或钢绞线等作为预应力筋。由于冷拉Ⅳ级钢筋不仅用于先张法预制梁,也常用在后张法预应力桁架梁桥及其他体系梁桥的横向和竖向预应力筋等,钢筋直径为10~28mm。下面主要介绍冷拉Ⅳ级钢筋的下料、对焊、冷拉、时效、镦粗或轧丝等工序。

1. 下料

钢筋下料时,应按照钢筋的计算长度、工作长度和原材料的试验数据确定下料长度,做到合理配料,尽量减少接头数目。

钢筋的下料长度可按下式计算

$$L=\frac{l}{1+\delta_1-\delta_2}+nb+L_0$$

式中 L——下料长度;

l——计算长度;

δ_1——冷拉伸长率,一般为2%~4%;

δ_2——弹性回缩率,一般为0.45%;

n——接头数目;

b——焊接损耗预留量,每个接头的预留量与钢筋直径有关,一般为25~35mm;

L_0——工作长度,先张法梁的工作长度视台座情况确定,采用轧丝锚时取0.15m,两端张拉取0.2m。

在长线台座上同时生产几片梁时,下料长度应包括梁与梁间连接器的长度。

2. 对焊

由于受到冶金生产和运输上的限制,目前生产的用于冷拉Ⅳ级钢筋的出厂长度最长为12m,因此,使用时常需对焊接长使用。对焊一般应在冷拉前进行,以免冷拉钢筋高温回火后失去冷拉所提高的强度。对焊质量应严格控制,钢筋的对焊一般均在对焊机上采用二次闪光对头焊接(即用闪光——预热——闪光焊工艺)。其轴线偏差不得大于2mm或钢筋直径的1/10。

3. 冷拉

为提高钢筋的强度和节约钢材,预应力钢筋在使用前一般需要进行冷拉。焊接好的钢筋冷却至常温即可进行冷拉,冷拉时最好采用"双控"(即同时控制应力和冷拉延伸率),并以应力控制为主,延伸率控制为辅。在没有测力设备的情况下,可用延伸率控制。冷拉钢筋的应力一般取用大于屈服强度,小于抗拉强度,冷拉Ⅳ级钢筋的冷拉延伸率取用不大于2.5%~4%。钢筋冷拉应按施工操作程序要求进行。

4. 时效

钢筋经过冷拉后,不仅提高了屈服强度,而且还增加了脆性,为此钢筋冷拉后应进行时效。冷拉时效就是消除钢筋的内应力,使钢筋的屈服强度、抗拉极限强度比冷拉完成时有所提高，钢筋的弹性模量得到恢复。钢筋时效的时间与温度有关，有条件时可采用人工时效，即将冷拉后的钢筋在1000℃的恒温下保持2h左右；否则可采用自然时效，当自然气温在25～30℃时，至少应放置24h。无论如何，都应保证预应力筋的实际强度不低于设计取用的相应强度。

5. 镦粗或轧丝

钢筋端的张拉和锚固，除了焊接螺丝端杆的方法外，也可采用镦头锚具或轧制螺纹锚具（或称轧丝锚具），以简化锚固方法和节约优质钢材。

采用镦头锚具时，对于直径12mm以下的钢筋可采用液压冷镦机将钢筋端头镦粗成圆头，并利用开孔的钢垫板组成锚具。对于较粗的钢筋需要用热镦法来加工，即可利用对焊机将钢筋加热加压成镦头。直径大于22mm的钢筋，因镦粗时需用较大的压力，则可采用镦压方法加工成镦头。冷拉Ⅳ级钢筋在镦制后一般尚应进行热处理，以消除其脆硬组织。镦头制成后要进行外观检查，不得有烧伤、歪斜及裂缝。

采用轧制螺纹锚具时，关键在于钢筋端部的螺纹加工（简称轧丝）。通常可以利用特制的钢模通过压力机进行冷压轧丝，轧丝后钢筋的平均直径与原钢筋相差无几，而且还可以提高钢筋的强度。国外也有直接采用热轧螺纹钢筋作为预应力筋，在此情况下既避免了螺丝端杆的焊接问题，也不必进行轧丝，使施工更趋方便。

（三）预应力筋的张拉

预应力筋的张拉工作必须严格按照设计要求和张拉操作规程进行。张拉可分成单根张拉和多根整批张拉两种，主要利用各类液压拉伸机（由千斤顶、油泵、高压油管、油压表组成）进行。

1. 张拉前的准备工作

张拉前应先在横梁上安装预应力筋的定位钢板，同时检查其孔位和孔径是否符合设计要求。安装定位钢板时要保证最外侧和最下层预应力筋的混凝土保护层尺寸。对于长线台座，预应力筋需要先用连接器临时串联，在检查钢筋数量、位置和张拉设备后，方可进行张拉。先张法的张拉设施布置如图6-6-4所示。

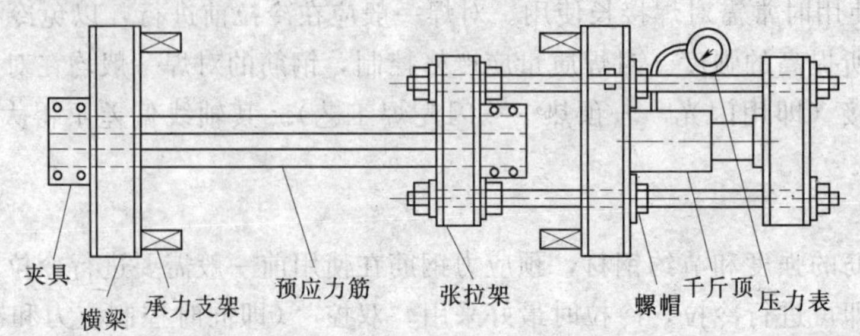

图6-6-4 先张法张拉设施布置

千斤顶的控制张拉力N是张拉前需确定的一个重要数据，从理论上可以将油泵表读数c乘以活塞面积A得到张拉力N，即$N=cA$，但实际上油缸与活塞间有摩阻力存在，另外油压表本身也有示值误差。因此，在使用前就要用标准压力计（如压力环或传感器等）和标准油压表按5t（50kN）一级来测定所用千斤顶的校正系数k_1和油压表的校正系

数 k_2。千斤顶的实际张拉值 N' 为

$$N' = \frac{cA}{k_1 k}$$

或者，需要达到张拉力值 N 时，换算的油压表读数应为

$$c' = k_1 k_2 \frac{N}{A}$$

式中　k_1——所用千斤顶理论计算吨位与标准压力计实测吨位之比，它随压力值的不同而变化（可用压力环顶压检测），一般为 1.02～1.05，如大于 1.05，则应检修活塞与垫圈；

k_2——所用油压表读数与标准油压表读数之比，它不应有±0.5%以上的偏差，过大时宜换新油压表。

张拉时应采用应力与伸长值双控技术，如发现伸长值异常，应停止张拉，查明原因。此外，在张拉过程中要十分重视施工安全。在张拉前要对张拉设备、锚具作认真检查；使用千斤顶时不准超载；在两端张拉千斤顶的后方不准站人或通过行人；张拉时要有统一指挥，按操作柱序施工。

2. 张拉工艺

先张法张拉钢筋，可以单根张拉或多根张拉。单根张拉设备比较简单，吨位要求小。但张拉速度慢，张拉的顺序应不致使台座承受过大的偏心力。多根张拉需有大吨位张拉设备，张拉速度快。数根钢筋张拉时，必须使它们的初始长度一致，张拉后每根钢筋的应力均匀。因此，可在钢筋的一端选用螺丝端杆锚具；另一端选用镦粗夹具与拉伸机连接，这样可以利用螺丝杆上的螺帽调整各根钢筋的初始长度。如果钢筋直径较小，在保证每根钢筋下料长度精确的情况下，可两端都采用镦头夹具。钢筋张拉的程序依钢筋的类型而异。先张法预应力钢筋的张拉应符合设计要求，设计无规定时，其张拉程序可按表 6-6-1 进行。

为了减少预应力筋的应力松弛损失，通常采用超张拉方法。以上张拉程序中应力由 $1.05\sigma_k$ 退至 $0.9\sigma_k$，主要是为了设置预埋件、绑扎钢筋等工作安全。

表 6-6-1　　先张法预应力筋张拉程序

预应力筋种类	张拉程序
钢筋	0—初应力—$1.05\sigma_k$（持荷 2min）—$0.9\sigma_k$—σ_k（锚固）
钢丝、钢绞线	0—初应力—$1.05\sigma_k$（持荷 2min）—0—σ_k（锚固）
	对于夹具式等具有自锚性能的锚具： 普通松弛力筋 0—初应力—$1.03\sigma_k$—（锚固） 低松弛力筋 0—初应力—σ_k（持荷 2min 锚固）

（四）放松预应力筋

当混凝土强度达到设计要求后，可在台座上放松受拉预应力筋（称为放张），对预制梁施加预应力。当设计无规定时，一般应在大于混凝土设计强度的 70%时进行。放松后，切断梁外钢筋，即可移位准备再生产。

常用的放松预应力钢筋的方法有：千斤顶先拉后松、砂筒放松、滑楔放松和螺杆放松等。

滑楔及螺杆放松（图6-6-6）宜用在单根的或小直径钢筋的放松。

采用千斤顶放松（图6-6-4）是将千斤顶重新张拉钢筋，施加的应力不应超过原有的张拉控制应力，然后将固定在横梁定位钢板前的双螺帽慢慢旋动后，再将千斤顶回油，让钢筋慢慢放松，使构件均匀对称受力。如果采用单根放松时，应从构件两侧对称向中心分阶段进行，以减小较后一根钢筋断裂时对梁产生的水平弯曲冲击作用。采用砂筒放松（图6-6-5）是将放松装置在钢筋张拉前放置在承力架（或传力柱）与横梁间。张拉前砂筒的活塞要全部拉出，筒内装满烘干细砂，张拉时筒内砂子被压实，承担横梁的反力。放松钢筋时，打开出砂口，活塞缩回，钢筋逐渐放松。砂筒放松易于控制。

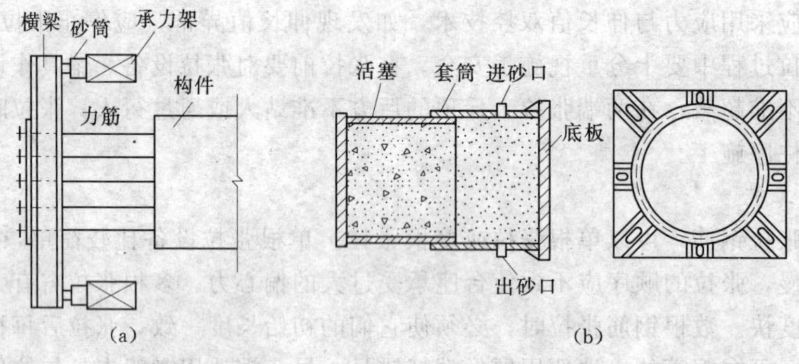

图6-6-5　砂筒放松示意

(a) 砂筒布置；(b) 砂筒构造

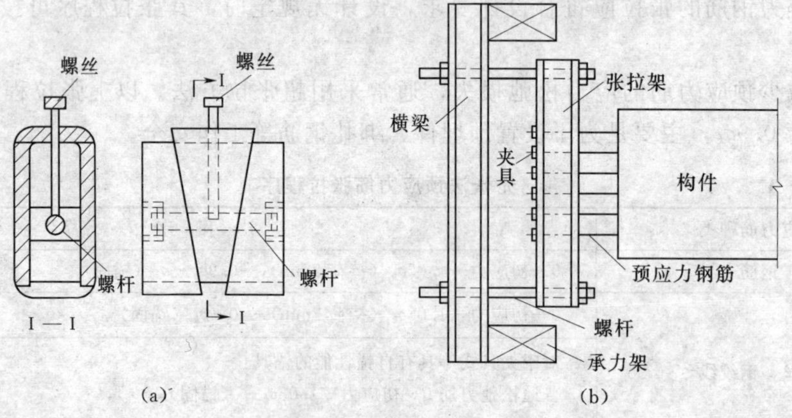

图6-6-6　滑楔及螺杆放松示意图

(a) 钢滑楔；(b) 螺杆、张拉架放松示意

下面以框图的形式给出先张法空心板预制的工艺流程，如图6-6-7所示。

二、后张法

后张法是先浇筑构件混凝土，待混凝土结硬后再张拉筋束的方法。即先浇筑构件混凝

土，并在其中预留穿束孔道（或设套管），待混凝土达到要求强度（一般不低于设计强度的70%）后，将筋束穿入预留孔道内，将千斤顶支承于混凝土构件端部，张拉筋束，使构件也同时受到反向压缩。待张拉到控制拉力后，即用特制的锚具将筋束锚固于混凝土上，使混凝土获得并保持预压应力。最后，在预留孔道内压注水泥浆，以保护筋束不致锈蚀，并使筋束与混凝土黏结成为整体，并浇筑梁端封头混凝土。

后张法的优点是靠工作锚具来传递和保持预加应力，不需要专门的张拉台座，便于在现场施工配置曲线形预应力筋的大型和重型构件，因此，目前在公路桥梁上得到广泛应用。后张法的缺点是需要预留孔道、穿束、压浆和封锚等工序，所以施工工艺较复杂，并且耗用的锚具和预埋件等增加了用钢量和制作成本。

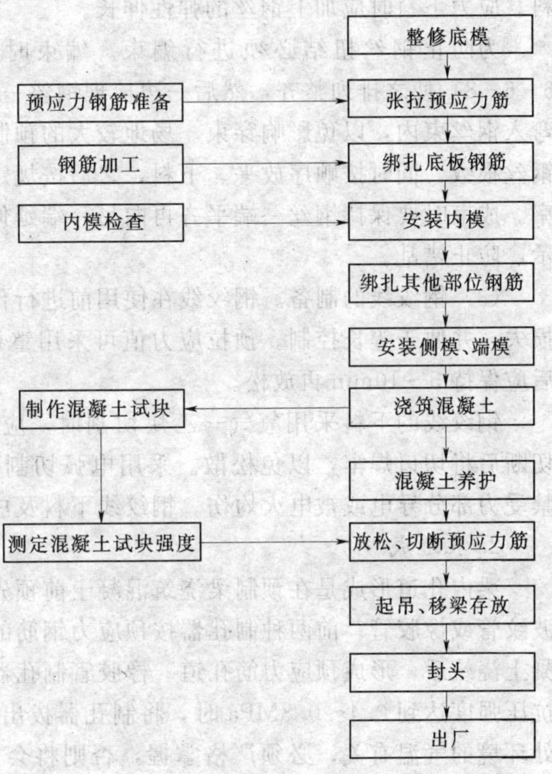

图6-6-7　先张法空心板预制的工艺流程

T面从预应力筋的制备、孔道成形、张拉工艺、孔道压浆及封锚等方面介绍后张法的基本工艺流程。

1. 预应力筋的制备

(1) 粗钢筋的制备。后张法粗钢筋（冷拉Ⅳ级钢筋）的制备工序与先张法相同，下料长度应为孔道长度加上锚固及张拉工作长度（视构件端面上锚垫板的厚度与数量、锚具的类型、张拉设备类型和工作条件等而定）。

(2) 碳素钢丝束的制备。碳素钢丝都是盘圆，对于在厂内先矫直回火处理且盘径为1.7m的高强钢丝，一般不必整直就可下料。如在自由放置的情况下，任意长1m范围内弯曲矢高大于5mm时，需要进行调直后使用。

钢丝的下料长度为

锥形锚具　　$L=L_0+L_1$

镦头锚具　　$L=L_0+L_1-\Delta L$

式中　L_0——构件混凝土预留孔道长度；

L_1——张拉所需工作长度；

ΔL——张拉后钢丝的弹性伸长长度。

当采用锥形锚具、双作用或三作用千斤顶时，其工作长度一般可取1.4～1.6m。采用其他锚具及张拉设备时，应根据情况计算。

采用镦头锚具时，应保证每根钢丝下料长度相等，这就要求钢丝在应力状态下切断下料。应力下料时应加上钢丝的弹性伸长。

为防止钢丝扭结必须进行编束。编束时可将钢丝对齐后穿入特制的梳丝板（图6-6-8）使之排列整齐，然后一边梳理钢丝一边每隔1～1.5m绑扎一道铅丝，铅丝扣应弯入钢丝束内，以免影响穿束。场地较大的预制场或固定生产的桥梁构件厂，可根据每束钢丝根数，同时按顺序放平、下料，之后按规定用铅丝绑扎成束，从而简化施工，提高效率。成束时要保持钢丝一端平齐再向另一端延伸。绑束完成后按设计编号堆放，并挂牌标示，防止错乱。

（3）钢绞线的制备。钢绞线在使用前进行预拉，以减少钢绞线的构造变形和应力松弛损失，并便于等长控制。预拉应力值可采用整根钢绞线破断负荷的80%，拉至规定应力后应保持5～10min再放松。

钢绞线的下料采用氧气—乙炔切割时，应将切口两侧各30～50mm处用铅丝绑扎，切断后将切口焊牢，以免松散。采用电弧切割时，地线应搭在离切口40～60mm处，严禁受力部分导电或被电火灼伤。钢绞线下料及成束的方法与钢丝束相同。

2. 孔道成形

梁内孔道形成是在预制梁浇筑混凝土前预先安放制孔器。制孔器可采用铁皮管、金属波纹管或橡胶管。前两种制孔器按预应力钢筋的设计位置和形状固定在钢筋骨架中，待混凝土浇筑后，形成预应力筋孔道。橡胶管制孔器按设计位置固定在钢筋骨架中，待混凝土抗压强度达到0.4～0.8MPa时，将制孔器拔出形成孔道。抽拔制孔器的时间与预制时所处环境的气温有关，必须严格掌握，否则将会出现塌孔或拔不出的情况。抽拔时间可按100除以预制场地环境温度值来估计。为增加橡胶管的刚度和控制位置的准确，需在橡胶管内插入芯棒（可采用圆钢或帖高强钢丝束），芯棒直径应较制孔器内径小8～10mm，长度较胶管长1～2m，以便于先抽芯棒再拔胶管。

波纹管是后张法构件使用越来越广泛的制孔器。它是用薄带钢采用卷管机经成形机压波卷成的。波纹管按照每两个相邻的折叠咬口之间凸出部（即波纹）的数量分为单波和双波，如图6-6-9所示。

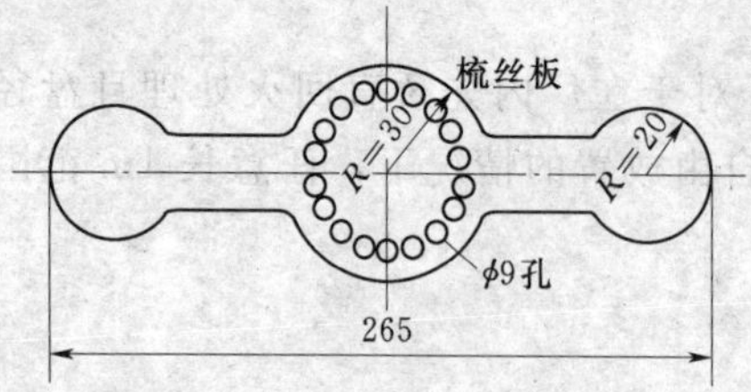

图6-6-8 梳丝板（尺寸单位：cm）

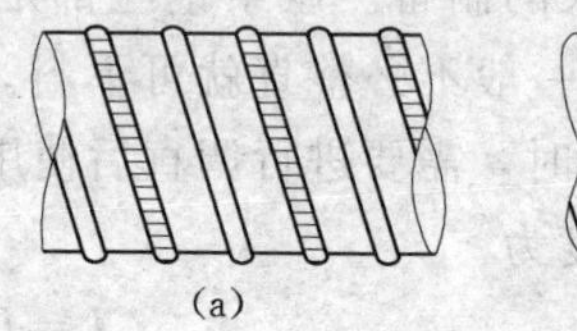

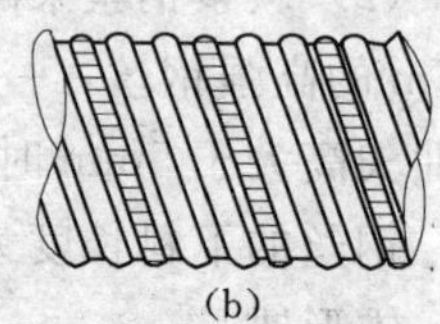

图6-6-9 圆形波纹管

(a) 单波纹；(b) 双波纹

波纹管具有质量小、刚度好、弯曲方便、连接简单、摩阻系数小、与混凝土黏结性能好等优点，是后张预应力孔道成形用的理想材料。但是，波纹管需要比铁皮管更密的定位钢筋，并应尽量避免电焊火花溅上，否则易发生管道线形走样和管壁漏浆现象。

3. 张拉工艺

后张法预应力筋张拉前，对设备的校验、千斤顶控制张拉力的计算等与先张法相同。

后张法预制构件以往常采用高强钢丝束或钢绞线，配以锥形锚具或镦头锚具，配备使用 'I'D—60、CJ_2Y—60A、YC—60 等千斤顶。随着高强度低松弛钢绞线和相匹配的大吨位群锚在我国成功的应用和推广，后张预应力构件已大部分采用这一预应力体系，其中配以这种预应力筋束的锚具有 OVM（图 6-6-10）、XM（图 6-6-11）、YM 等系列，配套千斤顶有 YCW（图 6-6-12）、YDC、YCT、YCQ（图 6-6-13）等系列，已分别适用不同的锚具和张拉力。

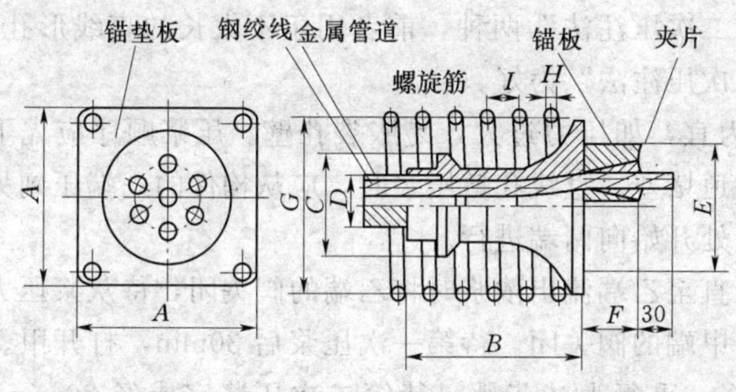

图 6-6-10　OVM 锚具构造

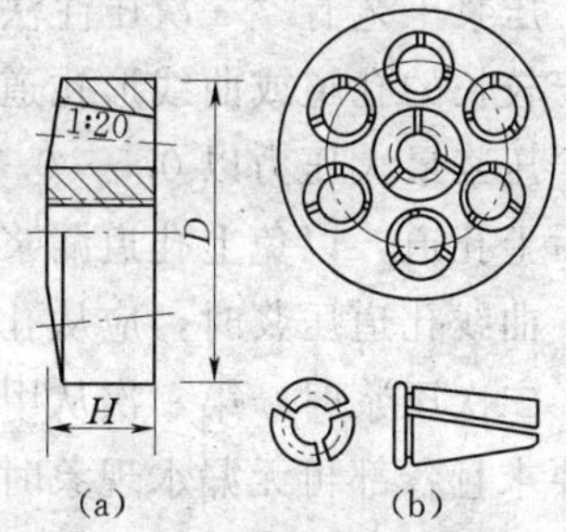

图 6-6-11　XM 型锚具构造

(a) 锚板；(b) 夹片

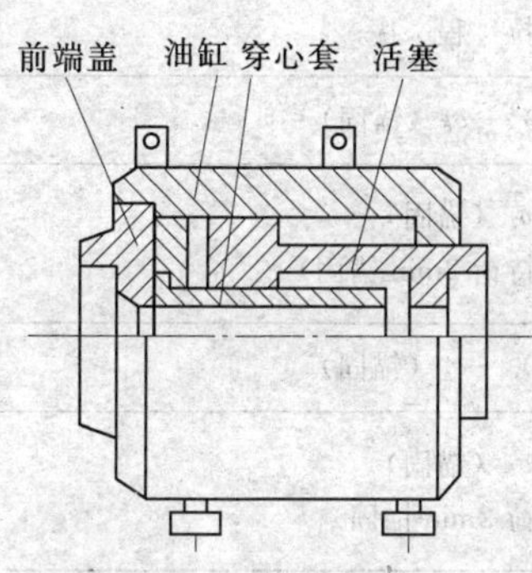

图 6-6-12　YCW 系列 A 型千斤顶构造

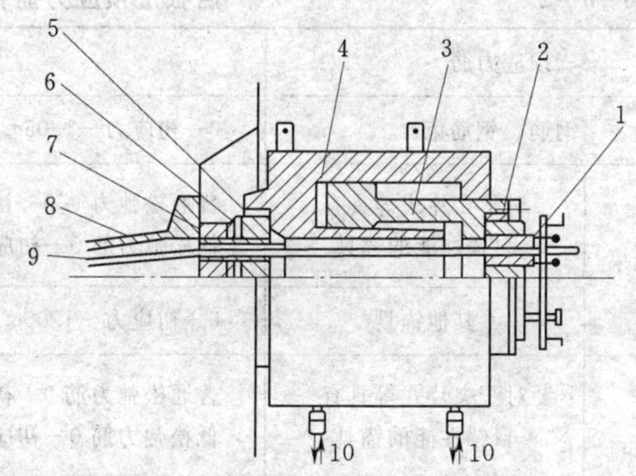

图 6-6-13　YCQ 千斤顶构造

1—工具锚组件；2、5—垫环；3—活塞组件；4—油缸组件；6—限位板；7—工作锚组件；8—锚垫板；9—预应力筋；10—油管

后张法梁，当跨径大于或等于 25m 时，宜采用两端同时张拉。两端同时张拉时，两端千斤顶升降压、画线、测伸长、插垫等工作应基本一致。后张法梁的预应力钢束张拉程序依锚具类型与钢束种类不同而异。后张法预应力筋的张拉应符合设计要求，设计无规定时，其张拉程序可按表 6-6-2 进行。

分两次进行张拉的工艺：

预应力梁在混凝土强度达到设计强度之前，如达到设计强度 60%以上，先张拉一部分束筋，对梁体施加较低的预压应力，使梁体能承受自重荷载，提前将梁移出生产梁位。由于混凝土强度早期增长快，后期增长慢，所以采取早期部分预施应力，可大大缩短生产周期，加快施工进度。预制梁移出生产台座后，继续进行养护，待达到混凝土设计强度后，进行其他束筋的张拉工作。

预应力梁进行早期张拉束筋的根数、位置和锚具局部承压应力均需通过验算确定。

4. 孔道压浆

孔道压浆是为了保护预应力筋不致锈蚀，并使预应力筋与混凝土梁体黏结成整体，从而既能减小锚具的受力，又能提高梁的耐久性。孔道压浆采用专门的压浆泵进行，压浆要求密实、饱满，并应在张拉后尽早完成。

压浆工艺有“一次压注法”和“二次压注法”两种，前者用于不太长的直线形孔道，对于较长的孔道或曲线形孔道以“二次压注法”为好。

压浆最大压力以 0.5～0.7MPa 为宜，如压力过大，易胀裂孔壁。压浆顺序应先下孔道后上孔道，以免上孔道漏浆把下孔道堵塞。直线孔道压浆时，应从构件的一端压到另一端，曲线孔道压浆时，应从孔道最低处开始向两端进行。

二次压浆时，第一次从甲端压入直至乙端流出浓浆时将乙端的阀关闭，待灰浆压力达到要求且各部再无漏水现象时，再将甲端的阀关闭。待第一次压浆后 30min，打开甲、乙两端的阀，自乙端再进行第二次压浆，重复上述步骤，待第二次压浆完成经 30min 后，卸除压浆管，压浆工作便告完成。

表 6-6-2　　后张法预应力筋张拉程序

预应力筋		张拉程序
钢筋、钢筋束		0—初应力—1.05σ_k（持荷 2min）—σ_k（锚固）
钢绞线束	对于夹片式等具有自锚性能的锚具	普通松弛力筋 0—初应力—1.03σ_k（锚固） 低松弛力筋 0—初应力—σ_k—（持荷 2min 锚固）
	其他锚具	0—初应力—1.05σ_k（持荷 2min）—σ_k（锚固）
钢丝束	对于夹片式等具有自锚性能的锚具	普通松弛力筋 0—初应力—1.03σ_k（锚固） 低松弛力筋 0—初应力—σ_k（持荷 2min 锚固）
	其他锚具	0—初应力—1.05σ_k（持荷 2min）—σ_k（锚固）
精轧螺纹钢筋	直线配筋时	0—初应力—σ_k（持荷 2min 锚固）
	曲线配筋时	0—σ_k（持荷 2min）—0（上述程序可反复几次）—初应力—σ_k（持荷 2min 锚固）

5. 封端

孔道压浆后应立即将梁端水泥浆冲洗干净，并将端面混凝土凿毛。在绑扎端部钢筋网和安装封端模板时，要妥善固定，以免在浇筑混凝土时模板走动影响梁长。封端混凝土的强度应不低于梁体强度。浇完封端混凝土并静置 1～2h 后，应按一般规定进行洒水保湿养护。

为了加深后张法预制构件工艺流程的认识和理解，下面以框图的形式给出后张法 T 形梁预制工艺流程，如图 6-6-14 所示。

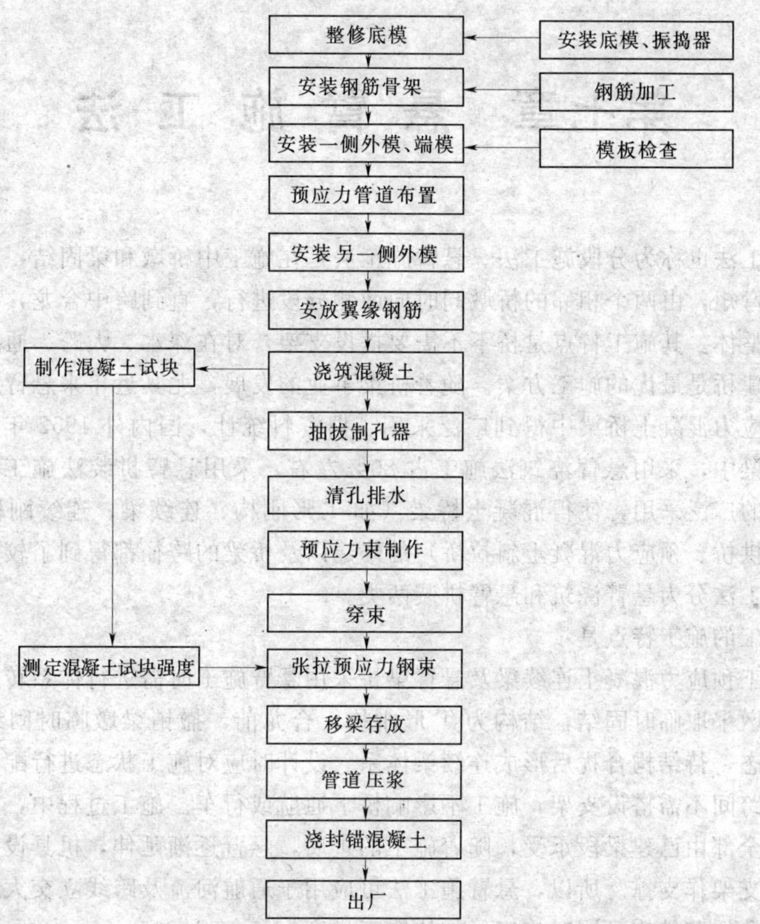

图 6-6-14 后张法 T 形梁预制工艺流程

第七章 悬臂施工法

悬臂施工法也称为分段施工法。悬臂施工法是在施工中桥墩和梁固结，施工中桥墩要承受不对称弯矩，由两个相邻的桥墩同时向两侧分段进行，直到跨中合龙，各节段用预应力紧密连成整体。其施工特点是桥下不需要搭设支架，对在深水、大跨、通航、峡谷、高墩的条件下建桥是最优的施工方案。随着桥梁事业的发展，尤其近年来悬臂施工法在国内外大跨径预应力混凝土桥梁中得到广泛采用。据资料统计，国内外 1952 年以来 100m 以上大跨径桥梁中，采用悬臂浇筑法施工占 80%左右，采用悬臂拼装法施工占 20%左右。悬臂施工法的广泛采用，使得混凝土桥梁（如 T 形刚构、连续梁、连续刚构桥、大跨度钢筋混凝土拱桥、预应力混凝土斜拉桥）的修建以及桥梁的跨径都得到了较大的发展。

悬臂施工法分为悬臂浇筑和悬臂拼装两类。

悬臂施工的施工特点是：

(1) 施工预应力混凝土连续梁及悬臂梁桥采用悬臂施工时需进行体系转换，即在悬臂施工时，梁墩采取临时固结，结构为 T 形刚构，合龙前，撤销梁墩临时固结，结构呈悬臂梁受力状态，待结构合拢后形成连续梁体系。设计时应对施工状态进行配束验算。

(2) 桥跨间不需搭设支架，施工不影响桥下通航或行车。施工过程中，施工机具和人员等重力均全部由已建梁段承受，随着施工的进展，悬臂逐渐延伸，机具设备也逐步移至梁端，需用支架作支撑。所以，悬臂施工法可应用于通航河流及跨线立交大跨径桥梁。

(3) 多孔桥跨结构可同时施工，加快施工进度。

(4) 悬臂施工法充分利用预应力混凝土承受负弯矩能力强的特点，将跨中正弯矩转移为支点负弯矩，使桥梁跨越能力提高，并适合变截面桥梁的施工。

(5) 悬臂施工用的悬拼吊机或挂篮设备可重复使用，施工费用较省，可降低工程造价。

第一节 悬臂浇筑法施工

悬臂浇筑（简称悬浇）采用移动式挂篮作为主要施工设备，以桥墩为中心，对称向两岸利用挂篮浇筑梁段混凝土，待混凝土达到要求强度后，张拉预应力束，再移动挂篮，进行下一节段的施工。划分节段长度时应充分考虑梁段混凝土重、挂篮重、平衡配重以及施工荷载产生的内力，故每个节段长度一般 3～4m，特大桥也不超过 6m，节段过长，将增加混凝土自重及挂篮结构重力，同时还要增加平衡重及挂篮后锚设施；节段过短，影响施工进度。因主梁是变截面，故节段长度自墩顶附近至跨中是逐渐增长的。

下面按悬浇施工程序、0 号块施工、梁墩临时固结、施工挂篮、浇筑梁段混凝土、结构体系转换、合拢段施工及施工控制几个方面进行较详细介绍。

一、悬臂浇筑施工程序

施工程序一般如下：

(1) 在墩顶托架上浇筑0号块并实施墩梁临时固结系统。

(2) 在0号块上安装悬臂挂篮，向两侧依次对称地分段浇筑主梁至合拢段。

(3) 在临时支架或梁端与边墩间临时托架上支模板浇筑现浇梁段。当现浇梁段较短时，可利用挂篮浇筑；当与现浇相接的连接桥是采用顶推施工时，可将现浇梁段锚固在顶推梁前端施工，并顶推到位。此法不需要支撑，省料省工。

(4) 主梁合拢段可在改装的简支挂篮托架上浇筑。多跨合拢段浇筑顺序按设计或施工要求进行。

图6-7-1是悬臂浇筑分段示意图。

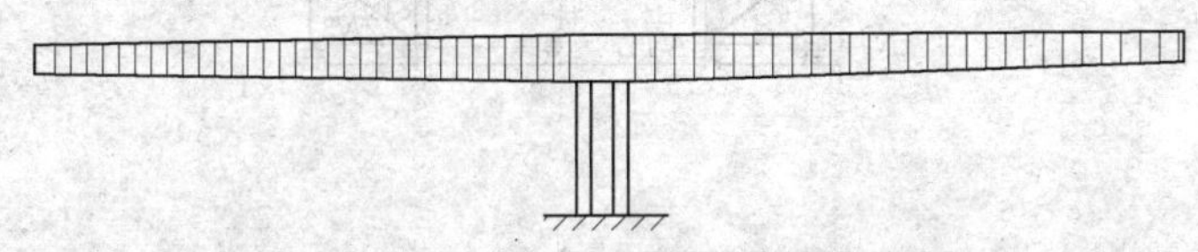

图6-7-1　悬臂浇筑分段示意图

二、悬臂梁段0号块施工

0号块结构复杂，预埋件、钢筋、各向预应力钢束及其孔道、锚具密集交错，梁面有纵横塌度，端面与待浇段密切相连，务必精心施工。视其结构形式及高度，一般分2～3层浇筑，先肩板、再腹板、后顶板。

1. 施工托架

采用悬臂浇筑法施工时，墩顶0号块梁段采用在托架上立模现浇，并在施工过程中设置临时梁墩锚固，使0号块梁段能承受两侧悬臂施工时产生的不平衡力矩。施工托架可根据承台形式、墩身高度和地形情况，分别支承在承台、墩身或地面上。它们可采用万能杆件、贝雷桁架（或装配式公路钢桁架），六四军用桁架及型钢等组成，也可采用钢筋混凝土构件作临时支撑。常用施工托架有扇形托架（图6-7-2）、高墩托架（图6-7-3）、临时墩及型钢结构支承平台（图6-7-4）等。托架的顶面尺寸，视拼装挂篮的需要和拟浇梁段的长度而定，横桥间的宽度一般应比箱梁底板宽出1.5～2.0m，以便设立箱梁边肋的外侧模板。托架顶面（或增设垫梁）应与箱梁底面纵向线形的变化一致。托架可在现场整体拼装，亦可分部在邻近场地或船上拼装再运吊就位整体组装。托架总长度视拼装挂篮的需要而决定。横桥托架宽度要考虑箱梁外侧主模的要求。托架顶面应与箱梁底面纵向线形一致。

由于考虑到在托架上浇筑梁段0号块混凝土，托架变形对梁体质量影响很大，在作托架设计时，除考虑托架强度要求外，还应考虑托架的刚度和整体性。由于托架弹性、杆件连接处有缝隙、地基有沉降等因素影响，可能使托架下沉，引起混凝土梁段出现裂缝，因此采用万能杆件、贝雷梁、板梁、型钢等做托架时，在混凝土浇筑以前，可采取预压、抛高或调整等措施，以减少托架变形，并检验托架是否安全。上海吴淞大桥采用扇形钢筋混凝土立柱作托架支撑于承台上，并设置竖向预应力索作梁墩临时锚固用，减少了拖架变形。

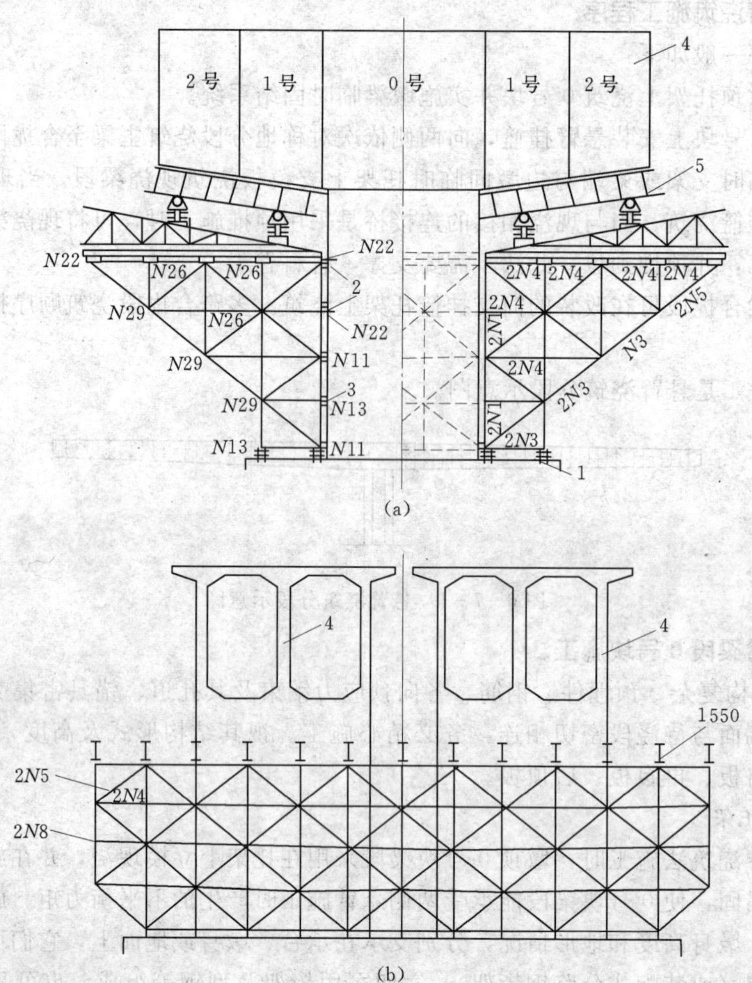

图 6-7-2　扇形托架（单位：mm）

(a) 顺桥向；(b) 横桥向

1—ϕ18 预埋螺栓；2—预埋钢筋；3—硬木；4—箱梁；5—底模垫梁

2. 支座

(1) 支座垫石。垫石是永久支座的基石。由于支座安装平整度和对中精度要求高，因此垫石四角及平面高差应小于 1mm，为此垫石分两层浇筑。首层浇筑标高比设计标高低 15cm。第二层应利用带微调整平器的模板，控制浇筑标高比设计标高稍高，再利用整平器及精密水准仪量测，反复整平混凝土面。在安装支座前凿毛垫石，铺厚 2～3cm 与墩身等强的砂浆，砂浆浇筑标高较设计标高略高（3mm)，然后安放支座就位，用锤振击，使符合设计标高，偏差不得大于 1mm；水平位置偏差不得大于 2mm。

(2) 临时支座。大跨径预应力混凝土桥梁采用悬臂施工法施工，如结构采用 T 形刚构，因墩身与梁本身采用刚性连接，所以不存在梁墩临时固结问题。悬臂梁桥及连续梁桥采用悬臂施工法时，为保证施工过程中结构的稳定可靠，必须采取 0 号块梁段与桥墩间临时固结或支承措施。临时支座的作用是在施工阶段临时固结墩、梁，承受施工时由墩两侧

传来的悬浇梁段荷载，在梁体合龙后便于拆除和体系转换。

临时固结措施或支承措施有下列几种形式：

1）临时支座一般采用 C40 混凝土，并用塑料包裹的锚固钢筋穿过混凝土预埋梁底和墩顶中，其布置如图 6-7-5 所示。

2）在桥墩一侧或两侧加临时支承或支墩，如图 6-7-6所示。

3）将 0 号块梁段临时支承在扇形或门式托架的两侧。

4）临时支承可用厚 10～20cm 夹有电阻丝的硫磺砂浆层、砂筒或混凝土块等卸落设备，以便体系转换时，较方便地解除临时支承，如图 6-7-6 所示。

3.0 号块模板和支架

模板和支架是 0 号块施工的关键，其设计、施工的主要技术要求是：

(1) 应有足够的刚度和强度。

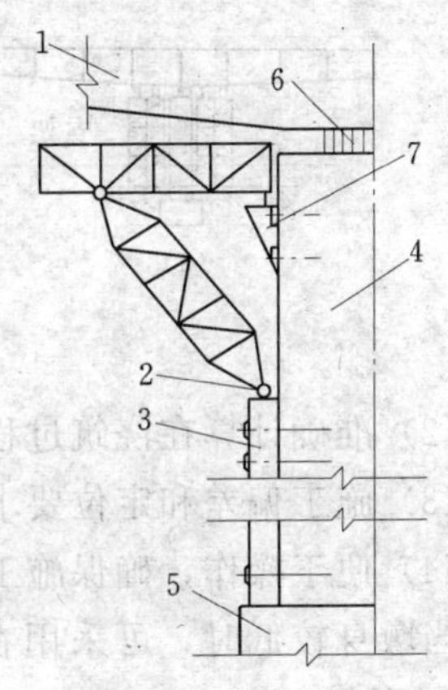

图 6-7-3　高墩托架

1—箱梁；2—圆柱形铰；3—承托槽钢；4—增身；5—承台；6—支座；7—预埋牛腿

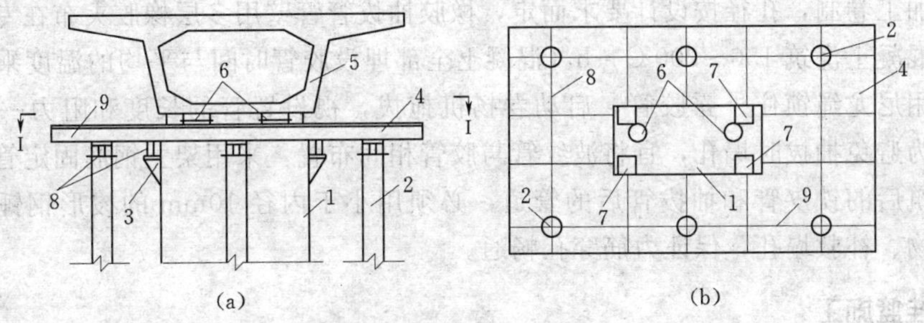

图 6-7-4　临时墩及型钢结构支承平台

(a) 顺桥向立面；(b) I—I 平面

1—墩柱；2—临时墩；3—牛腿；4—支承平台；5—箱梁；6—支座；7—临时支座；8—平台纵梁；9—平台横梁

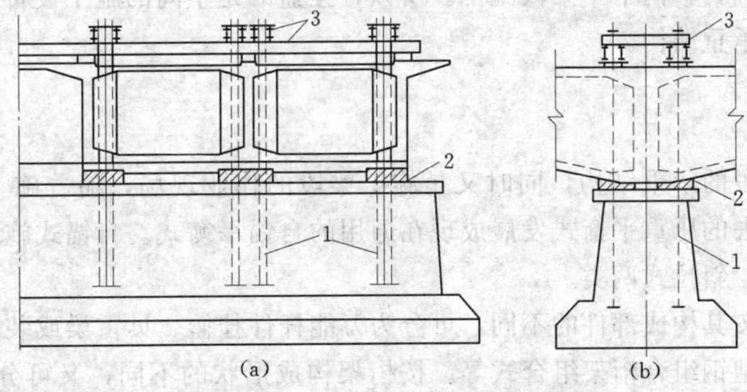

图 6-7-5　0 号块与桥墩的临时固结

1—预埋临时锚固用预应力筋；2—支座；3—工字钢

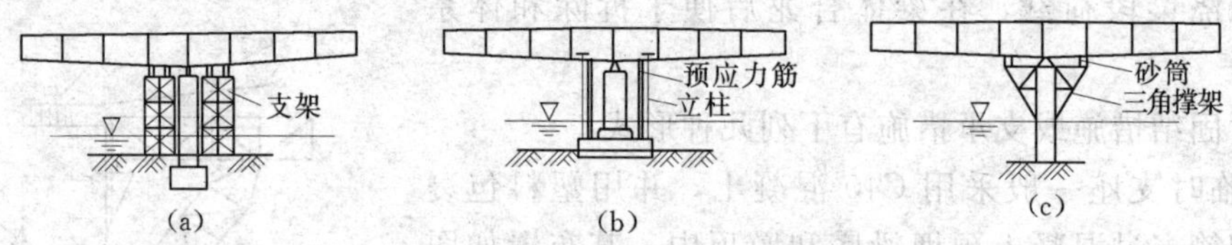

图 6－7－6　临时支承措施

（2）准确计算在浇筑过程中结构的弹性变形和非弹性变形。

（3）施工偏差和定位要求应符合有关规范的规定。

（4）便于操作，确保施工质量。

当墩身较低时，可采用在扇形托架或临时墩及型钢结构支承平台（图 6－7－2，图 6－7－4等）顶面上立模板、搭支架，浇筑 0 号块混凝土；当墩身较高时，可采用在高墩托架（图 6－7－3）顶面上立模板、搭支架，浇筑 0 号块混凝土。也可由墩顶放置的型钢和墩身预埋的牛腿作贝雷梁的支承形成 0 号块的施工托架，在托架上立模板、搭支架，浇筑混凝土。

4. 预应力管道的设置

为确保预应力筋布置、穿管、张拉、灌浆的施工质量，必须确保预应力管道的质量，一般采用预埋铁皮管或铁皮波纹管和橡胶抽拔管。三向预应力筋管孔铁皮管和波纹管需由专用设备加工卷制，孔径按设计要求而定，橡胶抽拔管管壁用多层橡胶夹布在专业厂家制作，宜在混凝土浇筑 150～200℃·h（混凝土全部埋设胶管时间与平均的温度乘积）内抽拔。拔时用尼龙绳锁住外露胶管，启动卷扬机拖拔，视设置管的长度和阻力一次可抽拔 5～8根。为避免抽拔时塌孔，宜将波纹管与胶管相间布置，采用架立钢筋固定管道的坐标位置。浇筑后的铁皮管和抽拔管后的管道，必须用小于内径 10mm 的梭形钢锤清孔，以便清除异物、补救塌孔，保证力筋穿孔畅通。

三、挂篮施工

挂篮是悬臂浇筑施工的主要机具。挂篮是一个能沿着轨道行走的活动脚手架，挂篮悬挂在已经张拉锚固的箱梁梁段上，悬臂浇筑时箱梁梁段的模板安装、钢筋绑扎、管道安装、混凝土浇筑、预应力张拉、压浆等工作均在挂篮上进行。当一个梁段的施工程序完成后，挂篮解除后锚，移向下一梁段施工。所以，挂篮既是空间的施工设备，又是预应力筋未张拉前梁段的承重结构。

（一）挂篮形式

1. 挂篮分类

作为施工梁段的承重结构，同时又是施工梁段的作业现场，随着施工技术的不断改进，挂篮已由过去的压重平衡式发展成现在通用的自锚平衡式。自锚式施工挂篮结构的形式主要有桁架式、斜拉式两类。

桁架式挂篮按其构成部件的不同，可分为万能杆件挂篮、贝雷梁或装配式公路钢桁梁组合式和挂篮、型钢组合桁架组合式等。按桁架构成形状的不同，又可分为平行桁架式、平弦无平衡重式、弓弦式、菱形式等多种，如图 6－7－7 所示。

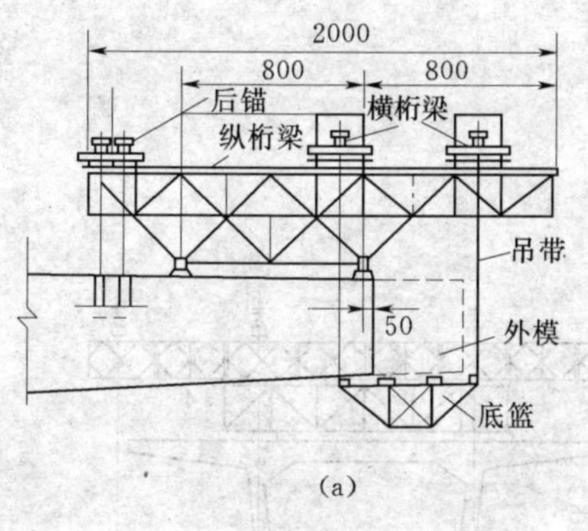

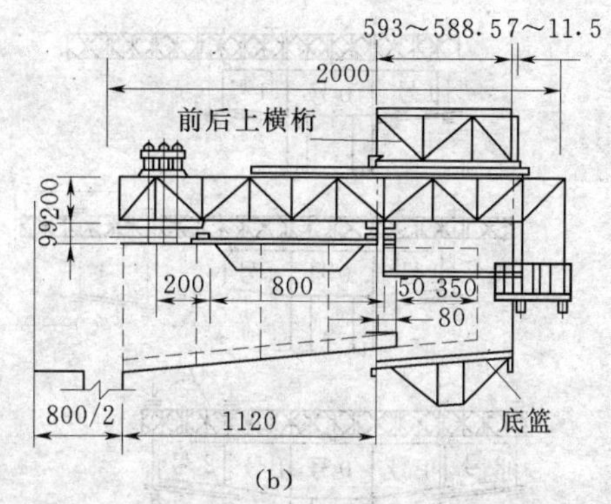

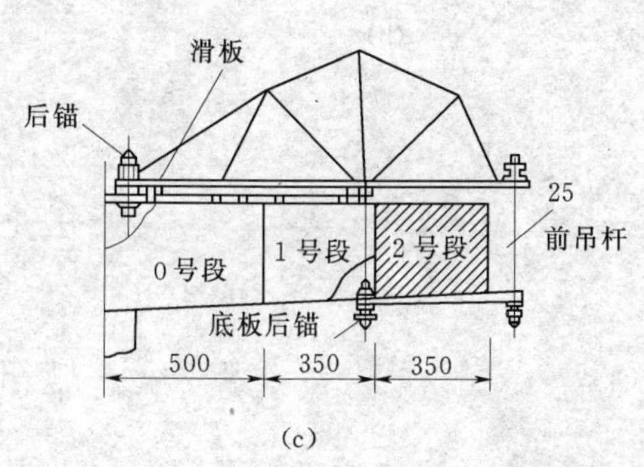

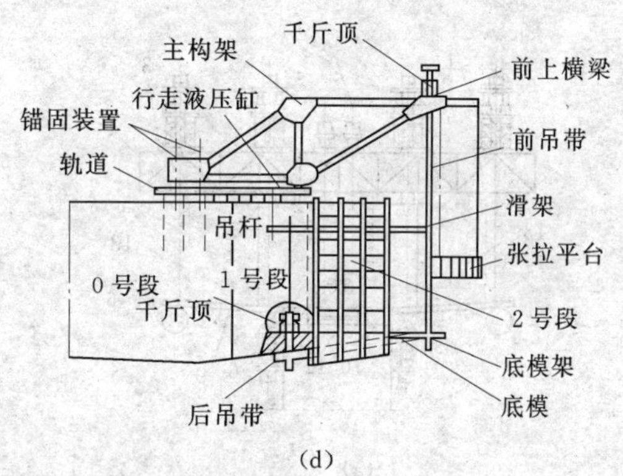

图 6-7-7 常用桁架式挂篮类型图（尺寸单位：cm）

(a) 平行桁架式挂篮；(b) 平弦无平衡重式挂篮；(c) 弓弦式挂篮；(d) 菱形挂篮

2. 挂篮的主要构造

挂篮主要构造如图 6-7-8 所示。

(1) 主纵桁梁。主纵桁梁是挂篮悬臂承重结构，可由万能杆件或贝雷桁架（或装配式公路钢桁架）组拼或采用钢板或大号型钢加工而成。

(2) 行走系统。行走系统包括支腿和滑道及拖移收紧设备。采用电动卷扬机牵引，通过圆棒滚动或在铺设的上、下滑道上移动。滑道要求平整光滑，摩阻力小，拆装方便，能反复使用。目前大多采用上滑道覆一层不锈钢薄板，下滑道用槽钢，内设聚四氟乙烯板，行走方便、安全、稳定性好。

(3) 底篮。底篮直接承受悬浇梁段的施工重力，可供立模板、绑扎钢筋、浇筑混凝土、养生等工序用由下横桁梁和底模纵梁及吊杆（吊带）组成。横梁可用万能杆件或贝雷桁架或型钢、钢管构成（图 6-7-9），底模纵梁用多根 24～30 号槽钢或工字钢；吊杆一般可用帖 2mm 的精轧螺纹钢筋或 16Mn 钢带。

(4) 后锚系统。后锚是主纵桁梁自锚平衡装置，由锚杆压梁、压轮、连接件、升降千斤顶等组成，目的是防止挂篮在行走状态及浇筑混凝土梁段时倾覆失稳。系统结构按计算确定，混凝土浇筑前，应按设计锚力的 0.6、1.0、1.5 倍分别用千斤顶检验锚杆。

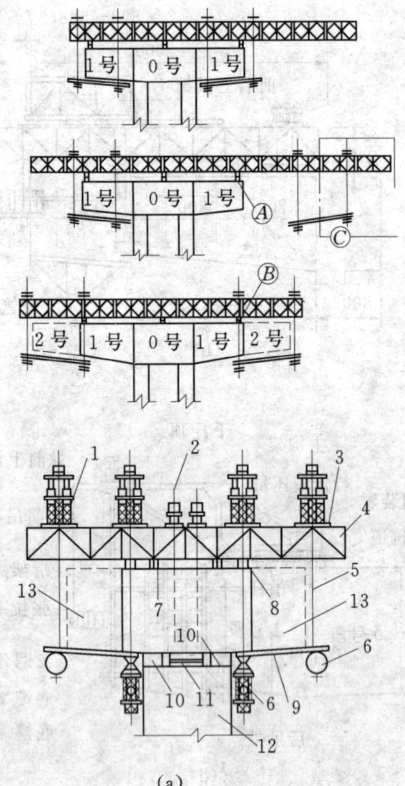

(a)

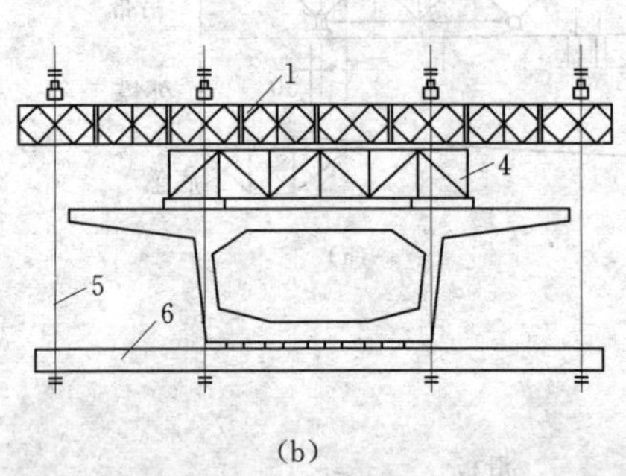

(b)

图 6-7-8　挂篮纵横桁梁系布置图

(a) 挂篮施工纵断面；(b) 挂篮施工正面

1—主横桁梁；2—后锚点；3—行走滑板；4—主纵桁梁；5—吊杆；6—底篮横梁（钢管）；7—后支点；8—前支点；9—底模；10—临时固定支座；11—永久支座；12—桥墩；13—待浇梁段

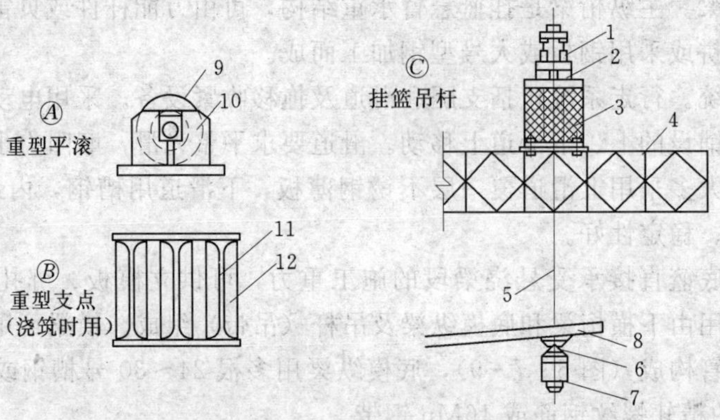

图 6-7-9　挂篮接长和移动示意图

1—千斤顶；2—型钢横梁；3—组合贝雷（型钢）横桁梁；4—组合贝雷纵桁梁；5—挂篮吊杆；6—底篮模架活动铰；7—吊杆底端横梁；8—底篮纵梁；9—钢滚筒；10—滚筒支架；11—工字钢；12—加劲板

（二）挂篮设计与选择

1. 挂篮的设计

挂篮的合理设计是保证施工质量、加快施工进度的重要因素。在设计中要求挂篮的质量小、结构简单、受力明确、运行方便、坚固稳定、变形小、装拆方便，并尽量利用当地现有构件。

（1）设计时首先需确定悬浇的分段长度。分段长，节段数量少，挂篮周转次数少，施工速度加快，但结构庞大，需要的施工设备相应增多；分段短，节段多，挂篮周转次数多，施工速度较慢，但结构较轻，相应的施工设备较少。因此，悬浇长度应根据施工条件权衡利弊综合考虑确定。我国近来修建 T 构的分段长度一般约 3～5m 左右。

（2）设计时，应考虑各项实际可能发生的荷载情况，进行最不利的荷载组合。设计荷载大体有以下几种：①挂篮自重；②模板支架自重（包括侧模、内模、底模和端模等）；③振动器自重和振动力，千斤顶和油泵及其他有关设备自重；④施工人群荷载；⑤最大节段混凝土自重等。

（3）挂篮横断面布置，一般取决于桥梁宽度和箱梁横断面形式，当桥梁横断面为单箱时，全断面用一个挂篮施工；当桥梁横断面为双箱时，一般采用两个挂篮分别施工，最后在桥面板处用现浇混凝土连接；有时为了加速施工，如上海市金山大桥采用大型宽体桁架式挂篮，双箱一次浇筑施工。

（4）验算挂篮的抗倾覆稳定性能，确定结构整体的图式和尺寸以及后锚点的锚力等。选择挂篮形式主要考虑结构简单、自重轻、受力明确、变形较小、行走安全、装拆方便等方面因素。在一般情况下，尽量选择本单位现有设备，达到保证施工质量，加速施工进度，投资较省的目的。

2. 挂篮的选择

（1）满足梁段设计的要求，即满足梁体结构、形体、质量及设计对挂篮质量的要求。

（2）满足施工安全、高质量、低成本、短工期和操作简便的要求。

（3）采用万能杆件、贝雷桁架、六四军用桁架组拼的挂篮桁架，一般比型钢加工制作的挂篮成型快、设备利用率高、成本低；而自行加工或专业单位生产的挂篮虽一次性投入成本大，但常有节点少、变形小、质量轻、结构完善、施工灵活和适用性强的优点。

（三）挂篮的安装

（1）挂篮组拼后，应全面检查安装质量，并做载重试验，以测定其各部位的变形量，并设法消除其永久变形。

（2）在起步长度内梁段浇筑完成并获得要求的强度后，在墩顶拼装挂篮。有条件时，应在地面上先进行试拼装，以便在墩顶熟练有序地开展挂篮拼装工作。拼装时应对称进行。

（3）挂篮的操作平台下应设置安全网，防止物件坠落，以确保施工安全。挂篮应呈全封闭形式，四周设围护，上下应有专用扶梯，方便施工人员上下挂篮。

（4）挂篮行走时，须在挂篮尾部压平衡重，以防倾覆。浇筑混凝土梁段时，必须在挂篮尾部将挂篮与梁进行锚固。

(四) 挂篮试压

为了检验挂篮的性能和安全，并消除结构的非弹性变形，应对挂篮试压。试压通常采用试验台加压法、水箱加压法等。

1. 试验台加压法

新加工的挂篮可用试验台加压法检测桁架受力性能和状况。试验台可利用桥台或承台和在岸边梁中预埋的拉力筋锚住主桁梁后端，前端按最大荷载计算值施力，并记录千斤顶逐级加压变化情况，测出挂篮弹性变形和非弹性变形参数，用作控制悬浇高程依据，如图 6-7-10 所示。

2. 水箱加压法

对就位待浇混凝土的挂篮，可用水箱试压法检查挂篮的性能和状况。加压的水箱一般设于前吊点处，后吊杆穿过紧靠墩顶梁段边的底篮和纵桁梁，锚固于横桁梁上，或穿过已浇箱梁中的预留孔，锚于梁体，在后吊杆的上端装设带压力表的千斤顶，反压挂篮上横桁梁，计算前后施加力后，分级分别进行灌水和顶压，记录全过程挂篮变化情况即可求得控制数据，如图 6-7-11 所示。

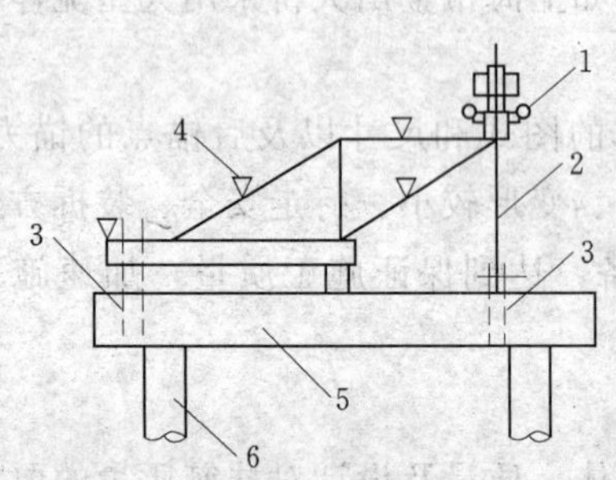

图 6-7-10 菱形挂篮试验台试压示意图

1—压力表千斤顶；2—拉杆；3—预埋钢筋；4—观测点；5—承台；6—桩

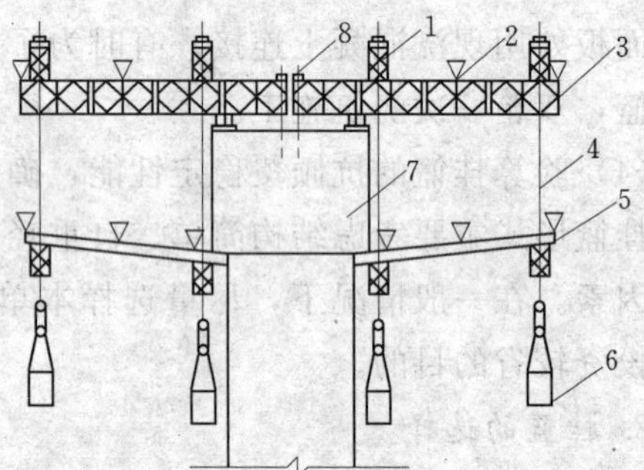

图 6-7-11 挂篮水箱法试压示意图

1—横桁梁；2—观测点；3—纵桁梁；4—吊杆；5—底篮；6—水箱；7—墩顶梁段；8—后锚固

(五) 浇筑混凝土时消除挂篮变形的措施

每个悬浇段的混凝土一般可二次或三次浇筑完成（混凝土数量少的也可采用一次浇筑完成），为了使后浇混凝土不引起先浇混凝土的开裂，需要消除后浇混凝土引起挂篮的变形。一般可采取如下的几种措施。

1. 箱梁混凝土一次浇筑法

箱梁混凝土的浇筑采用一次浇筑，并在底板混凝土凝固前全部浇筑完毕。也就是要求挂篮的变形全部发生在混凝土塑性状态之间，避免裂纹的产生。但需在浇筑混凝土前预留准确的下沉量。

2. 水箱法

水箱法的布置参见图 6-7-11。浇筑混凝土前先在水箱中注入相当于混凝土质量的水，在混凝土浇筑过程中，逐步放水使挂篮的负荷和挠度基本不变。

3. 抬高挂篮的后支点法

浇筑混凝土前将模板前端设计标高抬高 10～30mm，预留第一次浇筑混凝土的下沉量，同时用螺旋式千斤顶顶起挂篮后支点，使之高于滑道或钢轨顶面（一般顶高约 20～30mm）。在浇筑第一次混凝土时千斤顶不动，浇筑混凝土质量使挂篮的下沉量与模板的抬高量相抵消。在浇筑第二次混凝土时，将千斤顶分次下降，并随即收紧后锚系的螺栓，使挂篮后支点逐步贴近滑道面或轨道面。随着后支点的下降，以前支点为轴的挂篮前端必然上升一数值，此数值应正好与第二次混凝土质量使挂篮所产生的挠度相抵消，保证箱梁模板不发生下沉变形。此法需用设备很少，较水箱法简单，但需顶起量合适。顶起量应由实测确定。

斜拉式挂篮因其总变形小，一般可在浇筑混凝土前预留下沉量，无需在浇筑过程中进行调整。也可试用某桥的施工实践，将挂篮底模承重横梁采用直径 1～1.2m 加劲钢管，管内与水泵及卸水管连通，使加卸载控制灵活。在梁段混凝土浇筑过程中，逐渐卸水，保持推篮的负荷和挠度基本不变。

四、支架现浇梁段施工

施工边跨支架上的现浇梁段部分时，可在墩旁搭设临时墩支承平台，一般采用万能杆件、贝雷架等拼装，在其上分段浇筑。当与采用顶推法施工的连接桥相接时，可把现浇梁段临时固结在顶推梁上，到位后再进行梁的联结。其步骤如下：

设置临时桩基→浇筑钢筋混凝土承台→加宽边墩混凝土承台和设置预埋件→拼装扇形全幅万能杆件支架→搭设型钢平台→加载试压→安装现浇底模和侧模→底模下设木楔调整块→测量底板高程（包含预抬量）和位置→绑扎底腹板钢筋及竖向预应力筋→安装底板纵向预应力管道→装端模和腹板模→自检及监理工程师验收→浇筑底板和腹板混凝土→养生待强→装内顶模→绑扎顶板底钢筋→安装纵向及横向预应力管道→绑扎顶板顶层钢筋→自检及监理工程师验收→浇筑顶板混凝土→养生凿毛→拆除端头模板→张拉竖向预应力筋和顶板横向预应力筋→拖移外侧模→拆除箱内模板。

在桥梁合龙时，现浇梁段经预压后支架的变形已相对稳定，但悬臂端受气候影响在三个方向均可能产生较大变形。所以，在预应力筋张拉之前，尤其是混凝土浇筑初期，这些变形可能导致合龙段混凝土开裂，施工工艺应保证合龙段适应这些变形，避免裂缝出现。跟踪观测要点包括：①选择日间悬臂标高最高时（一般在一日清晨）用支撑撑住悬臂端使其不能上翘（楔紧支撑时间是在标高最高时），也不能下挠（有支撑撑住），这样既避免了竖向相对位移又无需庞大的压重，支撑后再连续观测两日，确认稳定后再进行其余工序；②端部现浇段的支架下装滚轴，使其能纵向移动，再在合龙段设两片由型钢组成的桁架，构成刚性支承以抵抗悬臂端伸长变形产生的压应力；③支承桁架于合龙前一日清晨焊接完毕；④按开始进入日低温稳定区时混凝土初凝的原则确定混凝土开盘时间；⑤混凝土浇筑的次日，温度回落前，张拉部分顶板和底板预应力筋，使合龙段混凝土受到与其强度发展相适应的预压应力，以抵抗次日降温收缩应力。抵抗降温拉应力的力筋不在混凝土浇筑前而在浇筑次日温度回落前张拉；⑥混凝土强度达到设计强度 80%时，再张拉与边跨合龙段体系转换相应的预应力筋。

五、合龙段施工及体系转换

连续梁的分段悬浇施工，常采用对称施工，但在一定条件下也可用不对称施工。全梁施工过程是从各墩顶 0 号段开始至该 T 构的完成，再将各 T 构拼接而形成整体连续梁。这种 T 构的拼接就是合龙。合龙是连续梁施工和体系转换的重要环节，合龙施工必须满足受力状态的设计要求和保持梁体线形，控制合龙段的施工误差。

利用连续梁成桥设计的负弯矩预应力筋为支承，是连续梁分段悬浇施工的受力特点。悬浇中各独立 T 构的梁体处于负弯矩受力状态，随着各 T 构的依次合龙，梁体也依次转化为成桥状态的正负弯矩交替分布形式，这一转化就是连续梁的体系转换。因此，连续梁悬浇施工的过程就是其应力体系转换的过程，也就是悬浇时实行支座临时固结、各 T 构的合龙、固结的适时解除、预应力的分配以及分批依次张拉的过程。通常多跨连续梁合龙段施工的顺序为先各边跨，再各次边跨，最后为中跨。次边跨和中跨合龙段施工的原则和要求类似边跨合龙施工，中跨合龙段因温差引起的变形变位大，由此产生的应力也大，对合龙临时连续约束的设施亦有更高要求。

六、悬臂浇筑梁段混凝土时的注意事项

(1) 挂篮就位后，吊架安装并校正模板，此时应对浇筑预留梁段混凝土进行抛高，以使施工完成的桥梁符合设计标高。抛高值包括施工期结构挠度、因挂篮重力和临时支承释放时支座产生的压缩变形等。

(2) 模板安装应核准中心位置及标高，模板与前一段混凝土面应平整密贴。如上一节段施工后出现中线或高程误差需要调整时，应在模板安装时予以调整。

(3) 安装预应力预留管道时，应与前一段预留管道接头严密对准，并用胶布包贴，防止灰浆渗入管道。管道四周应布置足够定位钢筋，确保预留管道位置正确，线形平顺。

(4) 浇筑混凝土时，可以从前端开始，应尽量对称平衡浇筑。浇筑时应加强振捣，并注意对预应力预留管道的保护。

(5) 为提高混凝土早期强度，以加快施工速度，在设计混凝土配合比时，一般加入早强剂或减水剂。上海地区一般采用 SN—2 减水剂。混凝土梁段浇筑一般 5～7d 一个周期。为防止混凝土出现过大的收缩、徐变，应在配合比设计时按规范要求控制水泥用量。

(6) 梁段拆模后，应对梁端的混凝土表面进行凿毛处理，以加强接头混凝土的连接。

(7) 箱梁梁段混凝土浇筑，一般采用一次浇筑法，在箱梁顶板中部留一窗口，混凝土由窗口注入箱内，再分布到底模上。当箱梁断面较大时，考虑梁段混凝土数量较多，每个节段可分二次浇筑，先浇筑底板到肋板倒角以上，待底板混凝土达一定强度后，再支内模，浇筑肋板上段和顶板。其接缝按施工缝要求进行处理。

(8) 箱梁梁段分次浇筑混凝土时，为了不使后浇混凝土的重力引起挂篮变形，导致先浇混凝土开裂，要有消除后浇混凝土引起挂篮变形的措施。

第二节 悬 臂 拼 装 法

悬臂拼装法施工是在工厂或桥位附近将梁体沿轴线划分成适当长度的块件进行预制，然后用船或平车从水上或从已建成部分桥上运至架设地点，并用活动吊机等起吊后向墩柱

两侧对称均衡地拼装就位，张拉预应力筋。重复这些工序直至拼装完悬臂梁全部块件为止。

预制块件的长度取决于运输、吊装设备的能力，实践中已采用的块件长度为1.4～6.0m，块件重量为14～170t。但从桥跨结构和安装设备统一考虑，块件的最佳尺寸应使重量在35～60t范围内。

预制块件要求尺寸准确，特别是拼装接缝要密贴，预留孔道的对接要顺畅。为此，通常采用间隔浇筑法来预制块件，使得先完成块件的端面成为浇筑相邻块件时的端模，如图6-7-12所示（图中数字表示浇筑次序）。在浇筑相邻块件前，应在先浇块件端面上涂刷肥皂水等隔离剂，以便分离出坑。在预制好的块件上应精确测量各块件相对标高，在接缝处作出对准标志，以便拼装时易于控制块件位置，保证接缝密贴，外形准确。

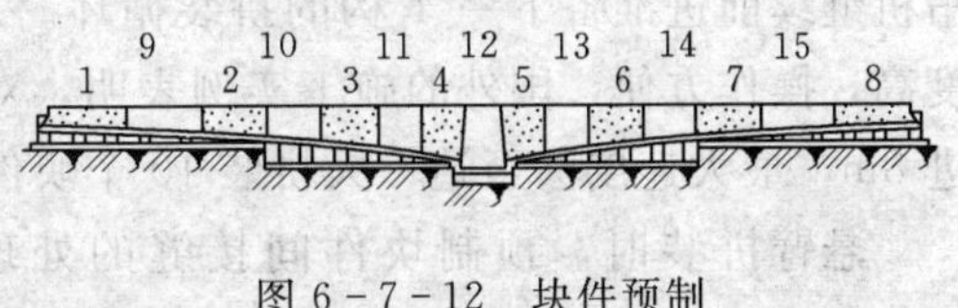

图6-7-12　块件预制

预制块件的悬臂拼装可根据现场布置和设备条件采用不同的方法来实现。当靠岸边的桥跨不高且可在陆地或便桥上施工时，可采用自行式吊车、门式吊车来拼装。对于河中桥孔，也可采用水上浮吊进行安装。如果桥墩很高或水流湍急而不便在陆上、水上施工时，可利用各种吊机进行高空悬拼施工。

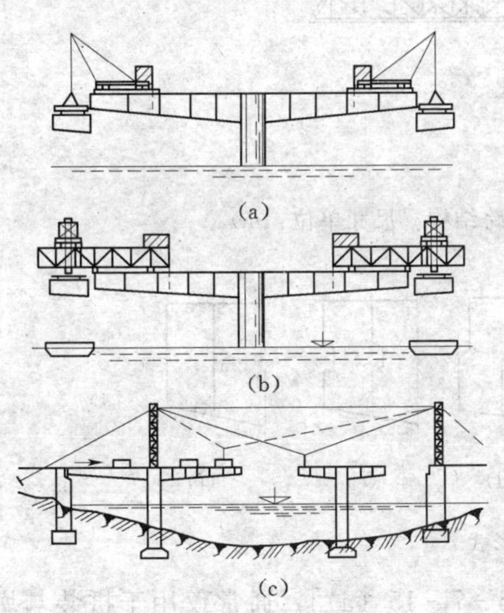

图6-7-13　高空悬臂拼装

图6-7-13（a）表示用沿轨道移动的伸臂吊机进行悬臂拼装，预制块件用船运至桥下。国郊用此法曾拼装了长6m重170t的箱形块件。

图6-7-13（b）表示出用拼拆式活动吊机，进行悬拼的示意图。吊机的承重结构与悬臂浇筑法中挂篮的相仿，不过在吊机就位固定后起重平车可沿承重梁顶面的轨道纵向移动，以便拼装时调整位置。

图6-7-13（c）表示出用缆索起重机吊运和拼装块件的简图，此法适用于起重机跨度不太大，块件重量也较轻的场合。

在无法用浮运设备运送块件至桥下而需要从桥的一岸出发修建多孔大跨径预应力混凝土桥梁时，还可以采用特制的自行式的悬臂—闸门式吊机进行悬臂拼装施工。图6-7-14表示出这种吊机在施工过程中两种主要位置的图式。

吊机由钢桁架承重梁、两个（中间和尾部）移动支架、一个（前端）带有调节千斤顶的铰接支架以及沿桁架下弦轨道可移动的起重平车组成。桁架长度稍大于安装桥孔的跨度，移动支架可使安装块件在中间通过，起重平车可使被吊起的块件作横向和竖向移动以及在平面内转动。图6-7-14（a）表示吊机在已拼完的悬臂梁上前进行走至中间支架达到悬臂端时的位置。此后的基本工序为［图6-7-14（c）］将前端铰接支架临时支承在墩身外侧托架上，调节三个支点的受力使吊机按连续梁工作，起吊、移运和安装墩顶零号块件，在已安装块件顶部设置辅助木墩架，用千斤顶调整使压力从前端支架传至此木墩架［图6-7-14（b）］，并使中间支点脱空，利用后支架和前支点移动吊机至中间支架到达墩顶零号块上就位，调节千斤顶使压力从木墩架传至中间支架，拆除木墩架［图6-7-14（c）］在零号块两侧对称地逐块拼装和张拉预应力筋，直至拼装完悬臂端块为止（注意：块件在吊运中应在平面内旋转90°才能通过支架），在两相邻悬臂间安设连接构件后，吊机继续前进准备下一T构的拼装循环。采用这种吊机的悬臂拼装，速度快，机械化程度高，操作方便，国外的施工实例表明，对于80m左右跨径的桥梁，平均进度为每天推进8m，最大速度甚至达一天拼装10个块件，即一天推进33m。

悬臂拼装时，预制块件间接缝的处理分湿接缝，干接缝和半干接缝等几种型式（图6-7-15）。

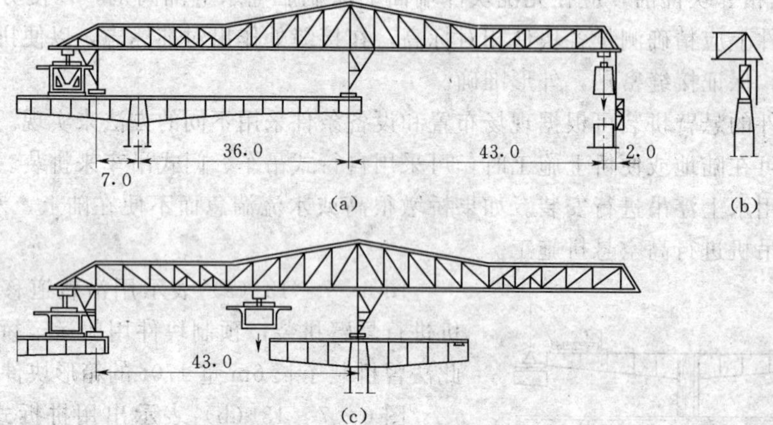

图6-7-14 悬臂—闸门式吊机拼装桥跨结构（尺寸单位：m）

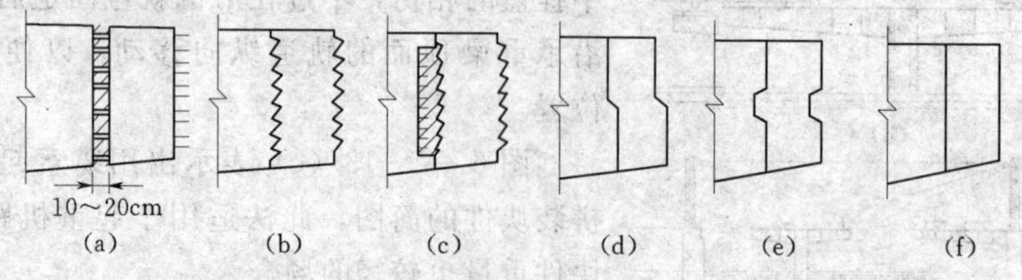

图6-7-15 接缝形式

需要将伸出钢筋焊接后灌混凝土的湿接缝［图6-7-15（a）］，通常仅用于拼装与墩柱连接的第一对块件和在支架上拼装的岸边孔桥跨结构。在满足抗剪强度要求的情况下，也可采用无伸出钢筋而仅填筑水泥砂浆的平面湿接缝。湿接缝的施工费时，但它能有利于调整块件的拼装位置和增强接头的整体性。密贴的平面或齿形干接缝可以简化拼装工作，早期曾有采用，但由于接缝渗水会降低装配结构的运营质量和耐久性，故目前已很少应用。在悬臂拼装中采用最为广泛的是应用环氧树脂等胶结材料使相邻块件黏结的胶接缝［图6-7-15（b）、（d）、（e）和（f）］。胶接缝能消除水分对接头的有害作用，因而能提高结构的耐久性，除此以外，胶接缝还比干接缝具杇较大的抗剪能力。胶接缝可以做成平面型［图6-7-15（f）］、多齿型［图6-7-15（b）］，单阶型［图6-7-15（d）］和单齿

型［图 6-7-15 (e)］等型式。齿型和单阶型的胶接缝用于块件间摩阻力和黏聚力不足以抵抗梁体剪力的情况。［图 6-7-15 (c)］表示半干接缝的构造，已拼块件的顶板和底板作为拼接安装块件的支托，而在腹板端面上有形成骨架的伸出钢筋，待浇筑混凝土后使块件结合成整体。这种接缝可用来在拼装过程中调整悬臂的平面和立面位置。

悬臂拼装法施工的主要优点是：梁体块件的预制和下部结构的施工可同时进行，拼装成桥的速度较现浇的快，可显著缩短工期，块件在预制场内集中制作，质量较易保证，梁体塑性变形小，可减少预应力损失，施工不受气候影响等；缺点是：需要占地较大的预制场地，为了移运和安装需要大型的机械设备。

思　考　题

6-1　桥梁施工与哪些因素有关？

6-2　桥梁施工前必须做好哪些技术准备工作？

6-3　桥梁施工劳动组织准备和物资准备工作包括哪些内容？

6-4　施工现场的准备工作的具体内容有哪些？

6-5　在桥涵施工准备阶段和施工过程中，测量工作包括哪些内容？

6-6　桥涵施工放样的主要工作内容有哪些？

6-7　布设桥梁三角网应注意哪些事项？

6-8　简述采用方向交会法测设水中桥墩的位置的测量方法。

6-9　简述墩台纵横轴线的测设方法。

6-10　画图并简述正桥和斜交桥梁的锥坡坡脚放样步骤。

6-11　简述水准点的布设原则和布设方法。

6-12　基坑壁围护的方法有哪几种？

6-13　基坑排水的方法有哪几种？

6-14　轻型井点降水法的适用条件是什么？轻型井点系统的主要设备有哪些？井点降水法注意事项是什么？

6-15　基坑检验与处理的内容有哪些？

6-16　修筑围堰的注意事项有哪些？各种围堰的适用条件是什么？

6-17　钻孔灌注桩施工时护筒的作用是什么？埋置护筒时的注意事项有哪些？

6-18　钻孔灌注桩成孔时，泥浆起什么作用？制备泥浆应控制哪些指标？

6-19　钻孔灌注桩有哪些成孔方法，各适用什么条件？

6-20　按泥浆循环的程序不同分为哪两种方法？简述正循环与反循环的泥浆循环顺序。

6-21　钻孔时注意事项有哪些？

6-22　钻孔灌注桩浇筑水下混凝土前清孔目的是什么？清孔的方法有哪几种？

6-23　如何确定灌注桩首批混凝土的数量？

6-24　水下灌注混凝土应满足哪些要求？

6-25　灌注水下混凝土注意事项有哪些？

6-26　在什么情况下可采用挖孔桩？挖孔时的注意事项有哪些？

6-27　预制钢筋混凝土桩吊点位置的设计原则是什么？单点和两点起吊吊点的位置距桩端的距离分别是多少？

6-28　打桩过程中的注意事项有哪些？

6-29　简述灌注桩施工中常见事故预防及处理措施。

6-30　简述预制桩施工中常见事故预防及处理措施。

6-31　简述旱地上沉井施工工艺。

6-32　第一节沉井施工时，抽撤垫木的顺序是什么？

6-33　沉井施工采用挖土斗挖土时，应注意哪些事项？

6-34　水中沉井施工一般采用什么方法？

6-35　沉井下沉过程中常遇到的问题有哪些？试分析原因并提出处理措施。

6-36　石砌墩台施工的基本要求是什么？

6-37　石砌墩台砌筑时的注意事项有哪些？

6-38　简述桥涵施工规范中对模板的施工要求。

6-39　滑动式模板滑升的原理是什么？

6-40　模板刚度和稳定性验算时应满足哪些要求？

6-41　模板安装的技术要求有哪些？

6-42　使用芯模的注意事项有哪些？

6-43　简述滑升、提升、爬升及翻转模板的技术要求。

6-44　模板、支架的拆除期限应符合什么规定？

6-45　模板拆除时的技术要求有哪些？

6-46　钢筋下料长度是如何计算的？

6-47　钢筋配料注意事项是什么？

6-48　当施工图中采用的钢筋品种或规格与库存材料不一致时，应参考什么原则进行代换？

6-49　闪光接触对焊、电弧焊接头的外观检查分别应满足什么要求？

6-50　钢筋骨架的焊接为什么要先点焊后跳焊？

6-51　混凝土中的外加剂有哪几种？在混凝土中掺入外加剂时还应符合哪些规定？

6-52　不同结构混凝土浇筑入模时的坍落度分别是多少？

6-53　泵送混凝土的配合比应符合哪些规定？采用泵送混凝土应符合什么规定？

6-54　混凝土浇筑的一般要求有哪些？

6-55　混凝土中埋放石块时应符合什么规定？

6-56　采用滑升模板浇筑墩台混凝土时应符合什么规定？

6-57　大体积墩台基础混凝土，采用分块浇筑时应符合哪些规定？

6-58　对桥梁大体积混凝土工程施工应注意哪些问题？如何控制混凝土的水化热？

6-59　混凝土养护应满足哪些要求？

6-60　热期混凝土施工应检查哪些项目？

6-61　雨期混凝土施工应采取哪些技术措施？

6-62　浇筑混凝土前应检验哪些项目？拌制和浇筑混凝土时应检验哪些项目？浇筑混凝土后应检验哪些项目？

6-63　简要叙述先张法预应力施工的程序及其优缺点。

6-64　先张法施工常用的放松预应力钢筋的方法有哪几种？

6-65　简要叙述后张法预应力施工的程序及其优缺点。

6-66　孔道压浆的目的是什么？压浆时的注意事项有哪些？

6-67　什么是悬臂施工法？悬臂施工的施工特点有哪些？

6-68　什么是悬臂浇筑法？简述悬臂浇筑法的施工工艺。

6-69　挂篮的主要构造有哪些？挂篮设计的主要内容有哪些？

6-70　悬臂浇筑梁段混凝土时的注意事项有哪些？

6-71　什么是悬臂拼装法？悬臂拼装法的施工特点是什么？

第七篇　隧道结构与施工

第一章　公路隧道结构构造

公路隧道是公路工程的重要组成部分。修建隧道的目的是为了在地下占据一定的空间，以保证车辆安全运行。

图 7-1-1　隧道的组成

(a) 洞身；(b) 洞门

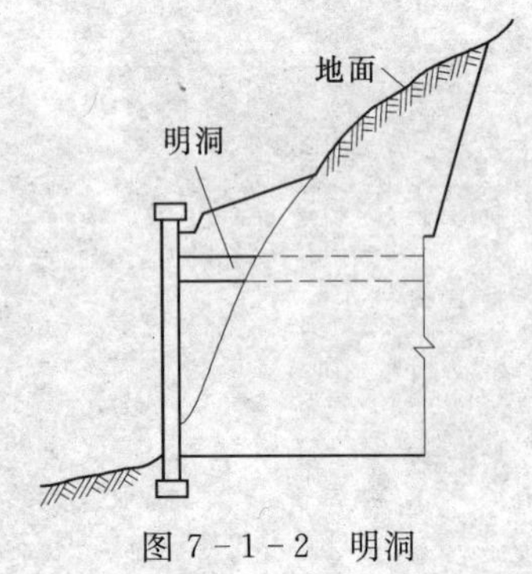

图 7-1-2　明洞

隧道的主体建筑物由洞身衬砌和洞门建筑两部分所组成，如图 7-1-1 所示。在洞门容易坍塌地段，则应接长洞身（即早进洞或晚出洞），或加筑明洞洞口，如图 7-1-2 所示。

公路隧道的附属建筑物，主要包括：人行道（或避车洞）和防、排水设施，长、特长隧道还有通风道、通风机房、供电、照明、信号、消防、通信、救援及其他量测、监控等附属设施。

本章主要叙述公路隧道建筑物的构造和功能及衬砌建筑材料，并介绍洞身衬砌类型、明洞构造、洞门构造及隧道的路面构造和类型。

第一节　洞身衬砌结构类型

一、洞身衬砌结构类型

公路隧道衬砌，根据洞身围岩类别的不同可以采用下述各种类型。

1. 防护衬（亦称饰面衬砌）

防护衬的作用是防止坑道围岩的风化，适用于Ⅵ类围岩。一般在围岩表面喷射不大于 5cm 的混凝土层。在围岩极不容易风化及无局部掉块的情况，亦可不加防护。

2. 喷锚衬砌

如图7-1-3所示，喷锚衬砌适用于Ⅴ类及Ⅵ类围岩。喷混凝土厚6～15cm，必要时可增设钢筋网。

岩石隧道掘进机，是开挖岩石隧道的一种机械化切削机械，其开挖断面通常为圆弧形，开挖以后可采用喷射混凝土、喷锚衬砌或拼装预制构件衬砌等型式。

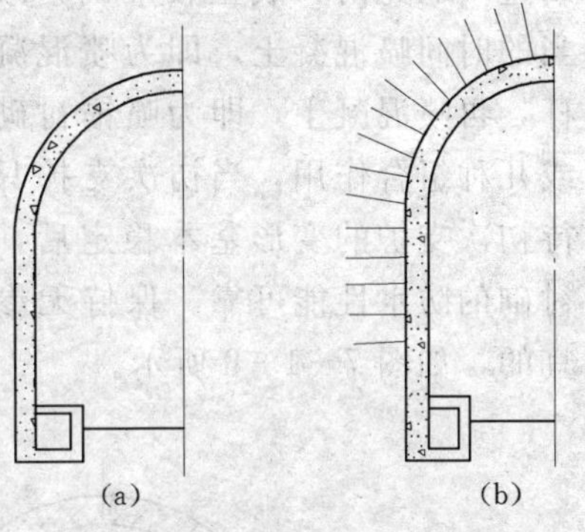

图7-1-3 喷射衬砌与喷锚衬砌
(a) 喷射混凝土衬砌；(b) 喷锚衬砌

3. 大拱脚薄边墙衬砌

如图7-1-4所示，适用于Ⅴ类、Ⅳ类围岩。边墙可用喷混凝土做成，亦可用混凝土整体灌浇。采用此类衬砌可使拱脚稳固地直接支承在两侧围岩上，以改善拱圈的受力条件，减少边墙的开挖及衬砌圬工数量，降低工程造价。

4. 直墙式衬砌

如图7-1-5所示，一般设计为等截面的直墙式衬砌，通常用于岩石地层垂直围岩压力为主要计算荷载、水平围岩压力很小的情况。一般适用于Ⅴ类、Ⅳ类围岩。若在一个隧道全长范围内，仅局部地段为Ⅳ类以下围岩，则此类衬砌也可用于Ⅲ类围岩，以使全隧道衬砌内部轮廓一致，便于施工等。实际上，同一座隧道内的地质条件常常是复杂、多变的，往往也会突变。对此应有准确的认识，施工中应做好地质预报工作，以便及时采取有效的应变措施，或变更衬砌结构设计和施工方法等。

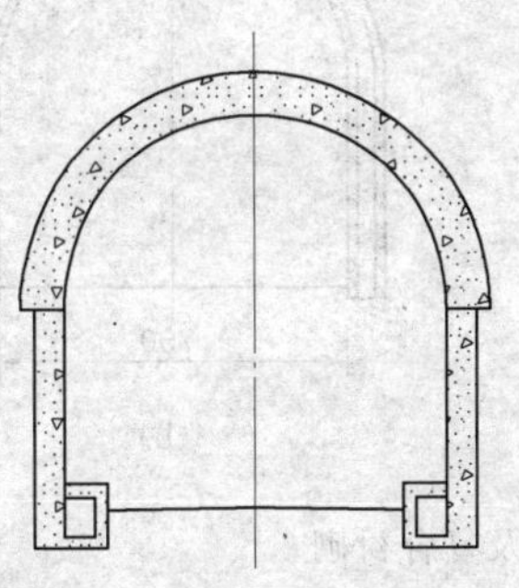

图7-1-4 拱脚薄边墙

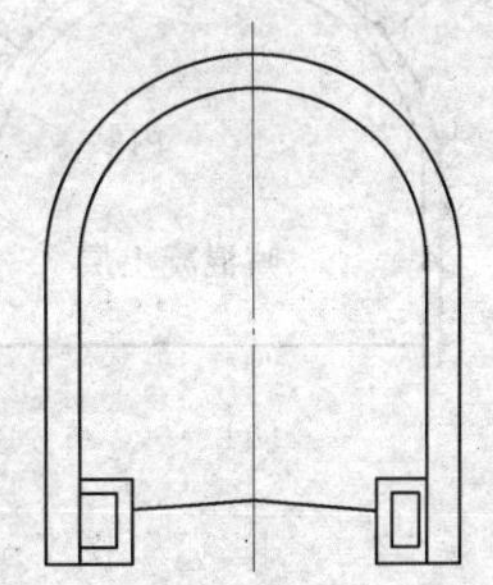

图7-1-5 直墙式衬砌

如果围岩完整性较好，在Ⅴ类围岩中，边墙可采用连拱或柱，称为连拱，柱式边墙。

5. 曲墙式衬砌

适用于Ⅲ～Ⅰ类围岩。一般在Ⅰ类、Ⅱ类围岩中，围岩水平压力甚大，或除了围岩垂直压力外，常有底压力，因此，可把边墙做成曲线形状。当地质条件较差时，为防止衬砌沉陷，抵御底鼓压力，使衬砌形成环状封闭结构，在隧道底面设置仰拱，称为带仰拱的封闭式曲墙衬砌，如图7-1-6所示。当基础地基条件比较好，可采用无仰拱的曲墙式衬砌，如图7-1-7所示。

6. 喷混凝土衬砌、喷锚衬砌及复合式衬砌

为了使喷混凝土衬砌结构的受力状态臻于理想化，要求采用光面爆破开挖，使洞室

周边平顺光滑，成型较准确，减少超挖或欠挖。然后，通过监控量测设计，确定在适当的时间喷混凝土，即为喷混凝土衬砌。根据实际情况，需要安装锚杆的则先装设锚杆，再喷混凝土，即为喷锚衬砌，如果以喷混凝土、锚杆或钢拱架、钢筋网中的一种或几种组合作用，当初次支护只是对围岩进行加固，维护围岩稳定，防止有害松动。待初次支护的变形基本稳定后，进行现浇混凝土作为二次支护，即为复合衬砌。为使衬砌的防水性能可靠，保持无渗漏水，采用塑料板作复合式衬砌中间防水层是比较适宜的，如图 7-1-8 所示。

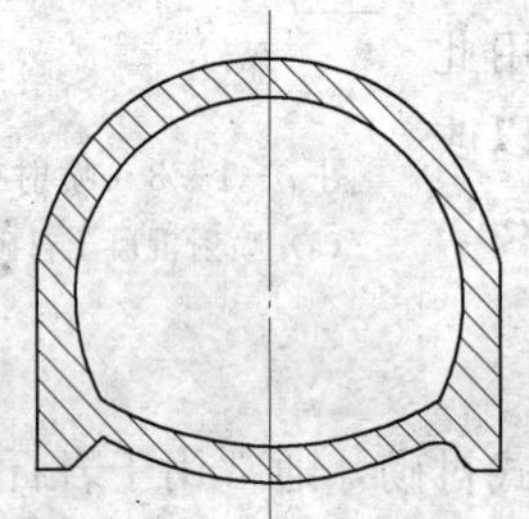

图 7-1-6　封闭式曲墙衬砌

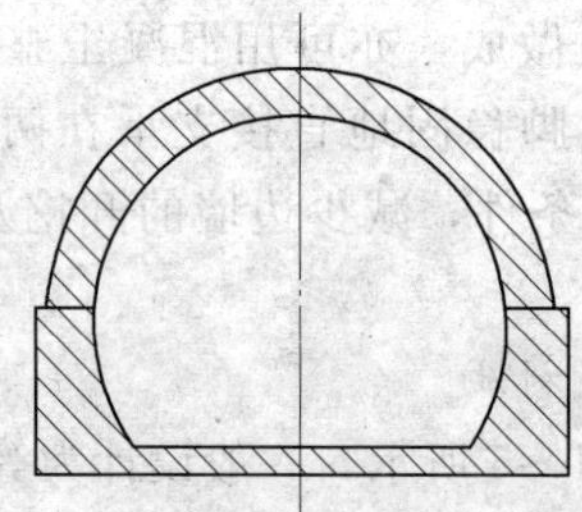

图 7-1-7　无仰拱的曲墙衬砌

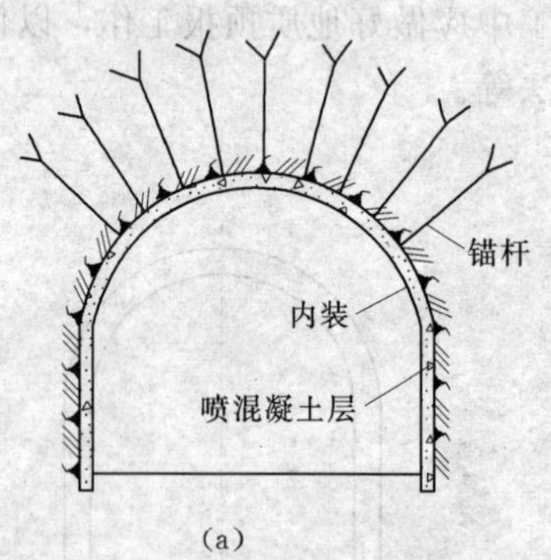

(a)

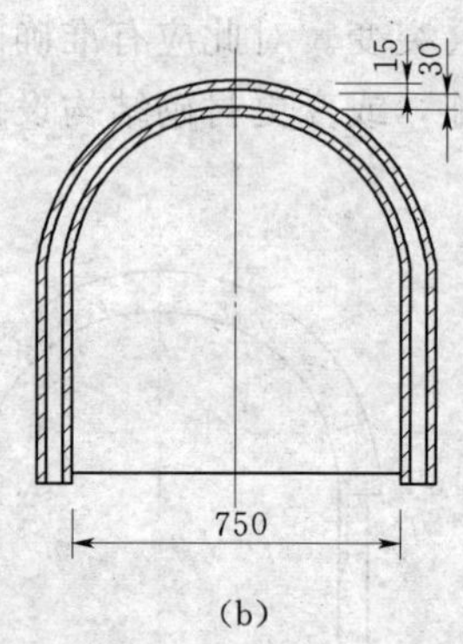

(b)

图 7-1-8　喷锚衬砌及复合衬砌

(a) 组合式衬砌；(b) 复合式衬砌

7. 钢花拱或钢筋混凝土衬砌

当隧道通过塌方、断层地段，或在Ⅰ类围岩中，由于作用荷载很大，采用曲墙式混凝土衬砌，因其截面太厚，施工困难，即费料费工，故此宜采用带有劲性钢骨的、厚度较小的钢花拱衬砌或钢筋混凝土衬砌。

8. 结构不对称的偏压、衬砌

当地面坡度陡于 1∶0.25 时，线路中线外侧山体覆盖较薄，或由于地质构造引起偏压，使衬砌结构承受显著不对称的围岩压力，适宜采用不对称的衬砌结构，即偏压衬砌。偏压衬砌适用于Ⅳ～Ⅱ类围岩，根据其受力要求，一般设计为对称的曲墙带仰拱的衬砌结构型式。也有设计为不对称式的偏压衬砌，如图 7-1-9 所示。

二、装配式隧道衬砌的构造及设计原则

1. 采用装配式隧道衬砌构造的目的

从坑道开挖岩层到修建永久衬砌工程之间间隔时间，应当尽力减至最短，这是隧道建筑的一项基本原则。衬砌后，向永久衬砌背后压注水泥灰浆便能保证使衬砌与周围地层紧密连接，防止地层压力增长。

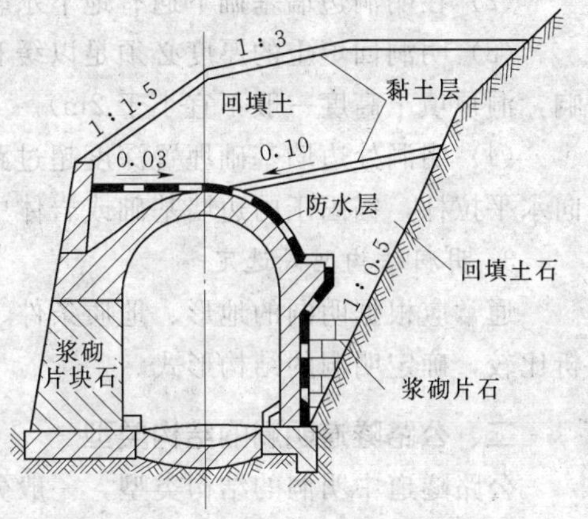

图 7-1-9　不对称的偏压、衬砌

因为整体式混凝土衬砌施工很困难，仅适用于矿山法开挖的隧道，故此法很少采用，如采用装配式衬砌，可在预制厂或在工地预制场内以工业化方法制备装配式衬砌构件，然后运送到地下刚开挖好的坑道拼装，并在其后压注砂浆使其立即支护加固地层，以达到加快施工进度，缩短工期及降低成本等主要目的。

2. 隧道装配式衬砌设计原则

(1) 衬砌分块应从每环的分块接头、防水与开挖等问题来全面考虑，分块要尽量大些，但避免过大、太重，否则，不便于施工（当地质条件良好和干燥无水时，方可采用拼装式衬砌）。

(2) 砌块形状要求简单，易于在工厂预制。

(3) 砌块的接头数目和接头总长要求尽量减少，以有利于防水，抗渗和防侵蚀等。

(4) 若采用轻质混凝土装配式衬砌去代替重混凝土衬砌，则可以减轻砌块自重，容易同时满足本设计原则的第（1）～（3）条的要求。

第二节　明洞构造及类型

洞顶覆盖层较薄，难以用暗挖法修建隧道时，例如：隧道洞口或路线当通过不良地质地段，路堑边坡可能发生塌方，中小滑坡、落石、雪害或泥石流等危害的地段，道路之间形成立体交叉，但又不宜做立交桥时，通常宜修建明洞。以明挖法施工修建的隧道，或在露天修建而有回填土予以遮盖的衬砌结构，称为明洞。

一、拟建明洞的原则

1. 核查地形、地貌和地质水文情况

在拟建明洞的地方，应详细调查该地址的地形、地貌、地质和水文地质情况。在有可能发生大滑坡和有大量坍方的地方不宜修明洞。

2. 地基与基础处理

明洞所在位置，通常地形、地质条件比较复杂，明洞基础条件差，所以修建明洞时，为确保结构的安全与稳定，应当慎重处理地基与基础。

(1) 明洞边墙基础应放置在稳固的岩层上，在特殊困难的地质条件下，边墙基础可放在坚硬的土壤上，但其埋置深度应在距冻结线 25cm 以下，并应在地基上或明洞建结构上加以特殊处理，还应进行对边墙和拱圈的计算和验算。

(2) 在明洞边墙基础下遇有地下水较多时，则应将地下水妥善地引离边墙基础。

(3) 明洞回填土的厚度必须足以缓和边坡上石块下坠之冲击力（考虑此项冲击力的影响，洞顶填土高度一般不宜小于 2m）。

(4) 明洞处边墙基础埋置深度超过路面以下 3m 时，宜在路面以下设置钢筋混凝土横向水平拉杆，锚固于内边墙基础或岩体中，或采用锚杆锚固于稳定的岩体中。

3. 明洞结构型式选定

通常应根据明洞的地形、地质条件、荷载分布情况、营运安全、施工方法以及经济分析比较，确定明洞的结构形式。

二、公路隧道明洞的结构类型

公路隧道中明洞的结构类型，一般分为拱式明洞、箱形明洞和棚式明洞三类。选择明洞的结构类型应根据地形、地质、安全与稳定性、经济实用以及施工条件等因素分析确定，现分别概述如下。

1. 拱式明洞

如图 7-1-10、图 7-1-11 所示。

当边坡坍方数量较大，落石较多，基础条件较好时，宜采用拱形明洞。图 7-1-10 为路堑拱式明洞，其受力对称，因此，结构也对称。图 7-1-11 为常用的半路堑式偏压（单压）明洞。它主要承受回填土石和塌方落石的单侧压力作用，为此，拱圈常采用钢筋混凝土结构，且外墙尺寸较厚，可达 3～5m，即因受力不对称，则结构亦不对称。为了节约圬工数量，通常在浆砌片石外墙上每隔 3～4m，开设一个洞孔。明洞采用外贴式防水层，确保防水质量。

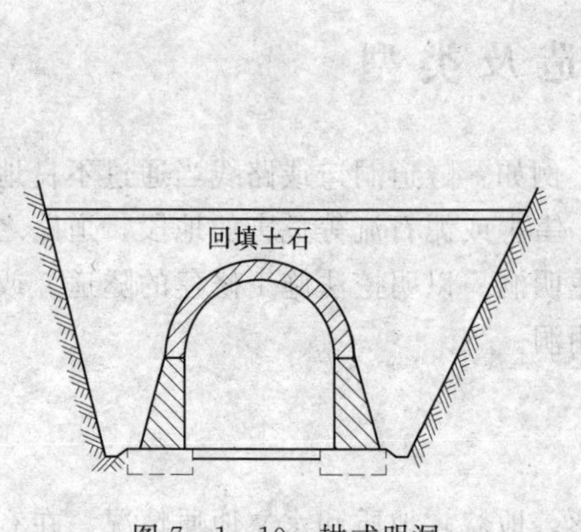

图 7-1-10 拱式明洞

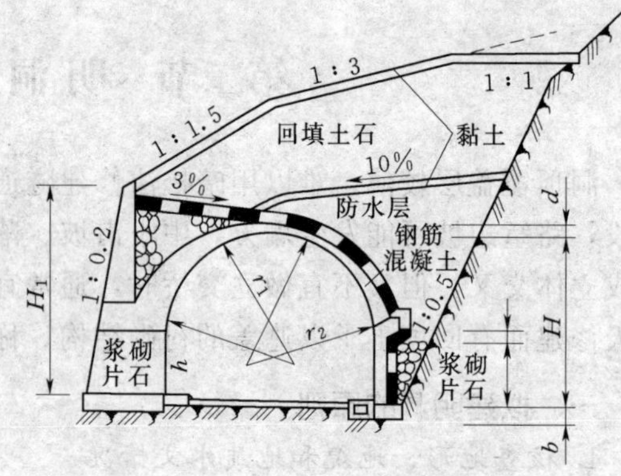

图 7-1-11 拱式明洞（半路堑式）

拱式明洞的内外墙身用混凝土结构、拱顶用钢筋混凝土结构，整体性较好，能承受较大的垂直压力和单向侧压力。必要时加设仰拱。通常情况，用作洞口接长衬砌的明洞，多选用拱式明洞。

2. 箱形明洞

在明洞净高、建筑高度受到限制，地基软弱的地方，可采用箱形明洞。图 7-1-12 为方形刚构明洞，全部用钢筋混凝土制成的方形整体明洞。若右侧岩层顺层滑动，利用上

部回填土石的压力及底层的弹性抗力，平衡侧向岩层滑动的推力，并传于左侧岩层上。回填土高度根据两侧岩层滑动力的大小决定。需要分段施工，两侧紧贴岩层，保持原岩层不致因施工开挖而产生滑动。超挖回填片石的强度不低于该处岩石的抗压强度等。

3. 棚式明洞

当线路外侧地基承载力不足，且受地形条件限制，难以修建拱式明洞时，可采用棚式明洞，如图 7-1-13 所示。棚式明洞由顶盖和内外边墙组成。顶盖通常为钢筋混凝土梁式结构（板梁或T形横梁），内边墙一般采用重力式结构，并应置于基岩或稳固的地基与基础上。当岩层坚实完整，干燥无水或少水时，为减少开挖和节约圬工，可采用锚杆式内边墙。外边墙可以采用墙式、刚架式、柱式结构，但耗用钢筋较多。

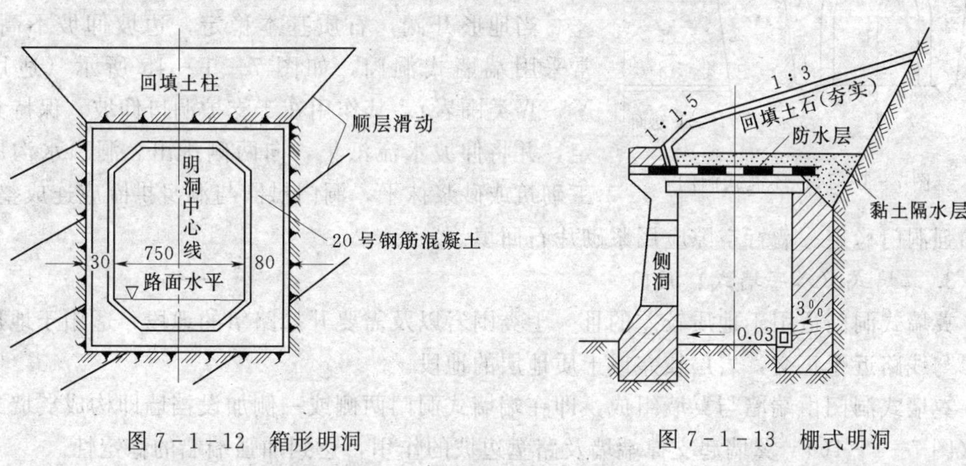

图 7-1-12 箱形明洞
（尺寸单位：cm）

图 7-1-13 棚式明洞

第三节 洞门构造及类型

一、隧道洞门

隧道两端的出入口都要修建洞门。洞门的作用是保持洞口仰坡和路堑边坡的稳定，汇集和排除地面水流，保护洞门附近岩（土）体的稳定和使车辆不受崩塌、落石等的威胁，确保行车安全。洞门是隧道的咽喉，也是隧道外露部分，在保障安全的同时，还应根据实际情况，选择适合的洞门型式，并应适当进行洞门美化和环境美化。洞门结构型式应实用、经济、美观、醒目；洞门墙应根据实际情况设置伸缩缝、沉降缝和汇水孔；洞门墙的厚度可按计算或结合其他建成隧道洞门工程类比法确定；洞门墙基础必须埋置在稳固地基上，应视地形及地质条件，埋置足够的深度，保证洞门的稳定性。基底埋入土质地基的深度应不小于 1m，嵌入岩石地基的深度应不小于 0.5m，冻胀土层基底应设在冻结线以下不小于 0.25m，墙基底埋设的深度应大于边墙各种沟、槽、管道基底埋设的深度。

山岭隧道、城市道路隧道与水底公路隧道等的洞门构造型式各有特点。山岭公路隧道洞门型式主要有：环框式洞门、翼墙式洞口、柱式洞门及台阶式洞门。水底隧道的洞门通常与附属建筑物（如通风、供电、发电间、管理所、监控室等）结合在一起修建。城市道路隧道无论是山岭隧道，或水底隧道，其交通量都比较大，对洞门建筑艺术的要求比较

高。当洞口的山体岩（土）体若有滚落碎石块可能时，一般应接长明洞，以减少对仰坡、边坡的扰动，使洞门墙离开仰坡底部有一段距离，确保落石不会落在行车道上。

二、隧道洞门型式

1. 环框式洞门（装饰洞门）

当隧道洞口岩层坚硬、整体性好、节理不发育，且不宜风化，路堑开挖后仰坡极为稳定，又无较大的排水量要求时，可采用环框式洞门，如图 7-1-14 所示。它适用于Ⅵ类围岩。环框与洞口衬砌可用混凝土整体灌筑。

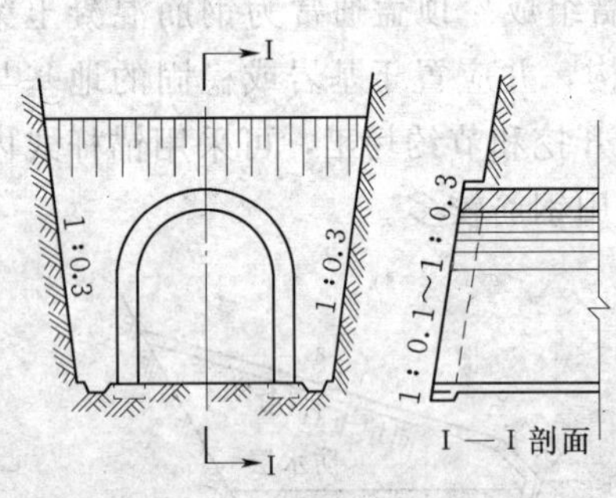

图 7-1-14 环框式洞门

2. 端墙式洞门（一字墙式）

当地形开阔，石质基本稳定，边坡仰坡不高时，常采用端墙式洞门，如图 7-1-15 所示（适用于Ⅴ～Ⅳ类围岩）。其作用在于支护洞口仰坡，保持其稳定，并将仰坡水流汇集，向两侧排出。洞顶水沟用圬工砌筑或砂浆抹平，洞门拱圈与洞身拱圈应连成整体，以加强洞门稳定。墙背空隙应用浆砌片石回填。

3. 翼墙式（八字墙式）洞门

翼墙式洞门适用于地质较差的Ⅲ～Ⅰ类围岩以及需要开挖路堑的地段，适用于地形等高线与线路近于正交，岩层较差或土质地层的地段。

翼墙式洞门由端墙与翼墙组成，即在端墙式洞门两侧或一侧加设挡墙即构成翼墙式洞门（图 7-1-16）。翼墙起支撑端墙及路堑边坡的作用，达到加强端墙的稳定性。

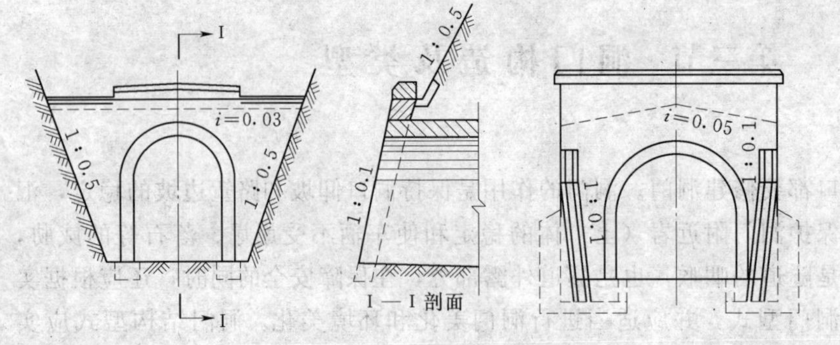

图 7-1-15 端墙洞门

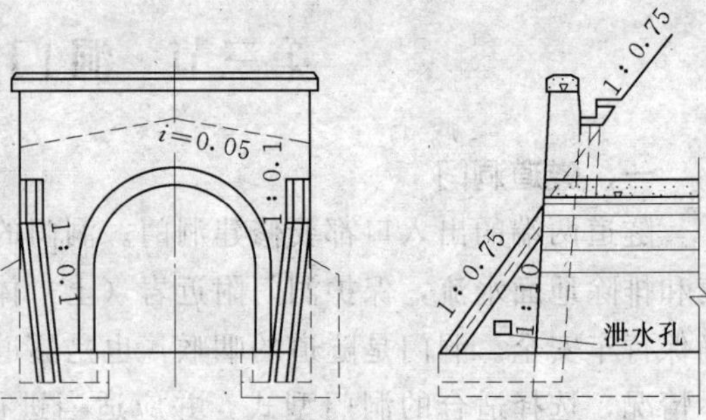

图 7-1-16 翼墙式洞门

4. 柱式洞门

当地形开阔，但地质条件较差，仰坡下滑可能性较大或端墙长度较长时，通常在端墙的中部设置尺寸较粗大的柱墩 2～4 个，以增加端墙的稳定性。这种洞门称为"柱式隧道洞门"，如图 7-1-17 所示。它尤其适用于城市交通要道、风景区或长大隧道的洞口（适用于Ⅳ～Ⅲ类围岩）。

5. 台阶式洞门

当洞口位于地形等高线与线路斜交，地形横坡较陡的傍山地段时，可将端墙式洞门顶

部改为台阶式即成为台阶式洞门，如图 7-1-18 所示。这样可达到减少洞门圬工数量的目的，其尺寸视地面横坡而定。

图 7-1-17 柱式洞门

图 7-1-18 台阶式洞门

此外，对于明洞也有相应的明洞洞门，用以保证明洞衬砌回填土及边、仰坡的稳定，并排除洞顶坡面之汇水。其型式和构造与其连接明洞的构造有关。明洞洞门的布置依地形、地质条件而定，在地质条件较好时，均采用端墙式洞门；地质条件较差时，宜采用翼墙式洞门，其构造与一般隧道洞门大同小异。

第四节 公路隧道附属设施

公路隧道的附属设施和附属建筑物是保证车辆安全运行，改善洞内工作条件所必需的。附属设施通常包括：通风、供电、照明、信号、通信、标志、消防、救援、巡查、维修、报警、电缆、交通监控系统等；附属建筑通常包括：防水排水工程措施、安全避让设备等。本节仅对附属建筑中的防水、排水和附属设施工程及公路隧道行车道路面工程作介绍。

一、隧道防水和排水措施

1. 隧道防水与排水规定

(1) 隧道应采取可靠的防排水措施，保证使用期内行车安全、设备正常使用。

(2) 隧道防排水应视水文地质条件因地制宜地采取“以排为主，防、排、截、堵相结合”的综合治理原则，以达到排水畅通、防水可靠、经济合理、不留后患的目的。

(3) 对于地表水、地下水应采取妥善的处理，使洞内外形成一个完整通畅的防排水系统。

一般公路隧道应做到如下要求：

1) 拱部、边墙不滴水。

2) 路面不冒水、不积水、设备箱洞处不渗水，避免损坏洞内通信、信号、照明设备。

3) 冻害地区隧道衬砌背后不积水，排水沟不冻结，防止围岩冻胀对衬砌的危害、防止有侵蚀性地下水对衬砌的腐蚀。

4) 高速公路、汽车专用公路隧道应达到拱部、墙部及设备箱洞处均不渗水。

(4) 采取隧道洞内外修筑防排水工程措施时，应注意保护自然环境。

2. 防水措施

(1) 隧道首先要重视防止地表水的下渗，其措施为填平、铺砌、勾补、抹面等；对坑穴、钻孔等均应认真填实、封闭、防渗水和漏水等。

(2) 围岩破碎、涌水易塌方地段，宜直接向围岩内预压浆；当涌水量较大时，浆液应采用化学浆液；向衬砌背后压浆时，应防止因压浆而堵塞衬砌背后的排水设施。

(3) 隧道衬砌防水，首先采取引排措施，然后敷设衬砌内、外防水层；也可修建复合式衬砌，采取夹层防水层。

(4) 隧道施工缝、变形缝等处的防渗应采取专门的防水措施。

3. 排水措施

(1) 隧道洞外排水应根据地形、地质、气象情况，结合农田水利情况全面规划，因地制宜地设置疏水、截水、引水设施。

(2) 隧道洞内一般应设置纵向排水沟、横向排水坡或横向排水暗（盲）沟等排水设施。排水沟应符合下列规定：

1) 水沟坡度应与路线坡度一致，一般排水坡度不小于 0.5%，困难地段不小于 0.3%。

2) 隧道内宜设置双侧水沟，而有仰拱的隧道或需要设置深埋水沟的隧道，宜设置中心水沟，水沟侧面应设置足够的进水孔。

3) 水沟过水断面应根据水力计算确定，必要时，水沟应设置沉沙井、检查井，并应铺设盖板，其位置、结构构造应便于清理和检查。

4) 寒冷和严寒地区冬季有水的隧道，应按最冷月平均温度的高低，分别采用双侧保温水沟，中心深埋水沟或在主隧道下设置防寒泄水隧洞；隧道内可根据具体情况修筑防寒的环向、纵向盲沟，洞外可设暗沟、保温出水口等排水设施，使隧道内外形成一个通畅的防寒排水系统。

(3) 隧道围岩疏导排水应符合下列规定：

1) 在地下水出露处，宜在衬砌背后设置竖向盲沟，或以排水管（槽）、钻孔等引排。

2) 水量较大、出水面积较广时，衬砌背后应设置环向、纵向盲沟组成的排水系统，将水集排至排水沟内，还可根据需要设置反滤层。

3) 当地下水发育，含水层明显，又有长年补给水源时，可根据实际情况，尽量利用辅助坑道排水或设置泄水洞等截、排水设施。

(4) 当隧道洞内水质有侵蚀性时，应采取适当措施，防止排水造成环境污染。

(5) 常年干燥的短隧道，且洞外无水流通过时，可不设洞内排水沟。

4. 隧道洞口及明洞工程的防排水

(1) 隧道、明洞、辅助坑道的洞口（包括边仰坡）应设置截水沟和排水沟；洞口边仰坡应采取防护措施，防止地表水的下渗和冲刷。

(2) 当洞口处路堑为上坡时，在洞口外设反向排水沟和截流涵洞，防止洞外水流入隧道内。

(3) 明洞顶应设置排水系统，明洞回填顶面应设置不小于 5%的排水坡，填土内或坡面宜铺设防水层，并与开挖边坡搭接良好。

(4) 靠围岩的边墙顶、边墙后，宜设纵向和竖向盲沟，将水引至边墙底泄水孔排出。

(5) 明洞衬砌外缘应敷设外贴式或喷涂式防水层。

二、附属设施工程

1. 安全避让设备——避车洞

当隧道内不设人行道时，应根据隧道的长短及车流量考虑是否在隧道内设置避车洞。

避车洞的尺寸为：高×宽×深：2.2m×2.0m×1.0m。每隔50～60m设置一个避车洞，两边交错排列。

2. 设备洞、横通道及其他类洞室

这类洞的位置应设置在地质条件良好地段内。公路隧道边墙内的各类洞室、设备洞、消防洞、人行横通道出入口5m范围、行车横通道出入口10m范围内，一般应在正洞开挖至该处时一次挖好。为防止该处围岩松动，施工时可采用弱爆破方式进行，如有条件亦可采用掘进机开挖。

3. 隧道洞门及洞身的装饰

隧道洞门及洞身内采用的装修材料，常用的有瓷砖镶面，块状混凝土、油漆及喷涂、镶面板等。与之相应的有贴瓷砖或贴马赛克法、安装砌块法、喷涂法及镶板法等，应按照现行《装饰工程施工及验收规范》（GBJ 210—83）有关规定执行。

4. 营运管理设施

蓄水池混凝土，当达到设计强度后，应分次进行注水试验。压力管道（如通风、通水管道）亦应按公路隧道施工技术规范有关规定进行压力试验或进行渗水量试验。

第五节　隧道内路面工程

公路隧道内的路面，要求使用周期长，养护费用低，故常选用高等级路面，宜采用水泥混凝土路面，其与墙部连接处应设置变形缝，路面也应相应的设置变形缝。

公路隧道行车道路面设计，应符合《公路水泥混凝土路面设计规范》（JTG D40—2003）和《公路路面基层施工技术规范》（JTJ 034—2000）的有关规定。

公路隧道行车道路面修补较为困难，因此要求施工时必须满足质量要求。隧道内路面的抗磨耗性、抗滑性、平整度都将影响营运后的车辆通行能力，故施工时应严格控制质量要求。高寒地区隧道路面上易形成薄溜冰，为行车安全，路面应具有足够的粗糙度。

隧道通过软硬围岩交界处的衬砌设置沉降缝。为了不因衬砌下沉而拉裂路面，当路面上的横向伸缩缝、施工缝靠近衬砌的沉降缝时，应同衬砌沉降缝设在同一断面上。

隧道洞内光线较暗，应尽可能提高路面亮度，如采用白水泥、白色碎石等材料。沥青混凝土为黑色，对洞内照明不利，采用时应慎重考虑；若洞内不是干燥无水时，也不宜采用沥青混凝土路面。

公路隧道路面拉毛压槽作业如果不当，会使水泥浆体剥离路面，形成水泥渣，营运中经汽车碾压会变成尘埃，对洞内交通环境造成污染，因此施工时应予重视，使之符合技术规定。

第二章　公路隧道施工

第一节　概　述

一、隧道施工应遵循的基本精神和原则

以往人们都认为在地层中开挖坑道必然要引起围岩坍塌掉落，开挖的断面越大，坍塌的范围也越大。因此，传统的隧道结构设计方法是将围岩看成是必然要松弛塌落，而成为作用于支护结构上的荷载。传统的隧道施工方法则是将隧道断面分成为若干小块进行开挖，随挖随用钢材或木材支撑，然后，从上到下，或从下到上砌筑刚性衬砌。这也是和当时的机械设备、建筑材料、技术水平相一致的。

近十几年来，岩石锚杆、喷射混凝土的机械和岩石力学方面的进展，人们对开挖隧道过程中所出现的围岩变形、松弛、崩塌等现象有了深入的认识，为提出新的、经济的隧道施工方法创造了条件。1963年，由奥地利学者L·腊布兹维奇教授命名为“新奥地利隧道施工法（New Austria Tunnelling Method)”，简称“新奥法（NATM)”正式出台。它是以控制爆破或机械开挖为主要掘进手段，以锚杆、喷射混凝土为主要支护方法，理论、量测和经验相结合的一种施工方法。同时，又是一系列指导隧道设计和施工的原则，其中包括：

(1) 因为岩体是隧道结构体系中的主要承载单元，所以在施工中必须充分保护岩体，尽量减少对它的扰动，避免过度破坏岩体的强度。为此，施工中断面分块不宜过多，开挖应当采用光面爆破、预裂爆破或机械掘进。

(2) 为了充分发挥岩体的承载能力，应允许并控制岩体的变形。一方面允许变形，使围岩中能形成承载环；另一方面又必须限制，使岩体不致过度松弛而丧失或大大降低承载能力。为此，在施工中应采用能与围岩密贴、及时砌筑又能随时加强的柔性支护结构，例如，锚喷支护等。这样就能通过调整支护结构的强度、刚度和参与工作的时间（包括底拱闭合时间）来控制岩体的变形。

(3) 为了改善支护结构的受力性能，施工中应尽快闭合，而成为封闭的筒形结构。另外，隧道断面形状要尽可能地圆顺，以避免拐角处的应力集中。

(4) 在施工的各个阶段，应进行现场量测监视，及时提出可靠的、数量足够的量测信息，如坑道周边的位移或收敛、接触应力等，并及时反馈用来指导施工和修改设计。

(5) 为了敷设防水层，或为了承受由于锚杆锈蚀，围岩性质恶化、流变、膨胀所引起的后续荷载，采用复合式衬砌。

上述新奥法的基本原则可扼要的概括为：“少扰动、早喷锚、勤量测、紧封闭”。

二、隧道施工方法及其选择

一个多世纪以来，世界各国的隧道工作者在实践中已经创造出能够适应各种围岩的多

种隧道施工方法。习惯上将它们分成为：矿山法、掘进机法、沉管法、顶进法、明挖法等。

矿山法因最早应用于矿石开采而得名，它包括上面已经提到的传统方法和新奥法。由于在这种方法中，多数情况下都需要采用钻眼爆破进行开挖，故又称为钻爆法。有时候为了强调新奥法与传统矿山法的区别，而将新奥法从矿山法中分出另立系统。

掘进机法包括隧道掘进机（Tunnel Boring Machine，简写为 TBM）法和盾构掘进机法。前者应用于岩石地层，后者则主要应用于土质围岩，尤其适用于软土、流砂、淤泥等特殊地层。

沉管法等方法，则是用来修建水底隧道、地下铁道、城市市政隧道等以及埋深很浅的山岭隧道。

选择施工方案时，要考虑的因素有如下几方面：

(1) 工程的重要性一般由工程的规模、使用上的特殊要求以及工期的缓急体现出来。

(2) 隧道所处的工程地质和水文地质条件。

(3) 施工技术条件和机械装备状况。

(4) 施工中动力和原材料供应情况。

(5) 工程投资与运营后的社会效益和经济效益。

(6) 施工安全状况。

(7) 有关污染、地面沉降等环境方面的要求和限制。

应该看到隧道施工方法的选择，是一项“模糊”的决策过程，它依赖于有关人员的学识、经验、毅力和创新精神。对于重要工程则需汇集专家们的意见，广泛论证。必要时应当开挖试验洞对理论方案进行实践验证。

从目前我国公路隧道发展趋势来看，在今后很长一段时间内，仍以采用新奥法为主，这也符合世界潮流。所以，本章将着重论述新奥法施工中的有关问题，而概略地介绍传统的矿山法。其他方法一般不用于山岭隧道，因此，此处不作介绍，需要时可参考有关书籍。

第二节 新奥地利隧道施工法

新奥法施工，按其开挖断面的大小及位置，基本上又可分为：全断面法、台阶法、分部开挖法三大类及若干变化方案。

一、全断面法

按照隧道设计轮廓线一次爆破成型的施工方法叫全断面法。它的施工顺序是：

(1) 用钻孔台车钻眼，然后装药，连接导火线。

(2) 退出钻孔台车，引爆炸药，开挖出整个隧道断面。

(3) 排除危石，安设拱部锚杆和喷第一层混凝土。

(4) 用装渣机将石渣装入出渣车，运出洞外。

(5) 安设边墙锚杆和喷混凝土。

(6) 必要时可喷拱部第二层混凝土和隧道底部混凝土。

(7) 开始下一轮循环。

(8) 在初期支护变形稳定后，或按施工组织中规定日期灌注内层衬砌。

全断面法适用于Ⅳ—Ⅵ类岩质较完整的硬岩中。必须具备大型施工机械。隧道长度或施工区段长度不宜太短，否则采用大型机械化施工的经济性差。根据经验，这个长度不应小于1km。

根据围岩稳定程度亦可以不设锚杆或设短锚杆；也可先出渣，然后再施作初期支护，但一般仍先施作拱部初期支护，以防止应力集中而造成的围岩松动剥落。

全断面法的优点是：工序少，相互干扰少，便于组织施工和管理；工作空间大，便于组织大型机械化施工，因此施工进度高。目前，我国公路隧道一般都能保持月进成洞平均150m左右，高者已接近300m/月。

采用全断面法应注意下列问题：摸清开挖面前方的地质情况，随时准备好应急措施(包括改变施工方法等)，以确保施工安全；各种施工机械设备务求配套，以充分发挥机械设备的效率；加强各项辅助作业，尤其加强施工通风，保证工作面有足够新鲜空气；加强对施工人员的技术培训，实践证明，施工人员对新奥法基本原理的了解程度和技术熟练状况，直接关系到施工的效果。

二、台阶法

台阶法中包括长台阶法、短台阶法和超短台阶法等三种，其划分一般是根据台阶长度来决定的，如图7-2-1所示。至于施工中究竟应采用何种台阶法，要根据两个条件来决定：初期支护形成闭合断面的时间要求，围岩越差，闭合时间要求越短；上断面施工所用的开挖、支护、出渣等机械设备对施工场地大小的要求。

在软弱围岩中应以前一条件为主，兼顾后者，确保施工安全。在围岩条件较好时，主要考虑是如何更好的发挥机械效率，保证施工的经济性，故只要考虑后一条件。现将各种台阶法叙述如下。

1. 长台阶法

这种方法是将断面分成上半断面和下半断面两部分进行开挖，上下断面相距较远，一般上台阶超前50m以上或大于5倍洞跨。施工时上下都可配属同类机械进行平行作业，当机械不足时也可用一套机械设备交替作业，即在上半断面开挖一个进尺，然后再在下断面开挖一个进尺。当隧道长度较短时，亦可先将上半断面全部挖通后，再进行下半断面施工，即为半断面法。

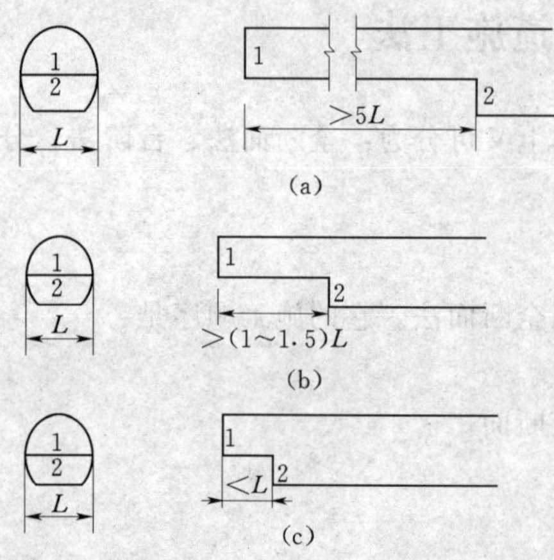

图7-2-1 台阶法长度划分

(a) 长台阶法；(b) 短台阶法；(c) 超短台阶法

长台阶法的作业顺序为：

(1) 对于上半断面。用两臂钻孔台车钻眼、装药爆破，地层较软时亦可用挖掘机开挖。安设锚杆和钢筋网，必要时加设钢支撑、喷射混凝土。用铲斗为1.6m^{3}的推铲机将石渣推运到台阶下，再由装载机装入车内运至洞外。根据支护结构形成闭合断面的时间要求，必要时在开挖上半断面

后，可建筑临时底拱，形成上半断面的临时闭合结构，然后在开挖下半断时再将临时底拱挖掉。但从经济观点来看，最好不采取，而改用短台阶法。

(2) 对于下半断面。用两臂钻孔台车钻眼、装药爆破，装渣直接运至洞外。安设边墙锚杆（必要时）和喷混凝土，用反铲挖掘机开挖水沟，喷底部混凝土。开挖下半断面时，其炮眼布置方式有两种：平行隧道轴线的水平眼；由上台阶向下钻进的竖直眼，又称插眼，如图7-2-2所示。前一种方式的炮眼主要布置在设计断面轮廓线上，能有效地控制开挖断面；后一种方式的爆破效果较好，但爆破时石渣飞出较远，容易打坏机械设备。

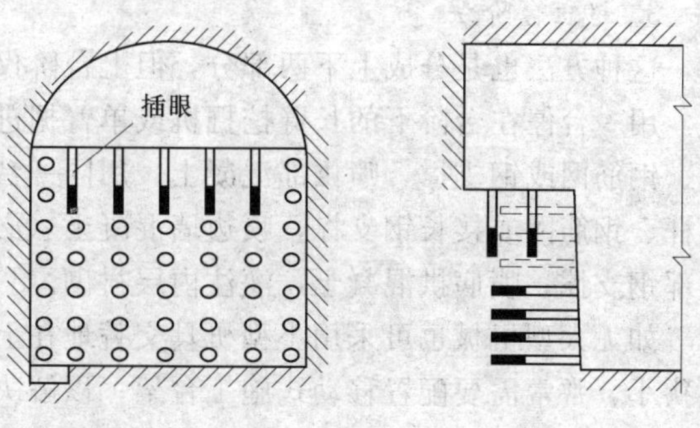

图 7-2-2 炮眼布置图

(3) 待初期支护的变形稳定后，或根据施工组织所规定的日期敷设防水层（必要时）和建造内层衬砌。

长台阶法的纵向工序布置和机械配置如图 7-2-3 所示。

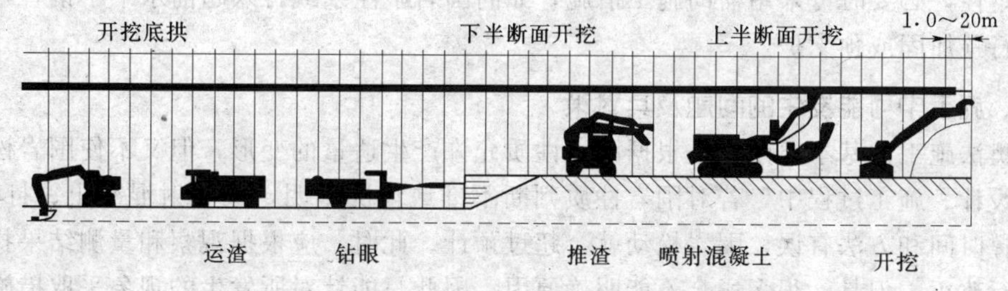

图 7-2-3 长台阶法纵向工序布置和机械配置

相对于全断面法来说，长台阶法一次开挖的断面和高度都比较小，只需配备中型钻孔台车即可施工，而且对维持开挖面的稳定也十分有利。所以，它的适用范围较全断面法广泛，凡是在全断面法中开挖面不能自稳，但围岩坚硬不用底拱封闭断面的情况，都可采用长台阶法。

2. 短台阶法

这种方法也是分成上下两个断面进行开挖，只是两个断面相距较近，一般上台阶长度小于 5 倍但大于 1～1.5 倍洞跨，上下断面采用平行作业。

短台阶法的作业顺序和长台阶相同。由于短台阶法可缩短支护结构闭合的时间，改善初期支护的受力条件，有利于控制隧道收敛速度和量值，所以适用范围很广，Ⅱ～Ⅵ类围岩都能采用，尤其适用于Ⅱ类、Ⅲ类围岩，是新奥法施工中主要采用的方法之一。

短台阶法的缺点是上台阶出渣时对下半断面施工的干扰较大，不能全部平行作业。为解决这种干扰可采用长皮带机运输上台阶的石渣，或设置由上半断面过渡到下半断面的坡道，将上台阶的石渣直接装车运出。过渡坡道的位置可设在中间，亦可交替他设在两侧。过渡坡道法在断面较大的三车道隧道中尤为适用。

采用短台阶法时应注意下列问题：初期支护全断面闭合要在距开挖面 30m 以内，或距开挖上半断面开始的 30 天内完成。初期支护变形、下沉显著时，要提前闭合，要研究在保证施工机械正常工作的前提下台阶的最小长度。

3. 超短台阶法

这种方法也是分成上下两部分，但上台阶仅超前 3～5m，只能采用交替作业。

用一台停在台阶下的长臂挖掘机或单臂掘进机开挖上半断面至一个进尺，安设拱部锚杆、钢筋网或钢支撑，喷拱部混凝土。用同一台机械开挖下半断面至一个进尺，安设边墙锚杆、钢筋网或接长钢支撑，喷边墙混凝土（必要时加喷拱部混凝土）。开挖水沟，安设底部钢支撑，喷底拱混凝土，灌注内层衬砌。

如无大型机械也可采用小型机具交替地在上下部进行开挖，由于上半断面施工作业场地狭小，常常需要配置移动式施工台架，以解决上半断面施工机具的布置问题。

由于超短台晚初期支护全断面闭合时间更短，更有利于控制围岩变形。在城市隧道施工中，能更有效地控制地表沉陷。所以，超短台阶法适用于膨胀性围岩和土质围岩，要求及早闭合断面的场合。当然，也适用于机械化程度不高的各类围岩地段。

超短台阶法的缺点是上下断面相距较近，机械设备集中，作业时相互干扰较大，生产效率较低，施工速度较慢。

采用超短台阶法施工时应注意以下问题：在软弱围岩中施工时，应特别注意开挖工作面的稳定性，必要时可采用辅助施工措施，如向围岩中注浆或打入超前水平小钢管，对开挖面进行预加固或预支护。

三、施工中可能发生的问题及其对策

新奥法施工的基本原则，是根据围岩性质允许产生适量的变形，但又不使围岩松动塌落。在设计、施工过程中，若对围岩性质判断不准或情况不明，或喷射混凝土、打锚杆、立钢支撑时间和方法有误，围岩松动就会超过预计。此时，应根据观察和量测结果找出原因，进行改正。但是，很多场合不能明确原因，因此只能针对所发生的现象采取措施。根据实践经验，将新奥法中经常出现的一些异常现象及应采取的措施列于表 7－2－1 中，其中 A 指进行比较简单的改变就可解决问题的措施，B 指包括需要改变支护方法等比较大的变动才能解决问题的措施。当然，表中只列出大致的对策标准，优先用哪种措施，要视各个隧道的围岩条件、施工方法、变形状态综合判断。

第三节 传统矿山法

在传统的矿山法中，历史上形成的变化方案很多，其中也包括：全断面法、台阶法、侧壁导坑法等。它与新奥法的根本区别，除了施工原理不同外，在具体作业上还有：传统的矿山法中不强调采用锚喷支护，而大量采用钢、木支撑；不强调要及早闭合支护环；很少采用复合式衬砌，而是大量采用刚度较大的单层衬砌；不进行施工量测等。近年来，由于施工机械的发展，以及传统矿山法明显的不符合岩石力学的基本原理和不经济，已逐渐由新奥法所取代。只有在一些缺少大型机械的中、短隧道中，或不熟悉新奥法的施工单位还采用传统的矿山法。本书只简单地介绍 1～2 种典型的并具有中国特色的、现在仍可能采用的传统矿山法（表 7－2－1）。

表 7-2-1 传统矿山法施工中的现象及其处理措施

开挖面状况与支护	施工中的现象	措施 A	措施 B
开挖面及其附近状况	正面变得不稳定	①缩短一次掘进长度；②开挖时保留核心土；③向正面喷射混凝土；④用插板或并排钢管打入地层进行预支护	①缩小开挖断面；②在正面打锚杆；③采取辅助施工措施对地层进行预加固
	开挖面顶部掉块增大	①缩短开挖时间及提前喷射混凝土；②采用插板或并排钢管；③缩短一次开挖长度；④开挖面暂时分部施工	①加钢支撑；②预加固地层
	开挖面出现涌水或者涌水量增大	①加速混凝土硬化（增加速凝剂等）；②喷射混凝土前做好排水；③加挂网格密的钢筋网；④设排水片	①采取排水方法（如排水钻孔、井点降水等）；②预加固围岩
	地基承载力不足，下沉增大	①注意开挖，不要损害地基围岩；②加厚底脚处喷混凝土，增加支撑面积	①增加锚杆；②缩短台阶长度，及早闭合支护环；③用喷混凝土作临时底拱；④预加固地层
	产生底鼓	及早喷射底拱混凝土	①在底拱处打锚杆；②缩短台阶长度，及早闭合支护环
喷混凝土	喷混凝土层脱离甚至塌落	①开挖后尽快喷射混凝土；②加钢筋网；③解除涌水压力；④加厚喷层	打锚杆或增加锚杆
	喷混凝土层中应力增大，产生裂缝和剪切破坏	①加钢筋网；②在喷混凝土层中增设纵向伸缩缝	①增加锚杆（用比原采长的锚杆）；②加入钢支撑
锚杆	锚杆轴力增大，垫板松弛或锚杆断裂		①增强锚杆（加长）；②采用承载力大的锚杆；③为增大锚杆的变形能力，在垫锚板间夹入弹簧垫圈等
钢支撑	钢支撑中应力增大，产生屈服	松开接头处螺栓，凿开喷混凝土层，使之可自由伸缩	①增强锚杆；②采用可伸缩的钢支撑，在喷混凝土层中设纵向伸缩缝
	净空位移增大，位移速度变快	①缩短从开挖到支护的时间；②提前打锚杆；③缩短台阶、底拱一次开挖的长度；④当喷混凝土开裂时，设纵向伸缩缝	①增强锚杆；②缩短台阶长度，提前闭合支护环；③在锚杆垫板间夹入弹簧垫圈等；④采用超短台阶法，或在上半断面建造临时底拱

一、漏斗棚架法

漏斗棚架法全称为下导坑漏斗棚架法，亦称下导坑先墙后拱法。它是硬岩层中修筑隧道的一种基本的传统方法，也是我国 20 世纪 80 年代前修筑公路、铁路隧道采用得最广泛的方法之一。

此法的基本施工程序（图 7-2-4）是：首先开挖下导坑①，在下导坑开挖面后约 30～50m 处，开始架设“漏斗棚架”，然后在漏斗棚架上方开挖②、③部（“挑顶”）和④部（“扩大”）。它们的间距以互不干扰为原则，一般可采用 15～20m。挑顶和扩大爆下的石渣直接堆放在棚架上，并通过漏斗口向下装入矿车内运出洞外。石渣装完后即可拆除棚架，开挖⑤（“刷帮”）和⑥边墙、水沟。此时整个隧道开挖完毕。在一定的安全距离（10～

20m）外灌注边墙Ⅶ和拱圈Ⅷ混凝土。最后铺底砌水沟。

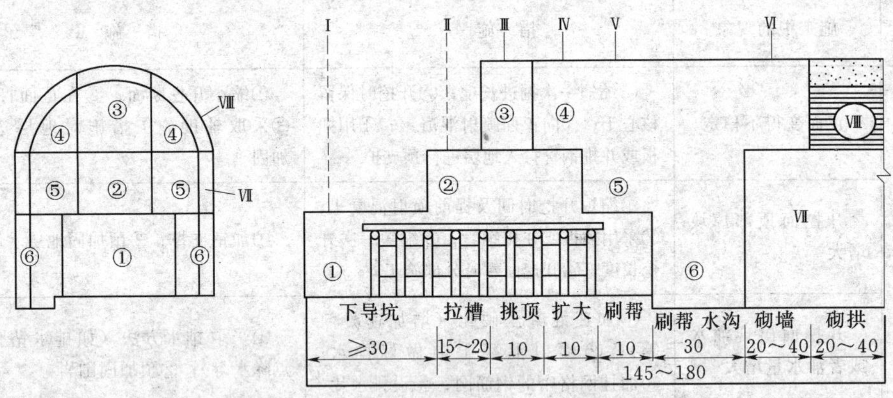

图 7-2-4 漏斗棚架法基本工序（尺寸单位：m）

下导坑的形状一般为梯形，坚硬围岩中也可用矩形。其宽度 2.8～3.0m（铺单运输线）或 3.8～4.4m（铺双运输线），高度视装渣机装载高度而定，一般约 2.8～3.0m，如图 7-2-5 所示。在中长隧道中为运输畅通多采用双线导坑。

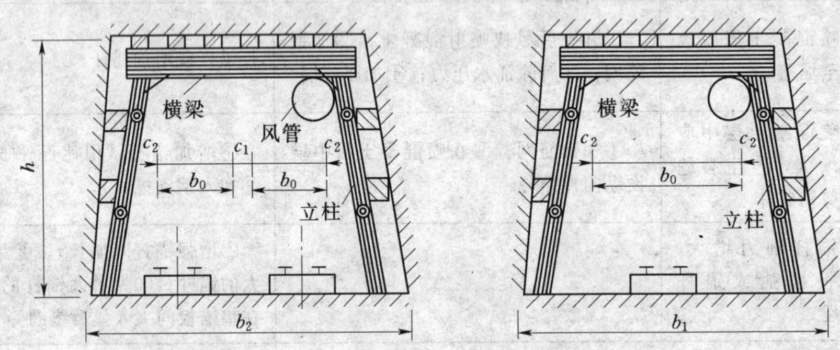

图 7-2-5 下导坑梯形图

漏斗棚架的结构构造如图 7-2-6 所示。

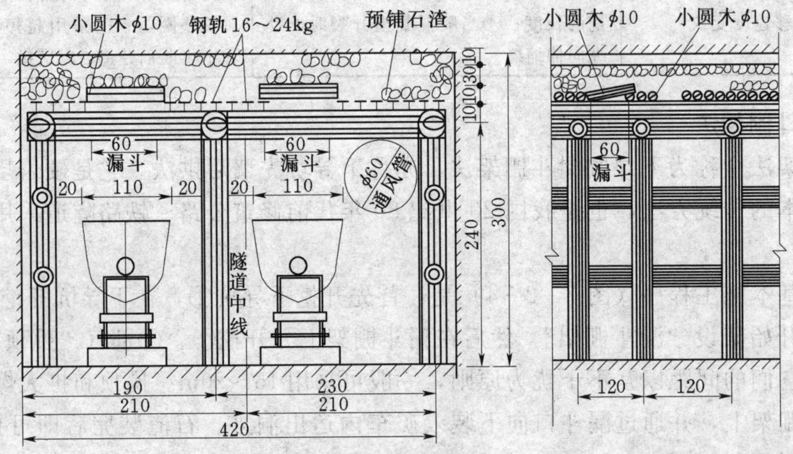

图 7-2-6 漏斗棚架的结构构造（尺寸单位：cm）

采用漏斗棚架法施工时应注意如下问题：下导坑开挖是领先工序，它的开挖速度直接影响整个隧道的施工进度，因此，要千方百计予以保证。漏斗棚架是卸、装渣的关键结构，必须具有足够的强度和刚度以承受爆破时石渣的冲击作用。挑顶时如发现拱顶有坍塌的预兆，应立即用圆木支顶住。

漏斗棚架法施工的优点：便于人力、小型机具开挖；挑顶、扩大的石渣通过漏斗棚架装车，效率高，节省人力和机械；工作面多，可以安排较多的人力和机具进行平行作业，加快施工进度。

漏斗棚架法的缺点：设置棚架需消耗大量木材和钢材；断面分块多，对围岩扰动大，

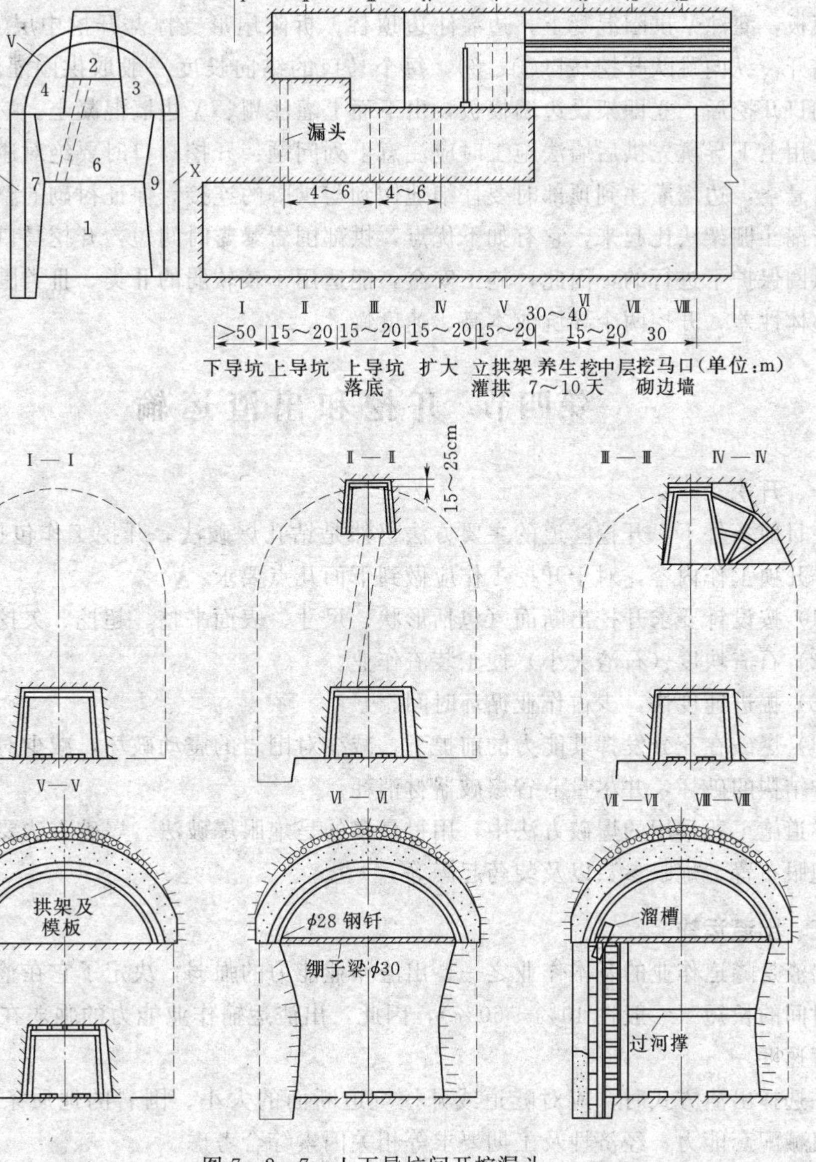

图 7-2-7 上下导坑间开挖漏斗

而且拱顶围岩暴露过长，所以，只适用于Ⅳ～Ⅵ类围岩；工作面多虽可平行作业，但相互干扰大，尤其刷帮开挖容易损坏风、水管、电力线和堵塞运输。

二、上下导坑先拱后墙法

上下导坑先拱后墙法，又称拱圈支承法，是软地层中修筑隧道的一种基本的传统方法，也是我国以往修筑隧道采用得最广泛的方法之一。

此法的基本施工程序（图7-2-7）是：首先开挖下导坑①，并尽快架设木支撑。在下导坑开挖面后约30～50m处开挖上导坑②和架设木支撑。上下导坑间开挖漏斗（如图7-2-7所示中的虚线），以便于上断面出渣。距上导坑15～20m，进行上导坑落底开挖③，然后由上导坑向两侧开挖④（“扩大”），边开挖边架设扇形支撑。在扇形支撑之间立拱架模板，灌注Ⅴ拱圈混凝土，边灌注边顶替、拆除扇形支撑。开挖中层⑥（“落底”），左右错开，纵向跳跃开挖马口⑦、⑨，每个马口的纵向长度一般取拱圈灌注节长的1/2。紧跟马口开挖后，立即架设边墙模板，由下而上灌注Ⅷ、Ⅹ边墙混凝土。挖水沟、铺底。

采用上下导坑先拱后墙法施工时应注意下列问题：开挖马口时要绝对避免拱圈两侧拱脚同时悬空，边墙灌注到顶部时要仔细地做到与拱脚的连接，保证衬砌的整体性。

与漏斗棚架法比起来，它有如下优点，拱部围岩暴露时间短，开挖马口、灌注边墙都是在拱圈保护下进行的，因此，施工安全，能适用于较软弱的Ⅱ类、Ⅲ类围岩。其缺点是衬砌整体性差，开挖两个导坑成本高、速度慢。

第四节　开挖和出渣运输

一、开挖

在目前条件下，开挖隧道的主要方法仍然是钻孔爆破法。开挖工作包括钻眼、装药、爆破等几项工作内容，对于开挖工作应做到下面几点要求：

（1）按设计要求开挖出断面（包括形状、尺寸、表面平整、超挖、欠挖等要求）。

（2）石渣块度（石渣大小）便于装渣作业。

（3）掘进速度快，少占作业循环时间。

（4）爆破在充分发挥其能力的前提下，减少对围岩的震动破坏，减少对施工用具设备及支护结构的破坏，并尽量节省爆破器材消耗。

隧道施工所采用的爆破方法中，用得最多的是炮眼爆破法。爆破方法要研究的问题主要是炮眼布置、炮眼参数以及装药起爆等。

二、出渣运输

出渣是隧道作业的基本作业之一。出渣作业能力的强弱，决定了它在整个作业循环中所占时间的长短（一般在40%～60%），因此，出渣运输作业能力的强弱在很大程度上影响施工速度。

在选择出渣方式时，应对隧道或开挖坑道断面的大小、围岩的地质条件、一次开挖量、机械配套能力、经济性及工期要求等相关因素综合考虑。

出渣作业可以分解为：装渣、运渣、卸渣三个环节。

第五节　隧道支撑及衬砌施工

一、概述

在地层中开挖出导坑后，出现了岩壁临空面，改变了围岩的应力状态，产生了趋向隧道内的变形位移。同时，由于开挖扰动以及随时间推移的变形量的增长，又降低了围岩的强度。当围岩应力超过围岩强度时，围岩的变形发展过大，从而造成失稳；其表现通常为围岩向洞内的挤入、张裂、沿结构面滑动，甚至最后发生坍塌。

围岩的变形是个动态过程。对于坚硬稳固的围岩，开挖成洞后其强度足以承受重分布后的应力，因而不致失稳。但对于破碎、软弱围岩，开挖后随着暴露时间的增加，变形随着发展，就会造成失稳。尤其是在隧道拱部、洞口、交岔洞以及围岩呈大面积平板状且结构面发达的部位，更易失稳。

因此，为了有效地约束和控制围岩的变形，增强围岩的稳定性，防止塌方，保证施工和运营作业的安全，必须及时、可靠地进行临时支护和永久支护。临时支护的种类很多，按材料的不同和支护原理的不同有：木支撑、钢支撑、钢木混合支撑、钢筋混凝土支撑，锚杆支护、喷射混凝土支护、锚喷联合支护等。永久支护一般是采用混凝土衬砌。

各种临时支护的合理选用与围岩的稳固程度有关。一般说来，Ⅳ类围岩不需临时支护；Ⅴ类围岩采用锚杆支护；Ⅳ～Ⅲ类围岩采用喷射混凝土支护、锚杆喷混凝土联合支护、锚杆钢筋网喷混凝土联合支护；Ⅱ类围岩采用喷射混凝土钢支撑联合支护或其他支撑支护；Ⅰ类围岩采用木、钢、钢木混合支撑或钢筋混凝土支撑。对于Ⅳ类及Ⅳ类以上围岩，可以先挖后支，支护距开挖面距离一般不宜大于5～10m；Ⅲ～Ⅰ类围岩随挖随支，支护需紧跟工作面；Ⅱ～Ⅰ类围岩先支后挖。

如条件合适，应尽量将临时支护与永久支护结合采用。

二、钢木支撑

1. 钢支撑

钢支撑具有承载力大，经久耐用，倒用次数多，占用空间小，节约木材等优点；但一次投资费用高，比木支撑重，装拆不便。一般适于在围岩压力较大的隧道施工中使用。

钢支撑一般采用10～20号工字钢、槽钢、8～28ks/m的钢轨等制成，其形式有钢框架、钢拱架、全断面钢拱架、无腿钢拱支撑等。钢框架一般为直梁式（图7-2-8），当围岩压力较大时可采用曲梁式，多用于导坑支护。钢拱架适用于先拱后墙法施工的隧道。全断面钢拱架（图7-2-9）适用于全断面开挖后需支护的隧道。无腿钢拱支撑适用于全断面开挖后拱部稳定性较差而侧壁较稳定的情况。

钢支撑的间距应根据围岩压力的大小和支撑杆件的断面尺寸计算分析，并参照工程类比予以确定，一般为0.6～1.2m。各排钢拱之间应用槽钢、角钢等做好纵向连接，保证支撑的纵向稳定。对于围岩压力很大而施工困难的地段，可将钢拱架焊接为整体，与锚喷支护联合使用，或完全埋入混凝土衬砌中，成为永久支护的一部分。在此情况下，为了增强钢拱架与混凝土的黏结力，多采用螺纹钢筋焊接制成的花拱。为了适应隧道爆破后岩面轮廓凹凸起伏较大的情况，有的施工单位也采用不规则多边形钢拱架与喷射混凝土联合支护。

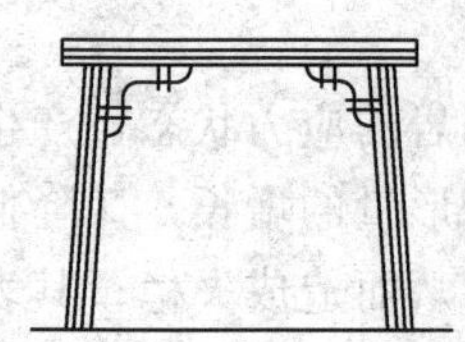

图 7-2-8 直梁式钢框架

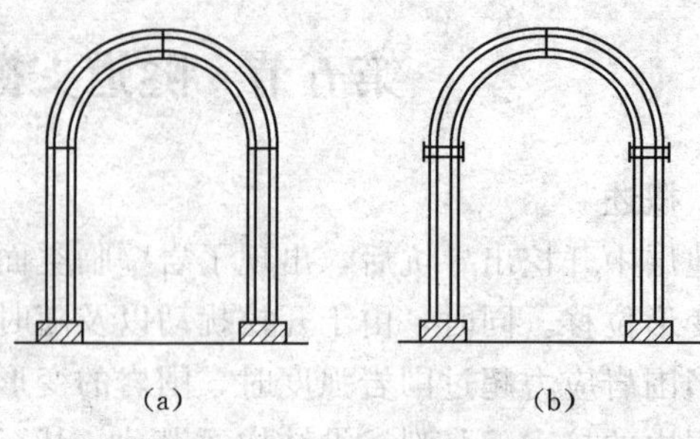

图 7-2-9 全断面钢拱架

(a) 无托梁；(b) 有托梁

2. 木支撑

木支撑是传统的支撑方式，它具有易加工、质量轻、拆装运输方便等优点。其形式主要有框架或半框架式支撑、拱形支撑、无腿支撑等。可用于导坑、拱部扩大、挖底、马口、下导坑漏斗棚架以及洞口等部位的支撑，各部位的支撑均各有其特点，但又大同小异，比较复杂的是拱部扩大支撑。

木支撑一般使用圆木、梁、柱等主要杆件的梢径不应小于 20cm，纵撑等杆件应不小于 15cm，木板厚度不小于 5cm。木材应使用坚固、有弹性、无明显节疤、无破裂多节的松木和杉木，脆性木材不宜使用。

由于木支撑易损坏，倒用次数少，利用率低，消耗大量木材，且占用净空多，不利于机械化施工，故应尽量不用。只宜用在抢险应急场合。

当需要使用木支撑而围岩压力又较大时，也可用钢木混合结构支撑。

采用钢筋混凝土支撑可节约大量木材和钢材，在煤矿开挖中使用很普遍。其耐久性虽好，但构件笨重，受撞击时易折断，运输安装不便，所以在公路隧道施工中，一般只在平行导坑、斜井、横洞等辅助坑道中作临时支撑用。

三、锚喷支护

锚喷支护是目前通常采用的一种围岩支护手段。采用锚喷支护可以充分发挥围岩的自承能力，并有效地利用洞内的净空，既提高了作业的安全性，又提高了作业效率；它能适应软弱岩层和膨胀性岩层中隧道的开挖；用于整治塌方和隧道衬砌的裂损。

锚喷支护包括锚杆支护、喷射混凝土支护、喷射混凝土锚杆联合支护、喷射混凝土钢筋网联合支护、喷射混凝土与锚杆及钢筋网联合支护、喷钢纤维混凝土支护、喷钢纤维混凝土锚杆联合支护以及上述几种类型加设型钢（或钢拱架）而成的联合支护。前五种为常用的基本类型，后两类较少使用。

锚喷支护施工详见有关章节，此处从略。

四、模筑混凝土衬砌

公路隧道作为地下结构物，除了应满足公路运输在使用上的要求外，还必须具有耐久性。一般除了地质坚硬、不易风化的Ⅵ类围岩外，都应施作混凝土衬砌。所以，模筑整体混凝土衬砌在传统上就是持久保证隧道功能的重要结构。

对于采用喷锚支护技术施工的隧道，一般为了饰面或增加安全度的需要，也需在施作

喷锚支护（称作一次衬砌），且在围岩变形基本稳定后，现场浇筑整体混凝土衬砌（称作二次衬砌）。二次衬砌除了起饰面和增加安全度的作用外，实际上也承受了在其施工后发生的外部水压，软弱围岩的蠕变压力，膨胀性地压，或者浅埋隧道受到的附加荷载等。因此，模筑混凝土衬砌仍然是公路隧道的重要支护形式。

1. 模筑混凝土的材料与级配

模筑混凝土的材料与级配，应符合隧道衬砌的强度和耐久性要求，同时必须重视其抗冻、抗渗和抗侵蚀性。

（1）水泥：拌制混凝土的水泥，可用硅酸盐水泥、普通硅酸盐水泥、火山灰质硅酸盐水泥、粉煤灰硅酸盐水泥和快硬硅酸盐水泥等，必要时也可采用其他特种水泥。

水泥品种应根据混凝土结构所处的环境条件和工程需要来选择，水泥标号应根据所配制的混凝土标号选定，一般对C30以下的混凝土，水泥标号与混凝土标号比，可为1.2～2.2。所以，隧道衬砌以选用不小于325号的普通硅酸盐水泥较合宜。

（2）砂子：拌制混凝土的细骨料应采用坚硬耐久、粒径在5mm以下的天然砂或机制砂。砂中不应有黏土团块、炭煤、石灰、杂草等有害物质混入。

（3）石子：拌制混凝土用的粗骨料，应为坚硬耐久的碎石、卵石或两者的混合物，颗粒级配为连续级配。当通过试验，具有充分技术、经济依据时，也可采用其他的颗粒级配。

石料的强度，以岩石试件在充水饱和状态下的抗压极限强度与混凝土设计强度之比来表示。对于不小于C30混凝土不应小于200%；对于小于C30混凝土不应小于150%，并不小于30MPa。

石子中不得混有风化石块、黏土团块或有机杂质，颗粒表面不得粘附有黏土包裹层，并严禁混入受过煅烧的白云石块或石灰石块。

（4）外加剂和混合料：为了改善和提高混凝土的各种技术性能，以满足施工工艺和工程质量要求，可在拌制混凝土时适当掺入各种类型的化学外加剂。按作用的不同，外加剂可分为早强剂、减水剂、加气剂、防冻剂、密实剂（防水剂）和缓凝剂等。使用前必须经过试验，确定其性质、有效物质含量、溶液配制方法和最佳掺量。

根据施工实际情况，也可在拌制混凝土时掺入具有胶凝性和填充性的混合材料，以改善混凝土的技术性能，满足施工工艺要求和节省水泥。混合材可采用经专门单位适当加工；质量符合规定标准的天然或人工的矿物质原料，如硅藻土、硅藻石、火山灰、凝灰岩、页岩灰、粉煤灰、粒化高炉矿渣等。混合材在使用前应进行材质鉴定和掺入量试验，测定不同掺加量对混凝土性能的影响，确定最佳掺入量。

（5）水：普通混凝土用水的要求与喷射混凝土相同，其要点已如前述。凡能供饮用的水，均可拌制混凝土。

2. 模筑混凝土衬砌的施工

模筑混凝土衬砌是隧道施工的一个重要部分，衬砌施工质量直接影响隧道的使用寿命。因此，施工中必须满足设计要求，严格遵照《公路隧道施工技术规范》（JTG F60—2009）的规定，以确保工程质量。

衬砌施工顺序，一般有先墙后拱，或先拱后墙两种方式；在全断面开挖时，则应尽量使用金属模板台车灌注混凝土整体衬砌。

(1) 衬砌施工的准备工作。在衬砌工作开始前，要进行中线和水平测量，检查开挖断面是否符合设计要求，欠挖部分应予修凿。然后放线定位，架设衬砌模板支架或拱架。

先墙后拱法施工，应按线路中线确定边墙模板的设计位置。然后搭设工作平台灌注边墙混凝土（图 7-2-10）。整个支架模板系统必须牢靠，以免灌注混凝土时发生变形、移动和倾倒，特别应防止支架模板系统向隧道内凸出而使衬砌侵入限界。灌注前应清除边墙基底的虚渣和污物，排净积水。

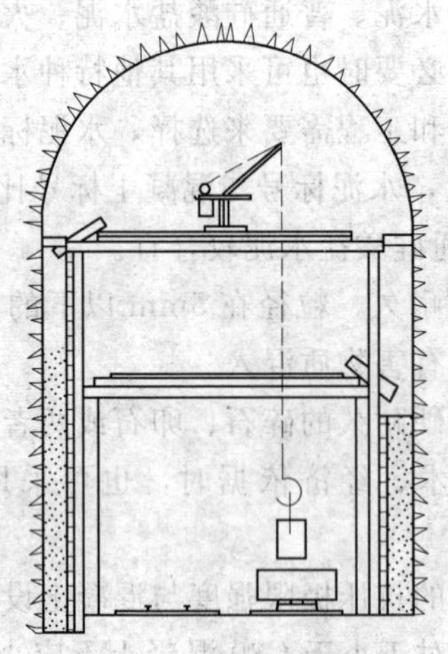
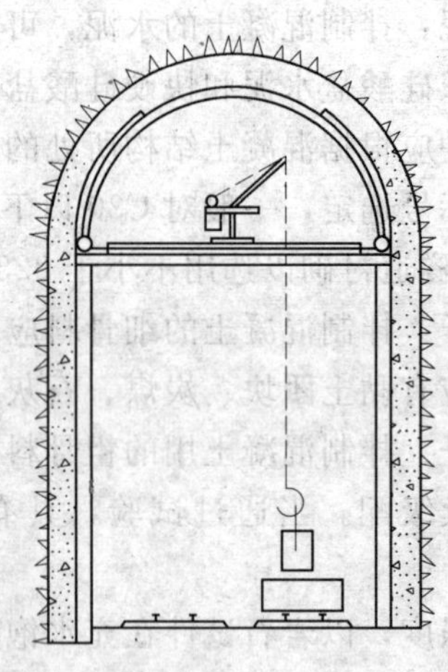

图 7-2-10　工作平台灌注边墙混凝土

对于先墙后拱法施工，拱架是架设在墙架的立柱上。先拱后墙法施工时，拱架的架设是在复核检查中线及拱部净空无误后，在拱脚放线定位，直接支承在地层上，现场广泛采用 38kg/m 的旧钢轨弯制成的钢拱架。为了运输和拆装方便，每根钢拱架分成左右两片。架立时在拱顶处用钢夹板和螺栓连接起来，采用不同长度的夹板，就能得出不同加宽值 W 的衬砌断面。

拱架的标高要预留沉落量，先墙后拱法不大于 5cm，先拱后墙法可参见表 7-2-2，并应在施工过程中按实际情况加以校正。另外，考虑测量和施工误差以及灌注混凝土时拱脚内挤，为了保证设计净空，拱架的拱脚每侧应加宽 5～10cm，拱矢加高 5cm。

拱架和边墙模板支架的间距，应根据衬砌地段的围岩情况、拱圈跨度和衬砌厚度，并结合模板长度来确定，一般采用 1m，最大不超过 1.5m。各拱架和边墙模板支架之间应设置纵向拉杆，最后一排应加设斜撑，并连接牢靠。

表 7-2-2　先拱后墙法施工拱架预留沉降量　单位：cm

围岩类型	Ⅳ及Ⅳ以上	Ⅲ	Ⅱ	Ⅰ
预留沉降量	≤5	5～10	10～15	15～20

目前，现场亦多采用钢模板，但应注意在使用中尺寸型号要配套，并要经常将已有变形的钢模板予以修整，以保证衬砌尺寸准确、表面平顺光滑。

(2) 混凝土的制备与运输：

1）配料：在混凝土制备中应严格按照选定的原材料重量配合比配料，特别要严格控制加水量，保证水灰比的正确性。使混凝土硬化后能获得设计所要求的强度和耐久性，又使拌和物具有施工要求的和易性。新拌和好的混凝土的坍落度，在边墙处为1～4cm，拱圈及其他施工不便之处为2～5cm。

2）搅拌：混凝土的拌和，一般应采用机械搅拌。搅拌机有自落式和强制式两类，前者适于拌和低流动性和塑性混凝土；后者适用于拌和干硬性混凝土。隧道工程中大都采用自落式鼓筒搅拌机，其容量有400L、800L、1200L、2400L等规格。

混凝土拌和要保证足够的搅拌时间，应搅拌至各种组成材料混合均匀，颜色一致，石子表面应被砂浆包裹。如出料情况不符合上述要求，可适当延长搅拌时间。

3）混凝土的运输：混凝土可在设于隧道洞口外的中心搅拌站制备，当隧道较长时，也可在洞内设临时搅拌站进行拌和工作。把混凝土输送到灌注地点的运输工具，可结合工地情况选用，常用的有斗车、手推车、自卸汽车、搅拌车、吊筒、吊斗、带式输送机，输送泵等。

为了确保混凝土质量，在选用运输工具时，都应考虑其是否能满足混凝土运输过程中的如下几点要求：

1）混凝土在运输过程中不得发生分层离析、漏浆、严重泌水等现象，以免破坏混凝土的均匀性。

2）运至浇筑地点时，混凝土的坍落度损失值不得超过原规定的30%，使其仍有较好的流动性。

3）从搅拌机出料到捣固完毕，不得超过混凝土的初凝时间（一般为45min）。

如运至浇筑地点的混凝土有离析现象时，必须在灌注前进行二次搅拌；但混凝土从搅拌机中卸出后，在任何情况下均不得再次加水。

（3）混凝土的灌注。混凝土衬砌在灌注以前，必须做好对灌注段的清理检查，灌注后还须切实做好捣固工作。认真地做好这两项工作，才能保证衬砌混凝土的密实性和整体性，拆模后混凝土表面平整光滑，无蜂窝、麻面，内实外光，衬砌内轮廓线能满足净空限界要求。

1）灌注混凝土前的清理工作。混凝土灌注前应按规范规定和设计要求对灌注混凝土地段的地基、基岩、旧混凝土面进行清理和准备工作。必须清除基底废渣和污物，排除基坑积水。对于先拱后墙法施工的拱圈，灌注前应将拱脚支承面找平。

模板和钢筋上的杂物应清除干净。模板接合缝隙应嵌塞严密，防止模板走动和漏浆。

2）灌注混凝土的技术要求与顺序。衬砌的混凝土灌注应划分环节进行，在松软地层一般每个环节长度不超过6m。混凝土灌注时的自由倾落高度不宜超过2m。混凝土应分层灌注，每层厚度根据拌和能力、运输条件；灌注速度、捣固能力等决定，一般不超过表7-2-3的规定。

表7-2-3 混凝土分层灌注厚度 单位：cm

捣固方法	灌注层厚度
用插入式振动器	振动器作用部分长度的1.25倍
用表面振动器 ①在无筋或配筋稀疏的结构中 ②在配筋密列的结构中	 25 15
用附着式振动器	30
人工捣固	20

混凝土灌注必须保证其连续性。灌注层之间的时间间隔，应能使混凝土在前一层初凝前灌注完毕。否则，如必须中断灌注时，应按照施工接缝进行处理，才能继续灌注。务使衬砌具有较好的整体性。

灌注边墙混凝土时，要求两侧混凝土保持分层对称地均匀上升，以免两侧边墙模板受力不均匀而倾斜或移位。

灌注拱圈混凝土时，应从两侧拱脚开始，同时向拱顶分层对称地进行，层面应保持辐射状。当灌注到拱顶时，需要改为沿隧道纵向进行灌注，边灌注边铺封口模板，这种封顶叫做“活封口”。当衬砌灌注到最后一个节段时，只能在拱顶中央留出一个 50cm×50cm 的缺口，进行“死封口”封顶（图 7－2－11）。

3）混凝土捣固。混凝土的捣固工作，应使用振动器进行。在无条件使用振动器时，允许人工捣固。振动器捣固可产生强烈的机械振动，克服混凝土拌和物颗粒间的摩擦力和黏聚力，增强了砂浆的流动性，使骨料滑动下沉，使砂浆填满骨料间的空隙，气泡上浮；同时也使拌和物填满模板的各个角落。

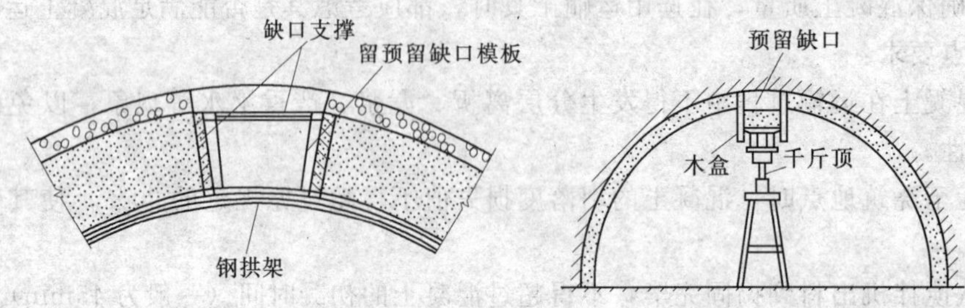

图 7－2－11 “死封口”封顶图

振动器按工作方式分有插入式内部振动器、表面（平板）振动器、附着式振动器等。隧道衬砌混凝土施工中应用最多的是插入式振动器。

振动延续时间，应保证混凝土获得足够的密实度，但也要防止振动过量。若用人工捣固时，应保证捣固密实。

(4) 混凝土养护与拆模工作。为保证混凝土有良好的硬化条件，防止早期干缩产生裂纹，应在灌注后 12h 内，根据气候条件，使用适当的材料覆盖混凝土的外露面，洒水养护，并做好受冻害范围的防寒保温工作。

洒水养护时间，应根据养护地段的气温、空气相对湿度和使用的水泥品种来确定。

拱架、墙架和模板的拆除时间，应根据围岩压力、衬砌部位、环境温度、所用水泥品种和标号等因素确定，并应在满足有关的施工规则要求时方可拆模。

(5) 衬砌灌注中若干问题的处理。要使衬砌灌注质量良好，还须处理好如下几个问题：

1）衬砌灌注中支撑及墙拱接口的处理。灌注衬砌时，支撑应逐步拆除，不得将支撑木料留在衬砌断面内。在周岩压力较大的地段，应使用预制混凝土短柱，先顶后拆，取出木料（图 7－2－12）。衬砌断面以外的支撑及背材，除塌方地段不易拆除者外，亦均应拆除。衬砌背后未能取出的木料，应记明附于竣工文件。先拱后墙法施工时，要注意墙顶与拱脚间的接口封填。如边墙用塑性混凝土灌注时，应在接近拱脚处留缺口 7～10cm，待

24h后，使先灌的边墙充分收缩，经过施工间歇处理，再以较干的混凝土紧密填实。如边墙用于硬性混凝土灌注时，墙顶封口可连续完成。

2）回填与压浆。隧道拱圈和边墙背后的空隙必须回填密实，并应与混凝土灌注工作同时进行。用先拱后墙法施工时，拱脚以上1m范围内，应用与拱圈同级的混凝土一起灌注。边墙基底以上1m范围内，宜用与边墙同级的混凝土一起灌注。其余部位的回填，应根据围岩稳定情况、空隙大小确定。

在不良地质地段，除必须回填密实外，可视具体情况进行压浆加固。向衬砌背后压浆能填充衬砌与围岩之间的空隙，防止围岩进一步变形。压浆工作应在衬砌达到设计强度后或拱架拆除前及时进行，每段长度为20～30m，在衬砌两侧同时自下而上压注。

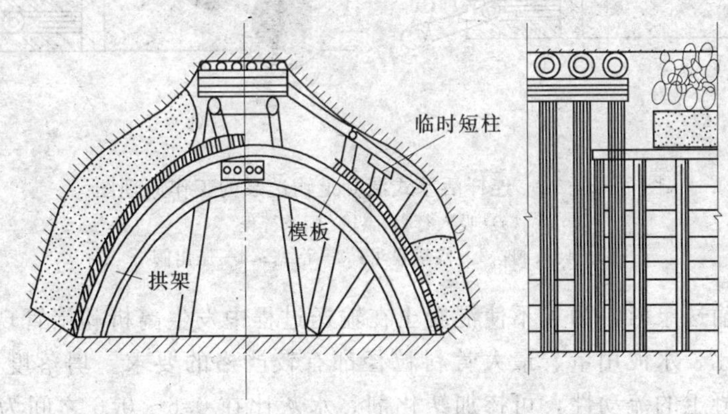

图7-2-12　衬砌灌注中支撑及墙拱接口处理图

3）仰拱的灌注。有抑拱的衬砌，在拱圈和边墙修筑后，就可修建仰拱。当底压力和侧压力较大时，每环衬砌的拱圈和边墙修好后，需立即修仰拱，然后再灌注下一环衬砌。灌注仰拱时必须把隧道底部的虚渣、杂物及淤泥清除干净。仰拱超挖部分，若在允许范围内，应用与仰拱同级的混凝土回填。超出允许范围的部分，应用浆砌片石或片石混凝土回填密实。

3. 模筑混凝土衬砌的综合机械化施工及其机具

在全断面开挖时，灌注整体式混凝土衬砌有着良好的条件来实行综合机械化。综合机械化是把配料、混凝土搅拌、运输、立模、灌注、捣固等主要施工过程的机械化配套进行，其中以机械化搅拌站、混凝土输送泵和活动式模板的配套使用为主。目前，隧道工地采用的混凝土搅拌站分为集中搅拌式和分散搅拌式两种。对于长隧道或隧道群施工，现在都趋向于集中搅拌式为主。

混凝土输送泵有风动输送泵和活塞输送泵两类。风动混凝土输送泵（图7-2-13）是利用压缩空气将混凝土从钢罐内压入输送管中，并沿管道吹送到终端，经减压器降低速度和冲力而后卸出。风动输送泵装置的结构比较简单，操作方便，能间歇输送，每次

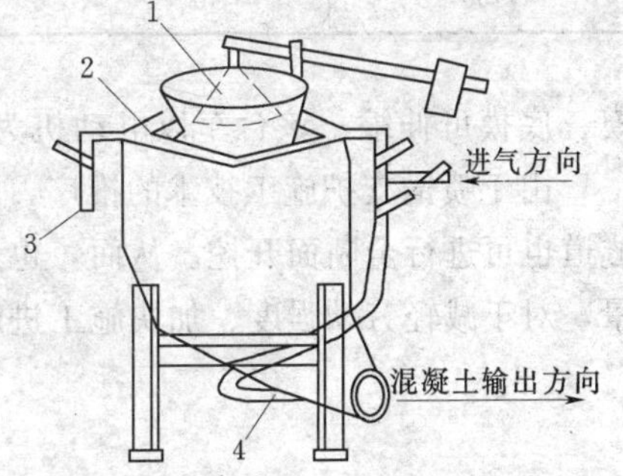

图7-2-13　风动混凝土输送泵
1—锥形阀；2—环形进气管；
3—排气管；4—底部进气管

压送后管道内没有剩余的混凝土拌和物，消耗动力少，清洗容易，故在灌注混凝土衬砌中得到广泛采用。

活塞式混凝土输送泵是利用活塞作用压送混凝土的机械，又可分为连杆式和液压式两种。图7-2-14为连杆活塞式混凝土输送泵的工作原理图。活塞泵的优点是能保证混凝土输送的连续性，生产效率较高。

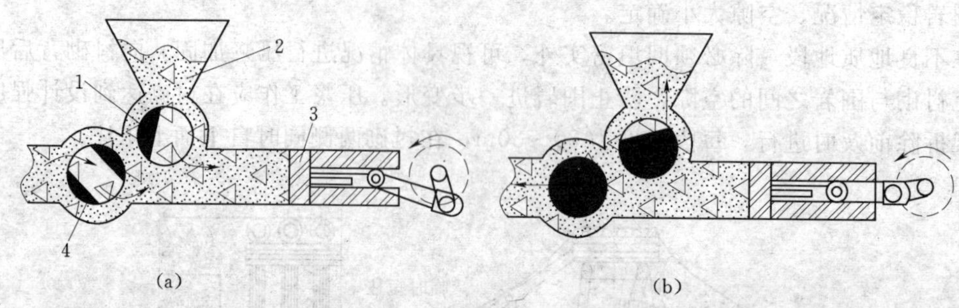

图7-2-14 连杆活塞式混凝土输送泵的工作原理图

(a) 吸入行程；(b) 压送行程

1—吸入阀；2—盛料漏斗；3—活塞；4—压出阀

使用混凝土输送泵时，为了不使混凝土在输送过程中发生离析和堵管现象，对混凝土的坍落度、水灰比、水泥用量、最大骨料粒径都有较严格的要求。坍落度以5～10cm为佳，如要增加混凝土的流动性，可掺加塑化剂。水灰比在0.5～0.6之间为好，水灰比过大易引起混凝土离析。水泥用量不宜少于300kN/m^3。粗骨料最大粒径，除符合一般混凝土施工要求外，尚须符合表7-2-4的要求。

表7-2-4 泵送混凝土粗骨料最大粒径

单位：mm

输送管道的内径	粗骨料最大粒径	
	碎石	卵石
200	70	80
180	60	70
150	40	50

金属模板台车是衬砌灌注综合机械化的重要设备。它是用厚4～6mm的钢板和型钢肋条组成模板壳，其长度视一次灌注的环节长度而定，约为8～12m。如适用于双线隧道施工的GKK型钢模板台车，总长度为12m，由36块模板拼装而成，分为拱模、侧模和底模，整个模板可上下左右移动，最大行程为300mm；侧模、底模可伸缩。该台车以电动机为自行动力，利用液压和螺旋千斤顶调节模板位置。

由于喷锚支护施工技术的推广，隧道施工技术不断提高，使得越来越多的软弱围岩中的隧道也可进行全断面开挖。从而，也为混凝土衬砌作业综合机械化的实现提供了更广阔的前景，对于减轻劳动强度、加快施工进度和改善隧道内各施工工序的作业条件都有很大意义。

思 考 题

7-1 隧道洞身衬砌分哪几种类型？各种类型适用场合是什么？

7-2 隧道装配式衬砌的设计原则是什么？

7-3 在什么情况下修建明洞？如何处理明洞的地基与基础？

7-4 明洞的结构类型分哪几种？各种类型适用场合是什么？

7-5 隧道洞门的作用是什么？隧道洞门类型分哪几种？各种类型适用场合是什么？

7-6 隧道防水与排水有哪些规定？

7-7 隧道防水、排水措施有哪些？

7-8 隧道围岩疏导排水应符合哪些规定？

7-9 隧道洞口及明洞工程的防排水应符合哪些规定？

7-10 隧道附属设施有哪些？

7-11 隧道设计和施工的原则是什么？

7-12 简述全断面法的施工顺序，采用全断面法施工应注意的事项。

7-13 简述短台阶法施工的特点及注意事项。

7-14 新奥法施工中可能发生的问题及其对策有哪些？

7-15 传统的矿山法与新奥法有何区别？

7-16 漏斗棚架法的施工程序是什么？漏斗棚架法施工的特点是什么？此法施工时应注意的问题是什么？

7-17 上下导坑先拱后墙法的施工程序是什么？上下导坑先拱后墙法施工的特点是什么？此法施工时应注意的问题是什么？

7-18 隧道开挖工作应做到哪些要求？

7-19 隧道临时支护和永久支护的种类分别有哪些？

7-20 模筑混凝土衬砌施工应做好哪些准备工作？

7-21 模筑混凝土衬砌施工是灌注混凝土的技术要求是什么？

7-22 要使衬砌灌注质量良好，需处理好哪几个问题？

参 考 文 献

[1] 中华人民共和国行业标准. 公路桥涵设计通用规范（JTG D60—2004）. 北京：人民交通出版社，2004.

[2] 中华人民共和国行业标准. 公路钢筋混凝土及预应力混凝土桥涵设计规范（JTG D62—2004）. 北京：人民交通出版社，2004.

[3] 中华人民共和国行业标准. 公路桥涵地基与基础设计规范（JTG D63—2007）. 北京：人民交通出版社，2007.

[4] 中华人民共和国行业标准. 公路桥涵施工技术规范（JTJ 041—2000）. 北京：人民交通出版社，1994.

[5] 中华人民共和国行业标准. 公路隧道施工技术规范（JTG F60—2009）. 北京：人民交通出版社，2000.

[6] 中华人民共和国行业标准. 公路圬工桥涵设计规范（JTG D61—2005）. 北京：人民交通出版社，2005.

[7] 中华人民共和国行业标准、公路工程集料试验规程（JTG E42—2005）. 北京：人民交通出版社，2005.

[8] 中华人民共和国行业标准、公路工程质量检验评定标准（JTG F80/1—2004）. 北京：人民交通出版社，2004.

[9] 于忠涛，朱芳芳. 桥梁结构体系发展综述 [J]. 辽宁省交通高等专科学校学报，2004，3.

[10] 张俊义. 桥梁施工常用数据手册. 北京：人民交通出版社，2005.

[11] 《桥梁设计常用数据手册》编写委员会. 桥梁设计常用数据手册. 北京：人民交通出版社，2005.

[12] 邵旭东. 桥梁工程（第二版）. 北京：人民交通出版社，2007.

[13] 杨文渊，徐犇. 桥梁施工工程师手册（第二版）. 北京：人民交通出版社，2003.

[14] 凌治平，易经武. 基础工程. 北京：人民交通出版社，1997.

[15] 王晓谋. 基础工程. 北京：人民交通出版社，2003.

[16] 魏红一. 桥梁施工及组织管理（第二版）. 北京：人民交通出版社，2008.

[17] 王常才. 桥梁施工技术（第二版）. 北京：人民交通出版社，2006.

[18] 杨文渊. 公路工程质检工程师手册——桥涵工程部分. 北京：人民交通出版社，2005.

[19] 彭大文，李国芬，黄小广. 桥梁工程（上册）. 北京：人民交通出版社，2007.